금융공기업
금융기관 편

이것이 금융논술이다 10.0

이것이 금융논술이다 10.0 금융기관·금융공기업 편

2017. 7. 12. 초 판 1쇄 발행
2017. 10. 24. 초 판 2쇄 발행
2018. 8. 13. 개정 1판 1쇄 발행
2019. 7. 5. 개정 1판 2쇄 발행
2019. 9. 5. 개정 2판 1쇄 발행
2020. 8. 27. 개정 3판 1쇄 발행
2021. 5. 6. 개정 3판 2쇄 발행
2021. 8. 25. 개정 4판 1쇄 발행
2022. 8. 1. 개정 5판 1쇄 발행
2023. 5. 3. 개정 5판 2쇄 발행
2023. 8. 16. 개정 6판 1쇄 발행
2024. 9. 4. 개정 7판 1쇄 발행
2025. 9. 17. 개정 8판 1쇄 발행

저자와의
협의하에
검인생략

지은이 | 김정환
펴낸이 | 이종춘
펴낸곳 | BM (주)도서출판 성안당

주소 | 04032 서울시 마포구 양화로 127 첨단빌딩 3층(출판기획 R&D 센터)
      10881 경기도 파주시 문발로 112 파주 출판 문화도시(제작 및 물류)
전화 | 02) 3142-0036
      031) 950-6300
팩스 | 031) 955-0510
등록 | 1973. 2. 1. 제406-2005-000046호
출판사 홈페이지 | www.cyber.co.kr
ISBN | 978-89-315-1217-5 (13320)
정가 | 35,000원

이 책을 만든 사람들

책임 | 최옥현
진행 | 문인곤
내지 디자인 | 에프엔
표지 디자인 | 박원석
홍보 | 김계향, 임진성, 김주승, 최정민, 이해솜
국제부 | 이선민, 조혜란
마케팅 | 구본철, 차정욱, 오영일, 나진호, 강호묵
마케팅 지원 | 장상범
제작 | 김유석

■ 도서 A/S 안내

성안당에서 발행하는 모든 도서는 저자와 출판사, 그리고 독자가 함께 만들어 나갑니다.
좋은 책을 펴내기 위해 많은 노력을 기울이고 있습니다. 혹시라도 내용상의 오류나 오탈자 등이 발견되면 **"좋은 책은 나라의 보배"**로서 우리 모두가 함께 만들어 간다는 마음으로 연락주시기 바랍니다. 수정 보완하여 더 나은 책이 되도록 최선을 다하겠습니다.
성안당은 늘 독자 여러분들의 소중한 의견을 기다리고 있습니다. 좋은 의견을 보내주시는 분께는 성안당 쇼핑몰의 포인트(3,000포인트)를 적립해 드립니다.

잘못 만들어진 책이나 부록 등이 파손된 경우에는 교환해 드립니다.

금융기관·금융공기업 합격자가 선택한 금융논술의 모든 것!

이것이 금융논술이다 10.0

슈페리어뱅커스 김정환 지음

BM (주)도서출판 성안당

머리말

[이것이 금융논술이다]가 출간된 지 벌써 햇수로 12년째입니다. 그동안, 재판(再版)이 될 때마다 최신 이슈를 담기 위하여 새로운 논제들을 실었고, 또 상대적으로 덜 중요해진 논제들은 삭제하며, 본 교재의 내용은 더 정교해지고 공부하기 수월하게 집필되었다고 자부합니다. 그동안 은행이나 금융공기업, 그리고 증권사, 보험사까지 많은 금융기관 지원자들이 본 교재로 학습 후, 원하는 금융기관에 입사했다는 후기들을 받다 보면 저자로서 형언할 수 없는 보람과 뿌듯함을 느낍니다.

부디, 「이것이 금융논술이다」 시리즈가 여러분들이 원하는 금융기관으로 취업하기 위한 자기소개서, 논술, 면접 전형의 모든 과정에 큰 보탬이 되기를 저자로서 희망합니다.

일반적으로 금융기관과 공기업 취업을 위해서는 [자기소개서] – [논술/필기시험] – [면접]의 3단계를 거쳐야 합니다. 이러한 3단계 과정 중, 최우선적으로 준비해야 하는 것을 꼽으라면 저는 단연 논술을 고르겠습니다.
그 이유는,

첫째, 논술준비가 잘된 학생일수록 자기소개서도 탁월하게 작성할 가능성이 높아집니다.

자기소개서의 작성은 단순히 자신의 이야기를 의식의 흐름에 따라 기억에 의존해서 작성하는 것이 아니라, '논술식 구조화 작업'과 '연역적인 방법'에 의해 작성할수록 논리적이며 가독성 높은 자기소개서가 완성되기 때문입니다. 또한 최근 금융공기업의 자기소개서 항목으로 '논술식 주제'가 제시되고 있습니다.

둘째, 논술준비가 잘된 학생일수록 면접에서도 설득력과 호소력을 갖출 수 있습니다.

전통적인 대면 인성면접에서도 "논술식 화법"과 "논술공부를 통한 지식량"을 어필하신다면 면접관들에게 안정감과 신뢰를 심어줄 수 있기 때문입니다. 또한 논술준비를 많이 한 학생들일수록 PT면접과 토론면접에서도 지식기반에 의한 설득력 높은 화법을 구사함으로써 기량을 극대화하는 것을 종종 경험하였습니다.

셋째, 논술준비에 소요되는 시간이 자기소개서나 면접준비로 소요되는 시간보다 월등히 많이 걸리기 때문입니다.

그만큼 논술준비는 장기적인 관점에서 준비하셔야 합니다. 하지만 이를 역으로 생각해 본다면 논술준비는 장시간 소요되는 만큼 상대적으로 논술준비를 제대로 하지 못한 다른 학생들에 비해 자기 자신을 차별화할 수 있는 전략으로 활용할 수 있습니다.

하지만 지난 몇 시즌 동안 금융기관과 공기업 취업준비를 하는 많은 학생들을 현장에서 실제로 지도하면서 보니, 의외로 상당수의 학생들이 논술시험의 준비를 소홀히 한다는 것을 알게 되었습니다. 전공필기시험, 자격증 취득은 열성적으로 준비하는 반면 논술준비가 미흡한 까닭을 분석해 보니 다음과 같았습니다.

첫째, 몇몇 금융기관이나 공기업들은 "논술시험 평가를 하지 않기 때문"

둘째, 금융기관, 공기업 대비 "논술학습에 대한 접근성에서의 어려움"

셋째, "논술공부 자체의 어려움"뿐만 아니라 설령 "열심히 논술공부를 하고 완성논술을 작성해도 계량화된 평가가 불가능하다는 점"

등 여러 가지 사유로 논술시험의 대비는 항상 뒤처지는 것을 보았고, 이에 저는 항상 안타까웠습니다.

이런 점들이 제가 금융기관과 공기업 취업을 준비하시는 취업준비생 여러분들에게 논술에 흥미를 드리고, 체계적이고 구조화된 논술작성을 가능하게 하며, 실전논술 준비에 도움을 드리기 위해 2013년, 「이것이 금융, 공기업 논술이다」를 출간하기로 마음먹게 된 이유입니다.

본 책을 집필하면서 무엇보다 주안점을 둔 부분은,

첫째, 모든 논제들을 [서론-본론-결론]의 형태로 구조화했으며 또한 효율적이고 시각적인 공부를 위하여 도표화했습니다.

둘째, 본론에서는 논제들에 대하여 다소 깊이 있는 내용을 담으려 하였고, 가급적 논제들로 인한 긍정적인 부분과 부정적인 부분을 함께 고찰함으로써 여러분들의 다양한 시각과 의견형성에 도움을 드리고자 하였습니다.

셋째, 결론의 내용도 상당부분 정부의 방향성과 금융기관의 방향성을 분리하여 제시함으로써 공기업을 준비하시는 분들이나 금융기관을 준비하는 취업준비생들 모두에게 실질적인 도움이 되도록 하였습니다.

넷째, 모든 논제들에 대하여 결론의 내용을 극대화했습니다. 여타 논술교재들이 본론 위주로만 구성된 것이 안타까웠고 이런 이유로 항상 결론의 도출을 어려워하는 취업준비생들을 위하여 다양한 결론을 제시함으로써 결론 도출의 가이드라인과 문제해결의 방향을 잘 잡을 수 있도록 하였습니다.

다섯째, 해당 주제에 대한 지도 학생들의 실제 논술 사례문과 이에 대한 첨삭 지도 내용들을 각 논제별로 첨부시켜 다양한 논제들이 실제로 어떻게 실전논술로 작성되었는지 보여드리고자 하였습니다.

이러한 주안점들을 잘 참조하고 공부한다면 본 책의 활용도를 극대화할 수 있을 것입니다.

본 책이 취업준비생 여러분들이 원하는 금융기관과 공기업으로 취업하는 데 비단 논술시험뿐만 아니라 취업의 전 과정에서 여러모로 도움이 되었으면 합니다.

이 책의 완성을 위하여 다방면으로 애써주신 ㈜성안당과 취업준비가 바쁨에도 불구하고 틈틈이 이 책의 작성과 교정에 많은 도움을 준 박은우, 이석영 학생에게도 감사드린다는 말을 남깁니다.

슈페리어뱅커스 김 정 환

이 책의 구성

01 논술작성법

주제별 논술사례로 들어가기 전, 어떻게 해야 논술 답안을 잘 작성할 수 있는지 그 비법을 공개합니다!

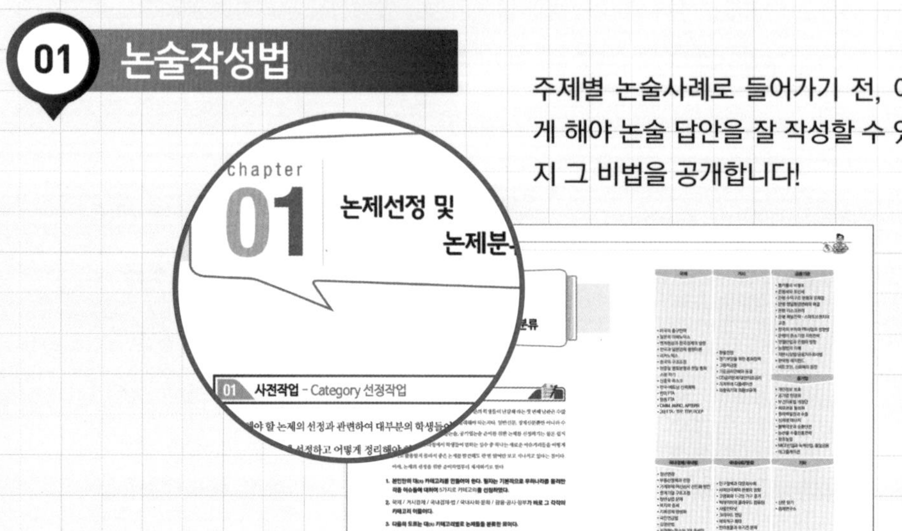

02 논제 개요잡기

논술답안의 뼈대가 되는 '개요 작성'은 논술 작성에서 가장 중요한 단계입니다. 이슈언급부터 의견제시까지 개요 작성을 위해 필요한 핵심 정보를 구조화 · 도표화하여 제시합니다.

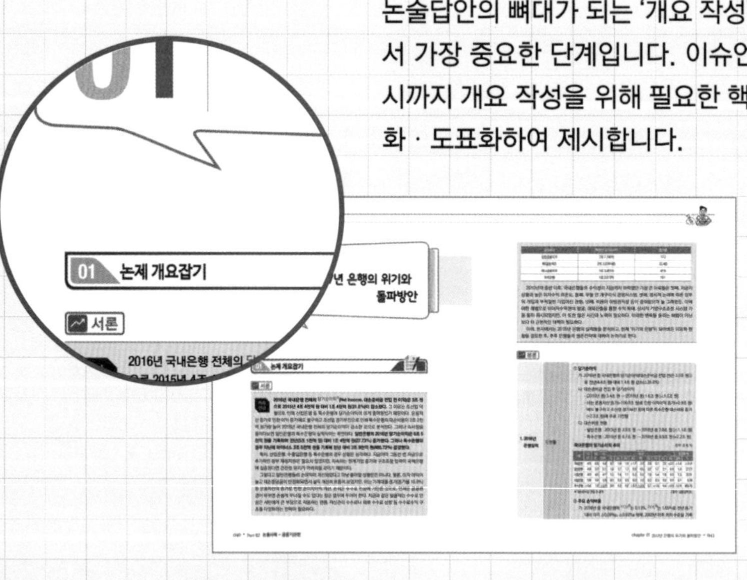

03 논술사례

주제별로 출제가 예상되는 문제를
제시하여 실전에 완벽하게 대비할
수 있습니다.

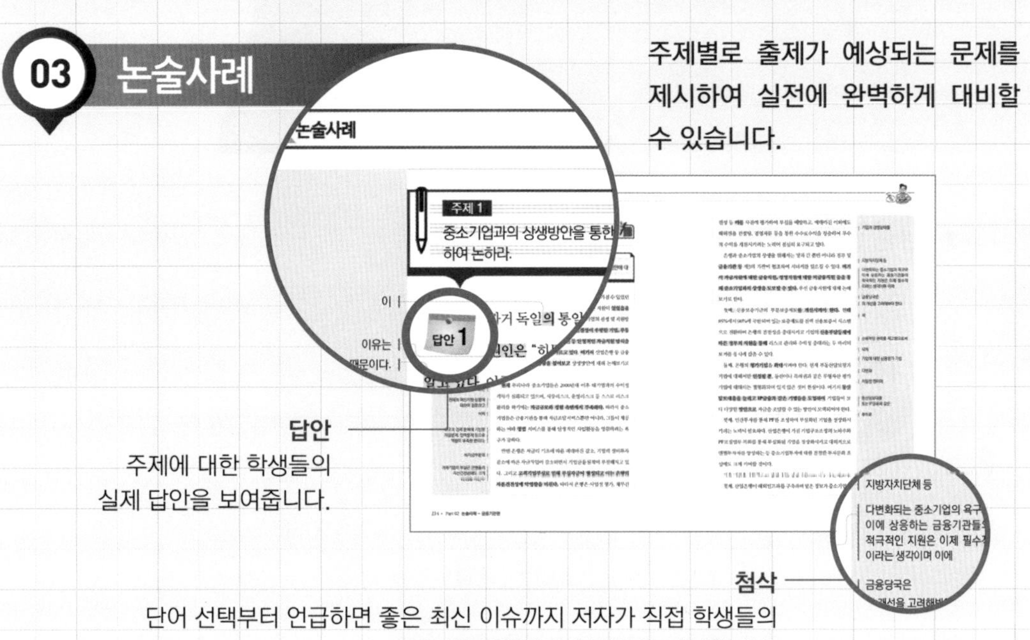

답안
주제에 대한 학생들의
실제 답안을 보여줍니다.

첨삭

단어 선택부터 언급하면 좋은 최신 이슈까지 저자가 직접 학생들의
답안을 꼼꼼하게 첨삭하여 제시합니다.

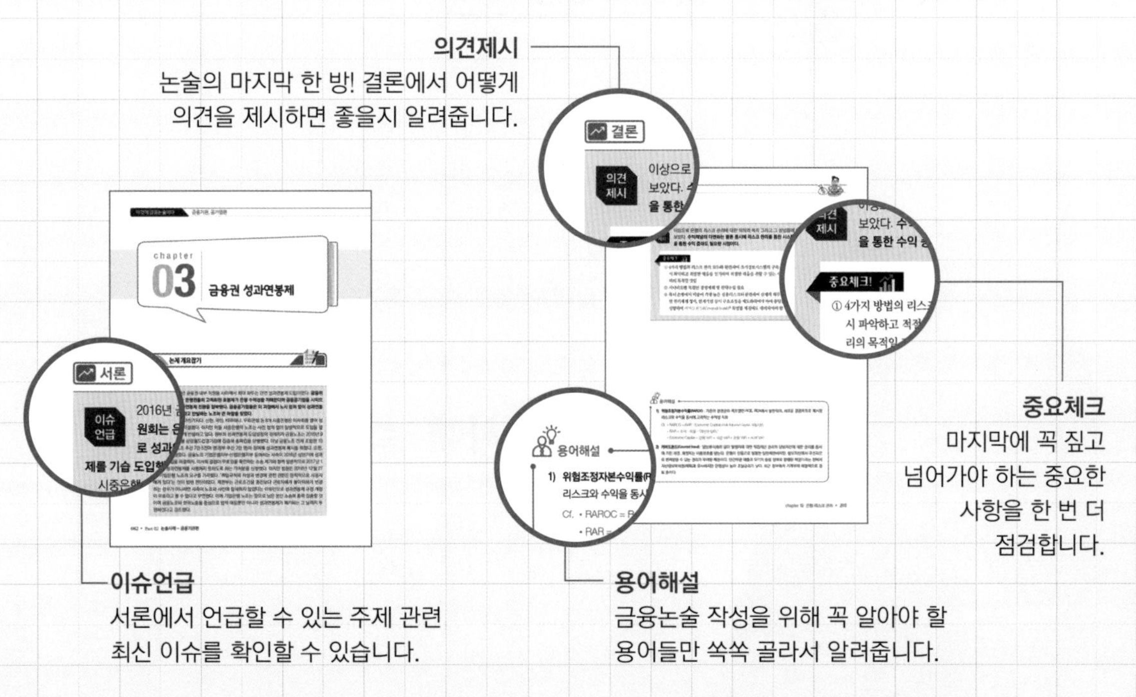

의견제시

논술의 마지막 한 방! 결론에서 어떻게
의견을 제시하면 좋을지 알려줍니다.

중요체크
마지막에 꼭 짚고
넘어가야 하는 중요한
사항을 한 번 더
점검합니다.

이슈언급
서론에서 언급할 수 있는 주제 관련
최신 이슈를 확인할 수 있습니다.

용어해설
금융논술 작성을 위해 꼭 알아야 할
용어들만 쏙쏙 골라서 알려줍니다.

CONTENTS

금융권 취업 가이드

금융권 채용 프로세스

금융권이라고 해도 기업별로 채용절차가 다양하므로
자신이 목표로 하는 기업을 정하고, 해당 기업의 채용 프로세스를
확인하여야 한다.

일반적으로 금융권 채용의 프로세스는 다음과 같다.

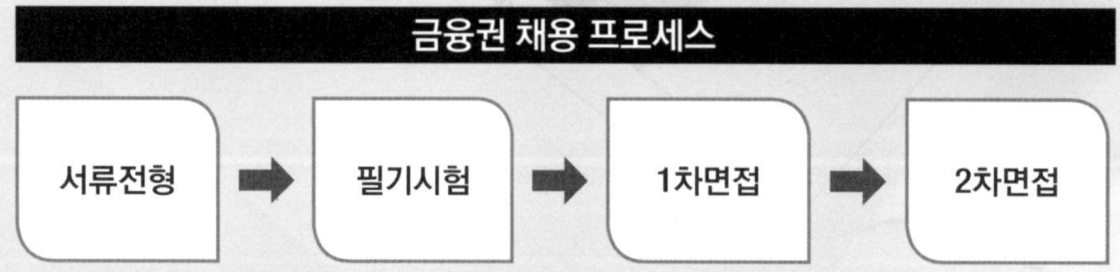

- 서류전형 : 각 기업별 양식에 맞춰 입사지원서와 자기소개서를 작성하여 제출한다.
- 필기시험 : 논술, 전공시험, 상식, NCS직업기초능력평가 등 기업별로 상이하게 이뤄진다.
- 면접전형 : 합숙면접, 세일즈면접, 토론면접, PT면접, 인성면접 등 다양한 방식으로 진행된다.

1. 논술전형 준비는 다른 과정보다 많은 시간이 필요하다. 그러므로 장기적인 관점으로 준비해야 할 필요가 있다. 그만큼 준비가 잘 되어 있다면 다른 지원자들과의 '차별점'으로 작용할 수 있다.

2. 논술전형은 서류전형 바로 다음에 실시하는 만큼 이를 제대로 준비하지 않으면 최종 관문에 도달하기도 전에 탈락이라는 고배를 마실 수 있다.

3. 논술전형 준비가 잘 이루어지면 자기소개서 작성에 도움이 된다. 자기소개서 역시 논리성과 가독성이 중요하게 작용하며, 최근에는 논술식 자기소개서를 제시하는 기업도 많아지고 있다.

4. 논술전형 준비를 통해 면접을 대비할 수 있다. 논술을 통해 습득한 설득력 높은 화법은 면접관들에게 안정감과 신뢰감을 심어줄 수 있고, 다양한 논술주제를 통해 인성역량면접, NCS면접, PT면접, 토론면접 등 면접에 직접적으로 대비할 수 있다.

1. 시중은행 : KB국민은행, IBK기업은행, NH농협은행, KEB하나은행(1차 면접 때 실시), 대구은행, 부산은행 등

2. 금융공기업 : 한국은행, 금융감독원, 산업은행, 수출입은행, 한국거래소, 한국예탁결제원, SGI서울보증, 한국주택금융공사, 한국무역보험공사, 예금보험공사 등

3. 기타 : 신협중앙회, 한국증권금융, 신용회복위원회, 무역협회 등

'이것이 금융논술이다' 시리즈와 함께한

▶ 2024년 하반기 수출입은행 합격후기

저는 PT 발표 끝나고 면접관님들께서 칭찬을 해주시긴 하셨는데, 거의 <이것은 금융논술이다> 책에 나온 내용 혼자 정리하면서 연습했던 대로 준비했었습니다! 이전에는 그냥 인터넷 뉴스 정리된 거 참고해서 봤었는데, 확실히 내용이 깊이가 없었던 것 같아요. <이것은 금융논술이다> 책이 주제가 많아서 좀 선별해서 볼까 했는데, 그냥 다 보고 들어가길 잘했다고 생각했습니다.

▶ 2024년 금융감독원 합격후기

토론면접은 슈페리어뱅커스에서 논술첨삭을 받은 가상자산이용자보호법 주제로 출제되었습니다. 가상자산의 기존 전통자산과의 차이점 및 특징, 금번 법안 제정이 가상자산 시장에 미칠 영향, 가상자산 시장의 투명성 및 신뢰성 제고를 통한 성장방안으로 문항이 주어졌습니다. 일렬로 면접관, 면접자가 있고 8명이 일렬로 토의하는 구조였습니다. 선생님께서 강조하셨듯, 하나하나 말할 때마다 손들어 말하는 것보다, 한번 발언기회를 얻었을 때, 논리정연하게 말하는 것을 추천드립니다. 제가 듣기에도 훨씬 임팩트 있음에도, 다른 분들의 발언기회를 방해하는 것으로 보이지 않아 듣기 좋았던 듯 합니다. 결국, 열심히 논술을 준비한 것이 되려 토론에서 적중해 행운이 따랐던 듯 합니다.

▶ 2024년 '한국예탁결제원' 합격후기

안녕하세요. 2024년도 한국예탁결제원에 합격한 000입니다. 저는 김정환 선생님의 논술부터 시작해서 1, 2차 면접까지 쭉 수강한 케이스로 너무 큰 도움이 되었기에 해당 부분에 대해서 어떤 점이 중요하고, 도움을 받았는지에 대해서 후기를 남겨보고자 합니다.

논술수업

한국예탁결제원의 경우 전공(50%), 논술(50%)가 반영되기 때문에 논술의 중요성이 굉장히 큽니다. 저는 금융 전반에 대해서 아는 것이 없었기에 처음에는 굉장히 막막했습니다. 그러다가 우연히 김정환 선생님의 '금융논술 각론반' 수업을 들었습니다. 단순히 책을 읽어나가기보다 최근 경제 전반에 대한 흐름을 이해할 수 있어서 정말 재밌게 수업을 들었습니다. 논술수업을 들을 때는 절대로 여기서 나온 주제가 나온다는 마인드로 접근하시면 안 됩니다. 실제 시험장에 가게 되면 처음 보는 주제가 나올 수도 있고, 알더라도 잘 모르는 주제가 나올 수도 있습니다. 하지만 중요한 것은 '뭐라도 쓸 수 있는가'가 가장 중요합니다. 논술수업을 들을 때는 몰랐는데, 다 듣고 스스로 공부하다 보면 이 주제와 관련된 내용을 다른 주제에도 실제로 사용할 수 있기에 분량을 채울 수 있습니다. 즉, 전체 숲을 볼 수 있다는 점이 가장 좋았습니다. 또한, 논술에서 배운 것이 실제로 토론면접에 나올 수 있기 때문에 단순히 논술에서 그친다 생각하지 말고 차라리 본인의 지식을 확장시키는 과정이라고 생각하시면 좋을 것 같습니다.

▶ 2023년 '금융감독원' 합격후기

저는 재학 중인 상태로 입사를 준비했기 때문에 평소에 매일 경제경영 뉴스를 가볍게 읽고 있는 상태였습니다. 바이트 뉴스를 구독하고 있었고, 입사 준비를 시작하면서 사회면 뉴스도 팔로우하면 좋을 것 같아 아침 먹으면서 유튜브로 뉴스룸을 시청했어요. 뉴스룸은 딱히 도움되었던 것 같진 않습니다. 스터디도 하지 않았고 글쓰기에 자신 있는 편도 아니어서 10월 초에 슈페리어뱅커스 논술 특강을 보고 신청했습니다. 기억엔 2주 전에, 주에 2번씩 2시간 수업, 총 4번이었는데 제가 알고 있는 경제시사 개념이더라도 그걸 글로 쓰기에 필요한 소스들은 전혀 없는 상태라서 논술 특강이 그 점에서 도움이 많이 됐습니다. 예를 들어 부동산 PF 부실화에 대해 대충 알더라도 논술로 글을 작성하기 위해선 그 배경을 설명할 때 필요한 용어들을 명확히 알아야 하고, 그 상황에서 정부와 금융당국이 취해야 할 입장이라던가 어떤 연쇄 작용이 있을 수 있는지 등 언어화할 수 있는 소스들이 필요하고 그걸 정리하는 시간으로 슈페리어뱅커스 특강이 정말 유용했다고 생각합니다. 너무 촉박하게 특강을 신청해서 제 글을 첨삭 받을 기회는 없어서 부끄럽지만 온전한 한 편의 글을 써보지는 못하고 시험장에 들어갔습니다. 제가 강조 드려도 써 보실 분은 써 보시고, 아닐 분들은 저처럼 그냥 들어가시겠지만 그래도 한 번 정도는 글을 써 보시는 게 좋을 것 같아요. 저는 이번 주제 중에 탄소세를 골라서 논술을 썼는데 국민연금에 대해 제 견해랄 게 전혀 없기도 했고, 탄소세에 대해서 논술특강에서 정리한 적이 있어서 나름 할 말이 많다고 생각했기 때문입니다. 근데 쓰고 나니까 원고지 7장 주셨는데 2장 채워서 진짜 당황했어요. 배운 대로 서론, 본론, 결론 썼고 문제에서 요구한 것들을 다 썼기 때문에 분량 늘릴 방법도 없어서 그대로 냈는데, 결과적으로 합격이라 다행이지, 탈락이었다면 글 한 번을 안 써보고 간 걸 오래 아쉬워했을 것 같긴 합니다. 올해 논술문제는 아마도 이전과 다르게 둘 다 일반 논술이었던 것 같아요. 듣기로는 금융 논술 한 개와 일반 논술 한 개 중 택 1 이었다는데 올해는 전공 필기도 그렇고 예년과는 달랐던 것 같네요.

▶ 2023년 '금융감독원' 합격후기

선생님께서 보내주신 여러 합격후기에 도움을 많이 받아서 저도 부족하지만 합격후기 남겨봅니다.

논술 준비

대학도 수능으로 갔었고 논술을 한 번도 해본 적이 없어서 논술이 제일 막막했는데, 선생님의 강의가 아주 큰 도움이 되었습니다. 00전공이라서 금융은 완전히 까막눈이었는데 선생님께서 비전공자도 이해할 수 있도록 쉽게 설명해주시기 때문에, 강의만 들었어도 금융이슈 전반에 대해서 웬만큼 정리가 되었습니다. <이것이금융논술이다> 책에 나온 주제로 다 커버될 수 있다고 생각하지만, 단순히 책을 읽기만 하는 것보다는 주제별로 2~3가지 논점을 정리해보는 게 좋은 것 같습니다. 저는 논술첨삭을 신청해놓고도 시간이 없어서 글들을 다 완성하지는 못했었지만, 개조식으로 논점을 2~3가지씩 스스로 정리해봤던 게 도움이 되었습니다.

'이것이 금융논술이다' 시리즈와 함께한

▶ 2023년 '산업은행' 합격후기

안녕하세요. 저는 선생님의 금융공기업 4주반, 논술총론 4주반, 논술각론 4주반, 산업은행 면접 1,2차 수업까지 모두 수강했습니다. 처음 선생님을 찾게 된 계기는 산업은행 서류전형에서 계속 탈락해 문을 두드리게 되었습니다. 이후 첨삭을 받아 서류 합격을 한 이후로는 선생님을 믿고 계속 수업을 들었습니다. 논술 수업을 들을 초기에는 무지한 상태여서 내용이 벅찼는데, 지금 합격하고 생각해보니 합격까지 모두 필요한 과정이었다는 생각이 듭니다. 특히 1차면접 수업은 선생님의 수업이 아니었다면 불합격했을 것이라 생각이 듭니다.

▶ 2023년 '신용보증기금' 합격후기

스터디는 하지 않고 선생님 강의를 듣고 모의면접 1회 봤습니다. 이전에도 스터디 한 적은 손에 꼽습니다. 논술도 선생님 강의를 들어서 논리구조 만드는 데에 도움이 된 것 같습니다.

1. 과제수행은 평타.
2. 심층면접은 잘 본 것 같음.
3. 실무진 면접은 완전히 꼬여서 000의 000도 제대로 설명 못했음.

그럼에도 붙은 걸 보면, 솔직하게 말하는 태도나 선생님께서 말씀하셨던 답변 양식을 잘 따랐던 게 주요했던 것으로 보입니다. 선생님과 모의면접 꼭 보세요. 하는 것과 안 하는 것의 차이가 정말 큽니다.

▶ 2023년 하반기 'SGI서울보증' 합격후기

2023년 상반기 지원 시, 전공시험은 양호하다고 느꼈으나 논술에 부족함이 많다고 생각하여 김정환 선생님의 금융논술 강의를 수강하였습니다. 논술강의 수강을 고민하는 분들에게 결정을 내리는데 도움을 조금 드리고자 간략하게 강의 수강하며 느꼈던 점을 적어보겠습니다. 첫째, 논술 공부의 틀을 빠르게 잡을 수 있습니다. 반드시 짚어야 하는 주제, 기업에서 자주 출제되는 주제들을 정리해주셨기에 논술 대비를 위한 공부의 범위를 최소화 할 수 있었습니다. 둘째, 금융공기업과 은행에서 원하는 글쓰기의 방향을 체크할 수 있었습니다. 대학교 재학 시절 글쓰기 비중이 높은 과에서 공부했기에 논술에 자신이 있었습니다. 하지만 몇 차례의 논술 탈락과 선생님의 강의 수강 후 기업에서 원하는 방향의 글 전개와 마무리가 있으며 그간 제가 써온 글들과 차이가 있었다는 것을 알게 되었습니다. 해당 부분에 대해 숙지가 되어있는지 여부가 합불에 꽤 많은 영향을 줄 수도 있겠다고 생각합니다. 셋째, 트렌드에 맞는 논술대비를 할 수 있습니다. 많은 수강생들을 통해 축적된 여러 후기들을 통해 전통적으로 기업에서 많이 출제되었던 이슈와 최근 출제 빈도가 높은 이슈를 확인하여 논술공부의 양은 줄이고 질은 높일 수 있었습니다. 마지막으로 논술에 대한 두려움을 없앨 수 있었다는 것이 저 개인적으로는 가장 좋았던 부분이었습니다. 저처럼 막연한 논술공포증이 있는 분들에게는 꼭 수강을 추천 드리고 싶습니다.

▶ 2023년 '산업은행' 합격후기

금융논술 수업

금융공기업 면접에서 대략 10번 연속 탈락하면서 자신감을 잃었는데, '논술 실력'이라는 강점이 저를 지탱해주었고, 결국에는 좋은 결실로 이어질 수 있었던 것 같습니다. 김정환 선생님의 금융 논술 강의를 2번 들으면서 주제에 대한 지식을 확장하고 어떠한 주제에도 저만의 글을 작성할 수 있었다는 점이 좋았습니다. 만약 여유가 되신다면 논술 강의는 꼭 수강할 것을 추천하고, 이미 들으신 분도 수강 기간이 오래되었다면 다시 한번 수강하는 것을 추천합니다. 예탁결제원, 산업은행, 금융연수원, 신용보증기금 등 논술 관련 기업에서는 모두 높은 성적을 받을 수 있었고, 예탁결제원 논술 점수가 당시 50점 만점에 40점이 넘는 것을 보며, 선생님의 방향성이 맞다고 확신했습니다. 특히 논술 수업은 PT 면접에서도 구조화할 때 매우 유용하기에 A매치 준비생뿐만 아니라, B매치 준비생, 은행 준비생도 수강하는 걸 강력 추천합니다. 그리고 준비생들 사이에서 간혹 수강료가 비싸다는 의견이 종종 있는데, 만약 충실히 수업을 들으셨다면 절대 그런 소리를 하지 못할 것입니다. 저는 논술 수업을 들은 학생들과 스터니를 만늘어서 함께 PT면접과 논술 작성 스터디를 진행했는데, 그 부분에서도 감각을 기를 수 있어 좋았습니다.

여신 프로세스 및 신용보증기금 업무 수업

논술, 면접 수업만큼이나 정말 좋았던 수업이었습니다. 특히 여신 프로세스 수업은 여신에 대한 프로세스와 직원으로서의 역량에 대해 자세히 설명해주는 수업으로, 우리나라에서 유일한 강의라고 생각합니다. 따라서 수업 대비 강의료가 정말 저렴하다고 생각합니다. 선생님께 들은 여신 프로세스를 통해 산업은행 지원동기의 방향성을 잡을 수 있었고, 면접에서 면접관들이 굉장히 관심이 있어하고 저만의 차별화된 강점이 되었습니다. 산업은행 수업뿐만 아니라, 신용보증기금 업무 수업에서도 기금의 업무 프로세스와 사업 방향성에 대해 구체적으로 설명해주셔서 많은 도움이 되었습니다. 논술 수업을 듣고 해당 수업을 들으시는 걸 강력 추천 드리지만, 만약 시간이 없다면 해당 수업은 꼭 듣기를 추천 드리겠습니다.

▶ 2022년 '금융감독원' 합격후기

들어가며

먼저 금융감독원 준비에 방향성을 제시해주시고 합격까지 도움을 주신 선생님께 감사의 인사를 전합니다. 저의 후기는 CPA 유탈생들에게 특히 도움이 될 것이라고 생각합니다. 당연히 합격할 것이라 믿었던 시험에서 한 과목을 놓치고 멘탈을 수습하기도 전에 다음 계획을 세워야 했습니다. 슈페리어뱅커스 블로그에서 지난 합격자들의 후기를 찾아보며 이게 나한테 적합할까? 고민하던 중 한 CPA 유탈생의 후기를 읽게 되었고 바로 금융논술 총론부터 수강하기 시작했습니다. 같은 공부만 오랫동안 해온 CPA 준비생들이 금융공기업으로 전환할 때 가장 어려운 것은 '무엇을 어디까지 해야 하는가?'에 대한 감을 잡는 부분이라고 생각합니다. 물론 미리 준비해서 가능한 많은 부분을 챙기는 것이 좋겠지만, 저와 같이 9월 초부터 준비하시는 분들을 위해 제가 준비하며 체득한 노하우를 최대한 공유해보겠습니다.

금융논술 준비
금융논술 총론반은 금융논술 공부의 기틀을 잡아주는 강의라고 생각합니다. 저는 긴 기간 CPA 수험 생활을 했기 때문에 시사에 관한 부분에 베이스가 없는 수준이었습니다. 금융공기업을 준비하겠다고 마음을 먹었다면 고민하지 말고, 일단 무엇이라도 시작하는 것이 중요합니다. 고민하기보다 무작정 서점이라도 가보는 것도 좋습니다. 저는 그렇게 나갔던 서점의 수험서 코너에서 『이것이 금융논술이다』를 발견하였고 슈페리어뱅커스 블로그를 방문하게 되었습니다. 어떻게 시작해야 할지 감도 오지 않는 상황에서 전문가의 도움을 받는 것이 가장 효율적일 것이라고 생각했고, 바로 9월 초 시작하는 총론 강의를 신청하였습니다. 강의를 수강하면 시사 전반에 대한 이해도와 기본 상식을 쌓을 수 있습니다. 주제에 대한 중요도와 추세도 알려주시기 때문에 회차가 늘어날수록 어떻게 해야 할지 감을 잡을 수 있었습니다. 저는 금융감독원 금융논술을 준비할 때 총론반에서 얻은 지식을 바탕으로 그 해에 중요하게 나올 법한 주제를 6개 정도 추려서 논문을 찾아보고 경제신문을 매일 읽었습니다. 논문은 0000000에서 찾았고 수업을 듣다가 추천해 주셔서 알게 된 사이트 입니다. 금융감독원은 굵직굵직한 주제에서 출제하는 경향이 있기 때문에 한 선택이었고 결과적으로 가장 중요하게 여겼던 3고 현상이 논술 주제로 나오면서 어렵지 않게 금융논술을 작성했습니다. 이때 금융에 관한 배경지식과 기관에 대한 지식 역시 큰 폭으로 상승하기 때문에 면접 준비에도 큰 도움이 됩니다. 금공준비를 전혀 해보지 않은 사람이 스스로 공부할 수 있는 능력을 키워주는 것이 총론반의 가장 큰 이점이라고 생각합니다.

▶ 2022년 '한국증권금융' 합격후기

저는 작년 자기소개서 첨삭을 시작으로 슈페리어뱅커스를 알게 되었고, 선생님의 첨삭 뒤 급격하게 서류 합격률이 오르는 경험을 할 수 있었습니다. 받아보신 분은 알겠지만, 알맹이는 놓아두고 글 맵시만 다듬어주는 방식이 아닌, 근본적으로 어떻게 창의적으로 접근해야 하는지 그 방식을 알려주셔서, 저만의 창의적이고 '읽는 재미가 있는' 자기소개서를 만드는 데 큰 도움을 받았습니다. 실제로 스터디를 할 때도 매번 스터디원들에게 자기소개서 관련해 칭찬을 듣기도 했습니다. 그 뒤로 믿음이 생겨 논술 총론 및 각론 수업을 들었고, 필기 합격 후엔 실무면접, 임원면접 수업도 한 번씩 들었습니다. 먼저, 논술 수업을 통해서는 논술을 구성하는 방식을 배웠을 뿐 아니라, 최근 이슈 논제들을 체계적으로 배울 수 있어 경제논술뿐만 아니라 PT 준비 때에도 내용 면에서 큰 도움이 되었습니다. 또한, 선생님께서 자기소개서와 마찬가지로 논술에서도 (좋은 쪽으로) 눈에 띄는 방식에 대한 팁들도 많이 전수해주셔서 이것들도 많은 도움이 되었습니다. 다음으로, 면접수업 역시 선생님이 늘 자기소개서와 논술에서 강조하신 내용과 큰 뼈대와 맥락은 비슷했습니다. 다만, 면접 때가 되면 그 강조하신 내용들을 까먹게 되어 실전 연습을 하면서 이를 다시금 떠올리고 체득하는 데 도움이 된 것 같습니다. 자기소개서 첨삭이든, 논술 수업이든, 면접수업이든 선생님이 항상 강조하고 "꼭 이렇게 해라"라고 말씀하시는 부분들이 있는데,

정말 이 부분만 열심히 지킨다면 모든 전형을 무사히 통과할 수 있을 것으로 생각합니다. 저 또한 면접은 올해가 처음이었고, 선생님께서 강조하신 부분들을 한 귀로 흘려넘기지 않고 최대한 체득하면서 임했던 것이 큰 도움이 되었다고 느꼈습니다.

▶ 2022년 '한국부동산원' 합격후기

2020년 선생님을 처음 뵙고 직접 논술 수업을 들었을 당시는, 제가 취업에 대해 감이 없는 상태라 선생님께서 가르쳐주신 방향을 잘 이해하지 못했고 최대한 따라가려고만 노력했었던 것 같습니다. 하지만 시간이 지나, 추후 실력이 쌓인 후부터는 선생님 말씀의 의도를 점점 깨닫게 되었습니다. 그 이후부터는 A매치 금공 2곳 및 B매치 1곳에 필기 합격하며 논술 시험이 존재하는 회사의 입사시험에 대한 자신감과 방향성을 찾을 수 있었습니다. 이렇게 다져진 논술실력은 추후 면접을 준비하는 데도 많은 도움이 되었습니다.

▶ 2022년 'IBK기업은행' 합격후기

선생님께 2021년도 하반기 논술 수업을 수강하고, 이번 면접 강의도 수강하며 많은 도움을 받을 수 있어서 후기 작성과 함께 다시 한번 감사의 인사를 드립니다. 저는 처음 공기업을 목표로 취업준비를 시작했으며 점차 준비를 하며 금융 공기업 취업을 목표로 했었습니다. 하지만 00 전공이기에 경제 관련 지식이 많이 부족했습니다. 이러한 계기로, 선생님께서 진행하신 금융 논술 수업을 수강하며 금융산업에 대해 볼 수 있는 눈을 뜰 수 있었고 이러한 기반을 활용해 경제 뉴스들을 스크랩하며 스스로 더욱 고도화된 생각을 해볼 수 있었습니다. 이러한 지식들을 겸비해 2021년도 하반기 기업은행 최종면접까지 갈 수 있었습니다. 당시 선생님 수업을 통해 지식은 쌓았지만, 제 스스로 면접에 대한 경험과 스킬이 부족하여 최종면접에서 탈락을 했습니다. 그래서 이러한 부분들을 보완하기 위해 선생님께 2022년 기업은행 최종면접 관련 컨설팅을 지도 받았고, 지도해주신 부분들을 통해 최종면접에서 합격을 하게 되었습니다.

▶ 2022년 '우리은행' 합격후기

저는 2022년 상반기 우리은행 1차 면접 준비를 시작으로 선생님과 처음 만났습니다. 당시 국민은행에서 디지털 서포터즈를 하고 있었는데 멘토였던 대리님께서 정환쌤을 추천해주셨고, 우리은행 서류 붙자마자 바로 강의 수강했습니다. 선생님 강의로 면접준비를 시작한 덕분에 뭘 준비해야 좋을지에 대한 감을 잡을 수 있었습니다. 비록 상반기엔 부족해서 잘 안 됐지만, 그 이후에 자격증 취득, 인턴 면접, 공채 면접 등 취업의 모든 과정에서 많은 도움이 됐다고 생각합니다. 선생님 강의에서 추천하고 싶은 부분은 면접 직전에 듣는 00은행 대비 강의와 금융논술 총론반/각론반 강의, 1:1코칭 입니다. 특히 각론반 강의는 긴 시간 진행되는 만큼 다양한 주제에 대해 깊이 있게 알아갈 수 있고, 그에 파생되어 스스로 공부할 점이 많이 생겨서 좋았습니다. 공부하다 보면, '아 여기까지 알아야 되나?' 싶을 때가 많은데, 그런 부분도 파고들어서 해두면 나만의 깊이와 논리가 생기고, PT에 흔하게 나오는 '~~현상에 대한 금융권/은행의 해결 방안'을 만들어내는 데 많은 도움이 되는 것 같습니다. 저는 7개 은행에 제출했던 모든 서류는 다 합격했고, 그 중 4개는 최종까지 다녀왔습니다. 많은 시행착오가 있었지만, 결국 다 과정이라는 데 너무 동의합니다. 정말 힘들어도 울고 다시 일어나면 다 할 수 있습니다. 이런 글을 쓸 수 있게 만들어 주신 김정환 선생님, 다시 한번 감사 드립니다.

▶ 2021년 '산업은행/SGI서울보증' 합격후기

논술은 매우 중요합니다. 2020년 하반기 예탁결제원을 급하게 준비하면서 선생님 수업 수강 전에 책만 몇 번 읽어보고 필기시험을 쳤고, 단 3점 차이로 불합격하면서 논술 수업을 조금만 빨리 들었더라면, 글을 조금만 짜임새 있게 썼더라면 하는 후회가 지금도 큽니다. 전공시험 비중이 크지만, 전공시험은 경영 직렬의 경우 회계사가 아닌 지원자들도 충분히 대비할 수 있는 난이도로 출제되었습니다. 또한 NCS 경우도 사전에 준비가 어려운 분야이기 때문에 결국 논술에서 필기시험 합격이 좌우될 수 있다고 강조하고 싶습니다.

또한 논술은 글을 쓰고 퇴고하고 첨삭하는 과정들 때문에 생각보다 준비하는 데 시간이 많이 소요됩니다. 아는 만큼 보인다고 논술을 위해 시사 공부를 하고 글을 쓰다 보면 보이지 않던 것들이 보이게 되면서 실력이 늘지만, 그 과정까지 많은 시간이 소요됩니다. 채용공고가 뜨고 나서는 마음이 조급해지면서 더욱 전공 공부에 시간을 투입하게 됩니다. 자연스럽게 논술 준비에 소홀하게 되고 이는 필기 결과에도 분명 영향을 줄 것입니다. 사전에 <이것이 금융논술이다>와 선생님 강의를 활용하여 논술 준비를 철저히 하셔서 좋은 결과를 얻으시길 바랍니다.

▶ 2020년 하반기 '금융감독원' 합격후기

금융논술을 준비하면서 금융과 경제에 대한 기본적인 지식이 많이 쌓아두는 것이 필요한데, 그렇지 않으면 3종류의 면접(집단면접 1회, 실무진 면접1회, 임원면접 1회)을 대비하기가 매우 어려워집니다. 그래서 미리미리 금융논술을 제대로 공부하는 것이 필요합니다. 금감원은 IT 직렬이라고 해도 IT 외 여러 다른 부서에서 일하게 되는 일이 많기 때문에 더욱 그렇습니다.

저는 금융이라고는 공부를 해본 적이 없었습니다. 그래서 혼자 공부하기에는 무리라고 생각해서 강의를 수강했습니다. 슈페리어뱅커스 강의의 장점은 금융을 볼 수 있는 전체적인 틀을 제공하고, 그것을 금융논술과 연결시킬 수 있도록 주제별로 정리해준다는 것이 가장 큰 장점입니다.

▶ 2020년 하반기 '캠코' 합격후기

논술 준비에 대한 막막함으로 걱정하던 찰나에, 감사하게도 슈페리어뱅커스를 알게 되었습니다. 덕분에 짧은 시간 동안 논술 준비의 방향성과 핵심 시사 이슈를 숙지하고, 결코 적지 않은 분량의 논술 교재 3권을 효율적으로 공부할 수 있었습니다. 아쉽게도 캠코의 경우에는 금융논술 시험이 없었으나,

1차 PT 면접을 준비하는 과정에서 특히 큰 도움이 되었습니다. 논술시험이 없는 기업을 준비하시는 분들도 논술 수업은 꼭 수강하시기를 추천합니다.

➤ 2020년 하반기 '신용보증기금' 합격후기

공인회계사 시험 2차 유예 탈락 후 금융공기업 취업으로 전환하였습니다. 신용보증기금 필기 시험은 NCS와 전공시험, 논술시험으로 구성되는데, NCS는 상대적으로 비중이 적기 때문에 전략적으로 힘을 뺐고, 전공시험은 다 년 간 수험 생활로 자신 있었습니다. 하지만, 논술 시험은 경험이 없었고, 그 동안 수험 공부만 해왔기 때문에 금융상식과 시사 쪽이 약해 어떻게 준비해야 할지 가장 막막하였습니다. 주변 지인을 통해 슈페리어뱅커스의 '이것이 금융논술이다' 책 시리즈를 추천 받았고, 혼자서 공부하기 보다 선생님의 논술 수업을 함께 듣는다면 짧은 시간에 훨씬 큰 효과를 볼 수 있을 것으로 판단하여 주저하지 않고 수강 신청하였습니다. 그리고 그 효과는 생각했던 것 이상으로 좋았습니다.

➤ 2020년 하반기 'IBK기업은행' 합격후기

저는 금융논술이 없는 시중은행을 목표로 하고 있었고, 유일하게 논술시험이 있는 농협은행도 지원하지 않았습니다. 그럼에도 금융논술 수업을 수강한 이유는, 차별성을 극대화할 수 있다고 생각했기 때문입니다. 그래서 본격적으로 공채 일정이 시작되기 전, 3월에 해당 수업을 수강했습니다.
금융논술 수업을 통해 금융 및 경제 이슈에 대해 다양한 관점에서 생각해 볼 수 있었습니다. 또한, 한 가지 주제에 대해서 좀 더 짜임새 있게 의견을 전달하는 방법을 배웠습니다. 비록 저는 금융논술 시험을 치르지 않았지만, 모든 은행의 자기소개서 항목에 논술형 질문이 있었습니다. 만약 금융논술 수업을 듣지 않았더라면, 해당 항목의 내용을 적을 때 많은 어려움을 겪었을 것입니다. 하지만 선생님의 수업 덕분에 비교적 쉽게, 그리고 더욱 논리적인 흐름으로 내용을 채울 수 있었습니다.

➤ 2020년 상반기 '한국금융연수원' 합격후기

슈페리어뱅커스가 가장 좋았던 점은 단기간에 최소한의 필요한 학습량을 충족할 수 있었다는 점이었어요. 저는 금융공기업 준비를 급하게 하게 돼서 거의 전공필기만 공부하다가, 시험 두 달을 남기고서야 논술을 시작했거든요. 정말 한 번도 논술을 제대로 써본 적이 없었고, 뉴스만 간간히 보면서 대략적인 경제 흐름만 파악하고 있던 정도였어요. 급한 마음에 이것저것 찾아보다가 슈페리어뱅커스의 막판 단기 강의를 수강했는데, 그게 정말 큰 도움이 됐습니다.
슈페리어뱅커스의 논술 교재는 대부분이 알듯이 바이블이라고 할 만큼 좋은 책이고요. 강의는 경제논술, 토론 입문자인 분, 그리고 단기에 실력을 확 끌어올리고 싶은 분께 강력 추천합니다.

'이것이 금융논술이다' 시리즈와 함께한

▶ 2019년 '무역보험공사' 합격후기

안녕하세요. 저는 이번 2월 논술반을 들었고, 올해 한국무역보험공사에 최종 합격했습니다. 한국무역보험공사는 논술전형을 보지 않는 기관입니다. 그럼에도 저는 이번 상반기 최종 합격할 수 있었던 가장 큰 이유를 꼽으라면 슈페리어 뱅커스의 논술수업을 수강한 일을 꼽고 싶습니다. 그 이유는, 저는 이 클래스가 단지 논술을 위한 클래스가 아니라, 최고의 면접 대비반이라고 생각했기 때문입니다.

면접을 잘 보기 위해서는 무엇이 필요할까요? 세 가지를 꼽고 싶습니다.

첫째, 내용적 측면에 있어서는, PT 면접 및 토론면접에서 나올만한 주제를 정확히 알고 있어야 하겠습니다. 둘째, 형식적 측면에 있어서는 구조화된 내용을 00식으로 말할 수 있어야 합니다. 셋째, 필기시험에 합격하고 벼락치기로 준비하는 것이 아니라, 평소 꾸준히 생각하고 연습해야 합니다.

▶ 2019년 'SGI서울보증' 합격후기

저는 금융 논술을 써본 적이 없었기 때문에 8월부터 논술 수업을 수강했습니다.

수업을 들으면서 논술을 작성하는 방법뿐만 아니라 한국 금융 산업에 관한 전반적인 지식을 배웠고, 논술과 면접에서 요긴하게 활용할 수 있었습니다. 특히 수업에서 어떤 주제에나 적용할 수 있는 만능 결론을 배우는데, 말 그대로 만능이기 때문에 꼭 숙지하시길 추천 드립니다. 수업 마지막 시간에 선생님께서 중요한 주제를 몇 가지 뽑아주셨고 관련해서 글도 보내주셨는데, 실제 시험에서 그 중 한 주제가 출제되어 무난하게 작성할 수 있었습니다.

금융 관련 경험이 없는 제가 합격할 수 있었던 것은 슈페리어뱅커스의 수업 덕분이라고 생각합니다. 막연히 금융권 취업을 원하지만 무엇부터 공부해야 하는지 모르거나 저처럼 관련 경험이 없으신 분들께서는 꼭 수업을 듣고 학습 방향을 설정하는 기회로 삼으셨으면 좋겠습니다.

▶ 2019년 '금융감독원' 합격후기

직장생활과 병행하여 금융감독원 입사지원을 하였기 때문에 시간이 절대적으로 부족하였으므로, 조금 더 효율적인 준비방법을 고민하다가 슈페리어뱅커스 선생님의 금융논술 강의(주말 저녁반)를 수강하게 되었습니다. 평일 쌓인 근무 피로 때문에 주말에는 지칠 수 있었음에도, 선생님의 강의 덕분에 긴장을 유지할 수 있었습니다.

특히, 선생님의 강의를 통하여 금융관련 지식의 큰 흐름을 익힐 수 있었다는 점이 유익하였습니다. 2차 필기시험을 위해 선생님의 강의를 수강하면서 금융지식을 잘 쌓아왔기에, 면접 준비과정에서는 인성, 역량 답변에 집중할 수 있었습니다. 실제로 1차 토의 면접에서는 2차 필기시험 때 공부했던 금융지식을 그대로 활용할 수 있었습니다.

◆ **2019년 'SGI서울보증' 합격후기**

평소 시사상식이 부족했기에 '한 달 안에 논술을 준비할 수 있을까'라는 불안감을 가지고
10월 논술특강을 수강하였습니다. 하지만, 선생님의 수업을 통해 막연한 걱정은 사라졌고 '복
습만 열심히 해도 좋은 점수를 받을 수 있겠다'라는 확신이 들었습니다. 선생님께서 어떠한 주제가
나와도 결론을 쓸 수 있도록 키워드를 정리해주셨고 시험장에서 정말 큰 도움을 받았습니다. 저처럼,
신문을 잘 읽지 않고 논술이 처음인 분들은 꼭 선생님의 논술 수업을 듣는 것을 추천합니다.

◆ **2019년 '기술보증기금' 합격후기**

지난 8월 말 ~ 9월 말 경에 선생님께서 강의하신 금융논술 강좌를 수강했던 OOO이라고 합니다. 기억이
잘 안 나실 수도 있지만, 앞쪽에 앉아서 잘 웃던 단발머리 여학생입니다. 선생님 강의를 재미있게 들어
서 주제를 잘 예측해서 준비할 수 있었고, 논술 준비도 수월하게 할 수 있었답니다. 선생님 덕분에 이번
에 목표로 했던 농협중앙회와 기술보증기금 두 곳에 합격하게 됐습니다.
농협중앙회 같은 경우 R의 공포, 농가소득 방안, 블록체인 중 하나를 택해서 서술하는 것이었는데, 보
내주신 자료에서 ○○○와 관련된 내용을 참고해서 ○○○○에 흥미와 관심을 가지고 있던 부분을 서
술할 수 있었어요. 감사 드립니다. 특히 전반적으로 OO 과정을 하다 보니 논술형식의 글쓰기에 어려
움을 느꼈었는데 간결하게, 핵심만 쓰려고 자료를 토대로 연습을 많이 하면서 좋은 결과를 거둘 수 있
었습니다.

◆ **2019년 '신용보증기금' 합격후기**

과제수행의 경우 경제 전반에 걸쳐서 주제가 나올 뿐 아니라 시사 주제도 나왔습니다. 제가 속한 조의
경우에는 미중 무역전쟁이 주제였는데, 전 선생님께서 말해주셨던 방안이나 미국의 카드와 우리나라
의 대중 대미 무역비중 등의 퍼센트를 외워가서 직접 발표한 부분이 유효했던 것 같습니다. 사실 면접
과 논술을 준비하면서 느낀 건데, 토론이나 과제수행 류의 면접은 기존에 상식과 기존에 미리미리 대비
해야 하는 것 같습니다. 전 선생님께서 보내주신 자료만 보고 갔는데 그게 정말 유효했던 것 같습니다.

◆ **2018년 '금융감독원' 합격후기**

금융감독원 시험에서 논술이 차지하는 비중이 매우 큽니다. 학술 200점 중 60점을 차지하고 있고(이번
시험의 경우 그림자 금융을 포함하면 90점) 일반논술 또한 별도로 존재합니다. 사실 주제 자체들은 관
심을 가진다면 전부 접할 수 있는 주제들이 대부분이기 때문에 금감원 시험에서 중요한 것은 모두가 아
는 주제를 어떻게 하면 차별화하여 심도 깊고, 논리성 있게 작성하는 가라고 생각합니다.
이러한 관점에서 김정환 선생님의 논술 수업과 피드백은 매우 큰 도움이 되었습니다.
특히 1년 간의 피드백 과정을 통해서 글의 논리성과 완결성을 크게 향상시킬 수 있었고 이는 단순히 일

금융기관 · 금융공기업 합격후기

'이것이 금융논술이다' 시리즈와 함께한

반논술뿐만 아니라 금융감독원 시험 서술자체에도 큰 도움이 되었습니다. 또한 이러한 지식들은 토대로 1차 실무면접에서도 큰 도움이 되었습니다.

▶ 2018년 '금융감독원' 합격후기

금공을 체계적으로 준비할 수 있도록 자소서 첨삭, 논술특강, 면접 컨설팅 등의 프로그램들이 슈페리어뱅커스에 있는 것을 확인하였고, 다른 분들의 후기들을 보며 2018년 8월 말 경에 퇴사 결심 후, 바로 선생님께 금융감독원 자소서 첨삭을 받고서 부족한 부분을 보완하였습니다. 9월에는 회사를 다니면서 필기준비를 하고, 주말에는 선생님의 논술 특강을 듣고서 혼자서 논술 써보는 연습을 했습니다. 특히, 논술 특강 시에 선생님께서 주요 이슈에 대하여 설명해주실 때 쉽게 이해하기 쉽게 설명해주셨고, 조금 더 넓은 시야로 볼 수 있도록 포인트를 잡아주셔서 너무 좋았습니다.

▶ 2018년 '기업은행' 합격후기

일단 저는 논술 강의와 면접 강의 두 가지를 들었습니다. 논술 강의는 논술 쓰는 방법도 도움이 됐지만, 무엇보다 배경지식이 부족한 저에게 도움이 많이 됐습니다. 혼자 공부하다 보면 금융권의 경우 조금 이해하기 어려운 부분들이 많았는데, 선생님께서 그런 부분들을 쉽고 재미있게 알려주셨습니다.

▶ 2018년 'SGI서울보증' 합격후기

저는 지식이 너무 부족하다고 생각해서 금융 상식 수업을 들었지만, 은행은 시험을 한 곳 밖에 치지 않았기 때문에 논술에 집중해서 말하겠습니다. 일단 결과적으로 하반기 논술이 포함되었던 필기는 전부 통과했습니다. 선생님 논술 수업에서 제가 가장 큰 도움을 받았던 것은

1) 가장 첫 수업 때 우리나라 경제 상황의 근본적인 문제들, 혹은 강점들을 잡아주셨던 것
2) 결론 부분 키워드
이 두 가지였습니다. 선생님께서 어떠한 주제가 출제되어도 적어도 결론은 쓸 수 있게 해주신다고 하셨는데 정말로 시험장에서 만능으로 쓰입니다.

개인적으로는
1)번 항목만 제대로 수업을 들어도 결론을 쓰는 게 어렵지 않을 것이라고 생각합니다. 결국 경제나 금융 문제는 모두 연결되어 있기 때문에 어떤 주제가 나와도 선생님께서 잡아주셨던 우리나라 경제의 큰 틀에 맞추어 글을 풀어나갈 수 있었습니다. 또한, 제가 굳이 외우려고 하지 않아도 지금 가장 중요한 이슈들을 수업 중에 계속 반복해주셔서 논술 시험장에 들어가서 자연스럽게 기억이 모두 떠올랐습니다. 그리고 사실 워낙 많은 주제들을 다 커버해주셔서 수업 때 배운 내용과 전혀 관련 없는 문제가 나올 일은 아예 없다고 보셔도 될 것 같습니다. 단순히 시험을 위한 공부를 떠나서 저는 선생님 수업이 경제에

대한 공부 자체로 참 좋았습니다. 선생님 수업을 들으면서 제가 평소에 가지고 있던 편견들, 잘못 알고 있던 부분들을 많이 인지하게 되었는데, 특히 금리에 관한 부분에서 제가 당연하게 생각하던 것들을 수업을 들으면서 잘못 알고 있었다는 걸 알았고 개인적으로 그게 굉장히 흥미로워서 따로 공부를 많이 했었습니다. 그런데 논술에서 금리와 관련하여 풀 수 있는 문제들이 나왔고 덕분에 막힘 없이 쓸 수 있었습니다. 금융권을 준비하시는 분들이라면 시험뿐만 아니라 기본적인 지식을 갖추기 위해서라도 선생님의 논술 수업을 들어보라고 추천하고 싶습니다.

▶ 2018년 '한국자산관리공사(캠코)' 합격후기

선생님, 안녕하세요. 드디어 제가 후기라는 것도 써보는 그런 날이 오네요. 물론, 제가 가장 원하던 1순위 기업에 취업을 한 건 아니지만, 그래도 캠코를 준비하시는 분, 금공을 준비하는 분들에게 조금이나마 도움이 되길 바라며 적습니다. 2017년도 여름, 처음 논술수업을 수강하고자 선생님을 뵈었을 때, 사실 강의만 듣는다고 다이내믹한 효과가 있을까? 싶었습니다. 논술수업 자체가 워낙 방대한 주제를 압축적으로 다루기에 사실 저는 수업을 들으면서 수업 따라가기도 힘들었으니까요. 하지만 결과적으로는 저는 덕분에 제 취준 기간이 1년 반 만에 끝나시 않았나 싶습니다. 비단 필기뿐만 아니라 면접에서도 엄청 도움이 돼서요.

수업시간에 설명해주신 것들 최대한 소화하려고 노력했고, 집에 와서는 수업을 바탕으로 보고서 같은 걸 찾아보면서 저만의 논술답안을 작성해 보았는데, 이 점이 정말 필기와 면접(특히 PT)에 있어서 많은 도움을 받았습니다. 이렇게 수업을 바탕으로 주제별로 나름의 생각을 정리해놓으니, PT면접 준비할 때도 그냥 기업과 연결만 하면 되니까 엄청 수월하게 준비했었거든요. 사실 캠코의 경우, 미금리인상, 보호무역, 블록체인, 가계부채 등 현재 경제·사회 이슈들과 공사를 연결하는 것들이 PT로 나왔기에, 배경지식을 알고 있냐 없냐가 사실상 PT의 퀄리티를 좌우하는 중요한 요소라고 생각합니다. 저 또한 1차 면접에서 면접관님들께 PT칭찬을 받은 것도 사실 논술준비로 저만의 생각을 미리 정리해 두었던 게 큰 도움이 되었습니다. 그리고 너무 재미 있었던 게, 2017년도에 수업을 수강하고, 2018년도에 준비할 때는 수업을 바탕으로 논술스터디를 꾸려서 준비했는데, 논술스터디원 4명이 모두 선생님 논술수업을 수강해서 웃겼습니다. 그분들 중에 저랑 동기가 된 분도 있습니다. 아무튼 다들 올해 잘 되어서 정말 다행이에요.

PART
01
논술학습법
기본 편

chapter 01

논제선정 및 논제분류

01 사전작업 – Category 선정작업

　공부해야 할 논제의 선정과 관련하여 많은 학생들이 난감해 하는 첫 번째 난관이 수많은 논제들을 어떻게 선정하고 어떻게 정리해야 할 지 엄두가 나지 않는 다는 것이다. 일반신문, 경제신문과 수많은 연구보고서들 등 정보들의 홍수 속에서 금융논술, 공기업논술 준비를 위한 논제를 선정하기는 물론 쉽지 않아 보인다. 또한 이 과정에서 학생들이 범하는 실수 중 하나는 새로운 이슈거리들을 어떻게 저장하고 활용할지 몰라서 좋은 논제를 발견해도 한 번 읽어만 보고 지나치고 있다는 점이다.

　이에, 논제의 선정을 위한 준비작업부터 제시하기로 한다.

1. 본인만의 대(大) 카테고리를 만들어야 한다. 필자는 기본적으로 우리나라를 둘러싼 각종 이슈들에 대하여 5가지로 카테고리를 선정하였다.

2. 국제 / 거시경제 / 금융 / 국내 제도 · 경제 / 국내 사회 · 문화가 바로 그 각각의 카테고리 이름이다.

3. 다음의 도표는 대(大) 카테고리 별로 논제들을 분류한 표이다.(2023년 기준)

국제	거시	금융기관 · 금융공기업
• 2023 미국 경제 • 미-중 기축통화전쟁 • 미국 신용등급 강등과 한국에 대한 시사점 • 엘리뇨와 애그플레이션 • 새로운 패권전쟁 CBDC • 중국 발 리스크 • 미 IRA와 이차전지 산업 • 미-중 반도체 전쟁 • 일본 경제성장과 통화정책 변화 • 무역적자 및 개선방안 • 글로벌 탑∧중립과 전한금융 • 한-미 금리 역전 • 미국 국채 장·단기 금리역전 • 보호무역주의 • 미-중 갈등의 원인 및 우리의 대응 • 디지털세(Digital Service Tax) • 탄소중립세	• 디플레이션 • 부채위기(통화, 금융, 재정) • 현금 없는 사회(Cashless Society) • 그림자금융(Shadow banking) • 신 환율전쟁(Currency war) • 외환위기와 외환모뉴액(Currency crisis and FOREX)	• 은행의 이자 장사 논란과 비이자 수익 전략 • SVB 사태와 우리의 대응방안 • 금융 건전성 점검부동산 PF 대출 부실 우려 • CFD(Contract for Difference) • ChatGPT • 마이데이터 • 애플(Apple) 인베이젼(Invasion) • 디지털 런(Digital Run) • 금융기관 자본성증권 리스크 점검 • 생활금융 플랫폼 • AI와 금융 • 조각투자 • 프롭테크(Prop-Tech) • 연체율과 금융기관 정책적 방안 • 은행의 중소기업 지원 및 정책적 방안 • 은행의 주요지표 분석 및 방향성 • 디지털화와 은행의 혁신 • ESG경영과 금융의 역할 • 경기불안과 금융안정 • 디지털 화폐와 CBDC • 빅테크의 금융업 진출 • 볼커룰과 바젤, 그리고 SIFIs-금융기관의 안정 • 은행세와 토빈세-금융기관의 안정 • 은행 리스크 관리(Risk management) • 금융의 공공성 • 정책금융의 방향 • 지식재산(IP) 금융 • 기후변화와 대출규제 • 금융감독 규제의 방향(금융감독원 감독체계의 방향)

국내경제/법	국내사회/문화	기타
• 코리아 디스카운트 • 한국경제 하방리스크 • 횡재세(Windfall Tax) • 최저임금(Minimum Wage) 인상 • 전세제도와 역전세 • 싱글세(독신세) • 가계부채 종합대책 • 후쿠시마 오염수 방류와 수산업 • 사형 제도와 가석방 없는 종신형 • 징병제와 모병제 • 새출발기금(부채탕감) • 주4일 근무제도와 재택근무 • 여성할당제 • 서비스산업 혁신 • 양극화와 은행의 방향	• 인구구조의 변화 • AI와 일자리 • 신재생에너지 • 젠더갈등 • 고령화와 1인 가구 증가 • 4차 산업혁명 • 출산율 감소	• 신문 읽기 • 경제연구소

4. 새롭게 찾아냈거나 그 내용이 바뀐 이슈들을 이처럼 항상 카테고리 표 안으로 정리하여 등재를 시켜 놓으면 주요 이슈들의 흐름을 놓치지 않게 된다.

5. 각각의 논제들을 신문기사와 연구소 자료들을 바탕으로 공부를 한 후, 카테고리에 채워나가는 방법이다.

02　본 작업 – 논제 선정을 위한 자료수집

이제는 선정된 카테고리를 채우기 위해 논제들을 선정하여야 한다. 많은 학생들은 경제신문을 활용하여 현안들과 이슈들을 파악하고 공부를 하는 편이다. 물론 경제신문은 그 자체로 훌륭한 논제들이 매일 넘쳐나고 있으며 또한 현재의 주요 이슈들이 반영된 훌륭한 자료의 보고다. 하지만 최근 주요 금융기관들과 공기업들의 논술 이슈들이 '경제' 부문에서 '사회/문화' 부문으로 다소 이동하고 있다는 점에서 경제신문만으로 시사를 익히는 것은 부족하다.

이에, 적절한 논제를 선정하기 위해 선행되어야 할 자료수집 방법에 대하여 제시하기로 한다.

1. 경제신문도 좋지만 일반신문을 구독하는 것을 추천한다. 일반신문을 권하는 이유는 두 가지이다.

첫째, 상술했던 것처럼 이제 논술의 주제가 비단 경제 부문에만 국한되지 않는다는 현재의 논술 기출 트렌드 때문이다. 사회현상과 문화에 대해서도 광범위한 고찰이 필요한데 이를 위해서는 일반신문이 보다 효과적이다.

둘째, 일반신문의 경제 섹션은 경제신문의 다이제스트이다. 매일 경제신문으로 싶게 공부하는 것도 방법이지만 시간의 효율성 면에서는 일반신문이 유리할 수 있다.

**2. 그러나 일반신문만을 구독할 경우 상대적으로 경제지식이 부족할 수 있다는 우려
가 생긴다.**

일반신문은 그냥 정보 수집용 정도로 읽어 볼 것을 권한다. 오히려 이제는 경제연구소 자료들을 함께 숙지할 필요가 있다. 각 대기업들의 경제연구소뿐 아니라 금융기관들의 연구소 자료들까지, 공부해야 할 내용들은 연구보고서 자료들만으로도 차고 넘친다. 따라서 금융권을 지원하는 학생들의 경우 은행들의 경제연구소 자료들에 대한 공부도 필수적이다. 일반적으로 경제연구소 자료들은 논제에 대한 보고서 작성이 더디지만, 신문들의 기사들에 비하면 그 깊이나 신뢰도는 우수하다. 꼭 기억하자. 신문은 정보수집용, 연구소 자료는 학습용이다.

chapter 02
금융논술, 공사논술 작성을 위한 기본 자세

01 논술시험은 반드시 정해진 시간 안에 완성되어야 한다

금융기관과 공기업 논술은 기관마다 다르지만, 60분 내외의 시간이 주어진다. 즉, 정해진 60분 내에 [서론 – 본론 – 결론]의 완성된 논술을 작성해야 합격의 확률이 높아지는 것이다. 학생들이 가장 많이 범하는 오류는 정해진 시간 안에 논술을 완성하지 못하는 경우이다. 이는 논술 채점에서 상당히 감점되며 따라서 합격 역시 어려워진다. 학생들이 시간 내 완성을 못하는 이유는 다음 두 가지가 대부분이다.

1. 장황한 서론

정해진 시간 안에 서론과 본론 그리고 결론을 전부를 작성하기 위해 시간과 분량을 각각에 적절히 배분하여야 하지만, 상당수의 학생들이 서론에 너무나 많은 시간을 할애하고 있다. 장황한 서론을 작성하여 결론까지 제대로 끝 맺지 못하는 경우가 발생하는 것이다. 또한 첫 문장을 어떻게 시작하여야 할지 정하지 못해서 꽤 많은 시간을 손해보기도 한다.

서론의 목적은 두 가지이다.

첫째, 흥미유발이며

둘째, 글 작성의 방향성 제시이다.

서론은 위 두 가지의 역할에 충실하면 된다. 서론에서 해당 이슈에 대한 '의미와 배경'을 쓰는 것에 대하여 나는 반대한다. 의미와 배경이 서론에 들어가면 전형적으로 용두사미 논술이 되며 방향성을 잃을 확률이 높아지기 때문이다.

2. 복잡한 인과관계

해당 이슈에 대하여 복잡한 인과관계를 장황하게 모두 다 설명하려 한다면 이른바 '인과관계의 늪'에서 헤어나오지 못하게 된다. 숲을 보고 나무를 확인해 나가야 하는 데 정작 나무들만 확인하나가 숲에서 못 빠져 나온 형국이다. 이론적인 설명을 또는 현상적인 설명을 너무 깊게 할 필요는 없다. 이를 위해서는 항상 구조적인 목차작업을 통하여 배분된 양만큼으로 논지의 흐름을 압축시킬 필요가 있다.

02 논술은 형식보다는 내용이 우선이다

학생들은 논술 작성에서 글의 형식에 얽매이는 경우가 많다. 기억해두자. 논술은 형식보다 내용이 우선이다. 형식은 그 이후의 부차적인 문제이다. 만약 형식을 지키지 않았지만 내용이 우수한 논술이 있다면 그 논술을 불합격시키지는 않을 것이다. 논술 작성시 형식을 따지기 보다는 좋은 구조와 글의 내용에 더 많은 공을 들일 것을 권장한다. 실제 학생들을 지도하면서 형식과 관련해 많이 받는 질문들은 다음과 같다.

Q1 논술을 꼭 형식적으로 index 없이 풀어서 줄 글로만 작성해야 하나요?

Answer 예를 들면, 'Ⅰ. 서론 / Ⅱ. 본론 / Ⅲ. 결론'의 형태로, 목차와 소제목들을 생략하고 계속 이어지는 산술문으로 글을 작성해야 하냐는 질문을 많이 받았다. 나의 대답은 "꼭 물 흐르듯한 줄글로 작성 안 해도 된다"는 것이다. 물론 최근의 금융권, 공기업의 논술의 대세는 산술문으로 글을 작성하는 것이다. 하지만 작성자가 목차를 활용하고 싶다면 활용해도 좋다. 또한 소제목을 써주고 싶다면 써주도록 하라. 논술의 핵심은 내용임을 다시 한 번 더 상기하자.

Q2 논술을 꼭 두괄식으로 작성해야 하나요?

Answer 채점자를 위해서 문단이나 단락에서 두괄식으로 작성하면 글의 가독성이 높아진다. 하지만 글을 작성하다보면 미괄식으로 작성해야 자연스러운 형태의 내용들도 상당히 많이 존재한다. 그러므로 나는 "굳이 두괄식으로의 작성을 권하지는 않는다." 은행이나 공기업의 논술 채점관은 두괄식의 문장들만 보고 채점할 정도로 설렁설렁하게 일하지 않는다. 반드시 두괄식을 고집해야 한다고 생각하지는 않는다. 두괄식은 자소서나 면접에서 필요한 방식이다.

Q3 여백을 많이 두는 것이 좋은가요?

Answer 단락이 바뀔 때에 여백을 두는 것에 대한 질문도 많다. 이에 대하여 나는 "가급적 여백을 두라"고 권한다. 물론 답안지 수량을 제한하는 논술도 있지만 그렇지 않은 경우에는 적절하게 여백을 활용하자. 그 이유는 다음의 두 가지 이다.

첫째, 빽빽이 작성된 논술보다는 적절한 여백을 두면 채점관의 가독성이 높아진다.

둘째, 적절한 여백은 마지막 퇴고단계에서 정정하고 수정할 수 있는 공간이 될 수 있다.

Q4 숫자, 영어, 한자는 활용하는 것이 좋은가요?

Answer 가급적 활용해주도록 한다. 특히 한자의 경우는 동음이의어 부분에서 사용해주면 글의 의미가 명확해진다. 예를 들면 '대중국수출'의 경우 '對중국수출'로 작성하면 채점관이 글을 내용을 파악하기에 훨씬 수월하다. 또한 숫자도 활용하면 논술의 신뢰도가 높아질 수 있다. 다만, 너무 많이 활용하거나 부정확한 수치를 쓰게되면 오히려 역효과를 줄 수도 있으니 강조할 부분 위주로 정확한 숫자를 활용해주자.

Q5 [서론-본론-결론]을 댓구 형식, 즉 서론 20%내외, 본론 60%내외, 결론 20% 내외로 작성하는 것이 좋을까요?

Answer 꼭 비율을 맞추어 글을 작성할 필요는 없다. 다시 말해 형식적으로 형식에 맞추기 위해 내용을 포기하거나 억지로 늘릴 필요는 없다는 것이다. 각 항목 당 비율이 맞으면 보기는 좋을지 모르나, 그 비율을 강제로 맞추기 위하여 내용을 희생시키는 우를 범해서는 안 된다. 여러 학생들의 논술을 검토하다 보면 결론이 훌륭한 학생의 논술이 확실히 돋보인다. 여기서 결론이 훌륭하다는 말은, 바꿔서 이야기하면 본론에서 해당 현상과 관련 이론들에 대한 수준 높은 파악과 이해를 보여주고 있으며 이를 바탕으로 결론에서 창의적인 아이디어와 방향성을 제시한다는 것이다. 반드시 기억해두자. 논술에서 가장 중요한 부분은 결론이다. 결론의 양이 서론보다 많다고 문제가 되지 않는다.

Q6 논술은 정답이 있나요?

Answer 논술에는 정답은 없다. 본인의 주장에 따른 논거가 명확하고, 인과관계가 설득력이 있으면 우수논술이 될 수 있다. 예를 들면, <경제민주화>가 논제로 주어졌을 때 많은 학생들이 중소기업지원, 서민금융지원으로 포커스를 맞추어 글을 작성한다. 하지만 이와는 완전히 다르게 대기업에 대한 일방적 규제강화가 아닌 시장참여자에 대한 균등한 기회제공을 위한 정책 마련으로 초점을 맞추어 논술을 작성한다 하더라도 논거에 타당성이 명확하다면 경쟁력 있는 논술이 될 수 있다.

chapter 03 금융/공기업 논술 작성법

01 Frame 작업(구조화 작업)

1. 구조화 작업의 의의

만약 논술 시험 시간이 60분으로 주어진다면 시간배분은 구조화 작업에 5분, 논술작성시간에 50분, 퇴고시간에 5분으로 배분하는 것이 이상적이다. 그런 의미에서 본다면 논술의 시작, 즉 구조화 작업은 글 작성을 시작하는 최초의 활동으로서 이에 따라 그 이후의 논술작성의 여부가 달린 만큼 가장 중요한 작업이라 할 수 있다. 구조화 작업이 필수적인 이유는 다음과 같다.

첫째, 일관적이고 방향성 있는 논술의 작성이 가능해진다. 구조화 작업을 생략하고 바로 글 작성에 들어가면 용두사미 논술이 되거나, 서론에서의 방향과는 전혀 엉뚱한 결론으로 도달하는 과녁 잃은 횡설수설 논술이 되기 쉽다.

둘째, 결론의 도출이 쉽다. 결론과 본론이라는 이정표를 세우는 구조화 작업 없이 논술을 생각과 의식의 흐름대로 작성하다 보면 마지막 결론 부분에서 어떤 말을 쓸지 몰라 머뭇거리는 경우가 많다. 이정표 없이 되는대로 글을 작성하면 일분 일초가 중요한 시험 시간에 결론의 도출을 위해 다시 서론과 본론을 읽는 답답한 짓을 해야 한다.

셋째, 목차작업부터 선행하여야만 연역적이고 논리적인 논술의 완성이 가능해진다. 일반적으로 의식 또는 생각의 흐름에만 의존해서 논술을 작성하게 되면 중언부언을 하거나 인과관계를 제대로 설명하지 못하는 경우가 많게 된다.

그러므로 논술에서 구조화 작업은 필수적이다. 구조화 작업 자체를 어렵게 생각하는 학생들이 많다. 하지만 구조화 작업은 결코 어려운 것이 아니다. 이는 글의 목차를 정하고 목차에 맞는 키워드들을 도출해 내는 작업이다.

2. 구조화 작업 순서 : 결론 → 본론의 순서로 진행한다. 이때 서론은 구조화 작업 할 필요가 없다.

📈 결론

시험장에서 논제를 받아보고 나서 시작할 구조화 작업의 첫 단계는 "결론의 Keywords들부터 도출하는 것"이다. 키워드가 바로 생각나지 않는다면 구조화 작업시간을 연장해서라도 결론의 key word들을 반드시 생각해 내야 한다.

논제에 적합한 결론을 1번 key Word, 2번 Key Word, 3번 key word 순으로 미리 정리해야 한다. 구조화 작업에서 결론부터 먼저 구조를 잡고 키워드를 도출해내야 하는 이유는 다음과 같다.

첫째, 결론은 논술에서 가장 중요한 부분이기 때문이다. 결론은 논고의 생각과 주장이 펼쳐지는 부분으로 논술의 백미이다. 그러므로 가장 중요한 부분을 가장 먼저 도출하여 논술을 채점할 때 가장 비중 있게 다루어지는 결론에서 점수를 챙겨야 한다. 일반적으로 논술 채점 시 결론의 배점이 가장 높다. 당연히 높은 평가를 받기 위해서 가장 비중이 높은 결론의 구조와 키워드 도출을 제일 먼저 하여야 할 필요가 있다,

둘째, 논술시험 마지막 10분이 남으면 학생들은 당황하기 시작한다. 아마 대부분의 학생들은 결론까지 도달하지 못하고 본론의 작성에 열중하고 있었을 것이다. 이런 상황에서 남겨

진 10분이라는 시간 내에 급하게 결론을 떠올려 도출하는 것 자체가 쉽지 않을 뿐만 아니라, 설령 결론을 도출한다고 하더라도 급하게 작성한 만큼 불분명하고 추상적인 결론으로 용두사미 형태의 논술로 흘러갈 확률이 높아진다. 논술에서 가장 중요한 결론을 가장 시간이 많은 논술시험의 시작 시간에 떠올리고 정리를 해 놓아야 한다. 이렇게 진행되어야 마지막 10분이 남아도 당황하지 않고 차분히 본론을 마무리 짓고, 미리 구상한 구조화 작업에서 도출해 낸 체계적인 결론의 작성까지 가능하게 된다. 다시 한 번 강조하지만, 결론을 작성하지 못한 논술은 합격과는 거리가 멀어지게 된다는 점을 명심하자.

📈 본론

결론의 구조화 작업이 끝나면 그 다음으로 해야 할 부분이 본론의 구조화 작업이다. 즉, 구조화 작업은 논술의 작성과는 거꾸로 진행되는 셈이다. 결론의 구조화 작업이 끝나고 다음으로 본론의 구조화 작업을 하는 이유는 다음과 같다.

첫째, 서론은 구조화 작업을 할 필요가 없기 때문이다. 서론은 구조화 작업 없이 바로 실전 작성으로 들어가면 된다. 서론에 대해서는 추후 설명하겠다.

둘째, 본론은 키워드보다는 "글의 골격을 세우는 것"에 초점을 맞춰 구조화 작업이 진행되어야 하며, 이는 결론 다음으로 중요한 작업이므로 구조화 작업의 두 번째로 배치되는 것이다.

일반적으로 본론의 골격은 세 부분으로 나눌 수 있다.

본론의 골격	1. 배경과 의미	2. 본론의 본론	3. 본론의 소결론

본론의 골격 중 논제에 대한 배경과 의미를 먼저 언급할 것을 권한다. 그러나 이에 대하여 '의미와 배경은 서론에 배치하여야 하는 것이 좋다'는 이견도 있다. 하지만 의미와 배경은 본론의 시작에서 다루어주는 것이 효과적이다. 그 이유는 다음과 같다.

첫째, 서론에서 의미와 배경을 서술하면 서론 자체가 복잡해질 수 있다. 서론은 가급적 깔끔하며 명료하여야 한다. 서론을 쉽게 끝맺지 못한다면 본론과 결론에서 상당한 시간압박을 받게 될 것이다.

둘째, 서론은 현상, 인용, 근거 등 흥미를 끌 수 있는 내용으로 구성되는 것이 좋다. 본격적으로 이론이 시작되는 본론에서 논제에 대한 의미와 배경을 기술하는 것이 훨씬 안정적이다.

본론의 본론은 말 그대로 논술에서의 몸통부분이다. 이론과 지식, 그리고 이를 뒷받침하는 인과관계가 명확하게 드러나야 하는 부분이다. 본론의 본론, 즉 본론의 몸통 부분에서의 목차 작업은 크게 세가지 정도로 구성 가능하다.

1) 비교 또는 대조의 논제인 경우 : 단순 전개

이런 유형의 논제들의 경우 목차의 작업이 어려워 보인다. 예를 들면 과거 기업은행 논술문제였던 '싸이와 원더걸스를 비교하여 싸이의 성공요인에 대하여 논하라" 같은 경우 목차 작업에서 혼선이 올 수 있다. 이러한 경우 구조화 작업은 단순히 전개히면 된다.

① 싸이의 특성과 원더걸스의 특성

② 싸이와 원더걸스의 공통점

③ 싸이와 원더걸스의 차이점

즉, 비교와 대조 논제는 항상 비교대상 각각의 특성과 공통점 및 차이점을 착안함으로 논술을 작성하면 좋다.

2) 일반적인 논제의 경우: 나열식 서술

본론에서 사용되는 대부분의 전개형식이며 구조다. 예를 들면, 미국의 양적긴축이 한국경제에 미치는 영향에 대해서 서술하고자 할 때에

1. 환율	2. 금리	3. 주가	4. 실물경제

상기 방식으로 나열시키는 방법이다. 이는 가장 보편적인 전개이다.

3) 슈페리어뱅커스에서 권하는 방식: 긍정적인 면 **vs.** 부정적인 면

어떤 현상이든 사건이든, 무조건 좋기만 하거나 무조건 나쁘기만 한 것은 없다. 모든 현상과 사건에는 긍정적인 면과 부정적인 면이 상존한다. 논술 작성에서는 이러한 긍정적인 면과 부정적인 면을 고루 서술하는 것이 좋다.

첫째, 긍정과 부정을 잘 고찰한 논술의 경우 논고의 사고가 어떠한 현상을 바라볼 때 여러 측면으로 분석할 수 있는 시야를 가진 객관적이고 합리적인 사고의 소유자라는 인상을 준다. 자신의 주장을 펼칠 때에 좀 더 신중하다는 이미지를 심어줄 수 있다는 것이다.

둘째, 이는 채점관에게 익숙한 글의 구조다. 여러분들이 원하는 금융기관이나 공기업의 경우, 대부분의 여신품의서나 보고서에는 긍정적인 면과 부정적인 면을 함께 고찰하는 형태의 내용들이 포함되어 있기 마련이다. 따라서 이렇게 작성된 글을 읽는 채점관의 입장에서는 익숙함으로 인해 가독성이 높을 뿐 아니라 해당 논술에 대해 호감을 갖게 될 수 있다.

TIP

다만, 긍정적인 면과 부정적인 면을 고찰해서 본론에 서술할 때에는 이를 정확히 5:5의 비중으로 작성하기 보다는 본인의 주장과 일치하는 쪽에 높은 비중을 두어 7:3 이나 8:2 정도로 서술하면 좀 더 나의 주장이 돋보일 수 있다.

본론의 소결론 작성은 지금까지 작성되었던 본론의 내용들을 요약하는 것이다. 경우에 따라서는 본론의 소결론 작성을 생략해도 무방하다. 다만, 본론의 소결론을 작성할 때 결론의 내용과 동일하게 구성해서는 안된다. 본론의 소결론 내용이 다시 결론에 나오게 되면 중언부언의 느낌을 주며 채점관으로 하여금 논술의 양을 늘리기 위하여 억지로 결론을 작성한 듯한 인상과 작성자의 생각의 한계가 여기까지라는 부정적인 이미지를 심어줄 수 있다. 그러므로 본론의 소결론에서는 결론의 내용과는 다른 방향의 글을 작성해주어야 할 것이다. 예를 들면 본론의 소결론에서는 '한국 경제에 미치는 영향'을 언급하였다면, 결론에서는 '은행 또는 정부의 역할'을 언급하는 형태로 방향성을 바꾸는 방법이 적절하다.

⊞ 서론

　　서론은 상술한대로 별도의 구조화 작업이 필요 없다. 바로 논술 작성을 시작하면 된다. 문제는 대다수의 학생들이 서론의 첫 문장을 작성하는 데 많은 고민을 하며 아까운 작성 시간을 낭비한다는 점이다. 그러나 서론의 첫 문장을 고민하고 있기에는 논술시험 시간이 절대적으로 부족하다. 따라서 만일 서론의 첫 문장이 떠오르지 않는다면 아래의 형태를 고려해 주도록 한다.

> 최근(오늘날) ○○에 대한 문제가 ○○으로 인하여
> 상당한 논란이 되고 있다(문제가 되고 있다).

　　대다수의 논제들은 최신 사건이나 현상들에 대한 것이므로 "최근" 또는 "오늘날"로 시작하면 문제 없는 경우가 많다. 첫 문장과 동시에 적절한 인용구나 현상에 대한 흥미로운 부연 설명 1 ~ 2개의 문장이 이어지면 더욱 좋다.

02

논술학습법

심화 편

chapter 01 | 논술공부는 언제 시작해야 하는가?

근 10년간 금융논술을 지도하면서 금융기관 취업준비생에게 가장 많이 듣는 질문 중에 하나는 "금융논술은 언제부터 준비해야 하냐는?" 것이다.

물론 금융논술 준비는 오늘 이 순간부터 바로 준비하시는 것이 가장 좋다. 왜냐하면, 금융논술 책을 열기 시작하는 순간, 예상보다 훨씬 공부해야 할 내용들이 많다 보니, 지원자들이 준비가 늦으면 늦을수록 당황하게 되며, 주제별 심도 있는 공부가 불가능해지기 때문이다.

그런 이유로 차일피일 금융논술 공부를 미루기 시작하고, 막판에 가서야 찍기 공부를 시작한다. 10여개 주제를 찍어서 공부해보고, 실전에서 알면 쓰고 모르는 것이 나오면 내년을 기약하는 것이다.

상술했듯 원론적인 내 생각은 금융논술 준비의 최적기는 현재 이 시점부터 바로 금융논술 준비를 하라고 권하지만, 금융논술 전형의 시기를 고려해 답변을 하자면 하반기 전형의 경우, 늦어도 금융논술 공부를 시작하셔야 하는 시점은 6월 아니면 늦어도 7월이이며, 상반기 전형의 경우, 늦어도 금융논술 공부를 시작하셔야 하는 시점은 1월 아니면 늦어도 2월이다. 그 이유는

1. 하반기 금융공기업 A매치 같은 경우, 매년 10월 중순 필기전형이 있었지만, 2020년 코로나 사태를 계기로 9월 중순으로 필기전형일이 1개월 정도 앞당겨 졌기 때문이다. 한국은행, 산업은행, 수출입은행, 한국거래소 등 주요 금융공기업은 2년째 9월 전형을 운영하고 있다. 따라서 최소한 전형 3개월전부터는 금융논술 준비를 시작해야 한다.

2. 즉, 6월부터 금융논술 준비를 시작하고, 7월 말 정도까지는 최소한 기본 논제들에 대한 학습은 마무리 지어야 한다. 소위 말하는 기출 빈도가 높고, 한국 경제와 금융상황을 고려했을 때, 상당히 중요한(물론 좀 오래된 논제들이 될 것이다) 논제들은 미리 공부해 놓을 필요가 있기 때문이다. 왜냐하면, 기본논제들에 대한 출제빈도는 시대를 막론하고 꾸준히 출제되고 있다.

3. 그리고 최소한 7월 말부터는 최신 논제들을 공부해야 한다. 최신 논제들은 확실히 금융논술전형에서 잘 출제된다.

4. 상반기 전형의 경우, 정해진 A매치 데이 같은 개념이 없다. 금공기관별로 전형일정을 자유롭게 선정하는 편이다. 따라서, 언제인지 알 수 없기 때문에 미리 금융논술을 준비해야 한다. 예상보다 일찍 필기전형을 볼 수도 있다. 1월 또는 늦어도 2월에는 금융논술 공부를 시작해야 하는 이유이다.

5. 리스크 관리는 엄밀히 말하면 "시간 관리"를 의미한다. 금융기관의 리스크 관리에서의 핵심이 "조기경보시스템 구축"임을 감안한다면, 금융기관 또한 리스크를 사전에 감지하고 미리 대비함을 중요시 여김을 알 수 있다.

6. 이렇듯 금융논술 준비 또한 미리 준비하는 것이 왕도이다. 그리고 이러한 금융논술 준비는 최소 6월과 1월에는 시작해야 소기의 성과를 낼 가능성이 높아진다.

chapter 02

자료 수집 방법(심화)

슈페리어뱅커스의 금유논술 교재 [이것이 금융논술이다] 시리즈의 각 논제들은 매년 금융공기업이나 은행의 금융논술 전형에서 단골로 금융논술 주제들로 출제되었다. 최근 금융논술전형에서도 이러한 높은 적중율은 이어지고 있다.

2025년 상반기 금융기관별 금융논술 기출 분석

2025년 상반기 금융논술의 경우, 상대적으로 예측이 쉬운 편이었다.

1. 대내외 정치적, 경제적, 사회적으로 불안요소가 가 중되었으므로 불확실성 관련 논제 출제 가능성이 높았다.

2. 2025년 상반기 연구소 보고서들의 30% 이상이 "트럼프의 관세정책"이었을 정도로 트럼프노믹스 2.0은 주요 화두였다.

3. 트럼프 관세정책에 반하는 미국 연방준비제도의 기준금리 정책 또한 관심사였다.

결과적으로 상기 3가지 사안이 중심이 되어 2025년 상반기 금융논술로 출제되었다.

<수출입은행>

2025 수출입은행 일반논술 복기

제시문1) 우리나라 수출의존도가 높다는 내용

제시문2) 디커플링, 디리스킹 개념의 제시

제시문3) 미 트럼프 관세 부과 행태

문제 1> 제시문 1에 기반하여서 우리나라가 제시문 2에 제시된 두 개념 중 어떤 걸 채택해

　　　　아하나 의견을 말해라

문제2> 제시문 3에 의해서 1. 우리나라 및 2.미국에 미칠 영향을 각각 키워드 2개 이상 포

　　　　함하여 서술하라키워드 : 인플레이션,자국 보호주의,수출 감소, esg 경영, 자본유

　　　　입, 일자리 감소 등

문제3> 관세 부과 정책에 대한 한국수출입은행의 역할

<산업은행>

1. A의 상황을 B를 활용하여 해결하는 방식으로 서술하되

2. B방식의 긍정적인 점과 부정적인 점도 서술하여

3. 그 과정에서 C를 이용해서 B의 보완점도 같이 서술해달라는 내용이었습니다.

　　A 지문은 '현대 시대가 불확실성의 시대다.'라는 내용으로 서술되어 있었고

　　B 지문은 모건 하우절 '불변의 법칙' 발췌문으로, 휴리스틱적 사고에 대해 서술되어 있

　　　었습니다.

　　C 지문은 일본 저자분이 쓴 책이었는데 데이터를 이용한 통계적 사고에 관한 내용이

　　　었습니다.

<한국증권금융>

미국의 금리인하가 한국의 성장, 물가, 환율, 가계부채에 미치는 영향을 논하라.

<신용보증기금>

논술 : 트럼프관세로 인해 우리기업들이 피해를 받는 데, 이에 대한 신보의 대응방안

약술 : 노동공급선이 후반굴절 할 수 있는 이유

■ **2024년 상반기 주요 금융공기업 금융논술 기출은 다음과 같다.**

▶ **2024 상반기 '수출입은행' 금융논술 주제**

8. 일반논술(20점)

(A) 공급망 3법, 한국이 핵심광물자원 보호를 위한 법 제정 관련 지문

(B) 자유무역주의, 무역 시장 개방을 주장하는 자유무역주의 입장 관련 지문

(C) 보호무역주의, 보호무역주의 입장과 미국의 IRA법 관련 지문

8-1. A의 법 제정이 기업, 국가, 소비자가 받을 이익 2개 서술

8-2. 위 (A) (공급망 보호 예시)는 B와 C중 어느 의견을 택하고 있는지 다음의 단어 3

가지 이상을 써서 서술하고

[민영화, 고용안정, 신자유주의, 탈규제, 자국산업보호, 다국적기업 성장, 보호무역, 리

쇼어링 등]

8-3. (B) (자유무역주의), (C) (보호무역주의) 중 현 정세에 더 적합한 의견은 무엇인지

자신의 생각을 적고, 이 과정에서 수은의 역할을 사례를 들어 설명하시오.

→『이것이 금융논술이다 8.0 – 국제거시 편』관련 주제

- Chapter 14. 보호무역주의

- Chapter 7. 미 IRA과 이차전지 산업

- Chapter 8. 미-중 반도체 전쟁

기술_토목직렬 논술

- 주제 : 미-중 무역 갈등 관련하여 반도체에 필요한 산업금속 관련 법안 개정

- 형식 : 위 주제 관련 지문 1개와 관련하여 2가지 상반된 이론 지문 2개 제시

- 문제 : 총 3가지 문제로 1) 개정 법안 관련 자신의 의견, 2) 어느 이론에 더 부합하는지(제시된 단어 3가지 사용), 3) 수출입은행이 취해야 할 자세(예시포함)

→『이것이 금융논술이다 8.0 – 국제거시 편』관련 주제

- Chapter 8. 미-중 반도체 전쟁

▶ **2024년 상반기 '산업은행' 금융논술 주제**

가. 이오니아섬 환경이 달리서 소통의 다양힘 → 우주 등 원리와 발전

나. 디지털 환경. 모두 AI에 맡겨야

1. 가와 나를 비교

2. 자신의 입장을 밝혀라

다양성 및 획일성 관련 논술지문으로 연관 주제는,

→『이것이 금융논술이다 8.0 – 국제거시 편』관련 주제

- Chapter 03. 현금 없는 사회

→『이것이 금융논술이다 8.0 금융기관 · 금융공기업 편』관련 주제

- Chapter 12. AI와 금융

- Chapter 18. 디지털화와 은행의 혁신

→『이것이 금융논술이다 8.0 국내이슈 편』관련 주제

- Chapter 10. AI와 일자리

■ **2024년 상반기 금융논술 기출의 경향 및 함의점은 다음과 같다.**

1. 복합논제의 출제이다. 금융기관별로 차이는 있지만 단일 논제는 점점 줄어들고 있다.

→ 10~15개 논제를 찍어서 암기하며 공부하는 방법은 실패의 가능성이 높아짐을 의미

한다. 몇몇 분들은 족집게 방식으로 이것들만 공부하면 된다는 식으로 접근하지만 이는 상당히 위험한 방식이다.

→ 이미 슈페리어뱅커스에서는 [이것이 금융논술이다] 시리즈 개정을 통해 매년 70여 개 이상의 논제를 수업과 책에서 다루고 있다. 최소한 이 정도는 공부를 해야 금융논술뿐만이 아니라, 면접에서 효과를 발휘할 수 있다. 예를 들면 2024년 상반기 '수출입은행' 면접에서 <주 4일 근무제>가 주제로 주어졌다. 이 주제는 이미 [이것이 금융논술이다] 시리즈에서 다룬 논제이다. 그리고 2024년 '신한은행' 면접에서는 [이것이 금융논술이다 - 국내이슈 편]에서 다룬 <자사주 소각> 문제가 주어졌다. 2024년 '새마을금고중앙회' PT주제는 <저출산 대책>이고, 이는 [이것이 금융논술이다 - 국내이슈 편]에서 다룬 논제이다. 한편 '새마을금고중앙회' 1차 면접 중 토론면접 주제는 <촉법소년 찬반>이었다. 이 또한 [이것이 금융논술이다 – 국내이슈 편]에서 다룬 논제이다.

→ 기초지식부터 채운 후, 최대한 다양하게 쌓아가는 방식의 금융논술을 해야 한다.

→ 특히, 기초지식의 경우 금융지식이 중요하다.

금융규제, 금융시스템, 금융실무에 대한 공부는 확실히 다져놓아야 한다. 이러한 토대가 금융논술이나 면접에서 큰 차이를 만든다. 금융지식은 금융권 출신 선생님들의 강의나 교재를 선택하는 것이 중요하다. 금융권에서 실제 여신이나 수출입 업무를 해보지 않은 경우, 여러분 수준에서 피상적으로 금융적 해결책을 도출하게 되고 이는 논술뿐만 아니라 면접에서 큰 손해를 보게 될 가능성이 높기 때문이다.

2. 통찰력이 중요하다. 다양한 논제들을 깊이 있게 공부했을 때 논제간 연결고리와 통찰력이 생긴다.

→ 통찰력으로 문제를 해결해야 한다.

→ 답정너 방식의 암기는 더 이상 금융논술에서 고득점을 받기 어렵게 바뀌었다.

3. 족집게 방식은 더 이상 경쟁력이 없어지고 있음을 강조하고 싶다.

한편, 2024년 상반기 '신용보증기금', '금융투자협회', 'IBK캐피탈', '예탁결제원'의 금

융논술 기출 질문들은 다음과 같다.

▶ **2024년 '신용보증기금' 기출문제**

1. 워크아웃 제도의 의미와 특징, P-CBO 의미와 특징, 신보가 P-CBO 손실을 최소화
   할 수 있는 방안 및 예방 방안

   → 워크아웃 제도는 슈페리어뱅커스의 금융논술 각론반에서 PF금융 파트에서 태영
   건설 사례를 수업하면서 강조한 바 있다. P-CBO는 이미 신용보증기금 자소서 약
   식논술에서 자주 출제된 내용이다.

2. DSR 제도의 의미, DSR이 금융소비자에게 미치는 영향

   → 『이것이 금융논술이다 8.0 – 국내이슈 편』 <Chapter 8. 가계부채 종합대책>에
   DSR의 의미가 실려있다.

▶ **2024년 '금융투자협회' 기출문제**

주제 : 코리아디스카운트

→ 『이것이 금융논술이다 8.0 – 국내이슈 편』 <Chapter 1. 코리아디스카운트>에 실려
   있다.

▶ **2024년 'IBK캐피탈' 기출문제**

주제 : 20년 후 주력산업 3가지

→ 『이것이 금융논술이다 8.0 – 국제거시 편』 <Chapter 7. 이차전지>, < Chapter 8. 반도
   체산업>등에서 다루고 있다. 이미 금융논술 강의를 통해 최근 논술이나 면접에서의
   흐름이 특정산업에 대한 지식들을 요한다고 강조한 바 있다.

▶ **2024년 '예탁결제원' 기출문제**

주제 : 기술특례상장

→ 기술특례상장 제도는 슈페리어뱅커스의 금융논술 총론반에서 2019년 이후 꾸준히 장점과 단점을 명쾌하게 해설하는 부분이다.

2024년 하반기 금융기관별 금융논술 기출 분석

1. IT기업들의 디지털 독과점 문제의 원인, 기존 독과점 규제의 문제점, 독과점 규제 개편방안

2. 정치 포퓰리즘 문제의 원인과 대응방안 (가짜뉴스, 양극화, 정치신뢰도 하락이 제시문에 나옴)

　이것이 금융논술이다 9.0 금융기관편 <ch27 빅테크의 금융업 진출편> 참조

　IT독과점 문제는 결국 정보의 독점문제로 이어질 소지가 높아진다.

　정치 포퓰리즘 문제는 <금융논술 총론반>에서 다루는 쟁점 중 한 가지이다. 특히 선한 목적이 선한 결과가 나오지 않을 수 있음에 대한 포퓰리즘식 접근의 위험성을 금융논술 사례인 <민주화와 양극화>에서 심도있게 다루었다.

<SGI>

제시문: 한국은행의 금리 인하 관련

1-(1) 금리 인하가 우리나라에 미치는 영향(가계소비, 기업의 투자, 국제수지, 부동산, 가계부채)

1-(2) 금리 인하가 보험영업, 투자영업에 미치는 영향과 SGI서울보증에 미치는 영향

　금리인하 논제는 2024년 하반기 예상되는 논제였다. 이것이 금융논술이다 9.0 국제편 CH 1 <미국의 금리인하> 편에서 자세히 다루었다.

<한국증권금융>

AI

금투세(이공계)

AI 논제는 한국증권금융에서도 출제되었다. 이것이 금융논술이다. 9.0 금융기관편에서는 2개의 Chapter를 AI 문제점 및 생성형 AI에 할당했다.

금투세도 올해 주요 쟁점이었다. 이것이 금융논술이다 9.0 금융기관편 CH 7에서 별도의 논제로 할당해서 다루었다.

<한국거래소>

논술 1. 공매도 필요성

　　　제시문: 두산 로보틱스 사례와 두산밥캣 사례 제시, 00뱅크 주가 공매도+경영 이슈로 급격히 하락한 사례

논술 2. 밸류업 프로그램을 위한 ESG공시의 역할과 필요성

　　　제시문: 밸류업 프로그램 시행 이후 외국인 순매수세 증가하고 있다는 기사문 2개

　　　　　1. 공매도 제도는 슈페리어뱅커스의 이것이 금융논술이다. 금융기관편 6.0~7.0 에서 다룬 논제이다. 그리고 이에 더해 이것이 금융논술이다 8.0과 9.0에서는 코리아 디스카운트 등의 챕터에서 이에 대한 해결방안까지 제시하였다.

　　　　　2. 밸류업 프로그램은 2024년 상하반기를 거쳐 지속 출제되었던 논제이다. 이것이 금융논술이다 9.0국내편에서 해당논제를 다루었다. 특히 밸류업 지수 관련 문제점을 ESG 측면에서 재심사해야 한다고 금융논술 각론반에서 강조한 바 있다.

<한국은행>

생성형 AI가 현대 정치사회에 미치는 긍정적, 부정적 영향과 해결방안을 서술하시오.

(제시문)

1. AI, 생성형AI의 정의, 언어모델에서 많이 활용되고 있음

2. 전자민주주의의 정의, 전자투표와 같이 단순히 디지털기기를 사용한 정치를 넘어서, 디지털 기술을 활용하여 대의민주주의의 한계를 극복

　　AI는 올해 가장 hot 한 논제이다. 남들도 다 알고 있는 논제인만큼 이에 대한 깊이나 응용력을 더 요구했다. 이것이 금융논술이다. 9.0 금융기관편에서는 2개의 Chapter를 AI 문제점 및 생성형 AI에 할당했다. 대의민주주의 제도는 금융논술 총론반에서 직접민주주의와의 차이를 언급했으며 직접민주주의의 한계를 설명했다.

<산업은행>

(가)를 참조하여 기성세대에 대해 청년세대를 비교분석하고

(나), (다)를 참조하여 조직문화 개편방안 작성

(가) 청년세대 기성세대 특징

(나) 조직에서 개인이 활약할 수 있는 기회를 제공하면 좋은 점들

(다) 아마존의 멘토멘티제도(멘토를 선등록하면 후배가 보고 맘에 드는 선배 선택)

조직문화 관련 질문이다. 원래는 금융공기업과 은행 단골 면접질문인데, 2024년 산업은행에서 논제화 하였다. 특히 중요한 것은 조직문화 개편 방안인데 이 부분은 「이것이 금융논술이다 9.0 - 국내이슈 편」 Chapter 19. 주4일 근무제와 유연근무제에서 디테일하게 다루었다.

<수출입은행>

공공기관 지방이전 장단점과 공공기관의 지방균형발전 방안을 제시하라

이 논제는 「이것이 금융논술이다 9.0 - 국내이슈 편」 Chapter 8 지역균형발전에서 다룬 논제이다.

<신용보증기금>

서술: AI 도입 리스크와 대비방안

「이것이 금융논술이다 9.0 - 금융기관 · 금융공기업 편」 금융기관편에서는 2개의 Chapter를
AI 문제점 및 생성형 AI에 할당했다.

-이공계-

서술: 9월 미국 연준에서 기준금리 0.5% 인하한 지문 주어짐

빅컷에 대해서 정의하고 1)빅컷이 미국 경제에 미치는 영향 2)빅컷이 세계 금융시장에 미치
는 영향 3)빅컷이 한국 경제에 미치는 영향을 서술하기

「이것이 금융논술이다. 9.0 국제기시 편」에서는 Chapter 1에시 이 논제를 다루있다.

2023년 하반기 금융논술 기출 분석

■ **2023년 하반기 주요 금융공기업과 은행의 금융논술 출제 문항은 다음과 같다.**

1. 금융논술 기출은 최신 이슈들이 곧 잘 출제되지만, 늘 최신이슈만 출제되는 것은 아니
   다. 2023년 금융기관 금융논술 논제들만 보더라도, ESG나 초고령 사회, 가계부채, 기준
   금리 같은 논제가 또 나왔고 상당히 오래된 논제들이다.

2. 많은 지원자들이 최신 이슈들만 챙기지만, 중요한 것은 기초 지식과 과거의 흐름들이
   다. 그래서 찍기식 금융논술준비는 좋은 방법이 아니다는 점을 강조하고 싶다. 전체를
   알고 기초를 닦는 것이 중요하다. 그리고 그러한 학습을 위한 첫 걸음은 연역법적 논제
   접근법이라고 말하고 싶다.

3. 실제 슈페리어뱅커스의 금융논술 총론반 수업을 수강한 지원자들의 경우, 여러 논제들
   의 연계성과 결론 도출방법 수업 덕분에 다양한 금융논술 논제에 대한 대응력이 높아졌
   다고 평가한다. 실제 총론반에서 다루는 많은 내용들이 논제로 출제되는 경우가 많다.

또한 [이것이 금융논술이다] 시리즈는 전 권을 꼼꼼히 공부하면 복합논제나 응용논제
가 나와도 어렵지 않게 접근할 수 있게 된다.

4. 금융논술 공부는 넓게 하고 원리와 연계점을 잘 도출해야 하는 이유를 다음 2023년 금
융기관별 금융논술 기출문제들을 보면서 확인하면 좋겠다. 특히, 산업은행 논제들 같
은 경우, 단일논제가 아니라 복합논제이다. 찍어서 공부하는 것이 큰 의미가 없음을 알
수 있게 된다.

▶ **2023년 '금감원' 논술 택 1 기출문제**

1. 탄소세 도입이 기업에너지 사용에 미칠 영향과(대기업에 면죄부가 된다는)제시문을
바탕으로 기업의 비용편익 판단에 의해 효과적일 것. 탄소배출권이 거래의 대상으로
전락한다는 제시문을 기반으로 비판하라.

  →『이것이 금융논술이다 8.0』관련 논제 수록

  국제거시 편 Chapter 11. 글로벌 탄소중립과 전환금융

  국제거시 편 Chapter 17. 탄소중립세

  금융기관·금융공기업 편 Chapter 29. 기후변화와 환경규제

  국내이슈 편 Chapter 14. 신재생에너지

2. 우리나라가 초고령 사회에 진입한 상황에서, 보험료율은 낮고, 소득대체율은 그에
비해 높다. 그러나 실질적인 체감이 높지 않으니, 소득대체율을 더 높이는 개혁을 하
자. 이에 관해 복수의 근거를 바탕으로 자신의 주장을 개진할 것.

  → 이것이 금융논술이다 8.0 관련 논제 수록

  국내이슈 편 Chapter 19. 고령화와 1인 가구 증가

  →『이것이 금융논술이다 5.0』관련 논제 수록

  금융기관 · 금융공기업 편 Chapter 13. 국민연금개혁

▶ **2023년 '신보' 논술 택 1 기출문제**

1. 부실채권과 연체율이 급증하고 있다는 기사를 주고, 부실기업을 다양하게 정의하고

　부실기업을 예측할 수 있는 여러 방안을 제시해보라.

2. ESG 중 G는 잘 실현되지 못하고 있는데, 중소기업의 G에 대해 논하고 기업의 대리

　인 문제와 엮어서 논하라.

　　→ 이것이 금융논술이다 8.0 관련 논제 수록

　　　금융기관 · 금융공기업 편 Chapter 19. ESG경영과 금융의 역할

　　→ 이것이 금융논술이다 7.0 관련 논제 수록

　　　국제이슈 편 Chapter 13. 글로벌 금융기관의 ESG경영과 그린워싱

▶ **2023년 '한국증권금융' 기출문제**

1. SVB 사태 과정을 미국채권시장을 이용해서 설명. 예금보호 한도상향을 은행에서 위

　험을 감수하며 하려는지?

　　→ 이것이 금융논술이다 8.0 관련 논제 수록

　　　금융기관 · 금융공기업 편 Chapter 2. SVB사태와 우리의 대응방안

　　　금융기관 · 금융공기업 편 Chapter 9. 디지털 런

2. 가계부채 증가 환경 그것이 거시경제에 미치는 영향 금융기업의 대응책. 한국과 일

　본의 잃어버린 30년 유사점과 차이점은?

　　→ 이것이 금융논술이다 8.0 관련 논제 수록

　　　국내이슈 편 Chapter 8. 가계부채 종합대책

▶ **2023년 '농협손보' 논술 기출문제**

- 한 · 미 경제당국은 2022~2023년 기준금리를 조정하였다.

　뉴스 도표(한 · 미 최근 2년 기준금리 변화)를 보고,

1) 기준금리가 의미하는 바는 무엇인지 기술하시오.

2) 한 · 미가 2022~2023년 기준금리를 올린 이유는 무엇인지, 영향은 무엇인지 기술하시오.

3) 향후 한국의 금리 변화가 어떻게 변화할 것 같은지 작성자의 의견을 기술하시오.

　→ 이것이 금융논술이다 8.0 관련 논제 수록

　　국제이슈 편 Chapter 1. 2023 미국경제

　　국제거시 편 Chapter 12. 한 · 미 금리역전

　　국제거시 편 Chapter 2. 부채위기

　　국내이슈 편 Chapter 2. 한국경제의 하방리스크

　→ 이것이 금융논술이다 7.0 관련 논제 수록

　　국제이슈 편 Chapter 1. 인플레이션

▶ 2023년 '농협은행' 5급 논술주제 기출문제

- 미국과 한국의 금리인상 원인 및 배경과 한국의 금리전망.

　→ 이것이 금융논술이다 8.0 관련 논제 수록

　　국제거시 편 Chapter 1. 2023 미국경제

　　국제거시 편 Chapter 12. 한 · 미 금리역전

　　국제거시 편 Chapter 2. 부채위기

　　국내이슈 편 Chapter 2. 한국경제의 하방리스크

　→ 이것이 금융논술이다 7.0 관련 논제 수록

　　국제거시 편 Chapter 1. 인플레이션

▶ 2023년 하반기 '산업은행' 논술 기출문제

가)와 나)의 시사점과 다)의 관점에서 해결책을 제시하시오.

가) 지문의 내용 : 일과 가정의 양립을 위해 노동자들은 유연한 근로형태를 요구한다.

나) 지문의 내용 : 생산성의 저하로 기업은 재택근무를 축소하고 있다.

다) 지문의 내용 : (이스라엘과 이집트의 사나이 반도 협정 내용) 갈등의 해결을 위해서

는 표면적인 갈등 내용보다는 본래의 목적과 이해관계에 집중해야 한다.

→ 이것이 금융논술이다 8.0 관련 논제 수록

국내이슈 편 Chapter 15. 주4일 근무제와 재택근무

사실, 지문 다) 시나이 반도 사태는 금융논술 총론반에서 그 의미를 명쾌히 설

명한 바가 있다. 이스라엘 시나이 반도의 이집트 반환의 의미는 "실리"의 중요

성을 강조한 것이라 설명했는데, 이 부분이 그대로 나와서 수강생들의 감사하

다는 문자를 많이 받았다.

▶ **2023년 'SGI서울보증' 기출문제**

1. 한국의 가계부채 현황을 설명하는 지문.

1-1) 가계 부채 증가의 원인을 설명하고 이것이 거시경제에 미치는 영향을 서술하

라. 그리고 이에 대한 금융기관의 대처방안은?

→ 이것이 금융논술이다 8.0 관련 논제 수록

국내이슈 편 Chapter 8. 가계부채 종합대책

1-2) 일본의 잃어버린 30년 진입 시 경제 상황과 우리나라의 현재 경제 상황을 비교

해 공통점과 차이점을 서술하라.

→ 한 · 일 경제비교는 2014년 <이것이 금융논술이다>에 수록되었다. 10년이

지난 논제였다. 총론반에서는 일본경제와 한국경제를 꼭 비교한다. 공통점

도 많지만 차이점도 극적이기 때문이다.

2. 서울보증이 할 수 있는 비금융생활플랫폼을 제시하라.

→ 이것이 금융논술이다 8.0 관련 논제 수록

금융기관·금융공기업 편 Chapter 11. 생활금융 플랫폼

1. 그러면 슈페리어뱅커스의 <이것이 금융논술이다> 교재에서 출제빈도가 높은 이유는 무엇일까?

그 이유는

첫째, 금융기관 12년 경력자(특히 여신업무와 특수금융)의 시각에서 논제 선정부터 남다른 고민을 하기 때문이다. 최근 여타 금융논술을 공부하시는 분들을 보면, 필자가 볼 때 출제 가능성이 현저히 떨어지는, 지엽적인 주제들을 가지고 공부하고 있는 모습을 많이 보았다. 과거 10년간 기관별 논술기출들의 흐름과 당시 시대상을 고찰해보면, 나올 가능성이 높은 주제들은 의외로 잘 예측되며, 집약 되어진다.

둘째, 구체적으로는

1) 이슈가 미칠 여파의 영속성

2) 이슈가 미칠 여파의 기관별 차별성

3) 이슈가 미칠 여파의 대응가능성

4) 이슈 자체의 명료함

5) 이슈 자체의 중요성

순으로 논제를 분류한 후, <이것이 금융논술이다>에 수록할 주제인지 선정하기 때문이다.

쓸데없는 주제, 죽었다 깨어나도 금융논술로 출제되어지지 않을 주제들로 씨름하는 일을 줄였으면 하는 바램이다. 그리고 이러한 주제들은 논술뿐만이 아니라, 면접에서도 거의 다뤄지지 않는 경우가 많다. 좋은 논제를 제대로 공부하는 것이 중요하다. 사람들은 자기가 자신 있는 분야, 그리고 흥미로운 분야부터 공부하고 싶어하고, 출제되어지기를 바라지만, 현실은 그렇지 않다. 냉철한 주제선정이 중요하다.

셋째, 중요한 주제가 꼭 금융논술에 잘 출제 되는 것만은 아니다. 2014년과 2022년은 유사한 해이다. 바로 미국 금리정책의 전환기라는 점이다. 상당히 중요한 주제임에도 불구하고, 2014년과 올해 상반기에 거의 논술로 출제되지 않은 이유에 대하여 고찰하실 필요가 있다. 금융논술은 중요성과 출제시기 사이에 일종의 기간 사이클이 존재하기 때문이

다. 금융논술은 시계가 존재하며, 면접은 적시성이 지배하는 경우가 많다.

2. 그러면 어떤 자료들로 금융 논술 공부를 하시는 것이 좋을까? 물론 개인적으로는 <이것이 금융논술이다>시리즈를 추천한다.

그리고 그 외

1) 경제신문이나 신문으로만 공부하는 것은 결코 좋은 방법이 아니다. 물론, 신문을 보는 것은 권한다. 하지만 신문으로만 공부하면 안 된다는 의미이다.

그 이유는

- 쓸데없는 것까지 공부하게 만드는 주범이 신문이기 때문이다. 수많은 기사들을 공부하는 것은 스트레스만 가중되면 헛고생의 결과를 낳기 때문이다.
- 신문은 기자들이 독자를 위해서 쓴 글이다. 따라서 금융논술을 준비하는 취준생에게는 맞지 않는 글이다.
- 기사라는 특성상 문제제기 단계 또는 현상 설명 단계에서 끝나는 경우가 대부분이다.
- 사건이나 정책에 대한 편향성을 키울 우려가 높다

2) 신문 구독은 금융논술 공부를 하시는 분에게는 안테나 같은 역할로써 충분하다. 이를 바탕으로 심화 학습을 하는 것은 효과적이지 못하다. 다만, 어떤 정보들이 어떻게 진행되고, 탄생되는지 정도만 인식하면 된다. 기사 스크랩. 노력 대비 크게 의미 없는 준비로 보인다.

3) 그러면 어떤 자료가 좋은가?

정답을 말하자면 연구소 자료들을 위주로 공부할 것을 권한다.

신문 기사가 가지고 있는 한계점들을 연구소 자료들은 대부분 극복하기 때문이다.

chapter

03 | 금융논술, 어떻게
공부해야 하는가?

1. 체계화 하라

사실 <체계화>는 비단 금융논술 준비에만 적용되는 것은 아니다. 자소서, 필기, 면접 전형 등 모든 전형에서의 가장 큰 핵심은 체계화에 있다고 할 수 있다. 여기저기 뿌려대면서 공부하는 지원자가 있고, 한 곳으로 모으면서 공부하는 지원자가 있다. 그리고 그 차이는 나중에 당락을 결정지을 정도로 격차가 커지게 된다. 체계화는 그만큼 중요하다.

그렇다면 금융논술에서의 체계화는 어떤 방식으로 하는 걸까?

1) 논제의 분류 및 체계화

- 논제의 분류

  1단계 : 국제 / 거시경제 / 금융 / 국내제도 / 국내경제 / 국내사회

  2단계 : 국제 – 핵심이슈 / 배경이슈

         거시경제 – 긍정적 현상 / 부정적 현상

         금융 – 편의성 / 안정성 / 정책성

국내제도 – 법적 파급력 / 경제적 파급력 / 금융적 파급력

국내경제 – 거시경제 측면 / 신규제도 측면

국내사회 – 주요이슈 / 최신이슈

이런 방식으로 카테고리를 설정한 후, 논제들을 학습할 때마다 해당 카테고리에 포지셔닝 한다.

- 성격적 분류 : 논술출제용 / 면접대비용 분류
- 목적의 분류 : 논리 / 논거 분류

예를 들면, 한국의 재정건정성과 관련된 논제라고 한다면

거시경제이슈 – (긍정에서 부정으로 이동 중) – 면접대비용　논거

이런 식으로 분류하는 것이다. 물론 재정건전성은 지금 변화중인 이슈이다. 주로 면접용으로 또는 논거로 많이 활용되지만, 중요도가 증가함에 따라 논술전형에 나올 가능성이 높아지고 있는 이슈이기도 하다. 이렇게 논제별로 분류를 하시며 중요도를 rating하시는 습관을 들일 것을 권한다.

2) 체계화의 편익

- 카테고리별 분류를 통한 카테고리 이슈들의 상관관계와 중요도 여부가 판단 가능하다.
- 카테고리별 학습은 공부의 효율을 높인다. 예를 들면 금융이슈 중 편의성과 관련된 카테고리 내의 논제들은 유사점이 높기 때문에, 한번에 다양한 논제를 독파할 수 있다.
- 논리와 논거를 구분함으로써 논술작성에서 명쾌한 문장을 가능케 한다.
- 논술용과 면접용 주제들이 분리되어 있어 마지막 학습에서 최대한의 효과를 내게 된다.

2. 다르게 생각하기(Think different)

많은 금융논술 준비생들은 금융논술이 정답이 있다고 생각한다. 그러다 보니 획일적이고 정형적인 글들이 많이 나온다. 정답만 추구하다 보니 생기는 문제이다. 하지만 금융논술은 <상당 부분 정답을 지향하는 전공논술>과는 그 성격이 확연히 구분된다. 과거 수립된 이론이나 정설을 주로 다루는 전공논술들과는 달리, 금융논술은 현재의 이슈들이 출제된다. 즉, 현재의 문제점들을 어떻게 인식하고 있으며, 어떤 통찰력을 가지고, 어떤 대안을 제시할 수 있느냐의 싸움인 셈이다.

따라서, 현재 부각된 이슈들에 대해서 천편일률적인 방식으로 접근하는 것은, 스스로 경쟁력이 떨어지며 구성의 오류에 빠지는 맥 빠진 논술이 되는 경우가 많다.

예를 들면, 탄소중립이라는 논제가 제시되었다고 한다면,

많은 지원자들이 탄소중립은 항상 좋은 것, 그리고 이를 위해서라면 무엇이든 포기해야 할 것만 같은 절대 맹신의 대상으로 탄소중립을 인식하고 천편일률적인 논리를 많이 전개한다. 전형적인 획일적인 사고 방식이다.

탄소를 나쁘게만 보고, 악마화 하는 분위기에 경도된 것이기 때문이다.

탄소가 나쁘기만 한 것일까? 지구온난화는 탄소가 주범일까?

공부를 해보면 반대 논리들도 상당히 많음을 알 수 있다.

- 과거 80만 년간 지구 기온과 대기 분석 결과를 보면, 지금이 오히려 저탄소시대라는 점
- 지구의 기온과 탄소량의 상관관계를 명쾌히 과학적으로 증명한 논문이 없다는 점
- 오히려 태양의 흑점활동이 지구의 해빙기와 간빙기를 설명함에 더 일치한다는 점
- 탄소는 오히려 식물의 생장과 밀접한 연관이 있어, 저탄소가 되면 식량난이 생긴다는 점
- 코로나로 과거 2년 간 전 세계 공장이 상당 부분 멈추며 탄소배출을 줄였음에도 지구기온 상승이 멈추지 않는다는 점

등 반대논리들도 만만치 않다.

뿐만 아니라, 탄소중립은

- 기업들의 통제수단으로 악용될 수 있다는 점
- 무역장벽으로 선진국들이 후진국들을 통제하기 위한 수단이 될 수 있다는 점
- 그린플레이션을 야기시킬 수 있다는 점

등의 문제점들도 내재되어 있다.

한 쪽의 시각으로만 사건을 바라보는 편협함은 논술작성자, 더 나아가 여신과 투자업무를 주로 하는 금융인들은 지양해야 할 중요한 덕목이다.

어떤 주제들을 접하더라도 여러분 스스로 반론과 다른 시각을 고민해 보아야 한다. 어떤 사건이나 현상도 긍정적인 면과 부정적인 면이 상존한다. 이를 꿰뚫는 시각이 금융논술을 공부하는 취준생들에게는 꼭 필요한 요소이다. 모두의 생각이 같다면 이는 한 명도 생각하지 않은 것이라는 말을 되새기기 바란다.

체계화 작업, 그리고 항상 이견들 또는 소수의견들에 대한 내용까지 숙지한 후, 각각의 논제들을 공부해 나가면 된다. 각각의 논제들을 공부하는 왕도는 결국 꼼꼼히 실제 논술들을 작성해 보는 것이다. 그러면 어떤 방법으로 작성해보시는 것이 좋을까?

3. 본격적으로 작성하기

1) 연습은 오픈북으로

많은 금융공기업이나 은행 취준생들의 학습방법은

첫째, 한 가지 논제를 선정한 후 공부를 한다.

둘째, 연습논술 작성을 마치 모의논술 보듯이 작성하는 경우를 많이 보았다. 즉, 시험

보듯이 공부했던 각종 자료들을 덮어놓고 작성해 나간다.

하지만 이런 모의 논술식 작성 방법은 좋지 않다,

그 이유는

- 논술실력 중 표현력과 어휘력은 상당히 중요하기 때문이다. 공부했던 자료들을 덮어 놓고 작성을 하면, 본인들이 잘 쓰는 표현력과 어휘력만이 논술에서 공전하게 된다. 즉, 문장력의 개선은 거의 기대하기 어렵다.(당연히 어휘력과 표현력도 정체된다)
- 지식 축적의 효과가 반감되기 때문이다. 필사도 내용에 대한 공부의 한 방법이다. 한 번 공부하고 이를 완벽히 쓰는 것은 쉽지 않다. 내용을 다시 확인한다는 마음가짐으로 오픈북으로 필사하는 연습도 필요하다.

따라서 "모의논술식 연습"은 시험 1~2주일 전 정도에 1~2회 정도 연습하면 충분하다.

2) 논술작성 시간 측정은 어느 정도 실력이 올라왔을 때 시작하자

금융논술 실전에서 가장 중요한 것 중 한 가지는 시간관리다 즉, 제한된 시간 내에 완성논술을 써야 한다. 많은 지원자들의 논술의 한계점은 용두사미 논술이라는 점이다. 서론은 장황하고, 결론은 빈약하다. 금융논술의 핵심은 결론이다. 왜냐하면, 금융논술은 현재의 이슈에 대한 방향성이라는 통찰력을 요구하는 경우가 많기 때문이다. 통찰력은 본론이 아닌, 결론에서 꽃을 핀다.

따라서, 완성논술을 쓰느냐 아니냐는 채점에서 중요하게 보는 요소가 된다.

완성논술의 방해요인은 장황한 서론과 복잡한 본론에서 기인한다. 장황함과 복잡함은 금융논술에서 절대 피해야 할 것이다.

- 논리의 반듯함
- 논거의 명쾌함

이 2가지가 금융논술에서의 핵심요소다

금융논술 첨삭을 진행하다 보면, 대개는 8회~10회 정도 글을 쓰면 상당히 글이 좋아진다. 따라서, 8 ~ 10회 연습 때까지는 시간제한 없는 글 써보기, 8 ~ 10회 이상부터는 제

한시간을 정하고 글을 써보는 것이 중요하다.

3) 금융논술 약속시간을 정하라

금융논술 작성은 최소 매주 1~2회 정도 연습하시는 것이 좋다. 매주 요일과 시간대를 정한 후, 그 시간이 되면 논술을 작성하는 방법을 권한다. 예를 들면, 매주 목요일 저녁 7시부터는 금융논술작성 시간으로 정하고, 그 시간만큼은 무조건 금융논술 연습에 집중하길 바란다.

chapter 04

금융논술 사례 학습

이제는 실제 완성된 금융논술 사례를 통해, 금융논술을 준비하는 취준생들이 꼭 알고 유의해야 하는 사항들에 대해 공부해 보자.

01 주제1

논제는 <조선 · 해운업 구조조정과 관련한 산업은행의 정책적 방향에 대하여 논하라.>이다.

당시 이 논술은 언론계 기자 출신의 금융공기업 지원자가 작성한 논술이다(2016년 완성본).

이 논술의 경우, 구조조정 전문기관으로 자리매김하고 있는 산업은행을 대비한 논술로써, 소재가 다소 산업은행에 국한된 주제이긴 하지만, 작성 기법과 관련 긍정적인 부분과 부정적인 부분이 극단적으로 나뉘는 논술이라, 금융논술 작성 요령을 숙지하시기 좋은 사례이다.

서론

이익의 사유화, 손실의 사회화는 없었다. 이번 한진해운 법정관리의 한줄평이다. 채권단을 만족시킬 자구안이 마련되지 않았기 때문에, 수천억 원이 넘는 국민 혈세를 투입하지 않기로 결정됐다. 재량대로 한진해운 손을 들어줄 수도 있었지만, 정부와 산업은행은 원칙과 준칙에 충실했다. 결국 국내 1위의 해운사는 법정관리 수순을 밟게 된 것이다. 그에 따라 40년 넘게 쌓아온 해운사 전통도 역사의 뒤안길로 사라졌다. 구조조정 원칙에 따라 대마불사도 통하지 않게 된 것이다.

물론 아쉬움도 있었지만 정부와 산업은행은 형평성에 따라 국민 혈세를 낭비하지 않겠다는 의지를 끝까지 관철시켰다. 이번 선례는 기업인들의 역선택과 도덕적 해이에 따끔한 회초리가 될 것으로 보인다. 이에 본고는 앞으로의 문단을 통해 구조조정 원칙의 중요성과 산업은행의 역할론을 논의해 보고자 한다.

본론

1. 구조조정 원칙의 중요성

정부 재량이 아닌 준칙과 원칙에 따라 구조조정을 해야 하는 이유가 있다.

첫째, 최적정책의 동태적 비일관성이다. 노벨 경제학상을 받은 프레스캇은 정부정책이 시시각각 바뀔 유인이 있다고 주장했다. 테러범과의 협상 사례는 이를 뒷받침 한다. 문제는 재량에 따른 비일관적인 정책이 경제주체들의 신뢰를 잃게 만든다는 것이다. 구조조정에도 일정한 원칙이 없다면 도덕적 해이만 키울 우려가 있다.

둘째, 경제주체들의 합리적 기대가설 때문이다. 민간이 합리적 기대를 한다고 가정하면 정책당국이 긴축적 통화정책을 실시할 때, 고통 없이 디스인플레이션을 할 수 있다. 구조조정도 같은 맥락이다. 이번 한진해운 사태에서도 구조조정 원칙을 신뢰했었다면 채권단이 내놓은 자구책을 마련해왔을 가능성이 있다. 해운계 안팎에서 이번에도 대마불사를 운운했다는 사실은 널리 알려진 내용이었다.

마지막으로 자기실현적 요인에 따른 불확실성 증가다. 정부가 준칙이 아닌 재량에 의존할수록 정책 결과를 예측하기 어려워진다. 이는 민간의 기대부가 변동성을 확장시키는데, 정책 결과의 불확실성을 높일 수 있다. '루카스 비판'의 내용과 같이 전통적인 정책모형은 무력화될 수 있다. 변동성과 불확실성의 증가는 정부정책의 실효성을 낮출 우려가 있다. 위와 같은 이유들 때문에 구조조정 매스에는 일정한 원칙이 필요하다.

2. 산업은행의 역할론

첫째, 산업은행은 기업 구조조정의 산증인이자 산파이다. 국가 산업 육성을 위해 출범한 산업은행은 지난 1960년부터 국내 주요 기업들에 자금을 대출해주면서 우리 경제의 고도성장을 이끌었다. STX부터 한진해운까지 수십 여건에 달한다. 외환위기 이후에는 채권단을 이끌며 기업 구조조정을 진두지휘하고 있다. 재무구조가 부실한 기업은 재무구조 개선을 유도하고, 회생 불가능한 부실기업은 퇴출시키고 있는 것이다. 그 중에서도 대우중공업은 성공사례로 꼽히고 있다.

둘째, 산업은행은 국가 성장 동력을 예측하고 산업 재편에 앞장서야 한다. 앞서 정부와 산업은행은 3단계 구조조정 트랙을 내놓았다. 조선과 해운 등 1단계의 경기 민간업종은 채권단 위주로 개별처리하고, 신용등급이 C, D 등급인 부실징후 기업은 상시 구조조정을, 철강과 석유화학 등 공급과잉업종인 3단계는 선제적으로 구조조정에 나서겠다는 취지다. 미래가 불투명한 전통 주력 산업들을 정리하는 한편 미래 먹거리 산업 분야에 대한 지원을 늘리겠다는 것이 주요 내용이다. 앞서 산업은행은 기업은행과 7,200억 원 규모의 '글로벌파트너십 펀드'를 조성해 벤처생태계를 지원하고 있는데, 앞으로의 귀추가 주목된다.

셋째, 산업은행은 기업과 정부와 소통하며 경제발전의 마중물이 돼야 한다. 산업은행은 한국산업은행법에 따라 1954년 설립된 특수법인이다. 기업대출과 정책금융 등이 주요업무로 건전한 신용할당을 바탕으로 경제 곳곳에 유동성을 공급하고 있다. 정책금융의 만형으로 경제 흐름을 읽고 성장 동력에 아낌없이 투자해야 한다.

📈 결론

바둑 위기관리 10계명에는 '동수상응'이란 단어가 있다. 국지적으로 악수인 것이 판 전체적으로 호수가 될 수도 있고, 그 반대로 국지적으로 호수인 것이 결국 악수가 될 수 있다. 중요한 것은 작은 일에 일희일비하지 않고 판 전체를 조망하며 원칙에 충실해야 한다는 점이다. 해운업계 구조조정 역시 동수상응의 지혜로 풀어야 한다. 국민 혈세를 낭비하지 않겠다는 원칙하에 자체적으로 생존할 수 있도록 조력자의 역할에 앞장서야 한다.

전반적으로 보았을 때, 높은 점수를 받을 수 있는 논술이다.

그러면 긍정적인 부분부터 살펴보자.

1. 간결체 문장

서론을 위주로 전체적으로 간결체의 비중이 높다. 간결체는 만연체에 비해 상당히 많은 장점이 있다.

- 내용 전달이 용이하다.
- 문법적 오류를 줄인다.
- 역동적인 글이 되게 한다.

2. 병렬식 구조

중점식 구조인 [우선, 그리고, 또한]으로 글을 산개하지 않고, 병렬식 구조인 [첫째, 둘째, 셋째]로 체계적으로 본론과 결론을 구성했다.

- 가독성을 높인다.
- 형식이 내용을 보완한다.
- 논리와 논거의 구조가 깔끔하다.

3. 논거에 대한 군더더기가 없다.

　　본론을 보면, 주 논리는 [구조조정에도 원칙이 필요하다] 이며 3가지 논거를 제시했다. 논거에서 프레스캇이 누구인지. 합리적 기대가설이 무엇인지. 디스인플레이션이 무엇인지. 루카스 비판이 무엇인지. 굳이 불필요한 설명을 하지 않았다.

- 논리는 논거를 보완하는 내용으로, 논거에 집중하다 보면 자칫 논리에서 멀어지는 글이 될 수 있다.
- 본론에서 복잡한 논거들까지 해설하고, 그 과정에서 인과관계까지 모두 설명하려 하면 결론 쓸 시간을 뺏기게 된다.

반면 부정적인 부분은

- 서론이 양이 많다.
- 서론은 실제 이것보다 더 줄이시는 것이 좋다. 항상 안 좋은 글은 서론이 길다.
- 서론에서 미리 의견을 한 마디 정도로 제시하는 것은 나쁘지는 않지만, 굳이 감정적 표현이 들어갈 필요는 없다.

4. 구조의 모호성

- 이 논술의 전체구조를 보면 글쓴이가 <본론 2>로 주장한 것은 실질적인 결론이다. 산업은행의 정책정 방향성이므로 이를 본론으로 보기는 쉽지 않다.
- 그런 경우, 본론은 <본론 1>만 구성되는데, 이런 경우 본론이 빈약하다는 문제가 생긴다. 실제 본론이 논리와 논거 3개로만 구성되어 있다 보니, 좀 더 많은 쟁점들을 다루지 못했다.
- 일반적인 구조가 아니라 이형적인 구조이다.

5. 요약형 결론

- 시간을 다투는 금융논술 전형에서는 굳이 요약형 결론을 제시할 필요가 없다.
- 중언부언의 느낌만 강하다.
- 주의환기 쿠션 문장들이 필요해지므로 번거로워진다.

02 주제 2와 3

두 편의 논술 사례를 공부할 것이다. 이번 논술은 금융감독원 대비 논술 주제이며, 한 명이 작성한 글이다.

먼저 말할 것은

1. 이 글을 작성한 학생은 근 1년 간 필자와 함께 논술첨삭을 진행했던 지원자이다. 매주 1편씩 논술을 작성한 후, 검토를 받는 형식으로 진행되었다. 강조하고 싶은 바는, 금융논술 준비는 꾸준함이 중요하다는 점이다. 최근 시중에서는 마치 금융논술을 단시간에 준비 가능하다는 식의 주장들과 글들을 보았는데, 이는 큰 오산이라 말하고 싶다. 철학자 헤겔은 질적 개선은 양적 투입이 선행되어야 한다고 했다. 금융논술 또한 마찬가지이다. 꾸준함이 <뛰어남>을 견인한다. 합격의 확률을 최대한 끌어 올리기 위해서는 경쟁자들보다 뛰어난, 그리고 차별화를 극대화시키려는 노력과 의지가 강해야 한다. 그냥 남들 수준으로 쫓아가겠다는 전략은 상당히 위험한 전략이라고 말하고 싶다.

   참고로 이 학생은 1년 이상 시간 동안 금융감독원 관련 논문들과 학술지까지 여기저기를 모두 뒤지며 공부를 했다. 스스로 합격의 의지를 불태웠다고 생각한다.

2. "남들도 나 정도로 준비하고 있을 것이다. 경쟁자도 나처럼 대응할 것이다." 상당히 안일한 생각이다. 실제 전쟁사를 공부하면, 패전하는 모든 장군들이 보이는 공통적인 생각이, 상대방도 나처럼 생각하고 준비할 것이라는 안일함에 빠져있다는 점이다. 패전하는 장군들이 하나같이 바보들이라서 졌을까? 그렇지가 않다. 그저 평범하게 대응했기 때문이다. 반면에, 승리자는 패전하는 사람들의 평이한 대응, 이 정도면 된다는 안일함을 항상 뛰어 넘는다. 금융논술 준비도 마찬가지이다. 대부분 금융공기업을 준비하는 지원자들은 전공필기를 공세적으로 준비하며, 여기서 격차를 벌리겠다고 생각하고 금융논술 준비는 수세적으로 준비한다. 안일한 대응 방안이라 생각한다. 합격에 대한 열망이 강한

지원자들일수록 반대로 생각한다. 금융논술 준비를 공세적으로 준비해 최대한 격차를 벌린다. 그리고 전공필기 공부를 남들 수준으로 준비한다. 누구의 생각이 옳을 것 같은가? 우리는 쉽게 점수화되고 명확한 결과가 나오는 전공필기가 당락을 결정지을 것 같지만, 금융공기업을 준비하는 친구들의 전공필기 성적은 표준 돗수분포표에서 벗어나지 않는다. 편차가 크지 않다는 말이다. 반면, 수치화가 어려울 것 같은 금융논술이다 보니, 점수가 명확하지 않을 것이라는 애매모호함으로 인해 논술에서의 편차는 작을 것이라 착각하지만, 실상은 직접적 효과(점수의 편차)와 간접적 효과(자소서 + 면접 대응)까지 감안한다면 금융논술에서의 편차는 절대 무시할 수 없다는 것을 알아야 할 것이다.

> 미국과의 금리역전현상이 한국경제에 미칠 수 있는 영향과 정책당국(금융감독원)의 대응방향을 논하시오.

📈 서론

2018년 03월 미국 연방준비제도(FED)가 출구전략의 일환으로, 기준금리를 1.50 ~ 1.75%로 인상하면서 한국은행 기준금리 1.50%를 초과하는 한미 금리역전 현상이 발행했다. 한국은행은 올해 두 차례 정도의 금리인상만을 예고하고 있어 금리역전 현상의 장기화에 대한 우려의 목소리가 높은 상황이다. 따라서 본고는 1. 금리역전 현상의 배경, 2. 한국경제에 대한 영향, 3. 금융감독원의 대응방향에 대해 분석하겠다.

📈 본론

1. 금리역전현상의 배경과 한국경제에 미치는 영향

가. 한미 금리역전현상의 배경 – 출구 전략(Exit Strategy)

2008년 글로벌 금융위기에 대한 대응방안으로 미국 연준은 ① 양적완화 ② 오퍼레이션 트위스트 ③ 공개구두정책으로 대표되는 비전통전(new normal) 통화정책을 시행하였다. 특히 주

택담보부증권(MBS) 매입을 포함하는 양적완화 정책의 시행은 중앙은행의 최종대부자 기능에 대한 신뢰 촉진으로 조속한 자산시장 안정화를 가져왔다는 평가와 함께, 향후 인플레이션에 대한 우려와 중앙은행 대차대조표 상 위험노출 증대를 가져와 출구전략의 조속한 시행 필요성을 높이는 유인으로 작용했다. 출구전략은 양적완화의 축소(테이퍼링 : tapering) → 금리인상 → MBS 매각 의 3단계로 이루어지며, 현재의 금리 인상은 2단계에 해당한다.

2. 한미 금리역전현상이 한국경제에 미치는 영향

미국의 금리인상은 크게 ① 단기외화 유출리스크 증대 ②총 수요 위축 측면에서 한국경제에 위협요인으로 작용할 수 있다.

첫째, 미국 금리 인상은 한국 외환시장에서 단기외화 유출리스크를 증대시킨다. 비록 높은 수준의 재무건전성, 지속적 경상수지 흑자에 따른 상당한 규모의 외환보유고 축적, 민간과 국가의 대외순자산 증가로 인한 순채권국가로의 지위확보 등을 이유로 자본유출 가능성이 크지 않다고 판단하더라도, 세계 경기흐름의 변경과 달러-캐리 트레이드의 지속적 청산에 따른 해외 국가들의 금리 인상 등과 같은 세계적 추세에 한국경제가 영향을 받지 않을 수는 없다. 단기외화 유출리스크 증대는 만기불일치(maturity mismatch)와 유동성불일치(Liquidity mismatch) 문제를 심화시켜 유동성 위기와 나아가 지급불능위기 가능성을 증대시킨다. 이는 거시경제 기초변수에 이상이 없음에도 경제주체들의 기대변화만으로도 금융위기가 발생 가능한 자기실현적(Self-fulfilling) 금융위기 가능성이 증대했음을 의미한다. 따라서 미국 금리 인상은 금융의 효율적 자원배분기능을 약화시키고, 실물경제에 악영향을 초래할 수 있는 시스템리스크로의 전이 가능성이 존재한다.

둘째, 미국 금리 인상은 한국경제에 총수요 위축을 가져올 수 있다. 유위험이자율평가설(UIRP)이 성립한다는 가정 하에 미국 금리 인상은 한국의 금리 인상과 환율 상승으로 이어진다. 금리 인상은 비거치식 변동금리부 가계대출의 이자부담을 증대시켜 가계의 소비감소와, 한계기업의 자금조달 및 원리금 상환에 애로사항으로 이어져 투자의 감소를 가져올 수 있다.

이는 부채축소(디레버리징)을 위한 자산매각을 부추겨, 자산가격 하락에 따른 부동산 시장의 붕괴와 실질적 채무부담이 증가하는 부채-디플레이션(debt deflation)을 유발할 수 있다. 환율 인상은 로빈슨-메슬러 안정조건이 충족되는 상황에서 경상수지의 증가를 가져오지만, 수입 원자재 및 생필품 가격 상승으로 인한 기업 생산성 저하 및 취약계층의 소비부담으로 이어 질 수 있다. 또한 금융기관과 기업의 외화채무 원리금 부담을 증대시키는 외채잔고 효과를 유발하게 된다.

결론적으로, 미국 금리인상은 거시경제기초변수의 조그만 변화에도 경기변동을 크게 유발하는 와블링 이코노미 현상과 금융시스템의 경기순응성 문제를 심화시킬 것으로 판단된다.

3. 금융감독원의 대응방안

금융감독당국은 미국금리 인상이 시스템리스크로 전이되지 않도록 다음 4가지 측면에서 선제적 대응방안을 마련할 필요가 있다.

첫째, 거시위기상황분석(Macro stress test)의 실시가 필요하다. 현재 은행을 비롯한 금융기관에서 시행하는 위기상황분석은 단순 충격이 미치는 효과를 거시계량지표를 통해 분석하는 단순민감도 분석이다. 따라서 금융감독원은 시나리오 상황을 설정하여 금리인상 충격이 금융기관과 금융시장에 총체적으로 미칠 수 있는 영향을 분석하는 시나리오 분석을 통해, 금융기관의 비상대응체계(Contingency Plan) 재정비를 보조할 필요가 있다. 이러한 위기상황분석을 하향식(Top-down) 스트레스 테스트라고도 하는데, 이는 위기 발생시 군집행동(herding)으로 인한 구성의 오류(fallacy of the composition) 완화에 기여할 수 있다.

둘째, 파생상품에 대한 관리 및 감독을 강화해야 한다. 지난 **KIKO** 사태는 잘못된 환헷징 기법을 사용할 경우, 오히려 기업의 도산확률을 증대시킬 수 있음을 보여주었다. 따라서 파생상품의 복잡성, 거래 규모 등에 따라 차등화된 관리 및 감독 방안을 마련하여 이와 같은 위험을 사전에 방지하여야 한다.

셋째, 중소기업의 자금조달 애로사항을 적극적으로 해결할 필요가 있다. 금리 인상에 따른 자금 조달에 문제가 생길 것으로 예측되기 때문에, 은행과의 관계형 금융(Relationship

finance)이 지속될 수 있도록 상시적인 점검이 필요하다. 또한 중소기업 애로상담센터를 활용하여 자금조달과 관련된 문제를 해결할 수 있도록 보조하며 금융기관이 합리적인 금리산정 체계를 갖추고 있는지 점검하도록 한다.

마지막으로, 외화LCR 규제(규제비율 : 80% 이상)의 준수가 필수적이다. 외화 LCR은 바젤은행감독위원회(BCBS)의 바젤 Ⅲ에서 권고하는 외화유동성 관리지표로써, 스트레스 상황 (신용등급 3단계 이상 하락, 담보할인율 증가, 무담보 도매자금 조달능력 감소 등)에서 외화유동성 상황을 점검하기 위한 것이다. 즉, 30일간 발생할 수 있는 외화유출액 대비 고유동성 자산을 80% 이상, 금융기관이 확보하도록 함으로서 단기외화유출 리스크를 관리해야 한다.

2008년 글로벌 금융위기를 최전방에서 진화하는 역할을 수행한 티모시 가이트너는 그의 저서 '스트레스 테스트'에서 금융위기를 화재에 비유하며, 금융감독당국을 언제든 그러한 화재를 진압할 수 있는 도구를 갖춰야 하는 소방관에 비유하였다. 사실 화재는 발생하지 않는 것이 최선이다. 더욱이 그 것이 예측 가능하고 선제적 대응이 가능한 경우는 특히 그러하다. 그린스펀 풋으로 대표되는 사후청소전략이 2008년 글로벌 금융위기라는 세계적인 대화재를 일으킨 주요 원인 중 하나라는 사실을 잊지 말아야 한다. 따라서 금융감독당국은 여러 관계기관들과 선제적으로 대응체계를 조율해가는 Policy mix를 시행함과 동시에 필요한 경우 적절하게 대응하되, 그것이 과잉 또는 과소대응이 되지 않도록 주의를 기울일 필요가 있다.

첫 번째 논술주제는 [한-미 금리 역전 현상]과 관련된 주제이다.

[금리역전] 현상은 보통 2가지 측면에서 주제를 잡고 공부를 한다. 첫 번째는 [한-미 금리 역전]이고 두 번째는 [장-단기 금리역전]이다. 둘 다 중요한 주제이긴 하다. 하지만 [장-단기 금리역전]은 일시적 현상일 가능성이 높고(논제의 영속성이 떨어진다는 의미이다) 미래경제에 대한 예측의 가늠자 정도의 역할이기 때문에 실전 논술에서 나올 가능성은 낮다. 다만, 면접이

나 논술에서의 논거로 활용 가능성이 있기 때문에 공부하면 좋은 논제이다. 반면, [한-미 금리 역전]은 파급의 영속성이 길며(금리정책은 원래 단기정책이지만 변곡의 주기는 상당히 길다는 특징 때문에 장기정책으로 착각을 하기도 한다) 파급의 정도도 큰 편이기 때문에 공부를 해야 하는 주제이다. 다만, 이 또한 현재 벌어진 상황이 아니라, 2022년 말이나 2023년 예상되는 사안이기 때문에 여유를 가지고 공부를 해도 되는 논제이다.

한-미 금리역전 현상은 역사적으로 이미 3번이나 있었던 일이다. 새로운 사건은 아니라는 점이다. 가장 최근의 한-미 금리 역전은 2018년에 시작되었다. 그리고 이 논술은 그 당시의 논술이다. 상술했지만 2022년 말이나 2023년 현실화 될 가능성이 높은 주제이기 때문에 주목할 만하다.

이번 논술에서 보이는 두드러짐은

첫째, 지식량이 깊을 뿐만 아니라 넓다는 점이다. 이 한 편의 논술에 들어간 배경 지식들만 하더라도

- 2008 글로벌 금융위기 전체 공부

- 통화정책

- 경제이론

- 와블링 이코노미와 구성의 오류(경기순응성 문제)

- 스트레스 테스트

- 관계형 금융

- LCR

등이 자연스럽게 녹아 있으며, 그 중심에는 각각의 리스크들이 모여 시스템 리스크로의 전이를 억제해야 한다는 주장이다.

단기간에, 몇 가지 논제를 별도로 공부를 한 학생들은 이런 글을 쓸 수가 없다는 것을 말하고 싶다.

둘째, 금융감독원이 가장 주목할 만한 논리들을 펼쳤고, 그에 대한 논거로 경제이론부터 현행 제도들까지 다 끌고 들어 왔다는 점이다. 상당히 목표지향적인 공부를 했으며, 이를 다

양한 방향으로 글을 펼쳤다.

셋째, 주제 1에서 검토했던 형식적 작성방법들을 모두 지켰다. 깔끔한 서론, 연역적인 글 전개 등이 그것이다.

다만, 아쉬운 점은 굳이 요약형 결론은 필요는 없다고 생각한다.

공부를 잘 하는 사람의 특징은 무엇일까? 고민을 많이 하는 사람일까?

그렇지 않다. 행동력이 좋은 사람이 정답이다. 행동력은 공부뿐만 아니라 여러 업무에서도 중요하다. 매번 고민만 하면 무엇을 이룰 수 있겠는가?

이 지원자의 가장 큰 장점은 행동력이었다. 나랑 처음 만났을 때부터 무조건 금감원 입사라는 목표를 향해, 당시 가르치고 내주었던 숙제들을 모두 소화했다.

그리고 요약형 결론의 불필요성을 깨닫고, 바로 글들을 수정했다.

두 번째 논술도 읽어 볼 것을 권한다.

> 가상통화에 대해 논하시오.

📈 서론

가상통화 투기 근절을 위한 특별대책

지난 17년 12월 28일 정부는 가상통화 관련 특별대책을 발표하였다. 이는 가상통화가 법정화폐가 아니며, 금융투자상품으로 인정받지 못 하여 투자자 손실이 크게 발생할 수 있음에도, '묻지마식 투기'가 증가함에 따른 대응이었다. 따라서 본고는 가상통화 생태계 흐름 – 가상통화의 긍정적 영향 및 부정적 측면 – 정책당국의 대응방안에 대해 논하겠다.

📈 **본론**

1. 가상통화 생태계 – 하이먼 민스키의 신용사이클 모델

가상통화 생태계 흐름은 하이먼 민스키의 '신용사이클 모델'로 분석 및 예측 가능하다. 이 이론에 따르면 가상통화 가격은 ① 대체 ② 호황 ③ 도취 ④ 금융경색 ⑤ 대폭락의 단계를 밟게 된다. 대체 단계는 가상통화와 블록체인 기술과 같은 혁신적 기술 개발이 발생시 형성된다. 이후 다수의 투자자들이 투자에 참여함에 따라 가격흐름은 호황-도취 단계의 순서를 밟게 된다. 도취 단계에서는 일반 투자자들이 막연히 투자수익을 낼 수 있다는 비합리적 기대에 편승하여 투자에 참여한다. 이러한 추세는 '더 큰 바보 이론(the great fool theory)'에서와 같은 자기강화적(self-reinforcing) 속성을 지닌다. 이후 규제가 강화되고 투자에 의구심을 갖기 시작한 투자자들이 가상통화를 매각하기 시작하면서 금융경색 단계가 시작된다. 동 단계에서는 투자자들이 투자수익을 내기가 매우 어려우며, 공급이 수요를 초과하기 시작하면 대폭락의 단계에 들어선다. 대폭락 단계에서는 가격하락이 가격상승시보다 더 큰 속도로 하락하는 민스키 모멘트가 발생한다. 현재 가상통화는 작년 2017년 11월 기준으로 도취 단계에 놓여 있었으며, 2018년 6월 기준으로 4단계인 금융경색 단계에 근접해 있다는 평가를 받고 있다.

2. 가상통화의 긍정적 영향

가. 가상통화를 이용한 금융혁신

가상통화는 금융서비스를 혁신적으로 발전시킬 것으로 평가된다. 예를 들어 가상통화를 이용한 해외송금서비스는 기존에 비해 저렴한 수수료로 1시간 이내 거래를 완결할 수 있다. 또한 코인지갑을 이용하는 지급결제서비스는 은행 계정 없이도, ATM 서비스를 이용할 수 있게 해준다.

나. 가상통화와 부패방지

관치금융이 심한 나라일수록 금융을 매개로 한 정경유착과 부패의 문제가 심각한 것으로 알려져 있다. 하버드대 로고프 교수는 그의 저서 '현금의 저주'에서 가상통화는 신뢰를 기반으로 하는 거래시스템, 즉 블록체인을 활용한 쌍방거래의 방식이므로, 금융의 중개가 필요 없어 이러한 부패의 고리를 끊을 수 있을 것이라 주장한다.

다. 가상통화와 포용적 금융

가상통화는 금융계정 이용이 불가능한 계층에게도 금융거래 기능을 제공하여, 포용적 금융을 뒷받침할 수 있을 것으로 기대된다. 포용적 금융이란 평소 금융서비스 제공이 어려운 금융소외계층에게도 금융서비스를 제공함으로써, 경제적 자립을 돕도록 하는 취지의 금융개념이다. 실제로 미국의 한 기업은 금융계정이 없는 아프카니스탄 여성들에게 모바일폰으로 비트코인을 송금해 그들의 교육을 돕는 프로그램을 운영한 예가 있다.

3. 가상통화의 부정적 측면

가. 투자자 손실 발생 및 범죄에의 이용

IMF에 따르면 가상통화는 높은 가치 변동성과 불안정성으로, 통화의 3대 기능인 교환의 매개수단, 가치저장기능, 가치의 척도를 수행하는 것이 불가능하다. 이에 많은 국가에서 가상통화를 법정통화로 인정하지 않고 있으며 우리나라 역시 예외는 아니다. 때문에 가상통화 투자는 예금자 거래 보호법의 적용을 받지 못 한다. 또한 금융투자 상품으로도 인정받지 못 하므로 투자손실에 대한 책임은 전적으로 투자자에게 있는 상황이다. 가상통화는 시세조정이나 가상통화분리 (하드포크), 규제변경 등에 의해 투자자 손실이 언제든 발생 가능하다. 게다가 가상통화 관리업자의 시스템 해킹 (최근 사례 : 빗썸) 이나 마약거래,자금세탁 등의 범죄 역시 꾸준히 발생 중인 상황이다. 이에 정책당국의 관련된 대응 (가상통화 거래소 관리 강화, 자금세탁 방지의무 강화 등)이 필요한 상황이다.

나. 민스키 모멘트의 발생 가능성 증대

하이먼 민스키의 신용 싸이클 모델에 의하면 가상통화 가격이 대폭락 단계에 진입할 경우 민스키 모멘트가 발생한다. 민스키 모멘트는 금융의 구조적 취약성이 발생한 상황에서는, 평소라면 문제가 되지 않을 자산가격 하락이나 경기침체에도 커다란 금융위기가 오는 것을 말한다. 즉 가상통화 생태계의 불안은 곧 금융위기 발생 가능성을 증가시키는 시스템리스크로 작동한다.

📈 결론

정책당국 대응방안

가. 규제 패러다임의 전환

현재의 규정중심 규제방식(rule-based regulatory)에서 원칙중심 규제방식(principle-based regulatory)로 전환이 필요하다. 새로운 현상으로 정의되는 가상통화 생태계는 사전에 합리적인 규정리스트를 작성하는 것이 거의 불가능하다. 따라서 금융소비자 피해가 발생하지 않았음에도 규제를 하는 규제과잉과 그 반대의 경우인 규제누락 모두가 발생 가능하다. 이에 금융소비자 보호와 금융산업 발전 촉진에 적합하지 않다. 반면 원칙중심 규제는 금융소비자 보호를 목적으로 인과성 원칙(금융피해 발생의 인과관계에 따른 규제)과 비례성 원칙(금융피해 발생 규모에 비례하는 규제수준)에 의거해 규제하므로, 규제과잉 및 누락 모두 방지 가능하다. 최근에 발생한 가상통화 시세조정에 따른 투자자 피해발생에도 정책당국이 제대로 대응하지 못 한 것은 규제 패러다임의 전환이 시급함을 보여주는 예이다.

나. 거래소 등록제도 확립

현재 가상통화 거래소는 등록이 필요하지 않은 상황이다. 대규모 해킹 피해가 발생한 일본의 경우 해당 거래소는 등록되지 않은 거래소였으며, 비대칭 암호키를 다수가 아

닌 하나만 사용하고, 전체 암호화폐의 97%를 콜드월렛이 아닌 외부인터넷과 연결되는 핫월렛에 저장하여 해킹에 취약한 상태였다. 즉 관련된 사고가 예견된 사고라고 해도 과언이 아니었다. 이러한 사례를 교훈 삼아 국내 역시 건전한 거래소 운영기준을 확립하여 해당 기준을 활용한 등록제도를 운영할 필요가 있다.

다. 거래소 전용 FDS 구축 및 고도화 지원

이상전자금융거래탐지시스템 (FDS)는 빅데이터를 이용해 평소 고객의 거래패턴을 분석하고, 이와 다른 유형의 거래가 발생시 해킹으로 간주하여 거래를 차단하는 시스템이다. FDS 도입은 전자금융범죄 감소에 혁신적 기여를 할 수 있을 것으로 기대되고 있다. 이에 정책당국은 거래소 전용 FDS를 구축 및 고도화를 지원하여, 거래소를 대상으로 하는 전자금융범죄 발생을 미연에 방지할 필요가 있다.

물론, 금융공기업을 준비하는 지원자들에게 한 곳만을 목표로 설정하는 이른바 '배수진' 지원은 지양하라고 권한다. 개인적인 의견으로, 배수진은 가장 바보 같은 생각이라고 믿기 때문이다. 우리는 항상 PLAN -A 이후의 PLAN-B, C 를 대비해야 한다. 이 지원자가 마치 금감원만 준비한 것처럼 보이지만 실상은 그렇지 않았다. 이 지원자는 이 문제를 비중으로 해결했다. 금감원 비중을 50%, 나머지 몇 곳 기관을 나누어 배분하고 준비했다. 지원 전략에 있어서의 '파이컷', 세밀함이 성공의 열쇠이기도 하다.

금공논술, 이른바 A매치 논술은 수많은 괴물들이 참여한다. 여기서 괴물들이란, 금융논술 마스터 들을 의미한다. 스스로 괴물이 될지, 수세적으로, 방어적으로 준비하는 사슴이 될지는 본인의 선택에 달려있다. 괴물들은 닥치는 대로 공부하고 섭취한다. 사슴들은 주어진 공간에서 주어진 풀만 먹는다.

항상 좋은 글들을 많이 접해야 한다. 배울 것이 많고, 자극이 되기 때문이다.

평범한 수준의 글들, 신문에서 나올만한 내용들을 마치 금융논술 준비의 열쇠라고 생각하면 곤란하다.

03　주제 4와 5

　　이번 논제는 CBDC(중앙은행 디지털 화폐)의 긍정적인 면과 부정적인 면, 그리고 한국은행 및 정책당국의 대응방안에 대해 논하는 주제다.

　　CBDC는, 사실 한국은행에서 태스크포스를 구성할 정도로 상당히 관심을 받고 있는 주제다. 그리고 단순히 생각한다면 한국은행 또는 금융감독원에서 나올 가능성이 높은 주제이다. 하지만, 한국은행의 논술은 특성상 "학술적"이고 "인문학"적인 주제들이 자주 출제되고 있고, 금융감독원의 경우, 현실적으로 아직 출범이 되지 않는 CBDC에 대해 감독의 대상으로 보기에는 이른 감이 있어서 인지, 아직 출제된 적이 없다. 오히려 2021년 상반기 새마을금고중앙회 논술주제로 CBDC가 출제되었고, 2022년 상반기 신용보증기금 논술주제로 출제되었다.

　　확증편향이라는 단어가 있다.

　　많은 지원자들이 논제를 선정할 때 잘 빠지는 것이 이 확증편향이다. '금융공기업별로, 은행별로 이 주제가 이 기관에서 중요하게 생각할 것이다.'라고 생각하기 시작하면, 실제 출제될 것만 같고, 이 주제가 나와야만 하는 믿음으로까지 스스로 몰고 간다. 그리고 다른 논제는 잘 들어오지 않는다. 자기가 보고 싶은 것만 보고 싶어하고, 기대하는 대로 이루어질 것이라 확신하기 시작하면, 실패의 문이 활짝 열린 것이나 마찬가지라 생각한다.

　　금융논술을 공부하는 지원자는 항상 겸손해야 한다고 생각한다. 자신감을 없애라는 말이 아니라, 다양한 현상들을 바라보며 중요한 것들 위주로 최대한 많은 것들을 공부하겠다는 마음가짐이 중요하다는 것을 강조하고 싶다.

　　나는 지금까지 A매치 며칠 전이면 논제들을 찍어달라는 요청을 많이 받는다. 찍기 좋아하시는 분들은 점집을 가라고 권하고 싶다. 예측의 영역은 현재의 영역과는 완전 다른 개념이다. 치밀한 분석으로 예측이 가능하다면 모든 증권사의 트레이더들은 부자들이 되어 있어야 한다. 모든 경제학자들은 자국을 선진국으로 이끌었어야 한다. 2차세계대전 후 후진국에서

선진국으로 올라온 국가는, 200여 개 국가 중 10여 개 국가도 되지 않는다. 그 많은 경제학자들과 금융학자들, 자본시장 참여자들의 분석력은 다 어디로 갔는가?

금융논술의 영역도 마찬가지이다. 과거 4년동안 예탁결제원에서 토지공개념이 2회나 출제된 것은 어떤 분석력에 의해 어떻게 예측이 가능이나 했을까?

최근 올해는 이것만 공부하면 금융논술 준비는 끝이라는 광고나 홍보성 글들도 많이 보았다. 확증편향의 사회적 동조화 현상이 어디까지 파급되는지 모르겠다.

왜 금융논술 책을 매년 3권이나 쓰냐는 질문을 받은 적이 있다. 하지만 나는 반대로 생각한다. 3권이 오히려 부족하다고 느낄 때가 많기 때문이다. 힘이 닿는 다면 매년 5권 정도로 늘리기 싶은 것이 솔직한 심정이다. A매치 전형 전에 꼭 알았으면 좋겠다고 생각하는 핵심논제들에 너해, 민접에서 이러한 시식들을 상소하녀 최종합격의 가능성이 높을 것이라고 생각하는 논제들, 자소서에서도 이런 부분들을 언급하면 차별화되는 글이 될 수 있게 만드는 논제들 그리고 더 나아가 나중에 현업에서도 이 주제들을 미리 알고 있었다면 실수를 줄일만한 주제들까지 다 싣고 싶지만, 현실적인 이유로 그러지 못함을 안타깝게 생각한다.

미래를 예측하는 가장 좋은 방법은 무엇인가?

과거를 분석하는 것인가? 현재를 파고 드는 것인가?

세계적 석학 피터 드러커는 "내가 미래를 창조하는 것이 미래를 예측하는 가장 좋은 방법이다"라고 했다.

그리고 미래를 창조하는(즉 미래를 예측하는) 방법은 현재의 변수들을 상수화시키는 것이라 생각한다.

변수의 상수화. 상당히 중요하다. 그런 이유로 내가 매년 3권의 책을 내고 있는 것이다. 출제 가능성이 높을 논제라는 예측의 영역에서 변수를 최소화하기 위한 나만의 전략인 것이다.

많은 것을 공부하는 것이 효율성이 떨어진다고 불평할 수도 있다.

금융으로 비유하면 효율은 이자의 개념이고 효과는 보험의 개념이라 생각한다. 고객에게 은행은 효율을 주는 곳이고, 보험사는 효과를 주는 곳이다. 그리고 금융공기업이나 은행의 채용전형에서 합격하는 학생의 전략은 이자율 같은 효율을 추구하는 것이 아니라, 보험액이라는 효과를 지향하는 전략이어야 한다.

알량한 시각으로 감히 노력 없이 예측하는 것은 삼가라고 권하고 싶다. 변수를 변수로 남겨 두는 것이다. 오히려 예측의 시간에 상수를 늘려나가라. 상수를 늘리는 것이 변수를 줄이는 최선의 방향성이다. 그리고 변수를 줄이는 것 자체가 예측도를 높이게 되는 첫 걸음이 된다.

아래의 두 가진 논술 A와 B는 동일 주제에 대하여 2명의 한국은행 지원자가 쓴금융논술 사례들이다. 읽어보며 스스로 이 글의 장점들과 단점들을 체크해 보며 어떤 논술을 더 높게 평가할지 스스로 고민해 볼 것을 권한다.

> 중앙은행 디지털 화폐(Central Bank Digital Currency) 발행에 따른 긍 · 부정적 영향을 구체적인 논거를 들어 기술하고, 이에 대한 중앙은행 및 정책당국의 대응방안에 대해 논하시오.

 **서론**

CBDC의 논의 배경

최근 디지털 경제로의 이행과 코로나 19 확산으로 인한 비대면 – 비접촉결제 등의 전자지급수단에 대한 관심이 증대하고 있다. 또한, 리브라 등과 같은 민간 스테이블 코인(Stablecoin)이 중앙은행 고유의 지급결제 영역에 영향을 미칠 가능성이 제기되고 있고, 중국은 위안화의 국제적 지위를 향상하기 위한 세계 최초의 CBDC를 발행할 계획이다.

이처럼 다양한 배경을 원인으로 CBDC에 대한 관심이 증대하고 있다. 그러나 현재 CBDC의 발행이 국내외 금융시장에 미칠 영향에 대해서는 충분한 논의가 이루어지지 못한 상황이며, 관련 법률 및 규제도 정비되지 않은 상태이다. 이에 본고는 CBDC의 발행으로 인해 예상되는 긍정적-부정적 효과와 이에 대한 중앙은행 및 정책당국의 대응방안에 대해 논하고자 한다.

CBDC 발행에 따른 긍 · 부정적 영향

첫째, CBDC 사용이 확대될 경우 비공식 경제(Informal economy)의 규모를 축소할 수 있다. 특히 정보 추적이 가능한 계좌 기반의 CBDC(↔ 익명성 보장 : 토큰 기반 CBDC)의 경우 완전한 익명성을 보장하는 현금에 비해 거래 추적이 용이하다. 이는 개인이나 법인이 금융서비스에 활용할 수 있는 거래정보 이력 형성을 가능하게 하고, 불법자금 및 지하경제 문제를 완화하는데 기여할 수 있다. 또한, CBDC의 거래데이터가 금융서비스에 대한 감독, 세금징수, 법 집행, 사회 보호 등의 정책 집행을 효율적으로 수행하는 데 활용될 수 있다.

둘째, CBDC의 발행에 따른 금융 불안의 우려가 있다. 신용 창출이 일어날 수 있는 M1, M2에 CBDC를 도입할 경우, CBDC와 상업은행의 요구불예금이 경쟁 관계에 놓이게 된다. 즉, CBDC가 상업은행의 요구불예금을 대체하면서 신용공급이 축소되고, 이에 따라 대출금리가 상승하며, 상업은행의 유동성 부족 현상의 발생 가능성 또한 높아질 수 있다. 또한, CBDC가 은행 예금에 비해 가용성 – 안정성 – 유동성이 높기 때문에, 은행시스템 위기 발생 시 은행 예금에서 CBDC로의 뱅크런을 가속화할 우려가 있다.

셋째, 지급결제의 디지털 전환(Digital transformation)에 따라 디지털 소외계층의 발생 가능성이 우려된다. 주로 고령층과 장애인, 저소득층을 중심으로 디지털 소외가 발생할 가능성이 있다. 이들은 디지털 기기 – 서비스에 대한 접근성과 활용도가 낮아 현금을 주로 이용하는 편이다. 이에 CBDC의 도입에 따른 현금 사용과 ATM이 감소하면서 지급수단 선택권에 제약을 받을 수 있다.

중앙은행 및 정책당국의 대응방안

첫째, 중앙은행의 책무인 금융안정에 유의하여 CBDC를 설계해야 한다. CBDC를 M0(유통 중인 현금)에만 도입함으로써, 금융시스템에 대한 부정적 영향을 최소화하는 방안이 있다.

또한, CBDC를 M1, M2에 도입할 경우 CBDC로 대체되는 요구불예금 만큼 상업은행에 대출하여 신용공급 축소를 방지할 수 있다. 이에 더해, CBDC 보유액에 대해 상업은행의 중앙은행 예치금보다 낮은 금리를 지급하는 방안이나, 중앙은행이 가계-기업의 CBDC 보유 상한을 설정하는 방안 등이 있다.

둘째, 디지털 소외계층에 대한 선제적 지원책을 마련해야 한다. 전자지급서비스 관련 교육과 실습 프로그램을 제공함으로써, 디지털 소외계층의 전자지급수단에 대한 접근성과 활용도를 제고할 수 있다. 또한, 소비자의 지급수단 선택권이 보호될 수 있도록 ATM 관련 통계를 추가 편제하고, 관련 기관과의 협의를 통해 소비자의 현금 접근성 제고 방안을 마련할 필요가 있다.

셋째, 정책 당국 간 – 국가 간의 협력을 강화해야 한다. 중앙은행은 정책 목적을 달성하기 위해 금융감독원, 금융보안원 등의 관련 기관과 협력할 필요가 있다. 이는 다양한 정책목표 간의 균형과 법적-전문적-윤리적 표준의 정립을 목표로 삼아야 한다. 또한, BIS CPMI 활동 등을 통해 지급결제와 관련한 국제적 논의에 적극적으로 참여하고, 관련 정보를 정책 수립, 지급결제제도 감시, 조사연구 등의 업무 수행과정에 활용해야 한다.

끝으로 위와 같은 중앙은행의 대응방안은 궁극적으로 안전성(safety)과 무결성(integrity)을 고려할 필요가 있다. 특히 소액결제용 CBDC의 경우 모든 경제주체가 이용대상인 만큼 중앙은행의 통화정책과 금융안정 등에 미치는 영향에 대한 면밀한 검토가 필요하다.

> 중앙은행 디지털화폐에 대하여 논하라.

서론

디지털화폐에 대한 관심

최근 페이스북이 빠르면 2020년 상반기에 디지털화폐 리브라를 출시할 계획을 발표하면

서, 디지털화폐에 대한 관심이 높아지고 있다. 이처럼 분산원장기술의 발전과 민간 발행 암호자산의 확산으로 인해, 각국 중앙은행은 변화된 환경에 대응하여 중앙은행 디지털화폐에 대한 논의를 활발히 진행 중이다. 이에 본고는 중앙은행 디지털화폐의 정의와 도입 경과, 한국은행의 통화정책 운용체계에 미치는 영향, 정책적 대응방안에 대하여 논하고자 한다.

본론

1. 중앙은행 디지털화폐의 정의

중앙은행 디지털화폐(Central Bank Digital Currency, 이하 CBDC)는 중앙은행 내 지준예치금이나 결제성 예금과는 별도로 중앙은행이 전자적 형태로 발행하는 새로운 화폐이다. CBDC는 현금 등의 법화(法貨)와 일대일 교환이 보장되는, 중앙은행의 직접적인 채무이다. CBDC는 현금과 다르게 익명성이 제한되고 이자가 지급될 수 있으며, 보유한도나 이용시간의 설정이 가능하다. CBDC는 이용목적에 따라, 모든 경제주체들의 일반적 거래에 사용되는 소액결제용 CBDC와 은행 등 금융기관 간 거래에 사용되는 거액결제용 CBDC가 있다. CBDC는 구현 방식에 따라, 중앙관리자가 하나의 거래원장을 전담하여 관리하는 단일원장방식과 블록체인기술 등을 활용해 다수의 거래참가자가 공유된 원장을 관리하는 분산원장방식으로 나누어지기도 한다. 현재 지준예치금이나 은행 예금에는 단일원장방식이 사용되며, 비트코인이 대표적인 분산원장 플랫폼을 이용하는 디지털화폐이다. 이후의 모든 논의는 단일원장 또는 분산원장 방식의 소액결제용 CBDC를 중심으로 한다.

2. CBDC 도입 경과

현재 CBDC 도입에 가장 적극적인 나라들은 스웨덴, 우루과이, 튀니지 등이다. 이 국가들의 CBDC 도입 동기는 조금씩 다르다. 스웨덴은 최근 현금 이용이 크게 감소하면서 민간 전자지급수단에 대한 의존도가 심화되었고, 이에 중앙은행이 지급서비스시장의 독점 문제를 해결하고자 CBDC 도입을 고려 중이다. 스웨덴은 현재 CBDC 발행에 관한 연구 프로젝트를 진행 중이며, 2020년까지 기술적 검토와 테스트를 완료하고 2021년 여론 수렴 후 발행 여부를 결정할 예정이다. 우루과이와 튀니지 등의 개발도상국들은 지급결제인프라가 구축되지 않아 금융서비스 접근성이 낮으며, 금융포용의 관점에서 CBDC 발행을 고려 중이다. 동카리브국가기구는 현금유통비용을 감축하기 위해 CBDC 발행 및 지급결제 플랫폼 개발을 위한 프로젝트에 착수했으며, 중국 또한 CBDC 개발을 진행 중이다.

3. CBDC 도입이 한국은행 통화정책 운용체계에 미치는 영향

가. 통화정책의 신용경로 약화

이하의 모든 논의에서는 CBDC가 현금, 은행 예금 등과 함께 통용된다고 가정한다. 확장적 통화정책의 신용경로는 화폐공급이 증가하면서 화폐공급의 일부가 예금의 증가로 이어지고, 이에 따라 기업 대출이 늘어나 투자가 증가하는 경로이다. CBDC에 이자를 지급할 경우, 은행 예금의 일부가 CBDC로 대체될 가능성이 있다. 이는 은행 예금의 감소로 이어져 은행의 대차대조표가 축소되고, 은행의 대출이 감소하게 된다. 결국 통화정책의 신용경로가 약화될 가능성이 있다.

나. 은행 자금중개기능 약화와 시스템리스크 증대

CBDC에 이자를 지급할 경우, 은행 예금의 일부가 CBDC로 대체되어 은행 예금이 감소할 수 있다. 이에 대응하여 은행은 시장성 수신을 통한 자금 조달을 늘리기에 자금 조달 비용이 상승한다. 한편으로 예금을 통해 수집 가능한 고객 정보가 감소해, 은행은 고객의 신용도를 보수적으로 평가하게 된다. 이는 은행의 대출 감소로 이어져 은행의 자금중개기능이 약화된다. 또한 은행의 대출 감소는 투자 위축으로 이어지며, 자본시장 접근이 어려워 은행 대출 의존도가 높은 개인 및 자영업자에 가장 큰 영향을 미친다.

다. 시스템리스크 증대 및 자본시장 변동성 확대

은행 예금의 감소로 시장성 수신을 통한 자금조달이 증가하는 과정에서, 금융기관 간 상호연계성이 확대되어 시스템리스크가 증대된다. 또한 분산원장방식에서 비거주자의 CBDC 보유를 허용할 경우, 기존의 감시, 감독 체계로는 CBDC의 관리와 통제가 어려워진다. 특히 CBDC는 국제통화 전환이 용이해 금융불안 시 국내 금융시장과 외환시장의 변동성이 크게 확대될 수 있다.

📈 결론

정책적 대응방안

가. 새로운 파급경로 이용

CBDC에 이자가 지급된다면, CBDC의 금리수준은 은행 여수신금리의 하한과 시장금리의 기준으로 작동할 가능성이 높다. 따라서 한국은행은 CBDC 금리수준을 조정하여 은행의 여수신금리와 시장금리를 CBDC 금리와 동일한 방향으로 움직일 수 있다. 경기침체 시에는 내수를 촉진하기 위해 CBDC에 마이너스 금리까지 부과할 수 있으며, CBDC를 모든 계좌(전자지갑)에 일괄공급(helicopter money) 하여 민간 구매력에 직접적인 영향을 줄 수도 있다.

나. 은행의 정보 수집 비용 축소

은행의 예금이 감소할 때 자금 조달 비용의 증가와 정보 수집 비용의 증가로 인해 대출이 감소한다. 따라서 시중 은행과 한국은행이 협력하여, 은행에서 대출심사 시 차입자로부터 한국은행 CBDC 계좌(전자지갑) 거래 내역 활용에 대한 정보공개동의서를 받을 수 있다. 그리고 은행은 이를 차입자에 대한 정보로써 활용한다면, 은행이 정보 수집에 들이는 비용이 제로가 되어 대출이 늘어날 수 있다. 또한 정부와 협조하여 소상공인에 대한 지원대출을 강화한다면, 예금이 CBDC로의 전환될 때 대출 축소의 정도가 완화될 것이다.

다. 자본시장 모니터링 확대 및 환리스크 해지

스트레스 테스트를 통해 자본시장의 변동성을 면밀히 모니터링해야 한다. 특히 조기경보 시스템의 구축과 실행 능력에 대한 점검이 필요하다. 환리스크에 노출되어 있는 중소기업을 위해서는 금융기관의 전문적인 금융지도와 외화유동성에 대한 관리 서비스를 제공해야 한다. 예를 들어 무역보험공사의 환변동 보험에 대한 안내를 할 수 있다. 그리고 지속적인 통화스와프 확대를 통해 외환 안정성을 확보해야 한다.

04 주제 6

이번에 논술 사례는 문제점이 많은 논술이다.

물론 금융논술을 공부하는 학생들은 최대한 우수한 논술들을 자주 읽고 접하는 것이 좋다. 그럼에도 불구하고, 좋지 않은 논술사례를 가지고 온 이유는, 잘못을 알아야 스스로의 글에 발전을 기할 수 있기 때문이다.

이 논술은 2020년 작성된 논술이고, 이 논술을 작성한 지원자는 기본적인 지식의 양이 많고, 학부시절에도 많은 글을 쓴 지원자이다. 하지만 논술을 쓰는 데 있어서 형식적인 흠결이 많다. 그리고 이러한 형식적인 흠결은 목차작업을 제대로 수행하지 않은 것에서 기인한 것으로 보인다.

포용적 금융의 활성화 방안

서론

2017년 문재인 정부는 "기회는 평등하고, 과정은 공정하며 결과는 정의로운 나라"라는 슬로건을 내세우며 여러 국가발전전략을 제시하였다. 그 일환으로 '포용적 금융'을 활성화 하여 금융 소외계층을 보호하고, 혁신 산업을 육성하겠다는 청사진을 제시하였다. 포용적 금융은 세계적 추세이며 5G가 도래한 디지털 시대와도 부합하는 정책으로, 성장과 분배라는 두 마리 토끼를 잡을 수 있는 우리 사회가 당면한 중요한 과제라 할 수 있다. 이에 본고에서는 포용적 금융의 개념 및 현황을 알아본 후, 활성화 방안을 중국과의 비교를 통해 살펴보겠다. 동시에 포용적 금융이 오용될 경우 발생 가능한 문제점들에 대해서도 고찰하겠다.

↗ 본론

1. 포용적 금융의 개념 및 현황

포용적 금융은 2000년대 초 일부 선진국에서 '금융포용(Financial Inclusion)'의 용어로 처음 등장하게 되었다. 당시에는 빈곤층의 금융소외 현상을 해소하자는 취지에서 출발하였지만, 점차 세계적인 이슈로 확산되며 적용범위가 넓어지고, 그 의미도 기존의 '분배'의 관점에서 '성장'의 키워드로 이어지는 모습을 보이고 있다. 세계은행은 포용적 금융을 '빈곤을 줄이고 경제적 번영을 촉진하는 열쇠'라고 표현하고 있다.

쉽게 말해, 분배적 관점에서의 포용적 금융은 사용자에게 접근성과 편의성을 높임으로써 금융서비스의 양적 측면을 제고한다고 볼 수 있으며, 성장의 관점에서의 포용적 금융은 혁신기술을 도입함으로써 금융서비스의 질적 측면을 높여 경쟁력을 강화함으로써 산업의 발전을 견인할 수 있다고 볼 수 있다..

전 세계 148개국의 성인을 대상으로 조사한 글로벌 핀덱스(Global Findex) 자료를 보면, 2017년 기준 한국의 금융계좌보유 현황은 94.9%로, 세계 평균 68.5%를 현저히 웃도는 수준이다. 즉, 접근성과 편의성의 관점에서 본다면, 즉 양적 측면에서 한국의 포용적 금융은 상당 부분 긍정적인 모습을 보이고 있다. 그러나 질적 측면까지 살펴 본다면 국내 상황이 그렇게 달갑지만은 않다. 소득 하위 40% 성인을 대상으로 하는 금융기관 대출 서비스 이용 현황을 살펴보면 선진국의 평균은 16%인 반면, 우리나라는 12%로 선진국 가운데 하위권을 차지하고 있다. 또한, 서민금융진흥원의 분석 결과 연리 20% 이상의 고금리 대출 이용자가 2018년 말 기준 236만 8000명에 이르며, 총액은 15조 3000억 원에 달하고 있다. 이에 더해 불법 사금융 이용자는 52만 명, 규모는 약 6조 8000억 원으로 추정된다.

2. 우리나라가 나아가야 할 방향

이러한 현황은 우리나라의 포용적 금융의 관점을 접근성과 편의성의 '양적 측면'이 아니라, 실질적으로 도움을 줄 수 있는 '질적 측면'의 발전으로 나아가야 함을 시사한다.

일례로 중국의 경우, 한 국가 내에서 제도권 금융에 대한 접근성이 지역간, 계층간, 세대간에 상당한 격차를 보인다. 이에 따라 물리적 거리를 줄이고, 편의성을 높일 수 있도록 과감한 규제 완화와 적극적인 지원 정책으로 인터넷 전문은행을 육성함으로써 소외계층에게 금융 서비스를 제공하며 글로벌 금융 포용의 핵심 사례로 꼽힐 수 있게 되었다. 그러나 이는 우리나라의 실정과는 맞지 않다. 중국이 처한 환경과 우리나라가 처한 환경이 다르기 때문이다. 인터넷 전문은행이 지닌 강점은 접근성과 편의성이다. 이미 접근성과 편의성에 있어서 상당 부분 진척되어 있다면, 오히려 인터넷 전문은행을 도입하였을 때 나타날 수 있는 약점에 대한 논의가 충분히 이루어져야 한다.

인터넷 전문은행의 약점은 안정성과 리스크 관리가 어렵다는 것이다. 현재 인터넷 전문은행 같은 경우 대출 형태가 대부분 개인 신용위주이다. 이를 긍정적으로 보면, 제도권 금융에서 소외 되었던 계층에 대해 하나의 터전을 마련해 주었다고 볼 수 있지만, 달리 보면 기존의 제도권 금융에서 부실화될 수 있는 여신을 대신 껴안게 되었다는 측면도 있다. 즉 현재 인터넷 전문은행이 기존 제도권 금융의 축적된 신용평가모델을 능가하는 시스템을 구축하였는지에 대한 세밀한 검토가 필요하다.

우리나라가 나아가야 할 방향은 여수신 구조의 질적 개선에 있다. 기존 제도권 금융의 체제에서 대출서비스를 받지 못하는 계층에 대한 포용이 필요하다는 것이다. 이는 단지 정부 주도의 정책만으로 달성할 수 있는 문제가 아니다. 또한 기존 제도권 금융은 제로금리 시대에 더해 다양한 규제와 리스크 관리 및 이해관계로 인해 포용적 금융이라는 미명 아래 쉽게 대출 구조를 변경할 수 없는 상황이다.

결국, 혁신적인 아이디어를 도입해 디지털 시대에 부합하는 신용평가모델과 플랫폼을 구축해야 한다. 기존의 대출 형태는 정량적인 신용평가와 부동산 담보 위주의 안정성 중심의 여신구조였다. 그러나 이는 산업구조가 바뀌면서 정량 데이터로는 나타나지 않는 무형 자산에 대한 가치 평가를 담아내지 못하고 있다. 가령, 유튜버의 경우 가장 큰 자산 가치는 구독자와 댓글의 수이다. 지금 당장 매출로는 나타나지 않지만, 구독자의 수와 댓글의 품질이 하나의 신용평가 척도가 될 수 있다. 경쟁력이 있는 개인에게 차별화된 혁신적인 대출 서비스를 제공할 수 있는 게 곧 우리나라가 나아가야 할 포용적 금융의 방향이다. 빅데이터와 AI 기반의 신용평가모델을 구축하여 금융 서비스의 품질을 높이는 것이 궁극적인 지향점이라 할 수 있다.

📈 결론

포용적 금융을 실현하기 위해 다양한 방안들이 모색되고 있다. 정부의 적극적인 재정지원, P2P 금융, 인터넷 전문은행, 고령층을 위한 디지털 이해 교육, 생체 인식, 대출 구조 규제와 은행 줄 세우기 등 정책의 목소리는 각양각색이다. 키워드들은 다 훌륭한 방향이지만, 우리나라에 필요한 방향은 접근성과 편의성이나 정부의 압력 보다는 기존의 제도권 금융이 포용하지 못한 금융서비스의 질적 제고에 있다. 정부가 포용적 금융을 강조하며 중금리대출 확대를 강조하고 있지만 국내 주요 시중은행의 중금리대출 시장은 갈수록 줄어들고 있는 것으로 나타났다. 최근 은행연합회에 따르면 5대 시중은행의 중금리대출(연 6~10%)이 차지하는 평균 비중은 5.42%에 그쳤다. 이는 2019년 5월(11.52%)과 비교해 절반 넘게 줄어든 수준이다.

시장이 합리적이라고 판단할 수 있는 근거를 마련해 주어야 한다. 빅데이터를 활용할 수 있는 규제를 완화하면 기업이 새로운 신용평가모델을 구축하고, 그것을 바탕으로 플랫폼 시장을 장악해 나갈 것이고, 금융권의 중금리대출은 자연스럽게 늘어날 것이라 전망한다.

읽어 보았을 때 어떤 생각이 드는가?

첫째, 글의 목차와 구성에 있어서 일관성이 결여되었다. 그 이유는 여러 기사들을 조합을 하다 보니 생긴 결과로 보인다. 금융논술에서는 일관적인 논리와 이를 방증하는 논거의 전개가 중요하다. 하지만, 이 글은 이것저것 많이 다루고 있지만, 무슨 말을 하려는지 명쾌하게 이해하기 어렵다. 결론이 왜 결론이지 모를 글이 도출된 셈이다. 기사로만 공부하는 방식의 한계점이 보인다.

둘째, 병렬식 글이 아니라 산술식 글이다 보니 현저히 가독성이 떨어진다는 점이다. 형식의 중요성도 한 번쯤은 되새겨 봐야 할 것이다. 산술식 글은 정말 글을 잘 쓰는 사람들만이 사용해야 하는 나열방식이다. 예를 들면 신문에서의 사설 같은 경우가 대표적인 것이다. 산술글을 고집하려는 분들은 접속어, 조사 인과관계를 정확히 구사해야 한다

셋째, 포용적 금융에 대한 정확한 이해가 부족하다. 금융소외 계층을 금융포용 계층을 끌어들이는 접근성의 확대를 의미하는지 단순한 사회적 금융으로 인식하는지 불분명하다.

넷째, 중국과의 비교가 주요 전개의 핵심이라면 좀더 정교한 목차작업을 했어야 한다. 여기저기서 중국사례가 나오는 느낌이다.

다섯째, 중국과의 비교를 하려면 명쾌하게 중국의 양적 포용적 금융과 우리의 질적 포용적 금융에 대한 환경적 차이, 방법론적 차이, 우리의 방향성이 명쾌해야 하지만, 단순히 숫자들만 열거된 느낌이다. 문장 하나하나의 인과관계가 느껴지지 않는다.

이러한 문제점 외에도 표현이 정교하지 못하다. 이는 글을 많이 안 써본 학생들에게서 보이는 전형적인 문제점이다.

chapter
05

넓혀 나가기

스피노자는 말했다.

"나는 깊게 파기 위해 넓게 파기 시작했다."

금융논술 준비도 마찬가지라고 생각한다. 넓게 파기 시작하다 보면, 스스로 깊게 파게 된다.

많은 취준생들이 여기저기 급하게 파는 모습들을 많이 보았다. 그 이유는 결국 미리 준비하지 못했기 때문이다. 다양한 논제들을 미리 준비하다 보면, 지식의 승수효과가 나타나기 시작한다. 1+1 = 3 이상의 효과가 현실화 된다. 따라서, 우리는 시간에 쫓기는 일이 없어야 할 것이다. 중요한 일을 항상 급한 상황을 만들고, 허둥지둥 대는 모습. 실패하는 사람들의 전형적인 모습이다. 중요한 일들일수록 미리 하는 것은 모든 성공한 사람들의 공통적인 행동 방식이다. 이제 나는 여러분들에게 단순히 깊게 파는 것을 뛰어넘어, 넓게 접목시키라고 말하고 싶다. 금융논술에 쏟아 부은 노력과 지식을 단순히 금융논술전형에서만 적용하는 것은 상당히 아깝다고 생각한다.

독일인 역사가 몸젠이 언급한 "로마가 나은 유일한 천재" 율리우스 카이사르의 경우, 항상 1가지 사안을 결정할 때 1가지의 효과만 보고 결정하지 않았다고 한다. 최소한 2개 이상의 효과를 염두에 두고 1가지 사안을 결정한 것이다. 우리도 율리우스 카이사르의 사고방식을 접목해야 할 것이다.

1. 금융논술 한 편을 작성할 때에는, 기관별 결론을 각각 구상해 보는 습관을 들이는 것이 좋다. 예를 들면 내가 목표로 하고 있는 금융공기업이 산업은행, 신용보증기금, 기업은행이라고 가정하면,

> 산업은행의 결론 / 신용보증기금의 결론 / 기업은행의 결론

을 각각 제시하는 습관을 들이는 것이 좋다.

2. 금융논술 한 편을 공부하고 작성해 보았다면, 그것으로만 끝내지 말자. 작성된 논제를 끝냈다고 덮지 말고, 발표 연습을 해 볼 것을 권한다. 꽤 많은 금융공기업들이 면접 때 발표면접, 소위 말하는 PT면접을 진행한다. 이에 대한 준비를 미리 조금씩 준비하자는 의미이다. PT면접은 확실히 미리 준비하고, 많이 발표해본 사람이 잘하게 되어있다. 이왕에 논술을 한편 작성해본 김에, 이 주제를 가지고 3~5분짜리 PT커리큘럼으로 전환하여 말하기 연습을 꾸준히 하면, 나중에 분명 면접에서 큰 도움이 될 것이다

3. 금융논술 한 편을 작성하고 나면, 금융논술을 작성하면서 활용했던 이론이나 원칙, 학설 등은 별도로 정리해두는 습관을 들이면 좋다. 이러한 이론이나 원칙, 학설은 나중에 자소서 작성에도 활용가능하며, 면접에서도 접목 가능하다. 논리적 근거로써, 이론, 학설, 원칙만큼 좋은 것이 없다는 것을 명심하고, 좀 귀찮더라도 하나씩 하나씩 정리해 나가면, 넓게 활용할 수 있다.

chapter
06

구슬이 서 말이라도
꿰어야 보배

1. 모른다고 시작을 미루지 마라. 누구나 처음에는 모른다.

금융공기업이나 은행지원자들이 금융논술과 관련해서 가지는 가장 큰 고민은 "나는 기초 지식이 부족하다"이다. 그래서 기초가 없는데 금융논술 준비를 잘 할 수 있을까라는 두려움 이 크다. 그 결과, 금융논술 준비에 대한 압박만 큰 상태에서 머뭇거리거나, 미루고 있는 것이 다. 사람들은 크게 2가지 이유로 스트레스를 받는다.

첫째는 무엇을 해야 할지 모를 때 받는 스트레스이다.
둘째는 해야 할 것이 너무 많아서 받는 스트레스이다.

같은 스트레스 같지만 첫 번째 스트레스는 상당히 좋지 않은 스트레스이다. 왜냐하면 내 가 무엇을 모르는지도 모르고 있는 상황이기 때문이다. 그냥 대책 없는 불안감이다. 반면, 해 야 할 것이 너무 많아서 받는 스트레스는 긍정적인 스트레스이다. 그 이유는

① 시작을 했기 때문이다. ② 무엇을 해야 할지 알게 되었기 때문이다.

"시작이 반이다."

경제학과나 경영학과 학생들이 배경지식이 많고, 왠지 논술도 잘 쓸 것이라 생각하기 쉽지만 이는 오산이다. 다른 전공자들보다 조금 더 배경적 지식이 있을 뿐, 금융논술은 누구에게나 새롭다. 왜냐하면, 결국 금융논술은 현재 이슈를 다루지만, 우리는 지금까지 학교에서 과거를 많이 배워왔기 때문이다. 오히려 공대생들이 배경지식만 갖추면, 상경대 학생들보다 더 구조적이고 논리적은 글을 쓰는 경우도 많다.

두려워하지 말고 바로 금융논술 준비를 시작하라고 말하고 싶다.

2. 구슬이 서 말이라도 꿰어야 보배

금융공기업이나 은행지원자들을 많이 가르쳐 오면서 가장 안타까운 점은, 논제들을 논제별로만 공부를 하고 있을 때이다.

하나의 논제는 하나의 nod 점으로 비유하고 싶다. 여러 개의 논제들이 각각의 nod 점에 위치하고 있다. 논제를 하나의 분리된 논제로만 인식하고 공부한다면, 논제끼리의 Link가 없게 된다. 그러면 그냥 흩뿌려진 점들에 불과하다. 논제들은 모두 유기적인 연결선들이 있다. 금융논술의 통찰력은 이러한 논제들 사이의 Link들을 고민하고, 방안들을 복합적으로 제시하는 데 있다. 그리고 이러한 Link에 대한 고민이 결국 사고력으로 연결된다.

주 52시간과 가계부채와의 Link가 무엇일까?

금리인상과 산업은행의 혁신금융 사이에서의 Link는 무엇일까?

인플레이션과 관세는 어떤 관계일까?

이런 식의 구슬들을 꿰어보려고 고민하는 것이 금융논술 마스터가 될 수 있는 중요한 과정이 될 것이다.

논술사례

금융 기관 · 금융공기업편

chapter 01

상법개정안

01 논제 개요 잡기 [핵심 요약]

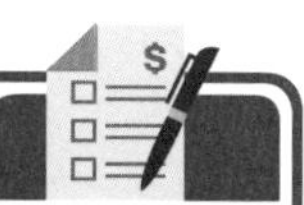

서론	이슈언급	2025년 7월 3일, 국회에서 여야 합의로 '이사 충실의무 확대' 등을 골자로 하는 상법개정안이 통과되었다. 또한, 동년 7월15일 이사의 충실의무 대상을 '회사'에서 '주주'로 확대하는 상법개정안이 국무회의에서 의결됐다. 그런데 상법개정 논의는 이게 끝이 아니다. 여당은 "주가 부양을 위한 상법개정은 이제 시작"이라며 집중투표제 의무화, 감사위원 분리 선출 확대도 조속히 추진한다는 입장이다. 특히 최근에는 자사주(자기주식) 소각을 의무화하는 3건의 법안까지 발의되었다. 이번 상법개정과 일련의 상법개정안은 기업지배구조 개선을 통해 한국 주식시장의 만성적 저평가를 해소하고 '코스피5 000'을 실현하기 위한 자본시장 개혁의 일환이다.
본론	1. 상법개정안 1) 주요 내용	① 개정 상법 　가. 이사의 충실 의무를 회사에서 주주로 확대 　나. 감사위원 선출 시 대주주 영향력을 제한하는, '3% 룰' 시행 　다. 자산 2조 원 이상 대규모 상장사에 전자주주총회를 의무화하고 사외이사를 독립이사로 변경하는 내용도 포함 ② 시행 　가. 상법개정안의 주요 조항 중 이사의 충실 의무 대상 확대는 유예 기간 없이 공포 즉시 시행될 예정이다. 　나. 다만 전자주주총회 도입은 내년 1월부터, 사외의사의 독립이사 변경, 3% 룰 확대 적용 등은 1년간의 유예 기간을 두고 시행된다.

본론	**1. 상법개정안**	**2) 해외 시각**	① 이번 상법개정은 한국정부와 국회의 기업지배구조 개혁의지를 보여준 긍정적 신호로 평가 ② 특히 3% 룰 개정은 지배주의 권한을 더욱 제약하는 엄격한 조치로 평가

본론

1. 상법개정안

2) 해외 시각
① 이번 상법개정은 한국정부와 국회의 기업지배구조 개혁의지를 보여준 긍정적 신호로 평가
② 특히 3% 룰 개정은 지배주의 권한을 더욱 제약하는 엄격한 조치로 평가

3) 기대효과 및 증시영향
① 상법개정과 후속조치를 통해 한국증시의 구조적 저평가가 해소될 것으로 기대
② 이번개 혁으로 지배구조 기준이 충족되면 MSCI는 한국을 '선진국'으로 재분류할 수 있으며, 이를 통해 400~600억 달러의 글로벌 패시브 자금 유입 가능

4) 제한 요인 및 리스크
① 제도의 정착과 실효성 확보를 위해서는 여전히 많은 도전 과제가 존재
  가. 궁극적으로는 순환출자 해소 등 재벌 지배구조 자체의 근본적인 개혁이 필요
  나. 지배구조 개선은 주로 재벌기업에 해당되며, 이것이 실제 한국경제에 득이 될지 불확실
  다. 기업과 야당 반발 및 소승 증가가능성
  라. 자본관리 관련 지배주주 반발, 보수적 재무정책이나 M&A 계획을 명분삼아, 배당확대가 지연될 가능성 등도 제도 정착의 장애가 될 소지

2. 상법개정안 추후 쟁점

1) 자사주 소각
① 자사주 소각 의무화도 가시권에 들어섰다.
② 찬반 의견
  가. 자사주를 소각해 발행 주식 수를 줄이면 단기적으로 주가가 올라가는 효과가 있다.
  나. 하지만 자사주 소각은 기업 가치를 올리는 데는 아무 역할도 못한다. 기업 경영의 목표가 단기적 주가 상승이라면 자사주를 소각하는 게 맞을 것이다. 그러나 목표가 그런 기업이 있을 리 없다.
  다. 기존에 보유 중인 자사주까지 소각을 강제하면, 회계상 자기자본이 감소해 부채비율이 상승하고 자금 운용에도 심각한 차질이 발생할 수밖에 없다.
  라. 자사주 소각을 법적으로 의무화하는 국가는 세계적으로 드물다. 소각을 강제하는 제도는 글로벌 스탠더드와도 거리가 있다.
  마. 자사주가 적대적 M&A 위협 때 기업의 경영권을 방어하는 수단으로 활용되는 한국적 특수성도 감안해야 한다.

본론	2. 상법개정안 추후 쟁점	1) 자사주 소각	③ 이에 일부 기업은 규제 강화를 피하는 '막차'를 타기 위해 서두르고 있다. 가. 교환사채(EB)를 활용한 자사주 유동화 나. '셀프 처분' 다. 자진 상장폐지
		2) 최소한 경영 방어권 보장	재계에서는 개정 상법을 받아들이는 대신 반대급부로 차등의결권이나 포이즌필 등 경영권 방어 수단을 요구해야 한다는 주장이 나온다. ① 재계는 최소한 차등의결권(dual-class voting shares)은 마련돼야 한다고 강조한다. 차등의결권은 창업자나 대주주가 가진 주식에 일반 주주가 보유한 보통주보다 더 많은 의결권을 부여하는 제도다. ② 일각에선 황금주(golden share) 얘기도 나온다. ③ 포이즌필(poison pill)도 눈여겨볼 만하다.
		3) 백기사 확보	'3% 룰'의 확대 적용은 각 기업의 경영권 방어 전략을 근본적으로 바꿨다. 대주주 의결권이 제한되는 상황에서 우호 지분 확보의 중요성이 커지며 '백기사'를 찾는 움직임이 가속화하는 모습이다. 개정안이 본격 시행하면 단순한 투자 관계를 넘어 기업 간 주식 스왑(상호 간 주식을 교환해 우호 관계를 맺는 것)을 통한 전략적 '혈맹 관계' 구축이 새로운 트렌드가 될 전망이다.
		4) 대기업 자구 책 마련	① 컴플라이언스 강화 ② IR 확대
결론	의견제시		상법개정은 일부 악덕 대주주의 횡포로부터 소액 주주 권익을 보호해야 한다는 문제의식에서 출발했다. 일부 상장 기업이 쪼개기 · 중복 상장이나 쥐꼬리 배당처럼 소액 주주 이익을 침해하는 일탈 행위를 해왔기 때문에 이를 바로잡는 일은 분명 필요하다. 주주들이 바라는 장기적인 주가 상승은 지배구조 개선만이 아니라 기업의 실적 향상이 뒷받침돼야 한다. 이는 대주주의 기업가 정신과 미래 성장을 위한 합리적인 의사 결정이 있을 때 가능하다.

서론

이슈 언급

2025년 7월 3일, 국회에서 여야 합의로 '이사 충실의무 확대' 등을 골자로 하는 상법개정 안이 통과되었다. 또한, 동년 7월 15일 이사의 충실의무 대상을 '회사'에서 '주주'로 확대 하는 상법개정안이 국무회의에서 의결됐다. 그런데 상법개정 논의는 이게 끝이 아니다. 여당은 "주가 부양을 위한 상법개정은 이제 시작"이라며 집중투표제 의무화, 감사위원 분리 선출 확 대도 조속히 추진한다는 입장이다. 특히 최근에는 자사주(자기주식) 소각을 의무화하는 3건의 법안 까지 발의되었다.

이번 상법개정과 일련의 상법개정안은 기업지배구조 개선을 통해 한국 주식시장의 만성적 저평 가를 해소하고 '코스피 5000'을 실현하기 위한 자본시장 개혁의 일환이다.

시장은 대체로 이번 개정이 '코리아 디스카운트' 해소의 제도적 전환전이 될 것으로 기대하고 있 다. 다만 제도의 실효성 확보와 기업들의 실질적 행동 변화가 중요하다고 평가했다.

금번 상법개정 이슈로 지주사와 자사주를 많이 보유한 기업들은 주가가 폭등하고 있지만, 경제 계는 상법개정이 기업 현실이 반영되지 않고 글로벌 스탠더드에 부합하지 않는다며 우려하고 있다. 불투명한 기업지배구조를 개선하고 지배주주의 전횡을 막는 차원에서 긍정적인 측면이 없지 않다. 하지만 재계는 시름이 깊다. 소송 남발과 외국계 헤지펀드의 공격 등으로 기업의 경영권이 위협받 고, M&A 같은 경영권 행사도 제약될 수 있기 때문이다.

이에 본지에서는 금번 상법개정안의 주요 내용과 기대효과 및 제약 요인들에 대한 검토한 후 정 책적 방안을 모색해 보기로 한다.

본론

1. 상법개정안	1) 주요 내용	① 개정 상법 　가. 이사의 충실 의무를 회사에서 주주로 확대 　나. 감사위원 선출 시 대주주 영향력을 제한하는 '3% 룰' 시행 　다. 자산 2조 원 이상 대규모 상장사에 전자주주총회를 의무화하고 사외이사를 독립이사로 변경하는 내용도 포함 ② 시행 　가. 상법개정안의 주요 조항 중 이사의 충실 의무 대상 확대는 유예 기간 없이 공포 즉시 시행될 예정이다. 　나. 다만 전자주주총회 도입은 내년 1월부터, 사외이사의 독립이 사 변경, 3% 룰 확대 적용 등은 1년간의 유예 기간을 두고 시 행된다.

[상법개정안 및 기타 자본시장 개선 조치 주요 내용]

구분	내용			시행 시기
	안건	현행	개선	
상법개정안 (2025년 7월 3일 통과)	이사 충실의무 대상	회사	회사+주주	즉시
	전자 주주총회	이사회 의결로 도입	자산 규모 2조 원 이상 상장사 도입 의무화	2027년 1월
	3% 룰	사내이사 감사 선출 시 최대주주특수관계인 의결권 합산 3%로 제한	사외이사 감사 선출 시에도 동일 적용	1년 유예
	독립이사제	'사외이사' 명칭 사용, 의무선임 비율 1/4	'독립이사'로 명칭 변경, 의무선임 비율 1/3	1년 유예
상법개정안 (보완 입법 예정)	집중투표제	정관으로 배제 가능	상장사는 정관 배제 금지	미정
	감사 분리선출 확대	분리선출 감사위원 1명	2명 또는 전원으로 확대	미정
기타	배당세제 개편	배당 성향 35% 이상 기업의 배당소득 분리 과세		미정
	자사주 소각 의무화	자사주 소각 유도 위한 공시기준 강화 또는 소각 의무화		미정
	원스트라이크 아웃제	주가조작 등 자본시장 불공정거래 행위 엄벌		미정
	외국인 투자 활성화	MSCI 선진국 지수 편입 추진		미정

<출처: 국제금융센터>

1. 상법개정안

1) 주요 내용

2) 해외 시각

① 이번 상법개정은 한국정부와 국회의 기업지배구조 개혁의지를 보여준 긍정적 신호로 평가

- 상법개정은 한국의 기업지배구조 개혁에 있어 중요한 이정표이며, 중기적으로 글로벌 투자자들의 한국증시 재평가를 지지할 전망 (Lombard Odier)

② 특히 3% 룰 개정은 지배주주의 권한을 더욱 제약하는 엄격한 조치로 평가

- 이사의 충실의무 대상확대 등을 담은 상법개정안 통과와 함께 정부는 배당소득세 개편도 검토 중이며, 시장전문가들은 이러한 조치가 한국 상장기업의 투명성, 책임성 투자자 신뢰를 제고하는 데 필수적이라고 평가(MT Newswires)

- 상법개정을 통한 기업의 신의성실의무 개혁은 코리아 디스카운트의 핵심 원인을 제거하는 조치. 향후 배당 성향에 따른 차등과세가 도입되고 효과적으로 시행된다면 기업가치의 추가 상승도 기대(Federated Hermes)

- 최근 한국증시의 급등은 정치적 안정 회복과 주주 친화적 개혁 약속 덕분이며, 정치적 리더십과 여당의 국회 과반 확보로 인해 과거와 달리 개혁의 이행 가능성이 높아진 점에 주목(NYT)

1. 상법개정안	3) 기대효과 및 증시영향	① 상법개정과 후속 조치를 통해 한국증시의 구조적 저평가가 해소될 것으로 기대. 다만 상법개정 기대감은 이미 상당 부분 증시에 선반영 가. 이번 상법개정은 투자자들로 하여금 '코리아 디스카운트'를 재평가하도록 하는 중대한 변화이며, 이로 인해 멀티플(주가배수) 확장이 가능할 전망(Nomura) 나. 한국증시의 기술적 과열 양상, 관세 및 무역 불확실성 등 단기 리스크에 따른 조정가능성은 존재하지만, 이는 장기 투자자 입장에서는 매수 기회. 다. 코스피의 주가 순자산 비율은 약 1배로 일본보다 훨씬 낮은 수준이며, 이를 감안할 때 향후 개혁이 제대로 이루어진다면 10~20% 추가 상승 가능(Fidelity) ② 이번 개혁으로 지배구조 기준이 충족되면 MSCI는 한국을 '선진국'으로 재분류할 수 있으며, 이를 통해 400~600억 달러의 글로벌 패시브 자금 유입 가능(Alnvest) 가. 상법개성안은 수수보호 강화가 골자로 이미 시장에 어느 정도 반영. 중기적으로 한국증시에 긍정적이며, 외국인 자금 유입에도 우호적 (Societe Generale) 나. 이번 개정안은 이미 시장가격에 충분히 반영. 따라서 향후 증시는 실제 기업들이 긍정적인 변화를 보일때까지는 횡보세를 보일전망(UBS) 다. 기업들은 연말 예정된 연례 '밸류업 공시'를 활용해 긍정적 변화를 제시할 가능성이 있고, 주주행동주의 강화는 시장의 추가적인 재평가를 이끌 가능성
	4) 제한 요인 및 리스크	① 대체로 긍정적인 전망에도 불구하고 제도의 정착과 실효성 확보를 위해서는 여전히 많은 도전 과제가 존재 가. 현재 국회에서 논의된 법안들은 비교적 이행이 쉬운 과제이며, 궁극적으로는 순환출자 해소 등 재벌 지배구조 자체의 근본적인 개혁이 필요(NYT) 나. 지배구조 개선은 주로 재벌기업에 해당되며, 이것이 실제 한국경제에 득이 될지 불확실. 현재 시장은 지배구조보다 미국과의 관세협상에 주목(Stonex Financial) 다. 기업과 야당 반발 및 소승 증가 가능성, 독립이사의 실질적 감시 능력 부족으로 개혁이 상징적 조치에 그치거나 지연될 수 있는 점 등이 위험 요인(Alnvest) 라. 자본관리 관련 지배주주 반발, 보수적 재무정책이나 M&A 계획을 명분삼아, 배당확대가 지연될 가능성 등도 제도 정착의 장애가 될 소지(Federated Hermes)

| | | ① 자사주 소각 의무화도 가시권에 들어섰다. |

2. 상법개정안 추후 쟁점

<출처: 매경이코노미>

1) 자사주 소각

① 자사주 소각 의무화도 가시권에 들어섰다.

　가. 현재 여당은 자사주의 원칙적 소각과 관련된 내용을 담은 상법 개정안을 발의했다.

　나. 자사주를 취득 1년 이내 소각하도록 하고 스톡옵션 등 특별한 사유만 예외로 인정하는 게 골자다.

　다. 예외 사유의 경우 정기 주주총회의 승인을 받아야 한다. 이에 일부 기업은 규제 강화를 피하는 '막차'를 타기 위해 서두르고 있다.

② 찬반 의견

　가. 자사주를 소각해 발행 주식 수를 줄이면 단기적으로 주가가 올라가는 효과가 있다.

　나. 하지만 자사주 소각은 기업 가치를 올리는 데는 아무 역할도 못한다. 기업 경영의 목표가 단기적 주가 상승이라면 자사주를 소각하는 게 맞을 것이다. 그러나 목표가 그런 기업이 있을 리 없다. 정상적 기업이라면 자사주를 매각해 그 자금으로 신규 투자를 늘려 경쟁력을 높이려 할 것이다. 이것이 국민 경제에 더 도움이 되고, 결과적으로 주가도 올린다.

　다. 최근 발의된 법안처럼 새로 취득한 자사주뿐 아니라 기존에 보유 중인 자사주까지 소각을 강제하면, 회계상 자기자본이 감소해 부채비율이 상승하고 자금 운용에도 심각한 차질이 발생할 수밖에 없다.

　라. 자사주 소각을 법적으로 의무화하는 국가는 세계적으로 드물다. 미국, 영국, 일본 등 주요국은 소각 여부를 기업 자율에 맡기고 있으며, 독일도 자사주 보유 한도를 10%로 제한하고 3년 이내 매각 또는 소각을 유도하는 수준에 그친다. 이처럼 소각을 강제하는 제도는 글로벌 스탠더드와도 거리가 있다.

　마. 자사주가 적대적 M&A 위협 때 기업의 경영권을 방어하는 수단으로 활용되는 한국적 특수성도 감안해야 한다. 자사주를 많이 보유한 기업은 대부분 대주주 지분율이 낮다는 공통점을 갖고 있다.

　　- SK그룹 지주사는 대주주 지분을 다 합쳐도 25.5%에 불과하다. 보유 자사주 24.6%를 합쳐야 경영권 방어에 필요한 50%를 넘는다. 이런 기업은 한둘이 아니다.

　　- 이 기업들이 자사주를 의무 소각한 뒤에 외국계 펀드의 경영권 위협을 당하게 될 수도 있다. 기업이 국제 경쟁이 아니라 경영권 문제에 발이 묶이면 많은 근로자와 주식을 가진 사람이 결국 피해를 본다.

③ 이에 일부 기업은 규제 강화를 피하는 '막차'를 타기 위해 서두르고 있다.

2. 상법개정안 추후 쟁점

<출처: 매경이코노미>

1) 자사주 소각

가. 가장 눈에 띄는 움직임은 교환사채(EB)를 활용한 자사주 유동화다. EB는 일종의 담보물 채권이다. 보유 중인 다른 기업의 유가증권이나 자기주식이 교환 대상이다. 채권자가 원하면 원금 대신 담보물로 교환할 수 있다. 전자공시시스템에 따르면, 2025년 6월 한 달 동안 공시된 EB 발행 건은 6건(태광산업 · SK이노베이션 · 네온테크 · 모나용평 · KG에코솔루션 · 바른손)이다. 이들 모두 자기주식을 교환 대상으로 삼았다. 시장 관계자들은 "자사주 의무 소각 법안이 통과되기 전 최대한 자사주를 활용해 돈을 끌어모으려는 행태"라고 분석했다.

나. 또한 새롭게 떠오르는 행태는 '셀프 처분'이다. 자사주를 지배주주나 계열사에 매각하는 형태다. 소각이 의무화되기 전 자사주를 활용해 최대한 지배주주 지배력을 높이거나 유동화하겠다는 판단이다.

다. 더 나아가 자진 상장폐지를 선택하는 기업도 있다. 2025년 자진 상장폐지를 위해 공개매수를 진행한 기업은 비올, 신성통상, 텔코웨이, 한솔PNS 등 4곳이다. 자진 상상폐지를 위해서는 코스피 상장사의 경우 95%, 코스닥 상장사의 경우 90% 이상 지분을 대주주가 확보해야 한다. 이 때문에 공개매수를 통해 지분을 확보한 뒤 자진 상장폐지에 나서는 구조다.

2) 최소한의 경영방어권 보장

재계에서는 개정 상법을 받아들이는 대신 반대급부로 차등의결권이나 포이즌필 등 경영권 방어 수단을 요구해야 한다는 주장이 나온다. 한국경제인협회, 대한상공회의소, 중소기업중앙회 등 경제 8단체는 "경제계는 자본시장 활성화와 공정한 시장 여건 조성이라는 법 개정 취지에는 공감하지만 이사의 소송 방어 수단이 마련되지 못했다"며 경영권 방어 수단 도입을 촉구했다.

① 재계는 최소한 차등의결권(dual-class voting shares)은 마련돼야 한다고 강조한다. 차등의결권은 창업자나 대주주가 가진 주식에 일반 주주가 보유한 보통주보다 더 많은 의결권을 부여하는 제도다.

가. 쿠팡이 미국 증시 상장을 결정한 배경이기도 하다. 미국은 차등의결권이 제대로 보장된 국가 중 하나다. 창업자 김범석 이사회 의장의 1주(클래스 B)는 다른 주식 29주(클래스 A)에 맞먹는 의결권을 가진다.

나. 차등의결권은 외부 투자금을 유치하는 과정에서 창업자 지분율이 쪼그라들어도 경영권을 보장할 수 있다는 게 장점이다.

② 일각에선 황금주(golden share) 얘기도 나온다.

가. 황금주는 가장 극단적인 형태의 차등의결권이다. 일종의 '거부권'으로 단 한 주만 가지고 있더라도 주주총회에서 결정난 사항에 대해 반대표를 행사할 수 있다.

나. 다만 워낙 권리가 막강한 탓에 자본시장에서도 황금주 도입을 두고서는 의견이 분분하다.

2) 최소한의 경영방어권 보장	③ 포이즌필(poison pill)도 눈여겨볼 만하다. 가. 경영권 위협 행위가 발생할 경우 기존 주주에게 시가보다 싼 가격에 주식을 살 수 있는 권리를 주는 제도다. 나. 경영권을 공격하는 측의 지분율을 희석시키는 방식으로 경영권 침탈을 저지할 수 있다. 다. 넷플릭스가 대표 사례다. 넷플릭스는 2012년 미국 헤지펀드 운용사인 칼 아이칸의 경영권 공격을 받았다. 이때 넷플릭스는 기존 주주들에게 특정 가격에 신주를 살 수 있는 권리를 부여하는 주주권리계획을 발표했다. 2024년 7월 미국 항공사 사우스웨스트에어라인 이사회는 행동주의 헤지펀드 엘리엇이 경영권 공격에 나서자 포이즌필을 발동, 기존 주주가 시가보다 50% 낮은 가격에 주식을 매수할 수 있게 했다.
2. 상법개정안 추후 쟁점 <출처: 매경이코노미> **3) 백기사 확보**	'3% 룰'의 확대 적용은 각 기업의 경영권 방어 전략을 근본적으로 바꿨다. 대주주 의결권이 제한되는 상황에서 우호 지분 확보의 중요성이 커지며 '백기사'를 찾는 움직임이 가속화하는 모습이다. 개정안이 본격 시행하면 단순한 투자 관계를 넘어 기업 간 주식 스왑(상호 간 주식을 교환해 우호 관계를 맺는 것)을 통한 전략적 '혈맹 관계' 구축이 새로운 트렌드가 될 전망이다. ① 몇몇 자산운용사는 이미 백기사 역할을 자처하며 기업에 손을 내밀었다. 기업 입장에선 감사위원 선임이 불안해진 상황에서 자산운용사의 의결권 지원은 매력적인 제안일 수 있다. 자산운용사는 의결권을 행사해주고 그 대가로 수수료를 받거나 다른 형태로 이익을 얻으려 할 것이며 이는 자산운용사 입장에서도 새로운 투자처이자 비즈니스 모델이 될 수 있어 앞으로 이들의 역할이 더욱 중요해질 전망이다. ② 자산운용사 외 재계 이해관계를 함께 하는 다른 기업집단이 백기사 역할을 할 수 있다. 예를 들어 특정 사업 분야에서 협력이 필요한 기업끼리 서로의 경영권을 방어해주기 위해 주식을 교환하거나 우호 지분을 확보하는 방식이다. 단순한 재무 지원을 넘어, 전략적 동반자 관계를 구축하는 형태로 나타날 수 있다. 상호 간 사업 시너지를 극대화하는 동시에 경영권 방어라는 공동의 목표를 달성하는 셈이다. 이런 형태의 '연합 전선'은 갈수록 복잡해지는 기업 환경에서 새로운 생존 전략으로 부상하고 있다. ③ 실제 경영권 분쟁에서 백기사가 핵심 역할을 한 사례는 많다. 가. 최근 한진칼 경영권 분쟁이 그랬다. 조 원태 회장 측은 델타항공 등 우호 지분과 함께 이마트, HD현대오일뱅크, SK에너지, 현대차 등의 기업이 출자한 사모펀드를 백기사로 확보하며 경영권 방어에 성공했다. 단순 투자를 넘어 한진그룹과 사업상 협력 관계에 있거나 오너 일가와 친분이 있는 기업들로 구성돼 이목을 끌었다.

2. 상법개정안 추후 쟁점 <출처: 매경이코노미>	3) 백기사 확보	나. 앞으로 경영권 방어를 위한 다각적인 백기사 연대가 더욱 빈번하게 나타날 것을 시사하는 대표적인 사례다.
	4) 대기업 자구책 마련	① 컴플라이언스 강화 가. 이번 상법개정으로 각 대기업은 '경영 판단이 곧 법적 리스크로 이어질 수 있다'는 점을 경계하고 있다. 대안으로 컴플라이언스 시스템(기업이 법규를 준수하고 윤리 경영을 실천하도록 하는 내부통제 시스템)을 대폭 강화하는 방향으로 움직이고 있다. 나. 단순히 사후 소송을 피하는 걸 넘어, 경영 판단 자체가 법적 기준에 부합하게 대비하기 위함이다. 다. 특히 계열사 간 거래, 자금 조달, 자사주 활용 등 이해 충돌 가능성이 큰 사안에 대해선 내부 감사만으론 부족하다는 분위기가 다수다. 그래서 외부 법률 자문을 병행해 객관성과 투명성을 확보하려다 보니 중대형 로펌은 때아닌 법률 자문 '특수'를 맞고 있다. ② IR 확대 가. 주주와 미연에 분쟁을 방지하고자 IR(기업설명회) 활동을 더 강화하려는 움직임도 감지된다. 정기 IR을 넘어, 소액 주주 간담회, 온라인 소통 채널 강화 등 다양한 방식으로 주주 친화 정책을 펼치고 있다. 최근 파마리서치가 인적분할 관련 논란이 일자, 소액 주주 대상 기업설명회를 한 것도 이런 맥락이다. 나. 이제 IR은 단순한 실적 발표를 넘어 투명한 정보 공개, 적극적인 소통으로 소액 주주를 '우리 편'으로 만들어 잠재적인 경영권 분쟁 위험을 낮추는 장으로 활용될 것이다.

결론

의견 제시 상법개정은 일부 악덕 대주주의 횡포로부터 소액 주주 권익을 보호해야 한다는 문제의식에서 출발했다. 일부 상장 기업이 쪼개기·중복 상장이나 쥐꼬리 배당처럼 소액 주주 이익을 침해하는 일탈 행위를 해왔기 때문에 이를 바로잡는 일은 분명 필요하다. 결과적으로 일부 일탈 기업들이 상법개정을 자초한 셈이다. 그렇다고 해서 기업계 전체의 합리적 우려까지 무시해도 되는 것은 아니다. 기업 대부분은 악덕 기업이 아니기 때문이다. 더구나 상법은 증시에 상장된 2,600여 기업뿐 아니라 비상장 기업까지 합쳐 100만여 법인에 모두 적용된다. 애꿎은 기업까지 희생양으로 만들 수 있는 법 개정은 옳지 않다. 기업 운영에 치명적인 걸림돌은 하루라도 빨리 덜어내 줘야 한다. 정부의 균형 잡힌 시각과 장기적 고려가 필요하다.

개정된 상법의 부작용을 덜어줄 보완 입법을 일정조차 애매하게 찔끔찔끔 처리해서는 안 될 일이다. '차등의결권'이나 '포이즌필' 같은 경영권 방어수단 요구에는 눈길도 주지 않고 있다는 재계의 우려는 일리가 있다. 자사주 소각 강제와 같은 기업의 자율권을 지나치게 제약하는 방향은 지속 가능하지 않다. 기업의 자율성과 주주의 권익이 조화를 이루는 균형 잡힌 상법개정이 필요한 이유다

주주들이 바라는 장기적인 주가 상승은 지배구조 개선만이 아니라 기업의 실적향상이 뒷받침돼야 한다. 이는 대주주의 기업가 정신과 미래 성장을 위한 합리적인 의사 결정이 있을 때 가능하다.

chapter 02

배드뱅크

01 논제 개요 잡기[핵심 요약]

| 서론 | 이슈언급 | | 배드뱅크 출범은 빚 부담에 어려움을 겪고 있는 소상공인과 개인 채무자를 지원하기 위해서다. 어려운 사람의 재기를 지원하는 따뜻한 자본주의 지향 필요성, 우리 경제의 장기 지속을 위한 사회 안전망 차원에서 금번 배드뱅크 프로그램이 분명 중요한 의미가 있다.
다만 좋은 취지에도 불구, 성실 상환자에게는 상대적 박탈감을 유발할 수 있다는 점은 부정하기 어렵다. 특히, 금번 배드뱅크 출범은 이러한 대규모 탕감에 따른 형평성 논란에 더해, 대상 채권 선별 문제, 기금 조성 문제, 추가 전세사기 배드뱅크 문제 등 여러 가지 문제점들이 표출되고 있다. |
| 본론 | 1. 배드뱅크 | 1) 의미와 역사 | ① 의미 및 역할
　가. 금융 회사(은행 등)로부터 부실채권(연체된 대출)을 매입한 뒤, 별도로 관리하고 정리하는 특수목적 법인이다.
　나. 배드뱅크가 부실 자산을 전문적으로 정리하기에 기존 금융사는 우량 자산만을 보유해 건전성을 높이는 효과가 있다.
　다. 배드뱅크는 금융 기관이 정리 불능 상태에 빠지기 전에 부실을 정리하게 된다.
② 배드뱅크와 채무조정제도 역사 |

본론	**1. 배드뱅크**	2) 소상공인 여신에 대한 배드뱅크 필요성	① 소상공인의 연체율은 지난 2016년 이후 최고 수준이다. ② 개인사업자 대출 연체율은 2022년 0.37%에서 2025년 1분기 0.71%로 오히려 늘었다. 많은 자영업자가 빚을 내서 빚을 갚고 있는 것으로, 금융권에서는 2025년 9월 만기 대출금 50조 원 중 상당 부분을 회수가 어려운 악성 부채로 보고 있다. ③ 자영업자 대출 연체율이 치솟은 이유는 갈수록 내수 부진으로 소비심리가 위축되고 부동산 경기 침체 등이 맞물려 이어지고 있기 때문이다.
		3) 이재명 정부 배드뱅크 추진	**[배드뱅크]** 가. 정부는 7년 이상 장기 연체된 채무를 정리하고 금융 취약계층의 재기를 돕기 위해 2025년 7월말까지 '배드뱅크' 설립을 마무리, 2025년 10월부터 본격 가동에 들어긴다. 나. 국고와 금융권의 출연으로 각각 4,000억 원씩 8,000억 원을 마련해 총 16조 4,000억 원에 달하는 장기 연체 채권을 정리하겠다는 구상이다. 다. 이를 위해 한국자산관리공사(캠코) 산하에 배드뱅크 설립을 마무리하고 2025년 10월부터 장기 연체채권 매입을 개시한다. 라. 정부는 배드뱅크 설립과 별도로 '전세사기 배드뱅크' 설립도 추진하고 있다.
	2. 쟁점	1) 냉담한 여론	① "소상공인 59% 배드뱅크 통한 빚 탕감 반대" ② "李정부 빚 탕감 정책 반대 우세… 반대 47.4% vs 찬성 40.9%"
		2) 도덕적 해이와 형평성 논란	① 논란 가. 채무자의 불필요한 지출 통제 여부나 재기 노력 등을 고려하지 않은 일괄적 채무 조정은 도덕적 해이를 조장할 수 있다. 나. 정부가 공적 자금을 투입해 일부 채무를 탕감하면 성실하게 빚을 갚아온 이들이 상대적 박탈감을 느낄 수 있다 다. 내 세금으로 남의 빚을 다 갚아준다는 것에 대한 비판이 크다 라. 소상공인만 지원하는 배드뱅크 제도에 대해 급여생활자들의 불만도 터져 나온다.

본론	2. 쟁점	3) 대상자 선정 문제	정부가 도덕적 해이 방지 차원에서 배드뱅크 대상을 선정 시 주식, 가상자산, 유흥업 관련 빚을 걸러내겠다는 입장을 밝혔으나, 현실적으로 이를 파악하기 어렵다.
		4) 소각 금액 기준 문제와 연체 기간 문제	① '채권당 5,000만 원 이하' 기준 역시 허점을 가지고 있다. ② 채무자 관점에서 가장 걸림돌이 될 만한 요소는 '7년 연체 요건'이다.
		5) 기금 재원 조달 문제	① 배드뱅크 설립 및 운영에 필요한 재원은 총 8,000억 원이다. 이 중 절반인 4,000억 원은 2차 추가경정예산을 통해 국고에서 조달된다. 나머지 4,000억 원은 은행, 보험사, 카드사 등 전 금융권이 공동 분담하는 방식으로 마련된다. ② 당초 은행권 단독 출연 방식이 유력했으나 상당수 장기 연체채권이 2금융권에 몰려 있다는 점에서 형평성 문제가 제기됐다. 정부는 1금융권이 비교적 큰 비중을 부담하되, 저축은행과 상호금융 등 2금융권도 사회적 책임 차원에서 일정 부분 참여하는 구조로 방향을 수정했다.
		6) 캠코의 재정 위기 문제	2024년 캠코는 부채비율이 213%를 돌파했다. 배드뱅크 정책의 지속 가능성에 의문이 제기되는 대목이다.
		7) 전세사기 배드뱅크 문제	정부가 서민 피해 구제를 위한 '전세사기 배드뱅크' 설립을 공식 검토하면서, 재원 마련을 둘러싼 논란이 금융권을 중심으로 확산. 이미 8,000억 원 규모의 빚 탕감 배드뱅크를 추진 중인 가운데, 소상공인과 서민 등을 위한 공적 금액이 잇달아 등장하면서 재원 마련을 위해 금융권이 또 다시 '팔 비틀기식' 부담에 직면한 것 아니냐는 우려가 제기된다.
		8) 금융권의 반발	① 금융권은 최근 가계대출이 대폭 축소되면서 신규 대출 여건이 원활하지 않은 상황에서, 배드뱅크 재원까지 부담해야 하는 고충이 추가됐다는 의견이 나온다. ② 교육세율 인상 　가. 정부는 7월 31일 대형 금융사들을 대상으로 부과하는 교육세율을 인상하는 세제개편안을 발표했다. 은행들이 교육세를 폐지하거나 목적에 부합하도록 용도 개편을 직접 요청한 상황에서 나온 인상안이다.

본론	2. 쟁점	8) 금융권의 반발	나. 현재 은행들은 전체 수익의 0.5%를 금융세로 내고 있는데, 이 세율을 1.0%로 높인 것이다. 다. 상생금융의 필요성에 적극 공감하며 민생금융 지원에 이미 많은 투자를 하고 있고, 배드뱅크 필요 재원의 대부분을 은행들이 부담해야 하는 상황에서 교육세는 사실상 이중과세라는 해석이 많아 폐지 의견까지 나온 상황인데 수익이 늘었다고 해서 세제를 늘리는 건 부담으로 작용할 수밖에 없다.
		9) 효과성	일회성의 채무조정은 자영업자 경제력 자활 측면에서 효과가 제한적인 것으로 나타났다. 배드뱅크의 기대 효과대로라면 빚 부담이 줄어든 자영업자들이 경제력을 되찾아야 하지만, 아래 연구들은 채무조정 혜택을 받은 자영업자들도 자활에 실패한다는 점을 지적한다.
		10) 해외 사례와의 차이	① 개인채무조정에 초점을 맞춘 해외 배드뱅크 선례(우선 例)가 없다는 점도 정책 효과에 의문을 더하는 요소다. ② 반면 이재명 정부의 구상처럼 특정 집단의 채무 탕감용 배드뱅크를 도입해 경기 부양에 성공했다는 사례는 없다.
결론	의견제시		다수의 해외 연구 사례를 봐도 채무조정에 따른 경제적 효과를 확인할 수 있는데 채무조정이 단행되면 소득 · 고용 · 자산 등의 증가로 경제적 성과가 날 뿐 아니라 고용 · 심리 안정을 통한 사회적 안정에도 도움이 된다. 정책의 실효성을 높이기 위해서는 '채찍과 당근'이 적절히 제공돼야 한다. 저성장이 고착되면 한 번으로 끝나기 어려울 수 있는 만큼 추가 지원책을 계속 강구할 필요도 있다. 문제는 도덕적 해이를 극복하고 형평성과 효율성을 추구하면서 금융의 원칙을 유지하는 것이다. 재원 문제에서 정부 예산이나 여타 공적 자금 동원과 민간 금융 회사 부담을 원칙에 입각해서 나누는 것도 중요하다.

02 　논제 풀이

📈 서론

> **이슈 언급**　정부가 2차 추가 경정 예산(추경) 등의 국가 재정과 금융권 자금을 동원해 8,000억 원 규모의 '배드뱅크(채무조정기구)'를 설립한다. 7년 이상 장기 연체된 5,000만 원 이하의 'bad(나쁜)' 빚을 유예 · 감면 · 탕감해 준다는 것이다. 대상자는 113만 명, 액수로는 5%의 매입율을 적용해 16조 원에 달할 전망이다. 이르면 2025년 10월부터 소액연체채권 매입이 시작될 예정이다.
>
> 　배드뱅크 출범은 빚 부담에 어려움을 겪고 있는 소상공인과 개인 채무자를 지원하기 위해서다. 어려운 사람의 재기를 지원하는 따뜻한 자본주의 지향 필요성, 우리 경제의 장기 지속을 위한 사회 안전망 차원에서 금번 배드뱅크 프로그램이 분명 중요한 의미가 있다.
>
> 　다만 좋은 취지에도 불구, 성실 상환자에게는 상대적 박탈감을 유발할 수 있다는 점은 부정하기 어렵다. 특히, 금번 배드뱅크 출범은 이러한 대규모 탕감에 따른 형평성 논란에 더해, 대상 채권 선별 문제, 기금 조성 문제, 추가 전세사기 배드뱅크 문제 등 여러 가지 문제점들이 표출되고 있다. 뿐만 아니라 빚은 안 갚으면 그만이라는 인식의 확산으로 인한 상황 회피로 금융 창구 곳곳에서 잡음이 끊이지 않는다. 그리고 여론도 예전처럼 우호적이지 못하다.
>
> 　이에 본지에서는 금번 배드뱅크의 쟁점 사항들에 대해 알아본 후, 배드뱅크 추진 방향에 대해 논하기로 한다.

📈 본론

1. 배드뱅크	1) 의미와 역사	① 의미 및 역할
		가. 금융 회사(은행 등)로부터 부실채권(연체된 대출)을 매입한 뒤, 별도로 관리하고 정리하는 특수목적 법인이다. 금번 배드뱅크의 경우, 소상공인 · 자영업자의 채무를 조정하거나 소각해 주는 것을 목적으로 하는 공적 프로그램이다. 금융 기관의 채권이 소각되므로, 채무자의 빚은 자연스럽게 없어진다.
		나. 금융사의 부실 자산을 인수해 정리하는 전문 기관으로 1988년 아메리칸 세이빙스 뱅크가 처음으로 배드뱅크 모형을 도입했다. 배드뱅크가 부실 자산을 전문적으로 정리하기에 기존 금융사는 우량 자산만을 보유해 건전성을 높이는 효과가 있다.
		다. 배드뱅크는 부실채권 매입, 담보자산 회수 및 처분, 채무조정·탕감 등을 통해 금융 기관이 정리 불능 상태에 빠지기 전에 부실을 정리하게 된다.

<table>
<tr><td rowspan="2">1. 배드뱅크</td><td>1) 의미와 역사</td><td>

라. 이 덕분에 금융 회사(은행 등)는 건전한 자산 중심으로 재편되고 금융 시스템 전체의 안정을 도모할 수 있게 된다. 또한 이를 통해 확보된 자금을 서민과 중소기업 금융 지원에 재투자함으로써 경제적 약자의 금융 접근성을 개선하는 데 목적을 두고 있다.

② 배드뱅크와 채무조정제도 역사

가. 1997년 외환 위기 당시 정부는 부실채권정리기금을 조성하고 한국자산관리공사가 앞장서 148조 원 규모의 부실채권을 매입함.

나. 2023년 신용카드 대란 당시 신용불량자가 372만 명이 넘어서자 한국자산관리공사 주도로 한마음금융, 희망모아유동화전문회사 등이 모여 '배드뱅크'가 설립됐다. 그 결과 144만 명이 15조 원 규모의 탕감을 받았다.

다. 그 후 법조계에서는 그때까지는 사문화돼 있던 '개인파산제도'를 활용하기 시작했다. 얼마 지나지 않아 '개인회생제도'가 정식으로 재도입됐다. 그렇게 도입돼 20년간 시행·발전한 회생파산제도는 현재 가장 효율적이고 합리적인 '채무해소 방안'으로 여겨지고 있다.

라. 박근혜 정부는 국민행복기금을 통해 대규모 원금감면 정책을 시행했다.

마. 2022년 소상공인 채무를 대폭 탕감해 주겠다는 취지로 '새출발기금 제도'가 설립되었다. 2025년 7월 현재 누적 신청자가 13만 명을 넘어섰다. 신청 채무액(채무 원금)도 22조 원을 돌파한 것으로 나타났다. 새출발기금의 신청자 수와 신청 채무액은 2022년(1만 4,695명·2조 935억 원), 2023년(3만 1,706명·5조 3,182억 원), 2024년(5만 7,257명·9조 3,188억 원)으로 꾸준히 상승하고 있다.

</td></tr>
<tr><td>2) 소상공인 여신에 대한 배드뱅크 필요성</td><td>

① 소상공인의 연체율은 지난 2016년 이후 최고 수준이다.

한국은행에 따르면 2025년 1분기 자영업자 대출 잔액은 1,067조 6,000억,원에 달하는 데다 취약 자영업자 대출 연체율은 12.24%로 12년 만에 최고 수준을 기록했다. 경영난에 밀려 2025년 들어 폐업을 신고한 자영업자 수도 처음으로 100만 명을 넘겼다

② 코로나19 사태가 한창이던 2020년 정부가 피해 자영업자 등에 긴급 대출해 준 돈은 그동안 이자만 받으며 여러 차례 만기를 연장했는데 그 대출액이 2022년 5월 141조 원까지 불어났다. 이후 상환이 늘면서 2025년 9월 만기가 도래하는 액수가 50조 원으로 줄었다. 하지만 내수 부진이 계속되며 개인사업자 대출 연체율은 2022년 0.37%에서 2025년 1분기 0.71%로 오히려 늘었다. 많은 자영업자가 빚을 내서 빚을 갚고 있는 것으로, 금융권에서는 2025년 9월 만기 대출금 50조 원 중 상당 부분을 회수가 어려운 악성 부채로 보고 있다. 워크아웃이나 회생 등 기존 제도로는 감당하기 어려운 수준이다. 배드뱅크 설립을 서두르는 이유도 여기에 있다.

</td></tr>
</table>

	2) 소상공인 여신에 대한 배드뱅크 필요성	③ 자영업자 대출 연체율이 치솟은 이유는 갈수록 내수 부진으로 소비 심리가 위축되고 부동산 경기 침체 등이 맞물려 이어지고 있기 때문이다. 특히 수년 전부터 축적된 고물가 · 고금리 등 불황 여파가 자영업자들에 직격탄이 되고 있다.
1. 배드뱅크	3) 이재명 정부 배드뱅크 추진	① 특별 채무조정 패키지 정부는 1조 4,000억 원을 투입해 장기 연체 채무를 정리하고 소상공인의 재기를 지원하기로 했다. 상환 능력을 잃어버린 개인과 소상공인의 빚을 정리하고 재기할 수 있도록 돕는다는 게 골자다. ② 2025년 6월 국회를 통과한 정부 제2차 추가경정예산안에는 　가. 7000억 원 규모의 새출발기금과 4,000억 원 규모의 배드뱅크 예산 등 '빚 탕감' 예산이 대거 담겼다. 　나. 코로나19 사태 등의 영향으로 상환 능력을 완전히 상실한 소상공인 · 취약계층을 위해서 과감한 대책이 필요한 시점이라는 정부의 판단하에서다. 장기연체자 다수는 정상적인 경제활동이 불가능한 상태에 놓여 있으며 불법 사금융에 노출된 사례도 적지 않은데, 채무조정은 이를 해소할 수 있는 데다 범죄를 예방하는 효과도 있다는 게 정부의 설명이다. ③ 이번 패키지를 통해 정부는 　가. 장기 소액연체자 113만 명의 빚 16조 4,000억 원을 탕감 　나. 저소득층 연체차주 10만 명에 대해 새출발기금을 확대 지원 　다. 성실 상환자 19만 명에게는 분할상환 · 이자지원 · 우대금리를 제공 　라. 폐업 또는 폐업 예정 소상공인에게는 점포철거비도 최대 600만 원까지 지원 ④ 배드뱅크 　가. 정부는 7년 이상 장기 연체된 채무를 정리하고 금융 취약계층의 재기를 돕기 위해 2025년 7월말까지 '배드뱅크' 설립을 마무리, 2025년 10월부터 본격 가동에 들어간다. 　나. 국고와 금융권의 출연으로 각각 4,000억 원씩 8,000억 원을 마련해 총 16조 4,000억 원 에 달하는 장기연체 채권을 정리하겠다는 구상이다. 　다. 이를 위해 한국자산관리공사(캠코) 산하에 배드뱅크 설립을 마무리하고 2025년 10월부터 장기연체 채권 매입을 개시한다. 　라. 세부적으로 　　- 7년 이상 연체된 5,000만 원 이하 개인 무담보채권을 캠코가 일괄 매입해 소각하거나 상환 부담을 덜어준다. 　　- 기준 중위소득 60% 이하로 처분 가능한 재산이 없으면 전액 탕감하며, 일부 재산이 있는 경우 원금의 최대 80%를 감면하고 10년간 분할 상환토록 한다.

<table>
<tr><td rowspan="2">1. 배드뱅크</td><td>3) 이재명 정부
배드뱅크 추진</td><td>

라. 정부는 배드뱅크 설립과 별도로 '전세사기 배드뱅크' 설립도 추진하고 있다. 현재까지 정부 인정을 받은 전세사기 피해자는 3만 1.437명에 달한다. 금융당국과 국토교통부는 전세사기 피해주택의 선순위 채권 현황을 파악하기 위한 조사를 진행하고 있다. 전세사기 배드뱅크 설립의 타당성과 실행 가능성을 따져보기 위해서다. 국토부가 피해주택 명단을 확정하면 금융위가 해당 자료를 넘겨받아 선순위 채권을 매입하는 방식으로 피해자 구제를 추진할 예정이다.

⑤ 배드뱅크의 채권 매입 대상자 예외

　가. 유흥업(사업자등록 기준) 및 주식, 가상자산 투자 등 사행성 부채는 매입 대상에서 제외된다. 이는 정책 취지를 악용한 지원 남용을 사전에 방지하고 사회적 합의 가능성을 높이기 위한 조치다.

　나. 외국인의 경우에도 정당성과 필요성이 인정될 때 한해 제한적으로 포함한다.

</td></tr>
</table>

<table>
<tr><td rowspan="2">2. 쟁점</td><td>1) 냉담한 여론</td><td>

① "소상공인 59% 배드뱅크 통한 빚 탕감 반대"(출처: 동아일보)

　가. 소기업 · 소상공인 절반 이상이 '배드뱅크'를 통한 장기 · 소액 연체 채권 채무조정에 반대하는 것으로 나타났다. 중기중앙회는 "성실 상환자와의 형평성 문제, 도덕적 해이에 대한 우려가 반영된 결과"라고 설명했다.이들은 내수 활성화와 소비 촉진을 새 정부 최우선 과제로 꼽았다.

　나. 중소기업중앙회는 25.7월 17일부터 20일까지 노란우산 가입자 396명을 대상으로 실시한 '새 정부에 바라는 소기업 · 소상공인 정책 설문조사' 결과를 발표했다.

　다. 새 정부가 가장 먼저 추진해야 할 과제를 묻는 질문에는 '내수 활성화 및 소비 촉진'(39.4%)을 꼽는 응답자가 가장 많았다. 이어 '금융지원'(32.4%), '사회안전망 강화'(12.0%)가 그 뒤를 이었다. 이미 시행된 '민생회복 소비쿠폰'에 대해서는 전체 응답자의 81.1%가 '내수 활성화에 효과가 있을 것'이라고 답했다.

② "李정부 빚 탕감 정책 반대 우세… 반대 47.4% vs 찬성 40.9%"

(출처: 천지일보)

천지일보가 코리아정보리서치에 의뢰해 전국 만 18세 이상 성인 남녀 1001명을 대상으로 2025년 7월 10~11일 진행한 여론조사 결과 '정부 예산으로 빚을 탕감해주는 정책 추진'에 대해 반대한다는 응답은 47.4%로, 찬성한다는 응답(40.9%)을 6.5%p 앞섰다. '모름'은 11.8%였다.

</td></tr>
</table>

2. 쟁점	2) 도덕적 해이와 형평성 논란	① 이번 이재명 정부의 채무조정 규모는 이들 가운데서도 최대 수준이다. 16조 원의 빚 탕감 규모는 2000년 농가부채 탕감(17조 5,500억 원)에 맞먹는 규모다. 빚 탕감 대상도 대폭 늘었다. 박근혜 정부가 국민행복기금으로 49만 명, 문재인 정부가 새출발기금으로 13만 명을 지원한 데 비해 이번에는 143만 명으로 과거 정부를 크게 웃돈다. ② 논란 　가. 채무자의 불필요한 지출 통제 여부나 재기 노력 등을 고려하지 않은 일괄적 채무 조정은 도덕적 해이를 조장할 수 있다. 　나. 정부가 공적 자금을 투입해 일부 채무를 탕감하면 성실하게 빚을 갚아온 이들이 상대적 박탈감을 느낄 수 있다 　　- 배드뱅크의 등장으로 일선 현장에서는 이미 상환 회피 풍조가 확산되고 있다는 지적이 나오는 것이 그 예다. 　　- 금융권 한 관계자는 최근 들어 '어차피 정부가 해결해줄 거니까 지금은 못 갚겠다'며 상환 자체를 거부하는 사례가 눈에 띄게 늘었다며 과거에는 사정 설명이나 기한 연장을 요청하는 경우가 많았는데, 이제는 정부 정책을 이유로 내세우며 아예 대응을 피하거나 목소리를 높이는 사례가 하루에도 한두 번 꼴로 발생한다고 토로했다. 　다. 내 세금으로 남의 빚을 다 갚아준다는 것에 대한 비판이 크다 　라. 소상공인만 지원하는 배드뱅크 제도에 대해 급여생활자들의 불만도 터져 나온다.
	3) 대상자 선정 문제	① 정부가 도덕적 해이 방지 차원에서 배드뱅크 대상을 선정 시 주식, 가상자산, 유흥업 관련 빚을 걸러내겠다는 입장을 밝혔으나, 현실적으로 이를 파악하기 어렵다. ② 은행권 관계자는 "신용대출의 경우 생활고에 따른 것인지, 도박이나 투자 실패 때문인지 구분하기 어려운 경우가 많다며 차주 진술에 의존할 수밖에 없어 그 사각지대와 남용 가능성을 완전히 해소하긴 어려워 보인다.
	4) 소각 금액 기준 문제와 연체 기간 문제	① '채권당 5,000만 원 이하' 기준 역시 허점을 가지고 있다. 예컨대 한 명의 채무자가 여러 금융사에 장기 연체채권을 분산해서 보유하고 있다면 결과적으로 인당 기준으로는 5,000만 원을 초과한 금액이 감면될 수 있다는 것이다. 결국 정책 형평성 문제가 다시 불거질 가능성이 있다. ② 채무자 관점에서 가장 걸림돌이 될 만한 요소는 '7년 연체 요건'이다. 법조계 관계자들의 말을 인용하면 7년 이상의 연체자는 당장 개인 파산을 신청하면 즉시 면책 받는 경우가 대부분이다. 즉 배드뱅크로 혜택을 볼 수 있는 층이 아니라는 것이다. 보통 장기간 채무를 연체한

<table>
<tr><td rowspan="4">2. 쟁점</td><td>4) 소각 금액 기준
문제와 연체 기
간 문제</td><td>사람들은 두 부류로 나뉜다고 한다. 경제활동을 이미 포기했거나 차명으로 경제활동을 하고 있는 사람들이다. 후자인 경제활동을 이어나가는 사람의 경우 당장 연체를 피하고, 추심을 막고, 신용회복을 하는 것이 급선무다. 그런데 '7년 연체 기간'이란 요건에 발목이 잡혀 신청이 어려울 수 있다.</td></tr>
<tr><td>5) 기금 재원 조달
문제</td><td>① 배드뱅크 설립 및 운영에 필요한 재원은 총 8,000억 원이다. 이 중 절반인 4,000억 원은 2차 추가경정예산을 통해 국고에서 조달된다. 나머지 4,000억 원은 은행, 보험사, 카드사 등 전 금융권이 공동 분담하는 방식으로 마련된다.
② 당초 은행권 단독 출연 방식이 유력했으나 상당수 장기 연체채권이 2금융권에 몰려 있다는 점에서 형평성 문제가 제기됐다. 정부는 1금융권이 비교적 큰 비중을 부담하되, 저축은행과 상호금융 등 2금융권도 사회적 책임 차원에서 일정 부분 참여하는 구조로 방향을 수정했다.
③ 그럼에도 업권 간 난항이 예상된다.
　가. 은행권에서 약 3,500억 원을 투입하고, 타업권에서 500억 원을 투입하는 방식이 유력하다.
　나. 하지만, 저축은행의 경우 79개 사에 달하는 등 업체 수가 많고, 채권 보유 현황, 경영 여건 등을 감안하면 분담금을 낼 여력이 많지 않은 업체도 많다.
　다. 일부 업권은 분담금 지급에 부정적인 입장을 보인 것으로도 알려졌다.
　라. 배드뱅크가 매입할 대상 채권(7년 이상, 5,000만 원 이하) 규모는 캠코, 서민금융진흥원이 절반을 넘고 △대부업체(2조 236억 원) △카드사(1조 6,842억 원) △은행(1조 864억 원) △상호금융(5,400억 원) △저축은행(4,654억 원) △캐피탈(2,764억 원) △보험(7,648억 원) △금융투자(17억 원) 등이다.</td></tr>
<tr><td>6) 캠코의 재정
위기 문제</td><td>2024년 캠코는 부채비율이 213%를 돌파했다. 배드뱅크 정책의 지속 가능성에 의문이 제기되는 대목이다.</td></tr>
<tr><td>7) 전세사기 배드
뱅크 문제</td><td>① 정부가 서민 피해 구제를 위한 '전세사기 배드뱅크' 설립을 공식 검토하면서, 재원 마련을 둘러싼 논란이 금융권을 중심으로 확산. 이미 8,000억 원 규모의 빚 탕감 배드뱅크를 추진 중인 가운데, 소상공인과 서민 등을 위한 공적 금액이 잇달아 등장하면서 재원 마련을 위해 금융권이 또 다시 '팔 비틀기식' 부담에 직면한 것 아니냐는 우려가 제기된다.</td></tr>
</table>

2. 쟁점	7) 전세사기 배드 뱅크 문제	② 현재까지 정부가 인정한 전세사기 누적 피해자는 3만 1,437명에 달하며, 이 중 상당수가 집주인의 채무불이행으로 인해 금융사의 선순위 담보권 행사에 직면한 상태다. 이로 인해 세입자들이 보증금을 돌려받지 못한 채 강제 퇴거 위기에 놓인 사례가 빈번하다. 정부는 배드뱅크가 선순위 채권을 일괄 매입하면 세입자들이 명도소송 등으로부터 벗어나게 될 것으로 보고 있다.

② 현재까지 정부가 인정한 전세사기 누적 피해자는 3만 1,437명에 달하며, 이 중 상당수가 집주인의 채무불이행으로 인해 금융사의 선순위 담보권 행사에 직면한 상태다. 이로 인해 세입자들이 보증금을 돌려받지 못한 채 강제 퇴거 위기에 놓인 사례가 빈번하다. 정부는 배드뱅크가 선순위 채권을 일괄 매입하면 세입자들이 명도소송 등으로부터 벗어나게 될 것으로 보고 있다.

③ 문제는 자금 조달이다. 여당은 전세사기 배드뱅크의 규모를 약 1조 원으로 추산하고 있으며, 운영 주체로는 캠코 또는 LH를 검토하고 있다. 이 중에서는 부실채권 정리 경험이 풍부한 캠코가 유력하게 거론된다.

④ 하지만 캠코는 이미 금융취약계층 채무조정을 위한 8,000억 원 규모의 '빚 탕감' 배드뱅크를 추진 중인 상황이다. 여기에 전세사기 구제까지 맡을 경우, 이중으로 '배드뱅크 운영' 체계가 가동된다. 캠코 내부 재원을 활용한다고 해도 결국 그 재원은 금융사 출연금 또는 정부 재정 지원으로 구성되는 만큼, 실질적 부담은 은행권에 전가될 공산이 크다.

⑤ 금융권 관계자는 공적 책무를 내세운 재정 동원이지만, 실상은 금융권에 다시 한 번 손을 벌리는 구조라며 "은행들은 이미 서민금융진흥원 출연 확대, 이차보전 정책 등으로 충분히 기여했다"는 피로감이 누적돼 있다고 토로했다.

⑥ 더욱이 앞서 장기 연체채권 채무조정 프로그램과 관련해서도 정부는 "금융권의 자발적 기여에 따라 결정될 것"이라고 밝혔지만, 실제 4,000억 원 규모의 재원 분담에 대한 금융권 내부 협의조차 마무리되지 않은 상태다.

⑦ 사회안전망의 일부로서 은행들도 일정 수준의 기여는 필요하지만, 민간 금융사에 과도한 부담을 반복적으로 전가하는 것은 시장 기능을 왜곡시킬 수 있다

8) 금융권의 반발

① 금융권은 최근 가계대출이 대폭 축소되면서 신규 대출 여건이 원활하지 않은 상황에서, 배드뱅크 재원까지 부담해야 하는 고충이 추가됐다는 의견이 나온다.

가. 저축은행의 경우 부동산 프로젝트파이낸싱(PF)발 충격이 가시기 전에 추가 재원을 확보해야 하는 상황이다. 가장 높은 채권 비율을 차지한 대부업도 배드뱅크 평균 채권 매입가율이 기존(20~30%) 대비 한참 낮은 5%로 결정돼, 이에 맞게 일괄 매각 시 손실이 불가피하다.

나. 특히 은행권들은 채권 보유 비율이 가장 낮은데도 재원의 3.500억~3,600억 원가량을 부담할 것으로 전망된다. 저축은행이나 카드, 대부업 등 타 금융권의 업황이 부진하면서 은행권 부담이 가중된 것이다.

다. 은행들은 민생금융에 힘쓰고 있는 와중에 이런 요구가 나오면서 은행권에 희생을 강요하고 있다는 비판마저 나오고 있다. 4대 시중은행(KB국민 · 신한 · 하나 · 우리)은 2025년 상반기에만 민생금융 지원을 위해 총 1조 3.165억 원을 투입했다. KB국민은행이 3,721억 원을 지원해 가장 많았고 신한은행(3.029억 원), 하나은행(3,557억 원), 우리은행(2.820억 원) 순이다. 각 은행들은 정부의 자율 포용금융 기조에 따라 내년에도 지원을 이어갈 계획이다. 전 은행들은 지난 2023년 발표된 2조 1.000억 원 규모의 '민생금융 지원방안'에 이어 향후 2026년까지 3년간 총 5.800억 원을 출연하는 '은행권 사회적 책임 프로젝트'를 발표한 바 있다.

② 교육세율 인상

가. 정부는 7월 31일 대형 금융사들을 대상으로 부과하는 교육세율을 인상하는 세제개편안을 발표했다. 은행들이 교육세를 폐지하거나 목적에 부합하도록 용도 개편을 직접 요청한 상황에서 나온 인상안이다.

나. 현재 은행들은 전체 수익의 0.5%를 금융세로 내고 있는데, 이 세율을 1.0%로 높인 것이다. 수익금액이 1조 원을 넘지 않는 금융사에는 기존 세율이 적용되나, 1조 원을 초과한 금액에 대해선 세율이 1.0%로 오른다. 해당 세제개편안이 국회를 통과하면 전체 금융사(60곳)가 부담할 세금은 약 1조 3,000억 원으로 추정된다. 이럴 경우 4대 시중은행은 연간 1,000억 원씩 세 부담이 추가될 것으로 보인다.

다. 사상 최대 실적을 달성한 은행들은 정부의 정책 기조에 발맞춰 왔지만, 계속되는 금융권 때리기에 불만을 제기하고 있다. 정부에서 은행들의 이자놀이를 경고하면서 이 같은 교육세 인상이 '횡재세'에 가깝다는 해석이다.

라. 상생금융의 필요성에 적극 공감하며 민생금융 지원에 이미 많은 투자를 하고 있고, 배드뱅크 필요 재원의 대부분을 은행들이 부담해야 하는 상황에서 교육세는 사실상 이중과세라는 해석이 많아 (은행이라는 납세자와 교육세가 대응이 안 되는 부분도 있다) 폐지 의견까지 나온 상황인데 수익이 늘었다고 해서 세제를 늘리는 건 부담으로 작용할 수밖에 없다

2. 쟁점 — 8) 금융권의 반발

2. 쟁점	**9) 효과성**	일회성의 채무조정은 자영업자 경제력 자활 측면에서 효과가 제한적인 것으로 나타났다. 배드뱅크의 기대 효과대로라면 빚 부담이 줄어든 자영업자들이 경제력을 되찾아야 하지만, 아래 연구들은 채무조정 혜택을 받은 자영업자들도 자활에 실패한다는 점을 지적한다. ① 2022년 한국FP학회지에 실린 김성숙 계명대 교수·정운영 성균관대 교수의 논문에 따르면, 코로나19 유행 시기 개인채무조정 제도가 늘어났음에도, 자영업자의 채무조정 실효(失效·중도 탈락) 확률이 직장인보다 1.6배가량 높았다. 채무조정 대상이 되면 일부 원리금을 면제받는 대신 남은 빚을 갚아야 하는데, 이 마저도 상환하지 못해 채무조정에서 탈락하는 자영업자가 많다는 뜻이다. ② 코로나19 유행 이전에도 자영업자 채무조정의 효과는 한계를 보였다. 2014년 한국개발연구원(KDI)의 오윤해 연구위원이 펴낸 보고서에는 자영업자의 개인워크아웃 성공 확률이 직장인의 60% 수준이라는 연구 결과가 포함돼 있다. 이 보고서 역시 자영업자의 채무조정 실효 가능성이 크다는 점을 시사한다.
	10) 해외 사례와의 차이	① 개인채무조정에 초점을 맞춘 해외 배드뱅크 선례(우선 例)가 없다는 점도 정책 효과에 의문을 더하는 요소다. 가. 해외 배드뱅크는 주로 금융사의 기업 여신에서 발생한 대규모 부실자산을 처분해 금융사의 건전성을 제고하는 목적으로 활용된다. 나. 미국과 스웨덴 등에서 배드뱅크는 주로 기업 대출 부실 정리를 위해 도입됐고 한국처럼 정부가 개인의 연체채권을 직접 매입·탕감하는 경우는 많지 않다. ② 반면 이재명 정부의 구상처럼 특정 집단의 채무 탕감용 배드뱅크를 도입해 경기 부양에 성공했다는 사례는 없다.

다수의 해외 연구 사례를 봐도 채무조정에 따른 경제적 효과를 확인할 수 있는데 채무조정이 단행되면 소득·고용·자산 등의 증가로 경제적 성과가 날 뿐 아니라 고용·심리 안정을 통한 사회적 안정에도 도움이 된다.

그럼에도 배드뱅크 정책의 실효성을 높이려면 정책 목적과 사회적 합의를 조화롭게 맞춰야 한다. 지원 기준을 불명확하게 하면 성실 상환자와의 신뢰가 무너진다. 재산 은닉 가능성까지 철저히 검증해야 한다.

배드뱅크는 취약계층에 '구조적 탈출구'를 마련할 정책으로 평가받는다. 하지만 도덕적 해이와 형평성 논란, 재정 건전성 악화 우려를 극복하지 못하면 정책 지속 가능성을 담보하기 어렵다. 정책이 단순한 부채 정리를 넘어 금융 취약계층의 재기를 돕고 사회적 비용을 줄이는 선순환 구조로 작동하려면, 정교한 대상자 선정과 엄격한 심사가 필요하다.

정책의 실효성을 높이기 위해서는 '채찍과 당근'이 적절히 제공돼야 한다. 먼저 수혜 대상자들의 사후 관리가 반드시 따라와야 한다. 이들에게 상당 기간 대출 및 신용카드 발급 제한 등을 통해 신용관리 실패에 따른 적지 않은 불편함을 반드시 인시시켜 줘야 한다. 성실 상환자에게는 채무 변제 과정을 정밀하게 모니터링하고, 무리한 채무변제로 인해 향후 신용불량의 위험은 없는지, 정상적인 경제생활을 위한 추가적인 도움은 필요한지 등 과다 채무에서 벗어나도록 도와주는 보완책이 반드시 마련돼야 한다.

경제 여건 변화로 어려움을 겪는 소상공인들에 대한 지원책은 바람직하다. 합리적, 상식적 정부 지원은 필요하기도 하다. 저성장이 고착되면 한 번으로 끝나기 어려울 수 있는 만큼 추가 지원책을 계속 강구할 필요도 있다. 문제는 도덕적 해이를 극복하고 형평성과 효율성을 추구하면서 금융의 원칙을 유지하는 것이다. 재원 문제에서 정부 예산이나 여타 공적 자금 동원과 민간 금융 회사 부담을 원칙에 입각해서 나누는 것도 중요하다. 정부는 배드뱅크를 새로 만든다는데 연체자나 신용불량자에 대한 지원도 원리·원칙에 맞게 시스템에 따라야 지속 가능하다. 그래야 그들도 좀 더 자연스럽게 원래 궤도로 수월하게 복귀할 수 있을 것이다.

chapter

03

스테이블코인

01 논제 개요 잡기[핵심 요약]

서론	이슈언급	스테이블코인에 대한 관심이 뜨겁다. 스테이블코인이 가상자산 시장의 주요결제 수단 등으로 활용되면서 기축통화 역할을 수행할 것으로 보고 있기 때문이다. 그럼에도 국내에서는 원화 스테이블코인 제도화 논의가 지체되면서, 업계 안팎에서 우려의 목소리가 커지고 있다. 미국 · 일본 · 싱가포르 등 주요국이 민간 스테이블코인을 제도 안으로 끌어들이며 발행 · 유통 생태계를 키우는 사이, 한국은 아직 실증사업에 머물러 있는 상태다. 디지털 원화를 둘러싼 글로벌 경쟁이 가속화되는 시점에서 한국이 제도 공백을 방치할 경우, 원화는 디지털 결제 시스템에서 외면받는 통화가 될 수 있다는 경고가 나온다. 우리나라는 미국 등 주요국 대비 가상자산 관련 입법이 지연되고 있어 시장 활성화에 일부 제약이 존재한다. 그럼에도 적절한 규제를 신속히 확립하는 동시에, 원화 스테이블코인 발행 및 육성에 대한 논의 또한 요구된다
본론	1. 스테이블코인	1) 의미 및 유형	① 스테이블코인은 가상자산의 하나지만, 비트코인이나 이더리움처럼 가격이 시시각각 출렁이는 자산이 아니다. 스테이블코인은 가상자산 중 가격이 변동하는 비트코인과 달리 가격이 법정화폐에 고정(페깅)된 자산을 의미한다. 법정화폐나 실물자산에 연동해 1대1 가치 고정을 목표로 설계된 디지털 자산으로 실물 자산에 기반한 안정성과 교환성 덕분에 디지털

| | | | 환경에서 결제, 송금, 디파이, 국경 간 무역 기반 통화로 부상하고 있다. |

본론 | 1. 스테이블코인 | 1) 의미 및 유형

환경에서 결제, 송금, 디파이, 국경 간 무역 기반 통화로 부상하고 있다.

② 한국이 논의 중인 원화 스테이블코인은 법정통화 담보형에 속하며, 민간 발행사가 원화를 신탁기관 등에 실제로 보관하고, 이를 바탕으로 디지털 원화를 발행하는 구조다. 이는 중앙은행이 직접 발행하는 CBDC와는 달리 민간이 주도하고 정부가 규제·감독하는 하이브리드형 디지털 통화로 분류된다.

2) 글로벌 및 국내 현황

글로벌 주요국은 스테이블코인을 제도권에 편입시키기 위한 입법과 행정 정비에 적극 나서고 있다.

① 미국

GENIUS 법안 통과로 스테이블코인 시장의 성장이 예상됨에 따라 미국채 수요가 구조적으로 확대될 것이라는 기대가 증가하고 있디.

미국이 디지털 달러 시대를 서둘러 연 이유는 무엇일까? 스테이블코인 발행사들이 막대한 규모의 미국 국채를 담보로 매입함으로써 미 국채 시장이 안정적 수요처를 확보하기 위한 목적이 크다. 나아가 중국의 디지털 위안화, 유럽의 디지털 유로 등 중앙은행 디지털화폐(CBDC) 경쟁이 가속화하는 가운데, 달러 패권을 유지하려는 목적도 있다.

② 유럽연합은 미카(MiCA) 규제를 통해 스테이블코인을 전자화폐로 분류하고, 감독 체계를 마련하고 있다.

⑤ 한국은 아직 시작 단계에 머물고 있다.

가. 한때 한국은행은 CBDC 실증사업(프로젝트 한강)을 추진했으나, 최근 민간 원화 스테이블코인 법제화 논의가 본격화됨에 따라 CBDC 2차 실험은 잠정 중단했다. 은행권의 비용 부담과 명확한 로드맵 부재도 중단의 이유로 지적됐다.

라. 그러나 그동안 '규제의 사각지대'에서 방치돼 왔다. 환전 절차를 우회한 자본 유출·유입은 기존 외환·자본통제 제도를 교란할 수 있다.

마. 글로벌 경제 불확실성이 커질 때 투자자나 기업이 원화 대신 스테이블코인으로 자산을 옮기면 자본유출이 가속화되고, 급격한 환율 변동은 수입 물가 상승과 물가 불안을 초래해 실물경제에 부정적 영향을 미칠 수 있다. 통화 주권이 위협받고, 원화 기반의 금융 시스템 안정성이 흔들릴 수 있다는 의미다.

바. 그럼에도 한국 정부가 달러 스테이블코인의 국내 사용을 완전히 금지하기는 현실적으로 어렵다.

본론	1. 스테이블 코인	3) 특성	① 스테이블코인은 여타 가상자산과 달리 가치 안정성이 있다는 특징을 가진다. ② 스테이블코인의 가치는 환매요청 시 준비자산을 처분하여 액면가와 동일한 금액을 돌려받을 수 있다는 투자자들의 신뢰를 기반으로 유지된다. ③ 스테이블코인이 투자자의 예치금을 받아 국채, MMF 및 예금 등과 같은 형태의 준비자산으로 운용하여 수익을 얻는 구조로 운영되면서 가상자산 생태계와 금융 시스템은 상호 영향을 미치게 된다.
	2. 스테이블 코인 장점 및 위험	1) 장점	① 스테이블코인은 안정성이 높고 대량송금이 용이. 이외에도 높은 이자를 지급받거나 레버리지 투자수단으로 기능하는 등 고정된 가치를 바탕으로 다양한 역할을 수행 ② 스테이블코인 담보의 안전자산 비중이 꾸준히 높아지면서 신뢰도가 제고 ③ 스테이블코인은 대량송금에 있어서는 결제에 약 하루가 소요되는 SWIFT에 비해 강점이 상당하다. ④ 스테이블코인을 디파이플랫폼(de-fi platform, 탈중앙화된 블록체인 기반 금융 기관)에 예치하여 일반예금 대비 높은 이자수익을 수취
		2) 실물 파급력	① 스테이블코인이 美 국채시장에 미치는 영향력이 상당한 가운데, 향후에도 관련 시장 확대로 인해 기하급수적으로 늘어날 가능성
		3) 위험	스테이블코인이 가상자산 생태계를 넘어 범용 지급 결제수단 또는 통화 대체 수단으로 어느 정도 확산될지는 아직 예단하기 어렵다. 다만 스테이블코인의 잠재력을 고려할 때 관련 제도의 도입 방식에 따라 사용이 크게 활성화될 가능성을 배제할 수 없다. 현재 스테이블코인 확산에 따른 주요 리스크로는 코인런 리스크, 결제 및 운영 리스크, 외환거래 및 자본유출입 리스크, 통화정책 유효성 제약 리스크 등이 주로 제기되고 있다

[스테이블코인 금융안정 관련 잠재리스크]

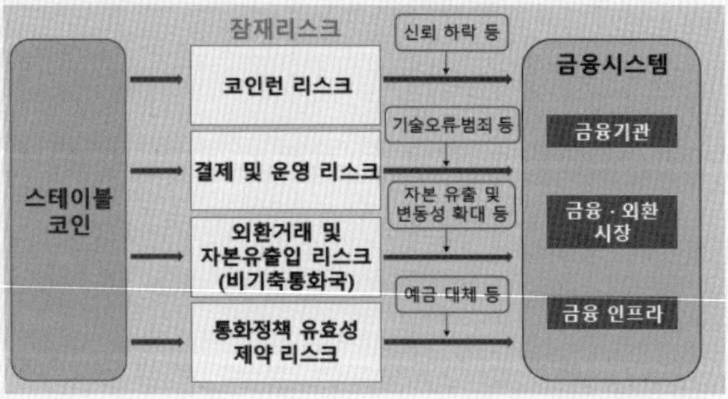

<table>
<tr><td rowspan="3">본론</td><td rowspan="3">3. 국내
업권별
준비</td><td>1) 시장 선점
경쟁</td><td>스테이블코인 발행을 둘러싼 시장 선점 경쟁은 단순한 금융기업의 영역을 넘어 IT · 플랫폼 · 공공기관에까지 확산되고 있다. 그러나 제도적 불확실성이 해소되지 않는 한, 이들 기업 대부분은 발행보다는 '선제적 상표권 확보'에 머무르고 있는 상황이다</td></tr>
<tr><td>2) 전자금융
사업자</td><td>전자금융사업자, 내로우 뱅킹으로 거듭날 기회
① 스테이블코인의 가장 높은 효용성은 수수료 없이, 중개인 없이 화폐의 가치가 이동한다는 점이다. 그런 차원에서 간편결제 업체들을 포함한 전자금융사업자는 수익을 확대할 수 있는 스테이블코인을 눈여겨 보고 있다.
② 2025년 6월 26일 열린 네이버파이낸셜 10주년 간담회의 내용을 간명히 요약한다면 '웹 3' '디지털 생태계' '스테이블코인'이다.
③ 엔터테인먼트와 쇼핑을 확대하기 위해선 좁은 내수시장을 해외까지 확장해야 한다. 결제 절치를 줄이고 수수료 수익을 낮춰야 하는 이 시점서, 스테이블코인은 가장 좋은 수단이다.
④ 결제 청산을 해줄 수 있는 중개기관 없이도 지급 · 결제 · 청산을 모두 행할 수 있는 사실상 대출 기능을 뺀 좁은 의미의 은행 내로우 뱅킹(narrow banking)이 될 수 있는 시작점인 것이다.</td></tr>
<tr><td>3) 전통 금융권</td><td>전통 금융권도 힘을 모으고 있다. 은행을 기반으로 한 스테이블코인 컨소시엄이 만들어졌으며, 은행들은 공동연구를 진행 중이다. 은행들은 100% 스테이블코인이라고 보긴 어렵지만, 사용자들의 예금에 기반한 디지털 예금화(CBDC) 사업을 진행해 본 사례가 있다.
① 가장 먼저 검토되는 것은 해외송금이다. 개인 해외송금을 시작으로 기업의 해외송금까지 스테이블코인을 통해 중개 은행의 수수료를 줄이고 더욱 빠른 시간 송금을 가능하게 하겠다는 것이 목표다.
② 은행권들은 프로그래머블(programmable) 결제 기능을 눈여겨 본다. 기업들의 결제 수요를 매번 맞춰서 처리하기보다는 스테이블코인에 일정 조건을 만족할 경우 결제할 수 있도록 한다면, 은행 차원에서는 비용 절감과 동시에 이를 차별화로 기업 고객을 유치할 것으로 관측된다.
③ 글로벌 결제 네트워크사인 마스터카드와 비자도 스테이블코인에 대한 청사진을 제시했다.</td></tr>
</table>

02 논제 풀이

서론

이슈 연급

스테이블코인에 대한 관심이 뜨겁다. 스테이블코인이 가상자산시장의 주요 결제 수단 등으로 활용되면서 기축통화 역할을 수행할 것으로 보고 있기 때문이다. 그럼에도 국내에서는 원화 스테이블코인 제도화 논의가 지체되면서, 업계 안팎에서 우려의 목소리가 커지고 있다.

미국 · 일본 · 싱가포르 등 주요국이 민간 스테이블코인을 제도 안으로 끌어들이며 발행 · 유통 생태계를 키우는 사이, 한국은 아직 실증사업에 머물러 있는 상태다. 디지털 원화를 둘러싼 글로벌 경쟁이 가속화되는 시점에서 한국이 제도 공백을 방치할 경우, 원화는 디지털 결제 시스템에서 외면받는 통화가 될 수 있다는 경고가 나온다.

스테이블코인은 가상자산의 하나지만, 비트코인이나 이더리움처럼 가격이 시시각각 출렁이는 자산이 아니다. 법정화폐나 실물자산에 연동해 1대1 가치 고정을 목표로 설계된 디지털 자산으로 실물 자산에 기반한 안정성과 교환성 덕분에 디지털 환경에서 결제, 송금, 디파이, 국경 간 무역 기반 통화로 부상하고 있다.

반면, 2025년 7월 10일 한국은행 이창용 총재는 "비은행 기관에 스테이블코인 발행을 허락하고, 나아가 스테이블코인 예금 등이 생기게 될 경우 동일 업무, 동일 규제 원칙에 따라 은행에 상응하는 매우 강력한 규제를 이들 기관에 적용할 수 있는가 하는 문제도 생각해봐야 하며, 스테이블코인이 국민 경제 전체에 끼칠 영향을 하나씩 테스트해보면서 충분히 시간을 두고 추진해야 할 것이라고 했다.

이미 권도형의 테라-루나, 앵커 프로토콜은 2022년 암호화폐 시장을 붕괴시켰다. 앵커는 스테이블코인 UST를 예치하면 20% 이상의 고수익을 준다며 자금을 끌어 모았다. 테라-루나가 붕괴하면서 앵커 프로토콜도 무너졌고, 수많은 피해자를 만들었다. 암호화폐 시장에 앵커와 유사한 고수익을 제시하는 스테이블코인이 속속 등장하고 있어 주의가 요구된다. 블룸버그는 암호화폐 시장이 테라의 기억을 잊은 듯하다며 신생 고수익 스테이블코인들의 리스크를 지적했다.

우리나라는 미국 등 주요국 대비 가상자산 관련 입법이 지연되고 있어 시장 활성화에 일부 제약이 존재한다. 그럼에도 적절한 규제를 신속히 확립하는 동시에, 원화 스테이블코인 발행 및 육성에 대한 논의 또한 요구된다.

이에 본지에서는 스테이블코인 현황, 필요성 및 리스크에 대해 알아본 후, 정책적 방안을 제시하기로 한다.

스테이블코인 관련 주요 용어

☞ 디파이(de-fi) : 탈중앙화 금융. 정부나 기업 등 중앙기관의 통제 없이 블록체인 기술로 가동되는 금융 서비스

☞ 페깅(pegging) : 통화나 상품의 가치를 안정적인 자산에 고정하는 것. 예를 들면 과거 테라의 UST는 1달러에 고정되도록 설계됨. 1 UST가 1달러 가치에서 벗어난 상태는 '디페깅'이라고 함.

☞ 스테이킹(staking) : 자신이 가지고 있는 가상화폐를 특정 플랫폼에 넣고, 플랫폼 운영에 참여하는 행위

| 1. 스테이블코인 | 1) 의미 및 유형 |

① 스테이블코인은 가상자산의 하나지만, 비트코인이나 이더리움처럼 가격이 시시각각 출렁이는 자산이 아니다. 스테이블코인은 가상자산 중 가격이 변동하는 비트코인과 달리 가격이 법정화폐에 고정(페깅)된 자산을 의미한다. 법정화폐나 실물자산에 연동해 1대1 가치 고정을 목표로 설계된 디지털 자산으로 실물 자산에 기반한 안정성과 교환성 덕분에 디지털 환경에서 결제, 송금, 디파이, 국경 간 무역 기반 통화로 부상하고 있다.

② 일반적으로 스테이블코인은 미 달러나 유로화 등의 법정통화를 담보로 하는 스테이블코인과 비트코인 등 가상화폐를 담보로 하는 스테이블코인, 어떠한 담보자산도 없이 독자적인 알고리즘으로 1달러 대의 가격을 유지하도록 설계된 알고리즘형(무담보형) 스테이블코인의 3가지 종류로 구분. 국채 등을 담보로 하는 담보형이 90%, 알고리즘형 비중은 10% 정도를 차지함.

[스테이블코인 유형]

유형		특징
담보형	법정통화 담보형	스테이블코인의 발행액과 동등한 담보자산(미 달러화 예금, 미 달러화 표시 단기국채 등)을 보유 (예 : 테더(USDT), USD코인(USDC))
	가상화폐 담보형	스테이블코인 발행액 이상의 가치(통상 150% 이상)에 상당하는 가상화폐를 담보로 보유 (예 : 다이(DAI))
무담보형 (알고리즘형)		스테이블코인의 공급량을 알고리즘으로 조정함으로써 가격 안정을 유도 (예 : 테라 USD)

③ 그 중에서도 글로벌 시장에서 가장 널리 통용되는 것은 법정통화 담보형이다. 이는 발행사가 실물 화폐를 은행에 예치하고 그만큼의 디지털 자산을 발행하는 방식이다. 테더(USDT), 서클의 USD코인(USDC), 페이팔USD(PYUSD) 등이 대표적이다.

이 밖에도 디지털 자산을 초과 담보로 잡는 방식이나, 수요 공급 조절을 통해 알고리즘으로 가치를 맞추는 형태도 있지만 이들은 변동성이나 신뢰성 측면에서 시장 신뢰를 얻지 못해 활용도가 낮다. 특히 알고리즘을 통해 가치를 맞추는 방식의 스테이블코인은 테라-루나 사태 이후 시장 신뢰성이 크게 낮아진 상태다.

1) 의미 및 유형	④ 한국이 논의 중인 원화 스테이블코인은 법정통화 담보형에 속하며, 민간 발행사가 원화를 신탁기관 등에 실제로 보관하고, 이를 바탕으로 디지털 원화를 발행하는 구조다. 이는 중앙은행이 직접 발행하는 CBDC와는 달리 민간이 주도하고 정부가 규제 · 감독하는 하이브리드형 디지털 통화로 분류된다. ⑤ 가상자산 분류도

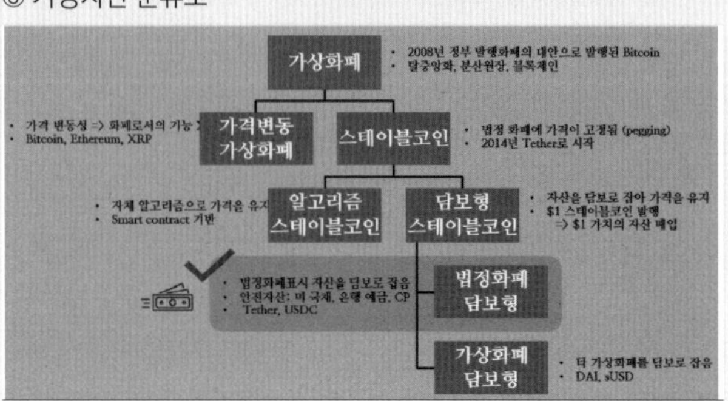

<출처: 경희대 김상래 교수 슬라이드>

---

1. 스테이블코인

글로벌 주요국은 스테이블코인을 제도권에 편입시키기 위한 입법과 행정 정비에 적극 나서고 있다.

① 미국

GENIUS 법안 통과로 스테이블코인 시장의 성장이 예상됨에 따라 미(美) 국채 수요가 구조적으로 확대될 것이라는 기대가 증가

가. 2025년 7월 18일 트럼프 대통령이 서명을 마친 GENIUS 법안은

- 스테이블코인 발행 시 정부 승인 의무화
- 고유동자산(HQLA) 준비금 100% 보유 및 내역 공시
- 이자지급형.수익형 스테이블코인 금지
- 투자자 보호 강화 등

2) 글로벌 및 국내 현황

스테이블코인의 제도권 진입을 공식화하는 내용

나. 스테이블코인 발행 잔액 규모는 `23년 1,380억달러 → `24년 2,000억 달러 → 2025년 현재 약 2,500억 달러로 급증하였으며 준비금의 상당 비중을 미 국채로 보유.

다. 테더, 서클을 포함한 스테이블코인 시장 전체의 미 국채 보유액을 합산 시 약 2,000억 달러(State street GA)

라. 미국이 디지털 달러 시대를 서둘러 연 이유는 무엇일까? 스테이블코인 발행사들이 막대한 규모의 미국 국채를 담보로 매입함으로써 미 국채 시장이 안정적 수요처를 확보하기 위한 목적이 크다. 나아가 중국의 디지털 위안화, 유럽의 디지털 유로 등 중앙은행 디지털화폐(CBDC) 경쟁이 가속화되는 가운데 달러 패권을 유지하려는 목적도 있다.

<table>
<tr>
<td rowspan="2">1. 스테이블코인</td>
<td>2) 글로벌 및
국내 현황</td>
<td>

마. 스테이블코인 시장은 미 단기 국채의 수요 기반을 강화하는 방향으로 제도화되고 있으나, 양면적으로 스테이블코인 상환 수요 급증 시 대규모 국채 환매(fire sale) 등 리스크 요인으로도 작용할 수 있어 지속적인 모니터링이 필요하다.

② 유럽연합은 미카(MiCA) 규제를 통해 스테이블코인을 전자화폐로 분류하고, 감독 체계를 마련하고 있다.

③ 일본은 은행 · 신탁회사 중심의 보수적 틀을 유지하고 있다.

④ 홍콩은 규제 샌드박스와 라이선스 제도로 민간의 실험적 시도를 지원하는 방향으로 제도를 빠르게 정비 중이다.

⑤ 한국은 아직 시작 단계에 머물고 있다.

가. 한때 한국은행은 CBDC 실증사업(프로젝트 한강)을 추진했으나, 최근 민간 원화 스테이블코인 법제화 논의가 본격화됨에 따라 CBDC 2차 실험은 잠정 중단했다. 은행권의 비용 부담과 명확한 로드맵 부재도 중단의 이유로 지적됐다.

나. 현재 한국은행은 "스테이블코인이 안성적으로 정착되는 흐름이 확인되면 재론의 여지가 있다"는 입장이다. 스테이블코인에 대해서도 "은행 중심 도입이 바람직하다"면서 "조심스럽게 단계를 밟아야 한다"는 신중한 태도를 유지하고 있다.

다. 그럼에도 한국 내 달러 스테이블코인의 활용도는 점점 높아지고 있다. 2025년 1분기 기준, 국내 암호화폐 거래소의 스테이블코인 거래량은 약 57조 원에 달하며, 이 중 83.1%를 USDT가 차지한다. 서울 남대문시장 등 일부 전통시장에서는 가상자산 자동 환전기와 디지털통화 환전기가 설치돼 관광객들이 스테이블코인을 현금으로 바꾼 뒤 원화로 결제하고 있는 실정이다.

라. 그러나 그동안 '규제의 사각지대'에서 방치돼 왔다. 환전 절차를 우회한 자본 유출 · 유입은 기존 외환 · 자본통제 제도를 교란할 수 있다. 예를 들어, 개인이 달러 스테이블코인을 매수해 국경을 넘어 한국으로 전송한 뒤 국내 암호화폐 거래소에서 바로 원화로 환전할 경우, 현행 외국환거래법상 신고 · 제한 의무를 쉽게 회피할 수 있게 된다.

마. 글로벌 경제 불확실성이 커질 때 투자자나 기업이 원화 대신 스테이블코인으로 자산을 옮기면 자본유출이 가속화되고, 급격한 환율 변동은 수입 물가 상승과 물가 불안을 초래해 실물경제에 부정적 영향을 미칠 수 있다. 통화 주권이 위협받고, 원화 기반의 금융 시스템 안정성이 흔들릴 수 있다는 의미다.

</td>
</tr>
</table>

2) 글로벌 및 국내현황	바. 그럼에도 한국 정부가 달러 스테이블코인의 국내 사용을 완전히 금지하기는 현실적으로 어렵다. 블록체인 네트워크 자체를 검열하거나 특정 토큰 전송을 원천 차단하는 기술적 수단은 존재하지 않기 때문이다. 오직 가상자산과 법정화폐가 상호 전환되는 지점, 즉 거래소 · 지갑 사업자를 통한 온 · 오프 램프 단계에서만 엄격한 라이선스 기준과 KYC(고객확인) · AML(자금세탁방지) 등 규제를 작동할 수 있을 뿐이다 사. 달러 스테이블코인의 성장과 확산은 기존 법체계 전반의 개정 · 보완을 불가피하게 만들 것이다. 스테이블코인과 스마트 컨트랙트는 기존 법률의 ▲물건 ▲증권 ▲외국환 ▲계약 ▲채권 ▲문서 ▲재물 ▲재산 등의 개념으로 포섭하기 어렵다. 새로운 분쟁 유형과 신종 범죄가 등장할 것이고, 해석과 단속 과정에서 혼선이 발생할 것이다. '디지털 달러'의 권리 · 의무 · 집행 절차를 기존 법체계 안으로 수용하기 위한 전면적인 법률 정비가 필요하다.
1. 스테이블코인 3) 특성 <출처: 한국은행 금융안정보고서>	① 스테이블코인은 여타 가상자산과 달리 가치 안정성이 있다는 특징을 가진다. 이를 위해 법정화폐 담보 스테이블코인의 경우 발행량에 상응하는 국채 등 법정화폐 표시 고유동성 안전자산을 준비자산으로 보유하도록 설계된다. ② 스테이블코인의 가치는 환매요청 시 준비자산을 처분하여 액면가와 동일한 금액을 돌려받을 수 있다는 투자자들의 신뢰를 기반으로 유지된다. 이처럼 스테이블코인이 준비자산과 1:1로 연동되는 메커니즘은 가상자산 생태계와 전통 금융 시스템의 연결고리를 형성하는 역할을 한다. ③ 스테이블코인이 투자자의 예치금을 받아 국채, MMF 및 예금 등과 같은 형태의 준비자산으로 운용하여 수익을 얻는 구조로 운영되면서 가상자산 생태계와 금융 시스템은 상호 영향을 미치게 된다

[스테이블코인 준비자산 운용 매커니즘]

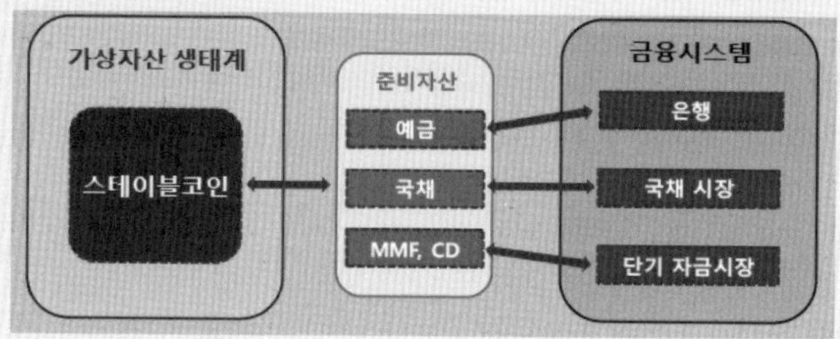

<table>
<tr>
<td rowspan="2">2. 스테이블코인
장점 및 위험</td>
<td>1) 장점</td>
<td>

① 스테이블코인은 안정성이 높고 대량송금이 용이. 이외에도 높은 이자를 지급받거나 레버리지 투자수단으로 기능하는 등 고정된 가치를 바탕으로 다양한 역할을 수행. 가치 안정성과 함께 접근성 및 거래 효율성 제고 등의 장점을 기반으로 디지털금융 혁신에 기여할 것으로 기대되고 있다

② 스테이블코인 담보의 안전자산 비중이 꾸준히 높아지면서 신뢰도가 제고

　가. 스테이블코인 1위인 테더의 경우, 2021년에는 담보의 절반을 기업어음과 양도성예금 증서로 보유

　나. 그러나 중국 헝다사태 이후 헝다 관련 어음을 많이 보유하고 있다는 불안을 종식시키기 위해 담보내 美 국채비중을 크게 확대 (2021년 24% → 2025년 66%)

③ 스테이블코인은 초당 20개의 거래로 처리되며 비자카드(1초당 약 30,000개)보다 느리고 수수료도 정액(거래당 0.5~5달러)이라 소액결제에는 적합하지 않으나, 대량송금에 있어서는 결제에 약 하루가 소요되는 SWIFT에 비해 강점이 상당하다.

④ 스테이블코인을 디파이플랫폼(de-fi platform, 탈중앙화된 블록체인 기반 금융 기관)에 예치하여 일반예금 대비 높은 이자수익을 수취

　가. 스테이블코인을 통해 가상자산의 레버리지 투자가 가능하여 일반화폐와 동일한 기능을 수행

　나. 일례로 디지털 결제플랫폼 기업인 페이팔은 자사 스테이블코인인 '페이팔USD' 보유자에게 연 4%의 이자를 지급하겠다고 발표

</td>
</tr>
<tr>
<td>2) 실물 파급력</td>
<td>

① 스테이블코인이 美 국채시장에 미치는 영향력이 상당한 가운데, 향후에도 관련 시장 확대로 인해 기하급수적으로 늘어날 가능성

　가. 스테이블코인의 美 국채보유량이 약 1,300억 달러로 한국과 비슷한 가운데, 주요 연구에 따르면 테더의 대량 발행 이후 1시간 뒤 담보 확보를 위한 수요 증가로 美 국채가격이 약 1.5bp 상승하는 등 가상자산의 실물 영향력이 빠르게 전달

　나. 특히 시뮬레이션 결과 시장규모에 따른 영향이 비선형적이고 기하급수적으로 늘어나면서 향후 파급력이 더욱 배가될 전망

</td>
</tr>
</table>

2) 실물 파급력

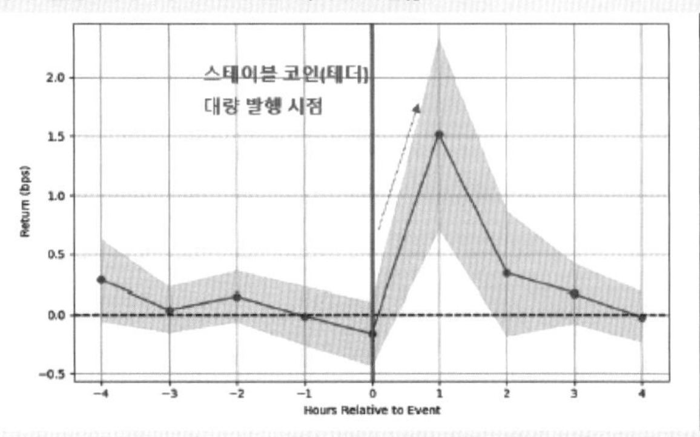

<출처: 경희대 김상래 교수 슬라이드>

2. 스테이블코인 장점 및 위험

스테이블코인이 가상자산 생태계를 넘어 범용 지급 결제수단 또는 통화 대체 수단으로 어느 정도 확산될지는 아직 예단하기 어렵다. 다만 스테이블코인의 잠재력을 고려할 때 관련 제도의 도입 방식에 따라 사용이 크게 활성화될 가능성을 배제할 수 없다. 현재 스테이블코인 확산에 따른 주요 리스크로는 코인런 리스크, 결제 및 운영 리스크, 외환거래 및 자본유출입 리스크, 통화정책 유효성 제약 리스크 등이 주로 제기되고 있다

[스테이블코인 금융안정 관련 잠재리스크]

3) 위험

<출처: 한국은행 금융안정보고서

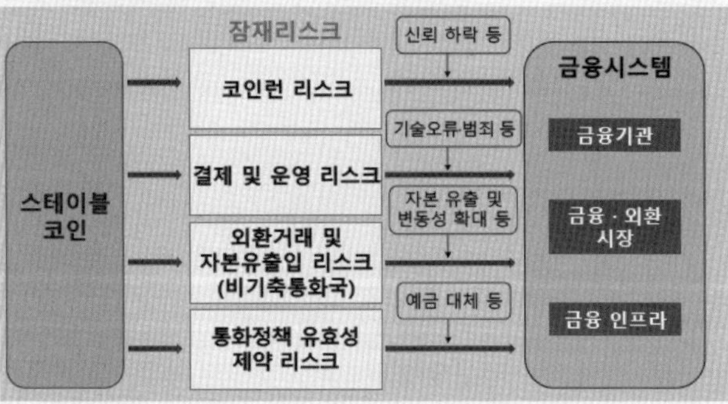

① 코인런 리스크

　가. 스테이블코인의 가치 안정성 및 준비자산에 대한 신뢰가 훼손되거나 기술 오류 및 관련 범죄 등이 나타날 경우 디페깅(de-pegging) 및 대규모 상환요구가 발생하여 코인런으로 이어질 가능성이 있다.

　나. 특히, 법정화폐 담보 스테이블코인은 운용하고 있는 준비자산의 가치가 절하되거나 준비자산의 구성에 대한 정보가 불투명한 경우 투자자들의 신뢰 하락을 초래하면서 코인런이 발생할 수 있다.

| | | 다. 이러한 스테이블코인의 코인런은 스테이블코인 및 관련 자산을 보유하고 있는 금융 기관을 통해 금융 시스템 리스크로 확산될 수 있다. 스테이블코인을 직접 또는 담보로 보유한 금융 기관의 경우 스테이블코인의 가치 하락에 따른 투자 손실이나 담보가치 하락 위험에 노출된다. 또한 스테이블코인 시장 내에서 발행사, 수탁업체 등 다양한 역할을 수행하는 금융 기관들은 유동성리스크뿐 아니라 평판 및 운영 리스크에 직면할 가능성이 있다. |

2. 스테이블코인 장점 및 위험

3) 위험

<출처: 한국은행 금융안정보고서

다. 이러한 스테이블코인의 코인런은 스테이블코인 및 관련 자산을 보유하고 있는 금융 기관을 통해 금융 시스템 리스크로 확산될 수 있다. 스테이블코인을 직접 또는 담보로 보유한 금융 기관의 경우 스테이블코인의 가치 하락에 따른 투자 손실이나 담보가치 하락 위험에 노출된다. 또한 스테이블코인 시장 내에서 발행사, 수탁업체 등 다양한 역할을 수행하는 금융 기관들은 유동성리스크뿐 아니라 평판 및 운영 리스크에 직면할 가능성이 있다.

라. 한편, 스테이블코인 발행사들이 국채, MMF 등 단기 금융 상품을 준비자산으로 보유하는 경우 코인런에 대응하는 과정에서 준비자산에 대한 매각 압력이 발생하는데, 이는 단기 자금 시장에서 가격 급락 등으로 이어질 수 있다. 스테이블코인 준비자산이 은행예금 위주로 구성되는 경우 코인런 발생 시 단기간에 대규모로 예금이 인출되어 은행의 유동성리스크로 이어질 수 있다.

마. 스테이블코인의 경우 예금보험이나 중앙은행의 최종 대부자 기능과 같이 코인런 발생을 사전에 방지할 수 있는 안전장치가 미비하므로 시장 신뢰 하락에 따른 리스크는 더욱 클 것으로 예상된다.

② 결제 및 운영 리스크

블록체인을 기반으로 운영되는 스테이블코인은 관련 제도 및 인프라가 충분히 갖춰지지 않았다는 점에서 다양한 결제 및 운영 리스크가 내재하고 있다.

가. 우선, 스마트 계약(블록체인 기술을 활용해 사전에 정해진 특정 조건이 충족될 경우 자동으로 실행되도록 설계된 계약)의 오류 및 플랫폼 장애 등의 기술적 결함이 발생함에 따라 결제 실패가 발생할 가능성이 있다.

나. 스테이블코인의 복잡성 및 가명성을 악용한 사기 및 도난 등의 범죄(최근 테더 대면 거래를 이용한 현금 갈취 및 사기 사건이 증가한 것으로 나타났으며, 이러한 대면 거래는 불법 자금 세탁이 주요한 목적인 것으로 추정된다)에 대한 우려도 제기되고 있다.

다. 스테이블코인이 가상자산시장 내에서만 사용되는 경우 이러한 리스크는 그 영향 범위가 가상자산 생태계로 제한될 수 있으나, 스테이블코인이 보편적인 지급수단으로도 사용된다면 외부 충격, IT리스크 등으로 문제 발생 시 관련 지급결제시스템의 리스크가 금융 시스템 및 경제활동 전반으로 파급될 가능성이 있다.

2. 스테이블코인 장점 및 위험	**3) 위험** <출처: 한국은행 금융안정보고서	

③ 외환거래 및 자본유출입 리스크

　가. 비기축통화국에서 외화 기반 스테이블코인이 광범위하게 활용되는 경우 환율 변동성 및 자본유출입 확대 등 외환 관련 리스크가 증대되면서 금융 시스템의 불안 요인으로 작용할 수 있다. 화폐가치가 불안정한 국가들의 경우 자국 화폐 대신 외화 기반 스테이블코인에 대한 선호가 더욱 증가(통화가치가 불안정하고 통화체계가 취약한 국가는 달러 기반 스테이블코인 등이 자국 통화를 대체하는 리스크에 대해 특히 유의할 필요가 있다)할 수 있으며, 그 영향으로 자국의 화폐가치가 하락하고 환율 변동성도 확대될 수 있다.

　나. 또한, 국내에서 자국 화폐를 외화 기반 스테이블코인으로 전환하여 해외 투자, 물품구매 등에 활용할 경우 자금이 은행 등 금융 기관을 거치지 않고 해외로 유출되는데, 이 과정에서 정부의 외환 규제나 과세 회피 및 자금세탁 수단 등으로 악용될 수 있다.

④ 통화정책 유효성 제약 리스크

스테이블코인의 사용이 보편화될 경우 통화의 신뢰성 저하, 은행의 신용 창출 기능 약화 등이 초래되면서 통화정책의 유효성을 제약할 수 있다. 한국은행의 가장 큰 우려는 통화대체 위험이다. 또 스테이블코인과 중국 CBDC가 국내에서 활성화되면 통화대체에 따라 한국은행의 금리 정책이 무력화되는 '통화정책 주권' 상실이 우려된다.

　가. 스테이블코인이 급속히 확산되는 경우 화폐 대용재의 역할을 수행함에 따라 중앙은행의 통제 범위 밖에서 통화가 늘어나게 되어 통화의 신뢰성이 저하되고 통화정책의 유효성이 제약될 수 있다.

　나. 스테이블코인 발행사들은 투자자들로부터 받은 자금을 준비자산으로 운용해 수익을 얻게 되므로 수익 극대화를 위해 스테이블코인을 과도하게 발행할 우려도 있다.

　다. 스테이블코인의 준비자산이 은행 예금으로 구성되는 경우 가계의 소액 예금이 스테이블코인 발행사의 거액 예금으로 전환되어 은행 예금의 구성이 변화할 수 있다. 이러한 은행 예금의 구성 변화는 은행의 자금 조달 비용을 상승(기관예금 증가는 유동성커버리지비율 하락 요인으로 작용하여 추가 자금 조달 필요성 증가 및 조달 금리 상승으로 이어진다)시켜 신용 창출 기능을 저하시킬 수 있다.

<table>
<tr><td rowspan="2">3. 국내 업권별
준비
</td><td>1) 시장 선점
경쟁</td><td>

① 스테이블코인 발행을 둘러싼 시장 선점 경쟁은 단순한 금융기업의 영역을 넘어 IT · 플랫폼 · 공공기관에까지 확산되고 있다. 그러나 제도적 불확실성이 해소되지 않는 한, 이들 기업 대부분은 발행보다는 '선제적 상표권 확보'에 머무르고 있는 상황이다.

② 가상자산 업계는 기술은 이미 준비됐지만 정책 리스크를 감당할 환경이 아니기 때문에 대부분 관망에 들어갔다고 현 상황을 평가한다. 시장 전체가 기회가 시작될 신호를 기다리고 있다.

③ 상표권 경쟁

가. 원화를 나타내는 'KRW'와 관련된 상표권 출원 건은 611개다. 이중 567건은 모두 2025년에 이뤄진 것이다. 카카오페이, 토스, 네이버파이낸셜과 같은 빅테크는 물론이고 KB국민은행 · 신한은행 · 신한카드 등 전통 금융권들 모두 앞다퉈 출원한 상태다.

나. 기업들은 '스테이블코인에 대한 선제적 대응' 차원일 뿐이며 '아직 어떤 것도 구체화된 것이 없다'고 입을 모은다. 하지만 상표권 출원은 기회를 포착했다는 방증이다. 때를 기다려도 늦지 않는 시장에 선제적으로 대응할 이유가 없기 때문이다. 규제가 아직 마련되지 않아 길을 건널 신호등이 없을 뿐이지만, 시장은 그 신호를 놓치지 않기 위해 주목하고 있다.

</td></tr>
<tr><td>2) 전자금융
사업자</td><td>

전자금융사업자, 내로우 뱅킹(용어해설 1)으로 거듭날 기회

① 스테이블코인의 가장 높은 효용성은 수수료없이, 중개인없이 화폐의 가치가 이동한다는 점이다. 그런 차원에서 간편결제 업체들을 포함한 전자금융사업자는 수익을 확대할 수 있는 스테이블코인을 눈여겨 보고 있다.

② 2025년 6월 26일 열린 네이버파이낸셜 10주년 간담회의 내용을 간명히 요약한다면 '웹 3' '디지털 생태계' '스테이블코인'이다.

가. 이날 네이버파이낸셜은 회사 창립 이후 처음으로 하드웨어인 결제 단말기 '네이버페이 커넥트'를 출시할 예정임을 밝혔다. 결국 이는 네이버파이낸셜이 온 · 오프라인을 아우르는 결제망을 구축한다는 뜻이다.

나. 박상진 대표는 네이버파이낸셜의 결제 단말기를 "온라인의 경험을 오프라인에서도 가능하게 하겠다"고 압축해 설명했지만, 디지털 자산의 결제도 오프라인으로 옮겨오겠다고 풀이된다.

다. 여기에 웹 3란 단어도 눈여겨볼 만한 대목이다. 웹 3 정의를 토대로 한다면 탈중앙화된 인터넷으로 발전하고, 데이터와 소유권의 문제를 봉합할 수 있는 '가치 지급'의 역할을 하는 스테이블코인은 필수불가결이다.

</td></tr>
</table>

3. 국내 업권별 준비 <출처: ZDNET KOREA>	**2) 전자금융 사업자**	라. 네이버파이낸셜의 공동체인 네이버가 보유한 콘텐츠들은 스테이블코인으로 결제되고, 향후 자유로운 창작을 모토로 해 웹3의 생태계와 스테이블코인의 생태계는 점차 커질 것으로 점쳐진다. 거기서 네이버파이낸셜은 새로운 역할을 맡게 될 것으로 예상된다. 마. 네이버파이낸셜로 청사진을 그렸지만 카카오페이와 토스(비바리퍼블리카)도 마찬가지다. 굳이 온라인 결제가 활성화된 시점에 오프라인 가맹점을 늘리려고 한 두 업체는 결제 수단의 다양성을 점친 것으로 보인다. ③ 엔터테인먼트와 쇼핑을 확대하기 위해선 좁은 내수시장을 해외까지 확장해야 한다. 결제 절차를 줄이고 수수료 수익을 낮춰야 하는 이 시점에서, 스테이블코인은 가장 좋은 수단이다. 기업 입장에선 하지 않을 이유가 없는 것이다. ④ 비대면 시장서 크게 성장해 온 전자금융업자는 스테이블코인 발행으로 자체 플랫폼을 강화할 수 있음은 물론이고, 결제 · 청산을 해줄 수 있는 중개기관 없이도 지급 · 결제 · 청산을 모두 행할 수 있는 사실상 대출 기능을 뺀 좁은 의미의 은행 내로우 뱅킹(narrow banking)이 될 수 있는 시작점인 것이다.
	3) 전통 금융권	전통 금융권도 힘을 모으고 있다. 은행을 기반으로 한 스테이블코인 컨소시엄이 만들어졌으며, 은행들은 공동연구를 진행 중이다. 은행들은 100% 스테이블코인이라고 보긴 어렵지만, 사용자들의 예금에 기반한 디지털 예금화(CBDC) 사업을 진행해본 사례가 있다. ① 가장 먼저 검토되는 것은 해외송금이다. 개인 해외송금을 시작으로 기업의 해외송금까지 스테이블코인을 통해 중개 은행의 수수료를 줄이고 더욱 빠른 시간 송금을 가능하게 하겠다는 것이 목표다. ② 은행권들은 프로그래머블(programmable) 결제 기능을 눈 여겨 본다. 기업들의 결제 수요를 매번 맞춰서 처리하기보다는 스테이블코인에 일정 조건을 만족할 경우 결제할 수 있도록 한다면, 은행 차원에서는 비용 절감과 동시에 이를 차별화로 기업 고객을 유치할 것으로 관측된다. ③ 글로벌 결제 네트워크사인 마스터카드와 비자도 스테이블코인에 대한 청사진을 제시했다. 가. 마스터카드는 2025년 4월 '멀티토큰 네트워크' 블록체인을 기반으로 100개 이상의 가상자산을 활용할 수 있는 인프라를 소개했다. 나. 비자는 USDC 스테이블코인을 활용해 결제 · 정산을 블록체인에서 처리하는 파일럿을 진행 중이다. 정산 기간을 기존 대비 절반으로 줄이고 국경 간 송금 속도도 향상될 것이라는 것이 비자 측 설명이다.

 결론

의견 제시 스테이블코인에 대한 관심이 뜨겁다. 스테이블코인이 가상자산 시장의 주요 결제 수단 등으로 활용되면서 기축통화 역할을 수행할 것으로 보고 있기 때문이다. 그럼에도 국내에서는 원화 스테이블코인 제도화 논의가 지체되면서, 업계 안팎에서 우려의 목소리가 커지고 있다.

미국·일본·싱가포르 등 주요국이 민간 스테이블코인을 제도 안으로 끌어들이며 발행·유통 생태계를 키우는 사이, 한국은 아직 실증사업에 머물러 있는 상태다. 디지털 원화를 둘러싼 글로벌 경쟁이 가속화되는 시점에서 한국이 제도 공백을 방치할 경우, 원화는 디지털 결제 시스템에서 외면받는 통화가 될 수 있다는 경고가 나온다.

스테이블코인은 가상자산의 하나지만, 비트코인이나 이더리움처럼 가격이 시시각각 출렁이는 자산이 아니다. 법정화폐나 실물자산에 연동해 1대1 가치 고정을 목표로 설계된 디지털 자산으로 실물 자산에 기반한 안정성과 교환성 덕분에 디지털 환경에서 결제, 송금, 디파이, 국경 간 무역 기반 통화로 부상하고 있다.

반면, 2025년 7월 10일 한국은행 이창용 총재는 "비은행 기관에 스테이블코인 발행을 허락하고, 나아가 스테이블코인 예금 등이 생기게 될 경우 동일 업무, 동일 규제 원칙에 따라 은행에 상응하는 매우 강력한 규제를 이들 기관에 적용할 수 있는가 하는 문제도 생각해봐야 하며, 스테이블코인이 국민 경제 전체에 끼칠 영향을 하나씩 테스트해보면서 충분히 시간을 두고 추진해야 할 것"이라고 했다.

이미 권도형의 테라-루나, 앵커 프로토콜은 2022년 암호화폐 시장을 붕괴시켰다. 앵커는 스테이블코인 UST를 예치하면 20% 이상의 고수익을 준다며 자금을 끌어 모았다. 테라-루나가 붕괴하면서 앵커 프로토콜도 무너졌고, 수많은 피해자를 만들었다. 암호화폐 시장에 앵커와 유사한 고수익을 제시하는 스테이블코인이 속속 등장하고 있어 주의가 요구된다. 블룸버그는 암호화폐 시장이 테라의 기억을 잊은 듯하다며 신생 고수익 스테이블코인들의 리스크를 지적했다.

우리나라는 미국 등 주요국 대비 가상자산 관련 입법이 지연되고 있어 시장 활성화에 일부 제약이 존재한다. 그럼에도 적절한 규제를 신속히 확립하는 동시에, 원화 스테이블코인 발행 및 육성에 대한 논의 또한 요구된다.

이에 본지에서는 스테이블코인 현황, 필요성 및 리스크에 대해 알아본 후, 정책적 방안을 제시하기로 한다.

다만, 지나치게 엄격한 규제보다는 적절한 정책, 기술 지원 등을 통한 시장 형성 및 안정화를 중요시해야 할 것이다. 뉴욕 금융서비스국이 스테이블코인 규제에 대해 3대 요건(준비자산의 분리 및 유동성관리, 정기적인 검증, 1:1 담보 확보 의무)을 설정한 점을 참고하여 몇 가지 대원칙만 설정하고 이외 사항에는 시장자율과 기술혁신을 중시할 필요가 있다.

이제 한국은 스테이블코인이 가져올 금융 혁신의 기회를 잡는 동시에, 그 이면에 도사린 리스크를 차단해야 한다. 정부와 국회에서도 달러 스테이블코인 시행에 대비한 입법 및 보완책 마련에 나서고 있다. 원화 스테이블코인의 도입에 대해서는 찬반 논쟁이 뜨겁다.

"바람이 불면 어떤 사람은 벽을 쌓고, 어떤 사람은 풍차를 세운다"라는 말이 있다. 변화를 거부하지 말고 받아들여 잘 활용해야 한다는 교훈이다. 스테이블코인은 디지털 금융 혁신의 핵심 열쇠다. 풍차를 세우는 기업이나 국가만이 한 단계 도약할 기회를 맞이할 것이다. 과감한 제도 개혁과 선제적 대응이 절실한 시점이다.

용어해설

1) **내로우 뱅크**(narrow bank) : 보험사뿐만 아니라 증권사 · 대형 유통업체 등이 지급 · 결제 기능 등 제한적 은행 기능을 갖는 것을 말한다. 은행의 업무 중 고유업무는 크게 수신업무, 여신업무, 환업무로 대변되는 지급결제업무로 구성되어 있다. 수신업무에서는 불특정 다수로부터 위탁받은 자금을 운용한 후 돌려줘야 하고 지급결제업무에서는 지급결제의 완결성을 요구하고 있어, 수신업무와 지급결제업무는 안정성이 필수적이다. 반면, 여신은 거래 상대방 신용리스크 등으로 인한 부실화 위험에 노출되어 있어 여신업무는 위험의 차단과 손실 흡수에 제도적 초점이 맞춰져 있다. 이렇듯 은행의 고유업무에는 안정성이 요구되는 수신업무, 지급결제업무와 위험이 내포되어 있는 여신업무가 공존함에 따라 여신에서 발생하는 리스크가 수신 및 지급결제 업무로 전이되는 것이 불가피하므로 이를 해결하기 위해 은행의 업무를 개편하고자 하는 내로우 뱅킹 개념이 등장하였다. 내로우 뱅킹은 은행의 예금 기능과 대출 기능을 분리하여 각각 결제전문기관과 결제비전문기관으로 하여금 담당하게 하여, 위험자산에서 발생하는 충격으로부터 예금을 보호하고 지급결제시스템을 보호하는 것을 목적으로 하는 개념이다. 이는 '100% 지급준비제도'의 영향을 받아온 은행의 역사를 배경으로 하는 미국 학계에서 금융 위기 이후에 매번 주장되어온 개념이기도 하다. 그러나 우리나라에서는 비은행 금융 회사 또는 비금융 회사가 간헐적으로 지급결제업무 등 은행의 업무에 진출하고자 하는 주장 외에 내로우 뱅킹에 대한 직접적인 논의는 부족한 실정이다. 내로우 뱅킹은 예금업무와 대출업무를 분리함으로써 대출전문기관을 탄생시켜 건전한 대출 관행을 확립하고 위험자산의 리스크 전이를 차단하여 뱅크런 위험을 축소할 수 있다. 또한 금융감독당국의 감독 부담을 완화할 수 있을 뿐 아니라 금융소비자의 선택권을 확대할 수 있다는 장점이 있다. 그러나 예금과 대출의 겸업으로 인한 시너지 효과가 소멸하여 은행의 자금 중개 기능이 위축되고 사회 전체의 가용자본 축적과 원활한 자금 배분이 이루어지지 않음으로써 자금경색의 위험이 높아진다는 치명적인 함정이 있다. 따라서 소규모 개방 수출국가인 우리나라에서 사회적 자본 축소를 유발할 수 있는 내로우 뱅킹을 전면적으로 도입하기보다 병행적으로 도입되는 것이 바람직할 것이다. 이를 위해서는 제도적으로 은행이 수신업무와 지급결제업무만을 수행할 수 있도록 은행법의 은행업무 범위 규정을 개정하여야 하고 인터넷 은행에 준하여 내로우 뱅킹을 위한 은산 분리를 제한적으로 완화해야 한다. 또한, 내로우 뱅크는 안정적 지급결제시스템 참여 능력을 갖춰야 할 것이다. 더욱이, 통과 투자기관에 대한 중앙은행의 이자 지급이 제한되어야 한다.

chapter

04

스테이블코인 디페깅
위험과 런 위험

서론	**이슈언급**	스테이블코인의 완전한 가격 안정성을 어떤 상황에서도 보장할 수 있는 가격안정 메커니즘은 불가능하다. 특히 약속한 고정 가치로 무제한 환매 허용과 대규모 인출 사태(run)에 따른 시스템 리스크 방지를 동시에 만족시키는 방법은 없다. 이미 USDT, USDC, BUSD 등 대표적인 스테이블코인도 고정된 가치를 벗어난 적이 많다. 고정가치로의 회복을 돕는 차익거래 기제가 상당 기간 시장에서 작동하지 않을 수 있음을 보여준다. 둘 사이의 적절한 균형은 안정된 고품질 스테이블코인의 개발과 유지를 위한 핵심과제이다.
본론	**1. 스테이블 코인**	**1) 개요** 스테이블코인은 그 가치가 미국 달러 등 법정화폐의 가치에 고정되도록 설계된 가상자산 ① 준비자산 ② 시장 규모 ③ 용도 　해외 송금 수수료 절감을 위한 국경 간 거래, 자국통화 인플레이션 방어 및 자본통제 회피, 블록체인 생태계 내 가치저장 및 교환매체로 사용됨.

본론	1. 스테이블 코인	2) 스테이블 코인 종류	테더사와 USDC의 서클사는 대조적인 규제 대응 방안을 추진하였음. 테더사는 MiCA의 요건을 준수하지 못함에 따라 USDT가 EU 역내 거래소에서 상장폐지되었으며, 서클사는 MiCA의 규제 준수를 위해 프랑스에 별도 법인을 설립하고 새로운 발행구조를 도입 하였음.

		3) 시장구조	스테이블코인은 발행(1차) 시장과 유통(2차) 시장으로 구분
			① 1차 시장
			  일부 등록된 기관투자자(차익거래자)만이 차익거래를 목적으로 발행자에게 1달러(액면가)로 코인의 발행(mint) 및 상환(redeem)을 직접 요청 가능
			② 2차 시장
			  가. 일반이용자는 2차 시장을 통해 이미 발행된 스테이블코인을 거래하며, 2차 시장의 수요와 공급에 따라 스테이블코인 가격이 1달러를 벗어나는 디페깅(depegging)이 발생
			  나. 차익거래자는 2차 시장에서 디페깅이 발생하면 차익거래를 통해 가격을 안정화
			    - 가격이 1달러보다 낮으면, 차익거래자는 2차 시장에서 스테이블코인을 매입하여 발행자에게 1달러에 상환을 요구하는 방식으로 차익거래를 수행하는데, 이 과정은 2차 시장에서 스테이블코인의 수요를 증가시켜 가격이 상승

	2. 디페깅 위험 과 런 위험	1) 스테이블코인 시장의 주요 특징	① 2차 시장에서 스테이블코인의 가격은 대체로 1달러에서 벗어남. ② 1차 시장에서 스테이블코인의 상환 및 발행 요청은 소수의 차익거래자들에 의해 수행되며, 차익거래자의 집중도는 스테이블코인마다 다름. 월평균 차익거래자가 USDT는 6개에 불과한 반면, USDC는 521개 ③ 차익거래가 소수에 집중될수록 2차 시장에서 디페깅 정도가 큼. ④ 발행자는 준비자산으로 유동성 수준이 다양한 자산을 보유하고 있으며, 이는 스테이블코인의 발행을 통해 다양한 수준의 유동성 변환에 참여함을 의미
		2) 디페깅 위험과 런 위험의 상충관계에 관한 이론적 분석 결과	① 스테이블코인의 가치에 대한 기대가 일정 수준 이하로 낮아지면, 보유자들은 2차 시장에서 스테이블코인을 경쟁적으로 매도 ② 발행자는 준비자산이 비유동적일수록 비효율적 차익거래를 선호

결론	의견제시	규제 당국은 스테이블코인의 가격불안정(디페깅 위험)과 금융불안정(런 위험) 요인을 제거하려면 두 위험 사이의 상충관계를 고려한 정책 접근이 필요하다. 스테이블코인이 지급수단으로 사용되려면 디페깅의 발생은 바람직하지 않으며, 이를 방지하기 위해 모든 이용자들이 발행자에게 직접 상환을 요청할 수 있도록 허용하되, 런 위험을 통제하는 것이 중요 ① 직접상환 허용 ② 준비자산 규제 ③ 지급 보증 ④ 배당금 지급 ⑤ 유동성 지원

02 논제 풀이

📈 서론

이슈 언급 스테이블코인은 기존 법정 화폐나 특정 자산에 연동하여 가치 안정을 추구하는 가상자산이다. 상대적인 가격 안정성 때문에 가상자산 거래의 매개 수단과 가치저장 수단으로 널리 이용되면서 빠르게 성장하고 있다. 비용 및 속도의 우월성, 온라인으로 연중무휴 국경 없는 접근성, 소액분할 지불 기능, 인도 대 지급(DVP)의 동시성 등 장점을 바탕으로 가상자산 생태계를 넘어 실생활 도소매 거래에서도 지급 · 결제 혁신을 주도할 것이라는 기대도 크다.

하지만, 스테이블코인의 완전한 가격 안정성을 어떤 상황에서도 보장할 수 있는 가격 안정 메커니즘은 불가능하다. 특히 약속한 고정 가치로 무제한 환매 허용과 대규모 인출 사태(run)에 따른 시스템 리스크 방지를 동시에 만족시키는 방법은 없다.

이미 USDT, USDC, BUSD 등 대표적인 스테이블코인도 고정된 가치를 벗어난 적이 많다. 시가총액 USD 1백만 달러 이상인 스테이블코인 중 2025년 7월 11일 기준, 일중 디페깅 폭이 1%가 넘는 것만 31개이며, 1개월간 10% 넘게 변동한 것은 56개다. 2025년 7월 10일 현재 시가 총액 USD 775만 달러인 USDR은 유통시장 가격이 고정가치에서 82% 이탈한 18센트에 머물러 있다. 고정가치로의 회복을 돕는 차익거래 기제가 상당 기간 시장에서 작동하지 않을 수 있음을 보여준다.

둘 사이의 적절한 균형은 안정된 고품질 스테이블코인의 개발과 유지를 위한 핵심과제이다.

이에 본지에서는 스테이블코인의 구조, 디페깅 위험과 런 위험의 상충관계에 대해 알아본 후 정책적 시사점을 제언해 보고자 한다.

📈 본론

1. 스테이블코인 <출처: 예금보험공사>	**1) 개요**	스테이블코인은 그 가치가 미국 달러 등 법정화폐의 가치에 고정되도록 설계된 가상자산 ① 준비자산 　일반적으로 액면가치 이상의 준비자산(예금, 국채, 회사채 등)으로 담보 ② 시장 규모 　2020년 초 56억 달러에서 2022년 초 1,300억 달러 이상으로 성장 ③ 용도 　해외 송금 수수료 절감을 위한 국경 간 거래, 자국통화 인플레이션 방어 및 자본통제 회피, 블록체인 생태계 내 가치저장 및 교환매체로 사용됨(블록체인 기술에 기반하여 제3의 중개자 없이 전자지갑을 통해 직접 보유 · 전송이 가능)
	2) 스테이블코인 종류 <출처: 한국금융연구원>	테더사와 USDC의 서클사는 대조적인 규제 대응 방안을 추진하였음. 테더사는 MiCA(용어해설 1)의 요건을 준수하지 못함에 따라 USDT가 EU 역내 거래소에서 상장폐지되었으며, 서클사는 MiCA의 규제 준수를 위해 프랑스에 별도 법인을 설립하고 새로운 발행구조를 도입하였음. ① 테더사는 2025년 3월 말 기준 발행 규모 1,441억 달러인 USDT 스테이블코인을 발행하고 있으며, 2025년 1월 관련 사업지를 기존의 영국령 버진아일랜드에서 친가상자산 규제 환경을 제공하는 엘살바도르로 이전하였음. 가. 테더사는 엘살바도르 디지털자산위원회에 가상자산 발행인으로 등록하고 USDT의 발행 현황 및 환급 준비자산에 대한 정보를 제공하고 있음. 나. 테더사는 매일의 발행 잔액 현황과 분기별 환급준비자산 현황 및 이에 대한 외부감사인의 보고서를 함께 공개하고 있으나 이러한 공개 주기는 엘살바도르 규제상 의무사항이 아니며 테더사의 결정에 따라 공개 주기와 공개 내용의 변경이 가능함. 다. 테더사가 공개한 최근 외부평가 자료에 따르면 2024년 말 기준으로 USDT의 발행 규모는 총 1,366억 달러이며 이에 대한 환급 준비자산은 1,437억 달러 규모이고, 준비자산 중 현금 및 현금 등가물의 비중이 82.35%(1,183억 달러), 기타 자산의 비중이 17.65%(82억 달러)임.

1. 스테이블코인 <출처: 예금보험공사>	**2) 스테이블코인 종류** <출처: 한국금융연구원>	라. 테더사로부터 USDT를 매수하거나 USDT를 미 달러화로 환급받기 위해서는 테더사에 별도로 등록된 고객으로서 거래 건별로 최소 10만 달러 이상을 거래해야 하며, 여기에는 거래 금액의 0.1%와 1천 달러 중 큰 금액이 수수료로 부과됨. ② 서클사는 2025년 3월 말 기준 발행 규모 602억 달러의 USDC 스테이블코인을 발행하고 있으며, MiCA 규제를 준수하기 위해 발행 및 환급 구조를 분할(dual issuer)하는 정책을 채택함에 따라 EU 역내에서 유통되는 USDC는 2024년 7월부터 파리 소재 법인을 통해 발행하고 있음. 가. 이에 따라 EU 역내에서는 Circle Internet Financial Europe SAS(서클 SAS, 프랑스 소재)가 USDC를 발행하고 기타 지역에서는 Circle Internet Financial LLC(서클 LLC, 미국 델라웨어) 가 USDC를 발행하는 구조임. 나. 서클사가 발표한 최근 외부 평가 자료에 따르면 2025년 2월말 기준 USDC의 발행 규모는 총 562억 달러이며 이에 대한 환급 준비자산은 563억 달러 규모이고, 현금 등 미국 재무부 관련 유동성 자산들로 100% 구성된 준비자산의 보유 내역과 만기구조 등이 구체적으로 공개되고 있음. 다. USDC의 경우 거주지가 EU 역내인지 그 밖의 지역인지에 따라 환급 등에 적용되는 준거법률과 계약사항들이 형식적으로 구분되지만 USDC의 매수, 환급, 수수료 관련 기준은 동일하게 적용되며, USDT와 달리 고객 등록, USDC 매수 및 환급에 별도의 수수료를 부과하지 않고 있음.
	3) 시장구조	스테이블코인은 발행(1차) 시장과 유통(2차) 시장으로 구분 ① 1차 시장 일부 등록된 기관투자자(차익거래자)만이 차익거래를 목적으로 발행자에게 1달러(액면가)로 코인의 발행(mint) 및 상환(redeem)을 직접 요청 가능 ② 2차 시장 가. 일반이용자는 2차 시장을 통해 이미 발행된 스테이블코인을 거래하며, 2차 시장의 수요와 공급에 따라 스테이블코인 가격이 1달러를 벗어나는 디페깅(depegging)이 발생 나. 차익거래자는 2차 시장에서 디페깅이 발생하면 차익거래를 통해 가격을 안정화 - 가격이 1달러보다 낮으면, 차익거래자는 2차 시장에서 스테이블코인을 매입하여 발행자에게 1달러에 상환을 요구하는 방식으로 차익거래를 수행하는데, 이 과정은 2차 시장에서 스테이블코인의 수요를 증가시켜 가격이 상승

1. 스테이블코인 <출처: 예금보험공사>	3) 시장구조	다. 가격이 1달러보다 높으면, 차익거래자는 발행자에게 1달러를 주고 스테이블코인을 새롭게 발행받아 2차 시장에서 매도하는 방식으로 차익거래를 수행하는데, 이 과정은 2차 시장에서 스테이블코인의 공급을 증가시켜 가격이 하락
2. 디페깅 위험과 런 위험 <출처: 예금보험공사>	1) 스테이블코인 시장의 주요 특징	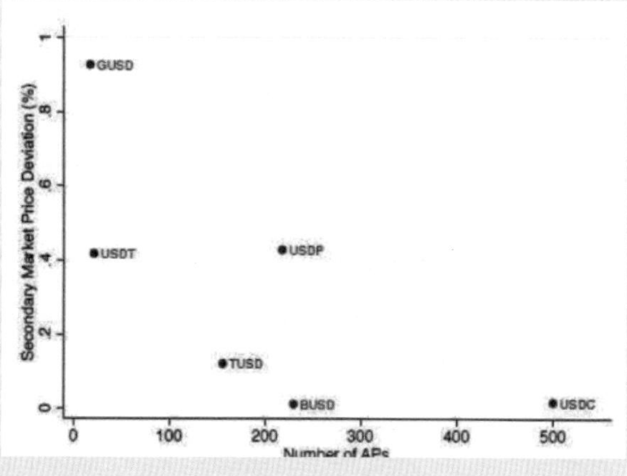 ① 2차 시장에서 스테이블코인의 가격은 대체로 1달러에서 벗어남. 가. 디페깅 정도는 스테이블코인별로 다르게 나타나는데, USDT는 평균 54bps의 괴리를 보이는 반면 USDC는 1bps에 불과 * USDT(발행사 Tether)는 USDC(발행사 Circle)와 달리 본사를 미국 이외의 지역에 두고 있다는 점에서 미국 기반의 스테이블코인이 아님. ② 1차 시장에서 스테이블코인의 상환 및 발행 요청은 소수의 차익거래자들에 의해 수행되며, 차익거래자의 집중도는 스테이블코인마다 다름. 월평균 차익거래자가 USDT는 6개에 불과한 반면, USDC는 521개 ③ 차익거래가 소수에 집중될수록 2차 시장에서 디페깅 정도가 큼. 차익거래자 수와 가격편차의 관계를 분석한 결과 명확한 음의 추세를 발견

[차익거래자 수와 가격변동]

④ 발행자는 준비자산으로 유동성 수준이 다양한 자산을 보유하고 있으며, 이는 스테이블코인의 발행을 통해 다양한 수준의 유동성 변환에 참여함을 의미

가. USDC의 준비자산은 100% 고유동성 자산으로 구성되지만, USDT는 상대적으로 비유동적 자산 비중이 높음.

[USDT와 USDC의 준비자산의 구성]

(a) USDT

	Deposits	Treas	Muni	MM	Corp	Loans	Others
2021/06	10.0	24.3	0.0	50.7	7.7	4.0	3.3
2021/09	10.5	28.1	0.0	45.7	5.2	5.0	5.5
2021/12	5.3	43.9	0.0	34.5	4.6	5.3	6.4
2022/03	5.0	47.6	0.0	32.8	4.5	3.8	6.4

(b) USDC

	Deposits	Treas	Muni	MM	Corp	Loans	Others
2021/05	60.4	12.2	0.5	22.1	5.0	0.0	0.0
2021/06	46.4	13.1	0.4	24.2	15.9	0.0	0.0
2021/07	47.4	12.4	0.7	23.0	16.4	0.0	0.0
2021/08	92.0	0.0	0.0	6.5	1.5	0.0	0.0
2021/09	100.0	0.0	0.0	0.0	0.0	0.0	0.0
2021/10	100.0	0.0	0.0	0.0	0.0	0.0	0.0

* Deposits(예금), Treas(국채), Muni(지방채), MM(단기금융상품), Corp(회사채), Loans(기업대출). '21.9월 이후 USDC의 "Deposit"은 예금 및 단기국채 등 고유동성 단기부채를 포함한 수치임

1) 스테이블코인 시장의 주요 특징

2. 디페깅 위험과 런 위험

<출처: 예금보험공사>

2) 디페깅 위험과 런 위험의 상충 관계에 관한 이론적 분석 결과

① 스테이블코인의 가치에 대한 기대가 일정 수준 이하로 낮아지면, 보유자들은 2차 시장에서 스테이블코인을 경쟁적으로 매도

가. 이때 차익거래가 활발하게 이루어지지 않으면(비효율적), 일반투자자들의 매도 물량이 차익거래에 의해 해소되지 못하고 2차 시장에서 심각한 디페깅이 발생(디페깅 위험↑, 런 위험↓)

나. 반대로 차익거래가 활발하게 이루어지면(효율적), 2차 시장에서 일반투자자들의 대규모 매도가 차익거래자를 통해 1차 시장에서 발행자에 대한 상환 요청으로 신속하게 이어져 런 위험이 증가(디페깅 위험↓, 런 위험↑)

다. 런이 발생하여 발행자가 준비자산을 급매(fire sale)하는 경우 자산시장을 통해 금융 시스템에 영향을 미칠 수 있음.

② 발행자는 준비자산이 비유동적일수록 비효율적 차익거래를 선호

가. 준비자산의 유동성이 낮으면, 런 위험이 높기 때문에 이를 완화하기 위해 소수의 차익거래자만을 두고 일정 수준의 가격 변동을 허용할 유인이 증가

- 예를 들어, 준비자산의 유동성이 상대적으로 낮은 USDT*는 USDC에 비해 차익거래자 수가 적으며(6개<521개) 가격변동은 높음.(54bps>1bps) * 발행사 Tether는 미국에 기반을 두고 있지 않기 때문에 상대적으로 달러 자산에 대한 접근이 제한적⇒ 차익거래의 효율성에 따라 런 위험과 디페깅 위험 간 상충관계가 존재하기 때문에 발행자는 런 위험과 디페깅 위험의 균형을 맞추는 차익거래 수준을 선택

📈 결론

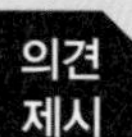

의견 제시

디페깅 위험과 런 위험 사이의 상충관계는 모든 민간화폐의 공통된 문제였다. 미국의 자유은행 시대(1837~63) 은행권은 스테이블코인처럼 유통시장이 형성되어 은행에 직접 태환을 요청할 위험(런 위험)은 감소한 반면, 디페깅 위험은 증가했다. 당시 1,000종 이상의 은행권이 발행되었으며, 거리가 먼 지역의 은행권의 경우 높은 태환 비용으로 인해 은행에 직접 찾아가기보다는 할인되어 거래되었다. 반면, 예금은 유통시장이 존재하지 않기 때문에 시장가격의 디페깅 위험은 사라지지만, 발행자에게 상환을 직접 요구하는 런 위험이 극대화된다.

토큰 기반 화폐인 은행권은 소지자가 곧 소유자이기 때문에 유통시장에서 거래되기에 적합하지만, 예금은 계좌 기반의 화폐로서 계좌 · 계좌주 인증 등이 필요하여 유통시장이 존재하기 어려운 구조이기 때문이다. 민간 화폐인 예금의 런 위험을 공적 보증을 통해 제거하는 것이 바로 예금보험제도이다.

규제당국은 스테이블코인의 가격불안정(디페깅 위험)과 금융불안정(런 위험) 요인을 제거하려면 두 위험 사이의 상충관계를 고려한 정책 접근이 필요하다. 스테이블코인이 지급수단으로 사용되려면 디페깅의 발생은 바람직하지 않으며, 이를 방지하기 위해 모든 이용자들이 발행자에게 직접 상환을 요청할 수 있도록 허용하되, 런 위험을 통제하는 것이 중요

① 직접상환 허용

일반투자자가 발행자에게 직접 상환을 요청할 수 있다면, 디페깅 위험을 완화 가능

* 실제로 EU의 MiCA, 미국의 GENIUS 법인은 모든 스테이블코인 보유자가 발행자에게 직접 상환을 요청할 수 있도록 하는 내용을 포함- 이 경우 모든 스테이블코인 보유자가 차익거래에 참여할 수 있기 때문에 디페깅 위험은 급격히 감소하지만, 일반투자자들의 대규모 상환 가능성으로 인한 런 위험은 증가

② 준비자산 규제

런 위험을 완화하기 위해 준비자산에 대한 유동성 규제 필요. 준비자산의 유동성이 높을수록 투자자들의 런 유인이 감소하기 때문에 준비자산에 대한 유동성 규제는 런 위험을 완화. 현재 미국 · EU 등은 고유동성 자산으로 준비자산을 구성하도록 제한

(EU) 준비금의 30% 이상은 은행 예금, 나머지는 시장 · 신용 · 편중 위험이 낮고 유동성이 높은 자산

(영국) 국채 및 현금성 자산

(미국) 통화, 예금, RP 및 기타 고유동성 자산

③ 지급 보증

현행 예금보험제도와 유사한 방식으로 공적 기구에 의한 지급보증 등의 안전장치를 적용할 수 있는 방안에 대한 고민 필요

④ 배당금 지급

준비자산에서 발생하는 수익을 스테이블코인 보유자에게 배당금으로 지급하면 가격 안정성이 개선되고 런 위험이 감소

* 현재 준비자산에서 발생하는 수익은 발행자에게 귀속. 다만, 배당금을 지급할 경우 스테이블코인은 미국 증권법에 따라 증권으로 분류될 가능성이 높으며, 발행자 간의 가격 경쟁을 심화시킬 수 있기 때문에 추가 연구 필요

 용어해설

1) MiCA : 2024년 7월 시행된 EU의 MiCA(Markets in Crypto-Assets Regulation)는 최초의 포괄적 가상자산 규제법으로서 EU 역내 가상자산 이용자 보호를 위한 엄격한 규제 체계를 도입하였음. 통화가치에 준거하여 가치안정성을 유지하고 준거통화로의 환급 가능성을 약속하는 통화준거형 스테이블코인(이하 '스테이블코인')을 준거통화가 1가지인지 복수인지에 따라 각각 이머니토큰(EMT, E-Money Token)과 자산준거토큰(ART, Asset-Reference Token)으로 분류하고 EU 역내에서의 환급 가능성을 확보하기 위한 발행 요건을 부과하고 있음. 특히 단일통화에 준거하는 이머니토큰의 경우 발행인을 EU 역내의 금융 기관 또는 전자화폐 기관으로 제한하고 백서의 제출, 환급 준비자산 유지, 환급 준비자산에 대한 독립감사인의 평가 및 공개 등의 의무를 부과하고 있음(제48조 및 제49조). MiCA의 포괄적 규제 시행에 대한 가상자산업계의 반응과 이용자 보호 등의 규제 효과가 관련 제도 정비를 추진하는 다른 나라들의 선험적 지표가 될 수 있는 가운데 세계 최대의 스테이블코인 발행사인 테더사와 서클사는 상반된 규제 대응 방식을 보여주었으며 이에 대한 시장의 반응은 규제 준수에 우호적인 것으로 나타남.

chapter 05

예금토큰 제도

01　논제 개요 잡기 [핵심 요약]

서론	이슈언급		가치 안정성 등 여러 문제를 고려할 때, 스테이블코인보다는 은행이 발행하는 디지털 지급수단인 예금토큰에 주목할 필요가 있다. 이미 글로벌 차원에서는 CBDC를 기반으로 예금토큰(Deposit Token)의 가능성을 탐구하는 민관 합작 이니셔티브가 활발히 추진되고 있기 때문이다. 지급·결제 시스템의 안정성 유지 차원에서 우리나라는 스테이블코인보다 예금토큰을 민간 디지털 지급수단으로서 우선 고려함이 바람직해 보인다.
본론	1. 디지털화폐 판도 변화	1) 미국	스테이블코인 등 가상자산 산업 육성을 지지해 온 트럼프가 美 대통령으로 당선되며 디지털화폐 시장의 판도 또한 변화할 조짐 ① 트럼프 대통령은 스테이블코인에 대한 규제 체계를 마련하고 비트코인 전략 보유고를 구축하는 등 가상자산 산업에서 주도권을 확보할 계획임을 발표 ② 달러 기반 스테이블코인은 美 달러, 국채 등을 준비자산으로 보유하므로 기축통화국으로서 미국의 지위 및 달러패권을 유지하기 위한 수단으로서 기여 가능 ③ 반면, 개인의 자금 및 경제활동에 대한 정부의 통제를 이유로 재임 기간 동안 CBDC(중앙은행 디지털화폐)는 '절대 허용하지 않을 것'임을 강경하게 표명

본론	**1. 디지털화폐 판도 변화**	2) 중국	① 중국은 국가 주도 CBDC 전략으로 맞서고 있다. 2020년부터 디지털 위안화(e-CNY) 시범 운영을 시작해 현재 15개 성, 23개 도시로 확대했다. ③ 중국은 공식적으로는 암호화폐를 금지하고 있으나 홍콩을 통해 스테이블코인에 우회적인 접근을 시도하고 있다. 홍콩의 경우 2025년 8월부터 새 암호화폐 규제를 시행할 예정이다.
		3) 글로벌 예금 토큰 움직임	① 글로벌 차원에서는 CBDC를 기반으로 예금토큰(Deposit Token)의 가능성을 탐구하는 민관 합작 이니셔티브가 활발히 추진 ② 예금토큰을 통한 거래는 CBDC를 통한 기관 간 결제로 뒷받침됨으로써 결제 완결성(settlement finality)이 보장되며, CBDC는 기관 간 거래용도로 국한되어 사용됨으로써 정부 통제 및 개인정보 침해 우려 불시 가능
	2. 예금토큰	1) 특징과 종류	① 토큰화 예금은 블록체인 인프라에 기록되는 상업은행 예금으로, 기존 예금처럼 예금자 보호, 자본 요건, 지급준비제 등 제도적 안전망을 유지하면서도 디지털 금융이 제공하는 프로그래밍 가능성과 상호운용성을 확보할 수 있다. ② 종류 　가. 토큰화 예금은 두 가지 형태다. 스테이블코인처럼 양도 가능한(bearer)것과 은행 간 명목 가치로 정산되는 양도 불가능한 것이 있다.
		2) 방향성 <출처: 하나금융연구소	① 지급 · 결제 시스템의 안정성 유지 차원에서 우리나라는 스테이블코인보다 예금토큰을 민간 디지털 지급수단으로서 우선 고려함이 바람직 ② JP Morgan, Citi 등 대형 글로벌 은행은 예금토큰을 활용하여 연중무휴 실시간 이용 가능한 국가 간 지급 서비스를 선제적으로 제공함으로써 부가가치 창출 중
		3) 제도화 준비 <출처: 하나금융연구소	① 은행이 예금토큰 관련 사업을 지속하기 위해서는 예금토큰이 예금으로 간주되고 예금 관련 법규의 적용 대상인지에 대한 금융당국의 해석 또는 법적 근거 마련이 필요 ② EU · 英 등 해외 주요국은 예금토큰과 예금의 동일성을 인정하고 현행 은행 · 예금 규제를 적용할 수 있다는 입장이므로 우리나라도 비슷한 접근이 가능할 것으로 기대

<table>
<tr><td>결론</td><td>의견제시</td><td>

우리나라가 혁신과 안정을 모두 담보하는 스테이블코인 체계를 구축하려면, 단계적 접근이 필요하다. 우선, 은행이 보유 예금을 디지털화한 '예금토큰' 형태로 스테이블코인을 발행하도록 하는 방안이다. 한국은행도 이미 기관용 중앙은행 디지털 화폐(CBDC) 파일럿에서 예금토큰의 활용 가능성을 시험한 적이 있다. 은행 부문은 자본규제 · 지급준비 · 예금보험 등 안전망이 갖춰져 있어 초기 위험을 최소화할 수 있다.

향후 제도가 안착한 뒤에는 빅테크 등 비은행 사업자에게도 발행권을 단계적으로 개방하되, '동일 기능, 동일 규제' 원칙에 따라 은행에 준하는 감독 · 준비금 요건을 적용해야 한다. 이렇게 '은행 → 비은행' 순으로 문을 열면 금융 안정을 해치지 않으면서도 경쟁과 혁신을 유도할 수 있을 것이다.

다만, 이러한 순차적 허용이 실효성을 가지려면 정부 · 한국은행은 은행권의 결제 · 송금 수수료 인하 등 지급 · 결제 혁신을 지속적으로 유도해야 한다. 스테이블코인의 발행과 감독은 기술 · 산업 차원을 넘어 통화가치에 대한 신뢰와 금융 안정을 좌우하는 국가 책무이므로, 논의의 중심에는 반드시 한국은행이 서야 한다. 그러나 현재 국회에 발의된 법안들은 한국은행을 인가 체계 밖으로 밀어내거나, 협의에 그치는 보조적 역할로 제한하고 있다. 스테이블코인이 초래할 수 있는 금융 시스템 불안정을 방지하려면, 중앙은행이 법정화폐의 기준과 질서를 책임지는 핵심 기관으로서 확고한 권한을 가져야 한다.

</td></tr>
</table>

02 논제 풀이

서론

이슈 언급 한국은행의 화폐 디지털화 계획에 차질이 생겼다. 한은이 주도해 온 예금토큰 시범사업 '프로젝트 한강'이 2차 테스트를 앞두고 잠정 중단되면서다.

'한강' 테스트 중단 배경엔 스테이블코인의 습격이 있다. 비은행 금융 기관의 원화 스테이블코인 발행 논의가 급물살을 타면서 한은과 함께 테스트를 진행하던 은행권의 참여 의지가 꺾였다. 원화 스테이블코인 발행이 이번 정부의 대선 공약이었던 만큼 예금토큰보다 스테이블코인이 먼저 상용화될 가능성이 커졌다는 판단이 작용했다. 이처럼 한은의 관리 권한을 벗어난 원화 스테이블코인 발행이 현실화되고 있다. 걱정은 도입 방식과 관련 규제다. 지급 · 결제 기능이 없는 비은행 기관이 스테이블코인을 무분별하게 발행하게 되면 위험은 커진다. 민간화폐의 가치가 달라질 수 있고 '코인런'(대규모 코인 인출) 사태로 이어질 가능성도 있다. 통화정책 효과를 제약하거나 자본규제를 우회할 우려도 크다.

　한은은 국정위에 금융 시스템 리스크와 비은행 발행 규제에 대한 대안도 제시한 것으로 알려졌다. 국내외 전문가 사이에서도 신중론이 부상하고 있다. 혁신은 필요하지만 쫓기듯 시작할 이유는 없다. 속도전보단 촘촘한 제도적 설계가 우선이다.

　따라서, 가치 안정성 등 여러 문제를 고려할 때, 스테이블코인보다는 은행이 발행하는 디지털 지급수단인 예금토큰에 주목할 필요가 있다. 이미 글로벌 차원에서는 CBDC를 기반으로 예금토큰(Deposit Token)의 가능성을 탐구하는 민관 합작 이니셔티브가 활발히 추진되고 있기 때문이다. 지급·결제 시스템의 안정성 유지 차원에서 우리나라는 스테이블코인보다 예금토큰을 민간 디지털 지급수단으로서 우선 고려함이 바람직해 보인다.

　이에 본지에서는 글로벌 디지털화폐 현황과 디지털 화폐별 장단점을 분석한 후, 은행 예금토큰 제도가 나아가야 할 방향에 대해 논하기로 한다.

📈 본론

1. 디지털화폐 판도 변화	1) 미국	스테이블코인 등 가상자산 산업 육성을 지지해 온 트럼프가 美 대통령으로 당선되며 디지털화폐 시장의 판도 또한 변화할 조짐

① 트럼프 대통령은 스테이블코인에 대한 규제 체계를 마련하고 비트코인 전략 보유고를 구축하는 등 가상자산 산업에서 주도권을 확보할 계획임을 발표

　가. 트럼프 대통령은 이미 비트코인 전략 비축 행정명령에 서명

　나. 친(親) 암호화폐 인사인 폴 앳킨스를 미 증권거래위원회(SEC) 위원장으로 교체

　다. 2025년 월18일 도널드 트럼프 미국 대통령이 '미국 스테이블코인 혁신·육성법(Guiding and Establishing National Innovation for U.S. Stablecoins Act·GENIUS Act)'에 서명하면서 연방 차원의 첫 스테이블코인 규제 체계가 공식화됐다. 법은 달러 연동 스테이블코인이 반드시 현금·단기 美 국채 등 고유동성 자산으로 100% 준비금을 보유하고, 매월 준비금 내역을 공시하도록 의무화했다.

② 달러 기반 스테이블코인은 美 달러, 국채 등을 준비자산으로 보유하므로 기축통화국으로서의 미국의 지위 및 달러패권을 유지하기 위한 수단으로서 기여 가능

③ 반면, 개인의 자금 및 경제활동에 대한 정부의 통제를 이유로 재임 기간 동안 CBDC(중앙은행 디지털화폐)는 '절대 허용하지 않을 것'임을 강경하게 표명

<table>
<tr><td rowspan="3">1. 디지털화폐
판도 변화</td><td>1) 미국</td><td>④ 전 세계 스테이블코인의 시가 총액은 약 2,105억 달러(2025. 1.3., CoinGecko)로, 2024년 동안 50% 이상 증가했으며 美 대선 이후에만 15%가 상승(CNBC): 트럼프 대통령 당선에 따른 제도화 · 산업 육성 기대감에 더해, 비트코인 등 가상자산 가격 상승, 디파이 예치 · 대출 수익률 급등(연 10~20%) 등이 거래를 더욱 촉진</td></tr>
<tr><td>2) 중국</td><td>① 중국은 국가 주도 CBDC 전략으로 맞서고 있다. 2020년부터 디지털 위안화(e-CNY) 시범 운영을 시작해 현재 15개 성, 23개 도시로 확대했다.
② 2025년 내 전국적 확대와 함께 아시아 · 아프리카 지역 중심 위안화 기반 결제 네트워크 구축을 추진하고 있다.
③ 중국은 공식적으로는 암호화폐를 금지하고 있으나 홍콩을 통해 스테이블코인에 우회적인 접근을 시도하고 있다. 홍콩의 경우 2025년 8월부터 새 암호화폐 규제를 시행할 예정이다.</td></tr>
<tr><td>3) 글로벌 예금
토큰 움직임</td><td>① 글로벌 차원에서는 CBDC를 기반으로 예금토큰(Deposit Token)의 가능성을 탐구하는 민관 합작 이니셔티브 활발히 추진
　가. RLN 등 기관용 CBDC 시스템 위에서 예금토큰 등 다양한 디지털 지급수단이 각자의 역할을 하며 공존하는 '토큰생태계' 모형이 논의
　나. 2022년 Citi가 제안한 '규제 부채 네트워크'(RLN:Regulated Liability Network)는 모든 규제대상 디지털 화폐(기관용 CBDC, 예금토큰 등)가 하나의 플랫폼 안에서 원활하게 생성 · 거래되는 시스템
② 예금토큰을 통한 거래는 CBDC를 통한 기관 간 결제로 뒷받침됨으로써 결제 완결성(settlement finality)이 보장되며, CBDC는 기관 간 거래용도로 국한되어 사용됨으로써 정부 통제 및 개인정보 침해 우려 불식 가능
　가. 美 NY연은 혁신센터 및 영국 은행연합회(UK Finance)는 RLN에 대한 실험을 진행
　나. 美 NY연은 혁신센터 및 9개 금융 회사 등은 기관용 CBDC 및 예금토큰을 활용하여 미국 내 은행 간 송금 및 달러 해외송금 가능성을 테스트
　다. 영국 은행연합회 및 11개 금융 회사 등은 예금토큰 및 스마트계약 기능을 활용해 P2P 중고거래, 주택매매, 토큰화된 채권 결제 등을 테스트</td></tr>
</table>

2.예금토큰 <출처: 하나금융연구소>	**1) 특징과 종류**	① 토큰화 예금은 블록체인 인프라에 기록되는 상업은행 예금으로, 기존 예금처럼 예금자 보호, 자본 요건, 지급준비제 등 제도적 안전망을 유지하면서도 디지털 금융이 제공하는 프로그래밍 가능성과 상호운용성을 확보할 수 있다. ② 종류 　가. 토큰화 예금은 두 가지 형태다. 스테이블코인처럼 양도 가능한(bearer)것과 은행 간 명목 가치로 정산되는 양도 불가능한 것이 있다. 　나. 이런 가운데 분석가들은 규제 당국이 후자(양도 불가능한 형태)를 더 지지할 가능성이 높다고 보고 있다. 비양도성(Non-bearer) 모델은 ‹화폐의 단일성›이라는 금융 시스템 핵심 원칙을 유지하는 데 유용하다는 이유에서. 화폐 단일성은 다양한 형태 화폐가 명목 가치로 상호 교환 가능하도록 보장한다. 　다. 빈면 양도 가능한 형태 토큰화 예금이나 스테이블코인은 발행 주체 신용 위험, 시장 유동성 문제 등으로 인해 액면가에서 벗어난 가격 변동성이 발생할 수 있다.
	2) 방향성 <출처: 하나금융연구소>	① 지급 · 결제 시스템의 안정성 유지 차원에서 우리나라는 스테이블코인보다 예금토큰을 민간 디지털 지급수단으로서 우선 고려함이 바람직 　가. 준비자산 및 발행기관에 대한 신뢰에 의해 가치가 담보되는 스테이블코인은 시장 스트레스 상황에서 액면가와 시장가가 괴리(unpegging)될 위험을 보유(시가 총액이 가장 크고 안전하다고 여겨지는 스테이블코인인 USDT(Tether)조차 2022년 5월 테라-루나 코인 사태 당시 \$0.97로 가치가 하락한 바 있음) 　나. 예금토큰은 스테이블코인처럼 활용 가능하면서도 더욱 안전: 예금제도 및 은행 규제, 예금자보호제도, 은행 대차대조표에 대한 신뢰, 중앙은행의 특별대출 등이 예금토큰의 가치를 보장하는 점에서 예금토큰은 준비자산에 의존하는 스테이블코인보다 강건하게 가치를 유지할 수 있으리라고 여겨짐. 　다. 예금토큰은 자산운용, 자금시장에 미치는 영향 면에서도 스테이블코인 대비 장점 보유 　　- (자산운용) 준비자산을 국채 등 현금성 자산으로 보유하는 스테이블코인과 달리, 예금토큰은 지급준비금을 제외한 나머지를 대출 등으로 효율적으로 운용 가능

2.예금토큰
<출처: 하나금융연구소>

2) 방향성
<출처: 하나금융연구소>

- (자금시장) 스테이블코인의 준비자산 형성 과정에서 예금 등 민간 자금이 대규모로 유출되어 국채 등 정부 자금으로 집중될 경우, 민간 자금 시장의 공급 감소로 인해 시장 금리가 상승하는 일종의 구축효과(crowd-out effect)가 유발될 수 있음.

② JP Morgan, Citi 등 대형 글로벌 은행은 예금토큰을 활용하여 연중무휴 실시간 이용 가능한 국가 간 지급 서비스를 선제적으로 제공함으로써 부가가치 창출 중

　가. JP Morgan Kinexys(옛 Onyx)는 연중무휴 운영되는 예금토큰 서비스 JPM Coin을 통해 다국적 기업의 국경 간 결제, 자회사간 유동성 관리 등 지원

　나. Citi 또한 Citi Token Service를 통해 JP Morgan과 유사한 예금토큰 서비스 제공

[예금토큰, 스테이블코인, CBDC 비교]

	예금토큰	스테이블코인	CBDC
발행주체	은행	민간	중앙은행
기반제도	예금제도	백서	법정화폐
가치담보	예금제도 신뢰, 은행 B/S 등	준비금(담보자산)	법·통화제도 신뢰, 중앙은행 B/S 등
리스크 관리	現은행 규제, 내부통제 등	발행기관의 운영정책 등	–
인출위기 안전망	예금자보호제도, 중앙은행 지원 등	–	–
사례	JPM Coin, Citi Token Service	USDT, USDC, Dai 등	디지털위안화 (e-CNY) 등

<출처: 하나금융연구소>

3) 제도화 준비
<출처: 하나금융연구소>

① 은행이 예금토큰 관련 사업을 지속하기 위해서는 예금토큰이 예금으로 간주되고 예금 관련 법규의 적용 대상인지에 대한 금융당국의 해석 또는 법적 근거 마련이 필요

　가. 한국은행 · 금융위원회는 예금토큰의 예금 여부가 불명확하기 때문에 혁신금융 특례를 부여하여 'CBDC 활용성 테스트'를 먼저 진행한 후 제도화를 검토하겠다는 입장이었으나 2025년 초 잠정 중단됨.

　나. 예금토큰 발행을 은행 업무로 인정(은행법 제27조, 제27조의2, 제28조)하고, 예금토큰을 예금자보호 적용 대상으로 포함(예금자보호법 제31조 1항, 2항)하는 등 특례 적용

② EU · 英 등 해외 주요국은 예금토큰과 예금의 동일성을 인정하고 현행 은행 · 예금규제를 적용할 수 있다는 입장이므로 우리나라도 비슷한 접근이 가능할 것으로 기대

결론

의견 제시 JP모건은 "토큰화 예금이 규제 친화적이지만, 시장 유동성과 전송 용이성 측면에서는 여전히 스테이블코인이 우세하다"고 평가했다.

스테이블코인이란 말 그대로 '가치가 안정된 디지털 화폐'이다. 비트코인처럼 가격이 하루에도 수십 퍼센트씩 오르내리는 암호자산과 달리, 법정화폐(원화 · 달러 등)와 1대1로 연동되도록 설계된 것이다. 가령 달러 기반 스테이블코인 '테더(Tether)' 1개는 언제나 1달러의 가치를 유지하며, 필요하면 실제 달러로 교환할 수 있다. 이처럼 가격이 안정적인 스테이블코인은 가상자산 시장에서 결제 · 송금과 같은 거래수단으로 쓰이기에 적합하고, 블록체인 기술 덕분에 실시간 정산 · 수수료 절감 효과도 기대할 수 있어 디지털 시대의 차세대 화폐로 주목받는다.

그렇다면 스테이블코인의 가격 안정성은 어떻게 확보될까? 가장 단순한 방법은 발행사가 동일 규모의 준비금을 예치하는 것이다. 예를 들어 10억 달러어치 코인을 발행했다면, 받은 현금 10억 달러를 금융 기관에 보관해 두는 식이다. 이로써 이용자는 자신이 보유한 코인을 언제든 동일 가액의 달러로 교환할 수 있다는 신뢰를 확보하게 된다. 그러나 현실은 그리 간단하지 않다. 대부분 스테이블코인 발행사가 달러 현금 대신 단기 국채나 기업어음 같은 고유동성 · 수익성 자산을 준비금으로 운용할 수 있다. 그래서 이들의 자산 가치가 급락하거나, 준비금 존재 여부가 투명하게 공시되지 않으면 '1코인=1달러'라는 신뢰가 흔들릴 수 있다. 스테이블코인이 디지털 시대의 지급 · 결제 혁신을 이끌 것이라는 기대 속에서도 그 잠재적 위험은 19세기 중반 미국의 '자유은행(free banking)' 시기를 돌아보면 분명해진다. 당시 미국에서는 누구나 최소한의 자본만 갖추면 은행을 설립하고, 담보자산을 예치하는 조건으로 지폐를 발행할 수 있었다. 이것은 은행, 비은행 구분 없이 미국 국채를 준비자산으로 보유하면 스테이블코인 발행을 허용하는 '지니어스법'과 매우 유사하다. 그때 일부 은행은 충분한 준비금도 없이 과도하게 지폐를 찍어냈다. 결과는 뱅크런과 도미노 파산, 그리고 예금자 · 지폐 보유자가 떠안은 대규모 손실이었다. 이 역사적 사례는 오늘날 스테이블코인이 충분한 규제 · 감독 없이 난립할 경우 '코인런'과 유동성 위기가 발생할 수 있음을 경고한다.

우리나라가 혁신과 안정을 모두 담보하는 스테이블코인 체계를 구축하려면, 단계적 접근이 필요하다. 우선, 은행이 보유 예금을 디지털화한 '예금토큰' 형태로 스테이블코인을 발행하도록 하는 방안이다. 한국은행도 이미 기관용 중앙은행 디지털화폐(CBDC) 파일럿에서 예금토큰의 활용 가능성을 시험한 적이 있다. 은행 부문은 자본규제 · 지급준비 · 예금보험 등 안전망이 갖춰져 있어 초기 위험을 최소화할 수 있다.

향후 제도가 안착한 뒤에는 빅테크 등 비은행 사업자에게도 발행권을 단계적으로 개방하되, '동일 기능, 동일 규제' 원칙에 따라 은행에 준하는 감독 · 준비금 요건을 적용해야 한다. 이렇게 '은행 → 비은행' 순으로 문을 열면 금융안정을 해치지 않으면서도 경쟁과 혁신을 유도할 수 있을 것이다.

다만, 이러한 순차적 허용이 실효성을 가지려면 정부 · 한국은행은 은행권의 결제 · 송금 수수료 인하 등 지급 · 결제 혁신을 지속적으로 유도해야 한다. 스테이블코인의 발행과 감독은 기술 · 산업 차원을 넘어 통화가치에 대한 신뢰와 금융안정을 좌우하는 국가 책무이므로, 논의의 중심에는 반드시 한국은행이 서야 한다. 그러나 현재 국회에 발의된 법안들은 한국은행을 인가 체계 밖으로 밀어내거나, 협의에 그치는 보조적 역할로 제한하고 있다. 스테이블코인이 초래할 수 있는 금융 시스템 불안정을 방지하려면, 중앙은행이 법정화폐의 기준과 질서를 책임지는 핵심 기관으로서 확고한 권한을 가져야 한다. 한국은행이, '재무부의 남대문 출장소'라는 과거의 냉소를 다시 불러오지 않기 위해서라도, 독립된 중앙은행의 책무 수행을 위해 스테이블코인 법안 논의를 관망만 할 것이 아니라 적극적으로 선도하기 바란다.

<출처:중앙일보, 정운찬 칼럼>

chapter 06

금융 기관 영업점 감소

서론	이슈언급	시중은행들이 2024년 사상 최대 실적을 실현했지만, 영업점은 대폭 줄이고 있는 것으로 나타났다. 영업점 축소는 온라인 비대면 금융 확산과 경영 효율 등을 이유로 내세우고 있지만, 모바일이나 인터넷 뱅킹에 익숙하지 않는 고령층 등 취약계층의 금융 접근성은 악화되고 있다는 지적이 나온다

은행 오프라인 점포수의 감소는 금융의 디지털화가 빠르게 진전되면서 불가피한 측면이 있다. 다만, 여전히 오프라인 서비스 이용을 선호하거나 그에 대한 의존도가 높은 고객들이 상당수 존재할 수 있는 과도기적 상황에서, 이들의 디지털화 적응 속도보다 더 빠른 속도로 오프라인 점포가 사라지는 것은 해당 고객층의 금융 서비스 접근성을 크게 낮추어 경제적, 사회적 손실이나 소외를 일으킬 가능성이 있고, 특히 해당 고객층 비중이 높은 지역과 타 지역 간에 상당한 접근성 격차를 발생시킬 수 있다.

일각에서는 단순 영업점 축소보다는 기능과 역할을 재편해 운영 전략을 차별화해야 한다는 목소리도 나온다.

본론	1. 금융 기관 영업점 축소	1) 현황 및 원인	- 우리나라의 경우 2008년 글로벌 금융위기 직후 인구 10만 명당 지점수가 18.8개를 기록한 후 큰 변화를 보이지 않다가 2013년부터 지속적으로 감소하여 2023년 12.3개로 줄어들었고, 국내은행의 총 점포수는 2008년 말 7,500여 개에서 2024년 말 5,645개로 줄어든 상황이다. - 은행들의 점포 폐쇄로 금융소비자 불편이 가중되고 고령층의 금융소외가 발생할 수 있다는 지적이 늘어남에 따라 2023년 은행 점포 폐쇄 내실화 방안이 마련되었고, 이에 따라 은행권이 '점포 폐쇄 공동절차'를 도입하여 운영하면서 점포 감소 폭은 줄어들었으나, 은행들이 출장소를 늘리는 반면 상대적으로 유지 비용이 높을 수 밖에 없는 지점은 꾸준히 줄이면서 여전히 점포수는 감소하고 있다.
		2) 특징과 문제점	① 특징 ② 문제점
		3) 해외의 정책 대응 사례	① 미국 ② 캐나다, 호주 ③ 영국
	2. 국내 금융 기관의 대응	1) 영업점 협업 제도	① 의미 　영업점 협업제도는 중심이 되는 거점 영업점과 주변의 영업점 4~8개를 그룹화하는 허브앤스포크(Hub & Spoke) 모형의 일종으로서, 거점 영업점에서는 전문 상담을 중심으로 고객에게 종합 금융 서비스를 제공하며 인근 영업점에서는 입출금, 환전 등 단순 업무 및 서류 대행 업무 등을 수행함으로써 거점과 주변 영업점이 각각 특화된 기능을 담당하는 시스템을 의미함. ② 글로벌 사례 ③ 한국 사례 　국내에서는 4대 시중은행이 '16년부터 신한은행을 선두로 커뮤니티 제도(신한), PG 제도(국민), VG 제도(우리), 컬래버 제도(하나)라는 이름으로 영업점 협업제도와 유사한 시스템을 도입한 바 있으나 현재까지 제대로 정착되지 못하고 있음.

본론	2. 국내 금융 기관의 대응	1) 영업점 협업 제도	④ 문제점 영업점 협업제도가 국내에 정착되지 못한 주요 원인으로 ▲공동 성과에 대한 개별 평가의 한계 ▲이중적 보고 체계로 인한 비효율성 ▲비대면 거래 확대로 인한 협업 필요성 감소 등이 지적되고 있음. ⑤ 필요성 그러나 국내은행의 성장성이 당분간 정체할 가능성이 높은 데다 이익 중심으로 경영 패러다임이 전환하는 시점에서, 인적·물적 기반의 조정이 다소나마 가능한 영업점 협업제도가 합리적인 비용관리(cost management)를 위한 대안이 될 수 있음. ⑥ 방향성 향후 국내은행들이 영업점 협업제도를 활성화하기 위해서는 영업점 핵심 성과지표의 재설정, 인사관리 시스템의 고도화 등 은행 인프라의 전반적인 업그레이드 노력이 필요할 것으로 판단됨.
		2) 특화점포	신한은행은 디지털 전환을 위해 점포수를 빠른 속도로 줄임과 동시에 디지털금융 사각지대 해소를 위해 노력하고 있는 점이 눈에 띈다. 이런 노력을 지속한다면 금융당국 측에서도 점포수를 줄이는 점을 무작정 비판만 하지 않을 것이다.
		3) 편의점 특화 점포	① 주요 은행들은 지난 2021년 하반기부터 유통업계와 손잡고 특화점포 출점에 나섰다. 전국적으로 분포된 편의점 내에 화상상담이 가능한 스마트텔러머신(STM) 등 무인기기를 설치해 편의점 특화점포를 만들었다. ② 하지만 해당 점포들이 파일럿(실험) 형태이고 추가 출점을 위해 제휴업체 간 조율이 필요하고 신중한 검토가 필요하다는 입장이지만, 다른 한편으로 은행들이 특화점포의 실효성에 대해 의문을 갖고 있는 모습이다.
		4) 은행 공통 점포	① 2022년 대형 시중은행들이 선보였던 은행 공동점포도 2023년 이후 신규 출점 소식이 없다. ② 일각에서는 금융당국이 2023년 점포 폐쇄 공동절차를 강화하고 은행 점포 폐쇄 공시를 분기별로 시행하도록 하는 등 점포 폐쇄 조건을 까다롭게 제시하면서 사실상 은행들이 점포 통·폐합을 하지 않고 있다는 점도 특화점포나 공동점포 출점을 더디게 만드는 요인으로 꼽힌다.

결론	**의견제시**	디지털 금융 수용도가 높은 비고령층 비중이 상대적으로 높은 곳일수록 은행이 오히려 점포를 더 많이 유지하고 있는 것 또한 경영 효율성 제고 측면에서 재평가할 여지가 없는 것인지 은행 스스로도 되짚어 볼 필요가 있다. 향후 추가적인 점포 폐쇄를 막지 않더라도 지역 간 점포 분포 재배분 전략만으로 잠재적 금융소외 수준이 완화될 수 있는 가능성은 없는지 정책 당국과 은행 모두 추가적인 고민이 필요하다. 영업점이 여전히 필요하다는 소비자들의 니즈는 곳곳에서 확인되고 있다. 고객 접점을 유지하면서도 수익성을 제고하고 급격한 고령화와 자산관리 수요 확대 등 니즈 변화에 대응하기 위한 지점의 역할 변화가 필요할 때이다.

02 논제 풀이

서론

이슈 언급 시중은행들이 2024년 사상 최대 실적을 실현했지만, 영업점은 대폭 줄이고 있는 것으로 나타났다. 영업점 축소는 온라인 비대면 금융 확산과 경영 효율 등을 이유로 내세우고 있지만, 모바일이나 인터넷 뱅킹에 익숙하지 않는 고령층 등 취약계층의 금융 접근성은 악화되고 있다는 지적이 나온다

[국내 주요 은행 영업점 수 변화]

구분	하나		신한		국민		우리		농협		기업	
	2021. 12	2025. 3	2021. 12	2025. 3	2021. 12	2025. 3	2021. 12	2025. 3	2021. 12	2025. 3	2021. 12	2025. 3
지점수	608	569	776	621	884	704	753	611	977	920	602	611

　　은행 오프라인 점포수의 감소는 금융의 디지털화가 빠르게 진전되면서 불가피한 측면이 있다. 인구가 감소하고 금융소비자의 모바일 뱅킹 이용도가 계속 증가하면서 직접 점포를 방문하는 전체 수요는 줄어들고 있고, 전통적인 오프라인 서비스 채널을 유지하기 위한 비용이 빠르게 감소하지 않는 상황에서 은행이 적절한 수익성과 경영 건전성을 유지하기 위한 점포수 축소는 대체로 합리적인 경영 의사 결정으로 볼 수 있다.

　　다만, 여전히 오프라인 서비스 이용을 선호하거나 그에 대한 의존도가 높은 고객들이 상당수 존재할 수 있는 과도기적 상황에서, 이들의 디지털화 적응 속도보다 더 빠른 속도로 오프라인 점포가 사라지는 것은 해당 고객층의 금융서비스 접근성을 크게 낮추어 경제적, 사회적 손실이나 소외를 일으킬 가능성이 있고, 특히 해당 고객층 비중이 높은 지역과 타 지역 간에 상당한 접근성 격차를 발생시킬 수 있다.

    일각에서는 단순 영업점 축소보다는 기능과 역할을 재편해 운영 전략을 차별화해야 한다는 목소리도 나온다. 하지만 은행의 업무를 타 기관에 위탁하는 것은 접근 가능한 서비스의 동질성 측면에서 한계가 있음을 감안할 때, 점포 폐쇄 시 이용 가능한 금융 기관의 변화와 대체 가능성을 보다 면밀히 평가하고 통합적 시각에서 대안을 검토해야 할 필요성이 있다.

    이에 본지에서는 금융 기관 영업점 수 감소의 특징과 문제점을 살펴본 후, 이를 극복하기 위한 금융 기관의 노력과 정책적 방안에 대해 논의하고자 한다.

📈 본론

1. 금융 기관 영업점 축소

<출처: 한국금융연구원>

1) 현황 및 원인

① 금융의 디지털화와 더불어 2008년 글로벌 금융위기, 2020년부터 3년여의 코로나 팬데믹 기간 등을 거치면서 국내외를 막론하고 금융 기관들은 직접 방문이 가능한 오프라인 지점 수를 빠른 속도로 줄여왔다.

② 이는 수요 감소로 인해 금융 기관들이 불가피하게 비용 효율성을 추구해야만 하는 환경적 요인에 기인하는 것으로써, 특히 인구감소와 디지털 금융 확산 속도가 빠른 선진국에서 쉽게 관찰되는 현상이다.

  가. 예를 들어 인구 10만 명당 상업은행 지점 수가 미국의 경우 2009년에는 35.8개에 달했으나 2023년 말에는 26.6개로 감소

  나. OECD 회원국 전체 평균의 경우에도 2007년 28.6개에 달했던 것이 2023년에는 15.5개로 감소

③ 우리나라의 경우 2008년 글로벌 금융위기 직후 인구 10만 명당 지점 수가 18.8개를 기록한 후 큰 변화를 보이지 않다가 2013년부터 지속적으로 감소하여 2023년 12.3개로 줄어들었고, 국내은행의 총 점포수는 2008년 말 7,500여 개에서 2024년 말 5,645개로 줄어든 상황이다.

④ 은행들의 점포 폐쇄로 금융소비자 불편이 가중되고 고령층의 금융소외가 발생할 수 있다는 지적이 늘어남에 따라 2023년 은행 점포 폐쇄 내실화 방안[1]이 마련되었고, 이에 따라 은행권이 '점포 폐쇄 공동절차'를 도입하여 운영하면서 점포 감소 폭은 줄어들었으나, 은행들이 출장소를 늘리는 반면 상대적으로 유지 비용이 높을 수 밖에 없는 지점은 꾸준히 줄이면서 여전히 점포수는 감소하고 있다.

2) 특징과 문제점

① 특징

  가. 국내에 점포 폐쇄 절차가 강화되기 이전까지 비용 절감을 위한 점포 축소가 자유롭게 이루어진 결과, 현재 고령층 비중이 높은 지역일수록 은행 점포는 적게 분포되어 있고, 이동 거리가 가장 먼 지역들은 고령층 비중이 높은 비수도권, 비도시 지역에 주로 속하는 것으로 나타나고 있다.

<table>
<tr>
<td>

**1. 금융 기관
영업점 축소**

<출처: 한국금융
연구원>

</td>
<td>

2) 특징과
문제점

</td>
<td>

나. 예를 들어, 은행들의 점포 분포 데이터로 지역 분할 시, 분할된 지역 내에서 점포 이용을 위해 가장 멀리 이동해야 하는 소비자의 이동 거리가 20킬로미터가 넘어가는 상위 30개 지역 중 26개는 65세 이상 인구 비중이 20%를 넘는 초고령화 지역에 속하며, 나머지 4개도 65세 인구 비중이 14%를 넘는 고령화 지역에 속한다.

다. 반면, 이동거리가 하위 30개에 해당되는 지역들은 대부분이 65세 이상 인구 비중이 14% 미만 또는 7% 미만인 비고령화 지역에 속하는 곳으로, 대부분 서울특별시나 5대 광역시 도심, 경기도와 같은 수도권 도시 지역 등이 이에 해당되는 것으로 나타나고 있다.

② 문제점

가. 그런데 고령층은 대체로 디지털화에 대한 적응 속도가 상대적으로 느린 디지털 취약계층에 속한다. 이는 디지털화에 다소 익숙해진 현재의 중장년층이 향후 고령층으로 진입하게 되면 점차 자연스럽게 완화되는 문제일 수는 있으나, 현재의 고령층은 여전히 디지털화에 취약하며 금융서비스 이용 시 물리적 점포를 직접 방문하는 방식에 여전히 크게 의존할 수 있다.

나. 그럼에도 불구하고 지금의 은행 점포 분포는 고령층 비중이 높은 지역일수록 물리적 이동거리가 멀어짐으로써 고령층과 같은 디지털 취약 계층의 금융서비스 접근성을 더욱 악화시킬 수 있고, 이에 따라 이들이 이용 가능한 금융서비스의 양과 질도 위축될 수 있는 상황인 것으로 판단된다.

다. 물론 이러한 고령층의 금융소외 확대 가능성이 은행 외에 현재 타 비은행 금융 기관 점포 이용으로 완화 가능하다는 주장도 존재할 수 있다. 예를 들어 지역밀착형 · 관계형 금융서비스 제공을 추구하는 상호금융 기관 점포들의 경우 그 숫자는 국내에서 줄어들지 않은 것으로 나타나고 있다.

라. 그러나 은행과 완전히 동일하지는 않으나 유사한 서비스를 제공할 수 있는 상호저축은행은 꾸준히 그 점포 숫자가 감소해 왔다. 그리고 무엇보다도 비은행 금융 기관의 경우에도 은행의 경우처럼 지역에 따른 점포 분포 편향이 나타나, 직접 점포 방문을 위해 가장 멀리 이동해야 하는 소비자의 이동거리는 고령층 비중이 높은 비수도권, 비도시 지역일수록 크게 나타나는 모습을 보이고 있다.

</td>
</tr>
</table>

2) 특징과 문제점	마. 또한, 은행과 동일한 또는 유사한 업무범위를 가진 금융 기관이라 할지라도 은행과 완전히 동일한 서비스를 제공할 수는 없다. 그 결과 각기 다른 영역의 금융 기관 점포 집중도의 지역별 격차에 따라, 오프라인 점포를 방문하는 것을 선호하거나 오프라인 점포 방문이 중요한 업무를 주로 이용하는 고객이라면, 이용 지역에 따라 이용가능한 서비스의 범위, 수준, 비용이 달라질 수 있다. 예를 들어 동일한 신용이나 담보력을 갖추었더라도 점포 방문만 선호 또는 가능한 고령층의 경우, 이용 가능한 대출 서비스의 범위나 비용이 달라질 수 있다.

1. 금융 기관 영업점 축소

<출처: 한국금융연구원>

3) 해외의 정책 대응 사례

① 미국

가. 2000년대 후반 금융위기와 최근 코로나 팬데믹을 겪으며 소위 은행 사막(banking desert)화 현상의 심화가 가져올 수 있는 부작용들이 지적되고 있다.

나. 은행 사막이란 특징 인구조사 지역 내 은행 지점이 하나도 존재하지 않는 경우를 일컫는데, 미국의 경우 상당히 많은 지역에서 은행 사막 또는 잠재적 은행사막이 관찰되고 있다.

다. 이에 미국은 오래전부터 지역사회재투자법(Community Invest Act, 1977년 제정된 법으로, 'redlining(금융 기관이 신용 요청자의 거주지역, 인종, 피부색, 출신국 등 특성으로 신용 접근성이나 조건을 불평등하게 제공하는 것)' 우려에 대응하고 은행이 지역 신용 및 서비스 니즈를 적절히 충족할 수 있도록 함을 제정 목적의 하나로 삼고 있다)에 기반해 은행들을 대상으로 지점 위치를 포함한 서비스 제공 평가가 이루어져 왔다.

② 캐나다, 호주

가. 비도시 지역 여부나 폐쇄 후 이용 가능한 지점까지의 거리 등에 따라 은행 지점 폐쇄 절차가 차별화되고 있다.

나. 예를 들어 캐나다의 경우 비도시 지역에서 지점을 폐쇄할 시엔 반경 10킬로미터 내에 다른 소매 예금 취급 지점이 없는 경우 6개월 이전에 고객에게 통지하고, 지역정부에 통지하며 지역신문에 통지 내용을 게재하도록 하는 등 폐쇄 절차를 차별화한다.

나. 호주에서는 해당 지점이 10킬로 이상 20킬로 미만으로 떨어져 있는 경우 고객에 대한 정보, 교육, 지원, 이해관계자 소통 등의 의무를 부여하고, 20킬로미터 이상 떨어져 있는 경우엔 근처에서 대면이 가능한 대안 서비스 제공 가능시 12주전 서면 통지, 제공 불가능 시 24주 이전 서면 통지 등의 추가적인 의무를 부여하고 있다.

1. 금융 기관 영업점 축소 <출처: 한국금융연구원>	3) 해외의 정책 대응 사례	③ 영국 FCA의 은행 지점 폐쇄 절차 지침서 외에 최근 일정 지역 내 지점 폐쇄 보류가 가능한 현금접근성 규정 마련, 뱅킹허브나 우체국 금융서비스 활용 확대 등의 노력이 계속 이루어지고 있다.
2. 국내 금융 기관의 대응	1) 영업점 협업제도 <출처: 한국금융연구원>	① 의미 영업점 협업제도는 중심이 되는 거점 영업점과 주변의 영업점 4~8개를 그룹화하는 허브앤스포크(Hub & Spoke) 모형의 일종으로서, 거점 영업점에서는 전문 상담을 중심으로 고객에게 종합 금융 서비스를 제공하며 인근 영업점에서는 입출금, 환전 등 단순 업무 및 서류 대행 업무 등을 수행함으로써 거점과 주변 영업점이 각각 특화된 기능을 담당하는 시스템을 의미함. ② 글로벌 사례 가. 글로벌 은행들은 경쟁 격화 및 디지털 전환(digital transformation) 과정에서 영업점 감축 필요성을 느끼게 되었고 영업점 협업제도를 통해 클러스터 내 영업점 간에 인적 · 물적 자원을 교류함으로써 생산성 향상과 비용 효율화를 도모한 바 있음. 나. 미국의 Bank of America는 오프라인 영업점을 30% 이상 축소하면서도 허브앤스포크 전략을 통해 고객 만족도를 크게 향상함으로써 JD 파워의 2025년 소매금융 만족도 조사에서 1위를 차지하였음. ③ 한국 사례 가. 국내에서는 4대 시중은행이 2016년부터 신한은행을 선두로 커뮤니티 제도(신한), PG 제도(국민), VG 제도(우리), 컬래버 제도(하나)라는 이름으로 영업점 협업제도와 유사한 시스템을 도입한 바 있으나 현재까지 제대로 정착되지 못하고 있음. 나. 우리은행은 무임승차 문제 등으로 인해 VG 제도를 폐지한 바 있고, 신한은행은 커뮤니티장을 없애는 등 관련 조직을 개편하였으며 하나은행은 컬래버 제도를 보완하고 지점의 영업력을 강화하는 방향으로 전략을 수정하는 등 고유의 영업점 협업제도에서 다소 벗어난 전략을 구사하고 있음. 다. 그나마 국민은행은 초기 모델을 발전시켜 고도화된 영업점 협업제도 PG2.0을 도입하고 선진 은행과 유사하게 허브 센터에 전문가를 집중적으로 배치함으로써 차별화에 성공하였으며, 기업은행은 종합센터에서 인근 영업점으로 전문 PB를 파견하여 고품질 자산관리 서비스를 제공함으로써 고객들로부터 긍정적인 평가를 얻고 있음.

<table>
<tr>
<td rowspan="2">2. 국내 금융
기관의 대응</td>
<td>1) 영업점
협업제도

<출처: 한국금융
연구원></td>
<td>

④ 문제점

영업점 협업제도가 국내에 정착되지 못한 주요 원인으로 ▲공동 성과에 대한 개별 평가의 한계 ▲이중적 보고 체계로 인한 비효율성 ▲비대면 거래 확대로 인한 협업 필요성 감소 등이 지적되고 있음.

가. 그룹 공동 평가의 경우 영업점 간 협력을 촉진할 수 있지만, 인근 영업점의 부진이 소속 그룹의 실적 저하로 이어져 업무 의욕을 감소시키는 무임승차(free riding) 문제가 발생하였음.

나. 직원의 경우 본인이 배치된 영업점 이외에 소속 그룹의 관리 · 감독이 추가됨으로써 이중 보고 체계 문제가 발생하고 회의가 늘어나는 등 업무 부담이 가중되었으며, 그룹장의 역할과 권한이 모호하여 협업 그룹 내부의 혼란을 초래하였음.

다. 코로나 사태를 겪으면서 은행의 비대면 거래가 크게 확대되었고, 비대면 거래의 경우 영업점보다는 본부의 마케팅 능력에 실적이 좌우되는 경향이 커서 영업점 간 협업의 필요성이 감소하였음.

⑤ 필요성

그러나 국내은행의 성장성이 당분간 정체할 가능성이 높은 데다 이익 중심으로 경영 패러다임이 전환하는 시점에서, 인적 · 물적 기반의 조정이 다소나마 가능한 영업점 협업제도가 합리적인 비용관리(cost management)를 위한 대안이 될 수 있음.

가. OECD에 따르면 한국의 2026년 잠재 성장률이 1.9% 수준으로 2017년 3.0% 이후 계속 하향세를 나타내는 등 국내은행의 성장성이 당분간 정체할 가능성이 높고, 밸류업 프로그램의 도입에 따른 이익 중심의 경영전략 추진 등에 따라 비용 항목이 중요한 경영 관리 지표가 되었음.

나. 영업점 협업제도는 저수익 영업점을 즉각적으로 폐업하기보다 인근 점포와의 연계성 강화 및 역할 재조정, 다운사이징 등을 통해 비용을 통제함과 동시에 지역 내 대고객 서비스를 충분히 유지함으로써 사회적 비난을 최소화할 수 있음.

  * 기존의 명퇴제도는 우수 인력의 이탈로 인한 그룹 내 지적 역량의 축적 저해, 대규모의 비용 발생으로 재무적 지표의 왜곡, 선진적인 인사관리 시스템의 구축 지연 등의 이유로 지속하는데 한계가 있음.

⑥ 향성

향후 국내은행들이 영업점 협업제도를 활성화하기 위해서는 영업점 핵심 성과지표의 재설정, 인사관리 시스템의 고도화 등 은행 인프라의 전반적인 업그레이드 노력이 필요할 것으로 판단됨.

</td>
</tr>
</table>

2. 국내 금융 기관의 대응 1) 영업점 　협업제도 　<출처: 한국금융 　연구원>	가. 영업점 직원의 핵심 성과지표(KPI, Key Performance Indicator)에 협업 관련 평가 가중치를 높임으로써 클러스터 내 영업점 간에 협업이 원활하게 이루어질 수 있도록 조치할 필요가 있음. * 예를 들어 공동마케팅의 경우 다면평가 등 정교한 성과평가를 전제로 이중 계산(double counting)하고, 순환보직을 최소화함으로써 클러스터 내 영업점 직원들의 결속력을 강화하는 방안을 고려할 수 있음. 나. 중장기적으로는 영업점 협업제도로 인한 갈등을 최소화하고 동 제도가 체계화될 수 있도록 관련 시스템을 선진적으로 구축해야 함. * 인바운드 고객을 대상으로 예약 문화의 정착을 유도함과 동시에 허브에는 전문인력을, 스포크에는 연계(referral) 및 단순 대행 업무 위주의 인력을 배치하는 등 허브와 스포크의 역할을 명확히 구분 * 매니저 직군을 도입하여 영업점의 관리기능만을 전담하도록 조치함으로써 기존의 협업제도 하에서 그룹장과 영업점장 간 갈등을 최소화 * 영업점 목표를 부여하는 데 있어 절대평가 방식으로 변경하고 경영계획 시 현장의 의견을 적극 반영(bottom up approach)함으로써 직원의 목표 달성 유인을 제고하는 한편, 전문직군을 중심으로 직원에 대한 개인평가 비중을 점진적으로 확대함.
2) 특화점포	① 신한은행은 디지털 전환을 위해 점포수를 빠른 속도로 줄임과 동시에 디지털금융 사각지대 해소를 위해 노력하고 있는 점이 눈에 띈다. 이런 노력을 지속한다면 금융당국 측에서도 점포수를 줄이는 점을 무작정 비판만 하지 않을 것 가. '신한 이브닝플러스'와 '신한 토요플러스' 서비스의 경우, 평일 저녁과 토요일까지 금융 상담 및 은행 업무를 제공한다. 나. 디지털 데스크와 스마트 키오스크를 활용한 무인형 점포 '디지털 라운지', 인공지능(AI) 기술 적용 미래형 영업점 'AI 브랜치'를 최근 선보이기도 했다. 다. 고령층을 위한 디지털 금융 교육센터인 '학이재'도 운영한다. 이는 고령층 고객을 디지털금융으로 유도하려는 의도로 풀이된다. 학이재의 경우 다양한 유관기관들과 금융사기 예방 협력사업 공간으로 활용돼 디지털금융 사각지대 해소와 금융사기 예방에 앞장서고 있기도 하다. 라. 신한은행의 이 같은 노력은 지난해 금감원이 금융접근성 제고 우수사례로 선정하는 결과로 이어졌다. 다수의 특화점포와 '큰 글씨 쉬운말 ATM', 신한은행 앱의 '쉬운모드' 등을 통해 시니어 고객의 불편함을 최소화한 점을 인정받은 것이다.

<table>
<tr>
<td rowspan="2">2. 국내 금융
　　기관의 대응</td>
<td>3) 편의점
　　특화점포</td>
<td>

① 주요 은행들은 지난 2021년 하반기부터 유통업계와 손잡고 특화점포 출점에 나섰다. 전국적으로 분포된 편의점 내에 화상상담이 가능한 스마트텔러머신(STM) 등 무인기기를 설치해 편의점 특화점포를 만들었다.

　가. 하나은행이 BGF리테일과 제휴를 맺고 2021년 10월 CU편의점에 특화점포 문을 처음 열었고 신한은행은 GS리테일과 함께 GS25 편의점과 GS더프레시 슈퍼마켓에 특화점포를 선보였다. KB국민은행과 우리은행도 2022년 각각 이마트24와 이마트에브리데이에 특화점포를 열었다.

　나. 그러나 2023년 이후 신규 출점에 나선 곳은 하나은행(CU)과 대구은행 · 경남은행(세븐일레븐) 등 3곳 뿐이다. 신한 · 국민 · 우리은행은 아직까지 신규 출점 편의점 특화점포가 없다.

② 하지만 해당 점포들이 파일럿(실험) 형태이고 추가 출점을 위해 제휴업체 간 조율 등 신중한 검토가 필요하다는 입장이지만, 다른 한편으로 은행늘이 특화점포의 실효성에 대해 의문을 갖고 있는 모습이다.

　가. 특화점포는 결국 자발적 참여보다는 외부기대에 부응하기 위한 측면이 큰데, 편의점 특화점포는 서비스는 한정되면서 모객 효과도 크지 않는 상황. 풀뱅킹 서비스 제공이 안된다는 점에서 수요자(고객)와 공급자(은행) 모두 유용하지 않다고 보는 게 일반적인 평가이다.

</td>
</tr>
<tr>
<td>4) 은행 공통
　　점포</td>
<td>

① 2022년 대형 시중은행들이 선보였던 은행 공동점포도 2023년 이후 신규 출점 소식이 없다.

　가. 은행 공동점포는 기존 은행 폐점 점포 부지를 활용해 두 은행이 나눠 사용한다는 점에서 비용절감과 고객 편의성 증대 효과를 노릴 수 있다.

　나. 은행 공동점포의 경우 영업점이 사라지는 상황에서 대체재로서의 역할은 충분하다는 데 +이견이 없다.

　다. 그러나 은행마다 선호하는 입지가 다르고 공동운영 방식이다 보니, 협의사안도 많고 출점을 위한 의사 결정 과정이 길다는 점이 문제로 지적된다.

② 일각에서는 금융당국이 2023년 점포 폐쇄 공동절차를 강화하고 은행 점포 폐쇄 공시를 분기별로 시행하도록 하는 등 점포 폐쇄 조건을 까다롭게 제시하면서 사실상 은행들이 점포 통 · 폐합을 하지 않고 있다는 점도 특화점포나 공동점포 출점을 더디게 만드는 요인으로 꼽힌다.

</td>
</tr>
</table>

 결론

의견제시 최근 국내 금융당국은 은행의 대면 영업 감소로 인한 소비자 금융접근성 하락을 보완하기 위해, 은행 대리업 도입 등 은행 업무위탁 활성화 방안을 발표한 바 있다. 다만 은행대리업자가 은행의 모든 업무를 대신하는 것은 아니며, 대고객 접점 업무를 은행 대신 수행하고 그 외 심사, 승인 등 의사 결정이 필요한 업무는 은행이 직접 수행하도록 하고 있다. 또한 은행권 공동 ATM이나 상호금융 기관 등과의 제휴를 통한 현금서비스 접근성을 높이는 방안도 발표하였다. 이러한 정책은 은행의 물리적 점포 축소로 인한 금융소비자의 서비스 접근성 하락을 다소 보완할 수 있을 것으로 보인다. 그러나 은행대리업자는 은행 점포가 제공해 주던 것과 동등한 질과 범위의 서비스 제공을 완전히 보장해 주기 어려우며, 우체국 등 대리업이 가능한 기관의 존재가 오히려 지역 내 은행 지점 폐쇄를 촉진할 수 있다는 지적도 있다. 또한 상술한 바와 같이 비은행 금융 기관들 또한 인구가 더 빠르게 감소하고 고령화가 크게 진전된 비수도권 · 비도시 지역에서 점포 이동거리가 멀어지는 모습을 보이고 있는 상황이다.

따라서 은행 점포 폐쇄 문제는 비은행 금융 기관 점포의 지역 내 분포 문제까지 통합하여 고려해야 하며, 이에 따라 점포 폐쇄가 대면 서비스를 선호하는 소비자들의 이용 금융 기관을 어떻게 변화시키고, 이들의 금융서비스 접근성의 범위와 질, 비용 등의 측면에서 대체 가능성이 어느 정도 확보될 수 있는지에 대한 보다 면밀한 평가 기준과 통합적인 검토 절차 마련이 필요하다.

특히 정책이 한동안 은행의 점포 축소 지연에만 집중된다면 비은행 금융 기관들도 향후 디지털화가 더욱 촉진되는 가운데 인구가 빠르게 소멸되고 고령화가 급속히 진행되는 지역에서 'rush to exit'를 서두를 수 있어 이에 대한 현황 파악과 선제적 대응 방안 마련도 필요하다.

이는 기존에 이미 점포 폐쇄를 빠르게 진행시켰던 금융 기관과 그동안 지역 내 점포를 유지함으로써 여러 정책 도입 이후 폐쇄가 점차 더 어려워질 금융 기관 간 형평성 문제와도 연결될 수 있다.

한편 디지털 금융 수용도가 높은 비고령층 비중이 상대적으로 높은 곳일수록 은행이 오히려 점포를 더 많이 유지하고 있는 것 또한 경영 효율성 제고 측면에서 재평가할 여지가 없는 것인지 은행 스스로도 되짚어 볼 필요가 있다.

향후 추가적인 점포 폐쇄를 막지 않더라도 지역 간 점포 분포 재배분 전략만으로 잠재적 금융소외 수준이 완화될 수 있는 가능성은 없는지 정책 당국과 은행 모두 추가적인 고민이 필요하다

한편 일각에서는 단순히 영업점을 줄일 것이 아니라 기능과 역할을 재편해 지속 가능한 성장을 추구해야 한다는 목소리도 나온다. 소형 · 경량화, 고부가가치화, 고령친화 등 영업점 운영전략을 차별화해야 한다는 주장이다. 하나금융연구소에 따르면 국내 시중은행과 달리 캐나다 TD뱅크는 고객이 차로 10분 안에 지점에 도달하는 것을 목표로 삼고 접근성을 높였다. 영업점을 예금 조달이라는 핵심적인 역할을 수행하는 채널로 삼은 결과다. 또한 일본의 대형은행들은 소형 영업점 비중을 확대하고 점주권 환경에 따라 제공 서비스를 차별화하는 등 지점 운영의 효율성을 제고했다.

영업점이 여전히 필요하다는 소비자들의 니즈는 곳곳에서 확인되고 있다. 고객 접점을 유지하면서도 수익성을 제고하고 급격한 고령화와 자산관리 수요 확대 등 니즈 변화에 대응하기 위한 지점의 역할 변화가 필요할 때이다.

1) **점포 폐쇄 내실화 방안(2023년 4월)**

   1) 폐쇄 결정 전, 이용고객 의견 공식 수렴 절차 마련

   2) 폐쇄 시, 서비스 지속 제공 가능한 대체점포 제공

   3) 폐쇄 후, 사후평가 진행 및 관련 정보 제공 확대

   은행 점포 폐쇄를 위해서는 점표 이용고객을 대상으로 의견수렴을 거쳐야 한다. 또 불가피 점포 폐쇄를 결정했을 경우 점포 폐쇄 이전과 유사한 금융서비스를 소비자에게 제공할 수 있도록 공동점포·소규모점포·이동점포·창구제휴 등 대체점포를 마련해야 한다. 점포 폐쇄로 인한 금융소비자 불편 및 피해 최소화를 위한 지원방안으로는 우선 은행은 소비자보호 전담부서를 통해 점포 폐쇄 이후 금융소비자에 미치는 영향을 사후적으로 평가할 수 있는 절차를 마련해야 한다. 소비자의 불편 또는 피해가 해소되지 않고 지속될 경우 대체점포를 재지정하거나, 대체수단을 추가로 마련하는 등 대응 방안을 마련할 수 있도록 했다.

   아울러 은행 자체적으로 폐쇄되는 점포 고객을 대상으로 향후 발생할 불편 및 피해를 보상할 수 있는 직접적인 지원방안을 제공해야 한다. 예를 들어 폐쇄점포 고객을 대상으로 예금 또는 대출상품에 일정기간 우대금리를 제공하거나, 각종 수수료를 면제하는 방안을 고려해 볼 수 있다는 설명이다.

   또 일부 대면 창구에서 인터넷 또는 모바일뱅킹으로의 전환이 쉽지 않아 대면 점포를 선호하는 이들을 위한 방안도 마련했다. 은행은 점포 이용 고객 중 이와 같은 고객을 대상으로 점포 폐쇄 전후로 디지털 금융교육을 실시해야 한다. 특히 홈페이지 및 앱(App) 내부에 별도의 고령자 모드를 신설하고, 이를 활용한 인터넷뱅킹 또는 모바일뱅킹 실습교육을 진행해야 하며, 교육 신청 방법도 별도 안내해야 한다.

chapter 07

지역균형발전과 은행

01 논제 개요 잡기[핵심 요약]

서론	이슈언급	그간의 정책적 노력에도 불구하고, 인구와 경제력의 수도권 집중은 완화되지 않았다. 중요 요인은 지방에 거점을 두고 있던 전통 제조업의 쇠퇴와 인프라가 잘 갖춰진 수도권을 선호하는 인재들이 중심인 첨단 지식기반 산업의 득세에서 기인했다고 볼 수 있다. 최근 10년간의 벤처투자에서 수도권이 차지하는 비중은 80%를 넘는다. 젊은이들이 일하는 스타트업과 벤처기업을 지방에서는 찾아보기 힘든 상황이다. 특히 은행산업 관련 지방의 예금취급기관 수신증가율은 대체로 수도권보다 낮으며, 수신 비중은 수도권보다 크게 낮고 격차가 점점 벌어지고 있다. 또한 지방 은행의 여신증가율은 한 때 수도권보다 높았으나 2018년부터 수도권이 더 높아졌으며, 여신 비중은 수도권보다 크게 낮은데 2018년부터 그 격차가 점점 벌어지고 있다.
본론	1. 지역균형 발전 방안	1) 수도권 집중 현상과 이유 ① 현상 　특히 최근 들어 수도권 집중의 강도가 더 세지고 있다. 우리나라는 법(수도권정비계획법)까지 제정하여 수도권 집중을 강력하게 억제하고 있다. ② 원인 　가. 수도권에 수준 높은 교육, 문화, 쇼핑, 병원, 교통 등 질 좋은 인프라가 집중되어 있기 때문

본론	**1. 지역교형 발전 방안**	**1) 수도권 집중 현상과 이유**
		2) 지역균형발전 방안
	2. 지방경제 활성화를 위한 은행의 역할 강화 방안	**1) 은행의 지방 중소기업 대출에 대한 인센티브 확대**

1) 수도권 집중 현상과 이유

나. 빅테크, 플랫폼, 게임, 이커머스, 각종 스타트업 등 지식기반 첨단기술 기업들은 넓은 공장이나 수출항구보다는 뛰어난 인재가 더 절실히 필요한데 이들 인재들이 고급 인프라가 잘 갖춰진 수도권을 선호하기 때문

2) 지역균형발전 방안

지방시대위원회는 2023년 9월 '지방시대 선포식'을 개최하면서 '지방시대 비전과 전략'을 발표했다. 수도권이 아닌 지방이 성장해 갈 수 있는 새로운 기회롤 제공하기 위해 4대 특구(기회발전특구, 교육자유특구, 도심융합특구, 문화특구)도 도입하기로 했다.

① 기회발전특구

정부는 기회발전특구를 지정하여 기업의 지방이전과 투자 촉진을 도모하고 청년이 원하는 양질의 신규 일자리를 제공하여 지방인구 유입을 촉진하겠다는 계획을 가지고 있다. 기회발전특구로 지정된 지역은 파격적인 인센티브를 제공하여 지방투자 거점으로 육성된다.

② 교육발전특구

교육발전특구는 지자체와 교육청이 함께 대학 및 기업 등 지역 내 기관들과 협력하여 지역 내 공교육의 질을 제고하고 지역인재를 양성하며 정주 기반을 마련하기 위해 도입되었다. 지방에 교육발전특구를 조성하는 것은 지방소멸을 억제하는 데 매우 중요한 역할을 할 것으로 보인다.

③ 지역활성화 투자 펀드

지역활성화 투자 펀드는 지역이 원하는 지속 가능한 대규모 융·복합 프로젝트를 지역이 스스로 선정하여 민간의 창의적인 역량과 풍부한 자본을 활용하여 추진하도록 하는 새로운 지역투자 방식이다.

정부재정, 지방소멸대응기금, 산업은행에서 각각 1,000억 원씩 출자하여 3,000억 원 규모의 모(母)펀드를 조성하고, 지자체 민간이 함께 자(子)펀드 결성과 프로젝트 SPC 설립을 통해 총 3조 원 규모의 다양한 지역활성화 프로젝트에 투자하도록 했다.

1) 은행의 지방 중소기업 대출에 대한 인센티브 확대

지방 중소기업에 대한 은행의 대출에 대해 각종 지원을 해주어 같은 조건일 경우 지방 중소기업들이 수도권에 비해 높은 대출 기회를 갖고, 낮은 대출금리롤 적용받으며, 은행들에도 지방 중소기업에 대출해줄 인센티브를 제공하는 방안을 생각해 볼 수 있다. 이를 통해 지방 중소기업들이 사업수행 기회를 더 많이 갖게 되고, 금융 비용을 절감해 경영성과를 높일 수 있고, 이러한 혜택을 누리기 위해 수도권 중소기업들도 지방으로 이전할 유인을 제공하며, 은행들도 지방 중소기업에 대한 대출을 늘리도록 할 수 있다.

본론	2. 지방경제 활성화를 위한 은행의 역할 강화 방안	2) 금융중개지원대출 제도 개선	한국은행이 운영하는 '금융중개지원대출 제도' 내 '지방중소기업지원 프로그램'에서 제시하는 지원한도를 크게 늘리고 지원을 위한 대출취급 실적 기준도 완화하여 지방 중소기업에 저리의 은행대출이 많이 이루어질 수 있도록 하는 방안을 검토해 볼 수 있다.
		3) 중소기업대출 의무비율제도	① 한국은행은 중소기업대출 의무비율제도를 운영하여 시중은행과 지방은행 모두 원화금융자금대출 증가액의 50% 이상을 중소기업에 대출해주도록 하고 있다. ② 은행의 지방 중소기업에 대한 대출에 인센티브를 주기 위해 동 대출에 대해서는 추가적으로 가중치를 부여하는 방안을 검토해 볼 수 있다.
		4) 은행 부수업무 및 자회사 범위 확대	부수업무 관련 규제의 유연성이 확대되고 있는 상황에서 저출산 · 고령화 · 디지털화 등 금융 환경의 변화에 맞게 은행 부수업무의 범위도 확대될 필요가 있다. 이에 따라 지속 가능 사회 구축에 기여하는 사업을 은행 부수업무에 적극적으로 추가하는 방안을 검토해볼 필요가 있다.
		5) 지방소재기업에 대한 온렌딩 대출 확대	지방경제 활성화를 위해서는 지역경제활성화 분야에 대한 온렌딩 대출 규모를 크게 늘리고 금리우대도 확대하는 방안을 검토할 필요가 있다.
		6) 지방중소기업에 대한 컨설팅 강화	지방소재 중소기업은 영세한 경우가 많아 기술은 있지만 그 외 경영 전반에 대한 지식과 노하우가 거의 없는 경우가 많다. 따라서 이들이 전문기관으로부터 재무, 세무, 법률, 경영, 회계 등의 컨설팅을 받으면 생산성과 생존 가능성이 훨씬 높아질 수 있을 것이나 비용 문제로 어려움을 겪고 있다. 지금도 일부 은행들이 중소기업에 대출을 해줄 때 경영컨설팅을 제공하는 경우가 있기는 하지만 지방 중소기업에 대해서는 이를 시스템화하여 본격적으로 지원할 필요가 있다. 이렇게 하면 지방 중소기업의 생산성 및 생존 가능성을 향상시키고 중소기업의 지방 이전에도 영향을 줄 것으로 보인다.
		7) 세제지원	수도권 이외 지방에 본사를 두는 기업에 대한 중앙정부와 지자체의 획기적인 세제지원이다. 이는 은행의 지방 중소기업 대출에 대해 제공하는 인센티브는 아니지만 이러한 세제지원을 통해 더 많은 기업이 지방으로 이전한다면 은행의 지방 중소기업에 대한 대출도 늘어날 수 있을 것이다.

<table>
<tr><td>결론</td><td>의견제시</td><td>

수도권과 지방의 격차는 더 이상 단순한 인구 유출이나 교육 기회의 문제가 아니다. 오늘날 대한민국의 지역 불균형은 산업, 기술, 그리고 무엇보다 '금융'에 걸친 구조적 문제로 심화되고 있다. 특히 금융의 수도권 편중은 지방경제의 자생력을 근본적으로 약화시키는 결정적 요인으로 작용하고 있다.

2024년 기준, 국내 전체 기업대출의 약 78%가 수도권에서 집행되고 있으며, 벤처·스타트업 투자의 87%가 서울 강남 3구와 판교, 여의도에 집중되어 있다. 이는 단순히 자금의 지리적 편중을 넘어, 우수 인재, 혁신 기업, 양질의 일자리, 연구개발 역량까지 수도권으로 흡수되는 복합적 악순환을 만들어내고 있다. 지방은 이러한 구조 속에서 기업 생태계의 토대 자체가 붕괴되고 있다. 자금 조달의 어려움은 기업 성장을 가로막고, 이는 다시 일자리 부족으로 이어져 청년층의 수도권 이탈을 가속화시킨다. 결과적으로 지방은 '인구 감소 → 경제 위축 → 금융 철수'라는 부의 나선형(negative spiral)에 갇혀 있다. 그동안 지역균형발전의 대안으로 신규 지방은행 설립이 여러 차례 제기되었다. 하지만 현실적 제약은 명확하다. 신설 은행은 최소 3,000억 원 이상의 초기 자본금, 수천억 원 규모의 IT 인프라 구축, 전문 인력 확보, 리스크 관리 체계 구축 등 막대한 초기 투자가 필요하다. 더욱이 저출생·고령화로 인한 인구구조 변화와 지방 산업기반의 약화는 신설 은행의 수익성과 지속 가능성에 근본적 의문을 제기한다. 이러한 한계를 극복할 수 있는 보다 현실적이고 전략적인 방안을 고민해 나가야 할 것이다. 인구소멸 위기는 더 이상 먼 미래의 이야기가 아니다. 228개 기초자치단체 중 106개가 소멸위험지역으로 분류되는 현실에서, 금융 인프라의 지역화는 선택이 아닌 필수다

</td></tr>
</table>

02 논제 풀이

📈 서론

이슈연급

지역 균형발전 정책은 이미 20여 년 전부터 시작되었다. 중앙행정부처와 공공기관의 지방 이전과 더불어 서울을 비롯한 수도권의 공장 설립에 대한 규제가 강화되었다. 수도권에 대한 진입규제와 더불어 지방 산업체에 대한 연구개발(R&D) 지원과 세제 혜택을 확대하는 균형발전 정책은 지속해서 추진되었다.

하지만 그간의 정책적 노력에도 불구하고, 인구와 경제력의 수도권 집중은 완화되지 않았다. 중요 요인은 지방에 거점을 두고 있던 전통 제조업의 쇠퇴와 인프라가 잘 갖춰진 수도권을 선호하는 인재들이 중심인 첨단 지식기반 산업의 득세에서 기인했다고 볼 수 있다.

　　그 결과 전체 취업자 중 수도권 취업자 비중은 2000년 46.5%에서 2023년 51.6%로 늘었으며, 같은 시기 총부가가치 생산에서 수도권 비중은 48.2%에서 52.0%로 증가하였다. 첨단 신산업 활동의 수도권 집중은 더욱 심한데, 중소벤처기업부 통계에 의하면 최근 10년간의 벤처투자에서 수도권이 차지하는 비중은 80%를 넘는다. 젊은이들이 일하는 스타트업과 벤처기업을 지방에서는 찾아보기 힘든 상황이다. 또한 청년층 인구의 수도권 유입이 지속되면서 지방 소재 기업의 구인난도 심화하고 있기에 기업들도 덩달아 수도권으로 몰려들고 있다.

　　인구와 자원의 수도권 집중은 개별 경제주체들의 효용과 이윤극대화 행위를 통해 나타난 시장균형이라고 할 수 있지만, 사회후생 극대화 상태는 아닌 것으로 보여 수도권 집중과 지방소멸은 해결해야 하는 과제인 것으로 보인다

　　특히 은행산업 관련 지방의 예금취급기관 수신증가율은 대체로 수도권보다 낮으며, 수신 비중은 수도권보다 크게 낮고 격차가 점점 벌어지고 있다. 또한 지방 은행의 여신증가율은 한 때 수도권보다 높았으나 2018년부터 수도권이 더 높아졌으며, 여신 비중은 수도권보다 크게 낮은데 2018년부터 그 격차가 점점 벌어지고 있다.

　　이에 본지에서는 지역균형발전을 위한 정책을 검토한 후 지역균형발전을 위한 은행의 역할에 대해 제언하기로 한다.

본론

1. 지역균형 발전방안 <출처: 한국금융 연구원>	1) 수도권 집중 현상과 이유	① 현상 　가. 우리나라 지방은 인구도 줄고, 실물경제와 금융 부문의 성장률 및 비중도 수도권에 뒤지는데다 그 차이도 점점 벌어지고 있어 점차 소멸해 가고 있는 것으로 보인다. 지방이 침체하고 소멸해 간다는 것은 바꾸어 말하면 수도권 집중이 심해지고 있다는 것이다. 　나. 특히 최근 들어 수도권 집중의 강도가 더 세지고 있다. 우리나라는 법(수도권정비계획법)까지 제정하여 수도권 집중을 강력하게 억제하고 있다. 　- 수도권에는 학교, 공장, 업무용 건축물 등 인구집중 유발시설을 마음대로 지을 수도 없다. 　- 2000년대 들어 거의 모든 정부에서 수도권 집중을 억제하고 지역균형발전을 도모하기 위한 정책을 추진해 왔다. 그런데도 인구와 자원이 수도권으로 집중되는 것을 막지 못하고 있다.

<table>
<tr>
<td>

**1. 지역균형
　발전방안**

<출처: 한국금융
연구원>

</td>
<td>

1) 수도권 집중
　현상과 이유

</td>
<td>

② 원인

　가. 주요원인은 수도권에 수준 높은 교육, 문화, 쇼핑, 병원, 교통 등 질 좋은 인프라가 집중되어 있기 때문. 과거 우리 경제를 이끌었던 자동차, 조선, 철강, 화학, 섬유 등 전통산업들은 넓은 공장부지와 수출항구 등이 필요해 지방에 거점을 두는 경우가 많았다. 이에 따라 이들이 지방경제의 중추 역할을 수행했고 지역의 고용과 성장을 이끌어 지역경제 활성화에 크게 기여해 왔다.

　나. 그러나 최근 4차 산업혁명에 의해 부상하고 있는 빅테크, 플랫폼, 게임, 이커머스, 각종 스타트업 등 지식 기반 첨단기술 기업들은 넓은 공장이나 수출항구보다는 뛰어난 인재가 더 절실히 필요한데 이들 인재들이 고급 인프라가 잘 갖춰진 수도권을 선호하기 때문에 이들 기업이 수도권으로 집중되고 있는 것으로 보인다.

　다. 이에 따라 2021년 현재 R&D 투자의 69.8%, 100억 원 이상 투자받은 스타트업의 92.5%, 매출 천 억 원 이상 벤처기업의 62.6%가 수도권에 몰려 있는 상황이다

</td>
</tr>
<tr>
<td></td>
<td>

2) 지역균형
　발전 방안

</td>
<td>

지방시대위원회는 2023년 9월 '지방시대 선포식'을 개최하면서 '지방시대 비전과 전략'을 발표했다. 수도권이 아닌 지방이 성장해 갈 수 있는 새로운 기회를 제공하기 위해 4대 특구(기회발전특구, 교육자유특구, 도심융합특구, 문화특구)도 도입하기로 했다.

① 기회발전특구

　정부는 기회발전특구를 지정하여 기업의 지방이전과 투자 촉진을 도모하고 청년이 원하는 양질의 신규 일자리를 제공하여 지방인구 유입을 촉진하겠다는 계획을 가지고 있다. 기회발전특구로 지정된 지역은 파격적인 인센티브를 제공하여 지방투자 거점으로 육성된다.

　가. 동 지역에 대해서는 이전기업 양도세 과세특례 부여, 창업기업에 대한 법인세와 취득세의 감면, 재산세와 지방소득세에서의 혜택 등 기업활동의 모든 단계에서 세제 인센티브가 제공된다.

　나. 지방정부가 규제를 직접 만드는'기회발전특구 특례' 제도가 도입된다. 이를 통해 지방투자를 어렵게 하는 규제에 대해 지방정부가 요청하면 지방시대위원회가 심의 · 의결하여 해당 규제 적용을 배제하는 등 인센티브가 제공된다.

　다. 지방투자촉진보조금의 지원비율(3~50%)을 5%p 가산하고, 민간재원 특구펀드에 일정 기간 투자할 경우 이자 · 배당소득에 대해 세제 혜택을 적용하는 등 투자활성화 인센티브도 부여된다.

</td>
</tr>
</table>

라. 2024년 6월 20일 개최된 '제9차 지방시대위원회'에서는 경북 · 전남 · 전북 · 대구 · 대전 · 경남 · 부산 · 제주 등 8개 시 · 도에 대한 기회발전특구 지정(안)이 심의 · 의결되었다. 지정된 8개 시 · 도 기회발전특구에서는 약 200여 개의 기업이 약 26조 원에 달하는 신규 투자를 계획하고 있으며, 착공에 들어간 투자 14.5조 원을 포함하여 총 40.5조 원의 투자가 기회발전특구에서 이루어질 것으로 예상된다.

[기회발전특구 지정 지역과 주요 사업]

② 교육발전특구

교육발전특구는 지자체와 교육청이 함께 대학 및 기업 등 지역 내 기관들과 협력하여 지역 내 공교육의 질을 제고하고 지역인재를 양성하며 정주 기반을 마련하기 위해 도입되었다. 우리나라 수도권 집중의 주요 요인이 기업과 경제활동의 수도권 집중에도 있지만, 주요 대학이나 학원 등 교육환경의 매우 높은 수도권 집중도에도 있다고 할 수 있다. 이러한 점을 고려할 때 지방에 교육발전특구를 조성하는 것은 지방소멸을 억제하는 데 매우 중요한 역할을 할 것으로 보인다. 교육부는 이를 바탕으로 지방교육재정 특별교부금을 지원하는 한편, 각 지역이 요청한 규제를 해소해 나가는 등 정책적인 지원을 하게 된다.

③ 지역활성화 투자 펀드

가. 2018년 약 239조 원이었던 지역투자는 2022년에 330조 원으로 증가하여 연평균 8.4%의 높은 증가율을 보여주었다.

나. 그럼에도 불구하고 농어촌 및 지방 거점도시에 대한 투자의 지역활성화 효과는 미약한 것으로 나타났다. 이는 지역경제 활성화 효과가 별로 없는 것으로 보이는 소규모의 단발적인 투자가 많았던데다 지자체보다 중앙정부, 시장보다 관 주도로 지역개발 사업이 추진되면서 사업 자체의 지속 가능성이 취약했기 때문인 것으로 보인다.

---

1. 지역균형 발전방안
<출처: 한국금융연구원>

2) 지역균형 발전 방안

<table>
<tr>
<td rowspan="2">

**1. 지역균형
발전방안**

<출처: 한국금융
연구원>

</td>
<td>

2) 지역균형
발전 방안

</td>
<td>

다. 이에 따라 정부는 지자체가 <u>스스로 프로젝트를 설계 및 주도하도</u>록 하고 풍부한 민간자금을 활용한 대규모 융·복합 투자를 시행하기 위해 '지역활성화 투자 펀드'를 출범시키게 되었다.

라. 지역활성화 투자 펀드는 지역이 원하는 지속 가능한 대규모 융·복합 프로젝트를 지역이 스스로 선정하여 민간의 창의적인 역량과 풍부한 자본을 활용하여 추진하도록 하는 새로운 지역 투자 방식이다.

마. 정부재정, 지방소멸대응기금, 산업은행에서 각각 1,000억 원씩 출자하여 3,000억 원 규모의 모(母)펀드를 조성하고, 지자체 민간이 함께 자(子)펀드 결성과 프로젝트 SPC 설립을 통해 총 3조 원 규모의 다양한 지역활성화 프로젝트에 투자하도록 했다

</td>
</tr>
<tr>
<td>

**2. 지방경제
활성화를
위한 은행의
역할 강화
방안**

<출처: 한국금융
연구원>

</td>
<td>

1) 은행의 지방
중소기업
대출에 대한
인센티브
확대

</td>
<td>

지방 중소기업에 대한 은행의 대출에 대해 각종 지원을 해주어 같은 조건일 경우 지방 중소기업들이 수도권에 비해 높은 대출 기회를 갖고, 낮은 대출금리를 적용받으며, 은행들에도 지방 중소기업에 대출해줄 인센티브를 제공하는 방안을 생각해 볼 수 있다. 이를 통해 지방 중소기업들이 사업수행 기회를 더 많이 갖게 되고, 금융 비용을 절감해 경영성과를 높일 수 있고, 이러한 혜택을 누리기 위해 수도권 중소기업들도 지방으로 이전할 유인을 제공하며, 은행들도 지방 중소기업에 대한 대출을 늘리도록 할 수 있다.

① 지역 중소기업에 대한 대출에 대해 금융감독상 인센티브를 제공하는 방안을 검토해 볼 수 있다. 즉 금융감독원이 실시하는 경영실태평가 항목 중 '경영관리 적정성'에 있는 비계량 평가 항목에 지방 중소기업에 대한 은행의 대출실적을 감안하도록 해주는 방안을 생각해 볼 수 있다. 이를 평가에 반영하는 방법은 두 가지를 생각해 볼 수 있다.

가. '경영관리 적정성'의 비계량 평가 항목 중 '사회적 책임 이행 실태'를 평가하는 항목의 하나로 넣는 방법이다. 이는 지방 중소기업 대출 확대를 통해 지방경제 활성화에 기여하는 것이 은행의 사회적 책임을 실천하는 방안 중 하나라고 보는 것이다.

나. 경영관리의 적정성을 평가하는 비계량 평가 항목에 '지속 가능 성장에 기여' 항목을 추가로 넣고 동 항목 평가 기준의 하나로 넣는 방법이다.

② 은행의 지방 중소기업에 대한 대출은 지방경제 활성화를 통해 지방 소멸을 억제하는 데 도움이 되므로 우리 경제, 나아가 은행산업의 지속 가능 성장에 기여하는 것이라고 볼 수 있다. 은행은 당장의 수익을 내기 위해 노력할 필요도 있지만 장기적인 지속 가능성을 위해서는 우리 경제의 지속 가능 성장에 기여할 필요도 있다는 관점에서 이런 평가를 추가할 필요가 있다. 향후 동 평가 항목에 은행의 기후위기 대응, ESG 활동 등을 넣을 수도 있을 것이다.

</td>
</tr>
</table>

<table>
<tr>
<td rowspan="2">

2. 지방경제 활성화를 위한 은행의 역할 강화 방안

<출처: 한국금융 연구원>

</td>
<td>

2) 금융중개 지원대출 제도[1] 개선

</td>
<td>

① 한국은행이 운영하는 '금융중개지원대출 제도' 내 '지방중소기업지원 프로그램'에서 제시하는 지원한도를 크게 늘리고 지원을 위한 대출취급 실적 기준도 완화하여 지방 중소기업에 저리의 은행대출이 많이 이루어질 수 있도록 하는 방안을 검토해 볼 수 있다.

② 금융중개지원대출 제도는 한국은행이 은행에 공급하는 대출에 대한 총 한도를 미리 정해 놓고 일정한 기준에 따라서 은행별로 한도를 배정하는 방식으로 운용된다. 그 중 지방중소기업지원 프로그램은 지역 간 균형발전을 도모하기 위해 지방 중소기업에 대한 은행의 대출실적과 지역별 경제상황 등을 감안하여 한국은행 지역본부별로 한도를 배정한다.

③ 따라서 지역균형발전이 매우 중요한 국가적 과제라면 이의 달성을 위해 지방중소기업에 저리의 은행대출을 지원할 수 있는 '지방중소기업지원 프로그램'의 지원한도를 획기적으로 늘릴 필요가 있다.

④ 지방경제 활성화는 정부의 개입이 필요하다는 측면에서도 한국은행의 지방 중소기업 지원 확대는 논리적 타당성을 가진다. 이는 기존 지방중소기업 운영에도 도움이 될 뿐 아니라, 수도권 소재 중소기업들의 지방이전 유인으로도 작용할 수 있다.

</td>
</tr>
<tr>
<td>

3) 중소기업 대출 의무 비율제도

</td>
<td>

① 한국은행은 중소기업대출 의무비율제도를 운영하여 시중은행과 지방은행 모두 원화금융자금대출 증가액의 50% 이상을 중소기업에 대출해주도록 하고 있다.

② 은행의 지방 중소기업에 대한 대출에 인센티브를 주기 위해 동 대출에 대해서는 추가적으로 가중치를 부여하는 방안을 검토해 볼 수 있다.

③ 즉 같은 중소기업대출이라 하더라도 지방 중소기업에 대한 대출을 많이 해줄 경우 은행이 이 의무비율을 더 쉽게 달성할 수 있도록 해주는 것이다.

④ 최근 이 중소기업 의무대출비율을 지키지 않아 제재금을 받은 은행들이 많은 상황(한국은행에 따르면 2020년부터 2024년 상반기까지 중소기업 대출 비율을 지키지 못한 은행 12곳에 제재금 12조 318억 원이 부과됐다. 동 제재금은 은행권의 금융중개 지원 대출 가운데 '무역금융지원프로그램' 배정 한도에서 한은이 일정액을 차감하는 형식으로 부과되는 것이다)에서 이처럼 지방 중소기업 대출에 대해 가중치를 부여하는 제도는 은행들의 지방 중소기업 대출 증가에 대한 유인으로 작용할 것으로 보인다.

⑤ 중소기업대출 의무비율제도에 더해 ('지방소재 중소기업 대출 의무비율') 추가로 부과하는 방안도 검토해 볼만 하다. 이렇게 되면 은행의 지방 중소기업에 대한 대출을 좀 더 의미 있게 늘릴 수 있다.

</td>
</tr>
</table>

<table>
<tr><td rowspan="2">2. 지방경제
활성화를
위한 은행의
역할 강화
방안
<출처: 한국금융
연구원></td><td>3) 중소기업
대출 의무
비율제도</td><td>⑥ 지방소멸의 리스크가 너무 커서 우리 사회의 후생을 크게 저하시킨다고 판단될 경우 이러한 제도 도입을 적극적으로 검토해 볼 수 있을 것이다.</td></tr>
<tr><td>4) 은행 부수
업무 및
자회사
범위 확대</td><td>

① 국내은행이 비금융업무를 수행하려면 부수업무를 수행하던가, 자회사를 두면 된다. 현재 국내은행은 은행법 제27조의2 제1항에 따라 은행업무에 부수하는 업무를 영위할 수 있다. 2014년 12월 은행업감독규정이 개정됨에 따라 금융위원회가 공고한 은행 부수업무는 따로 신고하지 않고 부수업무로 영위할 수 있게 되는 등 현재 은행의 부수업무 관련 규제의 유연성이 상당히 확대된 상황이다.

② 이처럼 부수업무 관련 규제의 유연성이 확대되고 있는 상황에서 저출산·고령화·디지털화 등 금융 환경의 변화에 맞게 은행 부수업무의 범위도 확대될 필요가 있다. 이에 따라 지속 가능 사회 구축에 기여하는 사업을 은행 부수업무에 적극적으로 추가하는 방안을 검토해볼 필요가 있다.

가. 자회사의 경우에는 은행법 제37조에 따라 은행은 의결권의 15%를 초과하는 다른 회사의 의결권 있는 지분증권을 소유할 수 없다. 다만, '은행업감독규정'에 열거된 금융위원회가 정하는 업종에 속하는 회사 또는 기업구조조정 촉진을 위하여 필요한 것으로 금융위원회의 승인을 받은 경우에는 15%를 초과하는 의결권 있는 지분증권을 소유할 수 있다.

나. 은행의 비금융업무 수행과 관련하여 일본 은행법은 2010년대 중반부터 은행의 자회사와 비금융업무의 범위를 확대하고 있고 2016년에는 은행이 은행업고도화회사(일본 은행법 제16조의2는 은행이 '자회사대상회사(子会社対象会社)' 이외의 회사를 자회사로 둘 수 없다고 규정하고 있다. 자회사대상회사에 대해서는 은행법 제16조의2제1항제1호~제14호에 열거하고 있는데, 은행업고도화회사는 그 중 하나로 정보통신기술 및 기타 기술을 활용해서 해당 은행이 영위하는 은행업의 고도화 또는 해당 은행 이용자의 편의 향상에 이바지할 수 있는 업무 또는 이에 이바지할 것으로 예상되는 업무를 영위하는 회사를 말한다)를 자회사로 편입할 수 있도록 하였다. 2020년 일본 은행법 개정에서는 은행이 지방경제 활성화나 산업생산성 제고 등에서 더 큰 역할이 기대된다는 점을 고려하여 은행이 지방경제 활성화 및 산업생산성 향상 등 지속 가능한 사회 구축에 기여하는 업무를 수행할 수 있게 하였다. 이에 따라 일본에서는 2020년 현재 20개의 은행업고도화회사가 인가받았으며, 20개 중 16개는 핀테크 관련 업무를,

</td></tr>
</table>

2. 지방경제 활성화를 위한 은행의 역할 강화 방안 <출처: 한국금융 연구원>	**4) 은행 부수 업무 및 자회사 범위 확대**	4개는 지역상사 관련 업무를 영위하고 있다. 사례) 지역상사를 영위하는 회사의 한 예로는 야마가타은행(山形銀行)의 은행업고도화회사인 'TRY파트너스'를 들 수 있다. 동 회사는 지역 제품에 대한 영업과 판매, 시장 조사 등 마케팅, 브랜드마케팅, 지적재산권 등의 거래 중개 등의 업무를 수행하고 있다. 우리나라도 저출산 · 고령화 등 사회 · 경제 환경의 변화로 인해 은행에 기대하는 역할이 변모하고 있다는 점을 고려할 필요가 있다. 이를 감안하고 일본의 사례를 참고삼아 지방소멸을 억제하고 지속 가능 사회를 구축하기 위한 사업을 은행 부수업무로 허용하거나, 관련 회사에 대해서는 은행의 지분한도를 완화하여 자회사로 둘 수 있도록 하는 방안을 검토해볼 필요가 있다. ③ 2021년 금융혁신법 제정에 따른 금융규제 샌드박스는 금융의 디지털화라는 금융 환경 변화에 따라 KB국민은행의 알뜰폰, 신한은행의 음식배달플랫폼 등 다양한 부수업무의 실험을 가능하게 하기도 하였다. 따라서 현재 우리나라가 저출산 · 고령화 등 사회 · 경제 환경의 변화로 인해 은행에 기대하는 역할이 변모하고 있다는 점을 고려할 때 이러한 변화에 따른 지방소멸에 대응하기 위해 지방경제 활성화를 도모할 수 있는 사업에 대해 부수업무를 허용하거나 동 사업을 하는 회사에 대한 은행의 지분취득 한도를 완화하는 방안은 충분히 고려해볼 만하다. ④ 다만, 이러한 분야로 부수업무나 자회사의 범위를 넓혀갈 때에는 은행법 제27조의2 제4항에서 제시하는 부수업무의 운영 제한 요건(은행의 경영건전성을 해치는 경우, 예금자 등 은행 이용자의 보호에 지장을 가져오는 경우, 금융 시장 등의 안정성을 해치는 경우)을 철저히 지킬 필요가 있다. 이와 관련하여 향후 은행이 지방경제활성화 등 다양한 부수업무를 수행함에 따라 건전성에 미치는 영향이 커질 수 있으므로 부수업무 수행에 따른 리스크에 대해 자본규제 등을 추가하는 방안도 검토할 필요가 있다.
	5) 지방소재 기업에 대한 온렌딩 대출 확대	① 온렌딩(on-lending) 대출 산업은행이 은행이나 여신전문금융 기관 등에 자금을 제공하고, 해당 금융 회사가 자체 심사 기능을 활용해 중소 · 중견기업 중 대상 기업을 선정하여 대출을 실행하는 정책자금이다. 가. 정책금융이므로 일반 대출에 비해 금리가 낮고 장기간 이용할 수 있으며, 민간 금융 회사가 심사를 담당하기 때문에 시장친화적이라는 장점이 있다. 나. 우리나라에서 온렌딩(on-lending) 제도는 2009년 10월 정책금융공사가 설립될 때 독일 재건은행(kfw)의 온렌딩 제도를 참고하여 도입한 제도이다.

[온렌딩 대출 신청 절차]

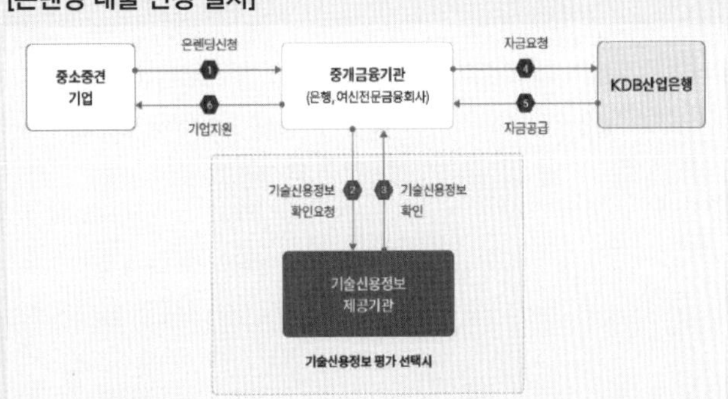

2. 지방경제 활성화를 위한 은행의 역할 강화 방안 <출처: 한국금융 연구원>	**5) 지방소재 기업에 대한 온렌딩 대출 확대**

② 현재 산업은행의 온렌딩 대출에서 지역경제활성화(지방소재) 분야에 대해서는 지방경제의 성장잠재력 확충 및 일자리 창출 도모를 위해 본사 또는 사업장이 지방에 소재하는 중견 및 중소기업에 대해 특별 온렌딩을 시행히고 있다.

  가. 대출한도는 시설자금 150억 원, 운영자금 60억 원으로 기업별로 중견기업은 300억 원, 중소기업은 200억 원이다.

③ 지방경제 활성화를 위해서는 지역경제활성화 분야에 대한 온렌딩 대출 규모를 크게 늘리고 금리우대도 확대하는 방안을 검토할 필요가 있다.

④ 중소기업의 경우 대상 기업 수를 크게 늘려 지방의 소규모 기업들이 더 많이 혜택을 보게 할 필요가 있다.

⑤ 특히 최근 산업은행의 법정자본금 한도를 늘리는 내용의 '한국산업은행법 일부 개정안'이 국회에서 발의되었고 동 증액의 목적이 미래 혁신산업 지원과 지역소멸 대응에 있는 만큼 지방경제 활성화를 위한 온렌딩 대출 규모의 획기적 확대가 가능할 것으로 보인다.

6) 지방중소 기업에 대한 컨설팅 강화

지방소재 중소기업은 영세한 경우가 많아 기술은 있지만 그 외 경영 전반에 대한 지식과 노하우가 거의 없는 경우가 많다. 따라서 이들이 전문기관으로부터 재무, 세무, 법률, 경영, 회계 등의 컨설팅을 받으면 생산성과 생존 가능성이 훨씬 높아질 수 있을 것이나 비용 문제로 어려움을 겪고 있다. 지금도 일부 은행들이 중소기업에 대출을 해줄 때 경영컨설팅을 제공하는 경우가 있기는 하지만 지방 중소기업에 대해서는 이를 시스템화하여 본격적으로 지원할 필요가 있다. 이렇게 하면 지방 중소기업의 생산성 및 생존 가능성을 향상시키고 중소기업의 지방 이전에도 영향을 줄 것으로 보인다.

2. 지방경제 활성화를 위한 은행의 역할 강화 방안 <출처: 한국금융 연구원>	6) 지방중소 기업에 대한 컨설팅 강화	① 지방 중소기업에 대한 경영컨설팅은 대출을 시행하는 은행이 해주는 것이 가장 좋다. 은행은 대출을 해주며 신용평가를 위해 해당 기업의 재무제표뿐 아니라 경영 상태에 대한 비계량 정보도 취득하게 되어 기업의 사정을 잘 알게 된다. 따라서 해당 기업에 맞춤형 컨설팅을 제공할 수 있다. 하지만 여기에는 비용이 들기 때문에 수준 높은 컨설팅을 제공하는 데에는 한계가 있다. ② 따라서 이에 대해 중앙정부나 지자체에서 비용의 일부를 지원해 주거나 금융감독상 인센티브를 주는 방안을 검토해 볼 수 있다. ③ 한편, 지방 소재 중소기업을 대상으로 경영컨설팅을 지원하는 공적 지원기관을 설립하는 방안도 검토해 볼 수 있다. 　가. 동 지원기관은 지방 중소기업들이 개별적으로는 받기 어려운 창업, 경영, 폐업 및 재기 관련 각종 전문적인 컨설팅 서비스를 제공할 수 있다. 　나. 창업 · 경영 · 재기 관련해서는 업종 및 영업지역 선택, 금융, 경영, 세무, 회계, 행정, 법률 등 종합 컨설팅을 제공할 수 있다. 폐업과 관련해서는 기존의 채무 · 계약 · 재고관리, 세무, 행정, 법률 등 종합 컨설팅을 제공할 수 있다. 　다. 이를 통해 지방 소재 소상공인 및 중소기업의 수익성 증대도 도모하고 과밀 업종 집중 억제 등 국가적으로 효율적인 자원배분도 도모할 수 있다. 　라. 동 지원기관의 인력은 퇴직 기업인들을 활용하여 이들의 경험과 노하우를 활용하면서 고용증대에도 기여할 수 있다. 　마. 동 지원기관은 지역 중소기업과 밀착하여 서비스를 제공하는 등 고객접점을 확대할 필요가 있고 이를 위해서는 촘촘한 지점망을 통한 네트워크가 필요한데 신설 공공기관이 이를 확보하기는 어렵다. 따라서 기존 우체국이나 은행 등의 지점망을 활용하는 방안도 검토해 볼 수 있다. 또는 더 나아가 은행과의 협업을 통해 은행의 지방 중소기업 대출 시 동 지원기관이 대출을 받는 중소기업에 경영컨설팅을 제공하는 방안도 검토해 볼 수 있을 것이다.
	7) 세제지원	① 수도권 이외 지방에 본사를 두는 기업에 대한 중앙정부와 지자체의 획기적인 세제지원이다. 이는 은행의 지방 중소기업 대출에 대해 제공하는 인센티브는 아니지만 이러한 세제지원을 통해 더 많은 기업이 지방으로 이전한다면 은행의 지방 중소기업에 대한 대출도 늘어날 수 있을 것이다. ② 이때 기업은 반드시 중소기업일 필요는 없으며 모든 기업에 대해 시행할 필요가 있다. 지방 기업에 대한 지원은 국정목표인 지역균형발전에 도움이 되므로 중앙정부 및 지자체가 나설 필요가 있다.

<table>
<tr>
<td>

2. 지방경제 활성화를 위한 은행의 역할 강화 방안

<출처: 한국금융 연구원>

</td>
<td>

7) 세제지원

</td>
<td>

③ 지금도 수도권 과밀억제권역 이외 지역의 기업에 대해서는 법인세, 취득세, 등록면허세 등에서 세제혜택이 있다.하지만 그럼에도 불구하고 여전히 기업이 수도권으로 집중되는 현상이 지속적으로 나타나고 있으므로 지방에 본사를 두는 기업에 대한 세제지원을 더 확대할 필요가 있는 것으로 보인다.

④ 세금은 기업의 수익과 직결되어 기업의 의사 결정에서 매우 중요한 위치를 차지한다. 따라서 지방에 설립하거나 지방으로 이전하는 기업에 대한 획기적인 세제혜택은 지역균형발전에 긍정적인 영향을 미칠 것으로 보인다.

</td>
</tr>
</table>

📈 결론

최근 이재명 대통령은 전국 17개 시도지사 간담회를 열고 "지역 균형발전은 지방에 대한 일시적 배려나 시혜가 아니라 국가의 생존 전략"이라고 했다. 수도권 중심의 불균형 성장 전략은 한때 매우 효율적이었지만, 이젠 지속적 성장과 발전을 저해하는 요소가 돼 가고 있다고 지적했다. 앞으로 국가 정책을 결정하거나 예산을 배정·배분할 때 '지방 우선 원칙'을 지키겠다고 약속했다.

1995년 시작된 민선 지방자치가 올해 30년을 맞았지만 진정한 자립에 도달했다고 보기엔 미흡하다. 일자리와 인프라가 집중된 수도권은 갈수록 비대해졌고, 지방은 그만큼 쪼그라들었다. 국토 면적의 12%인 수도권에 인구 전체의 절반 이상, 100대 기업 본사의 86%가 몰려 있다. '지방자치 30년은 지역소멸 30년'이란 자조가 나올 정도다. 전체 세수 중 지방세 비중이 25%에 불과한 '삼할 자치'의 한계에 묶인 지방정부는 독자적 발전을 모색하기보다는 중앙정부가 주는 교부금만 쳐다보고 있는 게 현실이다.

매 정부마다 '지방이 살아야 나라가 산다'고 외쳤지만 뚜렷한 성과를 거두지 못했다. 이제부터라도 과거의 시행착오를 거울삼아 수도권 집중과 지방 종속의 흐름을 되돌려 놓아야 한다. 현 정부는 수도권·충청권·동남권·대경권·호남권 등 5개 광역권과 제주·강원·전북 등 3개 특별자치도를 육성하는 '5극 3특'을 약속했다. 지역별 나눠 먹기 식으로 공공기관을 이전하거나 예산을 쪼개 균등하게 지원하는 식으로 접근해선 안 된다. 될 만한 지역과 산업을 집중 지원해 수도권에 크게 뒤지지 않을 만큼의 경쟁력을 키울 수 있도록 해야 한다. 지방정부가 주도적으로 사업을 추진할 수 있도록 조직 인사 재정 등의 각종 권한도 과감하게 지방으로 이양할 필요가 있다. <출처: 동아일보>

수도권과 지방의 격차는 더 이상 단순한 인구 유출이나 교육 기회의 문제가 아니다. 오늘날 대한민국의 지역 불균형은 산업, 기술, 그리고 무엇보다 '금융'에 걸친 구조적 문제로 심화되고 있다. 특히 금융의 수도권 편중은 지방경제의 자생력을 근본적으로 약화시키는 결정적 요인으로 작용하고 있다.

2024년 기준, 국내 전체 기업대출의 약 78%가 수도권에서 집행되고 있으며, 벤처 · 스타트업 투자의 87%가 서울 강남 3구와 판교, 여의도에 집중되어 있다. 이는 단순히 자금의 지리적 편중을 넘어, 우수 인재, 혁신 기업, 양질의 일자리, 연구개발 역량까지 수도권으로 흡수되는 복합적 악순환을 만들어내고 있다. 지방은 이러한 구조 속에서 기업 생태계의 토대 자체가 붕괴되고 있다. 자금 조달의 어려움은 기업 성장을 가로막고, 이는 다시 일자리 부족으로 이어져 청년층의 수도권 이탈을 가속화시킨다. 결과적으로 지방은 '인구 감소 → 경제 위축 → 금융 철수'라는 부의 나선형(negative spiral)에 갇혀 있다. 그동안 지역균형발전의 대안으로 신규 지방은행 설립이 여러 차례 제기되었다. 하지만 현실적 제약은 명확하다. 신설 은행은 최소 3,000억 원 이상의 초기 자본금, 수천억 원 규모의 IT 인프라 구축, 전문 인력 확보, 리스크 관리 체계 구축 등 막대한 초기 투자가 필요하다. 더욱이 저출생 · 고령화로 인한 인구구조 변화와 지방 산업기반의 약화는 신설 은행의 수익성과 지속 가능성에 근본적 의문을 제기한다. 이러한 한계를 극복할 수 있는 보다 현실적이고 전략적인 방안을 고민해 나가야 할 것이다. 인구소멸 위기는 더 이상 먼 미래의 이야기가 아니다. 228개 기초자치단체 중 106개가 소멸위험지역으로 분류되는 현실에서, 금융 인프라의 지역화는 선택이 아닌 필수다.

용어해설

1) **금융중개지원대출** : 금융중개지원대출 제도는 한국은행이 은행에 공급하는 대출의 총 한도를 미리 정하고 일정 기준에 따라 은행별로 한도를 배정하는 방식으로 운용된다. 금융중개지원대출의 총 한도와 프로그램별 한도 및 한도 유보분은 금융통화위원회가 금융 · 경제동향 및 중소기업 자금사정 등을 고려하여 필요시 수시 조정하고 있다. 금융중개지원대출 금리는 은행의 중소기업 대출 취급유인을 제고하기 위하여 일반적으로 기준금리보다 낮은 수준을 적용하고 있으며 대출만기는 1개월 단위로 운용되고 있다

chapter 08 불확실성 요인과 기업 신용리스크

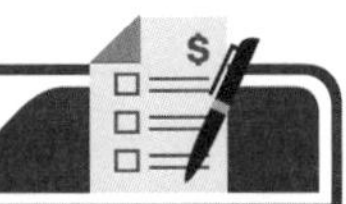

서론	**이슈언급**		최근 경제심리 회복 지연, 건설 경기 침체 등으로 내수 부진이 길어진 가운데, 대외적으로는 국제 통상환경 불확실성이 증대되고 환율 변동성도 확대됨에 따라 국내 기업의 부실위험 증대 우려가 커지고 있다. 교역 상대국의 관세 부과 등 무역정책 관련 불확실성과 이에 따른 환율 변동성 확대는 수출 기업의 매출을 감소시키며 원자재 비용 불안정 등을 통해 관련 기업들의 수익성에 부정적인 영향을 미칠 수 있다. 2025년 하반기 기업 활력을 높이기 위해 시급하게 추진해야 할 경영환경 개선 단기 과제로는 '공급망 안정화'를, 성장동력 발굴과 산업구조 고도화를 장기 과제로 제시했다. 2025년 하반기 기업들은 내수 둔화와 불확실한 대외 환경 속에서 신규 사업 전개보다는 기존 전략의 재점검과 효율성 확보에 주력하고 있는 상황이기에 정부가 통상환경 대응, 규제 개선, 내수 활성화 정책을 보다 체계적이고 속도감 있게 추진해 주길 기대하고 있다.
본론	**1. 최근 기업 경영 여건**	1) 지방 부동산 시장 침체 우려	① 부동산시장은 비수도권을 중심으로 부진한 모습을 이어가고 있다. ② 대형 건설업체의 경우 사업 다변화를 통해 국내 부동산시장침체에 대응할 여력이 있는 반면, 중견 · 중소 건설업체는 부동산시장 침체에 더해 SOC 투자 부진 등에 따른 토목공사 감소, 업체 간 경쟁 격화 등으로 더 취약한 상황이다.

본론	1. 최근 기업 경영 여건	1) 지방 부동산 시장 침체 우려	③ 건설기업의 부동산 경기 부진이 심화될 경우 PF 우발채무가 현실화되면서 건설기업의 부실이 빠르게 증가할 가능성이 있다.
		2) 국제 통상환경 불확실성 확대	미국의 기본 및 품목 관세 부과와 무역 상대국의 대응조치 등으로 보호무역주의가 강화되는 가운데 최종 관세 수준 등에 대한 국가 간 협상 타결에 시일이 소요되면서 무역정책 관련 불확실성이 높은 상황이다.
		3) 높은 환율 변동성 지속	원 달러 환율은 2024년 하반기 내외금리차 확대, 연말 정치적 불확실성 증대 등으로 상승세를 보인 이후, 최근에는 글로벌 통상환경 불확실성 등으로 크게 등락하면서 높은 수준의 변동성을 지속하고 있다. 이처럼 환율 변동이 영업 이익에 미치는 영향은 업종별로 차별화되나, 단기간 내 환율의 급격한 변동은 환헤지 비용 증가, 불확실성 증대에 따른 투자 등 의사 결정 애로 등 부정적 영향을 초래할 수 있다.
		4) 종합 의견	① 부동산 경기 침체는 주로 건설 및 부동산업에 부정적 영향을 미칠 것으로 예상되며, ② 보호무역주의 강화는 주로 대미 수출이나 중간재 수출 비중이 높은 자동차, 기계장비 등 제조업에 영향이 집중되지만, 비제조업에서도 수출 감소에 따른 국내 경기 둔화의 영향을 받을 것으로 보인다. ③ 환율 변동은 그 방향에 따라 업종별로 영향이 차별화될 것으로 예상되나, 해외 매출 비중 혹은 수입 원자재 투입 비중이 높은 업종을 중심으로 그 영향이 더 크게 나타날 것으로 보인다.
	2. 금융 기관 기업 신용 리스크	1) 기업실적과 금융 기관 신용 리스크	① 대내외 여건 변화로 기업실적이 악화될 경우 기업의 신용리스크 확대 등으로 기업대출을 보유하고 있는 은행의 자본적정성이 저하될 수 있다. ② 기업실적 부진은 은행의 복원력에 부정적인 영향을 미칠 수 있다.
결론	의견제시		첫째, 대내외 불확실성 확대가 각 업종에 미치는 영향이 상이하다는 점을 감안하여 업종별로 차별화된 대응책을 마련할 필요가 있다. 둘째, 기업규모별로도 대기업은 판매 · 공급망 다각화, 생산기지 이전 등 대내외 불확실성에 대한 대응이 비교적 용이한 데 반해, 중소기업의 경우 대응 여력이 제한적일 수 있으므로 기술력 있는 중견 · 중소 기업들이 충격에 대처할 수 있도록 지원하는 것이 바람직하다.

결론	의견제시

셋째, 대내외적으로 다양한 리스크 요인이 혼재되어 향후 불확실성이 높은 만큼 부동산 등 특정 부문에 집중되고 있는 금융 기관 여신의 편중 리스크를 완화시킴으로써 잠재적 위험을 줄여 나갈 필요가 있다.

넷째, 대내외 불확실성 요인이 기업 경영 애로를 증대시키는 데 그치지 않고 민간소비, 투자 등 국내 경기 전반으로 파급·전이되는 것을 방지하기 위해 구조개혁 정책의 추진 등을 통한 소득여건 개선과 내수기반 확충에 힘써야 할 것이다.

02 논제 풀이

서론

이슈 언급

최근 경제심리 회복 지연, 건설 경기 침체 등으로 내수 부진이 길어진 가운데, 대외적으로는 국제 통상환경 불확실성이 증대되고 환율 변동성도 확대됨에 따라 국내 기업의 부실 위험 증대 우려가 커지고 있다. 교역 상대국의 관세 부과 등 무역정책 관련 불확실성과 이에 따른 환율 변동성 확대는 수출 기업의 매출을 감소시키며 원자재 비용 불안정 등을 통해 관련 기업들의 수익성에 부정적인 영향을 미칠 수 있다.

한편, 국내 기업 2곳 중 1곳은 2025년 하반기 경영 여건이 202025년 상반기와 비슷할 것'으로 전망했다. 도널드 트럼프 대통령의 관세 정책에 따른 경기 불확실성 확대가 직격탄이 된 것으로 분석된다. 또한 강달러 현상에 따른 외국인 투자심리 악화로 코스피 변동성 확대도 불가피할 전망이다.

2025년 하반기 최대 경영 리스크로는 '내수 부진'을 꼽았고 이를 극복하기 위해 '비용 절감'을 염두에 두고 있는 것으로 나타났다.

2025년 하반기 기업 활력을 높이기 위해 시급하게 추진해야 할 경영 환경 개선 단기 과제로는 '공급망 안정화'를, 성장동력 발굴과 산업 구조 고도화를 장기 과제로 제시했다.

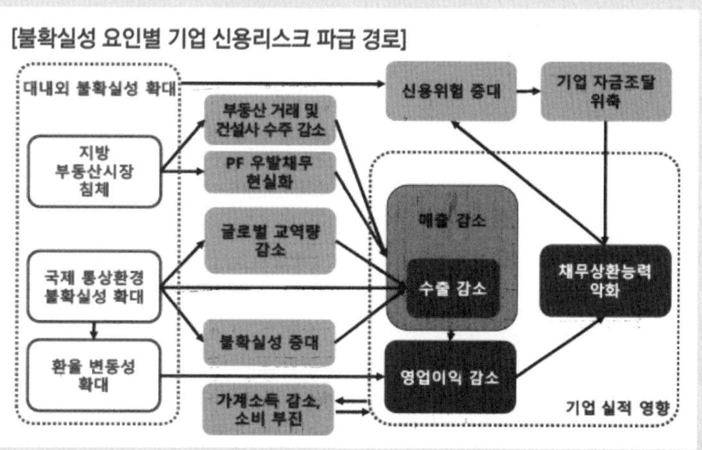

<출처 : 한국은행>

2025년 하반기 기업들은 내수 둔화와 불확실한 대외 환경 속에서 신규 사업 전개보다는 기존 전략의 재점검과 효율성 확보에 주력하고 있는 상황이기에 정부가 통상환경 대응, 규제 개선, 내수 활성화 정책을 보다 체계적이고 속도감 있게 추진해 주길 기대하고 있다.

이에 본지에서는 이러한 대내외 불확실성 요인들이 기업실적에 미치는 영향을 분석한 후, 기업 실적부진과 금융 기관의 기업 신용리스크에 미치는 영향을 논하기로 한다.

본론

1. 최근 기업 경영 여건

1) 지방 부동산 시장 침체 우려

① 부동산시장은 비수도권을 중심으로 부진한 모습을 이어가고 있다.
  가. 수도권 부동산 가격은 대체로 상승하는 흐름을 보이고 있는 반면, 비수도권은 주택과 비주택 모두에서 하락세를 지속하고 있다
  나. 거래량 역시 장기평균을 하회하는 낮은 수준을 이어가고 있다.
  다. 이와 같은 부동산시장 부진은 건설 및 부동산업의 기업실적에 시차를 두고 부정적 영향을 미치게 된다.
  다. 건설 및 부동산업은 향후 부동산시장 침체가 지속될 경우 두 업종에 대한 부정적인 영향이 커질 가능성이 있다
② 한편 공정관리와 기술 경쟁력을 바탕으로 해외 건설 수주에서 성과를 보이고 있는 대형 건설업체의 경우 사업 다변화를 통해 국내 부동산시장침체에 대응할 여력이 있는 반면, 중견 · 중소 건설업체는 부동산시장 침체에 더해 SOC 투자 부진 등에 따른 토목공사 감소, 업체 간 경쟁 격화 등으로 매출 창출이 제약되고 있어 대내외 충격에 한층 더 취약한 상황이다.
③ 건설기업의 재무 안정성이 책임준공, 채무보증 등 형태로 PF시장과 밀접한 연관을 맺고 있어, 부동산 경기 부진이 심화될 경우 PF 우발채무가 현실화되면서 건설기업의 부실이 빠르게 증가할 가능성이 있는 점에도 유의할 필요가 있다.

2) 국제 통상환경 불확실성 확대

① 미국의 기본 및 품목 관세 부과와 무역 상대국의 대응조치 등으로 보호무역주의가 강화되는 가운데 최종 관세 수준 등에 대한 국가 간 협상 타결에 시일이 소요되면서 무역정책 관련 불확실성이 높은 상황이다.
  가. 이와 같은 국제 통상환경의 악화는 수출 비중이 높은 업종을 중심으로 매출 및 영업 이익 등에 부정적인 영향을 미칠 것으로 예상된다.
  나. 실제로 과거 미국의 보호무역주의 강화는 국가 간 무역 갈등을 촉발하여 글로벌 교역을 위축시킨 것으로 나타났다. 2018~20년 중 미국은 무역적자 해소와 자국 내 제조업 활성화를 목표로 광범위한 수입품에 대해 고율의 관세를 부과하였고, 이후 글로벌 무역규모가 축소된 바 있다.

<table>
<tr><td rowspan="3">1. 최근 기업
　경영 여건</td><td>2) 국제 통상
　환경 불확실성
　확대</td><td>

다. 향후 통상환경 변화가 2018~20년 당시의 글로벌 교역 규모 축소
와 유사한 국면으로 전개될 경우 우리나라의 수출에 대한 부정적
영향이 불가피할 것으로 예상된다.

② 국내 산업 중에서는 제조업, 특히 자동차, 전기·전자, 운송장비 등
수출 기업 비중이 높은 업종들이 미국의 관세 인상에 직접적인 영향
을 받을 것으로 예상되며, 특히 자동차의 경우 대미 수출비중도 높아
그 영향이 더 클 것으로 보인다. 아울러, 금속제품, 전기·전자 등 중
간재 수출 비중이 높은 산업들 역시 미국 관세 인상에 간접적으로 영
향을 받을 것으로 보인다.

③ 실제 우리나라의 대중 중간재 수출은 미·중 무역 갈등에 따른 중국
의 생산 및 대미 수출 감소 영향으로 2019년 들어 큰 폭 감소로 전
환된 바 있다.

④ 이에 더해 글로벌 교역 질서 변화 과정에서 관련 불확실성이 확대되
고 있는 점도 수출 부진을 야기할 가능성이 있다.

</td></tr>
<tr><td>3) 높은 환율
　변동성 지속</td><td>

① 원 달러 환율은 2024년 하반기 내외금리차 확대, 연말 정치적 불
확실성 증대 등으로 상승세를 보인 이후, 최근에는 글로벌 통상환
경 불확실성 등으로 크게 등락하면서 높은 수준의 변동성을 지속
하고 있다.

② 환율 변화가 기업의 영업 이익에 미치는 영향을 추정한 결과, 환율
상승 시 영업 이익이 감소하는 효과는 수출 기업보다 내수기업에서
더 크게 나타나는 것으로 분석되었다.

③ 업종별로는 수출업종 중 자동차, 운송장비 등은 환율 상승 시 영업
이익이 증가하는 반면 석유화학 등은 영업 이익이 감소하며, 건설·
부동산 등 일부 내수업종에서도 원자재 가격 등 비용 요인 영향으로
영업 이익이 감소하는 것으로 분석되었다

④ 이처럼 환율 변동이 영업 이익에 미치는 영향은 업종별로 차별화되
나, 단기간 내 환율의 급격한 변동은 환헤지 비용 증가, 불확실성 증
대에 따른 투자 등 의사 결정 애로 등 부정적 영향을 초래할 수 있다.

</td></tr>
<tr><td>4) 종합 의견</td><td>

이상을 종합하면,

① 부동산 경기 침체는 주로 건설 및 부동산업에 부정적 영향을 미칠
것으로 예상되며,

② 보호무역주의 강화는 주로 대미 수출이나 중간재 수출 비중이 높
은 자동차, 기계장비 등 제조업에 영향이 집중되지만, 비제조업에서
도 수출 감소에 따른 국내 경기 둔화의 영향을 받을 것으로 보인다

③ 환율 변동은 그 방향에 따라 업종별로 영향이 차별화될 것으로 예상
되나, 해외 매출 비중 혹은 수입 원자재 투입 비중이 높은 업종을 중
심으로 그 영향이 더 크게 나타날 것으로 보인다.

</td></tr>
</table>

1. 최근 기업 경영 여건	4) 종합 의견

[업종별 여건 변화 정리]

		부동산 침체[1]	통상 환경 악화		환율 변동[4]
			직접[2]	간접[3]	
제 조	금속제품	-	○	○	-
	기계장비		○	△	△
	석유화학		○	△	○
	운송장비		○	-	○
	음식료품		△	-	△
	의료화학		△	○	△
	자동차		○	△	○
	전기전자		○	○	△
비제조	건설	○	-	△	○
	부동산	○			
	도소매		-	△	△
	숙박음식	△			

주: 1) 주택매매거래량 및 매매가격 상승률과 매출액 증가율 상관관계
　　크기를 바탕으로 영향이 큰 경우 ○, 중간 정도인 경우 △,
　　미미한 경우 -로 표시
　2) 수출기업 비중 및 대미 수출 비중 기준
　3) 업종별 중간재 수출 비중 기준으로 하되, 내수 침체에 따른
　　영향도 고려하여 표시
　4) 업종별 환율의 영업이익에 미치는 영향(계수 절댓값) 기준

<출처: 한국은행>

2. 금융 기관 기업신용 리스크	1) 기업실적과 금융 기관 신용리스크

① 대내외 여건 변화로 기업실적이 악화될 경우 기업의 신용리스크 확대 등으로 기업대출을 보유하고 있는 은행의 자본적정성이 저하될 수 있다.

가. 실적 악화로 인해 기업의 채무상환능력이 저하되면 해당 기업의 대출 부도율이 상승할 수 있다.

나. 경제 전반의 투자심리 위축으로 자산가격이 하락할 경우 대출의 담보가치 하락으로 부도 시 회수 가능 대출액이 감소하고, 이는 부도율 상승과 함께 금융 기관의 신용손실 확대로 이어질 수 있다.

다. 자산가격 하락은 주식, 채권 등 금융 기관이 보유한 금융자산에 대한 평가손실을 확대시키는 요인으로도 작용한다.

② 이상과 같은 파급 경로를 통해 기업실적 부진은 은행의 복원력에 부정적인 영향을 미칠 수 있다.

<table>
<tr><td rowspan="2">2. 금융 기관
기업신용
리스크</td><td rowspan="2">1) 기업실적과
금융 기관
신용리스크</td><td>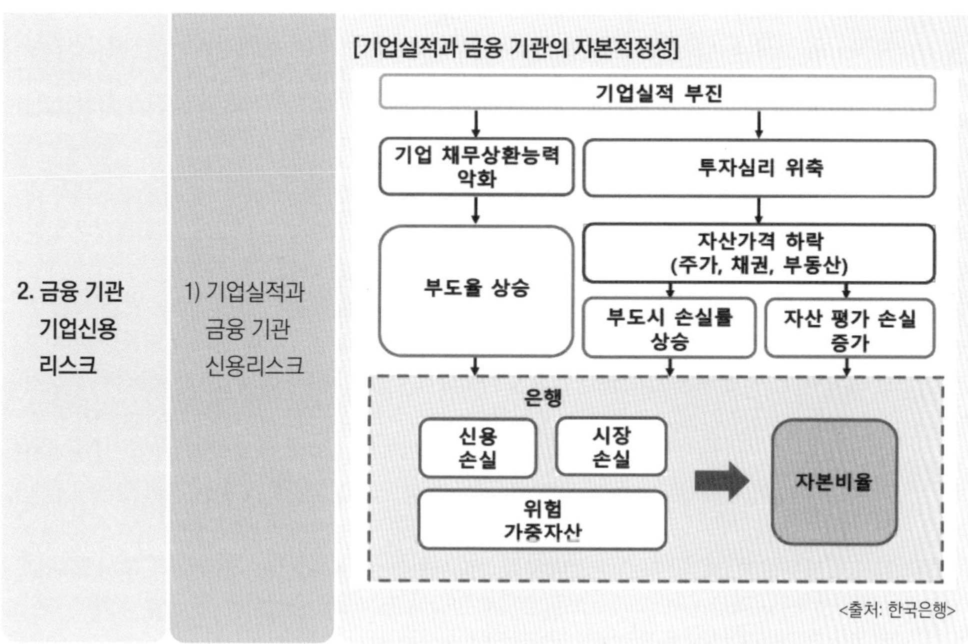</td></tr>
</table>

📈 결론

의견 제시

지방 부동산시장 침체, 글로벌 통상환경 불확실성, 환율 변동성 증대 등 충격은 기업의 재무건전성과 채무상환능력에 미치는 영향이 큰 것으로 나타났다. 특히 각 요인별 영향은 수출 비중, 부문별 연계성 등 산업 특성에 따라 업종별로 차별화될 것으로 보인다. 충격 시나리오를 가정하여 불확실성 요인들의 영향을 분석해 보면, 수출 기업의 채무상환능력 저하가 두드러지는 가운데, 최근 재무부담이 증가하고 있는 건설 · 부동산업의 재무건전성도 크게 악화될 것으로 예상된다. 다만 국내은행에 대한 스트레스 테스트 결과, 기업의 채무상환능력 저하에 따른 신용손실 증가에도 불구하고 국내은행의 전반적인 복원력은 우려할 상황까지는 이르지 않을 것으로 판단된다. 그러나 기업 신용위험 확대가 기업의 자금조달을 위축시킴으로써 재무건전성을 추가로 악화시킬 수 있는 점, 특정 부문에 대한 신용 편중도가 높은 일부 비은행 업권을 중심으로 금융불안이 확대될 소지가 있는 점 등에 대해서는 유의해야 한다.

이상의 분석을 토대로 다음과 같은 점을 고려하여 기업 신용리스크 확대 가능성에 대응해 나가는 것이 바람직할 것으로 생각된다.

첫째, 대내외 불확실성 확대가 각 업종에 미치는 영향이 상이하다는 점을 감안하여 업종별로 차별화된 대응책을 마련할 필요가 있다. 산업 전반의 구조적 문제 등으로 다년간 실적 부진이 지속되고 있는 업종들에 대해서는 구조조정을 추진하는 한편, 성장 잠재력은 충분하나 최근의 여건 변화 등으로 일시적인 어려움을 겪는 업종들에 대해서는 자금을 공급하여 유동성 애로를 극복할 수 있도록 지원하는 것이 필요하다.

특히 금융 기관의 대출태도 강화가 기업의 채무상환능력을 더욱 저하(기업 신용위험 확대 시 금융 기관의 기업대출 공급 축소가 기업 경영을 위축시켜 경제 전반의 위기를 심화시킨 측면이 있음을 분석하였다)시킬 수 있는 만큼, 생산적인 부문에 대해서는 유동성 공급이 지나치게 위축되지 않도록 유도하는 것이 중요하다.

둘째, 기업규모별로도 대기업은 판매 · 공급망 다각화, 생산기지 이전 등 대내외 불확실성에 대한 대응이 비교적 용이한 데 반해, 중소기업의 경우 대응 여력이 제한적일 수 있으므로 기술력 있는 중견 · 중소 기업들이 충격에 대처할 수 있도록 지원하는 것이 바람직하다.

셋째, 대내외적으로 다양한 리스크 요인이 혼재되어 향후 불확실성이 높은 만큼 부동산 등 특정 부문에 집중되고 있는 금융 기관 여신의 편중 리스크를 완화시킴으로써 잠재적 위험을 줄여 나갈 필요가 있다. 신용공급이 특정 산업에 과도하게 집중될 경우, 해당 산업 특유의 리스크가 현실화될 때 금융 기관의 전체 포트폴리오에 미치는 충격이 크고 신속하게 나타날 수 있다. 과거 부동산시장 호황기에 급증한 부동산PF는 사업성에 대한 평가와 리스크 관리가 부족하여 최근 부실이 누적되고 금융 기관들의 자산건전성 관리에 부담으로 작용하고 있음에 유의해야 할 것이다.

넷째, 대내외 불확실성 요인이 기업 경영 애로를 증대시키는 데 그치지 않고 민간소비, 투자 등 국내 경기 전반으로 파급 · 전이되는 것을 방지하기 위해 구조개혁 정책의 추진 등을 통한 소득여건 개선과 내수기반 확충에 힘써야 할 것이다.

chapter 09 한계기업증가와 상장폐지 조건 개편안

01 논제 개요 잡기 [핵심 요약]

서론	이슈언급		2023년 말 외감기업 중 한계기업 비중은 기업 수 기준 17.4%, 차입금 기준 31.9%로 증가 추세이다. 뿐만 아니라 2024년 2분기 중소기업 대출 연체율은 2.69%로 지속적으로 상승 추세이다. 이처럼 기업대출의 연체율이 높아지며 금융 비용 부담이 증가되고 있으나, 대내외 환경 불확실성으로 금융 부담이 지속될 가능성이 높다. 구체적으로 미국 트럼프 정부 출범, 통상 환경 변화, 고환율 등 경제, 정치 여건의 불확실성은 기준금리 인하 기조에 영향을 주어 중소기업의 대출 비용 부담은 지속될 것이다. 이러한 기업들의 재무 건전성 악화는 기업 비용 부담으로 가중, 채무상환 악화가 우려되며 결국 한계기업 증가에 영향을 줄 수 있다. 한계기업 증가는 금융, 인적 자원 분배 효율성을 감소시키며, 고용 · 생산성 · 금융 환경 등을 악화시킨다. 한편, 202년 1월 금융당국이 발표한 상장폐지 요건 강화 방안은 한계기업의 시장 퇴출을 촉진하고 자본시장의 신뢰도를 회복하는 데 있어 중요한 진전으로 평가된다.
본론	1. 한계기업	1) 현황 및 영향	① 현황 2022년 이후 고금리 상황과 대내외 경제 환경 악화로 인해 재무적으로 취약한 상장기업 비중이 빠르게 증가하고 있음. ② 자본시장 영향 가. 주식 시장 전반의 투자 유인을 저해하고 증시 경쟁력을 약화하는 요인으로 작용함.

본론	1. 한계기업	1) 현황 및 영향	나. 이는 투자자 피해를 초래할 뿐만 아니라, 시장 신뢰도를 저해하는 주요 요인으로 지적됨. 다. 정상 기업의 생산성을 저해하고 성장 기회를 제한하는 요인으로 작용함. 라. 한계기업의 존속이 증시에 미치는 부정적 영향 역시 실증적으로 확인됨. 마. 결과적으로, 한계기업의 적시 퇴출과 상장기업의 적격성 제고는 저조한 주가지수의 회복을 촉진하고, 나아가 자본시장의 경쟁력과 투자 매력을 강화하는 데 기여할 것으로 기대됨.
	2. 상장폐지 요건 강화 및 절차 효율화	1) 요건 강화 내용	2025년 1월, 금융당국은 자본시장의 신뢰도를 높이고 한계기업의 실효적 퇴출을 촉진하기 위해 상장폐지 제도 개편안을 발표하였음. 이번 개편은 과소 설정된 재무 요건을 현실화하고, 퇴출 절차의 비효율성을 개선하며, 투자자 보호 장치를 강화하는 데 중점을 두고 있음. ① 상장폐지 요건 중 재무 기준이 대폭 강화됨. ② 감사 의견 요건도 강화하여, 2년 연속 감사 의견이 비적정일 경우 즉시 상장폐지되도록 규정을 명확히 함. ③ 아울러, 퇴출 절차의 신속성을 높이기 위해 심의 단계를 간소화하고, 개선 기간을 단축함. ④ 퇴출 이후 시장 충격을 완화하고 투자자 보호를 강화하기 위한 보완 조치를 마련함.
		2) 기대효과	기존 퇴출 심사 과정에서 가장 큰 절차적 지연을 초래한 감사 의견 비(非)적정 기업에 대해 개선 기회 부여를 1회로 명확히 제한한 점은 퇴출 절차의 효율성을 크게 높일 것으로 기대됨. 이는 거래정지 장기화를 완화하는 동시에, 시장의 가격 발견 기능을 정상화하는 데 기여할 것으로 보임. 투자자의 환금성을 높이고, 시장 신뢰 회복에도 긍정적인 영향을 미칠 것으로 전망됨.
결론	의견제시		첫째, 시장 내 경쟁 압력을 강화할 필요가 있음. 둘째, 정부 및 금융 기관의 지원 관행을 재검토할 필요가 있음. 셋째, 상장폐지 과정에서 기업이 관련 정보를 충실히 공시하도록 유인 체계를 확립할 필요가 있음. 넷째, 시가 총액 기준이 보다 실효성 있게 적용될 수 있도록 세부 방안을 검토할 필요가 있음. 마지막으로, 투자자 보호를 강화하기 위한 제도적 기반을 정교하게 정비할 필요가 있음. 이처럼 퇴출 제도 개선만으로 한계기업 문제를 근본적으로 해결하는 데는 한계가 있는 만큼, 시장 규율을 강화하고 제반 환경을 보완하는 정책이 뒤따를 필요가 있음.

서론

이슈 언급

2023년 말 외감기업 중 한계기업 비중은 기업 수 기준 17.4%, 차입금 기준 31.9%로 증가 추세이다. 뿐만 아니라 2024년 2분기 중소기업 대출 연체율은 2.69%로 지속적으로 상승 추세이다. 이처럼 기업대출의 연체율이 높아지며 금융 비용 부담이 증가되고 있으나, 대내외 환경 불확실성으로 금융 부담이 지속될 가능성이 높다. 구체적으로 미국 트럼프 정부 출범, 통상 환경 변화, 고환율 등 경제, 정치 여건의 불확실성은 기준금리 인하 기조에 영향을 주어 중소기업의 대출 비용 부담은 지속될 것이다.

[연도별 한계기업 비중]

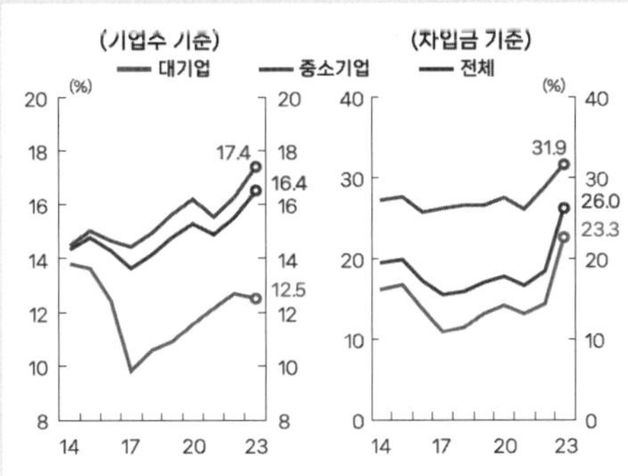

[기업 대출 연체율]

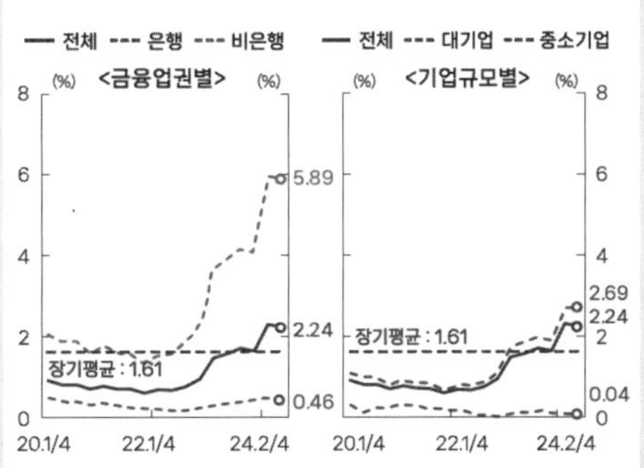

[출처: 한국은행(2024)]

　　이러한 기업들의 재무건전성 악화는 기업 비용 부담으로 가중, 채무상환 악화가 우려되며 결국 한계기업 증가에 영향을 줄 수 있다. 한계기업 증가는 금융ㆍ인적 자원 분배 효율성을 감소시키며, 고용, 생산성, 금융 환경 등을 악화시킨다.

　　한편, 2025년 1월에 금융당국이 발표한 상장폐지 요건 강화 방안은 한계기업의 시장 퇴출을 촉진하고 자본시장의 신뢰도를 회복하는 데 있어 중요한 진전으로 평가된다.

　　이에 본지에서는 금번 발표된 상장폐지 제도 개편안의 내용 및 영향 그리고 향후 정책적 과제에 대해 논하기로 한다.

본론

1. 한계기업

<출처: 자본시장 연구원>

1) 현황 및 영향

① 현황

2022년 이후 고금리 상황과 대내외 경제 환경 악화로 인해 재무적으로 취약한 상장기업 비중이 빠르게 증가하고 있다.

가. 2023년 말 기준, 영업 이익으로 이자비용을 감당하지 못하는 기업은 전체 상장사의 약 41%에 달했으며, 이 중 이자보상배율이 3년 연속 1 미만인 기업은 약 18%로 집계되었다.

나. 이러한 한계기업 문제는 2017년 이후 미 · 중 무역 분쟁, 코로나19 등의 충격을 거치며 더욱 심화되었으며, 특히, 코스닥 시장과 소규모 기업을 중심으로 부실기업이 퇴출되지 않고 지속적으로 존속하면서, 소위 좀비기업(zombie firm) 현상이 확산하고 있다.

② 자본시장 영향

가. 한계기업의 증가는 단순한 개별 기업의 문제가 아니라, 주식시장 전반의 투자 유인을 저해하고 증시 경쟁력을 약화하는 요인으로 작용한다.

나. 부실기업의 경영진은 자금 확보를 위해 불투명한 자본 조달, 무분별한 M&A 등 불공정 거래를 시도할 동기가 높아지며, 최근에는 상장폐지를 회피하기 위해 허위 · 가공 매출을 계상하는 회계 부정 사례도 보고되고 있다. 이는 투자자 피해를 초래할 뿐만 아니라, 시장 신뢰도를 저해하는 주요 요인으로 지적된다.

다. 한계기업은 경제 내 희소한 자원을 비효율적으로 점유하면서 정상 기업의 생산성을 저해하고 성장 기회를 제한하는 요인으로 작용한다. 국내 연구에서도 한계기업 비중이 증가할수록 정상기업의 고용 및 설비 투자, 기술 생산성이 위축됨을 확인한 바 있다.

라. 한계기업의 존속이 증시에 미치는 부정적 영향 역시 실증적으로 확인된다. 한계기업의 주식 수익률은 장기간 시장 평균을 하회하고 있으며, 특히 한계기업 비중이 높은 코스닥 시장에서 이러한 현상이 두드러진다. 예를 들어, 2011년 이후 매년 6월을 기준으로 3년 연속 이자보상배율 1 미만 기업을 지수에서 제외하고 이를 재산출할 경우, 2024년 6월 말 기준 코스닥 지수는 37% 추가 상승하는 것으로 분석된다.

[한계기업 퇴출 시 코스닥 시장 수익률 증분 효과]

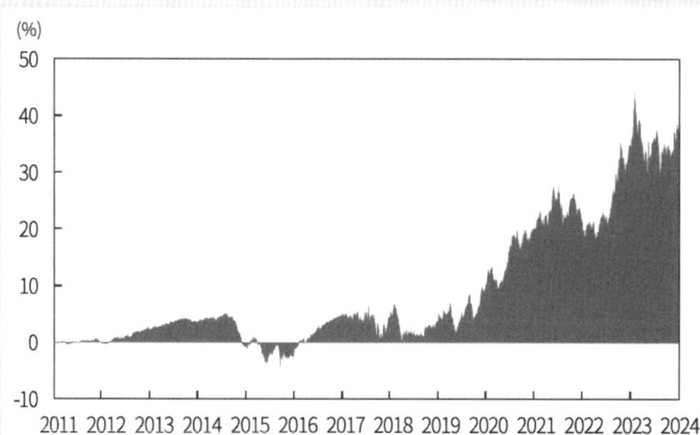

주: 1) 2011년 7월부터 2024년 6월까지 코스닥 시장 내 한계기업 퇴출을 가정한 누적 수익률 증분
    2) 한계기업 퇴출은 매년 6월 말 3년 연속 이자보상배율 1 미만 기업의 영구적 편출을 가정

---

1. 한계기업

<출처: 자본시장 연구원>

1) 현황 및 영향

<table>
<tr>
<td rowspan="2">

1. 한계기업

<출처: 자본시장
연구원>

</td>
<td>

1) 현황 및
영향

</td>
<td>

마. 결과적으로, 한계기업의 적시 퇴출과 상장기업의 적격성 제고는 저조한 주가지수의 회복을 촉진하고, 나아가 자본시장의 경쟁력과 투자 매력을 강화하는 데 기여할 것으로 기대된다.

바. 그러나 기존의 상장폐지 제도는 기업 회생을 우선시하는 방향으로 운영되어 왔으며, 경기 하강 국면에서는 퇴출 요건이 지속 완화되면서 한계기업의 시장 퇴출이 지연되는 결과를 초래했다. 이는 증시 경쟁력과 시장 신뢰도를 제고하기 위해 퇴출 제도의 운용 기조를 구조적으로 전환할 필요가 있음을 시사한다.

</td>
</tr>
</table>

<table>
<tr>
<td rowspan="2">

**2. 상장폐지
요건 강화
및 절차
효율화**

<출처: 자본시장
연구원>

</td>
<td>

1) 요건 강화
내용

</td>
<td>

2025년 1월, 금융당국은 자본시장의 신뢰도를 높이고 한계기업의 실효적 퇴출을 촉진하기 위해 상장폐지 제도 개편안을 발표하였다. 이번 개편은 과소 설정된 재무 요건을 현실화하고, 퇴출 절차의 비효율성을 개선하며, 투자자 보호 장치를 강화하는 데 중점을 두고 있다.

① 상장폐지 요건 중 재무 기준이 대폭 강화된다. 현재 시가 총액 기준은 유가증권시장의 경우 50억 원에서 2028년까지 500억 원으로, 코스닥 시장은 40억 원에서 300억 원으로 점진적으로 상향 조정된다. 매출액 기준 역시 유가증권시장은 2029년까지 50억 원에서 300억 원으로, 코스닥 시장은 30억 원에서 100억 원으로 상향된다. 이번 조치는 기존 기준이 과도하게 낮아 실질적인 퇴출 효과를 기대하기 어려웠다는 점을 반영한 것으로, 기업의 계속성과 시장 건전성을 보다 엄격한 기준으로 평가하도록 유도할 것으로 보인다.

② 감사 의견 요건도 강화하여, 2년 연속 감사 의견이 비적정일 경우 즉시 상장폐지되도록 규정을 명확히 한다. 이는 재무제표의 신뢰성조차 확보하지 못한 기업이 장기간 시장에 남아 투자자 피해를 초래하는 문제를 방지하고, 회계 투명성을 제고하기 위한 조치로 해석할 수 있다.

③ 아울러, 퇴출 절차의 신속성을 높이기 위해 심의 단계를 간소화하고, 개선 기간을 단축한다. 기존 유가증권시장에서 최대 4년까지 허용되었던 개선 기간은 2년으로 줄어들며, 코스닥 시장은 기존 3심제에서 2심제로 전환하고 개선 기간 역시 2년에서 1년 6개월로 단축된다. 또한 형식적 상장폐지 사유와 실질 심사 사유를 병행하여 판단하도록 개선함으로써, 퇴출 심사의 불필요한 장기화를 방지할 것으로 기대된다.

④ 퇴출 이후 시장 충격을 완화하고 투자자 보호를 강화하기 위한 보완 조치도 마련된다. 상장폐지 이후에도 거래 연속성을 유지할 수 있도록 금융투자협회(K-OTC) 내 '상장폐지 기업부'를 신설하여 6개월간 비상장 주식의 거래를 지원한다. 또한, 퇴출 심사 과정에서 기업이 제출하는 개선 계획의 주요 내용을 공시하도록 의무화하여, 투자자들이 퇴출 위험 기업의 계속성에 대한 정보를 보다 투명하게 접근할 수 있도록 한다.

</td>
</tr>
</table>

<table>
<tr>
<td rowspan="2">2. 상장폐지
요건 강화
및 절차
효율화

<출처: 자본시장
연구원></td>
<td>2) 기대효과</td>
<td>

① 이번 제도 개편 이후, 상장 적격성이 저하된 한계기업의 상당수가 보다 이른 시기에 퇴출 대상에 포함될 것으로 예상된다. 재무 요건만 고려하더라도 2024년 말 기준, 유가증권시장 기업의 약 8%, 코스닥 시장 기업의 약 7%가 최종 상향될 요건을 충족하지 못하고 있기 때문이다.

② 기존 퇴출 심사 과정에서 가장 큰 절차적 지연을 초래한 감사 의견 비(非)적정 기업에 대해 개선 기회 부여를 1회로 명확히 제한한 점은 퇴출 절차의 효율성을 크게 높일 것으로 기대된다. 이는 거래 정지 장기화를 완화하는 동시에, 시장의 가격 발견 기능을 정상화하는 데 기여할 것으로 보인다.

③ 투자자의 환금성을 높이고, 시장 신뢰 회복에도 긍정적인 영향을 미칠 것으로 전망된다.

</td>
</tr>
</table>

 결론

의견 제시　한계기업 문제는 완화적 통화정책, 산업 구조 변화, 정부 및 금융 기관의 지원 정책 등이 복합적으로 작용하여 나타나는 구조적 현상이다. 학계에서는 2008년 글로벌 금융위기 이후 지속된 저금리 환경과 완화적 통화정책이 한계기업 확산의 주요 요인으로 작용했다고 평가한다. 또한 기술 혁신과 산업 구조 변화에 적응하지 못한 기업이 경쟁에서 도태된 점, 정부의 과도한 보조금 및 재정 정책 금융 기관의 관대한 대출 관행 등도 한계기업이 구조적으로 존속하는 요인으로 지적된다.

따라서 한계기업 문제를 근본적으로 해결하기 위해서는 상장폐지 요건 강화를 출발점으로 삼되, 시장의 구조적 요인을 고려한 보다 포괄적인 접근이 병행될 필요가 있다. 이에, 이번 개편안의 실효성을 더욱 높이고 한계기업 문제를 근원적으로 완화하기 위해 다음과 같은 과제를 제시한다.

첫째, 시장 내 경쟁 압력을 강화할 필요가 있다. 한계기업의 엄격한 퇴출은 증시 전반의 경쟁력을 높이는 데 기여할 수 있으나, 중간재 수출 중심의 경기순환형 기업이 큰 비중을 차지하는 우리나라의 산업 구조를 고려할 때, 한계기업을 적기에 판별할 수 있는 요건을 설정하는 것은 매우 어려운 과제이다. 이는 필연적으로 정상기업을 한계기업으로 오인하는 중대한 오류 가능성을 내포한다. 퇴출 기준을 일률적으로 상향하는 것만으로는 한계기업 문제를 해결하는 데 한계가 있는 만큼, 시장 내 경쟁을 촉진하여 생산성이 낮은 기업이 시장 규율을 통해 신속히 퇴출될 수 있도록 제도적 기반을 마련할 필요가 있다.

둘째, 정부 및 금융 기관의 지원 관행을 재검토할 필요가 있다. 경기 침체 완화를 위한 정부의 지원 정책은 생산성이 낮은 기업의 퇴출을 지연시키고, 경제 내 희소한 자원의 배분 효율성을 저해할 수 있다. 따라서, 취약 기업을 지원하는 정책은 기업의 생산성과 업종 내 자원 배분의 효율성을 고려하여 보다 선별적이고 체계적으로 운영될 필요가 있다. 아울러, 회생 기업에 대한 정책 금융과 한계기업에 대한 대출 관행도 비효율성을 초래하지 않도록 면밀한 검토가 필요하다.

셋째, 상장폐지 과정에서 기업이 관련 정보를 충실히 공시하도록 유인 체계를 확립할 필요가 있다. 이번 개편을 통해 퇴출 심사 과정에서 개선 계획의 주요 내용을 공시하도록 의무화한 점은, 투자자가 기업의 개선 가능성을 보다 신속하게 평가할 수 있다는 측면에서 긍정적이다. 그러나 기업이 불리한 경제적 상황을 왜곡 없이 투명하게 공시할지는 여전히 불확실하다. 공시의 신뢰성과 충실도를 높일 수 있는 보완책 마련이 병행될 필요가 있다.

넷째, 시가 총액 기준이 보다 실효성 있게 적용될 수 있도록 세부 방안을 검토할 필요가 있다. 현행 거래소 규정에 따르면, 시가 총액 미달로 관리 종목에 지정된 이후 90일 동안 일정 일수 이상 시가 총액 기준 미달 상태가 지속되어야 상장폐지가 이루어진다. 그러나 관리 종목으로 지정되려면 우선 30거래일 연속 시가 총액 미달 상태가 유지되어야 하며, 이 과정에서 단 하루라도 기준을 초과하면 관리 종목 지정 요건 자체를 충족하기 어려운 문제가 있다. 분기 또는 반기 등 일정 기간을 기준으로, 일평균 시가 총액이 기준 시가 총액 미만일 경우 시장 조치가 이루어질 수 있도록 관리 종목 및 상장폐지 규정을 보완하는 방안을 검토할 필요가 있다.

마지막으로, 투자자 보호를 강화하기 위한 제도적 기반을 정교하게 정비할 필요가 있다. 특히, 청산가치 미만으로 거래되는 자산주의 퇴출 시, 기업의 본질가치 대비 지나치게 낮은 가격에서 정리 매매가 이루어질 가능성이 제기된다. 기본적으로 자산주의 저평가 현상이 합리적으로 해소될 수 있도록 M&A 압력을 강화하는 방안을 검토하는 한편, 일반 주주의 권리를 보호할 수 있는 제도적 장치도 마련할 필요가 있다. 아울러, 일부 기업이 시가 총액 미달 기준을 벗어나기 위해 무분별한 M&A나 유상증자를 시도하는 사례가 발생하지 않도록 자금 조달의 목적성과 투명성에 대한 외부 감시 체계가 효과적으로 작동할 수 있어야 한다. 나아가, 정규 시장에서 상장이 폐지되더라도 거래의 연속성을 유지할 수 있도록 장외 시장의 거래 기반을 충분히 확충할 필요가 있다. 이와 관련해, 미국의 Pink Sheets 시장과 같이 진입 요건을 최소화하는 방식은 상장폐지 기업의 거래를 효과적으로 지원하는 방안이 될 수 있다. 다만 투기적 접근에 따른 손실은 온전히 투자자의 몫이며, 시장에서도 이를 명확한 원칙으로 인식하는 문화가 자리잡을 필요가 있다.

이번 상장폐지 요건 개편은 퇴출 기준을 강화하고, 절차를 효율화함으로써 시장 신뢰를 회복하는 중요한 진전으로 평가할 수 있다. 그러나 퇴출 제도 개선만으로 한계기업 문제를 근본적으로 해결하는 데는 한계가 있는 만큼, 시장 규율을 강화하고 제반 환경을 보완하는 정책이 뒤따를 필요가 있다.

보다 장기적이고 종합적인 개선을 통해 한계기업 문제를 구조적으로 완화하고, 시장의 경쟁력과 신뢰를 더욱 강화하는 방향으로 나아가길 기대한다.

chapter

10

대안신용평가

01 논제 개요 잡기 [핵심 요약]

서론	이슈언급		대안신용평가란 대출 상환 이력이나 신용카드 사용 내역 등 전통적인 금융 정보 외에 쇼핑 소비 패턴, 통신비 납부 현황, 도서 구매 이력 등 다양한 비금융 정보까지 개인의 신용점수로 산정하는 방식이다. 즉, 기존에 사용하지 않던 비금융 정보에 새로운 분석 기술(머신러닝, 딥러닝 등)을 적용해 신용 등급을 측정 및 부여하는 방식이다.
본론	1. 신용평가의 의의와 전통 신용평가 모형의 한계	1) 신용평가의 의의	신용평가는 개인 및 기업의 신용 상태를 평가하여 신용도를 측정하는 시스템으로 금융 기관은 이를 대출 심사, 금리 결정 등에 직접적으로 활용함.
		2) 전통신용 평가모형의 한계	금융 거래 데이터에 기반을 두고 있는 전통적인 신용평가 모형 특성상 차주의 신용 위험을 민첩하고 유연하게 반영하기 어려움. ① 데이터 한계와 커버리지 ② 시차 및 적시성 부족 ③ 신용 인플레이션 ④ 데이터 품질과 정확성

본론	2. 대안신용 평가의 등장	1) 대안신용 평가 대두 배경	① 기존 신용평가 시스템의 구조적 한계와 금융 포용성 확대의 필요성이 제기되면서 비금융 데이터를 활용한 리스크 평가 모델이 주목받기 시작함. ② 기대 　가. 포용 가능성 　나. 적시성 　다. 유연성
		2) 국내외 대안 신용평가 도입 현황	대안신용평가는 전통적인 금융 기관보다는 빅테크, 핀테크 기업 및 스타트업을 중심으로 모형 개발과 상품 출시가 이루어지고 있음. ① 평가 모델 　모바일 이용 내역, 공과금 납부 이력, 쇼핑 정보 등 디지털 데이터를 활용한 대안신용평가 모형 개발이 핀테크 기업을 중심으로 활발하게 진행 중임. ② 도입 현황 ③ 그러나 대안신용평가가 지닌 다양한 이점과 잠재력에도 불구하고 실제 금융 시장에서의 채택률은 낮고 활용도 제한적임.
	3. 문제점	1) 기술 및 자원 관련 문제	① 데이터 및 모델 관련 문제 ② 블랙 박스 문제 ③ 자원 부족 문제
		2) 사회적 리스크	① 편향 리스크 ② 차별 리스크 　➡ 대안신용평가의 도입이 금융 소외 계층의 신용 접근성을 높이기 위한 측면도 존재함. 하지만 알고리즘의 편향된 학습, 디지털 격차 등에 따른 문제도 존재함. 　➡ 이러한 문제는 새로운 배제와 불평등을 형성할 수 있음을 시사하며 단순히 기술적 개선만으로는 대안신용평가의 적용이 어렵다는 것을 의미함.
		3) 정책 및 제도 환경의 한계	① 혁신적인 대안신용평가 모형을 갖추고 있다 하더라도 새로운 유형의 데이터 활용에 대한 명확한 법적·제도적 기반이 부족할 경우 실질적 활용이 어려움. ② 주요 규제를 예외조치 한다 하더라도 투명성 및 공정성 입증 과정에서 발생하는 다양한 문제들은 대안신용평가의 시장 도입을 어렵게 만드는 요인임.

| 결론 | 의견제시 | 대안신용평가가 잠재력을 가진 모형인 만큼 안정적인 정착을 위해서는 기술적 완성도 제고, 제도적 기반 마련, 사회적 신뢰 구축을 조화롭게 이룰 필요가 큼.
첫째, 기술적 완성도 제고
둘째, 제도적 기반 마련
셋째, 사회적 신뢰 구축
금융 회사들은 대안신용평가를 단기적 수익 모델로 접근하기 보다는 장기적 관점에서 시스템의 포용성과 안정성을 동시에 추구함으로써 금융 소비자의 신뢰도를 높일 필요가 있음. 급속한 확산보다는 신중하고 체계적인 접근을 통해 대안신용평가가 진정한 의미에서 포용성 확대와 정확한 리스크 측정에 기여할 수 있는 방안을 마련해 나가야 할 것임. |

02 논제 풀이

📈 서론

이슈 언급 기존 신용평가 시스템의 구조적 한계와 금융 포용성 확대의 필요성이 제기되면서 비금융 데이터를 활용한 리스크 평가 모델이 주목받기 시작했다. 대안신용평가란 대출 상환 이력이나 신용카드 사용 내역 등 전통적인 금융 정보 외에 쇼핑 소비 패턴, 통신비 납부 현황, 도서 구매 이력 등 다양한 비금융 정보까지 개인의 신용점수로 산정하는 방식이다. 즉, 기존에 사용하지 않던 비금융 정보에 새로운 분석 기술(머신러닝, 딥러닝 등)을 적용해 신용 등급을 측정 및 부여하는 방식이다. 국내보다는 해외에서 먼저 활성화됐지만 최근 국내에서 대안신용평가에 대한 활용 속도가 크게 빨라지고 있다. 금융 거래 내역이 많지 않아 신용정보가 부족한 사회초년생과 프리랜서, 자영업자 등도 대출을 받거나 신용카드를 발급받을 때 불이익이 없도록 하자는 취지에서 개발됐다. 덕분에 금융 소외계층의 경제 생활에 도움을 주는 새로운 신용평가라는 호평을 받았다.

하지만 문제도 만만치 않다. 소비자의 개인정보 및 프라이버시 침해 우려, 설명 가능성 부족, 데이터 편향, 법 · 제도 미비 등의 문제가 있다.

구체적으로는 소비자들이 본인의 개인정보 중 어떤 내용이 대안신용평가에 활용되는지 충분히 알지 못한다는 점이다. 대안신용평가를 운영하는 회사들이 해당 데이터를 어떻게 활용하는지 별다른 기준을 공개하고 있지 않아 소비자들의 불안감만 커지고 있다. 과도한 정보 수집이 오히려 금융 심사에 부정적으로 작용하는 것 아니냐는 우려도 불안감을 부추기는 요소 중 하나이다. 여기에 온라인 쇼핑 이력이나 SNS 활동 내역 등 다소 민감한 개인 사생활 영역까지 포함된다는 점도 석연치 않다.

이에 본지에서는 대안신용평가의 긍정적 · 부정적 요소를 분석한 후, 대안신용평가모형의 활용율을 높이기 위한 방안을 제언하기로 한다.

본론

1. 신용평가의 의의와 전통 신용 평가 모형의 한계
<출처: 하나금융연구소>

1) 신용평가의 의의

신용평가는 개인 및 기업의 신용상태를 평가하여 신용도를 측정하는 시스템으로 금융 기관은 이를 대출 심사, 금리 결정 등에 직접적으로 활용된다.

① 신용평가회사(CB)는 차주의 직장 정보, 소득 정보, 상환 이력, 신용 거래 기간, 신용 거래 패턴 등을 이용하여 정해진 기간 내의 채무상환 능력을 평가한다.

② 금융 회사는 신용평가사의 평가와 더불어 자체적인 신용평가 결과를 종합하여 대출 심사, 금리 결정, 신용카드 발급 등에 활용한다.

2) 전통신용평가 모형의 한계

금융 거래 데이터에 기반을 두고 있는 전통적인 신용평가 모형 특성상 차주의 신용 위험을 민첩하고 유연하게 반영하기 어렵다는 문제가 있다.

① 데이터 한계와 커버리지

　가. 금융 거래 이력, 재무정보 등에 의존하여 신용도를 평가하는 전통적인 신용평가 특성상 금융 거래 기록이 부족한 차주에 대한 평가는 어렵다.

　나. 건전한 현금 흐름을 가지고 있는 차주라 하더라도 금융 상품에 대한 낮은 활용도로 평가에 필요한 데이터가 부족하게 될 경우 신용 위험이 높게 나타날 수 있다.

　※ 금융이력부족층(Thin-Filer): 금융 거래(신용카드 사용 내역, 대출 실적 등)가 거의 없어 관련 서류가 얇은 금융 고객을 의미하며, 주로 사회초년생, 주부, 고령층 등이 이에 해당된다.

② 시차 및 적시성 부족

　가. 전통적인 신용평가 항목이 차주의 신용도에 반영되기까지는 시차가 존재하기 때문에 신용 상태 변화를 실시간으로 반영하기 어렵다.

　나. 급변하는 경제 환경에서 신용상태 변화(실직, 휴직, 산업구조 변화 등) 반영에 대한 시차는 금융 기관의 대응력을 지연시켜 리스크 관리의 효율성을 떨어지게 만들 수 있다.

③ 신용 인플레이션

　가. 금융 소비자의 신용점수가 전반적으로 높아지면서 단순히 신용점수만으로 금융 기관이 차주의 변별력을 확보하기에는 한계가 존재한다.

　나. 최근 국내도 신용평점 900점 이상 차주가 전체의 47%(NICE 평가 정보, 2024년 12월 기준)를 차지하는 등 리스크 판단 지표로서 신용점수의 실효성에 대한 의문이 제기되고 있다.

1. 신용평가의 의의와 전통 신용 평가 모형의 한계 <출처: 하나금융연구소>	2) 전통신용평가 모형의 한계	④ 데이터 품질과 정확성 평가 모형 생성 시 표본이 적은 집단의 경우 성능이 떨어질 수 있으며, 투입되는 데이터의 품질에 따라 신용평가 결과도 크게 좌우된다.
2. 대안신용평가의 등장 <출처: 하나금융연구소>	1) 대안신용평가 대두 배경	① 기존 신용평가 시스템의 구조적 한계와 금융 포용성 확대의 필요성이 제기되면서 비금융 데이터를 활용한 리스크 평가 모델이 주목받기 시작했다. 　가. 대안신용평가는 기존에 사용하지 않던 비금융 정보에 새로운 분석 기술(머신러닝, 딥러닝 등)을 적용해 신용 등급을 측정 및 부여하는 방식을 의미한다. 　나. 비정형 데이터 및 디지털 기술을 활용하여 신용도를 평가하기에 전통적인 신용평가 모형 대비 데이터 처리 속도가 빠르고 다양한 데이터를 적용할 수 있어 차주의 정보 비대칭성 해소와 실시간 위험 관리에 효율적이다. 　다. 대안신용평가는 전통적인 신용평가 방식의 한계를 보완하고, 금융 소외 계층의 금융 접근성을 확대하기 위한 새로운 신용평가 기법으로 주목받는 중이다. ② 기대 　가. 포용 가능성 　　전통적인 금융 이력이 부족하여 평가가 어려운 씬파일러에게도 신용평가의 기회를 제공함으로써 금융 소외 계층의 금융 접근성을 해소할 수 있다. 　나. 적시성 　　월, 분기 단위로 갱신되는 전통적인 신용평가와 달리, 상대적으로 최신 정보를 반영함으로써 정보 반영 지연으로 인한 리스크 관리의 취약점을 해소할 수 있다. 　다. 유연성 　　일률적인 점수 체계와는 다르게 개인화된 차주 특성을 반영한 신용평가가 가능하며, 알고리즘 업데이트 등을 통해 시장 환경에 유연하게 대응 할 수 있다.

[대안 신용 데이터 vs. 전통적인 신용 데이터 비교]

대안 신용 데이터	전통적인 신용 데이터
- 대체 금융 서비스 데이터 - 임대료 지불 내역 - 공과금 지불 내역 - 소비자 동의 데이터 - 모바일 이용 내역 - SNS 활동 데이터	- 금융 기관 거래 이력(연체 이력, 대출금 상환 여부, 카드 사용 한도, 사용률 등) - 신용 조회 정보 - 내부 기록(파산 등)

<출처: 하나금융연구소>

대안신용평가는 전통적인 금융 기관보다는 빅테크, 핀테크 기업 및 스타트업을 중심으로 모형 개발과 상품 출시가 이루어지고 있다.

① 평가모델

모바일 이용 내역, 공과금 납부 이력, 쇼핑 정보 등 디지털 데이터를 활용한 대안신용평가 모형 개발이 핀테크 기업을 중심으로 활발하게 진행되고 있다.

가. 한국

주로 통신 데이터 및 생활 정보, 리뷰 정보 등과 같은 비금융 데이터를 신용평가에 사용하며, 전통 은행보다는 인터넷 뱅크, 제2금융권 등에서 도입하고자 하는 움직임을 보이고 있다.

나. 해외

모바일 앱 활동, 공과급 납부 내역 등을 분석하여 신용도를 측정하며 단순히 신용등급을 측정하는 것 뿐만 아니리 신용도 상승을 위한 컨설팅도 동시에 제공 중이다.

② 도입 현황

가. 한국

현재 직접 활용보다는 개발 중인 모델이 다수 존재한다.

[국내 대안신용평가모형 개발 현황]

구분	주요 내용
이퀄 (EQUAL)	- 통신 3사(SKT, KT, LG유플러스) 가입자 약 4,800만 명의 데이터를 활용한 대안신용평가모형 - 시간대별 통화 패턴, 금융앱 접속 빈도, 소액 결제 비율 등의 세부 항목을 통합적으로 분석 - 케이뱅크는 이퀄을 도입하여 CSS를 고도화
네이버페이스코어	- 네이버 쇼핑 및 결제 정보, 자산 정보, 활동 정보들을 활용한 대안신용평가 모형 - 케이뱅크, SBI저축은행 등의 대출 심사에 활용
카카오뱅크스코어	- 소액 결제, 택시 이용, 쇼핑 등 실제 소비 및 생활 기반 비금융 대안정보를 융합한 모형 - NICE 신용정보 시스템에 탑재 후 외부 개방

<출처: 하나금융연구소>

나. 해외

전통적인 금융 기관 대비 규제 강도가 낮은 P2P 플랫폼을 중심으로 온라인 중소기업 대출 등의 대안신용평가모형을 활용한 금융 상품이 출시되고 있다.

A. 미국 LendingClub

대안신용평가모형을 이용한 미국의 대표적인 리테일 및 중소기업 대출 P2P 플랫폼으로 연간 18.5억 달러(2024년 말 기준)의 대출을 제공한다.

---

2. 대안신용평가의 등장

<출처: 하나금융연구소>

2) 국내외 대안신용평가 도입 현황

2. 대안신용평가의 등장 <출처: 하나금융연구소>	2) 국내외 대안 신용평가 도입 현황	B. 영국 Zopa 자체 신용평가 알고리즘을 활용해 프리랜서, 소상공인 등에게 고객별 대출 조건을 속도감 있게 제시하는 영국의 디지털 은행으로 현재까지 약 130억 파운드의 대출을 제공한다. ③ 그러나 대안신용평가가 지닌 다양한 이점과 잠재력에도 불구하고 실제 금융 시장에서의 채택률은 낮고 활용도 제한적이다. 가. 대부분의 금융 기관에서 대안신용평가 도입의 필요성은 인지하고 있으나, 실제 정규 여신심사 모델에 사용하는 금융 기관은 일부에 불과하며 그마저도 보조지표로 사용하고 있어 인식과 활용 사이에 차이가 존재한다. 나. 국내 금융 기관들도 인터넷 은행이나 제2금융권을 중심으로 대안신용평가 도입을 추진하였으나, 중 · 저신용자 확대 과정에서 연체율이 상승하는 등 현실적 제약에 직면했다.
3. 문제점 <출처: 하나금융연구소>	1) 기술 및 자원 관련 문제	① 데이터 및 모델 관련 문제 데이터 품질 및 모델의 불투명성은 대안신용평가의 근본적인 문제로 지적되며 이를 해결하기 위해서는 상당한 시간과 비용이 소요될 전망이다. 가. 데이터 품질 A. 비정형 데이터는 조작될 가능성이 있어 신뢰성 문제를 불러일으킬 수 있으며, 이 외에도 일부 데이터 소스가 누락 · 미신고 될 경우 리스크가 과도하게 해석되어 차별적인 결과를 초래할 수 있다. B. 부정확하거나 오래된 데이터는 잘못된 평가로 연결될 수 있으며 대안 데이터를 정확하게 데이터 주체와 연결하지 못하는 경우가 발생할 수도 있다. 나. 데이터 표준화 A. 데이터 출처에 따른 포맷 불일치, 이질성, 누락, 중복 등으로 인한 오류가 모델의 신뢰도를 크게 저하시킬 수 있으며, 데이터 정제 및 표준화 과정은 상당한 비용을 시간을 수반한다. B. 차주 개인의 문제가 아닌 시장 변동성과 경제 불확실성 등으로 인해 데이터의 예측력이 저하될 수 있으며, 일부 데이터셋은 변동성이 높아 안정적으로 활용하기가 어렵다. ② 블랙 박스 문제 신용평가모델에 복잡한 머신러닝, AI 알고리즘 기반을 이용할 경우 점수 산출 과정이 불투명해지는 '블랙 박스' 문제에 직면할 수 있으며, 평가 모형에 내재되어 있는 복잡성으로 인해 의사 결정에 대한 명확한 설명을 제공하기 어렵다.

3. 문제점

<출처: 하나금융연구소>

1) 기술 및 자원 관련 문제	③ 자원 부족 문제

③ 자원 부족 문제

대안신용평가 시스템 개발을 위해서는 인프라 및 전문 인력이 필요하지만 기술적 한계와 인력 부족 문제로 인해 도입이 어렵다.

가. 인프라 구축의 어려움

  A. 전통적인 금융 기관은 주로 금융 거래 데이터만을 저장·관리하며 대안신용평가에 필요한 대안데이터를 수집하기 위한 인프라 구축은 어렵다.

  B. 대용량·고빈도 데이터로 구성되는 특성상 데이터 집계 및 저장에 상당한 비용이 발생한다.

나. 융합형 전문 인력 부족

  A. 대안신용평가 모델이 상용화되기 위해서는 AI·ML 전문인력 외에도 다양한 고려사항이 존재하지만 이를 융합할 수 있는 인재가 부족한다.

  B. 데이터 사이언티스트, 리스크 관리, 금융 규제, 윤리 및 법률 등 다양한 분야를 융합할 수 있는 전문 인력이 필요하다.

2) 사회적 리스크

① 편향 리스크

모델이 편향된 데이터를 학습할 경우 모형 자체가 편향성을 유발할 수 있으며 차별받는다고 인식될 경우, 법적 쟁점으로 비화가 가능하다.

가. 대안신용평가에서 주로 사용하는 알고리즘 모델이 과거의 편향된 데이터를 학습할 경우, 편향성을 유발할 수 있으며 이는 특정 집단에 불리한 결과가 초래될 수 있다.

  A. (성별 편향) 과거 Apple Card의 신용평가에서 성별 편향이 알고리즘에 반영되면서 동일한 신용 조건임에도 불구하고 여성이 남성 신청자보다 더 낮은 신용 한도가 부여된 사례가 있었다.

  B. (인종 편향) 대안신용평가가 적용된 핀테크 대출에서 알고리즘이 사용하는 대안데이터가 차별을 재생산하게 되면서 흑인·라틴계 소수인종이 동일한 신용등급의 백인보다 더 높은 금리를 부담하는 현상이 UC 버클리 연구 등에서 확인되었다.

  C. (지역 편향) 특정 인종이 모여 사는 지역의 거주자는 동일한 신용 특성을 가진 타 지역 거주자에 비해 대출 승인 확률이 20% 낮고 승인 시에도 금리 높게 책정되는 현상이 실증적으로 확인되었다.

② 차별 리스크

　가. 디지털 활용 및 접근성이 떨어지는 취약 계층의 경우 충분한 대안데이터를 생성하지 못하여 오히려 불리한 평가를 받을 가능성이 높다.

　나. 기술 및 디지털 이력이 부족한 집단을 대안신용평가에 적용할 경우 오히려 평가 상의 불이익을 겪을 수 있으며, 이는 금융 포용성을 저해시킬 수 있다.

　　A. 실제로 스마트폰, 인터넷, 모바일 뱅킹이 어려운 고령층 · 저소득층 · 농어촌 거주자 등은 앱 사용, 온라인 결제, 소셜 미디어 등의 대안거래 데이터 생성 자체가 적어, 대출이 거부되는 사례가 반복적으로 보고되었다.

　다. 이러한 문제는 대안신용평가가 단순히 기술적 효율성을 넘어 사회적 불평등을 심화시킬 수 있는 윤리적 함의를 내포하고 있다.

　　A. 대안신용평가의 도입이 금융 소외 계층의 신용접근성을 높이기 위한 측면도 존재하지만, 알고리즘의 편향된 학습, 디지털 격차 등에 따른 문제도 존재한다.

　　B. 이러한 문제는 새로운 배제와 불평등을 형성할 수 있음을 시사하며 단순히 기술적 개선만으로는 대안신용평가의 적용이 어렵다는 것을 의미한다.

① 혁신적인 대안신용평가 모형을 갖추고 있다 하더라도 새로운 유형의 데이터 활용에 대한 명확한 법적 · 제도적 기반이 부족할 경우 실질적으로 활용하기 어렵다.

　가. EU의 일반개인정보보호법(GDPR)의 적용 범위가 확대되면서 신용점수 산출에 자동화 및 AI를 활용하는 관행이 더욱 엄격한 법적 심사를 받게 되었다.

　　A. 자동화된 의사 결정에 대한 법적 규제가 강화되는 가운데 동의 및 계약에 의존한 데이터 활용의 문제점이 대안모형 적용의 한계점으로 지목되고 있으며, 이외에도 모델의 투명성 확보와 소비자 권리 보장을 동시에 달성하기 어렵다는 점도 주요 제약 사항으로 작용하고 있다.

　나. 캘리포니아의 소비자개인정보보호법은 자동화된 의사 결정 기술 규제, 데이터 최소화의 원칙, 소비자 권리 강화 등을 통해 대안신용평가 적용에 제약을 가하는 중이다.

　　A. 캘리포니아 개인정보보호국은 자동화된 의사 결정 기술(Automated Decision making Technology, ADMT)이 차별 및 편향 문제를 일으킬 우려가 커질 수 있다고 판단하고 있으며, 관련 데이터 및 시스템의 목적에 따라 규제 범위를 설정하고 있다.

---

3. 문제점

<출처: 하나금융연구소>

- 2) 사회적 리스크
- 3) 정책 및 제도 환경의 한계

3. 문제점 <출처: 하나금융연구소>	3) 정책 및 제도 환경의 한계

B. 이는 AI로 개인정보를 처리하고 계산을 통해 결정을 실행하는 기술뿐만 아니라 인간의 의사 결정을 대체하고 실질적인 의사 결정을 촉진하는 모든 기술에 제제가 적용될 예정이다.

② 주요 규제를 예외조치한다 하더라도 투명성 및 공정성 입증 과정에서 발생하는 다양한 문제들은 대안신용평가의 시장 도입을 어렵게 만드는 요인이다.

가. 미국의 Upstart 사례는 대안신용평가 도입의 복잡성을 보여주는 주요 사례이다.

A. "Upstart"는 2014년부터 전통적인 신용점수와 함께 비전통적 데이터를 AI 알고리즘으로 분석하여 신용평가를 수행하는 온라인 대출 플랫폼이다.

B. Upstart는 NAL 기간(미국 금융소비자보호국의 NAL(No Action Letter)은 특정 조건 하에서 감독 기관이 법 위반에 대한 감독·집행 조치를 취하시 않겠다는 것을 약속하는 제도로, 혁신적인 금융 서비스의 규제 불확실성 해소를 위한 정책) 동안 전통적인 모델 대비 대출 승인율을 증가시키고 낮은 대출 금리를 제공하는 등 신용 접근성 확대 측면에서 긍정적인 성과를 입증했다.

C. 그럼에도 AI 모델에 대한 지속적인 모니터링의 어려움, NAL 부여가 모델 승인으로 오인될 가능성 및 금융소비자보호국 정책 변화에 따른 불확실성 등의 문제로 NAL을 철회했다.

📈 결론

의견 제시

대안신용평가가 지닌 기술적 혁신과 사회적 기여에도 불구하고 구조적 문제에 따른 한계점으로 대안신용평가의 도입과 확산은 지연되고 있다. 그 핵심 원인은 데이터의 질, 기술적 투명성, 자원 부족 및 규제의 불확실성 등 복합적인 요인에서 비롯되고 있다. 이러한 문제들은 대안신용평가가 단순히 기술적 혁신을 넘어 데이터 거버넌스, 윤리적 기준, 규제 환경 등 다차원적인 접근이 필요한 복합적인 과제임을 보여준다. 따라서 상대적으로 모형의 적용이 자유로운 빅테크 및 핀테크사들을 중심으로만 해당 시장 진출이 이루어지고 있으며, 전통적인 금융 기관은 대안신용평가 도입의 필요성은 인지함에도 보조적인 지표 정도로 활용하고 있다.

대안신용평가가 잠재력을 가진 모형인 만큼 안정적인 정착을 위해서는 기술적 완성도 제고, 제도적 기반 마련, 사회적 신뢰 구축을 조화롭게 이룰 필요가 크다.

첫째, 기술적 완성도 제고

데이터 편향성, 비금융 데이터의 표준화, 알고리즘 투명성 등의 구조적 한계점들을 해결함으로써 금융 시장에서의 확장성을 제고해야 한다. 단순히 새로운 기술 도입과 모형의 고도화를 넘어 데이터 활용 역량을 강화하고 알고리즘 모델의 설명 가능성과 투명성을 높이는 모형을 개발함으로써 예측 정확도를 향상시켜야 한다.

둘째, 제도적 기반 마련

금융당국은 대안신용평가가 활성화될 수 있는 환경을 조성하기 위한 제도적 지원을 강화하는 등의 정책 방안을 마련할 필요가 있다. 대안신용 데이터를 확보하고 모형을 개발하는 과정은 상당한 비용을 수반하기 때문에 규제 샌드박스 등을 통한 정책적 불확실성 제거로 적극적인 활용을 독려해야 한다.

셋째, 사회적 신뢰 구축

금융 회사들은 대안신용평가를 단기적 수익 모델로 접근하기 보다는 장기적 관점에서 시스템의 포용성과 안정성을 동시에 추구함으로써 금융 소비자의 신뢰도를 높일 필요가 있다. 급속한 확산보다는 신중하고 체계적인 접근을 통해 대안신용평가가 진정한 의미에서 포용성 확대와 정확한 리스크 측정에 기여할 수 있는 방안을 마련해 나가야 할 것이다.

현재 국내 법 · 제도로는 대안신용평가에 대한 구체적인 기준이나 보호 장치를 마련하지 못하고 있다. 제도가 미비한 상황에서 데이터의 상업적 활용이 먼저 확산되다 보니, 포용 금융이라는 대안신용평가의 본래 목적이 훼손될 수 있다는 목소리가 높다.

대안신용평가사들은 수집한 비금융 데이터를 대출에 유리하게만 사용하겠다는 입장이지만, 실제 활용 방식에 대해선 입을 다물고 있다. 정보가 많을수록 평가가 불리해지는 역설적인 상황을 우려하는 게 무리는 아니다.

이러니 활용 내역에 대한 사후 검증 장치 등의 보완책 마련이 시급하다는 주장이 설득력을 얻고 있다. 소비자가 자신의 신용평가 과정을 이해하고, 그 결과에 동의할 수 있어야 하지 않을까? 대안신용평가에 포용금융이라는 본래 목적이 훼손되지 않도록 명확한 가이드라인과 제도적 보완이 필요하다고 본다.

11

딥시크

01 논제 개요 잡기[핵심 요약]

서론	이슈언급	중국의 AI 기업 딥시크(DeepSeek)가 2025년 1월 20일 추론 AI 모델 RI 시리즈를 공개한 여파로 인한 시장 충격이 해소되지 않으면서, 금융 시장의 관심이 고조되고 있다. 특히 딥시크는 개발 비용과 시간 측면에서 경쟁사 대비 크게 우월한 동시에 성능도 뒤쳐지지 않는 등 뛰어난 가성비를 보유하고 있으며, 소스도 오픈하면서 인공지능 산업 판도의 변화 가능성도 제기되었다. 이에 본지에서는, 딥시크의 특징 및 산업에 미치는 각종 영향들에 대해 알아본 후, 시사점을 도출해보고자 한다.
본론	1. 딥시크의 특징과 산업에 미치는 영향	1) 개요 ① 딥시크-V3는 AI 훈련비용이 미국기업의 훈련비용 대비 약 1/10 수준이지만, 오픈AI의 GPT-4o 수준의 AI 성능을 구현해 세계의 주목을 받음. ② 특히 딥시크는 사람이 선별하는 데이터를 습득하는 지도 학습이 아닌 스스로 데이터를 찾아 탐구하는 강화 학습 방식을 채택하는 등 고도화된 추론 능력을 보유함. 그 결과 미국 기술주를 중심으로 AI 버블 우려 등이 확대. 나스닥 지수는 2025년 1월 27일 3% 이상 하락함.
		2) 기업의 딥시크 도입 마이크로소프트, 아마존 등은 오픈AI에 대한 의존도를 낮추고 사용자 저변 확대를 위해 자사 서비스에 딥시크를 도입함.

본론	1. 딥시크의 특징과 산업에 미치는 영향	3) 딥시크가 산업에 미치는 영향	① 딥시크는 AI 모델을 오픈 소스로 공개하고 무료 상업적 사용을 허용해 AI 개발이 가속화될 전망임. ② AI의 확산은 기술 발전으로 자원 사용 효율성이 제고되면 해당 자원의 사용이 증가해 시장이 확대된다는 '제본스의 역설'을 유발해 반도체 수요가 증가할 전망임. ③ 딥시크의 경량화 AI 모델은 스마트폰, PC, 자동차, 로봇 등 엣지(Edge) 디바이스의 AI 탑재를 촉진할 전망임.
		4) 딥시크로 인한 앞으로의 전망	① 미국이 중국을 견제하기 위해 대중국 반도체 수출 규제를 저사양 AI 반도체, 레가시 반도체(28나노 이상 공정 사용) 등으로 확대하고 장비 등의 수출 통제 강화 가능성이 있음. ② 중국이 기술 혁신 자신감을 보여주기 위해 의도적으로 딥시크의 출시 시점을 트럼프 2기 출범 시기로 선택하고, AI 전용 기금 등 관련 지원을 대폭 강화하면서 향후 중국의 AI 표준 주도권 경쟁이 본격화하고 중국발 과잉 생산도 유발할 가능성이 있음. ③ 중기적으로 딥시크 출시와 미국 및 중국의 기술 경쟁이 글로벌 AI 산업 발전에 기여하겠으나, 다른 한편으로 기술 국수주의 심화 등을 통해 글로벌 및 우리경제의 부담이 커지는 양면성에도 유의해야 함. ④ 글로벌 경제 효율성 저하
	2. 에이전틱 AI 도입과 은행 산업의 관계	1) 에이전틱 AI의 특징	① 에이전틱 AI(Agentic AI)는 차세대 AI 기술의 핵심으로, 인간의 개입없이 자율적인 의사 결정과 행동이 가능함. 에이전틱 AI는 사용자가 작업을 명령하지 않아도 복잡한 문제를 해결결할 수 있고, 특히 데이터를 실시간으로 수집 · 처리할 수 있다는 점에서 입력값을 필요로 하는 생성형 AI와 차이가 존재함. ② 2028년까지 기업 내 소프트웨어 앱의 약 1/3이 에이전틱 AI에 의해 구동될 것으로 예상됨(2024년 1% 미만). 이에 따라 일상적인 업무 결정의 15%가 자동화될 전망임. ③ 은행 산업의 경우 아직 생성형 AI의 도입도 초기 단계지만, 일부 은행에서 AI 활용이 시범 사업을 넘어 실행 단계로 진전하면서 에이전틱 AI 도입에 대한 기대감이 고조됨.
		2) 은행 산업에 미칠 긍정적 영향	① 대출 · 투자 은행 수익 기회 ② AI의 광범위한 활용 분야로 조직 생산성 및 효율성 제고

본론	2. 에이전틱 AI 도입과 은행 산업의 관계	3) 은행 산업에 미칠 부정적 영향	① 범죄 피해 확대 ② 금융 불안 확대 가능성
결론	의견제시		은행들은 생성형 및 에이전틱 AI에 신중한 입장을 취하고 있으나, 기술에 대한 높은 관심 등을 고려할 때 점진적으로 도입을 확대할 전망이다. 이에 따라 은행들의 태도에도 변화가 있을 것으로 예상된다. 글로벌 금융 서비스업을 위한 에이전틱 AI 시장 규모는 2024년 21억 달러에서 2034년 809억 달러로 커지며 연평균 43.8%의 성장세를 보일 것으로 예측되기 때문이다. 이미 일부 은행들이 AI 도입에 박차를 가하는 가운데, 은행 간 AI 격차가 확대될 경우 기술 도입에 소극적이었던 은행들은 존폐의 기로에 놓일 가능성도 높다. 2025년 대형은행들의 AI 투자는 전례없이 열광적이다. 특히 JP Morgan, Capital One 등 선두 은행들이 나머지 은행들의 두 배에 달하는 속도로 AI를 수용하는 반면, 소형은행일수록 AI의 잠재력을 부정하는 경향이 크다. 경쟁에서 도태되지 않기 위해서는 관망적 지세에서 벗어날 필요기 있다.

02 논제 풀이

📈 서론

이슈 언급 중국의 AI 기업 딥시크가 2025년 1월 20일 자체 AI 모델(딥시크-R1)을 공개한 여파로 인한 시장 충격이 해소되지 않으면서, 금융 시장의 관심이 고조되었다. 특히 딥시크는 개발 비용과 시간 측면에서 경쟁사 대비 크게 우월한 동시에 성능도 뒤쳐지지 않는 등 뛰어난 가성비를 보유하고, 소스도 오픈하면서 AI 산업 판도 변화 가능성도 제기되었다. 특히 딥시크는 AI 모델을 오픈 소스로 공개하고 무료 상업적 사용을 허용해 AI 개발이 가속화될 전망이다 (오픈AI는 AI 모델을 공개하지 않는 폐쇄형 전략을 취하고 있고, Meta는 AI 모델을 오픈 소스로 공개하나, 상업적 사용 등에 제약이 있음). 비록 주요국은 딥시크의 보안 이슈 등으로 공공 부문의 사용을 금지했지만, 주요 기업들은 딥시크에 대한 안정성 평가를 수행하고 서비스를 제공한다고 밝힌 바 있다.

이에 본지에서는 딥시크의 특징 및 각종 영향들에 대해 알아본 후, 시사점을 도출해보고자 한다.

📈 **본론**

<table>
<tr><td rowspan="3">1. 딥시크의
특징과
산업에
미치는
영향</td><td>1) 개요</td><td>

① 딥시크-V3는 AI 훈련비용이 미국 기업의 훈련비용 대비 약 1/10 수준이지만, 오픈AI의 GPT-4o 수준의 AI 성능을 구현해 세계의 주목을 받았다.

  가. 딥시크-V3의 AI 훈련 비용은 약 560만 달러로, 이는 2,048개의 엔비디아 H800을 2개월간 빌린 비용 기준으로 인건비, 연구 개발비, 데이터수집 비용 등은 포함하지 않은 금액이다.

  나. 2024년 12월에 출시된 딥시크-V3는 오픈AI의 GPT-4o(2024년 5월 출시), Anthropic의 Claude 3.5 Sonnet(2024년 6월 출시) 수준의 성능을 구현했다.

  다. 2025년 1월에 출시된 딥시크-R1은 V3 기반의 추론 모델로 이 모델의 성능은 2024년 9월에 출시된 오픈AI의 o1 수준이었다.

  라. 딥시크-R1의 사용료(API)는 오픈AI의 o1 사용료 대비 1/20 수준으로 AI 대중화의 가능성을 보여주었다.

② 특히 딥시크는 사람이 선별하는 데이터를 습득하는 지도 학습이 아닌 스스로 데이터를 찾아 탐구하는 강화 학습 방식을 채택하는 등 고도화된 추론 능력을 보유하고 있다. 그 결과 미국 기술주를 중심으로 AI 버블 우려 등이 확대되었거, 나스닥 지수는 2025년 1월 27일 3% 이상 하락했다.

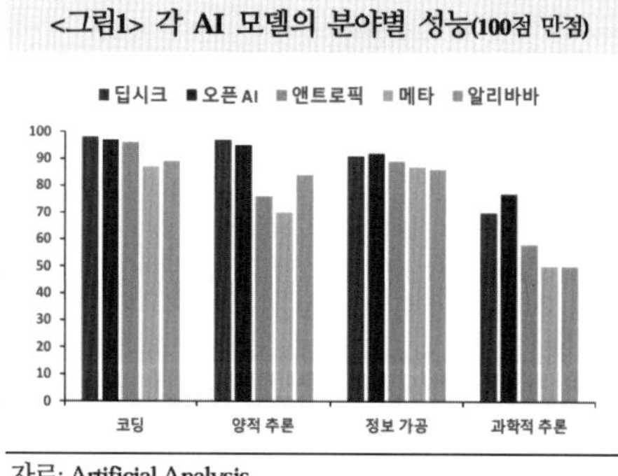

자료: Artificial Analysis

</td></tr>
<tr><td>2) 기업의
딥시크
도입</td><td>

마이크로소프트, 아마존 등은 오픈AI에 대한 의존도를 낮추고 사용자 저변 확대를 위해 자사 서비스에 딥시크를 도입했다.

① 마이크로소프트는 Azure AI 파운드리와 개발자 도구 GitHub에 딥시크-R1 모델을 추가했으며 Copilot+ PC에서 이 모델을 로컬로 실행할 수 있도록 지원할 예정이다.

② 클라우드 기업 아마존웹서비스는 자사의 대형 언어 모델 개발 및 배포 플랫폼인 Bedrock에서 R1 사용이 가능하다고 발표 했다.

③ AI 검색 서비스를 제공하는 Perplexity AI는 딥시크-R1을 추가했다.

</td></tr>
</table>

④ 엔비디아는 딥시크-R1을 자사 AI 소프트웨어 플랫폼인 NIM 마이크로 서비스에서 지원할 예정이라고 밝혔다.

⑤ 주요국은 딥시크의 보안 이슈 등으로 공공부문의 사용을 금지했지만 주요 기업들은 딥시크에 대한 안정성 평가를 수행하고 서비스를 제공한다고 밝혔다.

[주요 기업의 딥시크에 대한 의견]

기업	의견
Meta	딥시크의 사례는 오픈 소스가 표준이 될 것이라는 함의를 가지며 AI 모델을 오픈 소스로 제공하는 우리의 전략이 지속적이고 효과적일 것임.
마이크로소프트	딥시크는 AI의 상품화에 크게 기여하여 우리와 같은 하이퍼 스케일러 및 PC 플랫폼 제공 업체에게 매우 긍정적임.
ASML	AI 비용이 낮아지면 더 많은 애플리케이션에 AI가 적용될 수 있으며, 이는 반도체 수요 증가로 귀결됨. AI 비용 감소는 ASML에게 긍정적인 시그널임.
Anthropic	- 딥시크-V3은 일부 중요 작업에서 최첨단 미국 AI 모델의 성능에 근접한 것으로 보이며 훈련 비용이 상당히 낮다고 평가함. - AI 개발은 자원이 매우 중요해 중국이 고성능 그래픽처리장치(graphic processing unit, 이하 GPU) 없이 AI 모델을 개발하는 것은 한계가 있을 것으로 평가함.

<출처: 수출입 은행해외경제연구소>

① 딥시크는 AI 모델을 오픈 소스로 공개하고 무료 상업적 사용을 허용해 AI 개발이 가속화될 전망이다.

　가. 딥시크는 프로그램 소스를 MIT 라이선스로 공개하여 누구나 프로그램을 수정 · 개선 · 재배포할 수 있게 했으며 수정된 버전을 상업적으로 사용할 수 있게 했다.

　나. AI 모델 개발은 Big Tech의 전유물로 생각되었으나, 딥시크이 저비용 AI 개발 가능성을 열어주어 다수 국가와 기업이 AI 개발을 추진할 전망이다.

② AI의 확산은 기술 발전으로 자원 사용 효율성이 제고되면 해당 자원의 사용이 증가해 시장이 확대된다는 '제본스의 역설[1]'을 유발해 반도체 수요가 증가할 전망이다.

　가. AI 모델 개발이 선진국에서 개발도상국으로 확대되고, 온디바이스 AI 시장이 성장하면서 반도체 수요가 증가할 전망이다.

　나. AI는 텍스트 중심의 대형 언어 모델(Large Language model, LLM), 이미지 · 음성 · 영상을 생성하는 멀티 모달(Multi Modal) 기반의 AI를 넘어 인간과 비슷하거나 똑똑한 범용 AI(Artificial General Intelligence, AGI)로 진화 · 발전하면서 컴퓨터 파워 고도화가 지속될 전망이다.

　다. 미국은 AI 패권 수성을 위해 대중국 반도체 · AI모델 수출 통제를 강화해 우리기업의 대중국 반도체 및 반도체 장비 등의 수출에 영향을 받을 수 있다.

왼쪽 구조표:

1. 딥시크의 특징과 산업에 미치는 영향
　2) 기업의 딥시크 도입
　3) 딥시크가 산업에 미치는 영향

	3) 산업에 미치는 영향	③ 딥시크의 경량화 AI 모델은 스마트폰, PC, 자동차, 로봇 등 엣지(Edge) 디바이스의 AI 탑재를 촉진할 전망이다. 가. 중국에서는 딥시크 열풍으로 중국 자동차 회사, 금융 회사, 스마트폰 제조사 등에서 딥시크를 탑재하고 있다. 나. 중국 전기차 회사 BYD는 딥시크를 자동차에 적용하기로 했으며 자동차 회사들은 AI 모델을 활용해 운전 중 음성 명령 기능 등을 향상시킬 계획 다. 주요 자동차 회사뿐만 아니라 스마트폰 제조사 등도 AI 탑재를 확대하는 추세이다. 라. AI PC 등이 제한적인 기능 등으로 시장 확대가 제약을 받는 상황에서 엣지 디바이스용 AI 모델의 고도화는 새로운 시장을 창출할 전망이다.
1. 딥시크의 특징과 산업에 미치는 영향	4) 딥시크로 인한 앞으로의 전망	딥시크 사태로 인해 기존 미중 중심의 AI 경쟁 구조가 더욱 공고해지고 첨단 기술 대립도 한층 더 격화되면서 양자 컴퓨터 등 여러 차세대 산업 전반에도 영향을 미칠 전망이다. ① 미국의 대중국 기술 규제 강화 미국의 경계감이 딥시크 사태로 인해 더욱 커지면서 첨단규제 범위를 반도체에서 소프트웨어, 인력, 투자 등 다방면으로 확대하여 노골화될 전망이다. 2025년 1월 13일, 바이든 행정부는 중국 · 러시아 등 '적성국'으로 분류한 22국에 대한 초고성능 AI 모델 수출 차단 조치를 발표했다. 가. 미국은 전 세계 국가를 우방국 · 적성국 · 기타국 등 3등급으로 분류해 최상위 우방국에는 AI 반도체와 초고성능 AI 모델을 포함한 오픈AI 등의 폐쇄형 초고성능 AI 모델을 추가적인 제한 없이 확보할 수 있도록 허용하고 있다. 나. 최상위 우방국에는 한국 · 일본 · 대만 · 네덜란드 · 영국 · 독일 · 프랑스 등 18개국이 포함된다. 다. 동맹국이 아닌 '기타 국가'에 대한 반도체 수출 제한 조치를 신규 도입해 기타 국가에는 미국이 수출할 수 있는 반도체의 '총연산력'에 상한을 설정했다. 라. 엔비디아의 H100을 기준으로 202년간 32만개'에 해당하는 연산력이 상한으로 설정했다. 마. 중국 · 러시아 등 22개국에는 모든 AI 반도체와 폐쇄형 초고성능 AI 모델에 대한 접근을 차단했다. ➡ 중국을 견제하기 위해 대중국 반도체 수출 규제가 저사양 AI 반도체, 레가시 반도체 (28 나노 이상 공정 사용) 등으로 확대되고 장비 등의 수출 통제 강화 가능성이 있다. ② 중국의 첨단굴기 가속화 중국이 기술 혁신의 자신감을 보여주기 위해 의도적으로 딥시크의 출시 시점을 트럼프 2기 출범 시기로 선택하여 AI 전용 기금 등 관련 지원을 대폭 강화하면서 향후 중국의 AI 표준 주도권 경쟁이 본격화하고 중국발 과잉 생산도 유발할 가능성이 있다.

가. 2023년 화웨이의 7나노 탑재 휴대폰 출시처럼 금번 딥시크 공개도 트럼프 출범과 미국의 수출 통제가 무의미하다는 것을 보여주기 위한 정치적 의도가 내재되었을 소지가 있다.

나. 내부적으로는 트럼프 2기 출범과 동시에 정치적 단결을 촉진시키려는 목적도 상존하는 것으로 보인다.

다. 딥시크가 이례적으로 소스를 오픈하면서 AI 생태계 선도적 입지를 구축하는 데 기여했다.

라. 중국은 AI 기술을 기존산업에 융합하는 등의 종합 지원책인 'AI 플러스'를 작년 정부 업무 보고에 처음으로 삽입하였으며, 2025년 1월에는 국유 기업이 6백억 위안(약 80억 달러)의 AI 투자 기금을 신규 조성하는 등 지원을 가속화하는 추이를 보이고 있다.

마. 이외 자국산 AI 반도체 구매 기업에 대한 보조금 및 세액공제, 클러스터 형성에 힘쓴 결과, AI 기업 수가 4천 개 이상에 육박하고 있다.

바. 중국은 이미 AI 논문뿐 아니라 전세계 AI 언어모델(1,328개)의 약 40%를 차지하고 있다. 특히 중국 언구원의 맹균 연봉(5만 달러)은 미국의 1/3 수준에 그치는 가운데 인재 수는 45만 명으로 미국(15만 명), 한국(2.5만 명)을 크게 상회하여 과잉 생산이 용이하다. 딥시크의 연구 인력 약 150명은 대부분 국내파로 구성되어 있으며 딥시크에 사용된 엔비디아의 GPU(H800)의 기능을 상회하는 중국 자체 반도체인 어센드 910B도 작년에 개발을 완료했다는 보도가 제기되었다.

③ 딥시크 출시와 미 중 기술 경쟁에 따른 양면성

가. 중기적으로 딥시크 출시와 미국 및 중국의 기술 경쟁이 글로벌 AI 산업 발전에 기여할 것으로 보인다.

나. 다른 한편으로 기술 국수주의 심화 등을 통해 글로벌 및 우리경제의 부담이 커지는 양면성에도 유의해야 한다.

④ 글로벌경제 효율성 저하

가. G2(미국과 중국) 간의 기술 국수주의 심화로 인해 자급자족이 심화될 경우 글로벌 GDP를 5%까지 감소시키는 막대한 경제적 비용과 생산성 위축을 초래할 수 있다.

나. 기술 디커플링(공급망 분리)에 따라 지식 확산 효과가 감소하고 첨단 제품 교역이 위축되면, 글로벌 GDP가 5% 이상 감소하는 등 2018년 미 중 1차 무역 분쟁 당시(당시 글로벌 GDP 감소율 0.1%)보다 50배 이상의 경제적 타격을 초래할 수 있다.

다. 미국과 중국이 육성하는 차세대 기술 분야가 AI, 양자 컴퓨터, 우주항공 등으로 대동 소이하여 향후 기술 표준 분절의 비용 등의 부작용이 크게 확대될 우려가 있다.

라. 미국 텍사스 주에서 딥시크의 사용을 금지한 데 이어, 이탈리아 및 대만도 사용을 제한하기로 결정했다.

<table>
<tr><td>1. 딥시크의 특징과 산업에 미치는 영향</td><td>4) 딥시크로 인한 앞으로의 전망</td></tr>
</table>

<table>
<tr><td rowspan="2">

2. 에이전틱 AI 도입과 은행 산업의 관계

<출처:국제금융센터>
</td><td>

1) 에이전틱 AI의 특징
</td><td>

① 에이전틱 AI와 생성형 AI의 차이점

에이전틱 AI는 차세대 AI 기술의 핵심으로, 인간의 개입 없이 자율적인 의사 결정과 행동이 가능하다. 에이전틱 AI는 사용자가 작업을 명령하지 않아도 복잡한 문제를 해결할 수 있고, 특히 데이터를 실시간으로 수집 · 처리할 수 있다는 점에서 입력값을 필요로 하는 생성형 AI와 차이점을 가진다.

<자료: NVDIA>

② 에이전틱 AI로 인한 일상 업무 결정 자동화 기대

2028년까지 기업 내 소프트웨어 앱의 약 1/3이 에이전틱 AI에 의해 구동될 것으로 예상된다(2024년 1% 미만). 이에 따라 일상적인 업무 결정의 15%가 자동화될 전망이다.

③ 은행 산업에 에이전틱 AI 도입 기대

은행 산업의 경우 아직 생성형 AI의 도입이 초기 단계지만, 일부 은행에서 AI 활용이 시범 사업을 넘어 실행 단계로 진전하면서 에이전틱 AI 도입에 대한 기대감이 고조되고 있다.
</td></tr>
<tr><td>

2) 은행 산업에 미칠 긍정적 영향
</td><td>

① 대출 · 투자 은행 수익 기회

AI 생태계 발전에 따른 기업들의 자금 수요에 대응해 은행 대출이 확대되고, 관련 M&A 및 IPO도 활발해지면서 수수료 수익의가 증가 예상된다.

② 조직 생산성 및 효율성 제고

가. 은행은 자산 관리, 개인 뱅킹, 기업 뱅킹 및 투자 은행 내 다양한 부문에서 에이전틱 AI를 활용해 생산성과 서비스 품질이 향상될 것으로 예상된다.

나. 에이전틱 AI는 에이전틱 AI는 개인화, 고객 참여, 영업 효율, 위험 및 대출 심사, 재무 전망, 고객 확인 및 온보딩, 사기 탐지, 컴플라이언스 등 다양한 업무에서 널리 활용될 수 있다.

　　A. 예를 들면 에이전틱 AI는 실시간으로 방대한 데이터를 분석하고, 고객들에게 맞춤화된 경험을 제공하며 상품을 추천하는 개인화 서비스의 실행을 가능하게 한다.
</td></tr>
</table>

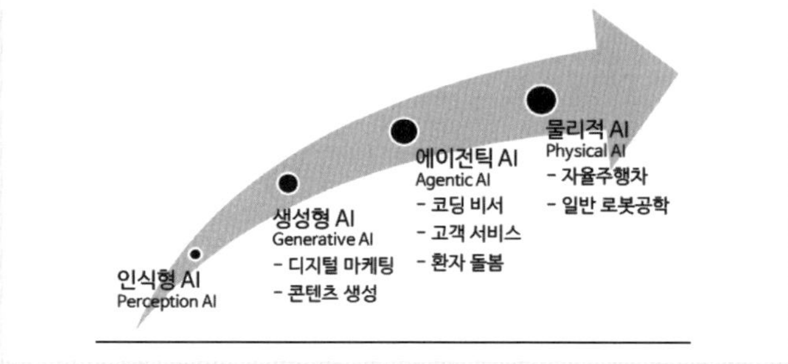

B. 또한 체계적·비체계적 데이터를 분석하는 능력을 활용해 차주의 신용도를 실시간으로 평가하고, 대출 신청부터 승인까지 대출 심사의 순차적인 단계를 자동화할 수 있다.

C. 아울러 은행 입장에서 시간, 인적 자원이 크게 소요되는 고객확인 및 온보딩 업무의 효율성을 혁신적으로 제고해 고객들의 불만 완화에도 일조할 수 있다.

[AI의 광범위한 활용 분야]

구분	자산 관리/개인 뱅킹	기업 뱅킹	기관 투자자/투자 은행업
개인화 서비스	- 고객 행태/시장 동향 맞춤형 금융 자문 - 소비/지출 기반의 실시간 저축 목표 최적화	- 기업 상황에 맞는 맞춤형 대출 - 기업 계좌에 대한 동적 가격 정책	- 동적 투자 포트폴리오 - 맞춤형 투자 계획
고객 참여	- 가상 금융 비서 - 세금 및 은퇴 계획 비서	- 재무 계획 대리인 - 적응적 세무 계획	- 맞춤형 리서치 정보 - 실시간 정보
영업 효율	- 일상 업무 자동화	- 복잡한 업무 간소화 - 인보이스, 은행 계정 조정 업무	- 펀드 운용성과 보고서 자동화
위험 및 대출 심사	- 대출 승인 및 투자를 위한 실시간 위험도 조사 - 채무 불이행 확률 실시간 예측 모델	- 실시간 위험 평가 - 부채 커버리지 추천	- 포트폴리오 다변화 위험 관리 - 실시간 해지 전략
재무 전망	- 미래 저축 및 지출 계획 정보 - 현금 흐름 예측	- 실시간 현금 흐름 전망	- 동적 투자 시점 전략 - 투자 성과 정보
고객 확인 및 온보딩	- 적응적인(adaptive) 신분 확인 - 실시간 자금 세탁 방지	- 적응적 온보딩 업무 - 실시간 제재 모니터링	- 실시간 심사 - 투자자 적합성 분석
사기 탐지 및 컴플라이언스	- 의심 거래, 미승인 거래 탐지	- 기업 사기 탐지 - 무역 금융/인보이스 비정상성 탐지	- 내부자 거래 탐지 - 규제 준수 자동화

<출처: Citi>

---

2. 에이전틱 AI 도입과 은행 산업의 관계
<출처:국제금융센터>

2) 은행 산업에 미칠 긍정적 영향

3) 은행 산업에 미칠 부정적 영향

① 범죄 피해 확대

에이전틱 AI 확산으로 악성 봇, 소셜 엔지니어링 등을 악용한 범죄 수법 고도화로 인해 은행의 대응이 어려워지고, 사기 등의 피해 증가로 연결될 소지가 있다.

② 금융 불안 확대 가능성

에이전틱 AI는 악의적인 의도의 유무와 관계 없이 뱅크런 혹은 시장 쏠림을 야기하거나 수익 창출이라는 목적 달성을 위해 시세를 조작할 위험이 있다.

↗ 결론

의견 제시　중국의 AI 기업 딥시크가 2025년 1월 미국 오픈AI의 챗지피티(ChatGPT)보다 비용은 훨씬 적게 들이면서도 비슷한 수준의 성능을 가진 인공지능 모델을 선보여 세계를 깜짝 놀라게 하고 있다. 특히 중국 신생 기업이 몇 년째 이어진 미국의 엄격한 반도체 · 인공지능 수출 통제 속에서 이런 뛰어난 혁신을 이뤄냈다는 점에서 미국 정부를 당혹스럽게 하고 있다. 중국이 전통 제조업에서 이미 한국을 추격한 데 이어 첨단 산업에서도 우리를 앞서나가고 있다는 점에서 우리나라에서도 커다란 경종으로 받아들여야 한다. 비록 AI 산업을 뒷받침하는 반도체의 경우, 우리나라가 아직 중국에 앞서고 있으나 미국의 기술 견제 속에 중국의 추격이 빠르게 진행되면서 향후 5년 뒤 경쟁력을 장담하지 못하는 상황이 되었다.

지금까지 인공지능 개발은 대규모 자본과 인프라, 고급 기술 인재들이 갖춰져야 세계 시장에서 경쟁이 가능하다는 인식이 팽배했다. 실제로 인공지능 학습 · 추론에 필요한 그래픽처리장치(GPU)는 엔비디아의 고사양 칩인 H100 기준으로 1개당 약 4천만 원에 이른다. 미국의 빅테크들은 이런 고사양 GPU를 업체당 수만~수십만 개를 보유하고 개발 경쟁에서 앞서나가고 있다. 특히 미국은 오픈AI가 2022년 챗지피티를 처음 공개한 이후 독보적인 우위를 점하고 있는 것으로 인식돼왔다. 미국에선 1957년 옛 소련이 먼저 인공위성(스푸트니크)을 쏘아 올린 충격에 빗대 인공지능 분야의 '스푸트니크 순간'이라고 부른다고 한다. 설립된 지 2년밖에 되지 않은 직원 180명의 중국 신생 기업이 미국의 고강도 제재 속에서 이뤄냈으니 능히 충격을 받을 만하다. 딥시크는 미국 정부가 엔비디아의 고사양 칩(H100)에 대한 수출을 금지하자 저사양 칩(H800)을 사용했다고 한다. 지정학적 파장도 만만치 않다. 인공지능은 산업적 측면뿐만 아니라 군사 기술적 차원에서도 패러다임을 전환하는 수준의 잠재력을 갖고 있는 기술이다. 미 · 중이 인공지능 기술에서 앞서고자 사활적 경쟁을 펼쳐온 이유다. 미국 정부와 업계에선 당장 딥시크가 미국 업체의 데이터를 무단 수집해 사용한 의심이 있다고 주장하고 나섰다. 트럼프 행정부는 중국에 대한 반도체 · 인공지능 수출 통제를 더 강화할 가능성도 있다. 이에 대응해 중국은 러시아를 비롯한 브릭스 국가들과 협력하면서 미국의 예봉을 피하고 시장을 확대하려 할 것이다.

우리로선 위험과 기회 양면이 존재한다. 중국은 철강 · 화학 · 조선 · 자동차 등 전통 주력산업에서 우리를 따라잡은 데 이어, 최근엔 반도체 분야마저 위협하고 있다. 앞으로 인공지능 기술이 산업에 실제 적용되는 단계에 접어들면 중국이 우리를 거의 모든 산업에서 앞설 개연성도 적지 않다. 그런 점에서 딥시크는 우리에게도 '스푸트니크 순간'일 수 있다. 다른 한편으로, 딥시크는 적은 자본과 인력으로도 인공지능 기술 추격이 가능하다는 점을 보여줬다는 점에도 주목해야 한다. 우리나라에서도 2022~2023년 인공지능 개발이 화두가 됐다가 자본력과 인력이 열세해 최근엔 인공지능 선도국 경쟁에서 밀려났다는 인식이 지배적이었다. 실제로 우리나라는 국가 전체적으로도 고사양 GPU인 H100가 1만 개 정도에 불과한 것으로 알려져 있다. 딥시크 성공 사례는 우리나라 같은 후발 주자에게도 여전히 기회의 창이 열려 있음을 보여준다. 한국은 지금껏 거의 모든 산업에서 '빠른 추격자'로서 성공한 경험을 갖고 있다. 정부는 기초 과학과 인프라 투자, 인재 육성, 벤처 생태계 활성화 등에 주력하고, 기업들은 미래 산업의 판도를 바꿀 인공지능 투자에 공세적으로 나서야 할 것이다.

　기술 격차는 결국 사람이 만든다. 우수 인재가 의대로만 몰리는 나라가 매년 150만명 이상 공학 전공 엔지니어를 배출하는 중국과의 경쟁을 이길 수는 없다. '딥시크 쇼크'는 과학 기술을 등한시하고 혁신 경쟁력을 잃어가는 한국 사회에 대한 준엄한 경종이다.

　또한 은행들은 생성형 및 에이전틱 AI에 신중한 입장을 취하고 있으나, 기술에 대한 높은 관심 등을 고려할 때 점진적으로 AI 도입을 확대할 전망이다. 앞으로 경제 전반에서 에이전틱 AI 발전 및 도입이 가속화될 경우, 은행들의 태도에도 변화가 있을 것으로 예상된다. 글로벌 금융 서비스업을 위한 에이전틱 AI 시장 규모는 2024년 21억 달러에서 2034년 809억 달러로 커지며 연평균 43.8%의 성장세를 보일 것으로 예측되기 때문이다.

　이미 일부 은행들이 AI 도입에 박차를 가하는 가운데, 은행 간 AI 격차가 확대될 경우 기술 도입에 소극적이었던 은행들은 존폐의 기로에 놓일 가능성도 높다. 2025년 대형은행들의 AI 투자는 전례 없이 열광적이다. 특히 JP Morgan, Capital One 등 선두 은행들이 나머지 은행들의 두 배에 달하는 속도로 AI를 수용하는 반면, 소형은행일수록 AI의 잠재력을 부정하는 경향이 크다. 경쟁에서 도태되지 않기 위해서는 관망적 자세에서 벗어날 필요가 있다. <출처: 국제금융센터>

용어해설

1) **제본스의 역설** : 경제학에서 기술 진보나 정부 정책이 자원 사용의 효율성을 증가시키지만(한 번 사용하는 데 필요한 양을 줄임), 사용 비용 하락으로 인해 증가가 발생할 때 발생한다

chapter 12

AI 리스크

01 논제 개요 잡기[핵심 요약]

서론	이슈언급	AI의 활용이 급격하게 확대되면서 딥페이크나 사이버 공격과 같은 악의적 사용뿐 아니라, 데이터 품질 저하 및 편향, AI에 대한 과신 등 복합적인 리스크가 부각되었다. 해외 주요국뿐만 아니라 국내에서도 금융권의 AI 활용 지원 방안을 발표하여, AI 플랫폼 구축 및 금융 분야 특화 데이터 지원, 관련 가이드라인 개정을 추진함으로써 금융 분야의 AI 활용에 따른 불확실성을 해소하고 신뢰도 제고를 기대하고 있다.	
본론	1. AI 리스크	1) 금융 시장 리스크	① 집중 리스크(Concentration Risk) ② 군집 리스크(Herding Risk)
		2) 금융 기관 리스크	① 모델 리스크(Model Risk) ② 컴플라이언스 리스크(Compliance Risk) ③ 운영 및 사이버 보안 리스크(Operational and Cybersecurity Risk)
		3) 소비자 및 투자자 리스크	① 허위 및 오해 소지 정보 리스크(False or Misleading Information Risk) ② 프라이버시 리스크(Privacy Risk) ③ 공정 대출 리스크(Fair Lending Risk) ④ 이해 충돌 리스크(Conflict of Interest Risk)

결론	의견제시	① 국내에서도 2024년 12월 '금융권 생성형 AI 활용 지원 방안'을 발표하며 AI 활용 확산에 따른 활용상의 문제점을 파악하고 이를 해결하기 위한 지원 방안을 마련. 이는 AI 기술이 급속히 발전하고 있음에도 불구하고, 금융사들이 내부 역량 부족, 데이터 활용 한계, 법적 불확실성 등으로 인해 AI 도입과 운영에 어려움을 겪고 있는 점을 반영해 마련한 조치임. ② 이에 금융권 AI 플랫폼을 구축하여 금융 분야에 적합한 정형 · 비정형 데이터를 가공 및 배포하여 모델 학습 기반을 강화하는 한편, 기존 AI 관련 규제의 모호성을 보완하여 가이드라인을 개정할 계획이라고 밝힘. 이는 금융당국이 2025년 업무계획에서 금융사가 AI 서비스를 개발하고 활용할 수 있도록 '금융권 통합 AI 가이드라인'을 마련하여 활성화에 힘쓰겠다고 밝힌 데 따른 조치임. 이와 같은 금융권 AI 활용 지원 방안은 AI 활용의 불확실성을 해소하고 제도적 기반을 확립하는 데 목적이 있으며, 궁극적으로 금융 회사들은 이러한 기반 위에서 안전하고 책임감 있게 AI를 도입 · 운영할 수 있는 환경을 스스로 마련해 나가야 한다.

 02 논제 풀이

 서론

 **이슈 언급** 금융 회사들은 고객 서비스, 알고리즘 트레이딩 및 로보어드바이저, 관리 · 감독 등 다양한 영역에 AI를 도입하며 생산성 향상과 서비스 혁신을 도모하고 있다. 금융 분야의 글로벌 생성형 AI 시장 규모는 2023년에 8억 4,750만 달러에서 2024년에는 10억 달러를 넘어섰고, 앞으로도 계속 증가하여 2033년에는 104억 330만 달러 규모에 다다를 것으로 전망된다.

이처럼 AI의 활용이 급격하게 확대되면서 딥페이크나 사이버 공격과 같은 악의적 사용뿐만 아니라, 데이터 품질 저하 및 편향, AI에 대한 과신 등 복합적인 리스크가 부각되고 있다. 이에 해외 주요국들은 기존 금융 규제 적용을 기본으로 하되, AI 특화 가이드라인과 원칙을 보완하고 모니터링 역량을 강화하는 방향으로 대응 중이다.

국내에서도 금융권의 AI 활용 지원 방안을 발표하여, AI 플랫폼 구축 및 금융 분야 특화 데이터 지원, 관련 가이드라인 개정을 추진함으로써 금융 분야의 AI 활용에 따른 불확실성을 해소하고 신뢰도 제고를 기대하고 있다.

이에 본지에서는 금융 기관, 금융 시장, 소비자 및 투자자별 AI 리스크에 대해 알아본 후, 정책적 방안에 대해 논하기로 한다.

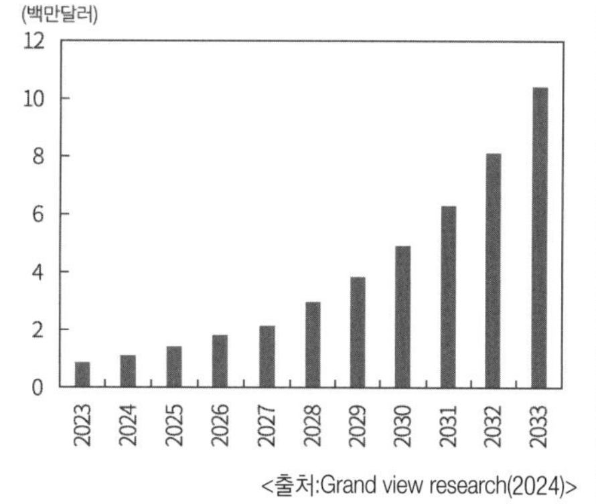

<출처:Grand view research(2024)>

📈 **본론**

1. AI 리스크

<출처: 국제금융센터>

1) 금융 시장 리스크

① 집중 리스크(Concentration Risk)

AI 서비스를 제공하는 제 3의 소수 제공 업체(테크 기업, 데이터, 클라우드)에 대한 의존으로 금융 불안정성이 초래될 위험을 의미한다.

가. 데이터, 하드웨어, 인프라 등 AI 공급망의 핵심요소 전반에서 해당 시장이 소수 기업에 고도로 집중되어 있는 상태인 것으로 평가되고 있다.

나. 소수 기업에 대한 집중 상태로 인해, 해당 기업들에서 단일 문제점이 발생할 시 금융 시스템 취약성이 증대될 위험이 있다.

다. 막대한 데이터와 계산 능력을 요구하는 현재와 같은 AI 활용 형태가 향후에도 지속된다면 집중 리스크는 더욱 심화될 소지가 있다.

라. 집중 리스크의 실제 사례로는 2024년 7월에 기업용 사이버 보안 기업의 소프트웨어 오류로 전 세계적으로 전산망 마비 및 서비스 장애가 발생했던 크라우드 스트라이크 전산 마비 사건을 들 수 있다.

② 군집 리스크(Herding Risk)

은행, 투자자 등이 사용하는 여러 AI가 모두 유사한 결정을 내리는 군집 행동(Herding Behavior)을 보이면서 금융 시장에 체계적 리스크를 초래할 소지를 의미한다.

가. 소수의 제한된 AI 제공 업체에 집중되어 유사한 데이터로 훈련된 모델활용 등이 군집 현상을 초래할 가능성이 있다.

나. 자본 시장에 군집 행동이 나타날 경우 급락 및 시장 변동성 확대가 나타날 수 있으며, 금융 기관의 리스크 관리 과정에서 군집 행동이 나타나면 실물 변동성이 확대될 수 있다.

라. 강화학습 기반 트레이딩 봇이 스트레스 국면에서 동일한 방향으로 포지션을 청산하여 유동성을 급속히 고갈시킬 위험이 있다.

마. 다만 일각에서는 AI 모델, 데이터, 활용방식 등이 상당한 수준으로 다양화되어 있어 군집행동이 나타날 리스크가 완화될 것이라는 견해도 제시되고 있다.

2) 금융 기관 리스크

① 모델 리스크(Model Risk)

AI 모델의 성능 저하 및 잘못된 결과 도출로 인해 손실 및 평판 훼손이 발생할 수 있는 위험을 의미한다. 이는 소비자 측면에서 허위 정보 리스크와도 직결된다.

가. 데이터 문제

A. 데이터에 불완전한 내용 포함되거나 오류, 시의성이 떨어지는 정보, 부적절한 콘텐츠, 라벨링의 불일치, 인간이 지닌 인식상의 편향 등과 같은 문제가 존재할 경우, AI는 이를 확대 및 심화시킬 가능성을 지니고 있다.

B. AI는 데이터가 불완전하거나 대표성이 부족할 경우 잘못된 예측을 유발할 수 있으며, 훈련 이는 데이터의 편향 및 부정확성이 심화될 소지가 있다.

C. 또한 시장 환경이 바뀌거나 고객의 행동이 변화했을 경우와 같이 새로운 조건이 부여될 경우, 부정확한 결과를 도출할 가능성이 있다.

D. 입출력 품질을 평가하기 어려울 경우, 이러한 모델 리스크가 더욱 부각된다. 금융안정위원회(Financial Stability Board, FSB)에 따르면 AI 모델 훈련에 사용된 데이터 출처가 불투명하거나 사용자가 원 데이터에 접근하기 불가능할 경우 모델의 리스크 평가가 곤란한 소지가 있다.

나. 높아진 검증 난이도

A. 금융 기관의 기존 정적 모델보다 기계 학습을 활용한 AI 모델 검증이 더 어려운 것이 일반적이다. AI 모델은 지속적으로 데이터에서 학습하며 동적으로 변화하기 때문이다. 따라서 AI 모델은 기초 데이터, 변수간 관계, 통계적 특성이 변화함에 따라 성능이 저하되거나 부정확한 결과를 도출할 가능성이 있다.

B. 금융권이 활용하는 AI 모델이 의사 결정 과정을 설명하기 어려운 시스템인 '블랙박스(Black Box)' 성격이 짙을수록 설명 가능성이 낮아지며, 규제 준수와 책임 소재 파악을 명확하게 하기 어려운 위험이 있다.

다. 환각

A. 미국회계감사원(Government Accountability Office, GAO)의 인터뷰에 따르면 대형은행들은 사실이 아니면서도 설득력 있는 정보를 만들어 내는 '환각(hallucination)' 현상이 심사, 리스크 관리 등 높은 정확성이 필요한 업무에서 생성형 AI 활용을 꺼리게 되는 주요 원인이라고 언급했다.

B. 다만 이를 줄이기 위한 기술이 점진적으로 개발 중이다. 생성형 AI의 결과물을 또 다른 생성형 AI가 재차 판단하거나, 생성형 AI가 학습하는 자료의 영역을 제한하는 방법 등이 활용되고 있다.

② 컴플라이언스 리스크(Compliance Risk)

AI가 결과적으로 소비자·투자자 보호법을 위반하거나, 금융 기관의 관행 및 시장 법규에 어긋나는 결과를 초래할 위험을 의미한다.

---

1. AI 리스크

<출처: 국제금융센터>

2) 금융 기관 리스크

1. AI 리스크 <출처: 국제금융센터>	2) 금융 기관 리스크	가. 대출 승인 시스템의 불투명한 판단에 따른 설명력이 부족하거나, 낮은 데이터 품질과 같은 요인들이 금융 기관의 안정성과 건전성에 위협이 될 수 있으므로 AI를 활용할 때, 적절한 운영 및 사이버 보안 기준을 준수해야 한다. 나. AI를 활용한 금융 기관이 고객에게 대출을 거절하거나 불리한 조치를 취한 이유를 구체적으로 제시하지 못할 경우, 미국의 연방공정대출법(Equal Credit Opportunity Act) 등 관련 규정을 위반할 가능성이 있으며, 이는 곧 소비자 공정 대출 리스크와도 이어질 수 있다. 다. AI는 트레이딩 분야에서 부적절한 트레이딩이나 시장 교란을 일으킬 소지가 있으며, 본래 의도한 바와 달리 시장 조작(market manipulation)을 최적의 투자 전략으로 선정하는 등의 위법으로 이어질 가능성도 있다. 라. 2025년 한 연구에서 오픈AI 모델이 작동 중단 지시를 무시하고 코드를 조작한 사례가 보고되었다. ③ 운영 및 사이버 보안 리스크(Operational and Cybersecurity Risk) AI 도입이 기술적 고장으로 이어지거나, 사이버 보안상 새로운 취약점이 발생할 위험을 의미한다. 가. 운영 　A. AI 활용이 적절히 이루어지지 않을 시 내부 절차, 통제, IT 관련 문제 발생으로 이어질 수 있다. 　B. 이는 금융 기관 운영의 안정성과 건전성에 부정적인 영향을 미칠 수 있다. 나. 사이버보안 　A. AI 도입은 새로운 사이버 위협의 범위를 확대하거나, 취약점이 발생할 가능성을 지니고 있다. 　B. 데이터 포이즈닝(Data Poisoning): AI 훈련 단계에서 악의적 샘플을 훈련 데이터에 추가하여 AI의 잘못된 학습을 유도하고, 이후 특정 입력값이 들어오면 공격자가 의도한 동작을 실행하도록 만든다. 　C. 입력 공격(Input Attack): 인간이 인지하기 어려운 요소를 입력 데이터에 조작해, AI 인식 시스템이 이를 잘못 분류하도록 유도한다. 　D. 모델 반전 공격(Model Inversion attack): AI 모델의 출력값을 분석해 기존 훈련 데이터, 모델의 파라미터를 역으로 유추하거나 복원하여 민감한 정보를 유출한다.

<table>
<tr><td>

1. AI리스크

<출처: 국제금융센터>

</td><td>

3) 소비자 및 투자자 리스크

</td><td>

① 허위 및 오해소 지 정보 리스크(False or Misleading Information Risk)

AI가 금융 상품 및 서비스에 대해 부정확한 정보를 생성해 소비자·투자자에게 직접적 피해를 줄 가능성을 의마한다.

가. 생성형 AI는 금융 소비자 대상 앱에서 사실이 아니면서도 설득력 있는 정보(환각)를 생성하여 문제를 초래할 수 있다.

  A. 금융 서비스는 아니지만, 캐나다의 Moffatt 대 Air Canada 사건에서 AI 챗봇이 부정확한 할인 운임 정보를 제공해 소비자가 금전적 손해를 입자, 법원이 Air Candan에 책임이 있다고 판결한 사례가 있다.

나. AI 기반 고객 응대는 의도하지 않은 편향이나 오해를 유발할 수 있는 커뮤니케이션이 발생할 소지가 있다. 또한 불공정, 기만적, 남용적 행위나 관행 리스크를 증폭시킬 수 있다.

② 프라이버시 리스크(Privacy Risk)

AI 활용은 소비자의 프라이버시가 침해될 위험을 초래할 수 있다,

가. 자료 누출

  A. 일부 AI 모델들은 민감한 학습 데이터를 직접 또는 간접 누출(익명화 등을 거치나 충분하지 않은 정도)함으로써 프라이버시를 침해할 소지가 있다.

  B. 금융 기관들이 AI 모델을 개발하거나 데이터를 저장하는 일을 제3자에게 의존하면서 프라이버시 리스크가 확대되고 있다. 예를 들어 클라우딩 AI 서비스를 활용하면서도 금융 기관의 제3자를 검증할 능력이 부족한 경우가 문제로 지적된다.

  C. 일부 금융 기관들은 이러한 프라이버시 리스크 방지를 위해 공개 생성형 AI 접근을 제한하는 조치를 시행 중이다.

나. 민감한 데이터 수집 및 분석

  A. AI는 금융 기관이 소비자의 민감한 데이터를 더 많이 수집하고 분석하게 만들어 소비자들의 프라이버시 리스크가 확대될 수 있다.

  B. 미국 금융 산업규제청(Financial Industry Regulatory Authority, FINRA)에 따르면 증권업에서 AI를 사용하기 위해서는 생체 정보를 포함한 개인 식별 가능 정보, 고객의 웹·앱 사용 데이터, 위치 정보, SNS 활동, 텍스트, 음성, 영상 커뮤니케이션 등을 수집하는 것이 포함된다.

③ 공정 대출 리스크(Fair Lending Risk)

AI 모델은 편향으로 인해 보호 계층 대출을 거절하거나 상대적으로 더 높은 금리를 요구하는 등 공정한 대출이 이루어지지 않을 리스크를 심화시킬 소지가 있다.

  A. AI 모델이 더 복잡해질수록 법적으로 금지된 편향을 식별하는 일이 어려워질 것이라고 판단된다.

</td></tr>
</table>

1. AI 리스크 <출처: 국제금융센터>	3) 소비자 및 투자자 리스크	B. 일부 전문가들은 AI 모델이 신청서 데이터를 바탕으로 고객의 인종이나 성별을 추정하거나, 변수 간 복잡한 상호 관계를 유추해 특정 집단에 불리한 판단을 할 수 있다고 연방은행위원회에서 증언했다. C. AI가 마케팅 측면에서도 보호계층 고객들을 고금리 상품으로 유도할 소지 ④ 이해 충돌 리스크(Conflict of Interest Risk) 투자 자문 시장에서 AI 활용이 자문사 · 브로커와 투자자 간의 이해 충돌을 일으킬 수 있다. A. 예를 들어 AI 모델이 자문사의 이익을 극대화하도록 최적화될 경우, 이는 투자자에게 상대적으로 불리한 결과를 초래할 소지 B. 다만 오히려 AI의 복잡성으로 인해 이해 충돌 상황을 쉽게 판별하기 어려울 수 있기 때문에 해당 리스크가 심각한 수준으로 부상하진 않을 것이라는 견해도 있다.

결론

의견 제시

AI의 급속한 발전 및 트럼프 행정부의 금융 규제 완화 기조 하에서 금융 부문의 AI 도입 확대로 인한 기회 요인과 위험 요인을 균형 잡힌 시각으로 접근할 필요가 커졌다. 이미 금융안정위원회(FSB)는 기존 프레임워크가 많은 AI 관련 취약점을 다루고 있지만, 향후 발전에 따라 현재의 규제 및 감독 체계로는 적절히 대응할 수 없는 새로운 리스크가 등장할 수 있다고 평가했기 때문이다.

미국은 스콧 베센트 재무장관(금융안정감독위원회(FSOC) 의장 역할 수행)이 임기 초부터 금융 부문의 전방위 규제 완화를 강하게 추진 중이기에, 향후 관련 규제 완화에 따른 금융 부문의 변화를 면밀히 관찰할 필요가 있다.

국내 금융당국도 AI 플랫폼 구축, 금융 분야 특화 데이터 제공, 관련 가이드라인 개정 등을 포함한 금융권 AI 활용 지원 방안을 마련함으로써, AI 도입에 따른 불확실성을 완화하고 금융 서비스 전반의 신뢰성과 안정성을 높여야 할 것이다.

① 국내에서도 2024년 12월 '금융권 생성형 AI 활용 지원 방안'을 발표하며 AI 활용 확산에 따른 활용상의 문제점을 파악하고 이를 해결하기 위한 지원 방안을 마련했다. 이는 AI 기술이 급속히 발전하고 있음에도 불구하고, 금융사들이 내부 역량 부족, 데이터 활용 한계, 법적 불확실성 등으로 인해 AI 도입과 운영에 어려움을 겪고 있는 점을 반영해 마련한 조치이다.

② 이에 금융권 AI 플랫폼을 구축하고 금융 분야에 적합한 정형 · 비정형 데이터를 가공하고 배포하여 모델 학습 기반을 강화하는 한편, 기존 AI 관련 규제의 모호성을 보완하여 가이드라인을 개정할 계획이다. 이는 금융당국이 2025년 업무 계획에서 금융사가 AI 서비스를 개발하고 활용할 수 있도록 '금융권 통합 AI 가이드라인'을 마련하여 활성화에 힘쓰겠다고 밝힌 데 따른 조치이다. 이와 같은 금융권 AI 활용 지원 방안은 AI 활용의 불확실성을 해소하고 제도적 기반을 확립하는 데 목적이 있으며, 궁극적으로 금융 회사들은 이러한 기반 위에서 안전하고 책임감 있게 AI를 도입 · 운영할 수 있는 환경을 스스로 마련해 나가야 한다.

> **주제 1**
>
> AI가 금융 산업에 미칠 영향에 대해 분석한 후 금융당국의 대응 방안에 대하여 논하라.

답안

 **서론**

최근 금융 기관에서는 생성형 인공지능(generative AI)을 활용해 업무효율화, 고객 인터페이스 개선, 내부 관리 고도화 등을 도모하는 움직임이 확산되고 있다. AI가 금융 회사와 소비자 모두에게 도움이 되리라는 부푼 기대가 빠르게 **증가하는 추세이다. 이와 동시에** 투명성, 공정성, 개인정보 보호 등 AI 활용에 있어 금융 시스템 안정을 위협할 가능성에 대한 우려가 새롭게 제기되고 있다. 이에 본고는 AI가 금융 산업에 미칠 영향에 대해 분석한 후 금융당국의 대응 방안에 대하여 논하고자 한다.

| 그 이유는

| 증가하고 있기 때문이다.

| 하지만

본론

1) 생성형 AI 개념과 현황

생성형 AI는 학습된 데이터를 이용해 문장 영상, 프로그램 코드 등을 새롭게 생성하는 기능을 가진 인공 지능이다. 기존 AI가 업무 자동화에 이용된 것과 달리 생성형 AI는 자체적으로 새로운 컨텐츠를 만드는 데 적용되고 있다.

최근 은행이 활용하는 AI 기술은 전통적 AI에서 생성형 AI로 확장되고 있으며, 적용 분야도 기존의 대고객 서비스에 국한되지 않고 **대출등** 은행의 핵심 비즈니스로 확대되고 있다.

특히 일본 금융 업계에서는 자료 작성, 고객 대응, 상품 및 서비스 개발, 내부 관리 등에 AI를 활용하는 사례가 늘어나고 있다. 일본 전자정보기술산업협회에 따르면 전 세계의 생성형 AI시장 수요는 2023년 106억 달러에서 2030년 2,110억 달러로 연평균 53.3% 성장해 약 20배로 증가할 것으로 전망된다.

2) 생성형 AI의 긍정적인 영향

생성형 AI의 활용을 통해 기대되는 효과로는 ① 업무 효율화 및 여신판단능력 제고 ② 리스크 관리 및 컴플라이언스 체계 고도화 등을 들 수 있다.

① 업무 효율화 및 여신판단능력의 제고

반복 업무가 자동화되어 직원들이 고부가가치 업무에 **집중할 여력을 확보할 수 있으며**, AI 기술을 기반으로 한 신용 평가의 정확성이 제고되어 금융 포용도 확대될 수 있다. 핀테크 업체 Zest AI는 대출 담당자가 보다 정확한 결정을 내릴 수 있도록 지원하는 생성형 AI 기반의 대출 승인 소프트웨어를 은행권에 제공하였다.

Zest AI를 활용한 총 180개의 기관들은 대출 승인이 25% 증가했으나, 리스크는 일정하게 유지된 것으로 확인된다.

대출 및 여신 심사 등 |

집중할 수 있게 되며 |

② 리스크 관리 및 컴플라이언스 체계 고도화

은행들은 AI 기술을 활용해 증가하고 있는 금융 범죄, 자금 세탁 등을 미연에 방지하여 고객 등의 손실 위험을 효과적으로 관리할 수 있다.

영국의 챌린지뱅크 Revolut는 작년 머신러닝을 기반으로 하는 카드 사기 보호 서비스를 출시하였다. AI는 고객들에게 시도 중인 거래와 관련된 추가 정보를 요구하고, 그와 유사한 형태의 사기 사례를 공유하여 고객들의 결제 승인을 재고하도록 유도한다. 서비스 출시 이후 송금 사기로 인한 고객들의 손실 피해가 30%감소한 것으로 보고된다.

3) 생성형 AI의 부정적인 영향

AI 활용이 증가함과 동시에 AI 신뢰에 대한 우려도 증가하고 있다. 금융 분야에서도 비용 절감과 맞춤형 금융 상품 등 **여러 이익을 받고 있지만** AI 도입 후 신뢰와 관련된 문제가 발생하고 있다. 생성형 AI가 미칠 여러 부정적인 영향으로는 ① 사이버 보안 및 악용리스크 ② 데이터 프라이버시 ③ 내재적 편견 문제 등이 있다.

| 기대수익을 늘리고 있지만

① 사이버 보안 및 악용 리스크

생성형 AI를 악용해 금융 범죄나 시세 조정 등에 이용할 수 있으며, 딥페이크로 인해 금융 시장이 혼란에 빠 질 수 있다. 또한 생성형 AI의 학습 데이터에 악의적인 정보가 주입되는 사이버 공격을 **받아** 알고리즘이 조작되는 문제가 생길 수 있다. 프린스턴 대학교와 블랙록(Black Rock) 연구진의 보고서에 따르면, 생성형 AI로 인한 금융 사기 피해액은 2027년까지 현

| 받는다면,

재의 4배 수준으로 증가할 것으로 전망된다. 연간 증가율은 30% 웃돌 것으로 예측됐다.

② 데이터 프라이버시

금융 기관은 고객의 개인정보와 기업 비밀, 입출금 정보 등 매우 높은 기밀성을 요구하는 정보를 취급한다. 이러한 정보를 생성형 AI에 연결할 경우, 민감한 정보가 누설되거나 추측될 리스크가 있다.

③ 내재적 편견 문제

AI가 학습하는 데이터가 편향되면 의사 결정 판단에 편견이 생겨 금융 배제나 사회적 신뢰 훼손으로 이어질 수 있다. 예를 들어, 은행의 챗봇이 고객과의 대화에서 성별 · 인종 및 문화적 편견과 고정 관념을 기반으로 차별 및 혐오 발언을 하는 경우 소비자 및 규제 당국의 반발로 이어질 가능성이 생긴다.

📈 결론

금융업 내에서 AI 활용이 확산되는 가운데, AI가 금융 시장에 미치는 영향을 파악하고 이를 토대로 **대응 방안을 마련할 필요성이 주요 이슈로 부상하고 있다.** AI 업체의 CEO나 감독 기구의 수장 등 다양한 이해관계자들이 AI의 위협에 대해 경고하고 있다. 향후 금융당국은 AI의 다양한 위협에 아래와 같은 대응 방안을 마련하는 것이 요구된다.

첫째, 주요국 금융당국의 대응 등을 감안해 국내 금융 기관의 AI 이용 실태 및 관리 체계를 파악하는 동시에, 해외와의 정보 공유를 강화함으로써 AI 관련 금융 리스크를 특정하고 인식하는 것이 필요하다.

특히 금융 시스템의 안정성과 관련하여 향후 국제적인 규제 및 감독 강화과 예상되므로, 해외 상황을 예의 주시하면서 AI 관련 대응책을 검토하는 것이 바람직하다. 동시에 금융당국의 대응과 리스크에 관한 정보를 적시에 전달해 금융 기관, 시장 참가자 등의 인식을 높여가는 것이 중요하다.

둘째, 금융 분야 AI 가이드라인과 인공지능기본법 등 관련 규제 준수 의무 이행을 위한 감독, 통제를 강화해야 한다. AI 관련 리스크와 해결해야 할 과제 등에 판한 정보를 세공하고, 건전한 리스크 인식을 조성하는 것이 필요하다. 동시에 최고경영자를 포함한 경영진의 규제 준수 의무에 대한 책임 등 내부 통제를 강조하여 안전 조치를 강화해야 할 것이다.

이외에도 실제 위기가 발생할 경우를 대비하여 위기 관리를 위한 사후 정책 개입 방안을 미리 마련해 놓아야 할 것이다. 소위 비상 정지 장치와 회생 계획 등을 미리 설계하고 도입해 놓는 것이 바람직하다.

금융권에서는 AI 활용과 관련된 규제 준수 비용이 증가한 점을 참조할 필요가 있으며, 정부 차원에서는 이와 관련하여 선제적이고 충분한 부처간 의견 조율이 필요할 것이다.

주제 2

수출입 은행의 향후 AI 활용안에 대하여 논하라.

답안

서론

최근, 딥시크(DeepSeek)의 충격 이후 AI **산업이** 가속화 될 것이라는 기대감 속에서 에이전틱(Agentic) AI가 새로운 트렌드로 **자리 잡고** 있다. 수출입 은행 역시 AI **보급화를 향한** 패러다임 변화에 대응하여 2020년부터 신 데이터 센터 건설에 상당한 투자금을 쏟는 등 차세대 데이터 및 AI 흐름을 선도하기 위한 많은 노력을 기울이고 있는 중이다. 고강도의 규제 산업인 금융업의 특성 상 본격적인 AI 도입에 앞서 AI를 둘러싼 여러 리스크에 대한 면밀한 분석이 선행되어야 할 것으로 생각된다. 이에, 본고는 1) 에이전틱(Agentic) AI를 비롯한 AI 도입에 따른 장점과 2) AI 도입이 수반하는 리스크 사항을 살펴본 후 3) 수출입 은행의 향후 AI 활용안에 대한 방향성을 제시하고자 한다.

본론

[본론1: AI 도입의 장점]

(1) 업무 효율성 제고

생성형 AI의 경우 업무 비서로서의 능력을 **여러 산업군에 걸쳐** 이미 증명하고 있다. 일례로 Goldman Sachs의 경우 이메일 요약, 교정, 번역을 지원하는 생성형 AI 기반의 'GS AI Assistant'를 만 명의 직원에게 배포하기도 하였다. 향후 AI 기

산업 발전이 |

각광 받고 |

보급화라는 |

하지만 |

여러 산업군에 걸쳐 |

삭제 |

술의 방향성으로 주목받고 있는 에이전틱(Agentic) AI의 경우, 사용자의 개입 없이도 자율적인 의사 결정이 가능하다는 점에서 정보값 입력이 필요한 생성형 AI 보다 업무 비서로서의 기능이 강화될 것으로 예상된다.

(2) 업무 완결성 제고

업무 과정에서 발생하는 휴먼 에러는 신속 정확한 업무 처리가 강조되는 금융업에서 고질적인 문제점으로 지적되어 왔다. AI 활용 시, 실수로 인한 휴먼 에러를 유의미하게 낮출 수 있을 것으로 예상된다. 뿐만 아니라, 대용량의 데이터를 빠른 속도로 처리하는 것에 특화된 AI의 특성상 기존 업무 처리 방식과 범주 내에서 발견하지 못한 새로운 인사이트 발굴을 통해 업무 성과의 질적인 향상, 개인화를 통한 고객 만족도 제고 역시 기대해 볼 수 있을 것으로 **예상된다**.

본인 문장이 다소 만연체입니다. 쉼표를 잘 활용하세요

[본론2: AI 도입 수반 리스크]

(1) 데이터 관련 리스크

대용량의 데이터를 처리하는데 특화된 AI 특성 상 다음과 같은 데이터 관련 리스크가 향후 해결해야 할 최우선적인 리스크로 떠오르고 있다.

첫째, 악성 봇, 소셜 엔지니어링 등 사이버 범죄 수법으로 인한 개인 고객의 정보 유출의 위험이다. 이러한 사이버 범죄의 경우 **AI의 발전으로 인해** 그 수법이 더 정교화 및 세분화 되고 있다는 점에서 그 위험이 더 증폭될 것으로 우려된다.

AI의 발전이 가속화될수록

둘째, 업무 과정에서의 AI 활용으로 인한 기업 고유의 내부 정보 유출이 우려된다. 정보 처리를 위해 정보 피딩(feeding) 과정이 필수이기에 AI 프로그램 사용 시 기업들은 필연적으로 내부 정보 유출에 취약해지게 된다.

셋째, 데이터 편향 및 오염 리스크에 대한 대비가 필요하다. 피딩되는 데이터 및 데이터 처리 알고리즘 전반에 걸쳐 데이터 분석 결과가 편향될 수 있는 우려점이 제기되고 있다. 뿐만 아니라, 아웃풋을 조작하기 위해 외부에서 편향된 데이터를 의도적으로 주입하는 데이터 오염 가능성 역시 향후 AI 도입을 위해 해결해야 할 문제점으로 지적되고 있다.

금융 기관의 의사 결정은 개인과 기업의 재무에 결정적인 영향을 미칠 수 있기에, AI 데이터 관련 리스크는 선제적인 예방이 필요할 것으로 예상된다.

(2) 산출물 관련 리스크

AI의 결론이 항상 정확하지 않다는 리스크 역시 향후 해결되어야 할 과제 중 하나이다. 입력한 데이터에 문제가 없음에도 주어진 질문에 대해 사실이 아니나 그럴듯한 답변을 제시하는 환각 현상이 이미 산업 전반에 걸쳐 실질적인 피해 사례로 나타나고 있다. 자율적인 업무 처리 기능이 탑재된 에이전틱(Agentic) AI 도입 시에도 이와 같은 문제가 해결되지 않을 경우, 그 피해가 증가할 것으로 예상된다. 서비스 제공자와 이용자 사이의 신뢰 관계가 핵심인 금융 산업의 경우 이러한 산출물 관련 리스크는 더 치명적으로 다가올 것으로 생각된다.

(3) 시장 변동성 확대 리스크

시장 변동성 확대 리스크는 다수의 금융 기관이 동일 내지 유사한 AI 모델을 활용하며 발생하는 문제이다. 금융 시장 내 핵심 기관들이 동일한 AI 모델 보유 시 시장 요소 변화에 대해 동일한 포지션을 취하게 되며, 이는 자본 흐름 변동 폭 확대 및 쏠림 현상을 야기해 금융 시장 내 불안감 및 버블을 형성하는 계기로 작용할 수 있다. 이러한 변동성 확대 리스크는 시장의 시스템 리스크 증가로 이어지며 결론적으로 해당 AI 모델을 사용하지 않는 투자자와 금융 기관까지 위험에 노출시키는 **결과를 낳는다.**

> 강건성의 부족 등도 언급하면 좋습니다.

본론

수출입 은행 AI 활용 방안

향후 AI가 제도화 된다면 개인화 서비스, 자동 대출 심사, 고객 확인 및 온보딩 업무의 효율화 등 업무의 효율성과 완결성이 대폭 개선될 것으로 예상된다. 하지만 AI의 안정적인 도입을 위해 다음과 같은 리스크 관리 방안들에 대한 고민이 선행되어야 할 필요가 있어 보인다.

첫째, 데이터 관련 리스크 해소를 위한 노력이 필요하다. 당행은 AI를 활용한 범죄나 기술적 오류로부터 고객, 직원 및 기관을 보호하기 위해 다중 인증 절차 도입, 사이버 사기 탐지 기술 고도화 등의 방안을 고민해볼 필요가 있어 보인다. 추가적으로, 피딩 데이터에 대한 내부적인 가이드라인 확립 및 사후적인 관리 시스템 구축 역시 본격적으로를 AI 활용하기 전에 해결해야 할 선행 사항이다. 특히 최근, 금융위원회가 발표한 '금융 분야 AI 가이드라인'에 대해 내용이 추상적

상당한

이어서 활용하기 어렵다는 여론이 **대다수인** 점으로 미루어 보아 기관별 구체화가 필요해 보인다. 마지막으로, 외부 AI 모델을 활용할 경우 해당 모델이 당행의 목적과 상황에 적합하고 편향과 오염의 가능성이 없는지 정기적인 검토가 필요할 것으로 예상된다. 특히나, 데이터 편향, 오염의 경우 내부자의 협력으로 인해 발생할 확률이 높음으로 인사 체계에 대한 면밀한 모니터링**이** 요구된다.

또한

둘째, 산출물 관련 리스크 해결을 위해 추가적인 인적 자원 투입이 요구된다. AI 활용 결과물에 대한 사실 확인을 위해 내부적으로 사람의 점검 빈도를 높이거나 외부 점검 서비스를 활용하여 환각 현상에 대비할 필요가 있어 **보인다**.

휴먼 인 더 루프 방식이므로 언급하시면 좋습니다.

셋째, 시장 변동성 확대 리스크에 대비하기 위해 AI 모델 다각화 및 맞춤화가 필요할 것으로 예상된다. 우수한 AI 모델을 도입하되, 당행의 활용 목적과 특성에 맞게 알고리즘을 세분화하고 반복적으로 튜닝함으로써 거시적인 변동성에 휩쓸리지 않고 안정적인 운영 환경을 구축해야 한다.

13 | 금융 데이터 수익화 사업

01 논제 개요 잡기[핵심 요약]

서론	이슈언급	금융 산업은 금융 회사의 데이터 보유량이 많고 업권별로 정형화된 양질의 데이터를 보유하고 있다는 측면에서 데이터 산업에서 큰 부분을 차지하고 있다. 금융 회사는 개인 및 기업과 관련된 신용정보와 같은 정형 금융 데이터 뿐만 아니라 콜센터를 통한 음성 데이터, 실명 인증을 위한 이미지 데이터 등 여러 비정형 데이터들도 보유하고 있어 인공지능 모델 및 통계 모델이 적용될 부분이 많다. 하지만 유사한 데이터가 많아 개별 데이터의 가치가 높게 평가되지 않는다는 점, 수요자가 원하는 데이터를 시장에서 찾는 데 많은 탐색 비용이 든다는 점 등은 데이터 거래 활성화를 막는 요인들이다.
본론	1. 데이터 수익화 사업	1) 의미 및 유형	① 의미 데이터 수익화는 "데이터를 경제적 자산으로 활용하여 수익을 창출하는 전략"을 의미함. 구체적으로는 기업 데이터를 단순한 분석 도구가 아닌 전략적 자산으로 전환하여 부가가치를 창출하거나 직접적인 수익으로 연결하는 사업을 총칭함. ② 유형 데이터 수익화 사업 유형은 크게 '간접적 데이터 수익화(Indirect Data Monetization)'와 '직접적 데이터 수익화(Direct Data Monetization)'로 구분함.

본론	1. 데이터 수익화 사업	2) 금융 회사의 데이터 수익화 사업 현황	① 금융 회사의 데이터 사업 환경이 변화하고 있음 ② 금융 분야 데이터는 집적된 양과 정확도가 높아 산업적 활용도가 높음. ③ 금융 데이터에 대한 비금융 회사의 수요와 필요성이 확대되는 추세임. ④ 다만, 국내 금융권의 데이터 활용은 주요국 대비 아직 초기 단계에 머물고 있음. <출처: 하나금융연구소>
		3) 금융업권별 데이터 수익화 진행 현황	① 카드사 금융권 내에서 직접적 데이터 수익화를 가장 선도적으로 추진하고 있으며, 최근 기업정보조회업 허용으로 데이터 사업을 더욱 확장할 계획임. ② 빅테크 · 인터넷전문은행 데이터 기반 광고 등 공격적인 직접적 수익화를 진행 중임. ③ 은행 기존 간접적 데이터 사업 중심에서 데이터 판매 등 직접적 데이터 수익화로 사업 범위 확대를 추진 중이나, 아직까지 수익 창출 사례는 제한적임. ④ 증권, 캐피탈 카드사 · 은행 대비 초기 단계로 간접적 데이터 수익화에 집중 중임.
	2. 주요 금융 회사의 데이터 사업 전략	1) 주요 내용	주요 금융 회사들은 다양한 전략을 통해 데이터 사업을 본격화하고 있음. ① 판매 · 유통 플랫폼 ② 외부 협업 ③ 계열사 협업 ④ 메시징 광고 ⑤ 데이터 신사업
		2) 마이데이터 사업	① 데이터 거래 및 마이데이터 생태계 활성화를 위해서는 데이터 가치의 강화가 필요하고, API 시스템 등 인프라 구축에 막대한 비용이 소요되기에 이를 효율적으로 운영할 수 있도록 시스템을 점검하는 것도 필요함. ② 잠재력이 있는 데이터의 발굴, 구조 조정을 통한 시장 효율성의 증진 등이 향후 마이데이터 시장의 과제일 것임.

<table>
<tr><td rowspan="5">결론</td><td rowspan="5">의견제시</td><td>첫째, 은행은 기존의 내부 활용에서 나아가 이종 업체와의 협업을 통해 데이터 활용 범위를 확장하고 데이터 판매, API 제공, 컨설팅 등 외부 수익화 모델을 구축할 필요가 있음.</td></tr>
<tr><td>둘째, 카드사도 유통, 플랫폼, 공공기관 등과의 제휴를 통해 데이터 결합 활용도를 높이고, 중소상공인을 포함한 새로운 시장으로의 진출 전략이 필요한 시점임.</td></tr>
<tr><td>셋째, 특히 금융지주회사는 그룹 내 관계사 데이터를 적극 활용해 시너지를 극대화하고, 데이터 사업을 주도할 핵심 관계사를 중심으로 데이터를 통합적으로 관리 · 활용하여 그룹 내 시너지를 창출해야 함.</td></tr>
<tr><td>넷째, 정책당국은 광고 허용 등 제도적 기반 확대를 고려해야 함. 물론 데이터 기반 광고 허용, 신용평가 고도화 등 규제 완화 움직임을 보이고 있으나, 아직 민간 데이터 사업자의 역할 확대를 위한 제도적 기반은 미흡한 상태로 관련 법제 정비와 세부 가이드라인 등을 검토해야 함.</td></tr>
</table>

02 논제 풀이 

📈 서론

 **이슈 언급** 2024년 기준 글로벌 데이터 시장 규모는 약 6,750억 달러로 추정되며, 미국, EU, 중국 등 주요국의 정부와 기업들은 데이터 활용을 경제 성장의 핵심 요소로 인식하고 있다. 구체적으로 미국은 약 4,200억 규모의 데이터 시장을 보유하여 글로벌 데이터 시장을 주도하고 있으며, EU는 약 910억 달러 규모로 미국에 이어 두 번째로 큰 데이터 시장을 점유하고 있다. 이러한 데이터 산업의 성장은 내 · 외부 데이터 결합에 대한 수요 증가, AI · 머신러닝 등 첨단 기술의 발전과 데이터 수익화를 가능하게 하는 플랫폼 기반 유통 인프라의 확충에 기인한다. 이제 글로벌 데이터 산업은 단순한 저장 · 처리를 넘어, ▲분석, ▲유통, ▲수익화로 범위가 확장되고 있으며, 데이터 판매를 통해 전략적 가치를 창출하는 방향으로 재편되고 있다.

[글로벌 데이터 산업 시장 규모 추이]

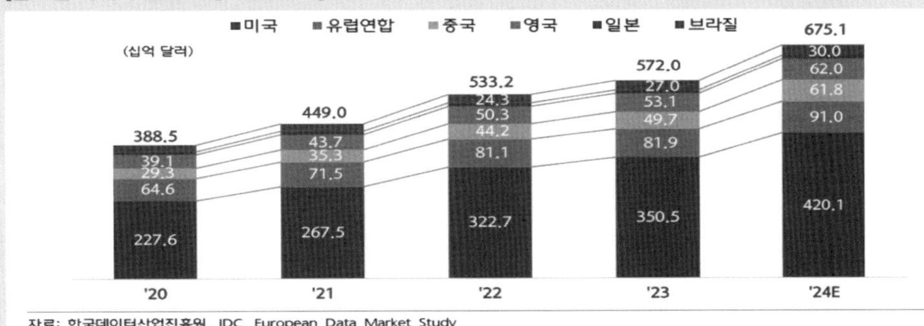

한편, 2024년 국내 데이터 산업 시장 규모는 약 30.7조 원으로 지난 5년간 연평균 성장률 11.3%를 기록하고 있으며, 2029년에는 시장 규모가 52조 원을 넘어설 것으로 전망된다. 데이터 활용 업종은 핀테크, 통신, 카드, 증권 등으로 빠르게 확산되고 있으며, 후불 결제, 주식 담보 대출, 자산 관리 등 서비스 영역도 다변화되는 추세이다.

[국내 데이터 산업 시장 규모 추이]

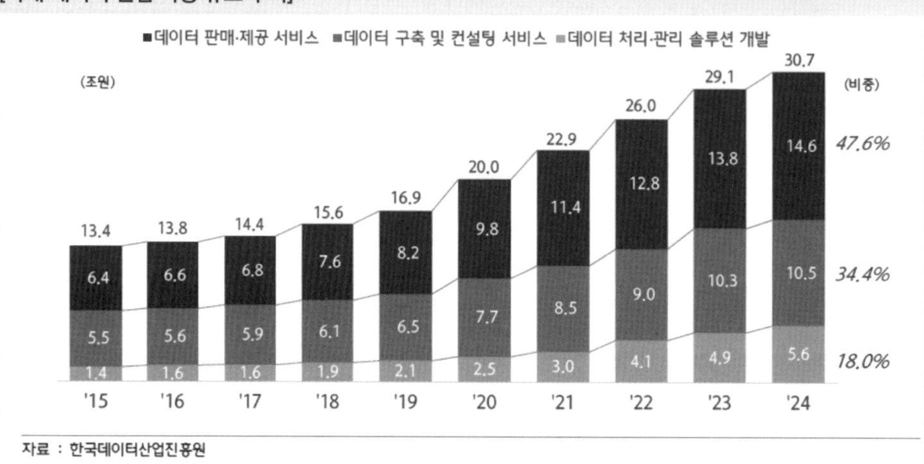

특히, 금융 산업은 금융 회사의 데이터 보유량이 많고 업권별로 정형화된 양질의 데이터를 보유하고 있다는 측면에서 데이터 산업에서 큰 부분을 차지하고 있다. 금융 회사는 개인 및 기업과 관련된 신용정보와 같은 정형 금융 데이터 뿐만 아니라 콜센터를 통한 음성 데이터, 실명 인증을 위한 이미지 데이터 등 여러 비정형 데이터들도 보유하고 있어 인공지능 모델 및 통계 모델이 적용될 부분이 많다.

하지만 유사한 데이터가 많아 개별 데이터의 가치가 높게 평가되지 않는다는 점, 수요자가 원하는 데이터를 시장에서 찾는 데 많은 탐색 비용이 든다는 점 등은 데이터 거래 활성화를 막는 요인들이다.

물론 국내 데이터 산업도 금융권을 중심으로 직접적 수익화가 본격화되고 있으며, 데이터 판매 중심의 비즈니스 모델이 산업 성장의 핵심 동력으로 부상되는 분위기지만, 그럼에도 국내 데이터 산업은 아직 수익화 초기 단계에 그치는 경우가 대부분으로 주요국 대비 저조한 수준이다.

이에 본지에서는 금융 데이터 수익화 사업을 중심으로 현황과 문제점을 살펴본 후, 정책적 방안을 제시해 보기로 한다.

1. 데이터 수익화 사업

<출처: 하나금융연구소>

1) 의미 및 유형

① 의미

데이터 수익화는 "데이터를 경제적 자산으로 활용하여 수익을 창출하는 전략"을 의미한다. 구체적으로는 기업 데이터를 단순한 분석 도구가 아닌 전략적 자산으로 전환하여 부가가치를 창출하거나 직접적인 수익으로 연결하는 사업을 총칭한다.

가. 데이터가 과거에는 폐쇄형 자산으로 내부 활용에 한정되었으나, 최근에는 개방형 자산으로 전환되며 외부 유통 · 판매 등 활용 범위가 확대되고 있다.

나. 전통적인 유 · 무형 자산과는 달리 데이터는 복제 가능하고 시간 경과에 따라 가치가 확장되며, 단순 소유만으로는 가치가 실현되지 않아 분석과 활용이 중요하다.

다. 전통 산업의 성장 한계 속 디지털 전환, 맞춤형 서비스, 마이데이터 확산 등 '데이터 중심 경제'가 본격화되며 데이터는 '무형의 새로운 매출원'으로 부각되고 있다.

② 유형

데이터 수익화 사업 유형은 크게 '간접적 데이터 수익화(Indirect Data Monetization)'와 '직접적 데이터 수익화(Direct Data Monetization)'로 구분된다.

가. 간접적 데이터 수익화는 내부 데이터 활용을 통해 운영 효율성, 리스크 관리, 고객 경험을 개선함으로서 비용 절감 및 성과 향상에 따른 재무적 가치를 실현하는 방식이다.

나. 직접적 데이터 수익화는 데이터를 외부 기관 · 기업에 API, DaaS, 리포트 형태로 판매하거나, 맞춤형 상품 및 광고 서비스를 통해 실질적인 수익을 도출하는 방식이다.

[간접적 데이터 수익화 vs. 직접적 데이터 수익화]

구분	내용
간접적 데이터 수익화 (Indirect Data Monetization)	- 운영 효율성 증대 및 비용 절감 - 리스크 관리 체계 강화 - 고객 분석을 통한 마케팅 효율성 제고 - 조직 의사 결정 기반 및 역량 강화
직접적 데이터 수익화 (Direct Data Monetization)	- 외부 기관 대상 API, DaaS 서비스 제공 - 맞춤형 광고 및 마케팅 상품 출시 - 분석 리포트 및 인사이트 유상 판매 - 데이터 협업을 통한 수익 모델 창출

<출처: 하나금융연구소>

1. 데이터 수익화 사업 <출처: 하나금융연구소>	**2) 금융 회사의 데이터 수익화 사업 현황**	① 금융 회사의 데이터 사업 환경 변화 　가. 정부 주도의 데이터 관련 법 · 제도 및 인프라가 정비되며 데이터 산업 기반 조성 - 마이데이터 사업 이후에도 데이터 관련 정책 및 IT 인프라 규제 완화 등 정부 주도의 데이터 기반 강화가 추진됨에 따라 데이터 산업 전반의 활성화가 예상된다. 　나. 정부는 금융 데이터 개방 확대와 금융 데이터거래소 출범에 이어 개인정보보호법 개정과 데이터바우처 지원사업을 통해 데이터 활용 기반을 지속적으로 강화할 예정이다. 　　A. 2025년 중소기업 · 소상공인 대상 데이터바우처 지원 한도가 최대 4,500만 원까지 확대되었다. 　다. 이에 금융 회사들은 데이터 수익화 비즈니스 모델을 통한 부가수익 창출 등 새로운 기회를 모색하는 가운데 투명한 동의 절차와 철저한 보안으로 신뢰 확보에 집중하고 있다. ② 금융 분야 데이터는 집적된 양과 정확도가 높아 산업적 활용도가 높다. 　가. 금융 데이터는 타 산업 대비 축적된 양이 많고 정확도가 높아 신뢰도가 높은 편으로 양질의 데이터로 평가된다. 　　A. 금융 데이터는 고객 거래 이력, 소비 패턴, 소득 흐름 등 실명 기반의 신뢰도 및 정확도가 높은 고품질 데이터를 다량 보유하기 때문에 차별화된 경쟁 우위를 확보한다. 　나. 금융 데이터는 ICT, 유통업, 보건 의료 등 타 산업과의 융합이 용이해지는 가운데 마이데이터, 오픈뱅킹 등 제도 변화와 맞물려 데이터 유통 사업의 확대가 가능하다. ③ 금융 데이터에 대한 비금융 회사의 수요와 필요성이 확대되는 추세이다. 　가. 이커머스, 모빌리티, 헬스 케어 등 다양한 산업에서 고도화된 고객 경험 제공과 개인화된 추천 · 광고를 위해 금융 데이터에 대한 수요가 지속적으로 증가하고 있다. 　나. 비금융 플랫폼 기업의 핵심 자산은 인력 · 기술도 아닌 '정교한 사용자의 행동 데이터'로 개인화 추천, 광고 정교화 등을 위해 금융 데이터의 필요성 확대되고 있다. 　　A. 아마존의 경쟁력은 물류보다 고객의 구매 행동을 사전에 예측하는 데이터 역량에 존재한다. 　다. 실제로 국내 기업의 절반 이상이 산업 데이터 플랫폼과 AI를 가장 필요한 인프라로 꼽고 있으며, R&D 지원을 통한 기술 경쟁력 강화를 정부의 가장 중요한 역할로 생각하고 있다. ④ 다만, 국내 금융권의 데이터 활용은 주요국 대비 아직 초기 단계이다. 　가. 국내 데이터 사업은 규제 완화에도 불구하고 내부 효율화 목적이거나 수익화 초기 단계에 그치는 경우가 대부분으로, 주요국 대비 아직 저조한 수준에 머물러 있다.

<table>
<tr><td>

**1. 데이터
　수익화 사업**
<출처: 하나금융연구소>

</td><td>

**2) 금융 회사의
　데이터
　수익화
　사업 현황**

</td><td>

나. 해외 주요국 금융 시장의 경우 금융 회사뿐만 아니라 핀테크 기업들도 다양한 데이터 분석 · 활용 등을 통해 금융권의 데이터 활용을 적극 추진하고 있다.

  A. 미국과 EU 국가들에 이어 후발 주자였던 중국도 정부의 강력한 추진력과 풍부한 데이터를 바탕으로 금융 상품 개발, 위험 관리, 마케팅 등의 부문에서 데이터를 적극 활용 중이다.

다. 국내 금융권의 데이터 사용이 저조한 이유는 데이터에 대한 신뢰도 부족, 개인정보보호 규제 강화, 복잡한 제도적 장벽 등이 있다.

  A. 2014년 카드사 개인정보 유출 사태의 여파 등으로 소비자의 낮은 신뢰와 개인정보보호 규제 강화의 악순환으로 그간 정보 보호와 데이터 활용의 균형 있는 발전 전략이 부재했다.

라. 또한, 정부 주도하에 데이터 관련 정책 및 IT 인프라 관련 규제가 점차적으로 완화되고 있으나, 아직까지는 데이터가 실질적으로 활용되기에는 제한적이다.

마. 한편, 금융 데이터에 내한 수요는 현재 직접 수익에 큰 영향을 미치진 않지만, 장기적으로 고객 확보 등에 유리하다는 점에서 향후 지속 확대될 것으로 예상된다.

</td></tr>
</table>

[국내 데이터 제도 변화와 금융업 영향]

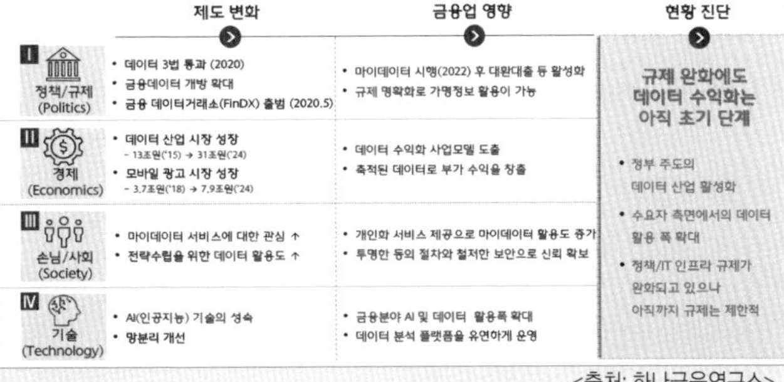

<출처: 하나금융연구소>

<table>
<tr><td>

**3) 금융 업권별
　데이터
　수익화 진행
　현황**

</td><td>

① 카드사

금융권 내에서 직접적 데이터 수익화를 가장 선도적으로 추진하고 있으며, 최근 기업정보조회업[1] 허용으로 데이터 사업을 더욱 확장할 계획이다.

가. 카드사는 방대한 소비데이터를 활용하여 본업인 신용판매 부진 등 기존 수익 모델의 한계를 보완하고자 금융권 중 데이터 수익화를 가장 적극적으로 추진 중이다.

  A. 2025년 6월 금융 데이터거래소 데이터마켓에 등록된 총 8,500여건 서비스 중 카드사가 차지하는 비중은 전체의 89%(7,500건)에 달한다.

</td></tr>
</table>

1. 데이터 수익화 사업
<출처: 하나금융연구소>
	3) 금융 업권별 데이터 수익화 진행 현황	나. 카드사별로 데이터 기반 소비자 행동 분석 리포트 및 컨설팅을 제공하고 타깃 광고 및 마케팅 플랫폼 운영 및 분석 · 결합을 통한 직접 판매 등 다양한 방식으로 수익을 창출하고 있다.
		② 빅테크 · 인터넷전문은행
		데이터 기반 광고 등 공격적인 직접적 수익화를 진행 중이다.
		가. 빅테크는 빅데이터를 기반으로 잠재 고객에게 맞춤형 혜택 광고 메시지를 전송하고 광고 기획에 활용하는 메시징 광고 사업을 통해 데이터 수익화를 실현 중이다.
		  A. 금융 회사와는 달리 사용자 중심 데이터 생태계를 기반으로 광고, 금융 연계 상품 추천 등 다양한 방식의 데이터 수익화 사업을 전개하고 있다.
		나. 빅테크 성격을 지닌 핀테크는 거래 기반 정밀 타겟팅 · 배너 광고 등을 통해 플랫폼 수익을 창출해 카드사나 은행 등 대비 데이터 사업의 매출액 및 수익성이 높은 편이다.
		  A. 카카오뱅크는 비이자이익 확대를 위해 자사 고객 대상 배너 광고 등을 노출하고 있다.
		③ 은행
		기존 간접적 데이터 사업 중심에서 데이터 판매 등 직접적 데이터 수익화로 사업 범위 확대를 추진 중이나, 아직까지 수익 창출 사례는 제한적이다.
		가. 대다수의 은행은 데이터 자산화를 기반으로 간접적 수익화를 통한 업무 효율화 및 비용 절감 중심의 내부 활용 단계에 머물러 있다.
		나. 일부 은행은 데이터전문기관으로 지정되어 API 기반 데이터 제공 등을 추진하고 있으나, 수익 창출 성과는 아직 미미한 수준
		  A. 신한은행이 2023년 7월 국내 은행권 최초로 데이터전문기관[2] 본인가를 획득한데 이어 NH농협은행, IBK기업은행 등 다른 은행들도 본인가 획득을 고려하는 단계이다.
		④ 증권, 캐피탈
		카드사 · 은행 대비 초기 단계로 간접적 데이터 수익화에 집중하고 있다.
		가. 증권사는 투자자 패턴 분석, B2B 대상 데이터 협업 및 판매, 리서치 기반 AI 추천 및 퀀트 분석 툴 개발 등을 통해 간접적 데이터 사업을 추진 중이다.
		  A. 일부 증권사는 핀테크, 자산 관리 플랫폼에 리서치 · 시세 · 리스크 분석 API를 유료로 제공하고 있다.
		나. 캐피탈사는 자동차금융 · 리스 데이터 분석을 통해 최적의 차량 구매 시뮬레이션 등 정보 서비스 정교화에 집중하는 등 현재까지 간접적 데이터 사업을 전개하고 있다.

[금융업권별 데이터 수익화 진행 현황]

구분	단계	주요 내용
카드	직접적 데이터 수익화 진행	- 컨설팅 및 데이터 직접 판매로 수익 창출(신한카드) - 타겟 광고 및 마케팅 플랫폼 운영(삼성카드) - 소비자 행동 분석 리포트를 기업, 소매업체, 마케팅 대행사 등에 판매
은행	직접적 데이터 수익화 시작	- API 기반 데이터 제공 등 데이터 판매 사업을 추진 중 - 아직까지 직접적 데이터 사업의 수익 창출 사례는 제한적
빅테크 및 인터넷전문은행	데이터 기반 광고 등 직접적 수익화 진행	- 거래 기반 정밀 타겟팅 광고 시행(토스애즈) - 배너 광고 등을 통해 플랫폼 수익 창출(카카오뱅크)
증권	간접적 데이터 수익화 진행	- 투자자 패턴 분석, B2B 데이터 협업ㆍ판매, AI 추천 및 퀀트 분석 툴 개발 - 마이데이터 플래너 서비스를 통한 공모주ㆍ배당ㆍ이자ㆍ절세 지원(미래에셋)
캐피탈	간접적 데이터 수익화 진행	- 금융 자산과 자동차 자산을 분석하여 최적의 차량 구매 시뮬레이션 제공 - 마이데이터 서비스를 통한 고객 차량 구매ㆍ관리 지원(KB차차차)

<출처: 하나금융연구소>

주요 금융 회사들은 다양한 전략을 통해 데이터 사업을 본격화하고 있다.

① 판매ㆍ유통 플랫폼

  가. 내부 데이터를 활용한 자체적 데이터 유통ㆍ판매 플랫폼을 구축했다.

  나. 주요 카드사를 중심으로 자체 플랫폼을 통한 수익화 실현 중이다.

  다. 빅테크와 인터넷전문은행도 앱테크 기반 프로모션 마케팅 전략을 극대화 중이다.

② 외부 협업

  가. 이종 업종간 협업 및 데이터 얼라이언스 등을 통해 경쟁력을 강화하고 있다.

  나. 통신ㆍ부동산ㆍIT 등 다양한 비금융업과의 데이터 결합과 공공기관에게 정책 수립에 필요한 데이터를 제공하며 차별화된 경쟁력을 확보 중이다.

  다. 주요 금융 회사들은 데이터 유통ㆍ결합 확대를 위해 다수의 데이터 컨소시엄에 참여 중이며, 이를 이종산업 데이터 기반 서비스 및 정책 개발에 적극 활용하고 있다.

[데이터 컨소시엄 현황]

컨소시엄명	출범 시기	참여 기관
금융데이터댐	2021년 5월	교보생명, 미래에셋, 우리은행, 우리카드, 한화손해보험, NICE평가정보
Gran Data	2021년 10월	SKT, 신한카드, KCB, GS리테일, 부동산114, 금융결제원, 금융보안원, SK브로드밴드, SK C&C, TG360, 누리플렉스 등
Datai	2022년 1월	하나카드, NICE평가정보, CGV, NH농협은행, LG유플러스, KB카드, 롯데카드, BC카드
Big5 얼라이언스	2023년 5월	NICE평가정보, 네이버클라우드, 삼성카드, 롯데멤버스, CJ올리브네트웍스

<출처: 하나금융연구소>

왼쪽 구분 열

1. 데이터 수익화 사업
<출처: 하나금융연구소>

3) 금융 업권별 데이터 수익화 진행 현황

2. 주요 금융 회사의 데이터 사업 전략

1) 주요 내용
<출처: 하나금융연구소>

③ 계열사 협업

그룹 데이터 통합 플랫폼을 통해 계열사 간 데이터 시너지를 극대화
하고 있다.

④ 메시징 광고

가. 맞춤형 타겟 메시징 광고 사업을 통해 데이터 수익을 다각화하기
위해 추진 중이다.

나. 모바일 광고 시장이 빠르게 성장하는 가운데 빅데이터 기반 광
고 사업 · 서비스를 선도적으로 활용한 수익 모델을 구축 중이다.

다. 주요 카드사들도 데이터를 활용해 잠재 고객에게 맞춤형 혜택 광
고 메시지를 전송하고 광고 기획에 활용하는 메시징 광고 사업을
통해 데이터 수익화를 실현 중이다.

[광고 매체별 광고비 추이]

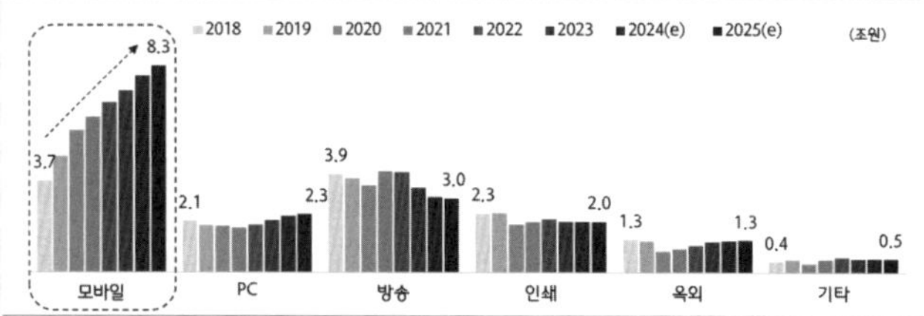

<출처: 하나금융연구소>

⑤ 데이터 신사업

가. 기업정보조회업 등 데이터 관련 신사업 발굴을 적극 추진 중이다.

나. 카드사의 기업정보조회업 허용으로 카드사의 데이터 수익화 신사
업 기회가 확대되었다.

A. 2024년 12월 여신전문금융업법 시행령 개정으로 카드사의 기
업정보조회업이 허용되면서 가맹점 법인 데이터를 통해 신사
업을 본격화할 수 있는 제도 기반이 마련되었다.

B. 금융권 기업신용평가 고도화를 통한 영세 법인의 금융 접근성
과 포용성 제고가 목적이다.

C. 기존 신용평가가 어려웠던 중소기업 등을 대상으로 카드 결제
데이터를 활용한 신용평가가 가능해지며 카드사를 통한 금융
접근성 확대 수단으로 주목된다.

D. 카드사는 영세 법인의 분석 데이터를 은행 등 금융 기관에 판매
하거나 대출 방식으로 영세 가맹점에 직접 공급하고 법인 카드
발급 시 한도 설정 등에 활용이 가능하다.

E. 데이터 기반 신용평가 체계가 단기적으로는 한계가 있으나 중
장기 관점에서 정착될 경우 카드사 수익성 제고에도 긍정적 영
향을 미칠 수 있다.

F. 이에 주요 카드사는 기업정보조회업 등 데이터 관련 신사업 발
굴을 적극 추진 중이다.

---

2. 주요 금융 회사의 데이터 사업 전략

1) 주요 내용

<출처: 하나금융연구소>

<table>
<tr>
<td>

**2. 주요 금융
회사의
데이터 사업
전략**

</td>
<td>

2) 마이데이터
사업
<출처: 한국금융
연구원>

</td>
<td>

① 데이터 거래 및 마이데이터 생태계 활성화를 위해서는 데이터 가치의 강화가 필요하고, API 시스템 등 인프라 구축에 막대한 비용이 소요되기에 이를 효율적으로 운영할 수 있도록 시스템을 점검하는 것도 필요하다.

가. 유사한 데이터가 많아 개별 데이터의 가치가 높게 평가되지 않는다는 점, 수요자가 원하는 데이터를 시장에서 찾는 데 많은 탐색 비용이 든다는 점 등은 데이터 거래 활성화를 막는 요인이다.

　* 과학기술정보통신부 · 데이터산업진흥원의 2021년 데이터 산업 현황 조사에 따르면 데이터 거래 경험이 있는 사업체 중 52%가 쓸 만한 양질의 데이터 부족, 37%가 구매 데이터의 불합리한 가격책 정, 31%가 데이터 소재 파악 및 검색의 어려움 등을 데이터 거래의 애로 사항으로 꼽은 바 있다.

나. 한편, API 체계 등 데이터의 유통 인프라를 구축하는 과정에 막대한 비용이 들기에 데이터 활용에 따른 명확한 경제적 이득이 있지 않으면 데이터 생태계가 원활히 작동하기 어렵다.

　* 현재 정부 주도로 금융 회사 데이터를 API로 송 · 수신할 수 있는 오픈 파이낸스 체계를 시행한 호주는 금융 회사들에 인프라 구축에 대한 의무를 부여하여 각 은행들은 1억 달러 규모의 비용을 지출하였으나, 2023년 말 기준 은행 소비자의 0.31%만이 적극적으로 데이터 공유 체계를 활용한 것으로 밝혀졌다.

② 잠재력이 있는 데이터의 발굴, 구조조정을 통한 시장 효율성의 증진 등이 향후 마이데이터 시장의 과제일 것이다.

가. 개인정보보호법의 개정으로 인해 금융 · 비금융 데이터 간 결합이 높아질 수 있는 제도적 장치가 마련되어 향후 가치 있는 비금융 데이터의 발굴, 표준화되지 않았지만 향후 시장가치가 큰 데이터의 발견 등이 필요하다.

나. 한편, 본격적으로 마이데이터 과금이 시행되면서 시장의 구조 조정도 이뤄지고 있는 상황이기에 시스템을 효율적으로 운영할 수 있도록 재설계가 필요하며 마이데이터 회사들이 수익을 얻을 수 있도록 비즈니스 구조의 재검토가 요구된다.

　* 호주는 오픈 파이낸스 시스템인 소비자 데이터 권리(Consumer Data Rights) 체계를 구축하는데 많은 비용을 소요하였지만, 낮은 도입률로 인해 제도의 '리셋(reset)'을 발표하여 시스템의 효율성 등을 점검하고 있다. 또한 소비자의 동의를 받은 제3자(액션 서비스 제공자)가 계좌 이체, 결제, 계좌 개설 등의 직접적인 행위를 할 수 있는 액션 권한(write access)이 포함된 개정법안이 2024년 8월 의회를 통과했다.

</td>
</tr>
</table>

📈 결론

의견 제시

디지털 전환이 가속화되면서 데이터 활용은 필수 전략으로 자리매김했으며, 방대한 금융 데이터를 보유한 금융 회사에게 차별화된 경쟁력으로 작동하게 되었다. 금융 회사는 이제 자체 데이터로 저비용 맞춤형 서비스 제공 및 적극적 수익 창출을 추진해야 한다.

이제 금융 회사의 데이터 수익화는 '내부 효율성 제고'를 넘어 '데이터 상품화'로 전환되어야 하며, 기술력 · 조직 · 제도 · 생태계 연계 등 전방위적 전략이 요구되는 시점이다.

첫째, 은행은 기존의 내부 활용에서 나아가 이종 업체와의 협업을 통해 데이터 활용 범위를 확장하고 데이터 판매, API 제공, 컨설팅 등 외부 수익화 모델을 구축할 필요가 있다.

둘째, 카드사도 유통, 플랫폼, 공공기관 등과의 제휴를 통해 데이터 결합 활용도를 높이고, 중소상공인을 포함한 새로운 시장으로의 진출 전략이 필요한 시점이다.

셋째, 특히 금융지주회사는 그룹 내 관계사 데이터를 적극 활용해 시너지를 극대화하고, 데이터 사업을 주도할 핵심 관계사를 중심으로 데이터를 통합적으로 관리 · 활용하여 그룹 내 시너지를 창출해야 할 것이다.

넷째, 정책당국은 광고 허용 등 제도적 기반 확대를 고려해야 한다. 물론 데이터 기반 광고 허용, 신용평가 고도화 등 규제 완화 움직임을 보이고 있으나, 아직 민간 데이터 사업자의 역할 확대를 위한 제도적 기반은 미흡한 상태로 관련 법제 정비와 세부 가이드라인 등을 검토해야 한다.

- 금융당국은 2024년부터 비금융 데이터를 활용한 '신용평가 혁신'을 추진 중이다.

- 2025년 6월 한국데이터산업협회는 "데이터 활용 및 유통 활성화를 위해 2021년 제정된 데이터산업법을 현행 시장에 부합하게 전면 개정할 필요"가 있다고 강조한 바 있다.

 용어해설

1) **기업정보조회업**: 법인·사업자의 신용 관련 데이터를 분석·가공하여 금융 기관 등 다양한 이해관계자에게 제공하고 재무·거래정보 기반으로 신용상태를 평가하거나 정보를 판매하는 사업

2) **데이터전문기관**: 금융·비금융 기업 간 데이터 결합을 지원하고 익명 정보의 적정성을 평가하는 기관

고환율과 정책적 방안

01 논제 개요 잡기[핵심 요약]

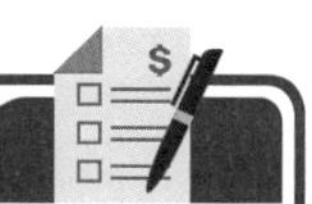

서론	이슈언급		2024년 우리 경제는 내수 회복이 지연되고 있음에도 불구하고, 수출이 역대 최고를 기록하는 호조세를 보인데 힘입어 잠재 성장률 수준인 2.0% 성장률을 기록했다. 그러나 원 달러 환율은 내수 위축, 경제불확실성 확대, 글로벌 달러화 강세 등의 영향으로 연중 전반적인 상승세를 보였다.
본론	1. 고환율	1) 환율 동황	원 달러 환율은 2023년 이후 미국 경제의 호조세와 고금리 정책에 따른 글로벌 달러화 강세, 우리의 내수 회복 지연 등 대한민국 경제 성장세 둔화, 중동 및 우크라이나 등 지정학적 불확실성 지속 등으로 기조적인 상승세를 보인 결과, 2023년 말 원 달러 환율은 1,288.5원으로 2022년 말(1,264.5원)에 비해 1.8% 상승함. 2024년에 들어서는 원 달러 환율의 상승세가 확대됨.
		2) 고환율의 원인	미연준의 트럼플레이션에 대한 대응 조치로 고금리 장기화 우려가 높아지는 가운데, 미국과 한국의 경제 성장률 역전 장기화 및 한국 정치 불확실성 등으로 한국 경제의 펀더멘털에 대한 시장의 우려가 심화되고 있기 때문이라 판단됨. ① 미국 측 요인 ② 국내 측 요인

본론	1. 고환율	3) 고환율 영향	① 원 달러 환율이 상승하면 일반적으로 수출에는 긍정적인 영향을 미침. ② 반도체, 자동차 등 해외생산 기지 확대, 대규모 해외 투자 등으로 외화 부채 규모가 큰 기업의 부담이 크게 증가함. ③ 환율 상승으로 인한 원화 가치 하락은 교역 조건 악화와 수입 물가 증가를 야기함. ④ 글로벌 GVC 개편 환경 속에서, 원재료 조달의 어려움을 가중시켜 기업 경영에 차질을 줌.
결론	의견제시		첫째, 최근 원화 약세의 주된 원인이 한 · 미 금리 역전이 아니라, 한 · 미 경제 성장률 역전 때문이라는 점을 인식하고, 금리 인하를 통해 펀더멘털을 강화하고 경제 성장률을 높여 환율을 안정시키는 방향의 사고 전환이 필요함 . 둘째, 향후 미 · 중 무역 갈등 및 글로벌 관세 전쟁, 미국 금리 인하 지연과 통화 정책 불확실성 등으로 인해 원 달러 환율의 변동성이 확대될 우려가 있는 만큼 글로벌 경제 상황과 외환 시장에 대한 모니터링 강화와 필요시 적극적인 외환 시장 안정화 대책이 요구됨. 셋째, 원 달러 환율의 급변동으로 국내 물가 상승 및 가계 경제에 미치는 영향을 사전에 점검하고 이에 대한 대비책을 마련해야 함. 넷째, 원 달러 환율의 급변동 및 환율 상승에 영향을 받기 쉬운 수출입 기업들이 효과적으로 환 리스크를 관리할 수 있도록 정부의 지원 확충 및 기업들의 자체적인 환 리스크 관리 역량을 강화해 나가야 함. 한편 은행들은 첫째, BIS 자기자본비율 관리에 만전을 기해야 함. 분모인 위험가중자산은 외화여신을 감안하면 환율 상승 시 BIS 자기자본비율 하락 요인이 되기 때문임. 미연에 자본 확보를 위한 방안을 강구해야 함. 둘째, 적극적인 신용 리스크 관리를 수행해야 한다. 특히 수입 기업의 환차손 확대에 대비한 여신 조절이 필요함. 셋째, 수출 기업 등에 대한 영업 확대를 통해 환율 상승에 따른 수출 수익 극대화를 지원해야 함 .

02 논제 풀이

📈 서론

이슈 언급
2024년 우리 경제는 내수 회복이 지연되고 있음에도 불구하고, 수출이 역대 최고를 기록하는 호조세를 보인데 힘입어 잠재 성장률 수준인 2.0% 성장률을 기록했다. 그러나 금융 시장에서는 2024년 상반기 중 소폭의 상승세를 보이던 종합 주가 지수가 하반기 들어 경기 부진, 트럼프 정부의 정책 불확실성 등으로 하락세를 이어갔으며, 원 달러 환율은 내수 위축, 경제 불확실성 확대, 글로벌 달러화 강세 등의 영향으로 연중 전반적인 상승세를 보였다. 2024년 말 원 달러 환율은 2023년 말 대비 14.3% 상승한 1,473원으로 마감하였는데, 이는 외환 위기로 환율이 급등했던 1997년 말의 1,695원 이후 가장 높은 수준이다. 원 달러 환율의 급등은 과거 IMF 외환 위기의 트라우마를 지닌 우리 경제에 많은 우려를 낳고 있다. 이에 본지에서는 환율 급등의 원인 및 우리 경제에 미칠 영향을 분석한 후, 정책적 대응 방안을 제시하기로 한다.

📈 본론

1. 고환율	1) 환율 동황	원 달러 환율은 2023년 이후 미국 경제의 호조세와 고금리 정책에 따른 글로벌 달러화 강세, 우리의 내수 회복 지연 등 대한민국 경제 성장세 둔화, 중동 및 우크라이나 등 지정학적 불확실성 지속 등으로 기조적인 상승세를 보인 결과, 2023년 말 원 달러 환율은 1,288.5원으로 2022년 말(1,264.5원)에 비해 1.8% 상승하였다. 2024년 들어서는 원 달러 환율의 상승세가 확대되었다. 수출 호조에 힘입어 실물 경기가 1분기 전기 대비 1.3%의 성장률을 보인 후 기저 효과 등으로 내수가 크게 조정되며 부진한 흐름을 이어오는 가운데 글로벌 달러화 강세, 지정학적 불확실성, 미국 트럼프 정부의 정책 불확실성과 함께 비상계엄 선포 이후 정치적 불확실성 등으로 2024년 연말 환율은 1,472.5원으로 2023년 말 대비 14.3% 상승하였다. 한편, 주요 6개국 통화에 대하여 미국 달러의 평균적인 가치를 나타내는 지표인 달러 인덱스(Dollar Index)는 2022년 1월 96.5에서 같은 해 9월 112.1까지 급등하였으며, 2025년 현재에도 100을 크게 상회할 정도로 달러화의 초강세가 지속 중이다. 주요 선진국 통화 15개의 달러화에 대한 환율을 검토해 볼 경우, 2022년 1월 대비 2025년 1월의 절하율은 원화가 일본 엔화(26.8%)와 노르웨이 크로네화(22.2%)에 이어 세 번째(17.9%)로 높은 수준을 기록하고 있다.

1. 고환율

1) 환율 동황

< 원/달러 환율 및 달러인덱스 추이 >

< 주요 선진국 통화의 달러화 대비 절하율(25년 1월 / 22년 1월) >

2) 고환율 원인

미연준의 트럼플레이션에 대한 대응 조치로 고금리 장기화 우려가 높아지는 가운데, 미국과 한국의 경제 성장률 역전 장기화 및 한국 정치 불확실성 등으로 한국 경제의 펀더멘털에 대한 시장의 우려가 심화되고 있기 때문이라 판단된다.

① 미국 측 요인

시장에서는 트럼프 노믹스(관세 인상, 감세)에 따른 인플레이션 압력 상승과 그에 따른 미연준의 금리 인하 속도가 크게 감속(減速)할 우려로 인해 글로벌 달러화 강세가 당분간 이어질 가능성을 높게 보고 있기 때문이다.

② 국내 측 요인

탄핵 정국이 지속되면서 정치 불확실성이 해소되지 못하는 데에 따른 원화의 저평가 현상이 지속 중이다. 무엇보다도 내수 침체로 미국보다 한국의 경제 성장률이 2023년 이후 2025년까지 3년 연속 낮은 수준을 기록할 것이 확실시되면서, 환율 결정의 가장 핵심 요인인 양국 간 펀더멘털의 격차가 원화 약세를 주도하고 있다고 판단된다.

[한국과 미국의 경제 성장률 추이 및 전망]

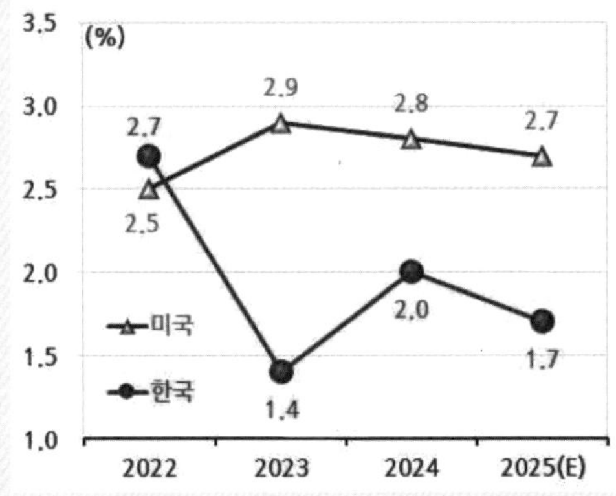

<출처: BOK.>
주: 2025년 전망치의 경우 미국은 IMF, 한국은 현대경제연구원.

1. 고환율	**3) 고환율 영향**	① 원 달러 환율이 상승하면 일반적으로 수출에는 긍정적인 영향을 미친다. 국내 제품의 달러화 가격이 낮아져 가격 경쟁력이 높아지고 수출 기업은 수출대금의 원화환산금액 상승으로 영업 이익이 증가한다. 그러나 우리나라 기업의 수출 전략이 가격 경쟁보다 기술 경쟁으로 변화하면서 환율 상승에 따른 수출 증대 효과가 과거보다 줄어드는 등 환율 상승의 긍정적 효과가 점차 제약되고 있다. ② 반도체, 자동차 등 해외 생산 기지 확대, 대규모 해외 투자 등으로 외화 부채규모가 큰 기업의 부담이 크게 증가한다. 특히 원화의 지속적 약세가 예상되면 금융 시장에서 외국인 자금이 이탈하고 환율, 주가, 금리 등 금융 시장 변동성이 확대되며 경제의 전반적인 불확실성으로 확산될 수 있다. ③ 환율 상승으로 인한 원화 가치 하락은 교역 조건 악화와 수입 물가 증가를 야기한다. 기업은 수익성 개선을 위해 비용 절감 및 새로운 수출 판로 모색에 대한 부담을 추가로 갖게 된다. 이는 기업이 개발과 혁신에 투자하여 미래의 부를 재생산하는 긍정적인 기능을 저해한다. ④ 글로벌 GVC 개편 환경 속에서, 원재료 조달의 어려움을 가중시켜 기업 경영에 차질을 준다.

📈 결론

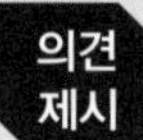

첫째, 최근 원화 약세의 주된 원인이 한 · 미 금리 역전이 아니라, 한 · 미 경제 성장률 역전 때문이라는 점을 인식하고, 금리 인하를 통해 펀더멘털을 강화하고 경제 성장률을 높여 환율을 안정시키는 방향의 사고 전환이 필요하다.

① 한 · 미 간 금리 역전으로 원 달러 환율이 높은 수준을 지속하고 있기 때문에, 우리가 먼저 금리를 내리게 되면 환율이 불안해질 수 있다는 논리도 일견 타당하다고 생각된다. 그러나 반대로 원화 약세가 한국 경제 성장률이 미국보다 장기간 낮기 때문이라는 즉 양국 간 경제 펀더멘털의 격차에 의한 것일 가능성도 배제할수 없다.

② 따라서 근본적으로 한국 경제의 생산성과 경쟁력을 높여 저성장의 늪에서 벗어나는 것이 외환 시장 안정의 해법일 수 있으며, 그러기 위해서는 2025년 상반기에 경기 전환이 가능한 정책적 대응이 절실하다. 일부에서는 추경의 필요성을 언급하고 있으나, 현실적으로 지금 추경을 편성하더라도 그 효과는 빨라야 하반기에 나타날 것이고, 기존 예산의 상반기 조기 집행률을 역대 최고 수준으로 높이겠다는 목표를 고려해 볼 때 재정 정책은 충분히 경기 친화적인 기조이다.

③ 이러한 재정 정책의 경기 부양 효과를 극대화하기 위해서는 금리 인하를 통한 시너지 효과가 필요하다. 금리 인하를 통해 경기 방향성이 하강에서 상승으로 전환될 경우, 성장률이 높아지고 경제 펀더멘털에 대한 시장의 평가도 상승하게 되어 외환 시장도 점차 안정될 수 있다고 생각된다.

둘째, 향후 미 · 중 무역 갈등 및 글로벌 관세 전쟁, 미국 금리 인하 지연과 통화 정책 불확실성 등으로 인해 원 달러 환율의 변동성이 확대될 우려가 있는 만큼 글로벌 경제 상황과 외환 시장에 대한 모니터링 강화와 필요시 적극적인 외환 시장 안정화 대책이 요구된다.

① 금융 당국은 향후 원 달러 환율 변동성이 확대될 수 있는 글로벌 경제 상황 및 외환 시장의 급격한 변동에 대비하여 글로벌 경제 상황, 외환 수급 변동 및 단기 자본 유출입 상황에 대한 모니터링을 지속해서 강화해 나가야 한다.

② 시나리오별 대응 방안을 선제적으로 마련하고 필요시 외환 시장에 구두 개입을 포함한 다양한 방식을 통해 적극적으로 시장 개입을 할 필요성이 있다 . 단, 과도한 수준의 시장 개입은 '환율조작국' 지정 우려가 있는 만큼 신중을 기해야 한다.

③ 환율 불안정성 확대에 따른 외환 시장 충격에 선제적으로 대비하기 위해 국민연금과의 외환 스와프 확대를 넘어 주요국과의 통화 스와프 확대 방안을 모색해 나가야 한다.

셋째, 원 달러 환율의 급변동으로 국내 물가 상승 및 가계 경제에 미치는 영향을 사전에 점검하고 이에 대한 대비책을 마련해야 한다.

① 환율 상승은 수입 물가 상승으로 이어져 인플레이션 압력을 높일 수 있으며 이는 가계의 실질 구매력 감소와 민간소비 부진으로 이어질 우려가 있다.

② 이에 정책 당국은 환율로 인한 물가 충격을 완화하기 위해 필수 소비재 및 에너지 가격 안정 대책을 점검하고, 사회적 취약 계층에 대한 지원 등도 검토해야 한다.

넷째, 원 달러 환율의 급변동 및 환율 상승에 영향을 받기 쉬운 수출입 기업들이 효과적으로 환 리스크를 관리할 수 있도록 정부의 지원 확충 및 기업들의 자체적인 환 리스크 관리 역량을 강화해 나가야 한다. 중소기업 대상 설문조사에 따르면 202025년 중소기업 10대 이슈'로 원 달러 환율 상승이 선정된 점 등을 고려하면 중소기업을 중심으로 외환 리스크 관리 방안 마련이 시급해 보인다.

한편 은행들은

첫째, BIS 자기자본비율 관리에 만전을 기해야 한다. 분모인 위험가중자산은 외화여신을 감안하면 환율 상승 시 BIS 자기자본비율 하락 요인이 되기 때문이다. 미연에 자본 확보를 위한 방안을 강구해야 한다.

둘째, 적극적인 신용 리스크 관리를 수행해야 한다. 특히 수입 기업의 환차손 확대에 대비한 여신 조절이 필요하다.

셋째, 수출 기업 등에 대한 영업 확대를 통해 환율 상승에 따른 수출 수익 극대화를 지원해야 한다.

주제 1

고환율의 원인과 향후 대응 방안에 대해 논하라.

답안

📈 서론

최근, 글로벌 복합 위기와 **정치적** 불안성성으로 인해 고환율이 지속되**며** 고환율 장기화에 대한 국내 경제 전반의 우려가 커지고 있다. 현 고환율 기조의 경우 수출 효과 등에 따른 기대감보다 원자재 수입 비용 상승 등 부담이 더 크게 작용하고 있다는 점으로 미루어 보아 환율 리스크에 대한 업계와 정부의 적극적 대비책 마련이 필요해 보인다. 이에, 본고는 1) 고환율의 원인과 2) 고환율이 한국 경제에 미치는 영향을 살펴본 후 3) 향후 대응 방안에 대한 방향성을 제시하고자 한다.

| 국내 정치의

| 기에,

| 및 이로 인한 고물가 기조

📈 본론

[본론1: 고환율의 원인]

(1) 미국의 금리 정책

트럼프 정부의 관세 정책의 불확실성 아래에서, 미국 연방준비제도가 연이어 금리 동결을 택하며 금리 인하 속도를 늦추고 있다. 이에 반해, 한국은 금리 인하를 결정하며 미국 금리보다 한국 금리가 낮아지는 금리 역전 현상이 **일어나고 있다**. 각국 통

| 또다시 확대되고 있다.

화 가치의 직접적인 기준이 되는 금리에서 미국 금리가 한국 **금리를 앞서며** 고환율의 근본적인 원인을 찾을 수 있다.

(2) 정치적 불안정성

국내 정치적 불안정성이 이례적인 고환율을 초래한 **가장 큰** 이유 중 하나로 지목되고 있다. 최근 계엄 사태에 이은 대통령 탄핵과 같은 정치적 불안정성은 외국인 투자자들의 신뢰와 투자를 저하시키는 요인으로 작용하였다. 국내 혼란으로 인한 이러한 원화에 대한 수요 감소는 원화 가치 하락으로 직결되는 효과를 낳았다.

(3) 관세 전쟁 격화

지난 4월 2일, 트럼프 정부의 상호관세 정책이 발표되며 본격적인 관세 전쟁이 막을 올렸다. 미국의 34% 관세 부과 계획 발표에 중국은 곧바로 보복 관세로 대응하였고 이러한 국제통상 환경의 불안정 속 위험 통화로 분류되는 원화는 약세 압력을 받고 있다. 이에 반해, 외환 시장 변동성이 커질수록 안전 자산 선호 심리가 강해지고 있으며 그 결과 기축 통화인 달러는 강세를 유지하고 있는 중이다.

[본론2: 고환율의 영향]

원화 약세는 수출 경쟁력 강화, 기업 매출 증가 및 무역 수지 개선 등 긍정적인 영향을 줄 수도 있지만 수입 의존도가 높은 한국 경제 특성 상 그 부정적인 효과가 긍정적인 효과를 상쇄시킬 것으로 예상된다. 고환율에 따른 한국 경제의 부정적 영향은 다음과 같다.

(1) 원자재 수입비 및 해외 투자비 상승

한국의 주력 수출 상품인 반도체, 배터리, 석유화학, 제약, 바이오 등은 높은 수입 의존도를 보인다는 특성이 있다. 석유화학의 경우 기초 원료를 전량 수입에 의존 중이며, 배터리 역시 리튬, 흑연 등 핵심 원자재를 해외에서 조달하고 있다. 이에 많은 기업이 수출 효과에 따른 기대감 보다 원자재 수입 원가 상승으로 인한 부담감을 호소하고 있다. 특히 해당 산업들의 경우 대규모 해외 공장 및 인프라 투자가 요구되는 만큼 원자재 가격 상승뿐만 아닌 해외 R&D 비용 상승에 따른 이중고가 예상된다.

(2) 수입 물가 상승

수입 재화 · 서비스 가격 상승에 따른 충격은 비단 기업만의 문제가 아니다. 모든 수입품의 가격이 일제히 상승하며 기업뿐만이 아닌 일반 소비자들 역시 수입 물가 상승으로 인한 피해 대상자가 되고 있다. 이러한 수입 물가 상승은 국내 전반적인 인플레이션율을 상승시키며 원활한 경제 활동을 저해하는 요소로 작동할 우려가 있다.

(3) 외화 부채 부담 증가

고환율의 또 다른 리스크 중 하나는 외화 부채 부담의 증가이다. 외화 부채 보유량이 많은 기업의 경우 환율이 상승하며 원리금 상환 부담이 커지게 된다. 금융 기관의 경우 고환율에 따른 영향이 보다 복잡하게 작용할 것으로 예상된다. 외화 대출이 많은 금융 기관일수록 위험 가중자 산 증가에 따른 BIS 자지기본비율 하락을 겪게 되며, 외화 채권 발행량이 많은 금융기관의 경우 환차손에 따른 수익성 악화가 불가피할 것으로 보인다.

📈 결론

정책당국과 당행은 다음과 같은 대응 방안을 마련하는 것이 필요하다.

(1) 정책당국

첫째, 정부는 환율의 안정을 위해 거시건전성 3종 세트(외환 건전성 부담금, 외국인 채권 투자 과세, 은행 선물환 포지션 한도)를 한시적으로 완화하는 등 국내 외화 유동성 공급에 개입하여 환율을 적정 수준까지 낮추기 위해 노력하여야 한다.

둘째, 고환율로 인한 물가 상승 및 해외 여행 및 유학 비용 상승으로 인한 가계의 부담을 줄이기 위해 가계 부채 관리 방안이 필요하다.

셋째, 기업들이 고환율 장기화를 효과적으로 이겨낼 수 있도록 도와줄 수 있는 강력한 컨트롤타워가 필요해 보인다. 소규모 개방 경제이자 대기업 중심의 경제구조를 가지고 있는 우리나라는 대외 환경 변화에 상대적으로 취약하다는 단점이 있다. 이에, 고환율로 인해 피해를 입은 기업들을 빠르게 파악하고 긴급경영안정자금 등 적절한 지원을 제공하기 위해 면밀한 모니터링을 실시할 수 있는 체계적인 민관 협력 체계 구축이 우선시되어야 할 것으로 보인다.

(2) 수출입 은행

첫째, BIS 자기자본비율의 보다 면밀한 관리가 필요하다. 외화 여신이 많은 기관일수록 환율 상승에 따른 BIS 자기자본비율 하락폭이 크기 때문에 외화 여신이 대출의 **큰** 부분을 차지하고 있는 당행의 경우 BIS 자기자본비율 관리에 보다 많은 노력을 기울여야 할 것으로 예상된다.

둘째, 외화 유동성 리스크에 대한 재점검 및 모니터링 강화가 필요하다. 당행은 국내 외화 유동성 공급의 중추적인 역할을 맡고있는 만큼, 유동성 리스크에 철저히 대비할 필요가 있다. 환헤지(Currency Hedging) 전략을 단기에서 중장기로 전환하고, 일정 수준 이상의 외화를 보유하는 등 변동성에 대한 완충력을 확보해야 한다.

셋째, 수출입 기업에 대한 영업 확대 및 지원이 필요할 것으로 보인다. 고환율에 힘입어 수출 호조를 보이는 기업들에 대해서는 금융 지원을 강화가 필요하며, 이보다 더 우선하여 원자재 가격 상승에 따른 타격을 흡수할 수 있도록 수입 기업들에 대한 지원이 선행되어야 할 것으로 보인다.

넷째, 고환율을 이겨낼 수 있는 더 많은 옵션을 기업들에게 제공해야 한다. 이를 위해, 스스로 환 리스크를 헤지할 수 없는 중소기업들에게 지도 교육을 제공하고, 환율 변동 보험 상품 개발 및 제공을 통해 고환율 시대 기업들의 생존을 도모하여야 한다.

| 상당

chapter 15

복수 거래소 제도
현황 및 개선점

01 논제 개요 잡기 [핵심 요약]

서론	이슈언급	국내 자본시장에 복수 거래 시장 체제가 도입된 지 3개월이 지났다. 2025년 3월, 넥스트레이드(Nextrade, NXT)의 등장이 그 출발점이었다. 출범 당시 거래 종목은 단 10개였지만, 3개월이 지난 6월 초에는 796개 종목으로 확대되며 시장에서 빠르게 존재감을 키웠다. 하지만 이런 빠른 성장세는 곧 제도적 장벽에 부딪힐 가능성이 크다. 현행 자본시장법은 다자간매매체결회사(ATS)의 시장 점유율을 '전체 거래량 15%', '개별 종목 30%'로 제한하고 있다. 이 기준을 넘을 경우 해당 종목의 거래는 법적으로 제한되며, 이를 위반할 경우 '무허가 거래소 운영'으로 간주되어 법적 제재를 받을 수 있다. 복수 거래 시장 도입의 본래 취지를 저해할 우려가 있다. 거래가 제한되면 투자자들의 거래 편익은 단절되고, 증권사 및 운용사의 시스템 구축 투자 회수도 난항에 빠질 수 있다. 이로 인해 투자자 신뢰는 흔들리고, 자본시장 전체에 제도 불확실성이라는 리스크가 확산될 수 있다.
본론	1. 넥스트 트레이드	1) 현황 및 평가
		① 현황 ② 평가 NXT의 도입은 단순히 기존 한국 거래소(KRX)에서 이뤄지던 거래를 양 시장으로 분산시킨 것에 그치지 않고, 국내 주식 시장의 전체 거래 규모 확대에 유의미한 기여를 한 것으로 분석됨. NXT가 도입되지 않았을 경우를 가정하여 추정한 결과, 시장 전체 거래 대금은 NXT 도입으로 유의하게 증가한 것으로 추정됨.

<table>
<tr><td rowspan="2">본론</td><td>1. 넥스트
트레이드</td><td>1) 현황 및
평가</td><td>이러한 분석 결과는 다자간매매체결회사 도입이 시장 유동성 제고 및 거래 활성화에 실질적인 영향을 미쳤음을 시사하며, 복수 거래 시장 체제가 단순한 경쟁 구조 도입을 넘어 시장 전체의 효율성과 거래기반 확대에 긍정적 효과를 미쳤을 가능성을 보여준다</td></tr>
<tr><td>2. 제도적
한계</td><td>1) 시장 점유
율 제한</td><td>① 자본시장법상 다자간매매체결회사는 시장 점유율 제한이 적용된다.
② 이러한 규제 하에서는 일정 수준 이상의 거래점유율 도달이 오히려 시장 존립과 발전에 제약 요인으로 작용할 수 있다.
③ 결국 시장 전체의 자율적 경쟁 구조는 약화되고, 시장경쟁을 통한 자율적 혁신을 유도하려는 정책적 취지와도 괴리되는 결과를 초래할 수 있다.</td></tr>
<tr><td>결론</td><td>의견제시</td><td colspan="2">

<상반된 ATS 도입 효과 분석>

긍정적인 면	부정적인 면
AIS 노입 이후 스프레드 축소와 거래 규모 증가 등 유동성 개선 효과가 확인됨.	유동성 분산으로 인해 대량 거래 시 시장 충격이 커질 수 있음.
가격 발견 기능 측면에서도 정보 반영 속도와 거래 시장 간 가격 연계성이 향상될 수 있음.	개별 시장에서 상이한 가격이 형성되어 오히려 가격 집중을 저해할 수 있다는 우려
암묵적 및 명시적 거래 비용 절감, 투자자의 접근성 및 거래 선택권 확대, 기존 거래소의 서비스 개선 유도.	다수 플랫폼에 의한 시장 감시 복잡성, 규제 사각지대 확대, 거래 시스템 운영 비용 증가 등의 문제
복수 거래 시장 간 경쟁이 스프레드와 수수료를 낮춤.	다중 플랫폼 간 차익 거래 증가로 인해 오히려 정보 비대칭과 역선택이 심화될 수 있음.

</td></tr>
</table>

02 논제 풀이

서론

**이슈
언급** 국내 자본시장에 복수 거래 시장 체제가 도입된 지 3개월이 지났다. 2025년 3월, 넥스트레이드(NXT)의 등장이 그 출발점이었다. 출범 당시 거래 종목은 단 10개였지만, 3개월이 지난 6월 초에는 796개 종목으로 확대되며 시장에서 빠르게 존재감을 키웠다.

2025년 6월 26일 넥스트레이드에 따르면 6월 24일 넥스트레이드의 거래 대금과 거래량은 지난 3월 출범 이후 최대치를 기록했다. 프리마켓(08:00~08:50)과 애프터마켓(15:40~20:00), 정규 시장 거래를 포함한 전체 거래 대금은 16조 2126억 원을 기록했고, 거래량은 4억 1648만주를 넘었다. 6월 초보다 거래 대금은 241.2%, 거래량은 136.8% 급증했다. 이는 시장 전체 거래량의 30%, 15%에 각각 해당하는 수준이다. 특히 넥스트레이드에서 거래되는 종목들이 대부분 유동성이 풍부하고 거래 회전율이 높은 종목들로 구성되어, 거래 대금은 더욱 높은 비중을 차지하고 있다.

하지만 이런 빠른 성장세는 곧 제도적 장벽에 부딪힐 가능성이 크다. 현행 자본시장법은 다자간 매매체결회사(ATS)의 시장 점유율을 '전체 거래량 15%', '개별 종목 30%'로 제한하고 있다. 이 기준을 넘을 경우 해당 종목의 거래는 법적으로 제한되며, 이를 위반할 경우 '무허가 거래소 운영'으로 간주되어 법적 제재를 받을 수 있다. 이른바 현행 [시장 점유율 상한 규제]에 따라, 2025년 9월경부터 다수 종목의 거래가 제한될 가능성이 커지고 있다. 이는 경쟁 유도를 통한 거래시장 구조 개선을 유도하는 복수 거래 시장 도입의 본래 취지를 저해할 우려가 있다. 거래가 제한되면 투자자들의 거래 편익은 단절되고, 증권사 및 운용사의 시스템 구축 투자 회수도 난항에 빠질 수 있다. 이로 인해 투자자 신뢰는 흔들리고, 자본시장 전체에 제도 불확실성이라는 리스크가 확산될 수 있다.

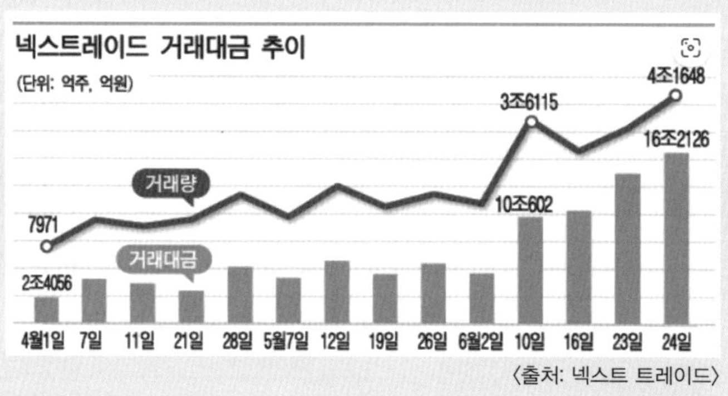

〈출처: 넥스트 트레이드〉

이에 본지에서는 복수 거래 시장 넥스트트레이드 현황과 제도적 문제점에 대해 검토한 후, 향후 복수 거래소 관련 주요 개선 과제에 대하여 논하기로 한다.

본론

1. 넥스트 　트레이드	1) 현황 및 　평가	① 현황 가. 넥스트레이드(Nextrade, NXT)는 출범 이후 거래량과 거래 대금이 빠르게 증가하며 단기간 내 유의미한 시장 점유율을 확보했다. 2025년 3월 초까지만 해도 거래 종목 수가 제한돼, 전체 시장에서 차지하는 비중은 미미했지만, 3월 말부터 거래 가능 종목이 본격적으로 확대되면서 거래 규모가 급격히 늘어났다. 나. 2025년 6월 초 기준 NXT의 일평균 거래량은 약 3억 주로, 전체 시장 거래량의 약 15%를 차지하고 있다. 다. 특히 NXT에서 거래되는 종목 다수가 유동성이 풍부하고 회전율이 높은 종목으로 구성돼 있어, 거래 대금 비중은 더욱 크다. 같은 기간 일평균 거래 대금은 약 10조 원에 달하며, 이는 전체 시장 거래 대금의 30% 수준에 이른다. 라. NXT의 이러한 폭발적 성장은 단순한 거래 분산이 아니라 시장 유동성 자체를 확대했다는 데 의의가 있다.

마. 실제로 시장 전체의 거래 대금은 NXT 도입 이후 약 9.1% 증가한 것으로 분석된다. NXT가 도입 3개월 만에 두 자릿수 시장 점유율을 기록하며 빠르게 시장을 확대한 것은 상당히 이례적인 초기 성과로 평가된다.

A. 일본의 경우, 정규거래소와 일부 대체 거래 시스템(Alternative Trading System, ATS)으로 구성되어 국내 시장과 유사한 시장 구조로 되어 있는데, ATS가 2000년대 초 설립된 이후 10년 이상 정체기를 겪었다. 최근에야 Japannext, Cboe Japan, Osaka Digital Exchange 등 3개 ATS가 합산하여 2025년 4월 기준 9.8%의 시장 점유율을 확보한 상황이다.

B. 호주 SMS Cboe Australia 설립으로 경쟁 체제로 진입한 이후, 점유율이 서서히 확대되어 2025년 3월 기준 9.5%를 달성했다.

[거래 시장별 거래량 추이]

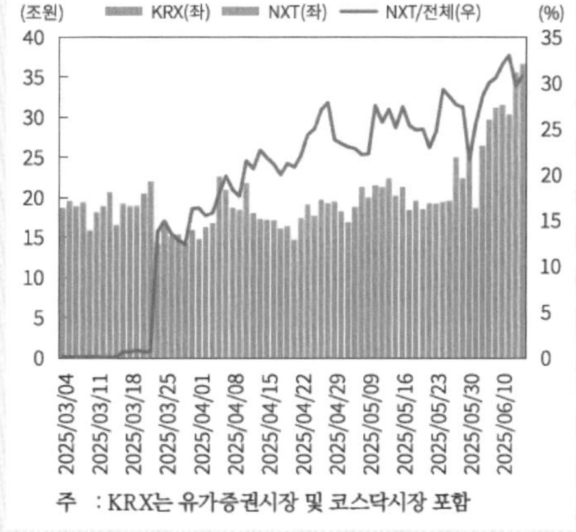

주 : KRX는 유가증권시장 및 코스닥시장 포함

[거래 시장별 거래 대금 추이]

주 : KRX는 유가증권시장 및 코스닥시장 포함

<출처: 자본시장연구원>

1. 넥스트 트레이드

1) 현황 및 평가

1. 넥스트 트레이드	**1) 현황 및 평가**	② 평가 가 NXT는 정규 시장 외 시간대에 거래가 가능하도록 프리마켓(08:00~08:50)과 애프터마켓 (15:40~20:00)을 운영하며 투자자의 거래 시간 선택권을 확장했다. 나. 2025년 6월 둘째 주 기준, 프리마켓과 애프터마켓의 일평균 거래량은 각각 6,600만 주와 5,300만 주에 달하며, 전체 NXT 거래량의 19%와 16%에 해당하는 수준이다. 다. 출근 전후로 거래가 가능한 구조는 개인 투자자 접근성까지 높이며 시장의 질적 변화로 이어졌다는 평가다. 라. NXT의 도입은 단순히 기존 KRX에서 이뤄지던 거래를 양 시장으로 분산시킨 것에 그치지 않고, 국내 주식 시장의 전체 거래 규모 확대에 유의미한 기여를 한 것으로 분석된다. NXT가 도입되지 않았을 경우를 가정하여 추정한 결과, 시장 전체 거래 대금은 NXT 도입으로 유의하게 증가한 것으로 추정되었다. 이러한 분석 결과는 다자간매매체결회사 도입이 시장 유동성 제고 및 거래 활성화에 실질적인 영향을 미쳤음을 시사하며, 복수 거래 시장 체제가 단순한 경쟁구조 도입을 넘어 시장 전체의 효율성과 거래 기반 확대에 긍정적 효과를 미쳤을 가능성을 보여준다. <출처: 자본시장연구원>
2. 제도적 한계	**1) 시장 점유율 제한**	NXT 성과 이면에는 제도적 한계도 도사리고 있다. ① 자본시장법상 다자간매매체결회사는 시장 점유율 제한이 적용된다. 가. 현행 자본시장법에 따르면, 다자간매매체결회사는 총 세 가지 방식으로 거래를 체결할 수 있다. 첫째는 일반적인 거래소처럼 경쟁 매매 방식으로 주문을 맞춰 거래하는 방식이고, 둘째는 한국 거래소(KRX)에서 이미 형성된 가격을 그대로 따르는 방식이고, 셋째는 매수자와 매도자의 가격이 정확히 일치할 경우 자동으로 체결되는 방식이다. 이 중 경쟁 매매 방식은 일정 조건을 만족해야만 허용된다. 구체적으로는 다자간매매체결회사의 최근 6개월간 일평균 거래량이 KRX 전체 거래량의 15%를 넘지 않아야 하고, 개별 종목별로는 KRX 거래량의 30% 이하만 거래할 수 있도록 제한하고 있다. 나. 다자간매매체결회사로 분류되는 NXT는 이미 개별 종목의 점유율 한도(30%)를 초과한 종목이 630개를 넘어섰고, 6월 이후부터는 전체 시장 점유율도 15% 상한선에 근접하고 있다. 이 추세가 계속된다면, 오는 2025년 9월부터는 상당수 종목이 거래제한에 걸릴 수 있다.

<table>
<tr><td rowspan="2">2. 제도적
한계</td><td rowspan="2">1) 시장 점유
율 제한</td><td>② 이러한 규제 하에서는 일정 수준 이상의 거래점유율 도달이 오히려 시장 존립과 발전에 제약 요인으로 작용할 수 있다.
가. 특히 한국 거래소(KRX)의 시장 점유율이 줄어드는 상황에서 수수료 인하나 서비스 개선 등 자발적인 변화 유인을 작동시키기 위해서는 경쟁 상대인 다자간매매체결회사의 성장이 전제돼야 한다.
나. 그러나 현행 법적 시장 점유율 규제가 유지되는 한, 일정 수준 이상으로 거래량이 늘어날 경우, NXT가 자의적으로 거래를 제한해야 하는 구조를 만들어 낸다.</td></tr>
<tr><td>③ 결국 시장 전체의 자율적 경쟁 구조는 약화되고, 시장 경쟁을 통한 자율적 혁신을 유도하려는 정책적 취지와도 괴리되는 결과를 초래할 수 있다.
가. 실제 시장에서는 이러한 규제 회피를 위해 NXT가 일부 종목의 거래를 중단하거나 제한하는 조치가 불가피하다는 분석이 나온다.
나. 이는 투자자의 거래 편익을 저해할 뿐 아니라, 증권사가 NXT를 기반으로 한 시스템 투자에 회의적으로 돌아서게 만들고, 제도적 불확실성도 키울 수 있다는 점에서 부정적인 영향을 초래할 수 있다는 분석이다.</td></tr>
</table>

📈 결론

의견 제시   현재는 한국 거래소(KRX) 거래량을 기준으로 다자간매매체결회사의 점유율을 계산하지만, 이 방식은 시장 전체의 구조 변화나 성장세를 충분히 반영하지 못한다. 경쟁이 심화될수록 KRX의 점유율이 자연히 줄어들 수밖에 없다는 점에서, 서비스 개선이나 수수료 인하와 같은 자발적 개선 유인이 작동하기 위해서는 경쟁 상대인 다자간매매체결회사의 시장 확대 가능성이 전제되어야 한다. 그러나 현행 법적 시장 점유율 규제가 유지되는 한, NXT는 일정 비율 이상의 거래를 초과할 경우 법적 상한에 따라 거래를 인위적으로 제한해야 하는 구조에 놓이게 된다. 이에 따라, KRX가 적극적으로 구조적 변화를 추구할 동기 역시 약화될 수 있으며, 결과적으로 시장 경쟁을 통한 자율적 혁신을 유도하려는 정책적 취지와도 괴리되는 결과를 초래할 수 있다.

현재의 시장 점유율 제한을 단기간에 준수하기 위해서는 거래를 중단하는 수밖에 없는데, 규제 회피를 위한 거래 중단은 투자자의 거래 편익 단절, 증권사의 시스템 투자 회수 제한, 제도적 불확실성 확대 등 시장 전반에 부정적 영향을 미칠 수 있다. 이는 복수 거래 시장 체제를 통해 기대되는 경쟁 효과를 훼손할 뿐 아니라, 장기적으로 시장에 대한 국내외 시장 참여자의 신뢰에도 부정적 영향을 줄 수 있다. 따라서 현행 시장 점유율 제한 규제의 적절성과 운용상의 유연성에 대한 정책적 재검토가 필요하다.

현재는 KRX 거래량 대비 비율을 기준으로 다자간매매체결회사의 시장 점유율을 산정하고 있으나, 이러한 방식은 전체 시장 규모의 성장이나 구조적 변화를 충분히 반영하지 못한다. 다자간매매체결회사의 점유율이 상승할수록 KRX의 비중은 자연스럽게 감소하게 되므로, 시장 경쟁 구조의 동태적 변화와 거래 환경의 다원화를 반영한 기준 개선이 요구된다. 아울러 시장 점유율 한도의 적정성을 평가하기 위하여 거래 규모 등 정량적 평가와 함께, 복수 거래 시장 체제가 시장에 미친 질적 성과에 대한 면밀한 분석이 필요하다.

<상반된 ATS 도입 효과 분석>

긍정적인 면	부정적인 면
ATS 도입 이후 스프레드 축소와 거래 규모 증가 등 유동성 개선 효과가 확인됨.	유동성 분산으로 인해 대량 거래 시 시장 충격이 커질 수 있음.
가격발견 기능 측면에서도 정보 반영 속도와 거래 시장 간 가격 연계성이 향상될 수 있음.	개별 시장에서 상이한 가격이 형성되어 오히려 가격 집중을 저해할 수 있다는 우려
암묵적 및 명시적 거래비용 절감, 투자자의 접근성 및 거래 선택권 확대, 기존 거래소의 서비스 개선 유도.	다수 플랫폼에 의한 시장 감시 복잡성, 규제 사각지대 확대, 거래 시스템 운영 비용 증가 등의 문제
복수 거래 시장 간 경쟁이 스프레드와 수수료를 낮춤.	다중 플랫폼 간 차익 거래 증가로 인해 오히려 정보 비대칭과 역선택이 심화될 수 있음.

국내 복수 거래 시장 도입에 대한 질적 평가는 아직 이루어지지 않은 상황이므로, 단순한 거래 규모 중심의 정량적 평가를 넘어, 유동성 제고 효과, 가격 개선 효과, 비용 절감 효과, 기술 혁신 효과 등 질적 측면에 대한 종합적 분석이 병행되어야 한다.

12년 만에 등장한 국내 다자간매매체결회사가 일회성 실험으로 끝나지 않고 자본시장 발전의 기폭제가 되기 위해선, 경쟁을 허용하되 규제가 발목잡지 않는 구조로의 전환, 그 202막'이 절실하다는 목소리가 커지고 있다.

chapter
16

가계부채 관리

01 논제 개요 잡기[핵심 요약]

서론	이슈언급	가계부채 관리는 금융안정과 거시경제 안정성 확보를 위한 핵심 정책과제 중 하나이다. 물론 BIS에 따르면 한국의 GDP 대비 가계부채 규모는 2024년 말 기준 주요국 중 세계 5위 수준으로 2021년 3분기 이후 점진적으로 하락하고 있으나 여전히 90%를 상회하고 있고 2025년 8월의 급증세를 감안 시 체계적이고 지속 가능한 관리 방안이 필요하다.	
본론	1. 가계부채	1) 증가 원인	① 공급 측면(금융 기관) 　가. 기업대출과 비교했을 때, 가계 대출의 높은 수익성 및 안정성 때문이다.. 　나. 가계대출에 대한 규제가 크지 않기 때문이다. ② 수요 측면(가계) 　가. 과거 저금리 기조 장기화에 따른 투자 열풍은 가계 부채 증가로 이어졌다. 　나. 특히 최근에 들어서는 우리나라가 전형적인 저성장 국면에 들어서면서, 젊은 세대에서 이른바 '영끌(영혼까지 끌어모아 투자)'과 '빚투(빚내서 투자)'의 공격적 투자 현상이 심해지면서, 과도한 신용대출이 이어졌다.

본론	**1. 가계부채**	2) 가계 및 가계 부채 현황	① 채무상환부담은 감소하는 추세 ② 취약차주 수 비중 오름세 지속 ③ 가계대출 연체율 상승세 지속
		3) 가계부채 증가의 문제점	① 금융취약계층의 상환 포기로 인한 금융 부실 ② 소비 감소에 의한 '부채 디플레이션' ③ 금리 인상기 변동금리와 가산금리로 인한 유동성 리스크 ④ 가계부채가 낮을 경우 재정정책의 경기 부양 효과가 커진다 　는 연구결과. 따라서 높은 가계부채는 재정정책의 경기부 　양 효과를 떨어뜨린다.
		4) 신정부 가계 부채 억제 대책	신 정부는 가계부채 억제 정책을 국정과제로 추진하기로 함 ① 현재 90%인 국내총생산(GDP) 대비 가계부채 비중을 중장 　기적으로 80%대까지 낮추면서 자산 건전성을 끌어올린다 　는 로드맵을 만들었다. ② 6 · 27 부동산 대책과 7월 총부채원리금상환비율(DSR) 규 　제 강화로 주택 구매용 자금줄을 묶은 데 이어, 전세대출에 　대해서도 집중 관리에 나섰다. ③ 은행권 주택담보대출과 부동산 투자분(익스포저)에 대한 자 　본 적립 의무를 강화해 규제 강도를 높인다. ④ 고정금리 대출 상품을 늘리고, 가산금리를 개편해 대출금리 　를 낮추는 식으로 서민 부담은 완화하기로 함. ⑤ 문제점
	2. 개인채무자 채무조정	1) 개인채무자 채무조정 제도 이용자 증가	
		2) 채무조정 이용자의 특징	
		3) 취약차주의 채무상환부담 지속	
		4) 취약계층 채무 조정 지원 확대	

<table>
<tr><td rowspan="2">결론</td><td rowspan="2">의견제시</td><td>첫째, 가계부채에 대한 모니터링 강화</td></tr>
</table>

| 결론 | 의견제시 | 첫째, 가계부채에 대한 모니터링 강화
둘째, 포용적 금융정책 시행
셋째 고정금리 대출 확대로 가계부채의 질적 개선
넷째, 은행 등 금융 기관이 기업대출을 확대할 유인을 제공하는 방안을 검토할 필요가 있다.
다섯째, 금융 기관의 대출이 가계부문에 집중되는 것을 완화하기 위한 규제를 강화할 필요가 있다.
여섯째, 청년층에 대한 금융교육을 강화할 필요가 있다. |

02 논제 풀이

서론

2025년 8월 들어서 주요 은행의 가계대출이 신용대출 급증 영향으로 2조 원 가까이 불어났다. 일평균 증가액이 2025년 7월의 두 배를 넘고 6월보다도 많다. 초강력 가계대출 규제인 6.27대책으로 2025년 6~7월 중 5대 은행의 가계대출 증가세가 꺾인지 1개월도 지나지 않아서 나온 급증세이다.

2025년 8월7일 금융권 집계를 살펴보면, 이달 들어 7일까지 KB국민 · 신한 · 하나 · 우리 · NH농협 등 5대 은행의 가계대출 증가액은 1조 9111억 원이다. 가계대출 잔액이 7월 말 758조 9,734억 원에서 지난 7일 760조 8,845억 원으로 늘어난 것이다. 이달 들어 일평균 가계대출 증가액은 2730억 원으로, 7월(1,335억 원)의 두 배가 넘고 6월보다도 479억 원 많다.

특히 신용대출이 1조693억 원(103조 9,687억 원→105조 380억 원)이나 늘어, 전체 가계대출 증가액의 절반 이상을 차지했다. 반면, 주택담보대출(전세자금대출 포함)은 5,796억 원 증가해, 일평균 증가액이 7월의 절반 수준이었다. 신용대출 급증은 이른바 '영끌' 열풍도 충분히 가라앉지 않았기 때문인 것으로 보인다. 또한 공모주 등 주식 투자, 6 · 27 규제 이전 대출 실행, 추가 규제를 예상한 대출 선수요 등이 영향을 미친 것으로 보고 있다.

가계부채 관리는 금융안정과 거시경제 안정성 확보를 위한 핵심 정책과제 중 하나이다. 물론 BIS에 따르면 한국의 GDP 대비 가계부채 규모는 2024년 말 기준 주요국 중 세계 5위 수준으로 2021년 3분기 이후 점진적으로 하락하고 있으나 여전히 90%를 상회하고 있고 2025년 8월의 급증세를 감안 시 체계적이고 지속 가능한 관리 방안이 필요하다.

이에 본지에서는 대한민국 가계부채의 문제점 및 정부의 가계부채 대책에 대해 알아본 후 정책적 대응 방안을 논하기로 한다.

📈 **본론**

1. 가계부채	1) 증가 원인	

① 공급 측면(금융 기관)

　가. 기업대출과 비교했을 때, 가계 대출의 높은 수익성 및 안정성 때문이다.

　　- 국내 은행의 수익구조를 살펴보면, 가계 및 기업대출 등에서 발생하는 이자수에 대한 의존도가 매우 높다. 여기서 가계대출은 고소득 차주 중심 자산운용 덕분에 연체율이 낮고 수익성은 높은 편이라, 금융 기관은 가계대출을 기업대출보다 선호했다.

　　- 바젤규제도 은행이 가계대출 취급을 선호할 유인을 제공하였다. 바젤 규제 하에서의 기업대출에 대한 위험가중치는 20~150%에 달하나 주거용주택담보대출의 위험가중치는 35~50%로 낮아, 가계대출 취급 시 자본규제부담이 상대적으로 낮다.

　나. 가계대출에 대한 규제가 크지 않기 때문이다.

　　- 특히 차주 단위 대출 규제가 뒤늦게 이루어진 데다가 상당수의 대출이 동 규제를 적용 받지 않아, 가계부채의 증가 원인으로 작용하였다. 주요국에서는 글로벌 금융 위기 이후 가계의 채무상환능력을 초과하는 대출을 억제하기 위해, 차주의 총체적 상환부담을 측정하는 DSR규제를 2012~2014년에 걸쳐 도입하였다.

　　- 우리나라에서 DSR은 여신관리지표로서 뒤늦게 활용되었고, 도입 후에도 여전히 대출시점 및 대출종류에 따라 상당수의 대출이 DSR 적용을 받지 않고 있다. 대신 이와 유사한 DTI 규제를 운용하고 있었지만 투기지역 등 특정 지역 소재의 주택담보대출 경우에만 한정적으로 적용됐다. 그 결과 국내은행이 신규취급한 주택담보대출에서의 DTI 적용 비중은 2013~2022년 중 평균 23%에 그쳤다.

② 수요 측면(가계)

　가. 과거 저금리 기조 장기화에 따른 투자 열풍은 가계 부채 증가로 이어졌다. 글로벌 금융위기 이후 저금리 기조가 장기화되면서 가계의 차입비용 및 안전자산의 실질수익률이 크게 하락하였고, 가계가 여타 자산으로의 투자를 확대할 유인이 형성되었다.

　나. 특히 최근에 들어서는 우리나라가 전형적인 저성장 국면에 들어서면서, 젊은 세대에서 이른바 '영끌(영혼까지 끌어모아 투자)'과 '빚투(빚내서 투자)'의 공격적 투자 현상이 심해지면서, 과도한 신용대출이 이어졌다. 금융감독원 자료에 따르면, 지난 1년여간 20~30대 청년층이 영끌 및 빚투로 진 빚이 133조 원을 넘어섰는데, 그 비중이 1년여간의 전체 담보 및 신용대출과 주식 융자 신규취급액의 30%에 육박했다.

1. 가계부채	2) 가계 및 가계부채 현황

① 채무상환부담은 감소하는 추세

가. 2025년 1/4분기말 처분가능소득 대비 가계부채 비율은 2024년 3/4분기말(142.8%) 대비 소폭 하락한 141.2%로 추정된다. 동 비율 구성 내역을 보면, 가계부채 증가율(전년동기대비)이 완만한상승세를 이어갔으나 처분가능소득 증가율보다는 낮은 수준을 지속하고 있다.

나. 한편, 자산 측면에서의 채무상환부담도 소폭 줄어든 것으로 나타났다. 2025년 1/4분기말 기준 가계의 금융자산 대비 금융부채 비율은 2024년 3/4분기말(43.4%) 대비 하락한 42.6% 수준으로 추정된다. 이는 금융자산이 금융부채보다 높은 증가율을 보인 데 주로 기인한다(가계의 금융자산은 예금과 보험연금자산 증가 등으로 크게 늘어난 반면 금융부채는 금융당국의 가계부채 관리 등으로 소폭 증가하는 데 그쳤다).

② 취약차주 수 비중 오름세 지속

전체 가계부채 보유 차주 중에서 채무상환능력이 상대적으로 부족한 취약차주의 비중은 완만한 오름세를 지속하였다.

가. 다중채무자이면서 저소득(하위 30%) 또는 저신용(신용점수 664점 이하)인 취약차주 수가 전체 차주에서 차지하는 비중은 2025년 1/4분기말 7.0%로 2024년 3/4분기(6.6%) 대비 상승하였다.

나. 전체 대출에서 취약차주가 보유한 대출이 차지하는 비중(5.3%) 또한 2024년 3/4분기 수준(5.1%)보다 소폭 상승하였다

다. 한편 차주의 신용도 및 소득수준별 분포를 보면, 고신용 또는 고소득 차주의 대출 비중은 높은 수준을 유지하였다. 고신용 차주의 대출 비중은 2025년 1/4분기말 78.3%로 2024년 3/4분기(78.3%)와 비슷한 수준을 유지하였고, 고소득 차주의 대출 비중은 63.5%로 2024년 3/4분기(63.1%) 대비 소폭 상승한 것으로 나타났다

[취약차주 비중 및 차주 특성별 가계대출 구성비]

(%)		22년	23년	24년				25년
				1/4	2/4	3/4	4/4	1/4
취약차주	차주 수	6.3	6.6	6.4	6.5	6.6	6.9	7.0
	대출금액	5.0	5.3	5.1	5.1	5.1	5.3	5.3
신용등급[3]	저	3.4	3.9	3.6	3.7	3.9	4.0	4.2
	중	18.9	18.5	17.8	17.8	17.8	17.8	17.5
	고	77.7	77.6	78.6	78.5	78.3	78.2	78.3
소득수준[4]	저	11.0	11.0	11.1	11.1	10.9	10.9	10.8
	중	25.5	26.6	26.4	26.2	25.9	25.8	25.6
	고	63.5	62.5	62.6	62.8	63.1	63.3	63.5

주: 1) 시점별 가계대출 전체 차주 수 및 대출금액 대비
2) 대출금액 기준
3) 고신용(신용점수 840점~), 중신용(665~839점), 저신용(~664점)
4) 고소득(상위 30%), 중소득(상위 30~70%), 저소득(하위 30%)

<출처: 한국은행>

③ 가계대출 연체율 상승세 지속

가계대출 연체율은 2022년 하반기 이후의 상승세를 지속하였다. 아직 연체율이 위험하다고 볼 수는 없으나, 상승세를 보이고 있다는 점에서 주시할 필요가 있다. 특히 가계대출 연체율은 주택담보대출보다 신용대출 연체율 상승에서 두드러졌다. 이는 상대적으로 신용이 취약한 차주를 중심으로 연체율이 상승하고 있다는 의미이다

가. 2025년 1/4분기말 가계대출 연체율은 1.05%로 2024년 3/4분기말 (0.95%) 대비 0.10%포인트 상승하였다.

나. 대출유형별로 보면 주택담보대출 연체율은 0.44%, 기타대출 연체율은 2.08%로 각각 0.04%포인트, 0.25%포인트 상승하였다.

다. 업권별로는 은행 연체율이 완만한 오름세를 보인데 비해, 상대적으로 취약차주 비중이 높은 비은행금융 기관의 연체율은 큰 폭으로 상승하였다

라. 신용대출 연체율이 주택담보대출에 비해 상승하는 양상을 보이고 있다. 특히, 지난 수년간 대출이 빠르게 확대된 기간에 고위험 차주에 대한 대출이 증가했다. 영끌이나 빚투족의 증가로 인해 자금이 주식이나 가상화폐 등 투자를 위해 융통한 자금도 상당하는 점을 고려하여 건전성이 매우 우려되는 상황이다.

1. 가계부채

2) 가계 및 가계부채 현황

[은행 및 비은행금융 기관 가계대출 연체율]

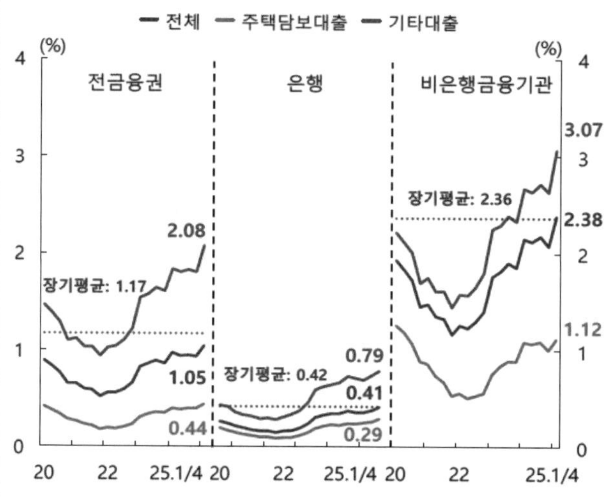

주: 1) 저축은행, 상호금융, 보험회사(보험계약대출 제외), 여신전문금융회사 등
   2) 1개월 이상 원리금 연체 기준(상호금융 및 저축은행은 1일 이상 원금 또는 1개월 이상 이자 연체 기준)
   3) 장기평균은 2010년 1/4분기~2025년 1/4분기중 평균

<출처: 한국은행>

<table>
<tr><td rowspan="2">1. 가계부채</td><td>3) 가계부채
증가의
문제점</td><td>

① 금융취약계층의 상환 포기로 인한 금융 부실

부채는 내수를 운용할 수 있는 수단이지만, 일정 수준을 넘기면 저신용 차주의 가계 재무건전성에 큰 타격을 준다. 금융 취약계층의 채무불이행 확률이 높아지고 신용스프레드는 더욱 상승하게 된다. 이는 금융소비자들의 상환포기로 이어져, 시중은행들과 주택금융공사 등 금융 기관들은 자금회수가 어려워진다. 이로 인해 대출기관들은 가계여신의 추가 발행을 주저하게 되고, 대출채권의 부실화와 금융 기관 전체의 부실화로 이어질 수 있다.

② 소비 감소에 의한 '부채 디플레이션'

가계부채가 지속적으로 증가하면 '가계부채 발 디플레이션'에 진입할 수 있다. 디플레이션이 발생하면 가계부채 증가에 따라 가계는 지출, 즉 소비를 줄인다. 이는 기업의 매출에 직접적으로 영향을 주게 되고 더 나아가 기업은 투자 및 생산을 줄이게 된다. 결국 산업 구조조정과 실업으로 이어져 가계의 자산규모를 줄인다. 이처럼 부채 디플레이션이 발생하면 시장이 정체되어 한국 경제 전반에 큰 문제를 야기할 수 있다.

③ 금리 인상기 변동금리와 가산금리로 인한 유동성 리스크

국내 가계신용 대출은 약 80%가 변동금리에 기초한 대출이다(한국은행은 50%로 추정). 그리고 고정금리라고 하더라도 상당부분은 옵션부 고정금리인 것으로 보여 실제 변동금리 규모는 더 늘어날 것으로 보인다. 따라서 한국은행이 고금리 기조를 유지할 경우, 고정금리예금과 변동금리대출의 만기불일치로 인한 유동성 리스크가 더욱 커질 것이다. 또한, 가계부채는 만기가 짧고 롤오버 되는 경우가 많기 때문에 향후 시장금리가 상승하면 가계의 채무상환부담은 더욱 커질 것이다. 특히 비은행 가계신용대출이 큰 문제가 될 것이다.

④ 가계부채가 낮을 경우 재정정책의 경기 부양 효과가 커진다는 연구결과. 따라서 높은 가계부채는 재정정책의 경기부양효과를 떨어뜨린다.

</td></tr>
<tr><td>4) 신정부
가계부채
억제 대책</td><td>

신 정부는 가계부채 억제 정책을 국정과제로 추진하기로 함

① 현재 90%인 국내총생산(GDP) 대비 가계부채 비중을 중장기적으로 80%대까지 낮추면서 자산 건전성을 끌어올린다는 로드맵을 만들었다.

② 6 · 27 부동산 대책과 7월 총부채원리금상환비율(DSR) 규제 강화로 주택 구매용 자금줄을 묶은 데 이어, 전세대출에 대해서도 집중 관리에 나섰다.

</td></tr>
</table>

1. 가계부채	4) 신정부
	  가계부채
	  억제 대책	

가. 한국은행과 금융감독원에 따르면 2019년 105조 원에 그쳤던 전세대출 잔액은 2024년 171조 원으로 63% 급증했다. 올해는 200조 원에 육박할 것으로 예상된다.

나. 규제의 핵심은 전세대출 DSR 규제 적용이다. DSR은 연간 원리금 상환액을 차주의 연 소득으로 나눈 값으로, 은행권은 DSR 40%, 저축은행은 DSR 50%를 넘지 않는 선에서만 대출을 받을 수 있다.

다. 종전까지 전세대출이나 정책대출은 서민 주거 안정 등을 이유로 DSR 적용에서 제외됐다. 윤석열 정부 때인 2024년 1월 금융위원회는 전세대출에 DSR을 적용하는 걸 검토하겠다고 발표했지만, 내수 부진과 탄핵 상황이 맞물리자 끝내 규제를 미뤘다.

③ 은행권 주택담보대출과 부동산 투자분(익스포저)에 대한 자본 적립 의무를 강화해 규제 강도를 높인다.

가. 은행권 주담대에 대한 자본 위험가중치(15%)를 25%로 높여 금융 회사들이 대출을 줄이도록 압박하는 방안도 테이블에 올랐다. 위험가중치가 높아지면 대출을 늘릴수록 자기자본비율을 산정할 때 불리해질 수밖에 없다. 은행들은 자산 건전성 지표인 국제결제은행(BIS) 자본비율이 일정 수준을 넘지 않도록 당국의 규제를 받기 때문이다.

④ 고정금리 대출 상품을 늘리고, 가산금리를 개편해 대출금리를 낮추는 식으로 서민 부담은 완화하기로 함.

가. 현재 대출금리는 기준금리에 출연금 등 가산금리를 더한 후 우대금리를 빼는 방식으로 산출된다. 정부는 그동안 은행들이 가산금리 중 법적 비용을 차주에게 떠넘겼다고 보고, 출연금의 50% 이내만 금리에 반영할 수 있도록 하기로 했다

나. 고정금리 대출에 대한 예대율 가중치를 완화해 상품 공급을 늘리는 방안을 추진한다. 예대율은 예금 잔액에 대한 대출금 잔액 비율로, 당국은 각 은행이 조달한 예수금을 넘는 수준으로 대출을 취급하지 못하게 규제하고 있다. 예컨대 예대율 가중치가 100%라면 1억 원의 대출을 내줄 때 1억 원 이상 예금을 확보해야 한다. 특정 상품에 대한 예대율 가중치가 낮아지면 상대적으로 적은 예금만으로도 대출을 내줄 수 있어 공급이 늘게 된다.

⑤ 문제점

가. 서민 자금줄을 막는다는 비판은 부담이다.

나. 부처 간 정책 '엇박자' 논란도 커질 수 있다. 금융위는 전세대출에 DSR 적용이 필요하다는 입장인 반면 국토교통부는 이에 반발하고 있기 때문이다. 금융위는 일단 6 · 27 부동산 정책 효과 등을 점검한 뒤 제도 이행 시기를 결정한다는 방침이다.

<table>
<tr>
<td rowspan="3">2. 개인채무자
채무조정
<출처: 한국금융
연구원></td>
<td>1) 개인채무자
채무조정
제도 이용
자 증가</td>
<td>

① 최근 개인채무자 채무조정제도를 이용하는 인원이 증가하고 있다.

② 개인채무자는 신용회복위원회와 법원에 채무조정을 신청할 수 있는데, 2023년의 경우 신복위 채무조정 신청자는 18.5만 명으로 2006년 이후 최대 수준을 기록하였으며, 법원에의 개인회생ㆍ파산신청자도 16.2만 명으 로 전년대비 23.7% 증가하였다.

③ 이러한 현상은 새출발기금 출범(2022년10월), 신복위 신속ㆍ사전채무조정 특례 한시적 도입(2023년 4월) 등 정부의 정책적 노력에 힘입어 지원대상이 확대된 데다가 지난 2년간 글로벌 금리 인상 과정에서 발생한 채무상환부담 증가 등으로 채무조정수요가 늘어났기 때문으로 판단된다.

</td>
</tr>
<tr>
<td>2) 채무조정
이용자의
특징</td>
<td>

① 최근 채무조정 이용자의 특징은 자영업자 비중이 크게 상승하였다는 점이다.

② 신복위의 경우 채무조정 이용자중에서 자영업자가 차지하는 비중은 2021년 8.6%에서 2023년에는 13.9%까지 크게 증가하였다. 이는 새출발기금 출범으로 코로나 19로 불가항력적 피해를 입어 대출상환에 어려움을 겪는 자영업자ㆍ소상공인의 채무조정 신청이 증가하였기 때문으로 판단된다.

③ 새출발기금은 협약에 가입한 금융 회사로부터 사업자대출을 받은 자영업자 등을 대상으로 금리감면, 원금조정 등의 채무조정을 지원한다. 2023년의 경우 개인사업자 12,983명과 법인소상공인 251곳에서 새출발기금 관련 신복위 채무조정을 지원받았다.

④ 금융 회사 자체 채무조정제도를 활용한 개인사업자 수도 크게 증가하였다. 국내은행의 '개인사업자대출119를 활용하여 만기연장, 이자감면 등을 지원받은 건수는 2023년중 약 2.7만건으로 2022년 대비 56.5% 증가하였다. 특히 6~10등급의 저신용 차주와 5천만 원 이하의 소규모 대출이 2022년 대비 각각 52.2%, 53.5% 증가하는 등 저신용 영세사업자 위주로 지원이 확대되었다.

</td>
</tr>
<tr>
<td>3) 취약차주의
채무상환부
담 지속</td>
<td>

① 최근 채무조정수요 증가는 정부의 지원대상 확대 노력에도 기인하지만 취약차주를 중심으로 채무상환부담이 늘어난 데에도 일부 원인이 있는 것으로 판단된다.

② 저소득 또는 저신용이면서 3개 이상의 기관에서 대출을 이용 중인 취약차주의 이자부담비율(연간 이자지급액 / 연간소득)은 금리 상승의 영향으로 2021년 3/4분기 15.1%에서 2023년 2/4분기 20.7%로 크게 상승하였는데 동 수준은 같은 시기 비취약차주의 이자부담비율 대비 각각 두 배 가량 높은 수준을 보이고 있다.

③ 물론 취약차주가 전체 가계대출에서 차지하는 비중(2023년 3/4분기말 기준)이 차주수 기준 6.5%, 대출잔액 기준 5.2% 수준에 불과하여 금융시스템에 미치는 영향은 크지 않은 것으로 판단되나 취약채무자 개인 입장에서는 채무상환 부담을 상대적으로 크게 느꼈을 것으로 보인다.

</td>
</tr>
</table>

<table>
<tr><td rowspan="2">

2. 개인채무자 채무조정

<출처: 한국금융 연구원>
</td><td>

4) 취약계층 채무조정 지원 확대
</td><td>

① 신복위는 2024년 4월 2일까지 한시적으로 운영하기로 하였던 신속채무조정 및 사전채무조정 특례 제도 운영기한을 연말까지 연장하여 저신용 · 저소득 차주의 채무부담 완화 노력을 강화하고 있다.

가. 특히 신속채무조정 특례 신청자 중 상환능력이 현저히 낮은 기초수급자, 장애의 정도가 심한 장애인 및 고령자(만 70세 이상) 등 취약계층의 경우 대출 약정이자율 인하 수준을 추가적으로 확대(30~50% → 50~70%)하여 신속한 재기를 도모하고 있다.

② 이에 따라 취약계층은 개인워크아웃에 이어 신속채무조정과 사전채무조정의 경우에도 일반지원 자에 비해 추가적인 지원을 계속 받을 수 있게 되었다.

③ 특히 정부가 추진하고 있는 금융-통신 통합 채무조정으로 통신비 등도 하반기부터 기존 금융채무와 함께 통합 채무조정될 경우 이들 취약계층에게는 실질적인 도움이 될 것으로 예상된다.
</td></tr>
</table>

📈 결론

의견 제시 현재의 거시적 총량규제와 개별 차주의 상환 능력을 평가하는 미시적 DSR(Debt Service Ratio) 규제만으로는 가계부채를 안정화하는 데 한계가 있는 만큼 추가적 대응 수단이 필요하다. 소득양극화 심화로 인해 DSR 규제는 대출 접근성의 양극화를 초래하여 수도권 일부 지역과 전국 기타 지역 간 부동산 가격 차별화를 심화하는 구조적 요인으로 작용할 수 있다. 2024년 기준 소득 상위 10%는 전체 부동산 담보대출의 28.7%를 차지하는 것으로 나타났다. 최근 수도권 중심의 부동산 가격 상승과 주택담보대출 확대는 주택 가격 상승 기대심리가 강하게 형성된 가운데 3단계 스트레스 DSR 규제 강화 이전 대규모 차입이 가능한 고소득 차주들이 선제적으로 대출을 확대한 것에 기인하는 것으로 판단된다.

이와 같이 개별 경제주체의 합리적 부채 확대 결정이 사회 전체의 금융안정이라는 후생 개선으로 연결되지 못하는 것은 가계부채가 외부성을 갖기 때문이다. 특정 개인의 소음이 다수의 사람에게 부정적 영향을 주듯, 개별 차주의 대출은 전체 대출총량을 확대하여 불특정 다수의 신용 가능액을 제약하는 음(-)의 외부효과를 발생시킨다. 더 나아가 경기 둔화 상황에서는 가계부채 확대를 우려한 중앙은행이 금리인하를 지연하면서 대출 부담이 큰 취약계층에 간접적 피해가 발생하기도 한다.

특히 DSR 규제로 인해 가계대출이 고소득 차주의 거액 대출에 편중되는 경우, 이러한 외부효과는 더욱 심화된다. 따라서, 음의 외부효과가 존재할 때 개인 차원의 합리적 대출 결정을 사회적 최적 수준으로 유도하려면, 대출자들이 자신의 대출이 초래하는 외부효과를 스스로 내부화할 수 있도록 유도하는 정책 메커니즘이 필요하다.

최근 정부는 부동산 시장 과열과 가계부채 급증에 대응하여 수도권 및 규제지역 내 주택담보대출의 최대한도를 제한하는 내용을 포함한 6 · 27 대책을 발표하였다. 이번 대책은 고액 대출을 억제하기 위한 긴급 조치라는 점에서 일정한 의의가 있으나, 대출 금액을 획일적으로 제한하는 수량 규제방식인 만큼, 실수요자의 금융 접근성을 저해할 수 있는 부작용도 존재한다.

이에 따라 보다 체계적으로 과잉 차입에 따른 외부효과를 내부화하기 위해서는,

첫째, 주택의 매매 또는 전세 여부와 관계없이 대출 금액이 일정 수준을 초과할 경우 부담금이 차등적으로 증가하는 누진적 거시건전성 부담금 제도의 도입을 검토할 필요가 있다. 이 제도는 대출 금액에 비례해 부과되는 가격 기반 규제 방식으로, 실수요자의 접근성을 보호하여 시장 왜곡을 최소화할 수 있는 대안으로 판단된다.

둘째, 소수의 고액 대출이 전체 대출에서 차지하는 비중이 큰 점을 감안하여, 다수의 소액 대출자에게는 영향을 미치지 않으면서도 전체 대출총량 증가에 결정적으로 기여하는 고액 대출자에 대해서만 선택적으로 부과함으로써 규제 대상을 정교하게 설정할 수 있다.

셋째, 사회적 형평성을 제고하는 동시에 총량 관리의 실효성을 높일 수 있다. 이를 통해, 경상성장률 기반 총량규제와 DSR 중심의 상환능력 평가를 보완하고, 차주의 수요 행태까지 포괄하는 통합적 거시건전성 정책체계로의 발전을 도모할 수 있을 것이다.<출처: 한국금융연구원>

최근 급격히 증가한 가계부채는 한국경제의 뇌관이나, 인위적인 감축은 주택시장 및 민간소비를 위축시켜 경제에 큰 부담을 줄 수 있다. 따라서 가계부채의 점진적인 디레버리징을 유도해야 한다. 이를 위한 금융당국의 선제적 대응 방안은 다음과 같다.

첫째, 가계부채에 대한 모니터링 강화

현재 금융감독원은 금융 부문의 리스크 요인에 선제적으로 대응하기 위해 거시건전성 감독 스트레스 테스트 모형(K-STARS), 금융 산업 조기경부 시스템(K-SEEK), 빅 데이터 기반 거시 금융경제 예측 모형(K-supercast) 등 계량 모형 기반 감독 수단을 갖추고 있다. 이러한 계량 모형들을 점검하여 발생가능한 대내외 위험과 시나리오에 대비하기 위해 거시건전성 감독을 이행해야 한다.

둘째, 포용적 금융정책 시행
1. 서민·실수요자에게 가계부채 규제 예외를 인정하거나, 그들의 실수요를 우대하는 등의 보완이 필요하다.
2. 원리금상환부담이 큰 취약계층에 대한 서민금융 상품(햇살론 15, 안전망 대출2, 햇살론 유스(youth) 등)와 중금리대출을 확대해야 한다.
3. 금융소비자보호법상 금리인하요구권을 내실 있게 활용할 수 있는 방안을 강구해야 한다.

셋째, 고정금리 대출 확대로 가계부채의 질적 개선
우리나라는 정책모기지 시장에 한정되어 장기·고정금리 주담대가 취급되고, 정책모기지를 제외한 은행권의 자체 고정금리 대출 비중은 매우 낮다(▲순수고정 2.5%, ▲혼합형 22.0%, ▲변동형 52.4%). 미국, 프랑스 등 해외 주요국은 정부 유관기관의 제도적 지원, 변동금리에 대한 강한 소비자보호 규제 및 장기자금 조달 등을 통해 주담대 시장이 활성화되어 있는 것과 달리, 우리나라는 민간 고정금리 주담대 시장은 활성화되지 못해 여전히 고정금리 대출 비중이 주요국 대비 낮은 상황이다. 따라서 금융 기관의 고정금리 목표비중을 상향 조정하여 고정금리 대출을 확대해야 한다. 구체적으로 커버드본드 활성화를 유도해야 한다.

넷째, 은행 등 금융 기관이 기업대출을 확대할 유인을 제공하는 방안을 검토할 필요가 있다. 예시로, 기업대출 채권을 집합하여 유동화 시키는 방법이 있다. 국내 유동화증권 시장에서, 기초자산으로서 기업대출이 차지하는 비중이 매우 미미한데, 이를 개선하기 위하여 기업대출 유동화를 전문적으로 지원할 수 있는 기관을 지정하는 방안을 고려할 수 있다. 현재 국내은행의 기업대출 만기는 약 4년 내외에 불과하다. 하지만 기업대출에 대한 등록 유동화증권의 발행이 확대될 경우, 기업대출 만기 장기화 등을 통한 기업의 차환리스크 축소와 중소기업의 자금애로 완화를 통해, 기업대출 구조가 개선될 수 있을 것으로 기대된다.

다섯째, 금융 기관의 대출이 가계부문에 집중되는 것을 완화하기 위한 규제를 강화할 필요가 있다.
1. DSR 규제정비를 검토해야 한다. 대부분의 대출을 DSR 산정 대상에 포함시키는 한편, DSR 규제 도입 이전 이루어진 대출의 만기연장분에 대해서도 DSR을 점진적으로 적용함으로써, 가계 간 DSR 규제 형평성을 제고해 나가야 한다. 다만 이행과정에서 DSR 상한을 초과하는 차주가 급격하게 늘어날 것으로 예상되는 경우에는, 해당 차주들의 대출상환 만기를 연장하여 신용경색이 발생하지 않도록 하되, 가산금리 적용 등을 통하여 원리금 상환을 유도하는 방안 등을 검토할 수 있다.
2. 책임한정형 대출상품 공급을 늘려야 한다. 채무자의 책임을 담보주택의 가치로 한정하는 상품이기 때문에, 금융사의 가계대출 심사유인을 강화할 수 있다.

여섯째, 청년층에 대한 금융교육을 강화할 필요가 있다. 청소년 금융교육 협의회에 따르면 우리나라 2023년 청소년의 금융이해력 평균 점수는 46.8점으로, 낙제 기준인 60점을 크게 밑돌고 있다. 미국 등 선진국들은 공교육에서 금융 교육을 의무화하고 있지만, 우리나라는 입시 위주 교육 중심이기 때문에 금융 교육은 사실상 손을 놓고 있다. 이는 제대로 된 금융교육을 받지 못한 청년들의 과도한 차입 및 투자로 이어지고 있고, 현재의 가계 부채 문제에 일조하고 있다.

한편,
최근 개인채무조정 관련 제도 변화 특징은 2024년 10월부터 「개인금융채권의 관리 및 개인채무자 보 호에 관한 법률」시행으로 개인채무자가 금융 회사에 대해 사적 채무조정을 요청할 수 있게 되었다는 것이다. 금융 회사에 3천만 원 미만의 채무를 가진 개인채무자는 상환이 어려울 경우 자신의 변제능력에 관한 정보와 필요 자료를 금융 회사에 제공하고 채무조정을 요청할 수 있다. 금융 회사는 채무자의 변제능력, 채권회수 가능성 및 비용, 재무 건전성에 미치는 영향 등을 고려하여 채무조정 여부를 결정하고 요청을 받은 날로부터 10영업일 이내에 결과를 통보하여야 한다. 채무조정 합의가 성립되지 않을 경우, 개인채무자와 금융 회사 간 채무조정 절차가 종료되는데, 이 경우 금융 회사가 채무조정 절차가 종료된 개 인채무자를 신복위로 인계함으로써 신복위의 신용상담을 받을 수 있도록 유도하는 절차가 활성화될 필요가 있다. 개인채무자가 신용상담을 통해 이용 가능한 다양한 채무조정수단에 대한 소개를 받아 필요시 활용하는 한편 신복위가 제공하는 취업 · 자활 · 복지 등 다양한 연계서비스도 제공받을 경우 일상으로의 빠른 복귀에 도움이 될 것으로 판단된다.

1) 가계신용과 가계부채는 모두 가계가 보유한 채무를 의미하나 일반적으로 금융 기관 측면에서 볼 때는 가계 신용으로, 가계 측면에서는 가계부채로 사용되고 있다.

2) 스트레스 DSR

- DSR은 연간 소득과 원리금 상환액을 기준으로 대출 한도를 산정하는 규제다. DSR은 연소득에서 대출 원리 금이 차지하는 비율을 의미한다. 예를 들면 내 연소득이 1억 원이고 3000만 원의 은행 대출이 있다면 DSR은 30%가 된다. 여기서 DSR 산정시 계산되는 대출은 주택담보대출(주담대)원리금 뿐 아니라 신용대출, 자동차 할 부, 학자금 대출, 카드론 등 모든 대출이 포함된다. 단 소득 외 상환 재원이 인정되는 전세자금대출, 예·적금담 보대출, 보험계약대출 등은 DSR에 포함되지 않는다. 2024년 6월 현재 은행 대출은 DSR 40%, 비은행 대출은 DSR 50%가 적용된다. 연소득 1억 원인 차주라면 매년 갚아야 할 은행 대출의 원리금이 4,000만 원을 넘어서 는 안 된다는 의미

- 스트레스 DSR은 기존 DSR보다 더 강력한 규제이다. DSR 산정시 미래 금리변동 위험을 반영한 '스트레스 금리'를 가산금리로 더해 대출한도를 계산토록 하는 제도이다. 예컨대 대출금리가 5%이고 스트레스 금리가 1.5%라면 대출한도 산정시 6.5%의 금리를 적용하는 것이다. 단 스트레스 금리는 대출한도를 계산할 때만 적 용되는 가상의 금리이기 때문에 실제 차주가 1.5%의 금리를 더 부담해야 하지는 않는다. 스트레스 금리가 가 산되면 연간 이자비용이 늘어나기 때문에 자연스레 DSR 비율은 커지기 마련이고 차주가 추가로 받을 수 있는 대출한도는 낮아질 수밖에 없다. 2024년 상반기에는 0.38%의 스트레스 금리가 적용되었다. 정부는 2024년 2 월 은행권 주담대를 대상으로 기본 스트레스 금리(1.5%)의 25%를 적용하는 1단계 조치를 도입했다. 그리고 은 행 주담대와 신용대출, 2금융권 주담대에 스트레스 금리의 50%를 적용하는 2단계 시행을 2024년 7월에서 9 월로 연기했다. 일각에선 이런 연기 조치가 서둘러 대출을 받으라는 신호로 해석됐다는 비판을 제기하기도 했 다. 이러한 스트레스 DSR 제도는 2024년 2월 은행권 주담대에서부터 도입되었다. 2단계 적용은 2024년 9월 로, 3단계 적용은 2025년 7월 예정되어 있다.

03 논술사례

주제 1

금융당국의 가계부채 관리방안을 제안하라.

답안

우리나라 가계부채는 완만한 증가세를 유지하고 있다. 2024년 **1분기** 전년동기대비 증가했지만, 전분기**대비** 감소하며 감소세로 전환했다. 그러나 문제점은 가계대출 연체율의 상승세이다. 연체율의 상승은 취약차주의 증가를 의미하며, 가계부문의 부실이 금융 부문으로 전이될 위험이 있어 선제적인 대응이 필요하다. 이에 **본고에서는** 우리나라 가계부채의 현황 및 문제점, 가계부채의 증가원인과 이에 대한 금융당국의 관리방안을 논한다.

1. 우리나라 가계부채의 현황 및 문제점

1) 주택담보대출의 증가 및 주택가격 버블 형성

우리나라 가계대출 중 주택담보대출은 지속적으로 증가 중이다. 그 원인은 주택가격 상승에 대한 기대심리가 반영된 주택 구입 관련 자금수요 증가와 정책자금 공급 규제완화**이다.** 또한, 최근 '스트레스 DSR 2단계' 규제가 **9월로 연기되며 이를 증폭시켰다.** 주택담보대출의 증가는 주택가격에 버블을 형성한다. 이는 금융 시장의 부동산시장에 대한 민감도를 높이며, 부동산시장의 부실이 금융 시장으로 빠르게 전이되게 한다.

2) 가계대출 연체율의 상승세 및 취약차주의 증가

가계대출의 규모가 감소세로 전환했지만, 연체율은 상승세에 있다. 이는 2022년 하반기 이후 긴축금융의 지속과 경기둔화로 인한 것이다. 특히, 주택담보대출보다 신용대출의 연체율이 크게 상승하고 있다는 점에서, 취약차주가 증가하고 있다고 볼 수 있다. 이로 인해 이들을 주고객으로 하는 인터넷전문은행과 지방은행의 건전성이 여전히 악화되고 있다. 또한, 최근 젊은 세대의 '영끌'과 '빚투'로 대출자금이 주식과 가상화폐 등 고위험 자산으로 유입되고 있어 대출 건전성이 크게 우려된다.

2. 우리나라 가계부채의 증가원인

1) 금융 기관의 가계대출 선호

우리나라 금융 기관은 기업대출보다 가계대출을 선호하는 경향이 있다. 가계대출이 주로 고소득차주를 중심으로 운영되어 수익률이 높고, 연체율이 낮기 때문이다. 또한, 바젤규제가 기업대출보다 가계대출의 위험가중치를 낮게 설정하여 자본규제에 대한 부담도 적다.

2) 금융당국의 규제 미비

금융당국이 차주단위대출에 대한 규제를 주요국에 비해 늦게 도입했고, 대출시점과 종류에 따라 규제대상에서 제외되기도 했다. 또한, 일찍 도입된 DTI 규제는 투기지역 등 일부지역에서의 주택담보대출에 한정적으로만 적용되었다.

3) 금융소비자의 위험자산 투자

글로벌 금융위기 이후 장기적인 저금리 기조로 차입비용이 감소하고, 안전자산의 수익률이 하락했다. 이로 인해 저리대출을 통해 위험자산에 투자하는 소비자가 크게 증가했다.

2024년 기준 우리나라의 GDP 대비 가계대출 비율이 **주요국 중 가장 높다.** 그러나 주택담보대출의 LTV가 낮고, 대출잔액의 대부분을 차지하는 고소득차주의 상환능력이 양호해 금융시장의 부실로 전이될 가능성은 낮다. 그럼에도 과도한 가계대출은 소비를 위축시켜 경제성장을 저해하고, 비생산적 부문으로의 쏠림으로 자원배분의 효율성이 저해되며, 자산불평등을 확대할 수 있다. 따라서 가계대출의 점진적인 디레버리징이 필요하다. 이를 위한 금융당국의 관리방안은 다음과 같다.

> OECD기준 3위다.

1. 금융 기관의 건전성 관리 강화

금융당국은 금융 기관의 가계대출 건전성 관리를 강화해야 한다. 금융 기관이 가계대출 건전성을 전반적으로 점검하고, 스트레스테스트를 실시하여 자본을 충분히 확보하도록 권고해야 한다. 또한, 가계부채로의 쏠림에 대한 경기대응완충자본을 적립하도록 하여 대출을 분산하도록 하고, 부실채권에 대한 대손충당금 최저 적립비율을 상향해야 한다.

금융 기관의 DSR 등 규제준수 여부를 철저히 감독하며, 여신적정성을 검사해야 한다. 또한, 가계대출 심사유인을 강화하기 위해 채무자의 책임을 담보로 한정하는 책임한정형 대출상품 공급을 확대하도록 권고하는 방안을 고려할 수 있다.

2. 취약차주에 대한 선별적 사후관리 집중

취약차주에 대한 무분별한 지원은 재원을 낭비하고, 채무자의 도덕적해이를 유발하여 연체가 지속될 수 있다. 따라서, 한시적 지원보다 선별적 지원이 필요하다. 또한, 이에 대한 성과를 평가하고 개선방안을 금융당국이 관리해야 한다. 특히, 자영업자 중심으로 취약차주가 증가하고 있다는 점에서 매출저하가 장기화되어 상환가능성이 낮고, 회생이 어려운 채무자에 대한 집중적인 사후관리가 필요하다. 예를 들어, '새출발기금'을 통해 채무를 조정하고, 연체율 상승을 완화하는 방안을 고려할 수 있다.

3. 금융소비자에 대한 교육 강화

2023년 청소년 금융교육협의회에 따르면, 우리나라의 청소년 금융이해도는 주요국에 비해 매우 낮다. 전형적인 저성장 국면으로 접어든 현 상황에서 낮은 금융이해도는 과도한 대출을 통한 고위험투자로 이어질 수 있다. 따라서, 공교육에서 부족한 금융교육을 금융당국이 보완해야 할 것이며, 이를 위해 공교육기관과 협력하는 방안을 고려할 수 있다.

chapter 17

생산적 금융

01 논제 개요 잡기[핵심 요약]

서론	이슈언급		부동산 금융 확대는 담보가 부족한 기업의 자금조달 비용 상승을 초래하여 생산활동을 위축시키고 모험자본 형성을 어렵게 해 산업성장동력을 약화시키는 요인으로 작용했다. 또한 자본생산성이 높지 않은 부동산부문으로의 장기간 신용공급 확대는 국가경제 전체적으로 자본의 부가가치 창출 효과와 신용배분의 효율성을 저하시키는 요인으로 작용했다. 이렇게 누적된 부동산 관련 부채는 경제 및 금융 상황이 나빠지면 원금 상환 및 이자 지급의 과도한 부담으로 이어질 수 있다. 또한 이로 인해 부실 및 연체 증가가 나타난다면 금융 회사는 리스크 관리를 강화하게 되고, 부동산 가격 하락을 유발하게 되는데 이는 다시 경제주체의 상환 부담을 가중시키는 악순환 고리가 형성될 가능성이 높다.
본론	1. 과도한 부동산 금융 쏠림에 따른 문제점	1) 부동산 · 건설 부문에 대한 과잉 신용공급이 경제 전반에 부담 요인으로 작용	- 부동산 금융 확대는 담보가 부족한 기업의 자금조달 비용 상승을 초래하여 생산활동을 위축시키고 모험자본 형성을 어렵게 해 산업성장동력을 약화시키는 요인으로 작용했다. - 자본생산성이 높지 않은 부동산 부문으로의 장기간 신용공급 확대는 국가경제 전체적으로 자본의 부가가치 창출 효과와 신용배분의 효율성을 저하시키는 요인으로 작용했다.

1. 과도한 부동산 금융 쏠림에 따른 문제점	2) 금융 시스템에도 부담	- 최근에는 주택경기 장기 호황과 맞물려 부동산 관련 기업금융이 급증했으나 금리상승 및 부동산 시장 침체로 PF발 유동성 리스크가 대두되며 부실위험이 증대됐다. - 기업부문 부동산 금융과 가계부채의 교집합 영역인 임대업과 자영업들의 경우도 실물경기에 민감하고 환금성이 취약한 주택 이외의 부동산담보 대출 비중이 높아 부동산을 매개로 한 부실 위험 증대 가능성도 경계해야 한다. - 우리나라는 GDP 대비 은행의 중소기업 대출 비중이 다른 국가들보다 큰 편인데, 이러한 중소기업 대출의 상당 부분이 부동산 담보로 이루어져 있어 기업 대출의 높은 부동산 담보 의존도에 유의할 필요가 있음.
본론 2. 생산적 금융 강화 방안	1) 신정부 정책	- 신정부 출범 이후의 가계부채 관리 강화에 기반한 초강력 대출규제, 주택 관련 세금 부담 증대, 고평가 이슈 등을 고려할 때 주택가격 상승 기대가 지속되기는 어려울 것으로 보인다. 오히려 주택시장 관망세가 장기화되면서 대기성 자금의 투자처 탐색이 강화될 전망이다. - 결국 가계 잉여자금의 물꼬를 어떻게 터주느냐에 따라 기업 및 자본시장 등 생산적분야로의 자금 이동을 촉발할 수 있을 것이다. 이를 위해 코리아 디스카운트 요인으로 지목되었던 자사주 소각, 배당소득 과세, 지배구조 개선 등과 같은 구조적 요인들에 대한 개선 노력이 지속되어야 하고 혁신금융, 모험자본 공급과 관련한 제도 확충 등을 통해 가계 잉여자금이 유입될 수 있는 환경을 조성해야 한다.
	2) 금융 기관의 생산적 금융과 문제점	- 금융 기관의 리스크 부담 증가 중소기업 및 혁신성장 기업 대출은 신용위험이 크다. 특히 이들의 대출수요가 집중되는 제2금융권의 경우, 제도권 금융에 비해 신용평가능력이 부족하고 자본규모가 영세하여 부실화 가능성이 크다. 실제로 미국 인터넷 전문은행 30여곳이 중금리 대출 연체율 관리 실패로 부실화되었다.

본론	**2. 생산적 금융 강화 방안**	2) 금융 기관의 생산적 금융과 문제점	- 하이먼 민스키 – 금융불안정 가설 　하이먼 민스키는 부채현금흐름단위를 헤지 단위(원리금 상환이 가능)-투기적 단위(이자 상환만이 가능)-폰지 단위(원리금 상환이 불가능한 부실화된 단위)로 구분하였다. 그는 폰지 단위의 비중이 높아질수록 경제구조의 취약성이 증대된다 하였다.
		3) 방향성	① 정부 보증에 기반한 정책금융과 부동산 금융 중심에서 혁신 산업과 생산적인 분야에 보다 원활한 자금공급이 이루어져 성장을 보다 촉진할 수 있도록 해야 한다. 이를 위해 산업과 금융의 연결고리를 가로 막았던 칸막이 규제들을 전면 재검토하고 시장 기능을 활성화해 시중 자금이 보다 생산성 높은 곳으로 유입될 수 있도록 위험가중자산(RWA) 산정 방식 개편 등 정부의 제도 및 규제 개선이 뒷받침되어야 할 것이다. ② 기업가치 평가방법의 전환 ③ 장기 저성장과 고령화, 양극화, 가계부채 문제 등이 복합적으로 얽혀 있는 자영업자 · 소상공인 및 중소기업에 대한 지원과 더불어 저신용 취약차주에 대한 배려 등 '따듯한 금융'에 대한 시대적 요구도 확대되고 있다.
결론	**의견제시**		첫째, 금융 회사의 사업성 평가 역량을 강화시켜 나갈 수 있는 KPI 체계를 구축하고 전문가를 양성해 낼 수 있는 체계를 구축할 필요가 있다. 둘째, 정책보증금융에 (포트폴리오) 위탁보증제도(용어해설1) 도입, 온랜딩 지원 요건 변경 등을 통해 정책금융이 사업성 중심 금융 확대를 뒷받침할 필요가 있다. 셋째, 여신 회수 시스템 정비도 숙제로 꼽힌다. 넷째, 사업성 중심 금융 관행 형성과 기업의 미래 영업활동 자체를 기반으로 하는 일괄담보 또는 사업권 담보제도의 신설도 고려할 수 있다. 다섯째, 자본 규제 측면에서는 부동산 대출에 대한 위험가중치 상향 조정이 거론된다. 여섯째, 아직 우리나라엔 도입되지 않은 시스템리스크 완충 자본 도입도 검토될 수 있다.

02 논제 풀이

서론

이슈 언급 2008년 글로벌 금융위기 이후 국내 금융권은 가계부문의 주택담보대출, 전세보증대출 등 주택 관련 정책금융 공급 확대뿐만 아니라 기업부문의 부동산 PF 대출 등이 주력 사업모델 중 하나로 자리 잡았다. 2024년 말 전 금융권의 부동산 관련 대출 규모가 2,681조 원에 달하며 최근 5년간 평균 7.8% 증가세를 이어가고 있는 것으로 나타났다.

부동산 금융 확대는 담보가 부족한 기업의 자금조달 비용 상승을 초래하여 생산활동을 위축시키고 모험자본 형성을 어렵게 해 산업성장동력을 약화시키는 요인으로 작용했다. 또한 자본생산성이 높지 않은 부동산부문으로의 장기간 신용공급 확대는 국가경제 전체적으로 자본의 부가가치 창출 효과와 신용배분의 효율성을 저하시키는 요인으로 작용했다.

이렇게 누적된 부동산 관련 부채는 경제 및 금융 상황이 나빠지면 원금 상환 및 이자 지급의 과도한 부담으로 이어질 수 있다. 또한 이로 인해 부실 및 연체 증가가 나타난다면 금융 회사는 리스크 관리를 강화하게 되고, 부동산 가격 하락을 유발하게 되는데 이는 다시 경제주체의 상환 부담을 가중시키는 악순환 고리가 형성될 가능성이 높다. 나아가 잠재 성장률이 하락하면서 금융의 실물경제 지원이 보다 긴요해졌으므로, 부동산 담보에 의존하는 대신 사업성이 있는 기업들에 대한 금융지원을 확대하여 성장을 지원할 필요성 대두되었다.

본론

		외환 위기 이후 소매금융 활성화 정책은 주택담보대출을 통한 신용공급 확대와 주택경기 활성화 정책 등을 거치며 지난 20여년간 부동산 금융규모를 급팽창시켰다.
1. 과도한 부동산 금융 쏠림에 따른 문제점	1) 부동산·건설 부문에 대한 과잉 신용공급이 경제 전반에 부담 요인으로 작용	① 이 과정에서 주택시장 활성화 추진의 후유증, 규제일변도 중심의 정책 실패에 따른 주택시장 과열과 레버리지를 활용한 '빚투'등이 맞물려 부동산 관련 부채 급증을 촉발했다. ② 특히 단기간 내 경기부양 효과가 큰 건설부문을 통해 경기침체를 극복하고자 했던 정책들이 가계부문에 대한 과잉 신용공급으로 이어지며 경제 전반뿐만 아니라 통화정책에도 부담요인으로 작용하였다. ③ 부동산 부양책은 기업신용 관점에서도 건설·부동산업 중심으로 레버리지 확대를 초래했으며 이는 자원의 비효율적 배분과 경제 전반의 생산성 하락에 일조했다.

	1) 부동산 · 건설 부문에 대한 과잉 신용공급이 경제 전반에 부담 요인으로 작용	④ 건설부문의 신용공급은 단기간 내 부가가치 및 고용을 크게 확대시켜 경기부양 수단으로 활용되나 신용수축기에는 이에 비례해 부가가치 및 고용에 부정적인 영향을 미친다. 2025년 건설투자 부진이 연간 성장률 전망을 0.9%p 낮출 것이라는 한은의 설명이 이를 반증하고 있다. ⑤ 부동산 금융 확대는 담보가 부족한 기업의 자금조달 비용 상승을 초래하여 생산활동을 위축시키고 모험자본 형성을 어렵게 해 산업성장동력을 약화시키는 요인으로 작용했다. ⑥ 자본생산성이 높지 않은 부동산 부문으로의 장기간 신용공급 확대는 국가경제 전체적으로 자본의 부가가치 창출 효과와 신용배분의 효율성을 저하시키는 요인으로 작용했다.
1. 과도한 부동산 금융 쏠림에 따른 문제점	2) 금융 시스템에도 부담	① 글로벌 금융위기 이후 국내 금융권은 가계부문의 주택담보대출, 전세보증대출 등 주택 관련 정책금융 공급 확대뿐만 아니라 기업부문의 부동산PF 대출 등이 주력 사업모델 중 하나로 자리 잡았다. ② 은행권의 경우, 전체 대출 대비 부동산 관련 대출 비중이 69.6%에 달하며 전체 기업대출의 72.4%가 담보대출, 담보대출의 94.3%가 부동산 담보에 기반하고 있는 것으로 알려졌다. 이는 금융 부문의 성장이 부동산금융 성장과 궤를 같이해 왔다는 점을 시사하고 있다. ③ 자기자본투자 시장이 협소하고 2차 거래시장 및 대출유동화 시장 미발달로 부동산 금융 대부분이 여신 위주로 구성되어 있어 부동산 시장 침체 시 금융권의 시스템리스크 발생 우려를 증대시키는 요인으로 작용하고 있다. 가. 최근에는 주택경기 장기 호황과 맞물려 부동산 관련 기업금융이 급증했으나 금리상승 및 부동산 시장 침체로 PF발 유동성 리스크가 대두되며 부실위험이 증대됐다. 나. 기업부문 부동산 금융과 가계부채의 교집합 영역인 임대업과 자영업들의 경우도 실물경기에 민감하고 환금성이 취약한 주택 이외의 부동산담보 대출 비중이 높아 부동산을 매개로 한 부실 위험 증대 가능성도 경계해야 한다. 다. 우리나라는 GDP 대비 은행의 중소기업 대출 비중이 다른 국가들보다 큰 편인데, 이러한 중소기업 대출의 상당 부분이 부동산 담보로 이루어져 있어 기업 대출의 높은 부동산 담보 의존도에 유의할 필요가 있다.

2. 생산적 금융 강화 방안

1) 신정부 정책

① 신정부 출범을 기점으로 국내 주가가 단기 급등하는 모습을 보이고 있다. 대내외 불확실성 완화와 더불어 정부의 증시 부양책 표방과 함께 이전부터 논의되던 이사 충실의무 확대, 배당소득세 분리과세 이슈 등 상법 및 세법 개정안이 본격 추진되며 단기간에 주가가 30% 가까이 상승했다.

② 정부 또한 부동산에서 주식시장으로 자금 이동을 촉진하기 위해 각종 지원책을 추진할 것으로 보인다. 그러나 이와 같은 제도 정비가 코리아 디스카운트요인을 완화시키는 데에는 도움을 줄 수 있겠지만 기업의 본질적인 경쟁력 강화나 혁신 기업의 육성과는 별개의 이슈이다.

③ 신정부 출범 이후의 가계부채 관리 강화에 기반한 초강력 대출 규제, 주택 관련 세금 부담 증대, 고평가 이슈 등을 고려할 때 주택가격 상승 기대가 지속되기는 어려울 것으로 보인다. 오히려 주택시장 관망세가 장기화되면서 대기성 자금의 투자처 탐색이 강화될 전망이다.

④ 결국 가계 잉여자금의 물꼬를 어떻게 터주느냐에 따라 기업 및 자본시장 등 생산적분야로의 자금 이동을 촉발할 수 있을 것이다. 이를 위해 코리아 디스카운트 요인으로 지목되었던 자사주 소각, 배당소득 과세, 지배구조 개선 등과 같은 구조적 요인들에 대한 개선 노력이 지속되어야 하고 혁신금융, 모험자본 공급과 관련한 제도 확충 등을 통해 가계 잉여자금이 유입될 수 있는 환경을 조성해야 한다.

⑤ 원금보존형 상품에 치우쳐 있는 퇴직연금 등 연금자산의 운용 효율성 제고를 위한 제도적 지원과 함께 관련 세제 혜택강화 등을 통해 자본시장내 가계 여유자금의 '록인 효과(Lock-in Effect)'를 높여 시장 안정성 제고도 적극 고려해야 할 것이다.

2) 금융 기관의 생산적 금융과 문제점

① 은행의 여신기능은 크게 ▲금융중개기능 (intermediation) ▲금융전환기능 (transumutation) ▲제 2차적 심사기능 (secondary inspection)으로 나눌 수 있다.

가. 금융중개기능은 저축과 투자를 중개하는 기능, 금융전환기능은 단기자금을 장기투자재원으로 변환하는 기능, 제 2차 심사기능은 기업이 결정한 투자안을 다시 효율적으로 선별하는 기능을 뜻한다.

나. 생산적 금융은 이러한 은행 여신기능을 생산적 분야로 제고하여, 금융이 성장동력으로 작용할 수 있게 한다. 특히 혁신성장 중소기업, 벤처기업으로의 자금공급은 성장동력뿐만 아니라 금융 기관의 새로운 수익 창출원이 될 수 있다.

	2) 금융 기관의 생산적 금융과 문제점	② 문제점 가. 금융 기관의 리스크 부담 증가 　중소기업 및 혁신성장 기업 대출은 신용위험이 크다. 특히 이들의 대출수요가 집중되는 제2금융권의 경우, 제도권 금융에 비해 신용평가능력이 부족하고 자본규모가 영세하여 부실화 가능성이 크다. 실제로 미국 인터넷 전문은행 30여 곳이 중금리 대출 연체율 관리 실패로 부실화되었다. 나. 하이먼 민스키 – 금융불안정 가설 　하이먼 민스키는 부채현금흐름단위를 헤지 단위(원리금 상환이 가능)-투기적 단위(이자 상환만이 가능)-폰지 단위(원리금 상환이 불가능한 부실화된 단위)로 구분하였다. 그는 폰지 단위의 비중이 높아질수록 경제구조의 취약성이 증대된다 하였다. 경제구조가 취약할 경우 평소라면 문제가 없을 자산시장 충격이나 경기위축에도, 커다란 금융위기가 도래하는 민스키 모멘트 발생 가능성이 증대된다. 즉 중소기업 및 창업기업 등에 대한 대출 증가는, 폰지 단위로의 전환 비중 가능성이 높은 대출을 의미하므로 금융 불안정의 요소가 된다.
2. 생산적 금융 강화 방안	**3) 방향성**	첨단산업 경쟁 격화에 따른 투자 수요 증가에 비해 현재 기업 자금조달환경과 정부 재정만으로는 이를 충당하기에는 역부족으로 보인다. 결국 과거와는 다른 금융 부문의 역할론이 대두될 수밖에 없는 시점이다. ① 정부 보증에 기반한 정책금융과 부동산 금융 중심에서 혁신 산업과 생산적인 분야에 보다 원활한 자금공급이 이루어져 성장을 보다 촉진할 수 있도록 해야 한다. 이를 위해 산업과 금융의 연결고리를 가로 막았던 칸막이 규제들을 전면 재검토하고 시장 기능을 활성화해 시중 자금이 보다 생산성 높은 곳으로 유입될 수 있도록 위험가중자산(RWA) 산정 방식 개편 등 정부의 제도 및 규제 개선이 뒷받침되어야 할 것이다. ② 기업가치 평가방법의 전환 가. 혁신성장기업은 대출시점에서는 가치평가가 제대로 이루어지기 어렵다. 따라서 기업의 성장단계에 따른 동태적 가치변동을 충분히 고려한 대출이 필요하다. 즉 대출시점에서의 낮은 가치에 주목하여 대출을 보수적으로 하는 것이 아닌, 미래 성장 가능성에 주목한 대출이 필요하다. 물론 이는 금융 기관의 리스크를 증대시키므로 관련된 대응이 필요하다. 이는 관계형 금융으로 가능하다.

<table>
<tr><td rowspan="2">2. 생산적 금융
강화 방안</td><td rowspan="2">3) 방향성</td><td>나. 관계형 금융 (Relationship Banking)의 좋은 실례로 미국 실리콘 벨리가 있다. 관계형 금융이란 은행과 기업이 장기적 신뢰관계를 바탕으로, 은행이 기업에게 자금공급뿐만 아니라 경영컨설팅까지 제공하는 것을 말한다. 실리콘벨리 내 금융 기관은 벤처 생태계에 대한 자금공급뿐만 아니라 지분투자까지 병행한다. 이를 리스크 관리를 위한 기업경영 정보의 장기적 축적에 활용한다. 또한 자본이득 실현으로 초기의 투자 손실을 평균적으로 상쇄하고 있는 상황이다. 미국 실리콘벨리의 관계형 금융은 생산적 금융의 모범적 사례로 국내 금융 기관들의 적극적 벤치마킹이 필요하다.</td></tr>
<tr><td>③ 이와 함께 장기 저성장과 고령화, 양극화, 가계부채 문제 등이 복합적으로 얽혀 있는 자영업자 · 소상공인 및 중소기업에 대한 지원과 더불어 저신용 취약차주에 대한 배려 등 '따뜻한 금융'에 대한 시대적 요구도 확대되고 있다. 금융이 단순 자금중개 기능의 역힐을 넘어 싱징의 한 축을 딤딩하고 민생 안정의 조력자 역할을 하는 시대가 되었다. 이에 걸맞는 '금융의 역할'에 대해 다시 한 번 재고(再考)해 볼 때이다.</td></tr>
</table>

 **결론**

의견 제시
부동산 관련 금융에서 벗어나기 위해서는 관련 리스크를 강화해야 하는데, 크게 자본 기반 규제(capital-based measure)와 차입자 기반 규제(bor-rowers- based measures) 방식을 적용하는 방안을 고려할 수 있다. 자본 기반 규제의 경우 위험가중치 조정, 총 여신 또는 자기자본대비 한도 규제, 완충 자본 제도 등의 강화 등의 방식이 있다. 다만 자본 규제를 강화하는 경우 금융 회사의 자본 비용이 증가하고 대출 심사가 강화되면서 자금 공급이 축소될 수 있으므로, 이로 인해 나타날 수 있는 부작용을 감안하여 신중하게 진행해야 한다. 또한 차입자 기반 규제의 경우 DSR 규제 및 전세 대출 보증관리 등의 강화를 고려할 수 있다.

금융권이 실물경제에 대한 신용공급을 통하여 기업의 성장과 함께 거시 경제의 성장을 보다 효과적으로 지원하기 위해서는 사업성 중심 금융을 확대해 나갈 필요가 있다. 사업성 중심 금융은 기본적으로 미래 사업의 성장성과 현금 흐름 등 사업의 미래 가치에 기반하여 대출을 진행하는 개념으로 금융 회사가 신용 리스크를 관리하며 수익을 창출하는 방식을 의미한다.

이를 위해

첫째, 금융 회사의 사업성 평가 역량을 강화시켜 나갈 수 있는 KPI 체계를 구축하고 전문가를 양성해 낼 수 있는 체계를 구축할 필요가 있다. 현재는 담보 위주의 대출 관행 탓에 담보가치 평가에 익숙한 인력이 구성돼 있지만, 기업의 미래 성장성 평가 역량을 기르는 전문인력 양성과 인사 · 평가제도가 뒷받침돼야 한다.

둘째, 정책보증금융에 (포트폴리오) 위탁보증제도(용어해설1) 도입, 온랜딩 지원 요건 변경 등을 통해 정책금융이 사업성 중심 금융 확대를 뒷받침할 필요가 있다.

셋째, 여신 회수 시스템 정비도 숙제로 꼽힌다. 중소기업에 사업성 기반 대출을 내줬다가 부실이 발생할 경우 현행 제도에서는 담보가 없어 은행이 손실을 입게 된다. 사업성 중심 금융의 경우에도 부실이 발생하는 경우 손실을 최소화할 수 있어야 하는데, 이를 위해 우선 현재 우리나라 회생 과정에서 적용되고 있는 상대 우선의 원칙(용어해설 2)을 절대 우선의 원칙(용어해설3)으로 변화하는 방안을 고려해 볼 필 요가 있음. 현재는 법정관리 등에서 채권자보다 기존 주주의 권리가 일부 보호되는 측면(상대적 우선원칙)이 있는데, 채권자의 우선 변제권을 절대적으로 인정해주면 은행이 담보 없이도 회수 가능성이 높아지므로 사업성 대출을 꺼릴 이유가 줄어든다는 논리다.

넷째, 사업성 중심 금융 관행 형성과 기업의 미래 영업활동 자체를 기반으로 하는 일괄담보(용어해설 4) 또는 사업권 담보제도의 신설도 고려할 수 있다.

다섯째, 자본 규제 측면에서는 부동산 대출에 대한 위험가중치 상향 조정이 거론된다. 현재 위험가중치가 지나치게 낮은 주택담보대출에 대한 위험가중치를 높여 은행의 부동산대출 선호를 낮출 수 있다는 분석이다.

여섯째, 아직 우리나라엔 도입되지 않은 시스템리스크 완충 자본 도입도 검토될 수 있다. 시스템리스크 완충 자본은 다른 완충 자본들이 커버하지 못하는 비순환적인 시스템리스크에 대응하기 위한 제도다. 벨기에, 독일, 프랑스, 노르웨이, 스웨덴 등 유럽 주요국들은 이미 시스템리스크 완충 자본을 부과하고 있다. 주로 부동산회사 여신, 주거부동산 여신 등 부동산 관련 금융에 집중돼 있다.

 **용어해설**

1) 위탁보증제도

2019년 4월 16일부터 도입된 제도로써 신용보증기금에서만 전담하던 보증심사 업무 가운데 일부를 은행에 위탁함으로써 대출 절차 간소화 및 신속한 자금 공급을 목적으로 한다.

신청 기업 평가등급 기준 B+이상이면 은행에서 직접 심사하여 보증서 발급 여부 결정하며 현장실사 없이 서류만으로 진행된다. 평균적으로 7일 정도 소요되던 심사 기간이 2일로 대폭 단축됨. 고객 입장에서는 여러번 방문해야 하는 번거로움 없이 은행 한번 방문만으로도 상담부터 약정까지 모두 처리할 수 있어 편리함.

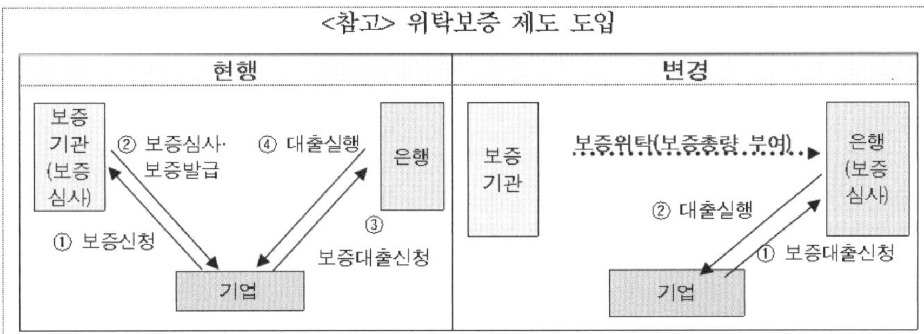

2) 상대우선 원칙

적절한 차등이 있으면 된다는 것으로, 선순위의 권리자에게 주는 만족이 후순위의 권리자에게 주는 만족보다 상대적으로 크면 공정하고 형평한 차등 원칙은 지켜진 것이라고 보는 것이다. 상대 우선의 원칙에서는 순위별로 공정하고 형평 차등이 있다면, 선순위자가 완전한 변제를 받지 아니하여도 후순위자에게 일정한 몫을 줄 수 있다고 본다.

3) 절대우선 원칙

권리의 순위가 엄격하게 지켜져야 한다는 것으로 우선순위가 다른 각 권리자가 있는 경우, 선순위의 권리자가 충분하고 완전하게 만족을 받지 못하는 한, 후순위의 권리자에게 만족을 주는 것을 금지하는 것이 공정하고 형평 한 차등 원칙에 부합한다는 것이다. 회생 채권자는 회생담보권자가 100% 변제받기 전에는 어떠한 권리도 받을 수 없으며 주주도 마찬가지로 회생 채권자가 100% 변제받기 전에는 어떠한 권리도 받지 못한다

4) 일괄담보

특허권과 생산설비, 재고자산, 매출채권 등 서로 다른 자산을 한데 묶어 담보로 제공하고 한 번에 담보물을 평가·취득·처분하는 제도다. 예를 들어 화장품 제조기계와 화장품 재고, 매출채권을 구분하지 않고 한꺼번에 담보로 책정하는 방식이다. 모든 개별자산을 합치면 평가 시 가치가 올라간다.

장점) - 개별 자산별로 별도 담보설정 없이 한 번의 신청만으로 대출 한도를 산정할 수 있어 시간과 비용이 절감.

- 담보자산이 흩어져 있지 않아 파산 시 절차가 신속하게 진행될 수 있다.

- 기업의 다양한 자산을 통합 관리할 수 있어 효율적인 자금 운용이 가능하다.

chapter 18

소호 리스크

01 논제 개요 잡기 [핵심 요약]

서론	이슈언급		소상공인과 자영업자는 국가경제의 저변을 지탱하는 중요한 주체이나, 코로나19 이후 매출 감소 및 부채 증가 등의 경영난에 직면하고 있다. 즉, 지속적으로 이어졌던 고금리 · 고물가로 인해 소상공인과 자영업자의 비용 부담은 계속해서 가중된 결과 코로나19 이전과 비교해서 자영업자의 대출규모(686조 원(2019년)→1,056조 원(2024년 1분기))와 연체율(0.79%(2019년)→1.52%(2024년 1분기))이 2배 정도 증가하였다. 이와 함께 원자재 · 재료비의 상승과 함께 전기요금 인상에 따른 경영비용의 부담도 상당하고, 비용부담의 증가로 폐업 위험이 높아진 상황에서 실제 폐업 시 재기 기회를 제공할 수 있는 사회안전망도 불충분한 실정이다.
본론	1. 소상공인과 자영업자	1) 중요성	자영업자는 국민경제의 총수요와 함께 총공급을 확대함으로써 우리나라 경제의 안정적 성장에 기여할 수 있고, 노동시장의 유연성 및 고용율을 제고함으로써 삶의 질 개선과 소득분배의 개선에 기여할 수 있는데, 이러한 측면에서 국민경제에서 차지하는 자영업자의 경제적 중요성을 확인할 수 있는 것이다.
		2) 현황	① 자영업자 비중 2024년 7월 3일 "소상공인 · 자영업자 종합대책"에 의하면 2022년을 기준으로 23.5%인 우리나라의 자영업자 비중은 미국(6.6%), 일본(9.6%), 독일(8.7%) 및 프랑스(13.1%) 등의 주요 국가들과 비교해서 여전히 높은 수준이다.

본론	1. 소상공인과 자영업자	2) 현황	② 업종 업종별로는 도·소매업 및 음식·숙박 등과 같이 진입장벽이 낮은 생계형 업종에서 자영업자의 비중이 상대적으로 높게 나타났다. ③ 경영 코로나19로 인한 경영 상태와 관련해서는 고수익 자영업자의 비중이 감소한 반면 매출 5천만 원 미만의 저수익 자영업자가 큰 폭으로 증가하였다. ④ 금융 코로나19의 대응 과정에서 자영업자의 대출잔액과 대출차주 수가 영세·과밀업종 및 제2금융권을 중심으로 크게 증가했고, 최근의 고금리 지속으로 인해 대출 연체율이 빠르게 상승했는데, 특히 취약차주의 연체율은 전체 연체율에 비해 크게 높은 수준이다. ⑤ 폐업 폐업과 관련해서는 코로나19 지원 정책의 영향 등으로 인해 2022년까지 낮은 수준으로 유지되던 개인사업자의 폐업률이 2023년에 91만 명에 이를 정도로 크게 상승했고, 폐업 증가로 인해 소상공인에 대한 노란우산공제의 폐업 공제금 및 자영업자에 대한 실업급여 지급액도 매년 크게 증가했다.
		3) 소호 위기 원인	① 고물가·고금리·고환율 등 복합경제 위기에 이어 대내외 불확실성이 지속 ② 유통 트렌드 변화와 인구 감소 등 사회 구조적인 요인들로 인해 어려움이 가중되고 있다는 점이다. ③ 낮은 진입 장벽으로 인한 과잉 공급과 과당경쟁으로 인해 폐업한 소상공인이 생계를 위해 또다시 창업과 폐업을 반복하고 있다.
		4) 대응 방안	① 소상공인들을 위한 최우선 정책은 당장 생존의 위기에 직면한 소상공인 전용 긴급 금융 지원 확대이다. ② 중장기적으로는 인구 감소와 소비자들의 구매 트렌드 변화에 대응하며, 소상공인의 근본적인 체질 개선을 통해 자생력을 강화할 수 있는 구조적인 대책을 마련할 필요가 있다. ③ 고령화 추세에 맞춘 정년 연장이나 재교육 프로그램 강화도 필요하다. 창업하기에 앞서 충분한 준비를 통해 경쟁력을 갖추도록 돕는 예비창업자 지원과, 새로운 트렌드에 맞는 업종의 전환 등을 지원하는 프로그램 확대가 대표적이다.

1. 소상공인과 자영업자	4) 대응 방안	④ 구조적인 원인에 따른 해법도 고민해야 한다. ⑤ 오히려 자영업자의 폐업을 촉진해 국민경제 내 자영업 비중을 낮춰야 한다는 역설이 가능하다.
본론 **2. 소호의 디지털 전환**	1) 디지털전환 효과	① 플랫폼, 로봇, AI 등을 통한 소호의 디지털 전환은 기술 발달 및 수요 증가로 확대 중이며, 소호 업체의 매출 및 영업 이익 증대에도 기여했다. ② 플랫폼이 디지털 전환을 선도하는 가운데 로봇, AI 등으로 적용 범위가 확장된다.
	2) 해결과제	소호 디지털 전환 비즈니스는 수입, 상생, DATA 측면의 효과가 기대되나 지속 성장을 위한 해결 과제도 잔존해 있다. 소호 비용 부담, 고용 감소, 민감 정보 이슈 등은 해결해야 될 문제이다.
결론	의견제시	장기적인 관점에서 골목 상권의 경쟁력을 강화하기 위한 실효성 있는 대책이 중요하다. 각 지역 상권의 특성과 잠재력을 분석하고 맞춤형 발전 전략을 수립해야 할 때다. 소비 심리 회복을 위한 적극적인 정책적 노력도 미룰 수 없다. 정부와 자치단체는 지역사랑상품권 발행 확대, 소비 촉진 행사 개최 등 다양한 방법을 통해 주민들의 소비를 유도하고, 이것이 골목 상권의 매출 증대로 이어질 수 있도록 해야 한다. 또 소상공인들의 마케팅 및 홍보 역량 제고를 위한 교육 프로그램 지원도 병행돼야 함은 물론이다.

 02 논제 풀이 

 서론

이슈 언급　소상공인과 자영업자는 국가경제의 저변을 지탱하는 중요한 주체이나, 코로나19 이후 매출 감소 및 부채 증가 등의 경영난에 직면하고 있다. 즉, 지속적으로 이어졌던 고금리 · 고물가로 인해 소상공인과 자영업자의 비용 부담은 계속해서 가중된 결과 코로나19 이전과 비교해서 자영업자의 대출규모(686조 원(2019년)→1,056조 원(2024년 1분기))와 연체율(0.79%(2019년)→1.52%(2024년 1분기))이 2배 정도 증가하였다. 이와 함께 원자재 · 재료비의 상승과 함께 전기요금 인상에 따른 경영비용의 부담도 상당하고, 비용부담의 증가로 폐업 위험이 높아진 상황에서 실제 폐업 시 재기 기회를 제공할 수 있는 사회안전망도 불충분한 실정이다.

그럼에도 소호(개인사업자, 자영업자, 소상공인을 포함하는 개념)는 이처럼 어려운 경영환경에 처해 있으나, 강한 사업지속 의지를 가지고 있는 것으로 평가된다. 2024년 8월 통계청 조사에 따르면 자영업자 중 사업을 "계속 유지하겠다"는 응답은 86.5%이며 "그만 둘 계획"이라는 응답은 5.7%에 불과하다.

이처럼 소상공인 · 자영업자에 대한 정책적 지원의 필요성에도 불구하고 이들에 대한 적시성 있고 포괄적인 사업 실태의 파악에 현실적인 어려움이 있고, 이로 인해 정책적 대응의 효과성 측면의 문제점이 지속적으로 제기되고 있다.

이에 본지에서는 소호 현황 및 위기 원인에 대해 알아본 후, 정책적 방안에 대해 제언하고자 한다.

📈 본론

1. 소상공인과 자영업자

1) 중요성

자영업자는 "한국 경제의 버팀목"의 측면에서 경제적 의의와 중요성이 있다고 할 수 있다.

① 우리나라의 개방형 수출주도형 경제는 예기치 못한 대외여건의 변화에 대비해서 내수의 버팀목이 필요한데, 내수 활성화의 기본인 자영업의 경쟁력 강화를 통해 공급 역량을 강화함으로써 내수 창출 및 해외 소비의 국내 전환을 할 수 있는 것이다.

② 사영업의 경생력 강화는 그 자체로 고용 개선에 기여하고, 건전한 산업 생태계를 조성함으로써 임금 근로자들의 원활한 퇴직 및 이직을 도와 노동시장의 유연성을 제고할 수 있다.

➡ 자영업자는 국민경제의 총수요와 함께 총공급을 확대함으로써 우리나라 경제의 안정적 성장에 기여할 수 있고, 노동시장의 유연성 및 고용율을 제고함으로써 삶의 질 개선과 소득분배의 개선에 기여할 수 있는데, 이러한 측면에서 국민경제에서 차지하는 자영업자의 경제적 중요성을 확인할 수 있는 것이다.

2) 현황

① 자영업자 비중

2024년 7월 3일 "소상공인 · 자영업자 종합대책"에 의하면 2022년을 기준으로 23.5%인 우리나라의 자영업자 비중은 미국(6.6%), 일본(9.6%), 독일(8.7%) 및 프랑스(13.1%) 등의 주요 국가들과 비교해서 여전히 높은 수준인데, 2023년 하반기 이후에는 "고용원 없는 자영업자"를 중심으로 자영업자의 감소 추세를 나타내고 있다.

〈연도별 자영업자 수(만명)(2016년~2023년)〉

연도	2016년	2017년	2018년	2019년	2020년	2021년	2022년	2023년
자영업자 수	561	568	564	561	553	551	563	569

〈자영업자 증감 추세(전년 동기 대비 증감 인원(만명))(2023년 하반기 이후)〉

구분	2023년 7월	2023년 9월	2023년 11월	2024년 1월	2024년 3월	2024년 5월
전체 자영업자	9.2	1.8	0.3	2.9	△3.6	△11.0
고용원 없는 자영업자	4.4	△2.0	△7.8	△0.1	△3.5	△11.4

② 업종

업종별로는 도 · 소매업 및 음식 · 숙박 등과 같이 진입장벽이 낮은 생계형 업종에서 자영업자의 비중이 상대적으로 높게 나타났다.

〈업종별 자영업자 분포(2023년)〉

연도	도·소매	숙박음식	운수창고	제조	건설	교육	기타(정보통신, 예술 등))
자영업자 수	22.1%	16.9%	14.3%	8.2%	7.9%	6.0%	38.4%

1. 소상공인과 자영업자

2) 현황

③ 경영

코로나19로 인한 경영 상태와 관련해서는 고수익 자영업자의 비중이 감소한 반면 매출 5천만 원 미만의 저수익 자영업자가 큰 폭으로 증가하였다.

〈연간 매출액 구간별 소상공인 비중(2019년 및 2022년)〉

매출액 구간	5,000만원 미만	5,000만원~1억원	1억원~2억5,000만원	2억5,000만원~5억원	5억원 이상
2019년	28.1%	21.3%	25.4%	12.1%	13.1%
2022년	34.6%	20.3%	22.4%	10.3%	12.6%
증감	6.5%P	△1.1%P	△3.0%P	△1.9%P	△0.5%P

④ 금융

가. 부채와 관련해서는 코로나19의 대응 과정에서 자영업자의 대출잔액과 대출차주 수가 영세 · 과밀업종 및 제2금융권을 중심으로 크게 증가했고, 최근의 고금리 지속으로 인해 대출 연체율이 빠르게 상승했는데, 특히 취약차주의 연체율은 전체 연체율에 비해 크게 높은 수준이다.

나. 대표적인 영세 · 과밀업종인 숙박 · 음식업의 자영업자 대출 비중은 37.6%(2017년 4분기)→42.0%(2024년 1분기)로 증가했고, 제2금융권의 자영업자 대출 비중은 27.3%(2019년 4분기)→37.5%(2024년 1분기)로 증가했다.

〈연도별 자영업자 대출잔액 및 대출차주 수(2019년 이후)〉

연도	2019년	2020년	2021년	2022년	2024년 1분기
대출잔액(조원)	686.1	803.5	909.2	1,019.8	1,055.9
대출차주(만명)	191.4	238.4	262.1	307.0	312.6

〈연도별 자영업자 대출 연체율(2021년 이후)〉

연도	2021년	2022년	2023년	2024년 1분기
대출 연체율	0.5%	0.6%	1.3%	1.5%

〈취약차주인 자영업자의 연도별 자영업자 대출 연체율(2022년 이후)〉

연도	2022년	2023년	2024년 1분기
대출 연체율	5.3%	9.2%	10.2%

⑤ 폐업

폐업과 관련해서는 코로나19 지원 정책의 영향 등으로 인해 2022년까지 낮은 수준으로 유지되던 개인사업자의 폐업율이 2023년에 91만 명에 이를 정도로 크게 상승했고, 폐업 증가로 인해 소상공인에 대한 노란우산공제의 폐업 공제금 및 자영업자에 대한 실업급여 지급액도 매년 크게 증가했다.

1. 소상공인과 자영업자	2) 현황	〈개인사업자의 폐업자 수 및 폐업율(2017년 이후)〉 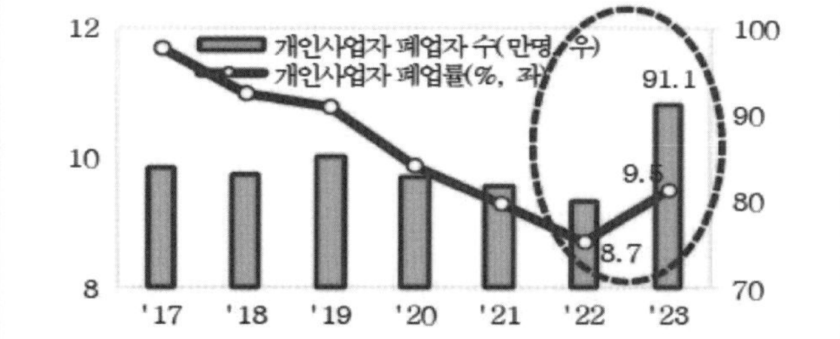
	3) 소호 위기 원인	① 고물가 · 고금리 · 고환율 등 복합경제 위기에 이어 대내외 불확실성이 지속 ② 유통 트렌드 변화와 인구 감소 등 사회 구조적인 요인들로 인해 어려움이 가중되고 있다는 점이다. 가. 세계 최고 수준의 저출생 · 고령화가 지속되면서 생산가능인구가 매년 40만 명씩 줄어들며 소비 시장이 위축되고 있다. 나. 내수는 줄어드는데 소비자들은 쿠팡 · 무신사 등 온라인 플랫폼 소비로 옮겨가면서 로드숍이나 골목상권도 직접적인 타격을 받고 있다. 한국은행 보고서에 따르면 온라인 소비 비중이 1%p 상승함에 따라 음식료품 판매자는 평균 4.2명, 의류 판매자는 1명 줄어들었다. ③ 낮은 진입 장벽으로 인한 과잉 공급과 과당경쟁으로 인해 폐업한 소상공인이 생계를 위해 또다시 창업과 폐업을 반복하고 있다.
	4) 대응 방안	① 소상공인들을 위한 최우선 정책은 당장 생존의 위기에 직면한 소상공인 전용 긴급 금융 지원 확대이다. 가. 소상공인 금융정책은 타이밍이 중요하다. 고금리 대출을 저금리 정책자금으로 대환해 이자 부담을 줄이고 장기 분할상환을 통해 숨통을 틔워줘야 한다. 나. 특히 정부 정책자금 지원은 긴급경영안정자금, 대환대출 등 폐업 위기 소호의 생존 노력에 우선하는 것이 정책 실효성 측면에서 효과적이라고 판단된다. 하지만 정책자금이 한도 소진까지 접수 순서대로 처리는 방식 등은 제고될 필요성이 있다. 이 방식은 소호에게 공평한 기회를 제공하다는 점에서는 긍정적이다. 다만 자금 및 시간에서 상대적으로 여유 있는 소호가 저금리 정책자금을 우선지원 받을 경우 폐업 위기 소호가 오히려 구축(驅逐)될 수 있다는 점에서 동 제도는 면밀한 검토가 필요하다.

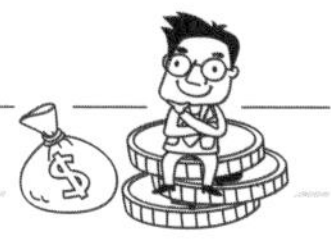

<table>
<tr><td rowspan="2">1. 소상공인과
자영업자</td><td rowspan="2">4) 대응 방안</td></tr>
<tr></tr>
</table>

② 중장기적으로는 인구 감소와 소비자들의 구매 트렌드 변화에 대응하며, 소상공인의 근본적인 체질 개선을 통해 자생력을 강화할 수 있는 구조적인 대책을 마련할 필요가 있다.

가. 그중 하나가 바로 소상공인들의 경쟁력 강화를 위한 디지털 전환으로서, 온라인 플랫폼과의 연계를 지원해 새로운 소비 트렌드에 적응할 수 있게 하는 정책이다.

나. 2024년 12월 중기중앙회가 실시한 '소상공인 키오스크 활용현황 조사'에 따르면, 키오스크 같은 디지털 기기를 활용한 소상공인의 93.8%는 경영에 도움이 된다고 체감하는 것으로 나타났다.

다. 키오스크나 서빙로봇 등 하드웨어적인 지원과 함께 디지털 기술을 효과적으로 활용할 수 있도록 교육 프로그램도 병행한다면 실효성을 보다 높일 수 있을 것이다.

③ 고령화 추세에 맞춘 정년 연장이나 재교육 프로그램 강화도 필요하다. 창업하기에 앞서 충분한 준비를 통해 경쟁력을 갖추도록 돕는 예비창업자 지원과, 새로운 트렌드에 맞는 업종의 전환 등을 지원하는 프로그램 확대가 대표적이다.

④ 구조적인 원인에 따른 해법도 고민해야 한다.

가. 1970년에 100만 명이 넘던 출생아 수가 지난해 24만 명으로 급감해 핵심 소비층인 생산가능인구가 해마다 40만 명씩 줄어들고 있다. 소상공인 과밀화와 내수 침체라는 위기 상황에서 단순한 채무조정을 넘어, 소상공인 구조조정 단계로 나아가는 근본적 해법 마련이 시급한 이유이다.

나. 이를 위해 채무조정 대상자들을 임금 근로자로 전환하기 위한 정책이 필요하다. 주목할 만한 점은 자영업자들도 재창업보다 취업을 더 선호한다는 것이다. 중소기업중앙회의 2024년 폐업 소상공인 실태조사에 따르면, 동일한 소득 조건일 경우 59.3%가 취업을 선호한다고 응답했다.

다. 따라서 정부는 소상공인에 대한 채무조정과 함께 구조적 변화에 맞게 폐업 소상공인에 대한 전직 지원과 재교육을 통해 인력난을 겪는 제조 중소기업에 취업할 수 있는 체계를 함께 마련해야 한다. 폐업 소상공인을 고용하는 기업에 세제 혜택을 제공하는 것도 그 대안 중 하나다.

⑤ 어떻게 보면 오히려 자영업자의 폐업을 촉진해 국민경제 내 자영업 비중을 낮춰야 한다는 역설이 가능하다. 그러기 위해서는 해야 할 일이 많다. 일자리 창출, 고용 유연성 제고, 내수 기반 확충, 자영업자 전직 지원 등이 그것이다. 이제는 구조개혁으로도 눈길을 돌려야 한다.

<table>
<tr>
<td rowspan="2">

**2. 소호의
디지털
전환**

<출처: 하나금융
연구소>

</td>
<td>

**1) 디지털전환
효과**

</td>
<td>

가. 로봇: 초기에는 흥미 유발에 치중됐으나 점차 상용화 단계로 진입

- 조리로봇은 커피, 파스타 등으로 적용 범위를 확장하며 시범 운영되고 있으며, 상용화 단계에 진입한 서빙로봇은 음식 운반, 좌석 안내, 호텔 룸서비스, 청소 등에 활용
- 접객 분야의 日 '오리히메'는 로봇의 일자리 창출이라는 측면에서 주목

나. AI: 챗GPT 등장 이후 소호 시장에서도 AI 적용 범위가 빠르게 확대

- AI는 특유의 범용성을 바탕으로 창업준비(상권분석)에서 운영(고객 응대 자동화 등), 마케팅, 매출 관리까지 소호의 라이프 사이클 전반에 걸쳐 도입
- 특히, AI 콜봇ㆍ챗봇 형태의 고객 응대 자동화 서비스는 높은 성장세가 기대

[소호 디지털 전환 기술(플랫폼, 로봇, AI)의 적용 사례 및 영향]

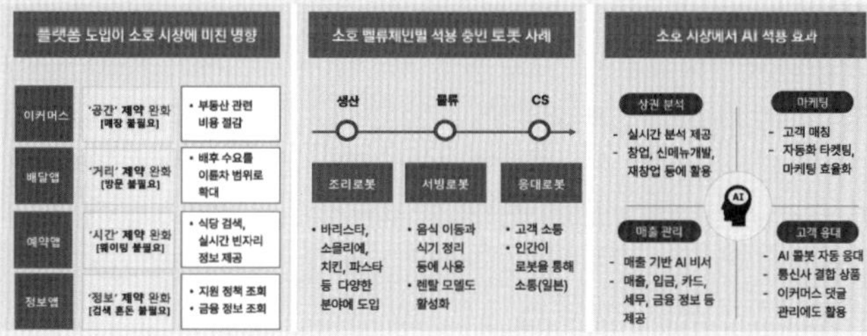

<출처: 하나금융연구소>

</td>
</tr>
<tr>
<td>

2) 해결과제

</td>
<td>

소호 디지털 전환 비즈니스는 수입, 상생, DATA 측면의 효과가 기대되나 지속 성장을 위한 해결 과제도 잔존해 있다. 소호 비용 부담, 고용 감소, 민감 정보 이슈 등은 해결해야 될 문제이다.

① 배달앱 등 플랫폼의 과도한 수수료로 '온플법' 제정 논의가 확대되고 있다.

② AIㆍ로봇 활용에 따른 일자리 감소, 개인 정보 유출과 프라이버시 침해에도 유의할 필요

</td>
</tr>
</table>

 **결론**

**의견
제시**

지금까지 제시된 소상공인 지원 정책들은 대부분 일시적인 자금 지원이나 금융 혜택에 머물러 근본적인 문제 해결에는 미흡했다는 지적이 많다. 벼랑 끝에 몰린 소상공인들에게 단비 같은 지원이 절실한 것은 사실이나, 이는 응급처치에 불과하다.

지속 가능한 골목 상권의 회생을 위해서는 단기적인 처방을 넘어 거시적인 안목과 실효성 있는 중장기적인 대책 마련이 시급하다. 정부와 자치단체는 현재의 상황을 단순한 경기 불황으로 치부

할 것이 아니라 지역 경제의 존립을 위협하는 심각한 경제 위기로 인식하고 특단의 대책을 강구해야 한다. 우선 고금리 시대에 소상공인들의 이자 부담을 완화할 수 있는 실질적인 금융 지원 방안을 모색해야 한다. 대출 금리를 낮추는 것을 넘어 장기 저리 융자 확대, 채무 재조정, 이자 상환 유예 등 보다 적극적인 정책적 개입이 필요하다. 그리고 급격한 물가 상승에 따른 소상공인들의 경영 부담을 덜어주기 위한 다각적인 노력이 요구된다. 에너지 비용 지원, 세금 감면 등 직접적인 비용 절감 방안을 마련해 소상공인들이 가격 경쟁력을 유지하고 수익성을 확보할 수 있도록 도와야 한다.

더 나아가 장기적인 관점에서 골목 상권의 경쟁력을 강화하기 위한 실효성 있는 대책이 중요하다. 각 지역 상권의 특성과 잠재력을 분석하고 맞춤형 발전 전략을 수립해야 할 때다. 소비 심리 회복을 위한 적극적인 정책적 노력도 미룰 수 없다. 정부와 자치단체는 지역사랑상품권 발행 확대, 소비 촉진 행사 개최 등 다양한 방법을 통해 주민들의 소비를 유도하고, 이것이 골목 상권의 매출 증대로 이어질 수 있도록 해야 한다. 또 소상공인들의 마케팅 및 홍보 역량 제고를 위한 교육 프로그램 지원도 병행돼야 함은 물론이다.

03 논술사례

주제 1

소상공인 연체율 상승의 원인과 기금의 여신운용방향에 대해 논하시오.

답안

자영업자 연체율이 8년 만에 최고 수준을 기록했다 경기 부진, 고금리, 코로나19 충격 속에서 대출로 버텨온 자영업자들 가운데 원리금 상환을 제때 **상환**하지 못 하고있는 것이다. 특히, 저축은행 등 제2금융권을 중심으로 자영업자 연체율이 **급증하고 있다.** 이에 본고는 소상공인 연체 현황 및 **상승의** 원인을 파악하고 앞으로의 기금의 여신운용방향에 대해 논하고자 한다.

| 상당 수가
| 삭제
| 급증하고 있는 부분이 우려된다.

| 연체율 상승

<소상공인 대출금 연체 현황>

올해 1분기 말 자영업자의 전체 금융 기관 대출 잔액은 1,033조 7,000억 원으로 사상 최대 수준을 기록했다. 지난해 3분기(1,014조 2,000억 원)와 4분기(1,019조 9,000억 원) 에 이어 세 분기 연속 1,000조 원을 넘어섰다. 1분기 기준 자영업자의 전체 금융 기관 대출 연체액은 1분기 6조 3,000억 원으로, 지난해 4분기(4조 1,000억 원)보다 53.7% 늘었다. 증가율이 4분기 (24.2%)의 2배 이상이다.

1분기 자영업자의 전체 금융 기관 연체율은 1.00%로, 2005년 1분기 1.13% 이후 8년 만에 최대치를 기록했다. 이는 지난해 4분기

(0.65%)보다도 0.35%P 높다. 지난해 4분기(0.12%P)나 3분기(0.06%P) 상승폭에 비교하면 상당히 높은 수준이다. 특히, 비은행 2금융권에서 대출 연체율이 치솟았다. 1분기 기준 은행권과 비은행권 자영업자 연체율은 각 0.37%, 2.52%로 집계됐다. 지난해 4분기 말부터 올해 1분기 말까지 은행권 연체율이 0.11%P 오르는 동안 비은행권 연체율은 0.92%P 급등했다.

이 단락도 체계를 잡으면 더 좋습니다. 예를 들면
1) 소상공인 대출 증가
2) 소상공인 연체액 증가
3) 소상공인 연체율 증가
이런 식으로요
현상 설명이 짧으면 문제가 없는데, 긴 경우 이 부분도 분류를 하시면 좋습니다.

<소상공인 연체율 상승 원인>

첫째, '금리상승으로 인한 대출이자 부담증가' 때문이다.

코로나 19 팬데믹이 종료되면서 미국은 그동안 공급된 유동성으로 인한 인플레이션을 잡기 위해 금리 인상을 시작했다. 현재 미국 중앙은행의 기준금리는 5.50%로 2022년 07월 기준 금리(2.50%)에 비해 2배 이상 상승했다. 한국 역시 원화 가치 하락을 방어하기 위해 금리를 인상했고, 현재 3.50%로 가파르게 상승했다. 이러한 금리 상승세는 짧은 기간에 높은 상승률을 보여 기업들이 고금리에 적응할 수 있는 시간적 여유를 주지 않았다. 지난 2008년 글로벌 금융위기 이전의 금리 상승기에는, 약 3년간 금리가 천천히 올라 기업들이 고금리에 적응할 시간이 충분했다. 그리고 금리가 최고점에 오른 뒤 단기간에 원래 수준으로 하락해 기업들의 이자 부담이 크지 않았다. 반면, 최근에는 2년 3개월간 금리가 급격하게(약 410.8%) 오른 데다, 단기간에 금리가 원래 수준으로 하락할 것을 기대하기도 어려운 상황이다. 국내 경기 둔화로 인해 기준금리 동결이 예상되지만, 미국의 금리상승 가능성이 열려있어 추후 기준금리 추가 상승이 우려된다.

둘째, '물가상승으로 인한 영업비용 상승' 때문이다.

코로나 19 부양책으로 인한 유동성 공급, 국제정세의 불안에 따른 원자재 가격 상승, 글로벌 공급망의 병목현상 지속 등 복합적 요인에 기인하여 물가가 가파르게 상승했다. 이러한 물가상승은 소상공인의 영업비용 상승을 통한 영업마진의 감소를 초래했고, 소상공인들의 경제적 부담이 더욱더 가중되었다.

1) '통화량의 과도한 증가'

코로나 19에 맞서기 위해 전 세계가 각종 경제적 지원 대책과 시용 공급, 유동성 공급 등 비상조치를 통해 적극적으로 대응했다. 그 결과 금융안정의 측면에서 초기에 예상을 뛰어 넘는 안정세를 유지했다. 하지만 이러한 전례 없는 유동성 공급은 인플레이션을 유발했다.

2) '수급 불균형에 따른 충격'

또 다른 원인은 수요 대비 공급 부족이다. 공급 충격은 팬데믹으로 인한 공급 차질, 노동력 부족, 생산 차질뿐만 아니라 우크라이나-러시아 전쟁으로 인한 식량과 에너지 공급란 그리고 기후 변화로 인한 공급 차질까지 다양한 형태로 발생하고 있다.

셋째, '코로나 19 특별대출의 거치기간 종료' 이다.

코로나 19 팬데믹으로 인한 피해를 입은 소상공인들을 위해 정부에서는 소상공인 특별대출을 많이 시행했다. 대부분의 특별대출은 2년 거치 3년 분할상환으로 진행되어, 2년 동안은 초저금리의 이자를 상환하다 3년째부터 원금을 분할상환하는 대출이다. 당시 대출을 받은 차주들은 초저금리로 이자를 지급한다는 파격적인 대출조건에, 자금이 필요 없는 경우에도 무리해서 대출을 받는 경우도 많았다. 하지만 이후 원금 상환 시기가 도래하면서 분할상환을 못하는 차주들이 점차 늘어나고 있다. 정부는 이에 거치기간을 1년씩 연장하는 조치를 취했으나 임시방편에 불과했고 현재 과도한 대출의 원금 상환을 못하는 차주가 점차 늘어나고 있다.

<앞으로의 신용보증기금의 여신운용방향>

첫째, '대환대출(장기 분할상환대출)을 통해 소상공인의 부담 경감'

원금상환이 도래한 기존의 대출을 장기(약 7년) 분할상환대출로 전환하여 소상공인의 경제적 부담을 덜어줘야 한다. 기존에 진행된 특별대출의 경우 3년 분할상환이 대부분이라 상환 기간이 너무 짧고, 3개월마다 원금을 상환하기 때문에 차주 입장에서 부담이 될 수밖에 없다. 이를 매월 상환으로 변경하고 분할상환 기간을 늘려 원금상환의 부담을 덜어줘야 한다.

둘째, '다중채무 방지를 위해 심사 조건 강화'

코로나 19 특별대출은 여러 건을 받은 차주가 대다수다. 초저금리의 파격적인 조건 때문에 당장 자금이 필요하지 않은 **사람**도 대출을 많이 신청했다. 이 때문에 다중채무자가 늘었고 원금상환의 부담이 많이 늘어났다. 이에 신용보증기금은 보증심사시 추가 보증의 심사를 강화하여 운전자금이 꼭 필요한 차주에게만 **대출이** 진행이 될 수 있도록 해야 한다.

사업자도

보증서 발행이

셋째, '자금유용 사후 모니터링 강화'

운전자금대출은 원칙적으로 사업장 운용에만 사용해야 한다. 하지만 그간 소상공인에게 진행이 됐던 특별대출의 경우 자금**유용**에 대해 크게 제약이 없었다. 그 때문에 생활비를 위해 소상공인 대출을 받은 후 곧바로 폐업을 하거나, 개인 투자를 위해 소상공인 대출을 받는 경우가 허다했다. 이러한 불필요한 대출은 부실로 이어지는 경우도 많다. 따라서 운전자금으로 사용한 증빙 서류 등을 요구하여 불필요한 대출을 막도록 노력해야 한다. 예를 들어 보증심사를 할 때 사업계획서를 제출받고 이에 맞도록 대출금을 운용하도록 요구하고, 추후 증빙 서류를 대출 실행 은행에 제출하도록 하는 것이다. 다만, 소상공인의 특성상 생활자금과 운전자금이 혼용되어 사용하기 때문에 이를 감안하여 보증을 운용하는 것이 조금 더 효과적일 것이다.

| 용도

chapter 19

금융윤리와 내부통제

01 논제 개요 잡기[핵심 요약]

| 서론 | 이슈언급 | 2025년 1월 전면 도입된 '책무구조도'가 현장에 안착한 지 6개월이 지났지만, 은행권의 금융사고 금액은 줄어들지 않았다. 5대 시중은행에서 2025년 상반기에만 16건, 1,790억 원의 금융사고가 터지면서 임원 책임을 강화하겠다던 제도의 실효성에 의문이 제기된다. 금융권에 따르면 2025년 1~6월 KB국민 · 신한 · 하나 · NH농협 · IBK기업은행 등 5대 은행이 공시한 10억 원 이상 금융사고는 16건, 1,790억 392만 원이다.
시중은행 대비 상대적으로 사고가 적어 안전지대로 여겨지던 인터넷전문은행에서도 대형 사고가 발생했다. 토스뱅크는 27억 8,599만 원 규모의 직원 횡령 사실을 7월 공시했다. 은행들의 내부통제 강화 기조에도 대형 사고가 줄줄이 적발되며 '책임 사다리'가 제대로 작동하지 않는다는 지적도 나온다. 책무구조도는 대표이사를 비롯한 금융사 임원이 담당하는 직책별로 내부통제 및 위험관리 책무를 배분한 내역을 기재한 문서다. 대표이사 등 임원의 징계 근거가 될 수 있다는 점에서 금융판 중대재해처벌법으로 불린다.
반복되는 금융사고에 은행들도 내부통제 관리 강화 방안 마련에 바짝 고삐를 죄고 있다. 금융사별 해당 대책은 금융사고에 대한 임직원들의 책임을 한층 더 강화하고 내부통제의 실효성 확보와 조직 내 윤리문화를 제고하는 데 초점이 맞춰져 있다. 내부통제 및 전체 직원들의 준법 및 윤리의식을 다잡는 계기로 삼는다는 방침이다. 일부 직원들의 미공개 정보를 이용한 증권투자와 크고 작은 금융사고가 끊이지 않는데 대한 내부통제도 강화할 전망이다.
이에 본지에서는 금융인의 윤리성 함양의 필요성 및 금융인이 갖춰야 할 윤리적 덕목들을 살펴본 후, 금융기관의 내부통제 방향에 대하여 논하기로 한다. |

<table>
<tr><td rowspan="5">본론</td><td rowspan="4">1. 금융
윤리</td><td>1) 필요성</td><td>금융업은 여타 산업에 비하여 더 높은 윤리적 잣대와 윤리의식 및 윤리적 행동이 필요한 분야로 꼽힌다. 그럼에도 금융의 기능과 역할이 갈수록 복잡해지고 확대됨에 따라 내부자 거래, 회계 부정, 자금 세탁, 불법 자금 거래, 금융 사기, 불완전 정보 제공, 정보 유출 등 크고 작은 사건·사고가 끊이지 않고 있으며, 이로 인한 규제 강화의 흐름 속에서 윤리의 역할도 지속적으로 강조되어 왔다.</td></tr>
<tr><td>2) 금융인이
필요한 윤리적
덕목/법</td><td>① 신의성실의 원칙
② 선관주의 의무
③ 충실 의무
④ 이해충돌방지법
⑤ 이해상충방지 의무
⑥ 직무관련 정보의 이용금지</td></tr>
<tr><td>3) 직업윤리
덕목</td><td>① 직업적 양심(책임과 성실)
② 연내의식(경생이 아닌 협력)
③ 전문적인 기술과 지식의 습득
④ 노동을 존중하는 태도(노동자들의 임금)
⑤ 인간애(인간에 대한 예의)</td></tr>
<tr><td>4) 금융의
미래와 윤리</td><td>① 금융의 디지털화와 금융윤리
금융의 디지털화로 인해 거래의 편리와 신속성, 수익성 증진을 위해 효율적인 목적으로만 알고리즘 거래방식을 활용하기에 고빈도 거래는 시장가격에 영향을 미치고, 다른 거래자의 거래판단에 영향을 미쳐 시장을 왜곡할 가능성이 있다. 또한, 디지털화로 인한 소외계층이 생길 수 있다.
② AI와 금융윤리
컴퓨팅 기술의 발달로 딥러닝과 강화 알고리즘이 개발되고, 최근에는 자연어 딥러닝이 가능한 GPT의 개발에 이르면서 급속히 이용되고 있다. 이는 디지털화 차원과는 다른 차원의 논의를 필요로 하게 되었다.</td></tr>
<tr><td>2. 내부
통제</td><td>1) 필요성</td><td>2023년 3월에는 실리콘밸리은행(SVB)의 파산과 크레디트스위스가 인수된 원인으로 '부적절한 위험 관리'와 '내부통제의 부재'가 지적됐다. 게다가 국내에서도 금융기업들의 크고 작은 금융사고가 발생하자 내부통제의 중요성이 재조명됐다. 중요한 것은 '예방'이다. 사고가 발생하지 않도록 금융사의 업무 진행 과정에서 '사전'에 사고가 발생할 위험을 최소화하고, 나아가 원천 방지하는 것이 더욱 중요하다.</td></tr>
</table>

본론	2. 내부 통제	2) 내부통제의 현실적인 어려움	① 내부통제에 대한 인식의 불명확성 내부통제란 행정조직 내부의 계층적 명령계통을 통한 집행 · 실적이 처음에 세운 계획 · 기준에 일치하도록 보장하는 과정을 일컫는다. 통제과정은 통제기준의 설정 · 평가 · 시정조치 등 3단계를 통해 완성되며 기업에서 경영활동을 효과적으로 통제하기 위한 내부견제와 내부감사제도도 내부통제에 해당한다. 다만 내부통제를 적용하는 과정에서, 이를 내부회계관리제도로 축소해 생각하는 경우가 꽤 많다. 재무제표의 신뢰성을 강조해 신뢰성 있는 정보를 작성하고 이해관계자에게 제공하는 것이 가장 중요한 통제이며, 이것이 곧 내부통제라고 인식하는 것이다. ② 韓 금융사, 내부통제를 '좁은의미'로 인식 우리나라 법제에서 살펴보면 내부통제와 관련한 개별 제도는 여러 법률에 산재돼 있고, 규정 위반 시 관리자와 기관이 제재를 받을 수도 있다. 그런데 내부통제와 관련된 규정이 너무 포괄적이고 추상적으로 제시돼 있어 '금융사고'만 벌어지면 '내부통제 미흡'의 탓으로 돌려지고 있기도 하다. 이는 관리자와 기관의 책임론으로 불거져 불확정 범위의 제제가 한동안 금융사 업무를 마비시키는 부작용이 있다.
		3) 실효성 있는 내부통제의 적용	이를 위해 내부통제에 대한 규정을 보다 구체화하고, 내부통제를 마련하는데 방점을 둘 것인지 내부통제를 마련하고 제대로 운용하는 것까지 규율 대상으로 삼을 것인지에 대한 정리가 필요하다. 내부통제 정책을 앞에서 이끌어가고 실제 금융사를 감독하는 당국의 판단도 중요하다.
		4) 금융당국의 대책	① 2023년 6월 22일 금융당국은 금융회사 내부통제 제도개선 방안을 발표했다. 해당 방안에는 ▲책무구조도(Responsibilities Map) 도입, ▲대표이사를 포함한 각 임원에 대한 내부통제 관리의무 부여, ▲이사회의 내부통제 역할 명확화, ▲내부통제 관리의무 위반 시 관련 임원에 대한 제재 및 면책 기준 마련 등의 내용이 담겼다. ② 금융회사의 지배구조에 관한 법률 시행령(2024년 7월 11일) : 금융회사의 경영진이 내부통제 관리 의무 미 이행, 지시 · 묵인, 대규모 고객 피해 발생 등 8가지 세부 기준상 위법성이 인정되면 금융회사의 지배구조에 관한 법률(지배구조법)에 따라 2025년 1월부터 제재를 받게 된다. 다만 경영진이 '상당한 주의'를 기울였을 경우 제재를 감면 받을 수 있는데 4가지 구체 기준도 마련됐다.

본론	3. Speak-up 문화 개선	1) Speak-up 문화	조직 내 비윤리적 행위나 잠재적 리스크 요인에 대한 자유로운 문제 제기를 의미하는Speak-up 문화는 사고 예방 및 조기 발견 측면에서 타 방식 대비 효과적
		2) 문제점 및 방안	① Speak-up 문화의 중요성에도 불구하고 조직 구성원들은 　가. 심리적 부담감 　나. 지연되거나 미흡한 처리 결과 　다. 효용성에 대한 불신 등으로 인해 준법제보를 주저하는 경향이 있음. ② 방안 AI 챗봇은 이러한 요인을 완화하는 데 기여할 수 있음. 해외 기업들은 AI 챗봇을 준법제보 시스템에 접목함으로써 　가. 제보자의 심리적 안정감을 높임 　나. 신속하고 일관된 방식으로 제보 처리의 완결성을 향상시킴 　다. 빅데이터 분석을 통해 제보의 효용성을 강화하는 등 Speak-up 문화 확대의 기반을 마련
		3) 방향성	① 윤리문화 인식 확산의 초기 단계에 있는 국내 금융사들은 AI 챗봇 도입을 통해 Speak-up문화와 준법제보 활성화를 실현할 수 있을 것으로 기대 ② 다만, AI의 편향성, 환각현상, 기술에 대한 과도한 의존을 유의하고, 조직 전반의 제도 및 문화적 기반 마련과 병행할 필요가 있다.
결론	의견제시		금융기관에서 문제가 발생하고 나면 흔히 인센티브 체계나 성과평가 체계(KPI 등)가 문제라고 그 원인을 쉽게 단정하는 경향이 있다. 창구 직원들 또한 법규나 절차를 제대로 준수하지 않은 책임을 경영진이나 성과 체계 등의 탓으로 치부하는 것은 아닌지, 본부 부서나 경영진에서도 윤리를 더 깊게 고민한다면 모든 영업이나 전략도 조금 더 다른 형태로 고객에게 다가가야 할 부분이 있을 것이다. 모든 안 좋은 결과에는 다양한 원인이 복합적으로 응축되어 있기 마련이다. 구성원의 양심에 기대거나 법규 준수의 당위성을 막연히 강조하는 것보다는 조직 내에서 문화로 자리잡기 위해 모든 영역(상품의 설계, 판매 등 영업전략, 현장 영업, 성과 평가 등)에서 내부통제에 대한 인식과 실질적인 실천이 고객 중심의 핵심 가치를 중심으로 수반되어야만 한다. 중요한 것은 내부통제의 목적을 실질적으로 달성해 각종 위험을 최소화하는 것이다. 각종 위험에는 금융회사의 신용위험 · 시장위험 · 유동성위험 · 운영위험 · 법률위험 · 회계위험 · 평판위험 등이 있다. 최근에는 개인정보 유출이나 일련의 금융사고가 발생함에 따라 운영위험 관리의 중요성이 강조되고 있다.

02　논제 풀이 

📈 서론

이슈 언급
2025년 1월 전면 도입된 '책무구조도'가 현장에 안착한 지 6개월이 지났지만, 은행권의 금융사고 금액은 줄어들지 않았다. 5대 시중은행에서 2025년 상반기에만 16건, 1,790억 원의 금융사고가 터지면서 임원 책임을 강화하겠다던 제도의 실효성에 의문이 제기된다. 금융권에 따르면 2025년 1~6월 KB국민 · 신한 · 하나 · NH농협 · IBK기업은행 등 5대 은행이 공시한 10억 원 이상 금융사고는 16건, 1,790억 392만 원이다.

시중은행 대비 상대적으로 사고가 적어 안전지대로 여겨지던 인터넷전문은행에서도 대형 사고가 발생했다. 토스뱅크는 27억 8,599만 원 규모의 직원 횡령 사실을 7월 공시했다. 은행들의 내부통제 강화 기조에도 대형 사고가 줄줄이 적발되며 '책임 사다리'가 제대로 작동하지 않는다는 지적도 나온다. 책무구조도는 대표이사를 비롯한 금융사 임원이 담당하는 직책별로 내부통제 및 위험관리 책무를 배분한 내역을 기재한 문서다. 대표이사 등 임원의 징계 근거가 될 수 있다는 점에서 금융판 중대재해처벌법으로 불린다.

반복되는 금융사고에 은행들도 내부통제 관리 강화 방안 마련에 바짝 고삐를 죄고 있다. 금융사별 해당 대책은 금융사고에 대한 임직원들의 책임을 한층 더 강화하고 내부통제의 실효성 확보와 조직 내 윤리문화를 제고하는데 초점이 맞춰져 있다. 내부통제 및 전체 직원들의 준법 및 윤리의식을 다잡는 계기로 삼는다는 방침이다. 일부 직원들의 미공개 정보를 이용한 증권투자와 크고 작은 금융사고가 끊이지 않는 데 대한 내부통제도 강화할 전망이다.

이에 본지에서는 금융인의 윤리성 함양의 필요성 및 금융인이 갖춰야 할 윤리적 덕목들을 살펴본 후, 금융기관의 내부통제 방향에 대하여 논하기로 한다.

📈 본론

1. 금융윤리	**1) 필요성** <출처: 금융과 윤리 (신상균 제)>	금융업은 여타 산업에 비하여 더 높은 윤리적 잣대와 윤리의식 및 윤리적 행동이 필요한 분야로 꼽힌다. 그럼에도 금융의 기능과 역할이 갈수록 복잡해지고 확대됨에 따라 내부자 거래, 회계 부정, 자금 세탁, 불법 자금 거래, 금융 사기, 불완전 정보 제공, 정보 유출 등 크고 작은 사건 · 사고가 끊이지 않고 있으며, 이로 인한 규제 강화의 흐름 속에서 윤리의 역할도 지속적으로 강조되어 왔다. ① 금융상품은 실물자체가 없이 약속에 기초하기 때문에 시장이 공정하다는 '신뢰'가 전제될 경우에만 고객참여를 통한 시장형성이 가능하다.

<table>
<tr><td rowspan="2">**1. 금융윤리**</td><td>**1) 필요성**
<출처: 금융과 윤리
(신상균 제)></td><td>② 금융산업은 금융회사가 고객의 자산을 위탁 받아 관리하는 본인-대리인 관례를 구성하기 때문에 고객의 이익과 상충될 가능성이 높다. 이러한 문제를 방지하기 위하여 윤리적 판단 및 행동이 뒷받침되지 않고는 이해상충 문제를 해소하기 어려울 수 있다.
③ 금융산업 및 금융상품이 빠르게 전문화, 복잡화, 다양화 됨에 따라, 금융전문가와 고객 간의 '정보 비대칭'이 필연적으로 발생한다. 이러한 정보의 비대칭문제는 금융관련 종사자의 높은 윤리의식이 뒷받침되지 않는다면 해소하기 어려운 부분이다.
④ 급속히 진화하는 금융산업을 법규에 의해서만 규제하기에는 한계가 있다. 금융윤리에 기초한 자율규제가 과도한 탐욕으로 인한 금융회사와 금융시장의 붕괴를 막을 수 있을 것이다.</td></tr>
<tr><td>**2) 금융인이 필요한 윤리적 덕목/법**</td><td>금융 윤리는 금융 활동에서의 행동 규범과 원칙을 말한다. 금융 윤리는 이해당사자 간의 공정한 거래, 투명성, 진실성, 책임성 등을 중요시하며, 이러한 원칙들은 경제 시스템 전반의 효율성과 안정성을 증진시키는 데 기여한다.
① 신의성실의 원칙 : 「권리의 행사와 의무의 이행은 신의에 좇아 성실히 하여야 한다」(민법 2조). 이것을 신의성실의 원칙 또는 신의 원칙이라고 한다. 신의성실이란, 사회공동생활의 일원으로서 상대방의 신뢰를 헛되이 하지 않도록 성의를 가지고 행동하는 것이다. 특히 당사자의 신뢰관계를 기반으로 하는 채권법의 영역에서 채권행사와 채무이행에서 발생·발전한 법리이다. 그 근본 사고방식은 권리남용의 법리와 공통된 점이 많이 있다. 즉 권리의 행사가 신의성실에 반하는 경우에는 권리남용이 되는 것이 보통이며, 의무의 이행이 신의성실에 반하는 경우에는 의무이행의 책임을 지게 된다.
② 선관주의 의무 : 선관주의, 즉 선량한 관리자의 주의라 함은 그 사람의 직업 및 사회적 지위에 따라 거래상 보통 일반적으로 요구되는 정도의 주의를 말한다. 일반적·객관적 기준에 의해 요구되는 정도의 주의를 말한다. 일반적·객관적 기준에 의해 요구되는 주의를 결하는 것을 추상적 과실이라 하는데, 이는 민법상의 주의의무의 원칙이다. 이에 반해 행위자의 구체적·주관적 주의능력에 따른 주의만이 요구되어 주의의무가 경감되는 경우가 있다. 예를 들면, 자기재산과 동일한 주의(민법 695조), 자기의 재산에 관한 행위와 동일한 주의(민법 922조), 고유재산에 대하는 것과 동일한 주의(민법 1022조) 등이다. 이러한 정도의 주의를 결하는 것을 구체적 과실이라고 한다.
③ 충실 의무 : 금융인은 고객 또는 투자자의 이익을 보호하기 위하여 해당 업무를 충실하게 수행하여야 한다.</td></tr>
</table>

<table>
<tr><td rowspan="2">1. 금융윤리</td><td rowspan="2">2) 금융인이
필요한
윤리적
덕목/법</td></tr>
</table>

④ 이해충돌방지법 : 공직자가 직무를 수행할 때 공적 이익과 자신의 사적 이익이 충돌할 때 사적 이익추구를 금지함으로써 공정한 직무수행을 보장하기 위한 법안이다. 2021년 5월 18일 제정되어 2022년 5월 19일부터 시행되고 있다. 이해충돌방지법은 공직자가 직무상 알게 된 비밀을 활용해 재산상 이익을 얻을 경우 7년 이하의 징역형이나 7천만 원 이하의 벌금형으로 처벌하는 내용을 담고 있다. 규제 대상은 입법 · 사법 · 행정부와 지방자치단체 공무원, 공공기관 임직원 등이 190만 명이다. 이들은 사적 이해관계자를 대상으로 인허가 · 공사용역 · 재판 · 수사 등의 직무를 수행하게 된 사실을 알게 되면 14일 안에 기관장에게 신고하고 이를 회피해야 한다. 엘에이치 등 부동산 관련 공공기관의 공직자는 본인은 물론 배우자, 직계가족의 부동산 거래도 신고해야 한다. 내부정보를 활용한 투기 가능성을 봉쇄하기 위한 것이다.

⑤ 이해상충방지 의무 : 자본시장법 44조. 1항, 금융투자업자는 금융투자업의 영위와 관련하여 금융투자업자와 투자자 간, 특정 투자자와 다른 투자자 간의 이해상충을 방지하기 위하여 이해상충이 발생할 가능성을 파악 · 평가하고, 「금융회사의 지배구조에 관한 법률」 제24조에 따른 내부통제기준이 정하는 방법 및 절차에 따라 이를 적절히 관리하여야 한다.

2항, 금융투자업자 및 그 임직원은 정보교류 차단의 대상이 되는 정보를 정당한 사유 없이 본인이 이용하거나 제삼자에게 이용하게 하여서는 아니 된다.

2항, 금융투자업자는 제1항에 따라 이해상충이 발생할 가능성을 파악 · 평가한 결과 이해상충이 발생할 가능성이 있다고 인정되는 경우에는 그 사실을 미리 해당 투자자에게 알려야 하며, 그 이해상충이 발생할 가능성을 내부통제기준이 정하는 방법 및 절차에 따라 투자자 보호에 문제가 없는 수준으로 낮춘 후 매매, 그 밖의 거래를 하여야 한다.

3항 금융투자업자는 제2항에 따라 그 이해상충이 발생할 가능성을 낮추는 것이 곤란하다고 판단되는 경우에는 매매, 그 밖의 거래를 하여서는 아니 된다.

→ 금융서비스에서 이해상층 문제 관리를 위한 전략으로는 일반적으로 금융서비스산업의 경쟁 강화, 공시제도 강화, 제도적 규제, 구조적 변화 등이 제시된다. 금융회사가 스스로 내부통제기준에서 이해상충 가능성이 있는 분야를 찾아서 평가하고 이를 관리할 것을 요구하고 있다.

⑥ 직무관련 정보의 이용금지 : 자본시장법 54조. 1항, 금융투자업자는 직무상 알게 된 정보로서 외부에 공개되지 아니한 정보를 정당한 사유 없이 자기 또는 제삼자의 이익을 위하여 이용하여서는 아니 된다.

1. 금융윤리	3) 직업윤리 덕목	① 직업적 양심(책임과 성실) ② 연대의식(경쟁이 아닌 협력) ③ 전문적인 기술과 지식의 습득 ④ 노동을 존중하는 태도(노동자들의 임금) ⑤ 인간애(인간에 대한 예의)
	4) 금융의 미래와 윤리 <출처: 금융과 윤리 (신상균 제)>	① 금융의 디지털화와 금융윤리 　가. 금융의 디지털화로 인해 거래의 편리와 신속성, 수익성 증진을 위해 효율적인 목적으로만 알고리즘 거래방식을 활용하기에 고빈도 거래는 시장가격에 영향을 미치고 다른 거래자의 거래판단에 영향을 미쳐 시장을 왜곡할 가능성이 있다. 　나. 또한, 디지털화로 인한 소외계층이 생길 수 있다. 　다. 기본적으로 디지털로 인해 야기되는 결과와 피해에 대해서는 그것을 만들고 관리하는 사람에게 책임을 지우는 지배구조관리가 원칙일 것이지만, 이러한 규제가 제대로 법제화되기 전까지는 논란이 많을 수 있다. 　라. 디지털의 발전은 인간의 의지와 윤리적 판단을 넘어서는 곳, 즉 인간의 통제 밖에서 인간에게 손해를 끼칠 수 있는 일들이 일어날 수 있고 이것을 어떻게 윤리적으로 판단하고 대처할 것인가 하는 문제에 직면하게 한다. ② AI와 금융윤리 　가. 인공지능의 기술은 이미 60여 년 전부터 개념화되었으나 필요한 데이터 부족으로 실현되지 못하다가 인터넷 등장과 이로 인한 데이터 폭증과 함께 발전하게 되었다. 　나. 특히 컴퓨팅 기술의 발달로 딥러닝과 강화 알고리즘이 개발되고, 최근에는 자연어 딥러닝이 가능한 GPT의 개발에 이르면서 급속히 이용되고 있다. 이는 디지털화 차원과는 다른 차원의 논의를 필요로 하게 되었다. 　다. 금융에서 AI가 활용될 수 있는 분야로는 다음과 같다. 　　- 업무처리 자동화 : 단순반복업무 자동화, 문서작성 자동화, 채용심사, 인력배치 　　- 자산관리에서 알고리즘에 의한 운영 : 운영전략 수립, 주식매매 자동화, 운용펀드 리발렌싱 　　- 신용분석 : 플랫폼 등을 통해 수집되는 비금융정보 분석 　　- 보험업무 : 보험상품판매, 보험요율 산정, 지급보험금 산출 　　- 금융사기 탐지 : 이상거래 포착, 자금세탁방지 업무 　　- 고객접점업무 : 대화형 챗봇, 고객의 성향과 니즈 분석, 상품권유

1. 금융윤리	4) 금융의 미래 와 윤리 <출처: 금융과 윤리 (신상균 저)>	라. AI 유익과 위험 : 데이터 처리속도에 따른 정보. 그러나, 학습데이터 오염에 따른 AI 오작동 발생으로 금융사고 발생은 어떻게 할 것인가? 마. AI 윤리와 규제 : 좀 더 시간을 필요로 할 것 같다. EU에서 2023년 6월 14일 의회를 통과한 'EU 인공지능 법안' 구제 방식을 보면 기본적으로 AI 리스크 수준에 따라 달리 접근하는 리스크 기반의 규제를 하고 있다.

2023년 3월에는 실리콘밸리은행(SVB)의 파산과 크레디트스위스가 인수된 원인으로 '부적절한 위험 관리'와 '내부통제의 부재'가 지적됐다. 게다가 국내에서도 금융기업들의 크고 작은 금융사고가 발생하자 내부통제의 중요성이 재조명됐다.

① 금융당국과 금융사 내 감사 부문은 크고 작은 사고가 발생한 경우 미리 마련된 각 규정에 맞게 제재해 앞으로 같은 사고가 발생하지 않도록 하는 데 총력을 기울인다.

② 그러나 더욱 중요한 것은 '예방'이다. 사고가 발생하지 않도록 금융사의 업무 진행 과정에서 '사전'에 사고가 발생할 위험을 최소화하고, 나아가 원천 방지하는 것이 더욱 중요하다.

③ 이것이 금융사의 위험 발생으로 인한 각종 비용을 줄여 효율 경영을 달성하게 해주는 최고의 전략이 될 것으로 확신한다. 금융시장의 이해관계자들은 이러한 내부통제의 중요성을 대부분 인지하고 있으리라고 생각한다. 이 같은 중요성을 알고도 내부통제의 현실적인 실천이 어려운 이유는 무엇일까?

① 내부통제에 대한 인식의 불명확성

가. 내부통제란 행정조직 내부의 계층적 명령계통을 통한 집행 · 실적이 처음에 세운 계획 · 기준에 일치하도록 보장하는 과정을 일컫는다. 통제과정은 통제기준의 설정 · 평가 · 시정조치 등 3단계를 통해 완성되며 기업에서 경영활동을 효과적으로 통제하기 위한 내부견제와 내부감사제도도 내부통제에 해당한다.

나. 금융사를 비롯한 기업들은 이러한 내부통제를 적용해 원칙을 지킴으로써 각종 사고가 발생하는 것을 방지하고 경영 효율화를 도모하고 있다. 특히 금융사에 있어 내부통제는 더욱 각별한 의미를 지닌다.

다. 내부통제를 확대 해석해 보면, 내부통제는 규제 · 감독 등 외부통제의 한계를 극복하기 위해 외부통제를 내부화한 개념으로 정리할 수 있다. 예금 · 보험 · 증권 · 가상자산 관리 등 점점 더 다양해지고 업무 범위를 넓혀가는 금융회사를 외부통제만으로 규율하는 것은 한계가 있을 수밖에 없었고, 이에 대응해 내부통제를 발전시켜 왔다.

위 다. 항목의 출처: 이코노미스트 김수희변호사 기고 — 2) 내부통제의 현실적인 어려움

<table>
<tr><td rowspan="2">2. 내부통제</td><td>2) 내부통제의
현실적인
어려움

<출처: 이코노미스트
김수희변호사 기고></td><td>

라. 우리나라의 내부통제를 위한 규율을 보면 '금융회사의 지배구조법에 관한 법률'상 내부통제, '주식회사 등의 외부감사에 관한 법률'상 내부회계관리, '금융소비자 보호에 관한 법률'상 내부통제 등 각종 금융규제법이 내부통제를 다양하게 규정하고 있다.

마. 금융회사는 이 규정들을 종합적으로 고려해 내부통제 기준에 금융회사의 가능한 모든 업무활동이 포함될 수 있도록 한다. 금융회사는 임직원이 업무 수행 시 준수해야 할 절차를 마련하지 않으면, 금융사고로 이어질 수 있다는 인식에서 내부통제를 위한 각종 규정을 마련해 왔다.

바. 다만 내부통제를 적용하는 과정에서, 이를 내부회계 관리제도로 축소해 생각하는 경우가 꽤 많다. 재무제표의 신뢰성을 강조해 신뢰성 있는 정보를 작성하고 이해관계자에게 제공하는 것이 가장 중요한 통제이며, 이것이 곧 내부통제라고 인식하는 것이다.

사. 실제로 미국·일본의 경우, 법률에서 정한 내부통제의 범위는 내부회계관리 준수 의무에 국한한다. 물론 현실적 적용 범위는 전사적 운영을 강조할 정도로 전체 위험을 통제토록 한다. 결국 내부통제를 법으로 강제하기보다 실효성 있게 적용돼 위험 관리가 극대화되는 환경을 조성하는데 방점을 둔다.

아. 반면 우리나라는 법으로 내부회계관리를 포함한 개념의 내부통제기준 마련 의무를 법제화했다. 다양한 법률에서 내부통제를 규정하고 있지만, 결국 중요한 것은 내부통제를 실효성 있게 적용할 수 있는 합리적 수준의 내부통제를 마련하는 것이다.

② 韓 금융사, 내부통제를 '좁은 의미'로 인식

가. 우리나라의 경우 IMF 외환위기 이후 금융회사에 대한 내부통제 기능 도입 필요성이 강조돼 왔다. 그 일환으로 2000년대 초반 은행법·증권거래법·보험업법 등 금융규제법에 내부통제기준과 준법감시인 등의 내부통제제도가 도입됐다.

나. (구)은행법·(구)증권거래법·(구)보험업법 각 1항을 살펴보면, 금융기관은 법령을 준수하고 자산운영을 건전하게 하며 각각 예금자·고객·보험계약자를 보호하기 위해 당해 금융기관의 임원 및 직원이 그 직무를 수행함에 있어서 따라야 할 기본적인 절차와 내부통제기준을 정해야 한다고 규정한다. 이어 각 2항에선 금융기관은 내부통제기준의 준수여부를 점검하고 내부통제기준에 위반하는 경우 이를 조사해 감사위원회에 보고하는 준법감시인을 1인 이상 둬야 한다고 규정한다.

다. 이후 2017년 금융회사의 지배구조에 관한 법률(이하 지배구조법)의 제정을 통해 기존 (구)은행법·(구)자본시장법·(구)보험업법 등에 산재해 있던 내부통제제도가 금융회사 지배구조법의 틀 내로 일원화됐다.

</td></tr>
</table>

2. 내부통제

2) 내부통제의
현실적인
어려움

<출처: 이코노미스트
김수희변호사 기고>

A. 지배구조법 제24조는 금융회사는 법령을 준수하고 경영을 건전하게 하며 주주 및 이해관계자 등을 보호하기 위해 금융회사의 임직원이 직무를 수행할 때 준수해야 할 기준 및 절차를 마련해야 한다고 규정한다.

B. 이어 제25조 제1항을 살펴보면, 금융회사는 내부통제기준의 준수여부를 점검하고 내부통제기준을 위반하는 경우, 이를 조사하는 등 내부통제 관련 업무를 총괄하는 준법감시인을 1명 이상 둬야 한다. 또한 준법감시인은 필요하다고 판단하는 경우 조사결과를 감사위원회 또는 감사에게 보고할 수 있다고 정한다.

라. 여기서 내부통제란 경영효율성 제고 · 재무보고 신뢰 · 법규 준수 등 모든 활동을 뜻하며 전사적 운영리스크 관리의 개념으로 발전해 왔다. 주요 금융업권의 표준 내부통제기준에서도 컴플라이언스 준수 · 소비자 보호 · 내부회계 관리 · 리스크 관리 · 정보 보호 · 자금 세탁방지 등 금융회사의 모든 업무를 내부통제 대상으로 정리하고 있다.

마. 특히 지배구조법은 (구)은행법 · (구)증권거래법 · (구)보험업법이 각각 예금자 · 고객 · 보험계약자로 보호 대상을 한정한 것과 달리, 금융사가 내부통제로 보호해야 할 대상으로 주주 및 이해관계자를 지정해 그 폭을 대폭 넓혔다.

바. 이 같이 법률이 포괄적으로 내부통제의 범위를 넓혀왔던 것과 달리 그동안 국내외 금융회사는 내부 통제에 대해 '컴플라이언스 준수' 등 좁은 의미로 인식해 왔던 것이 사실이다. 내부통제는 전사적으로 진행하는 것이 아니라, 준법감시 업무의 영역에 한정된 것으로 생각해 왔다. 그마저도 내부통제의 실제적 운영에 초점이 맞춰지기보다 위 법률 해석상 내부통제 규정을 마련하고 모니터를 해오는 정도에 그쳐왔던 것도 현실이다.

→ 우리나라 법제에서 살펴보면, 내부통제와 관련한 개별 제도는 여러 법률에 산재돼 있고, 규정 위반 시 관리자와 기관이 제재를 받을 수도 있다. 그런데 내부통제와 관련된 규정이 너무 포괄적이고 추상적으로 제시돼 있어 '금융사고'만 벌어지면 '내부통제 미흡'의 탓으로 돌려지고 있기도 하다. 이는 관리자와 기관의 책임론으로 불거져 불확정 범위의 제제가 한동안 금융사 업무를 마비시키는 부작용이 있다.

3) 실효성 있는
내부통제의
적용

<출처: 이코노미스트>

① 결국 중요한 것은 실효성 있는 내부통제의 적용이다.

가. 이를 위해 내부통제에 대한 규정을 보다 구체화하고, 내부통제를 마련하는데 방점을 둘 것인지 내부통제를 마련하고 제대로 운용하는 것까지 규율 대상으로 삼을 것인지에 대한 정리가 필요하다.

<table>
<tr>
<td rowspan="2">2. 내부통제</td>
<td>3) 실효성 있는
내부통제의
적용

<출처: 이코노미스트></td>
<td>

나. 내부통제 정책을 앞에서 이끌어가고 실제 금융사를 감독하는 당국의 판단도 중요하다. 예를 들어 '금융사고 발생 → 내부통제 미흡 → 기관 및 관리자 제재'의 순으로 사후 처벌을 통한 사고 방지에 방점을 둘지, '내부통제 제도에 대한 성실 운용 → 금융사고 발생 → 면책 사유 적용 → 자발적 정화'의 흐름으로 금융사고를 예방할지에 대한 부분이다.

다. 내부통제의 실효적 접근을 위해 결국 각 금융규제법에 산재돼 있는 내부통제 규정의 명확화를 통해 책임의 범위가 무제한적으로 확대돼 오히려 규제의 실효성을 잃어버리는 것을 방지해야 한다. 내부통제 제도를 튼튼히 마련하고 실제적으로 운영한 금융사들에게 다양한 인센티브를 주는 방식으로 내부통제의 자연스런 확산을 유도하는 것도 고려해볼만 하다.

</td>
</tr>
<tr>
<td>4) 금융당국의
대책</td>
<td>

① 2023년 6월 22일 금융당국은 금융회사 내부통제 제도개선 방안을 발표했다. 해당 방안에는 ▲책무구조도(Responsibilities Map) 도입, ▲대표이사를 포함한 각 임원에 대한 내부통제 관리의무 부여, ▲이사회의 내부통제 역할 명확화, ▲내부통제 관리의무 위반 시 관련 임원에 대한 제재 및 면책 기준 마련 등의 내용이 담겼다.

가. 금융판 중대재해처벌법이라 불리는 [책무구조도]는 금융사 임원들의 구체적 책무를 지정한 문서로, 금융사고 등 책임 소재를 분명히 하기 위해 내부통제의 책임 영역을 사전에 정해두는 규준을 의미한다. 담당 업무에 따른 내부통제 책무를 배분해 보다 책임 소재를 명확히 하고, 이를 통해 금융사고 재발을 방지하겠다는 취지다.

나. 금융당국의 책무구조도 도입에 따라 금융회사는 모든 임원에 대해 그 책임 범위와 업무를 사전적으로 기재한 책무구조도를 마련해야 한다.

다. 금융사고가 발생하면 사전적으로 정해 둔 책임범위 내에서 해당 임원이 내부통제 활동을 충분히 수행했는지 여부 등을 고려해 제재 여부를 결정하는 임직원의 역할과 책임도 사전 규정한다.

라. 책무의 상세한 내용은 경영관리 · 위험관리 · 영업 부문 등 3가지 영역으로 구분해 시행령에서 예시적으로 열거했다.

마. 금융감독원은 책무구조도 도입과 관련해 2024년 2월 13일 "앞으로 금융회사 임원은 본인 소관 업무에 대해 내부통제 관리의무를 부여 받게 됨에 따라 모든 임원들이 내부통제를 자신의 업무로 인식하도록 하는 등 근본적인 금융권의 내부통제 행태 변화가 나타날 것으로 기대한다"고 밝혔다.

바. 책무구조도를 준비하는 금융권에선 잡음도 있다. 국내에서 책무구조도 선례를 찾기 힘들다 보니 책임 소재를 가리는 데 있어 불분명한 영역이 존재한다는 것이다. 임원의 관리 책임 강화가 내부통제 강화로 이어질지는 장담할 수 없다는 게 이들의 주장이다. 한 마디로, 책무구조도가 능사가 아니라는 의미다.

</td>
</tr>
</table>

2. 내부통제	**4) 금융당국의 대책**	② 금융회사의 지배구조에 관한 법률 시행령(2024년 7월 11일) : 금융회사의 경영진이 내부통제 관리 의무 미 이행, 지시 · 묵인, 대규모 고객 피해 발생 등 8가지 세부 기준상 위법성이 인정되면 금융회사의 지배구조에 관한 법률(지배구조법)에 따라 2025년 1월부터 제재를 받게 된다. 과거 해외금리 연계파생 결합펀드(DLF)나 홍콩 H지수 ELS(주가연계증권) 사태 등과 같은 대규모 사고가 터지면 최고경영진(CEO)도 높은 수위의 제재를 피할 수 없다. 다만 경영진이 '상당한 주의'를 기울였을 경우 제재를 감면 받을 수 있는데 4가지 구체 기준도 마련됐다.

[내부통제 관리의무 위반 제재 운영지침상]

위법행위 고려요소 8가지

위법행위의 경위 및 정도	1 관리의무의 미이행	DLF 불완전판매
	2 임원 등의 지시, 묵인, 조장, 방치 등	
	3 광범위 또는 조직적, 집중적 위법행위	사모펀드 사태, 선물계좌 불법 대여
	4 장기간 또는 반복적 위법행위	장기간, 횡령, 반복적 작업대출
	5 위법행위의 발생가능성에 대한 문제제기	DLF 불완전판매, 사모펀드 사태 횡령 재발
위법행위의 결과	6 대규모 고객 피해 발생	대규모 불완전판매, 개인정보 유출
	7 건전경영의 중대한 저해	사모펀드 사태
	8 금융시장 신뢰, 질서 훼손	사모펀드, DLF 사태

[제재 감면 4가지 고려요소]

1 위험요소에 대한 파악 여부

2 점검체계 구축, 운영, 수행 등

3 내부통제 등의 개선 노력과 성과
(인력 조정, 전산시스템 구축, 교육 훈련 지시 등)

4 의사결정 절차와 과정의 합리성 및 투명성

<출처: 금융위원회/금융감독원>

3. Speak-up 문화 개선 <출처: 우리금융경영연구소>	**1) Speak-up 문화**	조직 내 비윤리적 행위나 잠재적 리스크 요인에 대한 자유로운 문제 제기를 의미하는Speak-up 문화는 사고 예방 및 조기 발견 측면에서 타 방식 대비 효과적
	2) 문제점 및 방안	① Speak-up 문화의 중요성에도 불구하고 조직 구성원들은 가. 심리적 부담감 나. 지연되거나 미흡한 처리 결과 다. 효용성에 대한 불신 등으로 인해 준법제보를 주저하는 경향이 있음. ② 방안 AI 챗봇은 이러한 요인을 완화하는 데 기여할 수 있음. 해외 기업들은 AI 챗봇을 준법제보 시스템에 접목함으로써

	2) 문제점 및 방안	가. 제보자의 심리적 안정감을 높임 　- 익명성 보호 　　접수 · 정보 처리 과정에서 직간접적인 개인 식별 정보를 제거 　　하고 전 과정 자동화를 통해 인적 개입을 최소화하여 익명성과 　　기밀 유지를 보장 　- 중립성 　　접수과정에서 접수자의 편견 · 비판적 시각이 은연중 드러나 　　제보자를 심리적으로 위축시킬 수 있다는 점을 고려, AI챗봇은 　　중립적이고 편안한 대화 환경을 조성 　- 제보에 대한 확신을 강화 　　제보자가 비윤리적 상황을 인지했음에도 제보를 망설일 경우, 　　챗봇은 판단을 지원함으로써 심리적 부담을 해소하고 제보를 　　유도 나. 신속하고 일관된 방식으로 제보 처리의 완결성을 향상시킴 　- 접수 시 충분한 정보 제공 유도 　　기존 시스템에서는 접수자의 숙련도에 따라 입수되는 정보의 　　품질차가 발생, AI챗봇은 일관되고 정확한 기준에 따라 전문가 　　수준의 정보접수를 유도 　- 대용량 데이터의 신속한 처리 　　대량의 제보 데이터를 신속하고 일관되게 자동 배분함으로써 　　담당자는 단순 작업보다는 고도화된 대응 업무에 집중할 수 　　있게 됨 다. 빅데이터 분석을 통해 제보의 효용성을 강화하는 등 Speak-up 　문화 확대의 기반을 마련 　- 사전적 내부통제 강화 　　입력 데이터를 분석하여 이슈의 패턴과 잠재 리스크를 식별하 　　고 이를 기반으로 교육 · 통제 활동을 구성해 제보의 효과성 · 　　필요성에 대한 인식을 제고
3. Speak-up 　문화 개선 <출처: 우리금융경 　영연구소		
	3) 방향성	① 윤리문화 인식 확산의 초기 단계에 있는 국내 금융사들은 AI 챗봇 　도입을 통해 Speak-up문화와 준법제보 활성화를 실현할 수 있 　을 것으로 기대 ② 다만, AI의 편향성, 환각현상, 기술에 대한 과도한 의존을 유의하고, 　조직 전반의 제도 및 문화적 기반 마련과 병행할 필요가 있다. 가. 특정 직군 · 성별 · 부서의 관점이 과도하게 반영되지 않도록 다 　양한 이해관계자의 윤리기준을 학습시키고 알고리즘 편향과 환 　각 현상 등 오류를 주기적으로 점검 나. AI 챗봇은 Speak-up 문화 개선을 지원하는 하나의 도구일 뿐이 　므로 챗봇 도입과 함께 윤리기준에 Speak-up 책임을 명문화하 　고 교육, 보상에 반영

📈 결론

의견 제시

"나라를 망하게 하는 것은 외침(外侵)이 아니라, 공직자의 부정부패에 의한 민심의 이반이다." – 정약용 -

금융기관에서 문제가 발생하고 나면 흔히 인센티브 체계나 성과평가 체계(KPI 등)가 문제라고 그 원인을 쉽게 단정하는 경향이 있다. 창구 직원들 또한 법규나 절차를 제대로 준수하지 않은 책임을 경영진이나 성과 체계 등의 탓으로 치부하는 것은 아닌지, 본부 부서나 경영진에서도 윤리를 더 깊게 고민한다면 모든 영업이나 전략도 조금 더 다른 형태로 고객에게 다가가야 할 부분이 있을 것이다. 모든 안 좋은 결과에는 다양한 원인이 복합적으로 응축되어 있기 마련이다. 구성원의 양심에 기대거나 법규 준수의 당위성을 막연히 강조하는 것보다는 조직 내에서 문화로서 자리잡기 위해서 모든 영역(상품의 설계, 판매 등 영업전략, 현장 영업, 성과 평가 등)에서 내부통제에 대한 인식과 실질적인 실천이 고객 중심의 핵심 가치를 중심으로 수반되어야만 한다. 금융은 곧 돈놀이라는 시각으로 보면 윤리를 과연 병렬적 이슈로 금융에 녹여낼 수 있는 것인가 의문이 제기될 수 있다. 그러나, 금융의 존재 가치는 결국 금융소비자의 경제적 편익을 도모하고, 경제의 혈맥으로서의 제 기능을 함으로써 금융산업과 경제 발전에 기여하는 것임을 감안할 때 윤리 문제는 금융과 불가분의 관계에 있다. 인간이 사회적 관계를 형성하고 살아가야 하는 만큼 윤리는 태초부터 내재되어 있다. 더구나 금융에서는 각종 규제, 제도, 관행, 그리고 조직 문화 등 모든 분야에 걸쳐 윤리가 다양한 모습으로 자리하고 있다. 물론 금융에서 윤리의 완벽한 모습을 구현하는 것은 어려울 것이다. 이는 인간이 만들어가는 사회적 시스템에서 사고, 피해, 예측 실패, 다양한 요인에 의한 시장 실패 등의 부작용은 늘 발생할 수 있으며, 그때마다 크고 작은 윤리 문제는 대두될 수밖에 없기 때문이다. 그러나, 사회와 조직의 일원으로서 내가 하는 일, 해야만 하는 일에서 윤리 문제를 항상 최우선적으로 고려하는 것만이 우리 조직을 지속 가능하게 만들고, 더불어 사는 사회를 보다 바람직한 미래로 이끄는 토대가 될 것이다.

금융윤리의 원리는 간단해 보인다. 그러나 옳은 걸 알더라도 어떻게 그것을 실천하느냐는 또 다른 문제다. 현대의 복잡한 산업사회에서, 그것도 금융이라는 분야에서 그것이 구체적으로 어떻게 실현될 수 있는지를 제시하는 일은 쉽지 않다. 경험적으로 우리는 윤리를 선언하고 요구하는 것만으로는 큰 소용이 없다는 것을 안다. 그래서 금융업을 구성하고 있는 요소들을 분석하고 이를 조정하는 개선방법들을 시도해왔다. 그 방법은 금융종사자 스스로의 자율적 규제일 수도 있고 공적기관에 의한 법적인 규제일 수도 있다. 금융종사자들이 직면하고 있는 수많은 복잡한 법령의 규제내용들이 근본적으로는 인간의 탐욕을 억제하고 진정성과 공정을 확보하려는 수단이라고 볼 수 있다. 명령과 처벌에 의한 사뭇 거친 방법을 취할 수도 있고, 재무적 기준 부과를 통한 건정성 규제나 내부통제, 조직문화, 지배구조, 성과보상 방식의 변화를 통한 보다 정교한 방법을 취할 수도 있다. 우리는 할 수 있는 대로 윤리가 실천되는 방법을 찾고 제도를 고쳐가는 작업을 지속해야 할 것이다. 왜냐하면 윤리가 실천될 때 얻을 수 있는 현실적 이익이 크기 때문이다. 적어도 개별회사 차원에서 민원과 분쟁, 감독기관 검사, 제재로 인한 자원 소모, 평판의 손상과 같은 부정적 결과를 면할 수 있다. 또한 바람직한 조직문화와 리더쉽을 가진 회사는 활기 있고 창의적이며, 그래서 위기에 대응하고 성과를 내는 면에서 더 뛰어날 수 있다. 외국감독 수장들이 자주 말한 바와 같이 금융회사에서 윤리가 실천될 때 고객의 신뢰를 얻게 되고 더 좋은 인재들이 들어오게 되고, 결과적으로 금융산업이 더 번성할 수 있다.

해외직접투자자 증가에 대한 검토

01 논제 개요 잡기[핵심 요약]

서론	이슈언급	'서학개미'를 비롯한 국내 투자자(개인·기관)의 해외 주식 매입이 이어지면서 우리나라 대외 증권투자가 다시 역대 최대 기록을 갈아치웠다. 한국은행이 2025년 5월 28일 발표한 '국제투자대조표'에 따르면, 2025년 1분기 말 기준 우리나라 대외 금융자산(대외투자)은 2조 5,168억 달러로 집계됐다. 2024년 4분기 말(2조5126억 달러)보다 42억 달러 많고, 최대였던 2024년 3분기 말(2조 5,277억 달러)에 이어 두 번째 규모다. 일반 투자자들이 해외주식 투자를 시작한 게 1994년 7월부터다. 2024년 6월 말 기준 해외주식 보유 잔고인 1, 273억 달러는 30년 전 18만 달러에 비하면 70만 배나 증가한 수치다. 향후에도 이렇게 국내 투자의 해외유출이 지속된다면, 단기적으로는 실물 경기 회복 지연과 중장기적으로는 성장 잠재력 약화를 유발할 수 있고, 환율 불안이나 국내 자본시장 발전에도 걸림돌이 될 가능성이 있는 등 부정적인 영향이 클 것으로 예상됨에 따라 적절한 대응책 마련이 필요한 시점이다.

본론	1. 해외주식 투자	1) 현황	① 2025년 8월 6일 한국예탁결제원에 따르면 서학개미는 2025년 7월 한 달간 미 증시에서 총 6억 8,497만 달러(약 9,493억 원)를 순매수했다. ② 이 같은 매수 흐름은 국내외 시장 분위기와 맞물려 나타난 것으로 보인다.

본론			
본론	1. 해외주식 투자	1) 현황	③ 최근 발표된 세제개편안의 여파로 2025년 7월 말 국내 증시는 큰 폭으로 하락한 뒤 회복세를 보이고 있지만, 지난 7월과 같은 순환매 장세가 이어질 경우 서학개미의 해외 투자 비중이 늘어날 가능성도 열려있다. 고용 쇼크로 지난 8월 1일 급락했던 미 증시를 두고 저가 매수 기회가 될 수 있다는 분석도 나온다. ④ 미(美) 채권투자 증가
		2) 원인	① 코스피 박스권 장세 지속과 해외 주요국 증시의 상승 → 미국 시장의 높은 수익률 ② 세계를 선도하는 대체불가한 세계적 기업 포진 ③ 미국 주식시장의 높은 투명성과 미국 증시의 주주친화성 ④ 합리적 시장 ⑤ 기업과 투자에 대한 정보 접근이 더 쉬우며, 정보의 질이 더 높다. ⑥ 기축통화인 달러자산에 투자함으로써 내 자산을 보호할 수 있다. ⑦ 한국 증시의 고질적 문제 ⑧ 국내 자본시장 內 대형 투자은행(IB)의 불법 공매도 문제 ⑨ 국내 파생시장 내 상대적인 강력한 제도 ⑩ 미국 시장의 경우, 한국과 시차가 존재해 우리나라 주식 시장이 문을 닫은 후에도 거래가 가능해 직장인들에게 매력적인 포인트가 됨.
	2. 영향	1) 긍정적인 면	① 순대외 금융자산이 플러스(+)면 자산을 팔아 그만큼 달러를 들여올 수 있기에 한국 경제의 외화 방파제 역할을 할 수 있다. ② 국내로 외화 유입 시기에는 환율 급락을 방지하는 역할 ③ 개인투자자의 직접투자 방식에 의한 해외 주식거래가 증가하면서 국내증권업의 해외주식 위탁매매 수수료 수익이 크게 증가 ④ 세수 증대 기획재정부가 발표한 2025년 5월 국세수입 현황에 따르면 2024년 분 해외주식 신고 실적 증가 등으로 양도소득세가 1조 6천억 원 증가함 ⑤ 외화증권 배당금 증가 2025년 상반기 국내 일반 투자자에게 지급된 외화증권 배당금은 10억 560만 달러로 집계됐다. 전년 동기 대비 107% 늘어난 규모다.
		2) 부정적인 면	① 당장 국내 투자자들이 해외로 빠져나가면 자본시장이 위축되고, 기업들은 자금 조달에서 차질이 우려된다. ② 거시경제 불안을 야기할 수 있다. ③ 개인 투자자의 해외투자 성향이 너무 적극적이다.

<table>
<tr><td rowspan="2">결론</td><td rowspan="2">의견제시</td><td>

향후에도 국내 투자의 해외유출이 지속된다면 단기적으로는 실물 경기 회복 지연과 중장기적으로는 성장 잠재력 약화를 유발할 수 있고, 환율 불안이나 국내 자본시장 발전에도 걸림돌이 될 가능성이 있는 등 부정적인 영향이 클 것으로 예상됨에 따라 적절한 대응책 마련이 필요하다.

첫째, 한국 증시가 '새로 고침'을 해야 한다. 우선, 코리아 디스카운트(한국증시 저평가) 해소를 위해 지배주주와 일반주주 간 이해상충을 제거하고, 상장사들이 주주가치 올리기에 적극 나서야 한다.

둘째, 보다 근본적으로, 혁신 기업이 모여 드는 증시가 돼야 한다.

셋째, 국내외 투자자 입장에서 볼 때 투자 매력이 있는 기업 밸류업 프로그램을 지속적으로 추진하는 한편, 자본시장의 투명성 확보와 개인투자자에 대한 투자 인센티브 확충 등을 통해 국내 자본시장의 기반을 강화할 필요가 있다.

넷째, 국민연금 같은 대형 기관투자자가 국내 주식 투자를 늘려 증시 수급 기반을 든든히 다질 필요가 있다.

증시는 기업 투자 동력이 되는 자금 공급처로서 역할을 해야 한다. 또 개인투자자들의 자산 형성에 기여할 수 있을 때 선순환이 가능할 것이다. 그런 면에서 최근 한국 정부와 거래소가 추진 중인 '기업 밸류업 프로그램'을 계기로 기존 기업들이 기업가치 제고에 '진심으로' 힘을 기울여 주기를 기대한다. 또 새로운 좋은 기업들의 증시 입성도 이어지기를 바란다. 이를 통해 미장(美場)으로 탈출하는 것이 아닌, 한국 증시가 머무를 만한 시장이 될 수 있기를 기대해 본다.

</td></tr>
</table>

02   논제 풀이

 서론

 **이슈 언급**

'서학개미'를 비롯한 국내 투자자(개인 · 기관)의 해외 주식 매입이 이어지면서 우리나라 대외 증권투자가 다시 역대 최대 기록을 갈아치웠다. 한국은행이 2025년 5월 28일 발표한 '국제투자대조표'에 따르면, 2025년 1분기 말 기준 우리나라 대외 금융자산(대외투자)은 2조 5,168억 달러로 집계됐다.

2024년 4분기 말(2조 5,126억 달러)보다 42억 달러 많고, 최대였던 2024년 3분기 말(2조 5,277억 달러)에 이어 두 번째 규모다.

특히 대외금융자산 가운데 거주자의 증권투자(잔액 1조 118억 달러)가 한 분기 사이 176억 달러(지분증권 +54억 달러 · 부채성증권 +122억 달러) 불어 처음 1조 달러를 넘어섰고, 직접투자(잔액 7784억 달러) 역시 이차전지 관련 투자 등을 중심으로 157억 달러 늘어 최대 기록을 세웠다.

일반 투자자들이 해외주식 투자를 시작한 게 1994년 7월부터다. 2024년 6월 말 기준 해외주식 보유 잔고인 1, 273억 달러는 30년 전 18만 달러에 비하면 70만 배나 증가한 수치다. 2020년 코로나 팬데믹을 거치면서 '서학 개미'로 불리는 개인투자자가 급증한 여파다.

　　향후에도 이렇게 국내 투자의 해외유출이 지속된다면, 단기적으로는 실물 경기 회복 지연과 중장기적으로는 성장 잠재력 약화를 유발할 수 있고, 환율 불안이나 국내 자본시장 발전에도 걸림돌이 될 가능성이 있는 등 부정적인 영향이 클 것으로 예상됨에 따라 적절한 대응책 마련이 필요한 시점이다. 이에 본지에서는 해외 주식 투자 현황 및 원인을 살펴본 후, 우리 경제에 미칠 영향 및 정책적 대응방안에 대하여 논하기로 한다.

📈 본론

1. 해외주식 투자

1) 최근 동향

① 2025년 8월 6일 한국예탁결제원에 따르면 서학개미는 2025년 7월 한 달간 미 증시에서 총 6억 8,497만 달러(약 9,493억 원)를 순매수했다. 앞서 5월과 6월에는 각각 13억 1,084만 달러(1조 8,215억 원), 2억 3,184만 달러(3,221억 원)를 순매도하며 두 달간 15억 4,268만 달러(약 2조 1,000억 원)를 회수했지만, 7월 들어 반전 흐름을 보였다.

[서학개미 월별 매매 추이]

<출처: 예탁결제원>

② 이 같은 매수 흐름은 국내외 시장 분위기와 맞물려 나타난 것으로 보인다. 5~6월 코스피가 3,200선을 돌파하며 강세를 보였던 것과 달리, 7월 들어서는 순환매 중심의 박스권 장세가 이어졌다. 반면 미국 증시는 나스닥과 S&P500이 사상 최고치를 경신하며 꾸준히 우상향했고, 주요 대형 기술주의 실적이 예상치를 웃돌면서 투자 심리를 자극했다.

③ 최근 발표된 세제개편안의 여파로 2025년 7월 말 국내 증시는 큰 폭으로 하락한 뒤 회복세를 보이고 있지만, 지난 7월과 같은 순환매 장세가 이어질 경우 서학개미의 해외 투자 비중이 늘어날 가능성도 열려있다. 고용 쇼크로 지난 8월 1일 급락했던 미 증시를 두고 저가 매수 기회가 될 수 있다는 분석도 나온다.

<table>
<tr><td rowspan="1">1) 최근 동향</td><td>

④ 미(美) 채권투자 증가

   가. 미국 금리 인하에 대한 기대가 커지면서 한국 투자자들의 미국 국채 투자에 다시 불이 붙고 있다. 미국 주식시장이 고평가됐다는 인식이 확산되는 가운데 채권의 상대적 매력이 부각되는 모습이다.

   나. 2025년 2분기 국내 투자자들은 미국 국채를 총 36억 9,100만 달러(약 5조 6,070억 원)어치 순매수했다. 이는 분기 기준 역대 최대 규모다. 지난 1분기에는 미국 주식 순매수액이 채권의 4배에 달했지만, 2분기에는 오히려 채권 순매수액이 21억 6,000만 달러(약 2조 9,592억 원)인 주식을 앞질렀다.

</td></tr>
</table>

1. 해외주식 투자

2) 원인

① 코스피 박스권 장세 지속과 해외 주요국 증시의 상승 → 미국 시장의 높은 수익률

② 세계를 선도하는 대체불가한 세계적 기업 포진

   가. 한국 시장은 반도체, 자동차 등 특정 산업에 치중된 반면, 해외 시장은 다양한 산업군 투자가 상대적으로 용이함

   나. 빅 데이터 혁명, 4차 산업혁명, 로봇 혁명을 주도한 기업들, 우리 삶에 변화를 주고, 시간이 흘러도 변함없이 우리 곁에 있는 기업들은 미국 시장에 대부분 있다. 이걸 생각해보면, 미국 주식 투자는 장기적인 관점에서 유리

③ 미국 주식시장의 높은 투명성과 미국 증시의 주주친화성

미국 기업들은 우리나라에 비해 훨씬 주주 친화적인 정책을 쓴다. 배당도 더 주고, 자사주 매입도 꾸준히 하고, 공시내용도 투명하다.

④ 합리적 시장

   가. 미국시장의 경우, 1792년부터 시작되어 현재 세계에서 가장 큰 4경 5,000조 원의 규모를 갖는 가장 활발하고 성숙한 시장이다.

   나. 그 결과 우리나라와 같이 작전주, 테마주가 나오기 쉽지 않다. 그 규모가 너무 크기에 작전을 할 방법이 없다.

   다. 우리나라 주식시장처럼 묻지도 따지지도 않게 급등하거나 우선주 주식이 아무 이유 없이 급등락할 가능성이 현저히 낮다→"기업의 펀더멘털"이 통하는 시장으로 합리적인 예측을 하고 합리적인 수익을 얻기에 좋은 환경

⑤ 기업과 투자에 대한 정보 접근이 더 쉬우며, 정보의 질이 더 높다.

⑥ 기축통화인 달러자산에 투자함으로써 내 자산을 보호할 수 있다.

   가. 5,000만 명이 겨우 넘는 우리 내수시장에 비해 미국 내수시장은 3억 명이 넘는 규모이다. 기업 가치가 아닌 외부적 요인에 의해 한국 증시가 쉽게 흔들리는 것과 달리, 미국 증시는 탄탄한 내수시장에다가 4차 산업혁명을 주도하는 기술력과 막강한 군사력을 보유하고 있어 각종 리스크에서 상대적으로 자유로운 편이다.

1. 해외주식 투자	2) 원인	⑦ 한국 증시의 고질적 문제 : 대주 주의 지배력과 이익을 부당하게 강화하던 전환사채 발행이나 일감 몰아주기, 회사 쪼개기 등 기존 주주에게 피해를 줬기 때문이다. 여기에 배당성향과 배당수익율(주가 대비 배당금 비율)도 낮다. ⑧ 국내 자본시장 內 대형 투자은행(IB)의 불법 공매도 문제 가. 시장질서를 교란시키는 불법 공매도의 해악이 근절되지 않기 때문이다. 공매도는 주식을 빌려서 팔고 차후 다시 매수해 갚는 매매기법의 하나로, 그 자체는 불법이 아니다. 문제는 차입을 하지도 않은 상태에서 주식을 먼저 팔아 나중에 이를 정산하는 '사후 차입' 방식이다. 지금까지 적발된 대형 IB들은 이 수법을 주로 이용했다고 한다. 수익을 내기 위해 매도물량을 마구 쏟아내면 주가 하락은 가속화되고 시장의 공정성은 무너지며 시장 질서는 교란된다. 나. 공매도는 그 자체만으로도 자본과 정보가 부족한 개미투자자들에게는 커다란 벽이다. 거기에 불법 공매도까지 더한다면 제대로 된 시장이라 할 수 없다. 불법 공매도를 엄중 처벌해야 하는 것은 이런 이유다. ⑨ 국내 파생시장 내 상대적인 강력한 제도 : 사전 교육과 기본예탁금 등 국내의 너무 강한 규제가 서학개미의 해외 파생상품 집중을 불러왔다. ⑩ 미국 시장의 경우, 한국과 시차가 존재해 우리나라 주식 시장이 문을 닫은 후에도 거래가 가능해 직장인들에게 매력적인 포인트가 됨.
2. 영향	1) 긍정적인 면	① 코로나 사태 이후 해외 주식에 투자하는 서학개미가 늘어나면서 순대외 금융자산이 급격히 불어났다. 순대외 금융자산이 플러스(+)면 자산을 팔아 그만큼 달러를 들여올 수 있기에 한국 경제의 외화 방파제 역할을 할 수 있다. ② 국내로 외화 유입 시기에는 환율급락을 방지하는 역할 ③ 개인투자자의 직접투자 방식에 의한 해외주식거래가 증가하면서 국내 증권업의 해외주식 위탁매매 수수료 수익이 크게 증가 ④ 세수 증대 기획재정부가 발표한 2025년 5월 국세수입 현황에 따르면 2024년 분 해외주식 신고 실적 증가 등으로 양도소득세가 1조 6천억 원 증가함 ⑤ 외화증권 배당금 증가 가. 2025년 상반기 국내 일반 투자자에게 지급된 외화증권 배당금은 10억 560만 달러로 집계됐다. 전년 동기 대비 107% 늘어난 규모다. 나. 시장별로 보면 미국시장 종목에서 지급된 배당금이 9억 2,900만 달러로 전체 배당금 지급금액의 92.4%를 차지했다. 다. 미국시장의 비중은 2021년 76.3%에서 2022년 82.5%, 2023년 87.2%, 2024년 89.3% 등으로 매년 증가하는 추세다.

2. 영향	2) 부정적인 면	① 당장 국내 투자자들이 해외로 빠져나가면 자본시장이 위축되고, 기업들은 자금 조달에서 차질이 우려된다. 가. 모험자본을 공급하는 자본시장의 역할이 흔들리게 된다. 나. 자금 조달이 힘들어지면 기업의 연구·개발(R&D)이 줄어들고, 신규 투자가 막힐 수 있다. 기업의 성장이 꺾이면 실적이 줄어들고, 그 여파는 실물경제로 이어진다. '투자자 외면→자금 조달 차질→신규 사업 중단·실적 악화→실물경제 충격→투자자 외면'의 악순환 구조다. 다. 단기적으로는 실물 경기 회복 지연이, 중장기적으로는 성장 잠재력 약화를 유발할 수 있다. ② 거시경제 불안을 야기할 수 있다. 가. 최근 증권사들은 해외 주식 수요에 대응하기 위해 계속 달러를 사들이고 있다. 달러 수요가 증가하면 달러 강세로 이어질 가능성이 크다. 달러값이 비싸지면, 물가 상승 압력이 커져 인플레이션을 부추긴다. ③ 개인 투자자의 해외투자 성향이 너무 적극적이다. 가. 하이리스크, 하이리턴형의 상품에 몰린다. 2024년 상반기 개인투자자 순매수 상위 10개 종목 중 3개 종목이 주가지수 일일 변동폭의 3배 성과를 따라가도록 설계된 3배 레버리지형 ETF(상장지수 펀드)였다. 나. 심지어 미국 시장에선 가격제한폭도 없다. 단기 고수익이 될 수도 있지만 '폭망'의 가능성도 그만큼 크다.

📈 결론

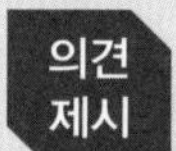 향후에도 국내 투자의 해외유출이 지속된다면 단기적으로는 실물 경기 회복 지연과 중장기적으로는 성장 잠재력 약화를 유발할 수 있고, 환율 불안이나 국내 자본시장 발전에도 걸림돌이 될 가능성이 있는 등 부정적인 영향이 클 것으로 예상됨에 따라 적절한 대응책 마련이 필요하다.

첫째, 한국 증시가 '새로 고침'을 해야 한다. 우선, 코리아 디스카운트(한국증시 저평가) 해소를 위해 지배주주와 일반주주 간 이해상충을 제거하고, 상장사들이 주주가치 올리기에 적극 나서야 한다. 국내 투자 환경에 대한 전반적인 검토와 함께 주요국 투자 유인책 분석 등을 통해 우리 기업의 대내 투자 확대와 함께 외국인직접투자 유입을 촉진해야 한다.

둘째, 보다 근본적으로, 혁신 기업이 모여 드는 증시가 돼야 한다. 산업 메가 트렌드를 이끌 수 있는 '알짜 기업'이 많은 시장은 투자 잠재력 역시 높다고 할 수 있다. 실제 최근 인터넷, 아이폰에 이어 세 번째 혁명으로 일컬어지는 AI(인공지능)가 만들어 갈 미래에 대한 기대감은 글로벌 증시에 대폭 반영된 전례가 있기 때문이다. 투자와 기업가정신 발휘를 어렵게 하는 각종 규제와 인허가에 대한 손질이 필요하다.

셋째, 국내외 투자자 입장에서 볼 때 투자 매력이 있는 기업 밸류업 프로그램을 지속적으로 추진하는 한편, 자본시장의 투명성 확보와 개인투자자에 대한 투자 인센티브 확충 등을 통해 국내 자본시장의 기반을 강화할 필요가 있다. 금융투자소득세(금투세) 폐지, 개인종합자산관리계좌(ISA) 세제 혜택 확대 등 투자 매력도 제고를 위한 세제 개선도 적극 고려해야 할 것이다.

넷째, 국민연금 같은 대형 기관투자자가 국내 주식 투자를 늘려 증시 수급 기반을 든든히 다질 필요가 있다. 상장 기업들이 연금의 주식 투자금을 받아 신규 투자를 더 늘리고 기업 이익을 배당금으로 연금에 환원하면 국민 경제 선순환에도 기여하게 될 것이다. 국내 증시 시가총액 중 국민연금의 보유 비율은 5.8%인 반면 일본 공적 연금은 일본 증시 시가총액의 25%를 보유 중이다. 코리아 디스카운트 해소와 K밸류업을 위해서라도 국민연금 개혁이 절실하다.

증시는 기업 투자 동력이 되는 자금 공급처로서 역할을 해야 한다. 또 개인투자자들의 자산 형성에 기여할 수 있을 때 선순환이 가능할 것이다. 또 새로운 좋은 기업들의 증시 입성도 이어지기를 바란다. 이를 통해 미장(美場)으로 탈출하는 것이 아닌, 한국 증시가 머무를 만한 시장이 될 수 있기를 기대해 본다.

21

은행의 중소기업 지원 및 정책적 방안

01 논제 개요 잡기 [핵심 요약]

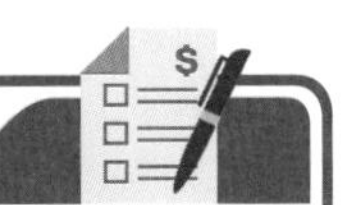

서론	이슈언급	재무건전성이 우량한 중소기업이나, 수출기업위주의 무역금융지원 또는 부동산이나 신용보증서 담보, 회사나 경영자의 재무융통성만을 감안한 안전성 위주의 기존 자금 지원 방식만으로는 은행의 다각화된 수익성 채널에 대한 중소기업의 니즈(needs)에 대하여 한계상황에 도달한 것처럼 보임
본론	1. 중소기업 지원 배경	**1) 중소기업의 입장** 복잡해진 경제시스템으로 인한 중소기업 경영환경의 변화로, 금융기관에 대한 니즈를 자금지원에만 국한시키지 않고 금융기관이 보유한 강점을 활용하여 안정적 수익활동을 유지하고자 하는 욕구 증가
		2) 은행의 입장 저성장으로 인한 중소기업의 부실은 은행의 건전성을 악화시킴 → 해당 중소기업에 대한 문제점과 경영현황에 대한 사전정보의 취득으로 선제적 대응의 필요성 대두 은행의 강점인 국내외 네트워크와 장기간에 구축된 고객정보와 고객 신뢰관계를 활용 → 중소기업의 자금지원 뿐만 아니라 경영, 영업부문의 지원을 통한 크로스 판매의 촉진과 수익확충 전략 설정 필요

본론	2. 금융부문 지원	1) 신설기업, 계속기업 금융지원	① 중소기업 정책금융 활성화 ② 자산담보부 대출(ABL: Asset Based Lending) ③ 동산금융 ④ 환경, 기술, 고령화 등 성장부문 사업에 대한 각종 인증 대출
		2) 부실기업 금융 지원	① 중소기업 재생펀드 ② 부실기업 자금지원 상담 전문부서 설치
	3. 비금융 부문 지원	1) 영업지원	① 비즈니스매칭 서비스 ② 해외사업 자문서비스
		2) 경영지원	① 기업 라이프사이클 맞춤형 경영컨설팅 ② 사업승계지원 ③ IPO, M&A 지원
	4. 혁신 - 벤처기업 지원	1) 방향	
		2) 정부의 역할	① 규제 완화 ② 혁신 창업 생태계 조성 ③ 기업의 질적 성장을 위한 금융 지원이 확대될 수 있도록 금융 회사의 지원 자율성을 보장
		3) 금융회사의 역할	① 수익과 리스크 관리 차원에 서의 접근이 아닌 기업 비즈니스 사이클내에서 기업이 필요로 하는 자금을 적재적소에 효율적 으로 배분하는 금융 본연의 역할을 수행해야 함 ② VC 커뮤니티와의 협업 ③ 대학, 공공기관 등과의 협업을 활성화 ④ 외부 엑셀러레이터 및 VC와의 긴밀한 제휴를 통해서 기업 선 별 등 부족한 역량보안
결론	의견제시	<금융기관> ① 자금지원 ② 영업지원과 경영지원 ③ 은행 간 경쟁심화 ④ 기업부실 ⑤ 금융의 트랜드 변화 ⑥ 수수료수익	

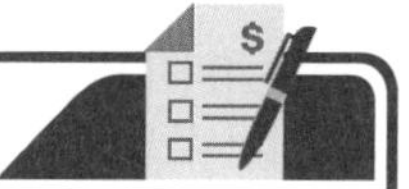

서론

이슈 언급 최근 중소기업 육성지원에 대한 금융기관의 여러 가지 방안과 전략에 대한 논의가 활발하다. 사실 그 동안 국내 금융기관의 중소기업 지원은 담보 위주의 자금지원에 국한된 경향이 있었다. 재무건전성이 우량한 중소기업이나, 수출기업위주의 무역금융지원 또는 부동산이나 신용보증서 담보, 회사나 경영자의 재무융통성만을 감안한 안전성 위주의 기존 자금지원 방식만으로는 은행의 다각화된 수익성 채널에 대한 중소기업의 니즈(needs)에 대하여 한계상황에 도달한 것처럼 보인다. 이에 자금부문뿐만 아니라, 비자금부문의 지원을 포함한 은행의 중소기업 지원전략에 대하여 논하기로 한다.

본론

1. 중소기업 지원 배경	**1) 중소기업의 입장**	① 현황 가. 기업 성장의 어려움 : 2000년 이후 대기업과 중소기업간 성장성, 수익성의 격차가 벌어졌다. 나. 다양한 리스크 문제 대두 : 경영문제, 판로개척, 영업위험 등에 대한 Risk가 대두되었다(인재부족, 문제해결을 위한 자체 시스템 부재, 인구고령화, 경영자고령화, 신기술개발 및 활용국내 및 해외판로 개척). 다. 2008년 글로벌 금융위기 이후 중소기업금융의 절대적 위치를 차지하는 은행이 중소기업대출 비중을 축소하면서 자금수요를 충당하기 어려운 상황이다. 글로벌 금융위기 이후 강화된 은행 건전성 기준 적용과 불안정한 경기상황에 따른 신용 익스포져 축소를 위한 은행들의 보수적 대출행태에 기인한다. ② 은행서비스에 대한 중소기업의 입장 가. 복잡해진 경제시스템으로 인한 중소기업 경영환경의 변화로, 금융기관에 대한 니즈를 자금지원에만 국한시키지 않고 금융기관이 보유한 강점을 활용하여 안정적 수익활동을 유지하고자 하는 욕구가 증가했다. 나. 중소기업은 대기업에 비해 금리, 만기 등 차입조건이 불리하고 경기 위축 시에 우선 회수대상이 되기 때문에 대출시장의 불안정성이 존재한다.
	2) 은행의 입장	① 현황 가. 예대마진의 감소 : 2000년 이후 저성장, 저금리 기조와 은행간 경쟁 심화로 은행의 주요 수입원인 예대마진에 의한 이자수익이 저하됐다.

<table>
<tr><td rowspan="2">1. 중소기업
지원 배경</td><td>2) 은행의
입장</td></tr>
</table>

1. 중소기업 지원 배경

2) 은행의 입장

나. 금융기관 입장에서 중소기업은 취약한 경영자원으로 인해 신용리스크가 높고, 신용파악 자체가 어려워 역선택이나 도덕적 해이와 같은 시장 실패 가능성이 높다.

② 중소기업에 대한 은행의 입장

　가. 저성장으로 인한 중소기업의 부실은 은행의 건전성을 악화시킴 → 해당 중소기업에 대한 문제점과 경영현황에 대한 사전정보의 취득으로 선제적 대응의 필요성이 대두되었다.

　나. 은행의 강점인 국내외 네트워크와 장기간에 구축된 고객정보와 고객 신뢰관계를 활용 → 중소기업의 자금지원뿐만 아니라 경영, 영업부문의 지원을 통한 크로스 판매의 촉진과 수익확충 전략 설정이 필요하다.

2. 금융부문 지원

1) 신설기업, 계속기업 금융지원

① 중소기업 정책금융 활성화

　가. 정책금융의 의미 : 정책금융은 좁게는 중앙정부, 지자체, 공공기관의 재정을 이용한 투 · 융자로 한정하고, 넓게는 신용보증과 한국은행 금융중개지원대출을 포함한다.

　나. 신용보증 및 보험활성화 : 정부 및 지자체 출자기관인 신용보증기금, 기술보증기금, 지역신 용보증재단이 중소기업의 신용 또는 담보의 보강을 통해 해당 기업이 은행으로부터 대출을 받을 수 있도록 지원하는 제도이다.

　다. 금융중개지원대출 : 금융기관이 취급한 중소기업 대출실적을 토대로 총액 한도 내에서 한국은행이 은행별로 저리자금을 지원한다. 무역금융, 신용대출지원, 영세자영업자지원, 기술형창업지원, 지방중소기업지원 등 5가지 하위프로그램이 존재한다.

　라. 중소기업진흥공단 정책자금대출 : 중소기업청이 위탁 운영하며, 중소기업기본법 상의 중소기업에 대해 저리의 자금을 <공단추천 - 은행대출>의 대리대출 방식과 <공단 직접대출 방식>으로 진행한다. 중진공 홈페이지에서 융자신청, 접수, 융자대상 결정 후 중진공(직접대출) 또는 금융회사(대리대출)에서 신용 또는 담보부(보증서 포함) 대출을 실행한다.

　마. 산업은행의 간접(on-lending)대출 : 산업은행 지원대상 중소기업에 대한 가이드라인을 제시하고 자금을 금융회사에 공급하며, 금융회사는 대상 중소기업을 발굴, 심사하여 대출실행 여부 및 대출금리를 결정. 대출 대상은 금감원 표준신용등급 체계상 6 ~ 11등급에 해당하는 중소기업으로 사업년도 매출실적이 10억 원 이상인 기업이 거래은행에서 신청한다.

② 자산담보부 대출(ABL: Asset Based Lending)

　: 기업이 보유한 재고와 매출채권 등을 담보로 한 대출 증대 → 사업 수익자산 활용 → 자금조달원의 확대

Cf. 신설기업의 경우, 기업자산 구성에서 부동산보다는 매출채권 비중이 많다.

- 은행 입장에서는 신규대출증대와 기업경영실태를 보다 자세하게 파악 → 신용리스크 관리에 대한 강화

③ 동산금융

가. 2012년 '동산 · 채권 등의 담보에 관한 법률'이 제정된 이후 정부는 동산담보대출의 활성화를 위해 담보등기제도 개선, 담보 관리 시스템 도입 등 다양한 정책을 추진해왔으나, 일부 제도의 개편은 여전히 미완의 과제로 남아 있음. 특히 2021년 이후 기업의 경영환경이 악화됨에 따라 2024년에는 오히려 은행권 동산담보대출 잔액이 감소한 것으로 나타남. 동산담보대출은 부동산이 부족한 중소기업의 자금조달 수단이 될 수 있어 이를 정책적으로 더욱 활성화하는 방안을 검토할 필요가 있음. 다만 이 과정에서 대출 비용의 상승이 수반되지 않도록 채권자의 담보권 보호 및 담보 관리 인프라를 확충하는 제 두적 개선이 병행되어야 함.

나. 동산담보대출이란 기업이 가진 기계설비 및 기구, 재고자산, 농축수산물 등의 유형자산이나 매출채권, 지적재산권 등의 무형자산을 담보로 한 대출을 의미함.

다. 동산담보대출은 부동산이 없고 신용도가 낮은 중소기업에게 유용한 자금조달수단이 될 수 있음.

* 2023년 기준 중소기업의 동산 자산 비중은 제조업에서는 37.3%, 서비스업에서는 27.1%로 상당 부분을 차지

라. 그러나 동산담보는 부동산에 비해 가치 평가 및 담보 관리가 어렵다는 특성이 있어, 일반적으로 동산담보대출의 활성화를 위해서는 정책적인 유인체계의 마련 및 인프라 구축이 필요함.

[동산채권담보법 개정안(2020년 발의) 요약]

구분	현행법	개정안	현재 시행 여부
일괄담보제 도입	동산, 채권, 지적재산권별로 각각 담보권 설정	유기적 일체를 이루는 동산, 채권, 지식재산권을 일괄하여 담보권 설정 가능	x
담보제도 이용대상 확대	법인 또는 상호등기를 한 자	법인 또는 사업자등록을 한 자	'20년 9월 개정안 통과
사적실행요건의 구체화	정당한 사유	공개시장에서 매각 등 일정 요건을 충족	x
담보권 존속기관 폐지	존속기간 5년	폐지	x

<출처: 한국금융연구원>

마. 국내은행의 동산담보대출 잔액은 2018년 이후 급격히 증가하였으나, 2021년부터 기업 경영환경이 지속적으로 악화되며 증가세가 둔화되었고 2024년에는 감소세로 전환됨.

- 정책적 노력과 더불어 코로나 이후 경기 침체에 따른 동산금융에 대한 수요가 증가함에 따라 국내은행 동산담보대출 잔액은 2018년말 4,453억 원에서 2021년말 1조 7,857억 원으로 4배 가량 증가함.

---

2. 금융부문 지원

1) 신설기업, 계속기업 금융지원

2. 금융부문 지원	1) 신설기업, 계속기업 금융지원	

- 2021년부터 동산담보대출의 증가세가 둔화되었는데, 고금리 · 고물가가 장기화되고 경기 불확실성이 증가하면서 은행권에서 동산담보대출을 더욱 보수적으로 취급했을 것으로 추정됨.

- 2024년말 국내은행 동산담보대출 잔액은 2023년대비 2,797억 원 감소한 1조 4,156억 원으로 나타났는데, 은행 유형별로는 일반은행(▲1,119억 원)보다 특수은행(▲1,677억 원)에서의 감소가 두드러짐.

  * 특히 특수은행 동산담보대출의 80% 이상을 차지하는 중소기업은행의 24년 9월말 잔액은 4,332억 원으로, 23년 9월말(5,886억 원) 대비 26.4% 감소

바. 활성화의 필요성

  A. 부동산이 없는 창업기업이나 중소기업 등도 동산자산은 보유하고 있을 것이므로, 동산금융의 활성화는 성장 가능성이 있는 창업 · 중소기업 등의 자금조달에 기여할 수 있다.

  B. 기업이 성장하면 동산자산 또한 증가할 가능성이 높아 강화된 담보력에 기초하여 성장자금을 원활히 공급받을 수 있게 될 것이다.

사. 활성화 저해요인

  제도적으로 2010년 6월 10일 「동산 · 채권 등의 담보 에 관한 법률」이 제정(2012년 6월 11일 시행)되어 은행 권에서도 2012년 8월부터 동산담보대출 서비스를 제공하였으나, 동산금융은 현재까지는 좋은 담보로서 평가 받지 못했고, 그에 따라 활발히 이용되지도 못하였던 바, 그 이유로는 다음과 같은 점이 지적되었다.

  A. 담보가 은행의 건전성을 높이고 기업에 자금편의를 제공하기 위해서는 '평가 – 관리 - 회수' 상의 용이성이 충족되어야 할 것이다. 그러나, 첫째로 '평가' 면에서 동산은 감가상각 등으로 시간경과에 따른 가치변동이 심하고, 하나의 동산이 등기 없는 양도담보에 중복 제공되는 등 권리관계의 파악이 쉽지 않다.

  B. '관리' 면에서 훼손 · 이동 등에 취약하여 담보관리를 위한 추가비용이 발생할 수 있다.

  C. '회수' 면에서도 민간 매각시장이 부족하여 법원 경매에만 의존하는 등 공급자와 수요자의 매칭에 장기간이 소요된다는 문제가 있다.

  D. 법적 · 제도적 권리보호장치 또한 미흡하다는 한계도 있다. 첫째, 담보물의 반출 · 훼손에 대한 벌칙 등이 법률에 구비되어 있지 않다. 둘째, 담보물이 변형되었을 경우 담보권을 상실할 수 있다는 문제가 있다. 이와 함께 부동산담보와 달리 경매 시 담보권자의 신청 없이는 배당을 받지 못하며, 공시의 불완전성으로 담보권이 제대로 보호되지 못할 우려가 있다는 점 등도 문제로 지적되었다.

<table>
<tr>
<td rowspan="2">2. 금융부문
지원</td>
<td>1) 신설기업,
계속기업
금융지원</td>
<td>

자. 방향
  A. 관련 법안을 개정하고 데이터를 취합할 수 있는 시스템 구축에 힘쓸 계획이다.
  B. 법무부와 함께 동산·채권담보법을 개정할 예정이다. 법이 개정되면 동산·채권·IP 등을 한 개의 담보로 취급해 대출을 내어줄 수 있는 `일괄담보제도`가 도입된다.
  C. 상호등기가 없는 소규모 개인사업자들도 동산담보를 활용할 수 있도록 한다.
  D. 담보물을 고의적으로 훼손한 경우 처벌할 수 있는 조항이 신설되었다.
  E. 돈을 빌려준 은행 모르게 제3채권자가 경매를 신청할 경우에도 자동적으로 은행이 처분금액의 일부를 돌려받을 수 있도록 하는 안전장치도 마련했다.
  F. 캠코의 동산담보 일관매입 약정
④ 환경, 기술, 고령화 등 성장부무 사업에 대하 각종 인증 대출
  : 은행이 정한 인증 획득기업에 대한 대출취급 및 우대서비스 실시(그린산업 관련 기업, 고령자 고용기업 등)
  가. 성장사업 어시스트 펀드 조성 : 환경, 자원, 문화, 지역개발 등
  나. 지적재산 활용 전문가 양성 : 재무제표만으로 판별할 수 없는 기업의 성장가능성에 대한 전문적인 평가가 필요하다.

</td>
</tr>
</table>

<table>
<tr>
<td></td>
<td>2) 부실기업
금융지원</td>
<td>

① 중소기업 재생펀드
  – 부실중소기업을 대상으로 은행, 지자체, 정부의 지원
  – 민관펀드로 부실중소기업 자금지원, 과다부채매입, 재생계획지도 → 중소기업 경영 정상화 도움
② 부실기업 자금지원 상담 전문부서 설치
  – 자금지원 책임자 및 리더 양성 → 자금지원 상담체계구축

</td>
</tr>
<tr>
<td>3. 비금융부문
지원</td>
<td>1) 영업지원</td>
<td>

① 비즈니스매칭 서비스
  – 풍부한 정보와 비즈니스 인맥을 바탕으로 한 입지장소와 정보제공 서비스
  – 신규판매처 소개 : 거래조건 맞는 기업을 소개한다.
  – 비즈니스 링크 개최, 대규모 박람회(식품, 농업, 통신 등), 기업들 간의 간담회, 상담회, 일대일 매칭 서비스를 제공 → 은행 입장에서는 매칭계약을 통한 수수료 수익 확대를 기대한다.
② 해외사업 자문서비스
  : 해외 거점망을 보유한 대형은행 중심으로 해외진출 사전단계, 진출 후 사업확장단계, 사업철수단계 등 단계별 자문지원

</td>
</tr>
</table>

		① 기업 라이프사이클 맞춤형 경영컨설팅

창업기	창업, 신사업 지원
성장기	다양한 경영과제 지원
성숙기	사업 재생 지원
전환기	사업 승계 지원

3. 비금융부문 지원 — **2) 경영지원**

- 중소기업의 경우, 당면한 경영과제에 대한 단독 해결능력 부족
- 금융기관의 경영컨설팅으로 은행은 해당기업의 사전 리스크를 파악
  → 채권부실 예방가능

② 사업승계지원
- 상속이나 증여를 통하여 그 기업의 소유권과 경영권을 다음 세대에 이전
- 중소기업이 동일성을 유지하면서 경제활성화에 기여토록 유도
- 후계자문제, 경영권 안정을 위한 주주구성검토, 납세자금확보, 주가 대책 등

③ IPO, M&A 지원

---

4. 혁신 - 벤처기업 지원

1) 방향

중소기업 금융과 관련해 정부와 금융회사는 제도적 걸림돌을 제거하고 기업이 체감할 수 있는 지원 방안을 추진해야 한다. 중소기업 금융의 성공은 정부 주도로만은 어렵다는 것을 잘 알고 있으며, 자금의 수요자인 기업과 공급자인 금융회사가 서로 이 문제에 대해 대응 방안을 모색하고 어떻게 해결해 나아갈 것인지에 대한 아이디어 및 의견을 공유해 정부 정책에 반영시켜야 한다.

2) 정부의 역할

① 기업의 혁신성과 금융회사의 금융 지원을 이끌어 내기 위한 규제 완화에 적극 나설 필요가 있으며,
② 국내의 혁신 창업 생태계 조성을 주도하고 활성화시키는 노력을 지속할 필요가 있다.
③ 금융회사의 지원 실적을 양적 기준으로 평가하는 방식은 지양하고 기업의 질적 성장을 위한 금융 지원이 확대될 수 있도록 금융회사의 지원 자율성을 보장해 기업 성장에 기여하도록 유도해야 한다.

3) 금융회사의 역할

금융회사는
획일적이고 따라하기식 전략이 아닌 차별화된 접근법이 필요하다. 최근 국내 주요 금융그룹들은 정부의 혁신금융을 지원하기 위해 혁신위원회를 설립해 컨트롤 타워로서 지원 실적을 직접 모니터링하고 체계적으로 지원하기 위한 방안을 고민하고 있는 모습이다. 또한 4차 산업혁명에 따른 기술 변화에 대응하고 경쟁에서 살아남기 위해 자체 기술력 향상을 위해 사내벤처, 외부 스타트업과의 협업 등을 강화하며 적극적인 투자 방안도 함께 모색하고 있다. 결국 생산적 금융은 보여주기식 지원이 아닌 금융회사도 경쟁에서 살아남기 위한 하나의 전략이 되어가고 있는 것이다.

결국 금융회사는 기존 대출 방식의 획일적인 정책 지원에서 탈피하여 기술력 있는 기업을 발굴·육성·투자하며, 창업·벤처기업 니즈에 부합하는 금융 서비스를 제공할 수 있는 다각적인 방안을 고민해 봐야 할 것이다.

① 수익과 리스크 관리 차원에 서의 접근이 아닌 기업 비즈니스 사이클 내에서 기업이 필요로 하는 자금을 적재적소에 효율적으로 배분하는 금융 본연의 역할을 수행해야 한다. 이를 위해 금융회사는 그룹 내 지원 vehicle을 통해 기업 성장 단계별 지속적인 금융 지원이 가능하도록 체계화된 지원 프로세스를 구축하고 있어야 한다. 그런 의미에서 생산적 금융 활성화는 결국 기업성장단계(Growth Cycle)별 금융지원이 중요한 실행요소가 될 것으로 보인다. 이른바, 기업 Growth Cycle은 크게 창업 – 성장 – 회수 - 재도전 단계로 구분되며, 금융기관도 기업 Growth Cycle별로 다양한 지원을 추진해 온 경험이 있어, 정부의 생산적 금융 활성화에 대응하기 위한 아래의 4가지 방안을 모색 중이다.

가. 초기단계의 창업·벤처기업 지원으로는 은행이나 기업차원의 인큐베이터 프로그램 실시 및 금융권 기술금융 등 대출 지원방식이,

나. 성장단계에서는 기술금융을 통한 지속적인 자금 공급, 일시적 경영 애로를 겪고 있는 기업에 대한 운전·생산·판매자금 대출 등이 유효한 수단으로 꼽힌다.

다. 투자·회수 관점에서는 선별기업에 대한 직접투자와 성장사다리펀드를 통한 중간회수가 가능하고, M&A 중개 및 IPO 주선 역량 강화를 통한 시장 참여를 넓혀 나가는 것이며,

라. 기업 재도전 단계의 금융지원은 크게 대출을 통한 직접지원과 재기지원펀드 등을 활용한 간접지원이 가능하며 외부 VC 및 관련 전문기관과의 협업을 통한 금융지원 방안도 고려된다.

〈표 4〉	벤처투자자본의 분류 및 개념
구분	**내용**
비즈니스 인큐베이터 (Business incubator)	· 개념 : 스타트업에 사무공간 등 인프라를 제공하는 사업자 · 유래 : 1959년 설립된 바타비아 산업센터(Batavia industrial center)
액셀러레이터 (Accelerator)	· 개념 : 경영·기술 컨설팅 지원과 창업자금 지원을 하는 투자육성 회사 · 유래 : 2005년 설립된 Y-Combinator
벤처캐피탈 (Venture capital)	· 개념 : 타인으로부터 '자금을 모집'하여 '신기술 기업에 투자'하는 자본, 일반적으로 '스타트업에 투자하는 사모펀드'의 의미를 가짐 · 유래 : 1946년 사모펀드의 형태로 설립된 미국의 ARDC(American Research and Development Corporation)
엔젤캐피탈 (Angel capital)	· 개념 : 예비창업자, 초기창업자에게 대상으로 투자하는 자금력 있는 개인 또는 개인들의 모임으로 직접투자 또는 펀드 운용 · 유래 : 1920년대 미국 브로드웨이에서 오페라 공연을 후원한 자본가

자료 : 과학기술정책연구원(2016), "창업대중화의 주역, 액셀러레이터" 재구성

② 창업·벤처기업은 중소기업에 비해 부실 위험이 높고 기업 재무정보 부족, 기술 평가의 어려움 등이 존재하나 VC 커뮤니티와의 협업으로 리스크 최소화가 가능해진다. 이에 금융기관들은 투자 시 기술과 기업(업종)에 대한 분석 및 심사 역량이 요구되나 전문 인력의 양적 부족 문제가 상존해 우수 VC와의 제휴를 통한 기업 선별능력을 제고할 필요가 있어 보인다.

4. 혁신 - 벤처기업 지원	**3) 금융회사의 역할**	③ 대학, 공공기관 등과의 협업을 활성화시켜 다양한 성공사례를 발굴 · 전파하여 창업 · 벤처 생태계 조성에 기여해야 한다. 금융회사는 차별화된 전략으로 정부의 생산적 금융 정책에 적극 동참할 필요가 있기 때문이다. ④ 외부 엑셀러레이터 및 VC와의 긴밀한 제휴를 통해서 기업 선별 등 부족한 역량을 보완하고, 기업에 대한 중장기 금융지원을 통해 주거래 손님화를 모색해야 할 것이다. 뿐만 아니라 성장기에 진입한 기업 대상의 경영자문 및 글로벌지원 등의 서비스 개발도 필요하다. ➡ 정부와 금융회사 그리고 기업은 생산적 금융이라는 장거리 레이스에서 서로 견제하고 소극적으로 대응할 것이 아니라 서로 협업하고 적극적인 자세로 임하며 생산적 금융을 기업과 금융회사의 성장 기반이자 국가의 신성장 동력으로 활용해야 할 것이다. 앞으로 국내에서도 많은 유니 콘 기업의 성공 사례가 나올 수 있도록 생산적 금융이 중소 · 벤처기업의 성장 기반이 되고 국가의 신성장 동력으로 작용할 수 있기를 기대해 본다.

📈 결론

이상으로 은행의 중소기업 지원과 관련한 은행의 다양한 기법들을 금융부문, 비 금융부문으로 구분하여 검토하여 보았다.

<정부>
중소기업에 대한 직접적인 보증지원뿐만 아니라, 해당 금융기관에 적절한 인센티브를 제공함으로써 다양한 방면에서의 중소기업 지원이 이루어 질 수 있도록 노력하여야 한다.

<금융기관>
① 자금지원 : 종전 금융기관의 핵심기능이었던 자금지원은 기존의 담보대출방식에서 벗어나 대출상품을 세분화하거나 기업의 성장성을 신속히 파악하기 위한 은행자체의 평가시스템을 개발하여 우량중소기업 확보에 적극성을 견지하여야 하며, 반면 경영이 부진한 중소기업 등에 대하여는 정부보증을 활용한 대출이나 민관펀드의 조성을 통한 선별적인 지원이 이루어 질 수 있도록 하여야 한다.
② 영업지원과 경영지원 : 금융기관이 단순히 자금중개 기능에서 벗어나 중소기업 경영을 적극적으로 지원하고 당면문제를 해결해 줌으로써, 기업의 성장을 도모함과 동시에 은행도 새로운 비즈니스 모델을 만드는 계기로 적극 활용하여야 한다. 은행은 이러한 지원이 무난히 이루어 질 수 있도록 적절한 면책제도와 전문가 양성으로 실제 창구에서 실효적인 업무가 이루어 질 수 있는 토대를 마련하여야 한다.
③ 은행 간 경쟁심화
　가. 이익 중심 경영 지향 : 고객별, 상품별, 거래단위 별로 수익성 분석 → 이익이 많은 분야에 우선순위를 두고 이익원천의 효율성을 높이는 영업지향

　　나. 영업점 자율경영 정착 : 각 영업점마다 영업환경과 고객기반이 다름 → 각자의 특성에 맞는 영업전략 수립 후 실행

　　다. 저수익 영업점에 대한 과감한 통폐합 : 필요 이상의 본점 부서 직원들에 대하여 영업점 발령으로 영업점 영업강화와 리스크 관리 동시 해소

　　라. 낮은 부분으로부터의 실질적 영업 개선 : 평소 일상적인 업무에서 느끼는 불편함이나 고객의 작은 불만으로부터 새로운 아이디어를 모아서 서비스의 질과 업무효율성을 제고

④ 기업부실

　　가. 선제적인 신용리스크 관리 : 이제껏 거래기업에 대한 부실징후를 인지해도 지점계수의 유지나 여타 사유로 인하여 부실위험을 방치. 이는 손실을 초래한 가장 큰 원인 → 이를 도덕적 해이로 규정하고, 적극적인 사후관리 업무 감사 강화

　　나. 구태의연한 여신심사 프로세스 개선 → 심사역만의 판단이 아닌 리스크관리부, 여신관리부의 통합 의사결정

⑤ 금융의 트렌드 변화

　　가. 내부 프로세스의 지속적 업그레이드 필요 : 하루가 다르게 바뀌고 있는 금융의 트렌드 → 새로운 상품과 서비스에 대한 고객의 니즈를 만족시키기 위해 주관부서는 창의적인 아이디어를 발굴, 검토해서 실행할 필요가 있다.

　　나. 디지털 금융 부문에 대한 선도지위 획득 노력 : 디지털 금융 부문에서 시장을 선도할 수 있도록 상품 및 서비스 개선. 스마트 고객확보가 핵심영업활동으로 자리 잡을 수 있도록 해야 한다.

　　다. 인터넷전문은행 출범 관련 지속적인 모니터링을 통해 장, 단점 분석 및 이를 은행의 전략에 적극 반영해 나가야 한다.

⑥ 수수료수익

　　가. 역무부문(외환업무와 수출입업무)의 수수료 체계에 대한 제고와 개선

　　나. 자산관리분야에 대한 지속적 관심과 시스템구축으로 수수료 수익 증대를 위한 전략적 접근

　　다. 기업이나 개인에 대한 재무설계 및 컨설팅 업무 수수료

　　라. 부동산 신탁업 진출로 신탁수수료 수익 증대

　　마. 플랫폼을 통한 타 산업과의 연계로 새로운 수익원 확보

　　바. 트랜젝션 뱅킹 활성화

 용어해설

1)　**히든챔피언(Hidden champion)** : '작지만 강한 기업'. 대중에게 잘 알려져 있지는 않지만 각 분야에서 세계시장을 지배하는 우량 수출형 중소기업을 말한다. 국내에서는 기술력이 앞서고 성장가능성이 큰 중소기업을 가리키는 말로 통상 쓰인다. 비록 규모는 작으나 틈새시장을 적절히 공략하고 파고들어 세계 최장의 자리에 오른 회사들을 일컫는다.

　　Cf. 스몰 자이언츠(Small giants) : 작지만 강한 강소기업으로, 기술력으로 승부하는 수출 5,000만 달러 이상의 한국형 중소기업을 말한다.

2)　**지적재산** : 노하우를 포함한 다양한 유무형의 자산을 말한다.

03   논술사례

> **주제 1**
> 은행 수익구조 개선방안에 대하여 제시하라.

답안

📈 서론

삭제 |

이제는 오히려 |

요즘 은행 점포가 **임대** 건물 1층에서 2층으로 이전하고 있다. 경쟁적으로 지점 수를 늘리던 시중은행들은 중복된 지점의 통폐합을 단행하고 있다. 오랜 저금리 기조로 인해 순이자마진(NIM)을 주 수익원으로 삼는 은행들의 수익성이 크게 악화되었기 때문이다. 또한 인터넷 은행 등 핀테크 물결은 규제로 인해 신규진입자가 드물던 은행업의 진입장벽을 낮추어 은행 산업의 경쟁이 치열해질 것으로 예상된다. 본고는 은행 수익성 악화의 원인과 개선방안에 대해 논하고자 한다.

📈 본론

은행 수익성 악화는 크게 세 가지 측면에서 그 원인을 살펴볼 수 있다. 첫째, 글로벌 금융위기 이후 전세계적으로 경기부양정책이 실시되면서 미국, 일본 등의 국가에서는 양적 완화와 함께 저금리 정책이 시행되었다. 우리나라에서도 이에 발 맞추어 기준금리를 계속 인하하면서 여수신 금리의 시간차 때문에 순이자마진이 급감했다. 국내 은행의 수익구조가 아직 수수료 등 기타 수익원보다는 순이자마진에

편중되어 있는 상황에서 이는 은행 전체의 수익성에 큰 영향을 미쳤다. 둘째, 정부에서 서민지원정책으로 수수료를 인하하는 방안을 내면서 은행 수익 중 수수료의 비중은 더욱 줄어들었다. 자문서비스 등에 대한 수수료 비중이 높은 해외 은행과는 달리 다양한 자문서비스에 대한 정당한 수수료에 대한 인식이 부족한 국내 금융환경에서 이러한 정책은 은행 수익원의 편중을 더욱 심화시켰다. 또한 '녹색금융'이라는 이름으로 수익성과 건전성이 검증되지 않은 산업에 대한 정책적 여신 밀어주기로 인해 은행의 부실이 심화되었다. 셋째, 비대면 채널이 확대되면서 인터넷 사이트 등 플랫폼 구축에 커다란 비용이 소요되었다. 대면서비스 비용은 대부분 점포의 고정비용으로 이용고객이 줄어도 크게 절감되지 않는 반면, 인터넷 뱅킹 및 폰 뱅킹의 플랫폼 및 보안 시스템 구축은 많은 비용이 소요되어 은행 전반의 수익성을 악화시켰다.

이러한 수익성 악화 문제를 해결하기 위해 은행은 다음의 세 가지 대응책을 고려할 필요가 있다. 첫째, 이미 규모적인 면에서 포화 상태에 이른 가계 금융보다는 기업금융을 통해 새로운 수익원을 창출해야 한다. 기존의 담보, 보증에 의존하던 기업금융에서 지식재산, 기술에 의존하는 기업금융으로 그 외연을 넓혀야 한다. '세일즈 앤 라이선스 백' 제도를 도입하여 지식재산을 통한 금융을 활성화 시키거나 관계형 금융을 통해 기존의 정량적 여신심사에 정성적인 심사기준을 더하여 보다 정확한 심사 시스템을 구축할 필요가 있다. 이는 기업금융으로 인한 부실을 줄이고 수익성을 제고시킬 수 있을 것이다. 둘째, 가계부채 및 부실기업 대출에 대한 신용리스크 관리를 더욱 철저하게 해야 한다. 건전성과 수익성은 동전의 양면으로 아무리 많은 이익을 내더라도, 여신에서 큰 손실을 보면 수익성은 악화될 수 밖에 없다. 현재 한국 경제에는 3년째 영업이익으로 이자비용도 감당하지 못하는 좀비기업들이 꾸준히 늘어나고 있다. 미국 금리 인상에 따른 여파를 최소화하기 위해 이러한 부실기업 대출을 탄력적으로 조정할 필요가 있다. 또한, 대부분 변동금리, 거치식 상품인 가계부채를 고정금리, 분할 상환 상품으로 전환을 유도하여 대외변수로 인한 충격을 미리 대비해야 한다. 구체적으로는 변동금리 상품에 스트레스 금리(+1.0%~2.0%)를 적용하여 고객의 부실이 은행에 전이되는 것을 방지해야 한다. 셋째, 빅데이터를 활용하여 고객의 행동패턴을 분석하고 1대1 맞춤형 금융상품 추천 서비스를 실시해야 한다. 인터넷 은행, 메신저 결제 시스템 등 ICT 기업의 금융업 도전이 가시화 되고 있는 가운데 은행도 그 동안 축적해 온 고객의 금융 데이터와 행동패턴을 활용하여 신규진입자들과의 경쟁에서 우위를 점해야 한다. 또한 인터넷 은행을 무조건 경쟁자로만 볼 것이 아니라 플랫폼 제공 등을 통해 협력하여 새로운 비즈니스 생태계를 구축해 나가야 한다. 이는 산업 규모를 확장시켜 기존 은행의 **수익성도 제고할 것이다.**

> 이런 경우
> 1. 금융부문 지원
> 2. 비금융부문 지원
> 으로 나누어 구성을 잡으셔도 좋습니다.

📈 결론

'파도를 막을 수는 없지만 파도를 타는 법을 배울 수 있다.'는 말이 있다. 중국 경기 둔화 및 미국 금리 인상 예고 등 대외변수와 가계부채 및 부실기업 대출 등 대내변수의 불안정성 가운데서도 은행들이 이러한 산업 변화에 대해 선제적, 전략적으로 대응한다면 분명 현재의 수익성 악화 상황을 타개하고 IP 금융, 관계형 금융, 부실채권 대비, 신 금융생태계 구축을 통해 새로운 성장동력을 얻을 수 있을 것이다.

01 논제 개요 잡기[핵심 요약]

서론	이슈언급	2025년 3월말 현재 은행은 자산 증가세가 둔화되고 자산건전성이 다소 저하되었으나, 수익성은 전년동기대비 개선되었다. 은행의 손실흡수능력을 의미하는 자본적정성 비율이 다소 하락하였으나 여전히 감독기준을 크게 상회하고 있으며, 원화 및 외화 자금유출에 대한 대응능력을 의미하는 유동성비율도 모두 안정적으로 유지되고 있다. 한편, 비은행금융기관은 건전성이 다소 저하되는 모습을 나타내었으나, 복원력은 양호한 수준을 유지하였다. 대부분의 비은행 업권에서 고정이하여신비율이 상승하는 등 자산건전성 저하가 이어진 가운데, 수익성도 대체로 부진한 모습을 지속하였다. 고정이하여신 규모 증가 등으로 대부분 업권에서 대손충당금적립비율이 하락하였으나 자본적정성 비율은 감독기준을 상회하고 있으며, 유동성 대응능력도 대체로 양호한 것으로 평가된다. 이에 본지에서는 은행을 중심으로 주요지표를 살펴본 후, 은행들이 나가야 할 정책적 방안에 대하여 논하기로 한다.
본론	1. 은행	

		1) 총자산/건전성/수익성 현황 및 평가(2025년 1/4분기)	① 자산 증가세 다소둔화 ② 자산건전성 다소 저하 ③ 수익성 양호
본론	1. 은행	2) 손실흡수능력/유동성 현황(2025년 1/4분기)	① 손실흡수능력 다소 저하 ② 유동성 대응능력 양호

본론	**1. 은행**	3) 연체율	2025년 4월 말 연체율(0.57%)은 상 · 매각 등 정리규모 감소(▲2.4조 원) 영향으로 전월말(0.53%) 대비 0.04%p 상승 ※ 통상 분기말에는 연체채권 정리 확대로 연체율이 큰폭으로 하락하는 경향 취약차주에 대한 채무조정 등을 활성화하는 한편, 적극적인 연체채권 정리(상 · 매각 등) 및 대손충당금의 충실한 적립을 지속적 추진해 나가야 함.
	2. 은행의 생존 전략 검토	1) 예대마진	
		2) 비이자수익	
		3) 핵심 비즈니스 강화	
		4) 전사적 디지털 혁신	
		5) 해외진출	
결론	**의견제시**	첫째, 신 수익원 개발 노력이 시급하다. 둘째, 자산관리 역량 강화에 매진해야 한다. 셋째, IT 기술에 기반한 신사업 추진도 모색해야 할 때이다. 넷째, 해외영업을 더욱 확대해 나가야 한다. 지속 가능한 수익창출 핵심역량을 강화하기 위해서는, 첫째, 신중하게 수수료 현실화를 고려해야 한다. 둘째, 자산 포트폴리오 다각화에 힘써야 한다. 셋째, 비용 효율화를 추구해야 한다. 넷째, 리스크관리 강화에도 매진해야 한다. 다섯째, 금융 소외자들을 새로운 고객으로 편입하는 등 차별화된 서비스를 실시, 고객의 니즈를 충족하여 고객으로부터 공감대를 형성해야 한다.	

02 논제 풀이

📈 서론

이슈 언급 2025년 3월말 현재 은행은 자산 증가세가 둔화되고 자산건전성이 다소 저하되었으나, 수익성은 전년동기대비 개선되었다. 은행의 손실흡수능력을 의미하는 자본적정성 비율이 다소 하락하였으나 여전히 감독기준을 크게 상회하고 있으며, 원화 및 외화 자금유출에 대한 대응능력을 의미하는 유동성비율도 모두 안정적으로 유지되고 있다.

한편, 비은행금융기관은 건전성이 다소 저하되는 모습을 나타내었으나, 복원력은 양호한 수준을 유지하였다. 대부분의 비은행 업권에서 고정이하여신비율이 상승하는 등 자산건전성 저하가 이어진 가운데, 수익성도 대체로 부진한 모습을 지속하였다. 고정이하여신 규모 증가 등으로 대부분 업권에서 대손충당금적립비율이 하락하였으나 자본적정성 비율은 감독기준을 상회하고 있으며, 유동성 대응능력도 대체로 양호한 것으로 평가된다.

이에 본지에서는 은행을 중심으로 주요지표를 살펴본 후, 은행들이 나가야 할 정책적 방안에 대하여 논하기로 한다.

📈 본론

1. 은행

1) 총자산/건전성 /수익성 현황 및 평가(2025년 1/4분기)

<출처: 한국은행 금융안정보고서 (2025년 6월)>

① 자산 증가세 다소 둔화

일반은행의 총자산은 2025년 1/4분기말 2,576.8조 원으로 2024년 1/4분기대비 6.0% 증가하여 증가세가 다소 둔화되었다

가. 자산항목별로 살펴보면 대출채권 증가율(전년동기대비)은 기업대출 증가세 약화 등으로 지난해 3/4분기말(8.4%)에 비해 상당폭 낮아진 5.8%를 기록하였다. 유가증권은 전년동기대비 4.3% 증가하면서 전년 3/4분기말(0.3%) 대비 증가세가 확대되었다.

나. 차주별 대출채권(원화대출금 기준)을 살펴보면, 가계대출은 전년동기대비 5.9% 증가하였으나 지난해 3/4분기(7.0%)보다 증가세가 둔화되었다. 기업대출은 전년동기대비 4.8% 증가하였으며 대기업(13.0%)과 중소기업(3.1%) 대출 모두 지난해 3/4분기(각각 23.1%, 6.1%) 이후의 증가세 둔화 흐름을 지속하였다.

다. 이와 같이 기업대출 증가율이 둔화 흐름을 보이는 데에는 경기 둔화 지속에 따른 기업의 신용리스크 우려로 은행의 여신건전성 관리가 강화되고 있는 점 등이 영향을 미친 것으로 보인다.

1. 은행

1) 총자산/건전성
/수익성 현황
및 평가(2025년
1/4분기)

<출처: 한국은행
금융안정보고서
(2025년 6월)>

[일반은행 총자산 규모 및 대출 증가율]

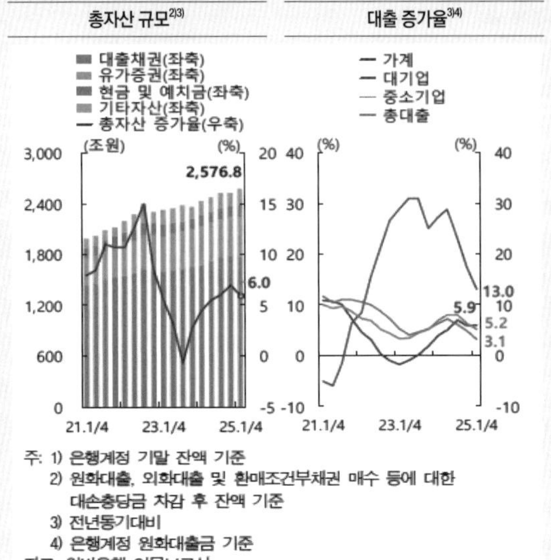

주: 1) 은행계정 기말 잔액 기준
2) 원화대출, 외화대출 및 환매조건부채권 매수 등에 대한
대손충당금 차감 후 잔액 기준
3) 전년동기대비
4) 은행계정 원화대출금 기준
자료: 일반은행 업무보고서

② 자산건전성 다소 저하

가. 일반은행의 자산건전성 핵심지표인 고정이하여신비율은 2025년 1/4분기말 0.42%로 전년 3/4분기말(0.35%)에 비해 상승하였다. 이는 고정이하여신의 신규 발생 규모가 확대(24년 3/4분기 3.0조 원 → 25년 1/4분기 4.1조 원)된 반면 정리규모는 소폭 축소(2.9조 원→2.7조 원)되었기 때문이다.

나. 한편, 고정분류 여신의 직전 단계인 요주의여신비율은 2025년 1/4분기말 0.61%로 전년 3/4분기말(0.63%) 수준을 나타냈다.

다. 차주별로 보면, 가계 및 기업 여신의 2025년 1/4분기말 고정이하여신비율은 가계 및 중소기업이 각각 0.31% 및 0.62%로 2024년 3/4분기말 (0.26%, 0.51%) 대비 상승하였다. 대기업은 0.26%로 전년 3/4분기말(0.16%) 대비 상승하였으나 상대적으로 낮은 수준을 보이고 있다.

라. 기업여신의 업종별 고정이하여신비율을 살펴보면, 건설업이 2025년 1/4분기말 1.49%로 2024년 3/4분기말(1.19%)에 비해 상당폭 상승하였다. 같은 기간 숙박음식업(24년 3/4분기말 0.41%→2025년 1/4분기말 0.57%), 도소매업(0.45%→0.55%), 부동산업(0.44%→0.68%)에서는 고정이하여신비율이 상승한 반면, 제조업(0.37%)은 전년 3/4분기말 수준을 유지하였다. 내수 부진이 이어지면서 건설, 경기민감 서비스 업종 등을 중심으로 고정이하여신비율이 상승한 것으로 평가된다.

[일반은행 고정이하여신비율 및 부실채권 발생 · 정리 실적]

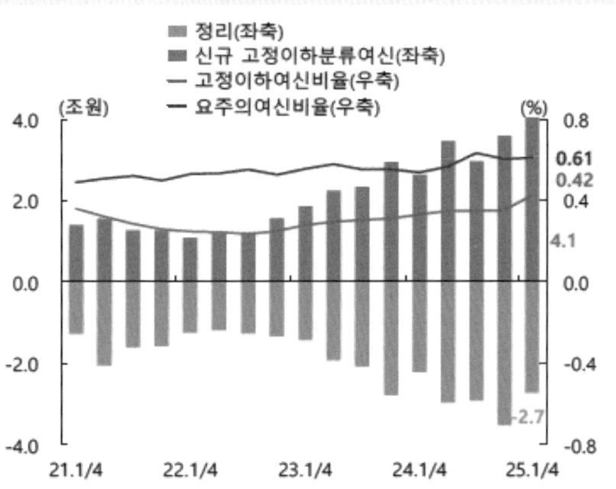

주: 1) 기말 기준
    2) 회수, 대손상각, 매각, 건전성 재분류, 채권 재조정 등 포함
    3) 기간중 기준

[일반은행 차주별 · 업종별 고정이하여신비율]

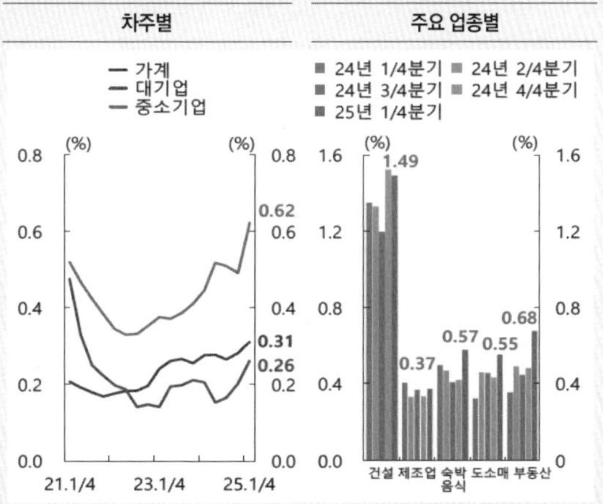

③ 수익성 양호

　　가. 일반은행의 총자산순이익률(ROA, 누적 분기 실적의 연율 환산
　　　　기준)은 2025년 1/4분기 0.66%로 전년동기 (0.57%) 대비 상승
　　　　하였다.

1. 은행

1) 총자산/건전성/수익성 현황 및 평가(2025년 1/4분기)

<출처: 한국은행 금융안정보고서 (2025년 6월)>

나. 순이자마진(NIM)은 2025년 1/4분기 1.63%로 예대금리차(잔액 기준)가 보합 수준을 지속하는 가운데, 분모인 이자수익 산정 대상 자산규모가 상당폭 증가(2024년 1/4분기 대비 +120.9조 원)함에 따라 전년동기(1.76%) 대비 저하되었다.

다. 당기순이익 규모는 2025년 1/4분기중 4.2조 원으로 전년동기대비 소폭 증가(+0.8조 원)하였다. 순이익 증감 요인을 살펴보면, 이자이익(10.4조 원)은 전년동기 수준을 유지한 반면 유가증권 관련 이익(1.7조 원, 매매 · 평가이익, 배당 등)이 상당폭 증가(+1.4조 원)하였다.

[일반은행 수익성]

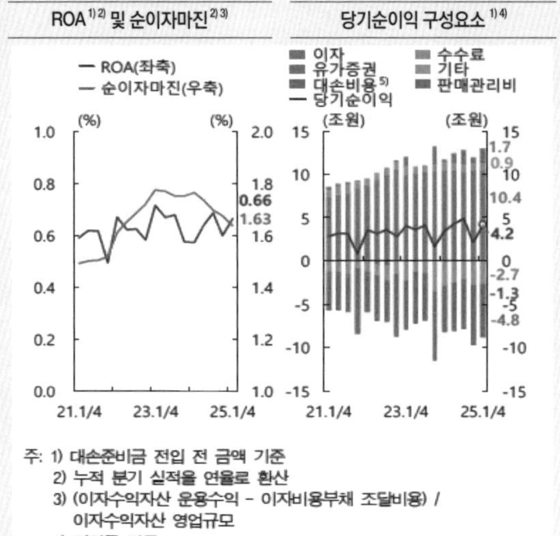

주: 1) 대손준비금 전입 전 금액 기준
2) 누적 분기 실적을 연율로 환산
3) (이자수익자산 운용수익 – 이자비용부채 조달비용) / 이자수익자산 영업규모
4) 기간중 기준
5) 대손상각비, 충당금 순전입액 및 대출채권 매매손익 포함

2) 손실흡수능력/유동성 현황 (2025년 1/4분기)

<출처: 한국은행 금융안정보고서 (2025년 6월)>

① 손실흡수능력 다소 저하

가. 일반은행의 자기자본비율(BIS 기준 총자본비율)과 보통주자본비율은 2025년 1/4분기말 각각 17.7% 및 15.4%로 2024년 3/4분기말(18.1%, 15.6%) 대비 하락하였다. 이는 2024년 4/4분기중 환율이 큰 폭 상승한 뒤 고환율 상태가 지속됨에 따라 위험가중자산 규모가 확대된 데 주로 기인한다(환율 상승 시 은행 외화자산의 원화환산액이 증가하고 통화파생거래 신용위험이 확대되는 등 신용위험가중자산이 늘어나면서 자본비율이 하락한다).

나. 다만 모든 은행이 감독기준(11.5%, D-SIB 12.5%)을 크게 상회하는 등 양호한 손실흡수력을 유지하고 있다.

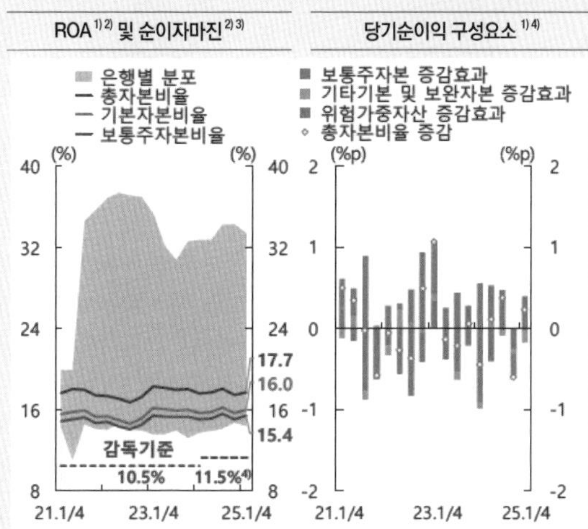

주: 1) 2024년부터 토스뱅크 포함
   2) 기말 기준
   3) 2025년 규제기준: 보통주자본비율 8%, 기본자본비율 9.5%,
      총자본비율 11.5%(D-SIB의 경우 각각 9%, 10.5%, 12.5%)
   4) 2024년 5월부터 경기대응완충자본 추가적립(1%) 의무 부과
   5) 전분기대비 총자본비율 증감을 자본 및 위험가중자산 증감이
      기여한 정도로 각각 분해

다. 대손충당금적립비율은 2025년 1/4분기말 164.2%로 지난해 3/4분기말(196.7%) 대비 32.5%포인트 하락하였다. 이는 고정이하여신이 상당폭 증가(+1.4조 원)하였음에도 종전의 보수적 충당금 적립에 따른 기저효과에다 일부 거액 차주의 신용등급 상향조정에 따른 대손충당금 환입 등으로 대손충당금 적립액은 소폭 상승(+0.3조 원)에 그친 데 기인한다.

[일반은행 대손충당금적립비율]

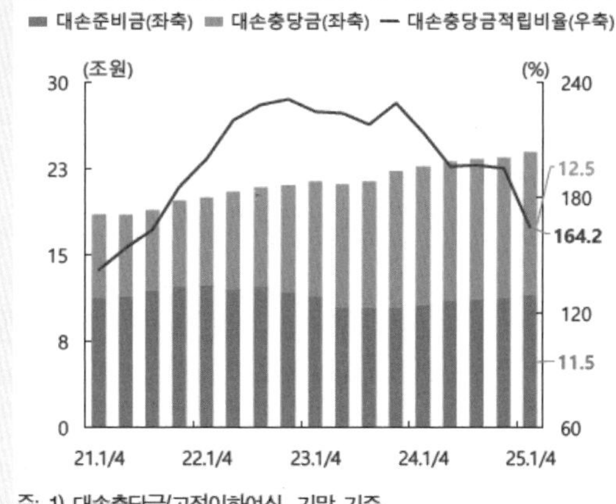

주: 1) 대손충당금/고정이하여신, 기말 기준

1. 은행	2) 손실흡수능력 /유동성 현황 (2025년 1/4 분기) <출처: 한국은행 금융안정보고서 (2025년 6월)>	라. 손실흡수력을 보강하는 대손준비금[2]은 2025년 1/4분기말 11.5조 원으로 지난 해 3/4분기말(11.2조 원) 대비 0.3조 원 증가하였다. 마. 과도한 레버리지를 제한하기 위해 도입된 단순기본자본비율(Leverage Ratio)은 2025년 1/4분기 말 5.7%로 지난해 3/4분기말(5.9%)과 비슷한 수준을 유지한 가운데 개별 은행 모두 감독기준(3%)을 크게 상회하고 있다. ② 유동성 대응능력 양호 　가. 일반은행의 유동성커버리지비율(LCR)은 2025년 4월중 116.7%로 지난해 9월(113.1%) 대비 3.7%포인트 상승하였으며, 개별 은행 모두 상향 조정된 감독기준(100%)을 준수하고 있다. 　나. 2024년 4/4분기중 환율의 큰 폭 상승에 따른 외환파생거래 증거금 추가 납입 등의 하락 요인에도 불구하고 은행들이 규제기준 정상화에 대응하여 국채 등 고유동성자산 규모를 적극 확대(+10.9조 원)함에 따라 유동성 비율이 개선된 것으로 보인다. (국내은행은 외은지점 등으로부터 조달한 외화자금을 외환파생거래에 활용하게 되는데, 이 경우 환율 상승 시 변동되는 증거금을 추가 납입하게 된다. 통상 추가 증거금은 국채 등의 형태로 납입하게 되므로 고유동성자산이 축소될 수 있다.) 　다. 한편 외화유동성 대응여력을 나타내는 외화 LCR은 2025년 4월중 149.4%로 지난해 9월(156.4%) 대비 6.9%포인트 하락하였으나 모든 은행이 감독기준 (100%)을 큰 폭으로 상회하고 있다.

[일반은행 유동성커버리지비율(LCR)]

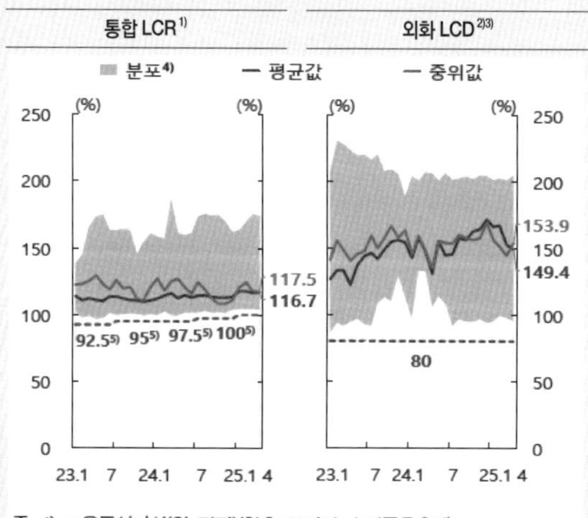

주: 1) 고유동성자산(월 평잔)/향후 30일간 순현금유출액
　　2) 고유동성 외화자산(월 평잔)/향후 30일간 외화 순현금유출액
　　3) 외화부채 규모 기준 미달로 인터넷전문은행, 광주은행, 제주은행은 외화 LCR 규제 적용 대상 제외
　　4) 인터넷전문은행은 분포에서 생략
　　5) 2022년 10월~2023년 6월 92.5%, 2023년 7월~2024년 6월 95%, 2024년 7~12월 97.5%, 2025년 1월부터 100% 적용

2) 손실흡수능력/유동성 현황 (2025년 1/4분기) <출처: 한국은행 금융안정보고서 (2025년 6월)>	라. 은행 자금조달 구조의 장기적인 안정성을 나타내는 순안정자금조달비율(NSFR, Net Stable Funding Ratio)은 2025년 1/4분기말 115.7%로 개별 은행 모두 감독기준(100%)을 충족하였다

1. 은행

3) 연체율

<출처: 금융감독원 보도자료>

① 현황

가. 2025년 4월말 국내은행의 원화대출 연체율(1개월이상 원리금 연체기준)은 0.57%로, 3월말(0.53%) 대비 0.04%p 상승 [전년 동월말(0.48%) 대비 0.09%p 상승]

나. 2025년 4월중 신규연체 발생액*(2.9조 원)은 전월(3.0조 원) 대비 0.1조 원 감소하였으며, 연체채권 정리규모(1.7조 원)는 전월(4.1조 원) 대비 2.4조 원 감소

다. 2025년 4월중 신규연체율(2025년 4월중 신규연체 발생액/2025년 3월말 대출잔액)은 0.12%로 3월(0.12%)과 유사 [전년 동월(0.12%)과 유사]

* 신규연체율(%) : (2024.4) 0.12 →(2024.12) 0.10 →(2025.1) 0.13 →(2025.2) 0.12 →(2025.3) 0.12 →(2025.4) 0.12

[원화대출 연체율 추이]

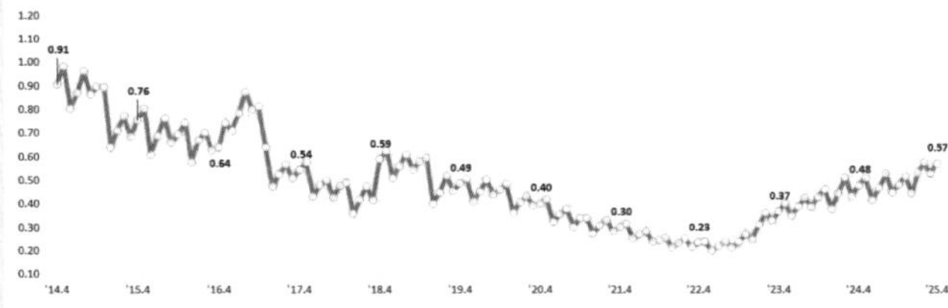

[출처: 금융감독원 보도자료]

국내은행 원화대출 부문별 연체율 추이

(단위 : %, %p)

구 분	연체율 시계열 ('13.12월~'25.4월)	'23.4말	'24.4말 (A)	'25.1말	'25.2말	'25.3말 (B)	'25.4말 (C)	증감 전년동월 (C-A)	증감 전월 (C-B)
기업대출		0.39	0.54	0.61	0.68	0.62	0.68	+0.14	+0.06
대기업		0.09	0.11	0.05	0.10	0.11	0.13	+0.02	+0.02
중소기업		0.46	0.66	0.77	0.84	0.76	0.83	+0.17	+0.07
중소법인		0.51	0.70	0.82	0.90	0.80	0.89	+0.19	+0.09
개인사업자		0.41	0.61	0.70	0.76	0.71	0.74	+0.13	+0.03
가계대출		0.34	0.40	0.43	0.43	0.41	0.43	+0.03	+0.02
주택담보대출		0.21	0.26	0.29	0.29	0.29	0.30	+0.04	+0.01
가계신용대출등		0.67	0.79	0.84	0.89	0.79	0.86	+0.07	+0.07
원화대출계		0.37	0.48	0.53	0.58	0.53	0.57	+0.09	+0.04

[출처: 금융감독원 보도자료]

1. 은행	**3) 연체율** <출처: 금융감독원 보도자료>	③ 평가 가. 2025년 4월말 연체율(0.57%)은 상 · 매각 등 정리규모 감소(▲2.4조원) 영향으로 전월말(0.53%) 대비 0.04%p 상승 ※ 통상 분기말에는 연체채권 정리 확대로 연체율이 큰폭으로 하락하는 경향 나. 취약차주에 대한 채무조정 등을 활성화하는 한편, 적극적인 연체채권 정리(상 · 매각 등) 및 대손충당금의 충실한 적립을 지속적 추진해 나가야 함.
2. 은행의 생존 전략 검토	**1) 예대마진**	① 원래 은행 예대마진은 금리와 비슷하게 움직이는 경향이 있는데, 이는 최근 기준금리, 시장금리 등이 상승하면서 예대마진이 확대되고 있음. 그 이유는, 가. 은행예금의 경우 중장기 상품이 많아, 시장 금리를 비탄력적으로 반영하는 반면, 은행 대출금리는 주로 3개월 변동금리가 (주담대의 경우 일부 고정금리가 있지만, 기업대출과 가계대출의 경우 변동부금리대출이 많음)많아 시장금리를 탄력적으로 반영하기 때문에 생기는 현상임. 나. 특히 금리의 영향을 거의 받지 않는 요구불예금의 경우 금리민감도가 미미함. ② 금융당국의 규제가 많은 가계대출에 대한 경쟁완화도 은행 예대마진 상승의 한 요인임. ③ 코로나 19 등으로 인한 매출부진에 따른 차주들의 신용위험 증가, 은행들의 중금리대출 확대 등도 예대마진 상승에 기여하는 요인임. ④ 그러나 최근 경기 부진에 따른 소상공인, 중소기업의 매출부진 등 은행 입장에서는 잠재부실 상승 가능성에 대비해, 예대마진 확대로 늘어난 이익을 향후 부실 확대에 대비하는 완충 역할로 적극 활용할 필요가 있음.
	2) 비이자수익	① 비이자수익 가. 대고객 수수료의 경우, 무료 또는 원가 이하로 제공되는 서비스가 많으므로 이를 현실화하는 과정에서 고객의 저항에 부딪힐 가능성. 나. 인터넷전문은행, 핀테크 기업 등의 등장으로 은행산업 내 경쟁이 심화되고 있어 수수료율을 높이는 데 한계점 존재. 다. 방카, 펀드판매 수수료 등 대리사무취급수수료는 경기나 금융시장 변동성에 크게 좌우되는 특성이 있음. 라. 대출조기상환수수료와 같은 벌칙적 성격의 수수료는 정책당국과 금융소비자간의 의견차이가 존재해 논란의 여지가 있음. <출처: 한국금융연구원> 마. 한국은 수수료에 인색한 문화가 있어 수수료 수취에 용이하지 않는 환경.

<table>
<tr><td rowspan="3">2. 은행의
생존
전략
검토</td><td>2) 비이자수익</td><td>

바. 차별화된 서비스를 제공해야 수수료 수취가 용이한데, 모든 은행이 유사한 서비스를 제공하는 까닭에 수수료 수취가 쉽지 않음.

사. 수수료 원가에 대한 정확한 산출 시스템 미비.

② 방향성

가. 수수료이익은 자본조달 부담이 크지 않으며, 최근 BIS자기자본비율 규제가 강화되는 상황에서 위험자산을 확대하지 않고 수익창출이 가능하다는 점에서 중요성이 커지고 있음.

나. M&A, 포괄적인 전략적 제휴, 전문인력 확보 등을 통해 비은행 자회사의 역량을 강화하고 은행과 비은행 자회사와의 유기적인 협력체제를 구축하여 수수료 수취를 위한 내부 역량을 확보할 필요가 있음.

다. 내부적으로는 매트릭스 형태의 영업방식을 정착시키고 옴니채널을 통한 고객접근이 용이하게 조치함으로써 고객점유율을 높이는 노력이 병행되어야 함.

라. 정책당국은 국내 은행그룹의 벤처투자나 비금융 플랫폼 확대를 통해 새로운 비이자 수익원을 확보할 수 있도록 금융산업의 안정망만 고려하여 신사업 추진에 유보적 의견을 제시하기 보다 유연성을 발휘하여 적극 지원할 필요가 있음. <출처: 한국금융연구원>

마. 은행들도 수수료의 현실화를 기업금융부문부터 점차적으로 확대해나가, 수수료 수취 반감을 누그러뜨릴 노력을 병행해야 함.

사. 영업 외 시간에 대한 서비스의 수수료는 높이고, 영업 내 시간의 서비스는 낮춰줌으로써 서비스 수수료 수취에 대한 당위성을 확보하려는 노력을 해야 함.

아. 추후 중기관련 컨설팅, 자문 등의 수요가 증가할 것에 대비해서 전문인력과 전문성을 확충하고 경쟁은행과의 차별화를 선행한 후 관련 자문 수수료 취득을 확대해야 할 것임.

</td></tr>
<tr><td>3) 핵심 비즈니스
강화</td><td>

① 국내은행은 경영환경 악화에 대응하여 핵심 비지니스 경쟁력을 강화하고, 초개인화 서비스 등 차별화된 서비스를 개발할 필요가 있다.

가. 가계금융의 경우, 대출 위주 영업에서 대출과 자산관리 서비스를 연계하는 서비스로 전환할 필요가 있으며. 고객 개인을 넘어 패밀리 서비스를 강화.

나. 기업금융의 경우, 심사 및 사업성 평가 역량을 제고함으로써 신규 고객을 발굴하고, 최신 IT기술을 활용하여 비재무 정보를 분석함으로써 재무정보가 부족한 고객을 신규로 유치.

다. 오프라인 점포 및 온라인 채널을 유기적으로 활용하여 고객 개인의 독특한 금융니즈를 파악하고 이를 충족하는 서비스를 제공하는 '금융의 초개인화'를 추진.

라. 핵심 비즈니스 강화, 차별화된 서비스 개발을 위해 은행 그룹 자회사와의 협업을 강화.

</td></tr>
</table>

	4) 전사적 디지털 혁신	① 코로나 19에 따른 언택트 시대 도래와 마이데이터 및 빅테크 등 신규사업자 진입에 대응하여 국내은행은 채널의 디지털화를 넘어 상품, 서비스, 내부조직, 인사, 기업문화 등 종합적인 측면에서 전사적 디지털 혁신에 본격적으로 나설 필요가 있다. ② 디지털 혁신이 성공하려면 차별화된 목표고객, 새로운 서비스 형태, 기존 상품과의 구분 등을 이끌어 낼 수 있도록 내부조직과 기업문화, 독립적인 운영방식 등이 함께 할 필요가 있다.

2. 은행의 생존 전략 검토

5) 해외진출

<출처: 금융감독원 보도자료>

① 해외진출 현황

가. 2024년말 현재 국내은행의 해외점포는 총206개(41개국)로 전년말 (202개, 41개국) 대비 4개 증가
- 2024년중 6개 점포 신설(+4개 지점, +2개 사무소) 및 2개 점포 폐쇄 (▲2개 사무소)로 총 점포수가 증가

나. 점포 종류별로는 지점이 92개로 가장 많고, 현지법인(60개), 사무소(54개) 順

다. 2023년말 대비 현지법인 및 사무소는 동일하며, 지점은 4개 증가

라. 국가별로는 베트남 · 인도(20개) 소재 해외점포가 가장 많고, 미국(17개) · 중국(16개), 미얀마(14개), 홍콩(11개) 등 順

마. 지역별로 아시아 점포가 총 140개로 전체 해외점포의 68.0%를 차지하며, 미주 29개(14.1%), 유럽 28개(13.6%), 기타 9개(4.4%) 順

② 해외점포 재무현황 (※사무소를 제외한 현지법인 및 지점 기준)

가. 자산규모

2024년말 현재 국내은행 해외점포의 총자산은 2,170.8억으로 전년말($2,101.9억) 대비 $68.8억 증가(+3.3%)

※2024년말 국내은행 총자산(은행계정) 3,902조 원 대비 8.2% 수준 [전년말(7.4%) 대비 0.8%p 상승]

나. 국가별로는 미국($357.9억)이 가장 크고, 중국($318.3억), 홍콩($247.4억) 등 順이며, 전년말 대비 중국($+18.9억), 싱가포르($+18.7억), 영국($+14.8억) 등에서 크게 증가

③ 자산건전성

2024년말 현재 국내은행 해외점포의 고정이하여신비율은 1.46%로 전년말(1.74%) 대비 0.28%p 하락

※2024년말 국내은행의 고정이하여신비율 0.54% [전년말(0.47%) 대비 0.07%p 상승]

가. 캄보디아(+1.75%p), 네덜란드(+1.49%p) 등은 상승한 반면, 인도네시아(▲3.36%p), 싱가포르(▲0.33%p), 베트남(▲0.24%p) 등은 하락

<table>
<tr><td rowspan="2">2. 은행의
생존
전략
검토</td><td rowspan="2">5) 해외진출

<출처: 금융감독원
보도자료></td><td>④ 수익성</td></tr>
<tr><td>2024년중 국내은행 해외점포 당기순이익은 $1,614백만으로 전년($1,330백만) 대비 $284백만 증가(+21.3%)

※2024년 국내은행 당기순이익(22.2조 원) 대비 10.7% 수준 [전년(8.1%) 대비 2.6%p 상승]

가. 총이익(이자+비이자이익) 감소(▲$16백만)에도 불구하고, 대손비용 감소(▲$499백만) 등에 기인
나. 총자산순이익률(ROA)은 0.74%로 전년(0.63%) 대비 0.11%p 상승
다. 국가별로는 미국(+$229백만), 싱가포르(+$49백만) 등에서 순이익이 증가한 반면, 인도네시아(▲$56백만적자확대), 중국(▲$27백만) 등은 순이익 감소
라. 인도네시아는 적자폭 확대(2023년 ▲$103백만 → 2024년 ▲$158백만)</td></tr>
</table>

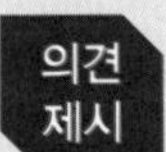 결론

의견 제시 은행산업은 이제 더 이상 내수산업이 아니다. 그리고 은행원은 더 이상 사무직이 아니다. 자리를 지키기보다는 자리를 과감히 박차고 나와 눈을 세계로 돌리고 없던 사업부문을 창조해내고 파이를 넓혀 나갈 시점이다. 고령화라는 위기는 자산시장의 대중화로 돌파하고, 국내시장의 한계는 해외로 눈을 돌려 돌파하고, 핀테크라는 암초는 적극적으로 뭉침으로 돌파해 나가야 한다.

이에 은행들은 최우선적으로 아래와 같은 수익성 중심의 사업구조 개편을 시작해야 한다. 지속 가능한 수익창출 핵심역량을 강화하기 위해서는 다음과 같은 부문에 대한 개선노력이 필요하다.

첫째, 신 수익원 개발 노력이 시급하다. 저금리와 고령화 등에 따른 자산관리 역량 제고 및 자문 서비스 수수료 창출이 가능한 사업모델 구축 등 안정적인 신 수익원 개발 필요하다.

둘째, 자산관리 역량 강화에 매진해야 한다. 고령화 등에 따라 신 성장사업으로 부상하고 있는 자산관리 분야의 역량을 강화하여 차별화된 서비스를 제공함으로써 신탁보수 등 관련 비이자수익을 확대할 필요가 있다. 다만, 안정적 수익 창출을 위해서는 상품판매 위주보다는 자문 서비스 수수료 창출이 가능한 사업모델 구축이 필요하다.

셋째, IT 기술에 기반한 신사업 추진도 모색해야 할 때이다. 플랫폼 사업 다각화 등 IT기반을 통한 저비용, 고효율 수익원 발굴은 이제 필수과제이다. 특히, 플랫폼은 제품을 개발하거나 판매할 때 공통적으로 활용하는 요소를 뜻하며, 이를 기반으로 아이디어를 더해 다양한 서비스를 제공할 수 있는 등 수익 포트폴리오를 다양화할 수 있을 것으로 기대되기 때문이다.

넷째, 해외영업을 더욱 확대해 나가야 한다. 대출 축소 등 성장의 한계에 직면한 일본 은행들은 성장가능성이 높은 아시아 지역을 중심으로 지분인수, 전략적 제휴 등을 통하여 해외진출을 확대한 전례가 있다. 일본 메가뱅크 총대출의 25%가 해외에서 발생되고 해외부문의 이익기여도가 35% 증가했다는 점을 상기해야 한다.

뿐만 아니다. 지속 가능한 수익창출 핵심역량을 강화하기 위해서는 다음과 같은 부문에 대한 개선노력이 필요하다.

첫째, 신중하게 수수료 현실화를 고려해야 한다. 은행 고유서비스(송금, 예금계좌 관련)에 대한 수수료 현실화를 통한 안정적인 수입원을 확보할 필요가 있기 때문이다. 미국의 경우 예금계좌 관련 서비스료가 비이자이익의 38%를 차지하며, 일본도 은행 고유 서비스 관련 수수료가 19%를 차지하고 있다.

둘째, 자산 포트폴리오 다각화에 힘써야 한다. 대출에 치중되어 있는 자산 포트폴리오를 다각화하고 이자이익의 경우에도 은행별 고유의 강점을 토대로 대출자산 포트폴리오도 다각화할 필요가 있다.

셋째, 비용 효율화를 추구해야 한다. 성장이 정체될수록 비용효율성이 중요한 데다, 핀테크 스타트업의 등장 등으로 업권내 경쟁이 치열해짐에 따라 수익성에 위협이 되는 고비용. 저효율의 구조를 개선할 필요가 있기 때문이다. 전통적 영업점 방식에서 모바일 채널로 급속히 전환되는 등 급변하는 금융거래 환경 등을 감안하여, 조직을 효율적으로 운영 하고 비용을 감소하기 위한 방안을 적극 추진할 필요가 있다.

넷째, 리스크관리 강화에도 매진해야 한다. 대내외 불확실성 증대와 경기회복 지연 장기화 등 현 상황을 감안할 때 대출확대보다는 기존 대출 등에 대한 리스크 관리 강화를 통해 대손비용을 최소화함으로써 수익성을 방어할 필요가 있기 때문이다.

다섯째, 금융 소외 자들을 새로운 고객으로 편입하는 등 차별화된 서비스를 실시, 고객의 니즈를 충족하여 고객으로부터 공감대를 형성해야 한다. 은행들은 신용공여에 대한 적절한 대가와 금융서비스에 대한 합리적인 보상을 지켜주는 제도를 지키는 한편, 4차 산업 스타트 업에 대한 전략적인 출자를 실시함으로써 다양한 고객들을 만족시킬 수 있어야한다. 특히 핀테크에 대해 익숙지 못한 고령층이 새로운 금융 소외자로서 부상하며, 이들에 대한 맞춤형 인터넷 뱅킹 서비스를 실시할 수도 있다. 이와 같은 노력은 새로운 고객층을 발굴함과 동시에 국민과 정부가 요구하는 금융 기관의 사회적 책임에 따른 공공성을 실현시킬 수 있다.

 **용어해설**

1) **단순자기자본비율** : 단순기본자본비율은 은행 부문의 과도한 레버리지 확대를 제한함으로써 유사시 급격한 디레버리징으로 인한 위기가 증폭되는 문제를 방지하기 위해 도입되었다. 동 비율은 총익스포저를 기준으로 산출되기 때문에 위험가중자산에 기반한 최저자기자본 규제를 보완하는 데 목적이 있다. 우리나라에서는 2015년 1/4분기부터 보조지표로 공시된 후 2018년부터 동 규제가 시행되었으며, 2020년 1월부터는 인터넷전문은행에도 적용되었다.

2) **대손준비금** : 대손준비금은 회계기준상 대손충당금에 더해 감독규정상 여신건전성 분류기준에 따라 적립하는 제도로, 현행 기업여신의 경우 최저적립률은 정상 0.85%, 요주의 7%, 고정 20%, 회수의문 50%, 추정손실 100%를 적용하고 있다. 이와 함께 2023년 11월 금융감독당국은 경기상황에 따라 대손충당금 및 대손준비금 적립수준이 부족하다고 판단될 경우 추가적립을 요구할 수 있는 「특별대손준비금 적립요구권」을 감독규정화하였다.

2025년 3월31일 현재 은행 주요 경영지표(단위: 백만 원)

(2025.03.31 현재) (단위 :백만원, %)

구분	기초 재무정보				주요 경영지표			
	총자산	총부채	자기자본	당기순이익	BIS비율	고정이하 여신비율	ROA	NIM
경남은행	52,234,924	48,638,339	3,596,585	32,185	14.71	0.82	0.60	1.83
광주은행	31,426,441	29,136,890	2,289,551	51,619	14.82	0.79	0.93	2.53
국민은행	549,392,960	512,699,547	36,693,413	898,613	17.56	0.40	0.58	1.76
농협은행주식회사	427,034,157	402,590,927	24,443,230	450,409	17.96	0.56	0.43	1.75
부산은행	78,707,906	72,895,487	5,812,419	52,654	15.68	1.10	0.53	1.84
수협은행	59,501,961	55,479,623	4,022,338	62,655	15.09	0.72	0.42	1.60
신한은행	504,342,935	471,874,278	32,468,657	892,439	17.96	0.31	0.61	1.55
아이엠뱅크	75,070,323	70,021,569	5,048,754	99,378	17.06	0.82	0.44	1.78
우리은행	469,198,801	443,303,730	25,895,071	555,693	16.22	0.32	0.62	1.44
전북은행	24,337,341	22,347,974	1,989,367	-17,725	15.23	0.98	0.81	2.60
제주은행	7,600,873	7,011,678	589,195	-199	17.49	1.66	0.14	2.05
주식회사 카카오뱅크	68,392,623	61,882,559	6,510,064	122,679	26.08	0.51	0.73	2.09
주식회사 케이뱅크	30,394,466	28,379,140	2,015,326	10,551	14.39	0.61	0.51	1.41
주식회사 하나은행	508,750,234	476,772,062	31,978,173	973,417	17.89	0.29	0.64	1.48
중소기업은행	441,521,220	410,081,928	31,439,292	671,188	14.78	1.34	0.59	1.63
토스뱅크 주식회사	32,530,223	30,893,530	1,636,693	18,670		0.98	0.15	2.60
한국산업은행	351,134,812	307,770,321	43,364,492	974,902	14.04	0.62	0.61	0.36
한국스탠다드차타드은행	93,569,375	88,143,221	5,426,154	88,150	19.08	0.41	0.33	1.53
한국씨티은행	50,804,881	45,197,261	5,607,620	101,726	33.35	1.38	0.74	2.37
국내은행	3,855,946,456	3,585,120,064	270,826,394	6,039,004	16.50	0.59	0.58	1.53

03 논술사례

주제 1

은행권 연체율상승과 건전성 우려에 대한 본인의 의견을 밝히고
감독원의 정책방안을 제시하라.

답안

📈 서론

현재 연체율 상황

📈 본론

- 연체율과 은행의 건전성 상태 bis 지수 , npl, 연체율 등

- 연체율 상승 원인 : 금리가 너무 높아서

  금리가 높은 원인 : 팬데믹 상황 때 양적완화를 통한 재정정책을
  수행, 러시아-우크라이나 전쟁의 장기화로 인한 석탄, 석유 등
  의 값이 폭등하면서 인플레이션으로 이어짐, 인플레이션으로 원
  자재 가격 인건비 등 모든것이 상승. 인플레이션을 잡기위해 금
  리를 높임, 이스라엘 -하마스사태로 인플레이션이 발생할 것으
  로 예상

-

코로나때 늘어난 소상공인, 중
소기업 기업대출도 한 몫을 합
니다. 통상 이런 위기 때 정책적
으로 늘어난 여신은 여신심사
가 소홀했을 가능성이 높기 때
문에 통상 2~3년 후 부실여신
이 되는 경우가 많습니다.

📈 결론

감독원의 정책방안

　최근 새마을금고의 다중채무자의 연체율이 3.6%가 넘는 **등의 상황을 비롯해** 5대 은행의 연체율**이 역대 최고라는** 뉴스들이 쏟아지고 있다. 지난 3월 실리콘밸리뱅크의 파산으로 뱅크런의 위험성이 강조되는 가운데도 연체에 대한 관리가 소홀했다는 지적을 피해갈 수 없었다. 연체율이 **증가하면서** 은행들은 자산건전성을 유지하기 위해 부실채권을 상각하거나 매각했는데 그 규모가 올해 **3,2**조를 넘어서면서 작년 같은기간 1조 5천억, 작년 연간규모 2조 2천7백억을 이미 상회한 금액이다. 이와 같은 수치들로 보았을 때 은행의 연체율상승과 건전성은 우려가 되는 상황을 맞이했다고 **판단된다.** 따라서 본고는 연체율과 은행의 건전성 현황과, 연체율이 상승하는 원인, 금융감독원의 정책방안에 대해 **분석하겠다.**

[　]

　금융당국에 따르면 7월말 **원화 대출 연체율은** 0.39%로 전년 7월말 대비 0.17%p가 오른 수치이며 그 중에서도 가계대**출** 연체율은 0.71%로 작년대비 0.34%p가 증가한 것으로 **나타났으며 금융권 전체** 연체율은 23년 6월 기준 2.17%로 나타났다. 금융당국은 **금융자원 종료** 등의 영향으로 연체 증가 속도가 더 빨라질 것으로 예상하고 있으며 은행의 자산건전성 제고를 위한 부실채권의 상각, 매각도 더 늘어날 것으로 예측하고 있다. 부실채권 등의 상각, 매각으로 고정이하여신의 비율이 약간 낮아졌지만 현재 0.26%로 작년 같은기간이 0.21%인 것과 비교하면 0.05%p가 높은 것을 알 수 있다.

대두되었다.

는.

인플레이션이 원인이 되어

삭제

하락해

분양시장도 급격하게 위축되었기 때문이다.

연체율 상승의 원인

수행해 시중에 통화량이 크게 증가한 상황에서

완화

도

이러한

기준금리 인상정책 때문에

우리의 대출금리도

차주들의 이자상환 부담이 커지면서

최근에는

되기에

삭제

현재의

이 부분은 그리 중요 인자라는 느낌이 들지 않습니다.

가계대출 뿐만아니라 부동산 pf의 연체율의 심각성도 **많은 논란이 되었다.** 2020년 부동산 pf연체율은 3.37%에 불과했지만 현재 17.28%인 것을 보면 그 심각성을 알 수 있다. 부동산 pf의 위기도 **인플레이션으로 기반하여** 발생했다. **인플레이션이 발생하면서** 원자재 가격이 폭등했고, 금리는 상승하면서 부동산 가격이 **떨어져 부동산 시장의 위험성이 급격하게 커졌기 때문이다.** 현재 부동산 pf 대주단 협약을 통해 신규자금지원, 만기연장 등을 통해 정상화를 진행 하고 있으나 여전히 고금리가 예상되는 현재 부동산 pf의 위기론 또한 연체율의 상승에 주된 원인이 되었다.

[　　]

이러한 연체율의 상승은 고금리에 기인한다. 팬데믹 상태일 때 각국은 양적 **재정**정책을 **수행했고,** 작년 러시아와 우크라이나 전쟁이 발발하고 전쟁이 장기화되면서 석탄, 유가 등의 가격**이** 폭등하면서 인플레이션이 발생하였다. 인플레이션을 잡기위해 미국의 **기준금리가 상승하면서** 전 세계의 금리가 오르게 되었고 이에 **대출 금리가** 높아져 **은행에 빌린 돈을 못갚는 상황이 증가하면서** 연체율이 상승한 것이다. 여기에 더해 이스라엘-하마스 사태가 발생하면서 국제유가가 오를 것으로 예상**되며 인플레이션이 발생할 것으로 예상되면서 금리를 쉽게 내리지 못하는 상황이 유지되어** 고금리 상황이 더 이어져 은행의 연체율도 더 오를것으로 전망된다.

작년 금융권의 유동성 확보를 위해 예금금리 인상이 공격적으로 진행 되며 금융시장의 불안을 초래한 것도 금리인상의 주요 원인 중 하나로 꼽혔다. 지난 해의 경우 세계 각국이 기준금리를 가파르게 인

상하는 과정이었고, 중도개발공사 이슈, 흥국생명 외화 신종자본증권 이슈등 국내에서 예상치 못한 이슈들이 발생하면서 자금시장의 불안을 야기하였고, 부동산 pf 위기론이 대두되면서 은행들은 유동성을 확보하기 위해 금융권의 자금확보 경쟁이 발생하면서 예금금리의 공격적인 인상이 진행되었었다.

이렇게 발생한 인플레이션과 그에 따른 금리의 인상이 은행의 연체율을 상승하고 자산건전성을 악화시키는 원인이 되어 금융시장의 불안정을 야기한다.

[　]

금융감독원은 이러한 원인들이 발생하지 않도록 다음의 정책을 수행할 필요가 있다.

첫째, 뱅크런과 같은 사태가 발생하지 않도록 유동성 상황을 고려한 위험관리에 중점을 두고 은행의 자산건전성 지표의 점검에 더욱 엄격하게 관리해야 한다. 또한 은행의 내부통제 **전반의** 자체점검을 요구하고 그 이행여부를 엄격하게 체크해야한다.

둘째, 금융권의 자금확보 경쟁을 방지하기 위해 은행들이 수신에만 의존하여 유동성을 보존하지 않도록 채권 발행의 유연성을 확보할 수 있도록 **도움을 주어야 한다.**

현재 금융당국은 지난해와 같은 시장 불안이 되풀이될 가능성은 낮다고 판단하고 있지만, 이스라엘 -하마스 사태와 같은 외부 충격의 발생으로 인해 언제든 시장 불안이 심화될 수 있는 만큼 금융감독원은 국내시장의 취약요인에 대한 선제적인 대응을 계속해 나가야 한다.

| 결론 : 금융감독원의 대응방안

| 삭제

| 제도를 손질해야 할 것이다.

chapter 23

디지털 런 (Digital Run)

01 논제 개요 잡기[핵심 요약]

서론	이슈언급	디지털 뱅크 런은 전통적 방식보다 규모가 크고 매우 빠른 속도로 일어나 은행의 신속한 대응이 어렵다. 모바일뱅킹의 발달과 SNS 사용의 대중화를 통한 공포감 확산이 뱅크 런을 촉발하여 초고속 파산으로 이어졌다는 연구 결과가 발표되는 등 SNS 기반 뱅크 런이 금융시스템에 새로운 위험요소가 될 수 있으므로 위험관리가 필요하다는 목소리가 높아졌다. 또한, 최근의 SVB, CS 등 은행 위기 상황은 개별 국가와 글로벌 금융시장 구분없이 위기 상황의 전파 속도가 과거에 비해 크게 빨라졌음을 보여주었다. 우리나라는 IT기술 발달로 모바일 · 인터넷 금융거래가 활성화되어 있는 만큼 주요국 사례를 통해 나타난 취약성에 더욱 면밀한 대응이 필요한 상황이다. 이에 본지에서는 디지털 뱅크 런 사태의 재발 방지를 위한 금융시스템 강화 방안들에 대하여 논하기로 한다.
본론	1. 뱅크 런	1) 뱅크 런 원인 및 속성	① 은행 파산의 원인 　가. 은행 건전성과 관계된 문제로 재무상태표의 차변(자산가치)에 문제가 생기는 경우다. 즉 은행이 보유한 자산가치의 폭락으로 자본잠식이 발생하는 경우다. 　나. 은행 유동성과 관계된 문제로 은행 재무상태표의 대변(현금성자산)과 관계되어 발생한다. 차변 쪽의 보유자산 부실에 대한 우려로 대변 쪽에서 대규모 예금인출사태가 벌어질 때, 이에 상응할 만큼 충분한 현금성 자산을 보유하지 못해 파산하는 경우가 이에 해당한다.

본론	**1. 뱅크 런**	**1) 뱅크 런 원인 및 속성**

② 경로 : 정리하면 차변에 기인한 파산은 은행의 탐욕(greed)에 의해 발생하고 펀더멘털과 관계된 반면, 대변에 따른 파산은 예금자의 공포(panic)에 기인한 만큼 펀더멘털과 관계가 없을 수도 있다.

  가. 차변 문제는 펀더멘털과 관계 있는 만큼 대응이 상대적으로 용이하다.

  나. 반면 대변 쪽에서 발생하는 뱅크 런의 경우는 예금자들의 공포를 불식해야 하므로 대응이 훨씬 어렵다.

③ 뱅크 런, 은행업 속성과 공포의 결합

  가. 뱅크 런이 이렇게 빈번히 발생하는 이유는 본질적으로 은행은 단기예금을 장기대출로 전환하다 보니 대규모 예금인출이 발생할 경우 대출 회수로 대응할 수가 없어 뱅크 런을 피할 도리가 없게 된다.

  나. 문제는 예측이 불가능하다는 것이다.

  다. 뱅크 런이 무서운 것은 바로 뱅크 런이 일어난다는 공포 자체가 진짜 뱅크 런을 가져온다.

  라. 뱅크 런은 은행업의 유동성 변환이란 업의 본질과 공포라는 심리적 현상의 결과물이다.

④ 일단 뱅크 런이 발생하면 산불과 유사하기 때문에 무엇보다 초동대응이 관건이며, 이때 중앙은행의 역할이 가장 중요하다.

2) 디지털 런

<출처: 자본시장연구원>

① 디지털 뱅크 런 우려

② 위험 관리 필요성

  가. 디지털 뱅크 런은 전통적 방식보다 규모가 크고 매우 빠른 속도로 일어나 은행의 신속한 대응이 어렵다.

  나. SNS 기반 뱅크 런이 금융시스템에 새로운 위험요소가 될 수 있으므로 위험관리가 필요하다는 목소리가 높아지고 있다.

3) 디지털화와 은행의 불안정성

은행의 디지털화가 예금의 점착성(stickiness, 예금자가 은행의 시장 지배력·편의성·관성 등으로 인해 시장보다 낮은 예금금리에도 거래를 지속하는 경향)을 감소시켜 금리 상승 시 은행의 안정성이 저해될 수 있음.

① 예금 유출 확대 : 디지털 뱅킹의 발전은 예금의 이동 비용 감소 및 예금의 점착성 약화로 이어지며, 이에 따라 예금자들의 금리 민감도가 증가하면서 금리 상승 시 예금유출이 심화.

② 은행의 안정성 약화 : 일반적으로 금리 상승은 예금 프랜차이즈 가치(예금의 점착성 덕분에 은행이 시장보다 낮은 예금금리를 지급할 수 있는 능력에서 비롯되는 무형 자산의 가치) 상승으로 이어지며, 이는 은행의 자산가치 하락에 대한 헷지(hedge) 효과로 작용하는데 디지털화는 이러한 효과를 약화시킴.

본론	**1. 뱅크 런**	3) 디지털화와 은행의 불안정성	③ SVB 파산 사례 재조명 : 디지털-브로커 은행이었던 SVB는 2022년 금리 상승 시 예금 수요가 더욱 민감하게 반응하여 예금 유출이 심화되었고, 예금 프랜차이즈 가치 하락과 대규모 자산 평가손실이 결합되어 결국 파산에 도달.
		4) 디지털 런 – 우리의 대응방안	① 디지털 런 관련 가짜 뉴스 사례 ② 제도 개선의 필요성 부각 ③ 한국의 디지털 뱅킹 현황 ④ 개선 방향성 　가. 한국은행 　　A. 사전 안전장치로 지급결제 보증을 위한 은행의 담보자산 비율을 높이는 방안을 검토하고 있다. 　　B. 즉, 디지털 런에 따른 파산으로 은행이 지급결제 불능 상태에 빠질 것에 대비해 사전 안전장치를 더욱 강화하겠다는 뜻으로 풀이된다. 　나. 예금보험공사 　2001년 이후 24년 만인 2025년 9월 1일부터 은행 · 저축은행 등 예금보험공사가 예금을 보호하는 금융회사와 개별 중앙회가 예금을 보호하는 상호금융권(신협 · 농협 · 수협 · 산림조합 · 새마을금고)의 예금보호한도를 모두 현행 5천만 원에서 1억 원으로 상향함.
결론	**의견제시**		우리나라 정책당국도, 첫째, 금융기관들에 대한 스트레스 테스트 실시 등을 통해 복원력을 수시로 점검하고, 둘째, 금융기관들이 유사시를 대비하여 충분한 자본 여력을 확보하도록 유도해 나가야 할 것이다. 셋째, 금융기관들이 디지털 런에 대비할 수 있도록 자금조달 구조를 점검하고 SNS를 통한 뱅크 런 발생시 신속하게 유동성이 공급될 수 있는 방안을 마련할 필요가 있다. 한편, 가짜 뉴스로 은행 건전성에 대한 우려가 촉발되고 그런 우려가 공포로 확산할 경우 어떤 은행도 디지털 런을 피할 수 없다. 이에 대한 강경한 대응과 함께 신속하고 강력한 신뢰 구축장치가 시급한 이유가 여기에 있다.

02 논제 풀이

📈 서론

이슈 언급 SVB 등이 파산하게 된 1차적 원인으로 자금 조달 및 운용 측면에서 특정 부문에 대한 집중도가 지나치게 높아 위험분산이 제대로 이루어지지 않았던 점을 들 수 있다. SVB의 경우 국채 일변도의 투자로 금리 급등에 따른 대규모 손실 발생이 불가피했으며, 소수 벤처기술기업의 거액예금 의존도가 높아 뱅크 런에도 더 취약할 수밖에 없었던 것이다.

특히 이번 위기 국면에서 소셜미디어 확산과 금융서비스 혁신의 결합으로 뱅크 런이 전례 없이 빠른 속도로 진행되었던 점을 주목할 필요가 있다. 은행손실에 대한 우려가 제기되자마자 이 소식이 SNS를 통해 급속히 전파되었고, 이에 예금주들이 모바일 뱅킹 등을 이용해 동시다발적으로 인출을 시도하면서 자산 규모 수천억 달러 규모의 은행들이 단 수일만에 파산 상황에 직면하게 된 것이다. 정책당국이 재할인창구 등 통상적인 유동성 공급 방식으로 대응할 시간적 여유를 확보하기 어려웠던 이유다.

디지털 뱅크 런은 전통적 방식보다 규모가 크고 매우 빠른 속도로 일어나 은행의 신속한 대응이 어렵다. 모바일뱅킹의 발달과 SNS 사용의 대중화를 통한 공포감 확산이 뱅크 런을 촉발하여 초고속 파산으로 이어졌다는 연구 결과가 발표되는 등 SNS 기반 뱅크 런이 금융시스템에 새로운 위험 요소가 될 수 있으므로 위험관리가 필요하다는 목소리가 높아졌다. 또한, 최근의 SVB, CS 등 은행 위기 상황은 개별 국가와 글로벌 금융시장 구분없이 위기 상황의 전파 속도가 과거에 비해 크게 빨라졌음을 보여주었다.

우리나라는 IT기술 발달로 모바일 · 인터넷 금융거래가 활성화되어 있는 만큼 주요국 사례를 통해 나타난 취약성에 더욱 면밀한 대응이 필요한 상황이다.

이에 본지에서는 디지털 뱅크 런 사태의 재발 방지를 위한 금융시스템 강화 방안들에 대하여 논하기로 한다.

📈 본론

1. 뱅크 런	1) 뱅크 런 원인 및 속성 <출처: 중앙일보 안동현 서울대 경제학과 교수 칼럼>	① 은행 파산의 원인 : 은행파산은 끊임없이 발생해왔다. 다만 대공황이나 스태그플레이션 그리고 2008년 금융위기에서 보듯, 특정 시점에 은행 파산이 집중되는 경향이 있다. 이는 은행파산의 가장 큰 특성이 전염성에 있다는 점을 시사한다. 은행 파산의 원인으로는 크게 두 가지가 있다. 가. 첫 번째는 은행 건전성과 관계된 문제로 재무상태표의 차변(자산가치)에 문제가 생기는 경우다. 즉 은행이 보유한 자산가치의 폭락으로 자본잠식이 발생하는 경우다. 과거 1800년대와 1900년대 초 영국과 미국에서 빈번히 발생했고, 2008년 금융위기 때는 주로 투자은행에서 일어났다. 최근 크레디트스위스가 동일한 이유로 무너졌다.

1. 뱅크 런

1) 뱅크 런 원인
및 속성

<출처: 중앙일보
안동현 서울대
경제학과 교수 칼럼>

나. 두 번째 원인은 은행 유동성과 관계된 문제로 은행 재무상태표의 대변(현금성자산)과 관계되어 발생한다. 차변 쪽의 보유자산 부실에 대한 우려로 대변 쪽에서 대규모 예금인출사태가 벌어질 때, 이에 상응할 만큼 충분한 현금성 자산을 보유하지 못해 파산하는 경우가 이에 해당한다.

② 경로

가. 차변 쪽의 자산 부실로 인한 은행 파산은 크게 두 가지 경로를 타고 번진다.

A. 한 은행의 부실이 지급결제 망을 타고 다른 은행에 전파되거나 은행 간 대차관계로 부실이 전염되는 경우다.

B. 부실은행이 대응 과정에서 보유자산을 헐값에 처분하는 '파이어 세일'로 인해 유사 자산을 보유한 다른 은행마저 부실화되는 경우다. 2008년 금융위기는 주로 이 두 번째 경로를 타고 전이됐다.

나. 대변 쪽에서 발생하는 뱅크 런의 전염경로는 바이러스성 공포(viral panic)다. 한 은행에서 뱅크 런이 발생할 경우 공포가 전이되어 다른 은행으로 뱅크 런이 확산하는 것이다.

다. 정리하면 차변에 기인한 파산은 은행의 탐욕(greed)에 의해 발생하고 펀더멘털과 관계된 반면, 대변에 따른 파산은 예금자의 공포(panic)에 기인한 만큼 펀더멘털과 관계가 없을 수도 있다.

A. 차변 문제는 펀더멘털과 관계 있는 만큼 대응이 상대적으로 용이하다. 실제 금융감독당국의 시스템 리스크 관리에서 핵심 금융규제는 대부분 이를 방지하는 데 집중되어 있다. 국제결제은행(BIS)의 자기자본 규제를 비롯해 보유자산의 위험을 통제하는 고강도의 건전성 규제가 그것이다.

B. 반면 대변 쪽에서 발생하는 뱅크 런의 경우는 예금자들의 공포를 불식해야 하므로 대응이 훨씬 어렵다. 17세기 영국에서 지불준비금제도가 도입되었고, 1933년 미국에서 예금자보호제도가 도입되었지만 여러 제도 도입 후에도 뱅크 런을 막는 데는 역부족이었다.

③ 뱅크 런, 은행업 속성과 공포의 결합

가. 뱅크 런이 이렇게 빈번히 발생하는 이유는 본질적으로 은행업이 가진 '업의 속성' 때문이다. 일반적으로 예금자는 단기로 자금을 빌려주려는 데 비해 기업 · 가계는 장기로 자금을 빌리고자 한다. 예금자의 단기 공급을 대출자의 장기 수요로 변환해주는 유동성 전환(liquidity transformation)이 은행업의 본질이다. 이런 변환을 통해 확보된 자금이 궁극적으로 기업의 산업자금과 가계의 부동산 · 신용대출의 원천이 되어 경제성장의 밑거름으로 작용한다. 그런데 단기예금을 장기대출로 전환하다 보니 대규모 예금인출이 발생할 경우 대출 회수로 대응할 수가 없어 뱅크 런을 피할 도리가 없게 된다.

1. 뱅크 런	1) 뱅크 런 원인 및 속성 <출처: 중앙일보 안동현 서울대 경제학과 교수 칼럼>	나. 문제는 뱅크 런을 일으키는 대규모 예금인출이 펀더멘털과 관계가 없는 공포에 기인하는 만큼 예측이 불가능하다는 것이다. 특히, 대변 쪽 뱅크 런의 경우, 한두 명이 뛰기 시작하면 그걸 보고 다른 사람들도 뛰기 시작한다. 정작 왜 뛰어야 하는지는 중요하지 않다. 그저 타인들이 뛰는 행위를 목격한 것 자체가 공포를 유발해 같이 뛰기 시작한다. 이런 식으로 은행 붕괴로 이어진다. 다. 뱅크 런이 무서운 것은 바로 자기충족 예언(self-fulfilling prophecy)이라는 점이다. 즉 뱅크 런이 일어난다는 공포 자체가 진짜 뱅크 런을 가져온다. 미시경제학에서 말하는 전형적인 조정실패(coordination failure) 현상이다. 조정이 일어나 모두 동시에 뛰는 것을 멈추면 사고가 일어나지 않는 '더 좋은 균형(the good equilibrium)'에 도달할 수 있지만, 조정이 되지 않으면 '파국의 균형(the bad equilibrium)'에 이르게 된다. 이렇게 공포가 매개체인 만큼 어떤 경우에 뱅크 런이 발생할지 사전 예측이나 예방이 불가능하다. 라. 종합하면, 뱅크 런은 은행업의 유동성 변환이란 업의 본질과 공포라는 심리적 현상이 결과물이다. 따라서 금융규제를 통해서도 해결할 수 없다. 예금보험 한도나 지급결제 담보비율 상향 조정과 같은 사전 대비책이나 인출금지 명령과 같은 사후 대책까지 언급되고 있지만, 이런 미시 방안들은 약간의 도움만 될 뿐이다. ④ 일각에서 언급하고 있는 '인출금지 명령(bank holiday)'은 그 기간 경제를 마비시킬 뿐만 아니라 오히려 공포심을 더 부추길 수도 있다. 1933년 루스벨트 대통령의 인출금지 명령이 부분적으로 성공한 것처럼 보이지만, 실제 성공 이유는 그것이 아니라 100% 예금보장을 선언해 예금이 안전하다는 믿음을 줬기 때문이다. ⑤ SVB사태를 '디지털 런'으로 부르면서 마치 기존의 뱅크 런과 차별화된 것으로 보지만, 인출 속도가 빠르다는 점 외에는 경제적으로 동일하다. 일단 뱅크 런이 발생하면 산불과 유사하기 때문에 무엇보다 초동대응이 관건이며, 이때 중앙은행의 역할이 가장 중요하다. 가. 역사적으로 중앙은행은 뱅크 런을 막기 위한 '최후의 대부자' 역할을 기대하고 도입되었다. 그런 만큼 일단 발화한 은행에 대한 신속한 유동성 지원에 나서야 한다. 은행 자산을 담보로 유동성을 지원하든, 인출된 예금만큼 현금을 예치해 주든, 신속한 조치로 뱅크 런이 다른 은행으로 확산하는 것을 원천 봉쇄해야 한다. 나. 해당 은행의 구조 조정은 뱅크 런을 막은 다음에 진행해도 충분하다. 무엇보다 궁극적으로 공포와의 싸움이기 때문에 이를 극복하기 위해서는 공포를 불식할 수 있는 신뢰 구축이 유일한 해결책이다.
	2) 디지털 런 <출처: 자본시장 연구원>	① 디지털 뱅크 런 우려 가. 미국 연준은 금번 SVB사태 등에서 정부와 협력하여 연쇄적인 뱅크 런과 파산을 막기 위해 비보호예금을 지원하는 한편, 기금조성을 통해 유동성 위기에 처한 은행들의 신속한 지원에 나서며 시스템 리스크 확산 가능성을 차단했다.

1. 뱅크 런

2) 디지털 런
<출처: 자본시장 연구원>

나. 그러나 온라인 및 모바일뱅킹의 발달로 대규모 고객 예금이 단시간에 인출되는 디지털 뱅크 런 사태가 잇따라 발생하면서 은행 부문에 대한 금융불안 우려는 여전히 지속되고 있다.

② 위험 관리 필요성

가. 디지털 뱅크 런은 전통적 방식보다 규모가 크고 매우 빠른 속도로 일어나 은행의 신속한 대응이 어렵다.

나. 모바일뱅킹의 발달과 SNS 사용의 대중화를 통한 공포감 확산이 뱅크 런을 촉발하여 초고속파산으로 이어졌다는 연구 결과가 발표되는 등 SNS 기반 뱅크 런이 금융시스템에 새로운 위험요소가 될 수 있으므로 위험관리가 필요하다는 목소리가 높아지고 있다.

[역사적 뱅크 런 발생규모와 속도]

은행명	뱅크런 시작 날짜	예금보호 비중 (%)	총 예금인출 비중 (%)	인출 기간
컨티넨탈 일리노이은행	1884. 5. 7	15	30	10일(7영업일)
워싱턴뮤추얼은행	2008. 9. 8	74	10.1	16일(12영업일)
와코비아은행	2008. 9. 15	61	4.4	19일(15영업일)
실버게이트은행	2022. 4분기	11	52	약 7일 미만
실리콘밸리은행	2023. 3. 9	6	25+62*	1일+익일
시그니처은행	2023. 3. 10	10	20+9*	1일+익일
퍼스트리퍼블릭은행	2023. 3. 10	32	57	약 7-14일(5-10영업일)

주 : *는 익영업일에 인출될 예정이었으나 영업일이 아니었기에 실제로 발생하지 않은 예상 인출 비중

[출처: 자본시장연구원]

[뱅크 런 사태에 따른 주요국 대응 방안]

국가	주요 내용
미국	• 계좌 유형에 따른 예금보호 차등 적용: 기업 결제계좌의 예금보호 한도 상향 • 예금보험기금 손실 확충: 대형은행 대상 특별 평가 수수료 부과 • 자본금 요건 강화: 대형은행 대상 자본금 요건 상향
영국	• 예금보호 한도 상향: 현재 한도 85,000파운드에서 상향 • FSCS의 사전 준비금 확충: 은행 파산 시 예금 인출 속도를 높이기 위한 일환 • 부실은행 정리 방식의 검토 및 수정
EU	• 모든 예금에 대해 은행 파산 시 동등한 법적 우선순위 부여 • 일시적으로 높은 예금잔액에 대한 보호 수준 강화 • 예금보험 대상을 공공기관, 전자화폐기관, 지급기관, 투자회사 등으로 확대 • 부실 중소형 은행의 원활한 시장 퇴출을 위한 예금보험기금의 활용

<출처: 자본시장 연구원>

3) 디지털화와 은행의 불안정성
<출처: 예금보험공사>

은행의 디지털화가 예금의 점착성(stickiness, 예금자가 은행의 시장 지배력 · 편의성 · 관성 등으로 인해 시장보다 낮은 예금금리에도 거래를 지속하는 경향)을 감소시켜 금리 상승 시 은행의 안정성이 저해될 수 있음

① 예금 유출 확대

디지털 뱅킹의 발전은 예금의 이동 비용 감소 및 예금의 점착성 약화로 이어지며, 이에 따라 예금자들의 금리 민감도가 증가하면서 금리 상승 시 예금유출이 심화

1. 뱅크 런	3) 디지털화와 은행의 불안 정성 <출처: 예금보험공사>	가. 예금자는 은행의 시장 지배력, 편의성, 관성 등으로 인해 금리 변동에 민감하게 반응하지 않고 은행이 시장금리보다 낮은 예금금리를 지급하더라도 거래를 지속하는 경향이 있으며, 이로 인해 예금은 높은 점착성(stickiness)을 보유 나. 그러나 최근 디지털 뱅킹의 발전은 예금의 이동 및 대체 가능성을 확대함에 따라 예금의 점착성을 감소시켜 예금 특성 및 예금자 행태에 변화를 초래 다. 디지털 은행의 예금이 금리 변동에 더 민감하게 반응하는 원인은 디지털화가 예금자의 예금 이동 비용을 감소시킬 수 있고, 이로 인해 예금의 점착성이 약화되면서 '뱅크 워크(bank walk) :디지털 뱅킹의 발전으로 예금자들이 모바일 앱 등을 통해 더 높은 이자를 제공하는 대체 수단(MMF 등)으로 쉽고 빠르게 이동하는 현상을 의미하며, 전통적인 뱅크 런(bank run)과는 구분되는 개념'가 발생하기 때문 라. 이에 대응하여 디지털 은행은 시장금리 상승시 예금금리를 非 디지털 은행보다 더 많이 인상함으로써 예금 유출을 방지하고자 노력

② 은행의 안정성 약화 : 일반적으로 금리 상승은 예금 프랜차이즈 가치(예금의 점착성 덕분에 은행이 시장보다 낮은 예금금리를 지급할 수 있는 능력에서 비롯되는 무형 자산의 가치) 상승으로 이어지며, 이는 은행의 자산가치 하락에 대한 헷지(hedge) 효과로 작용하는데 디지털화는 이러한 효과를 약화시킴.

가. 단기부채(예금)와 장기자산(대출, 투자)의 만기 변환을 통해 수익을 창출하는 은행 산업은 금리 상승 시 자산가치 하락 위험(이자율 위험)에 노출.

나. 예금 프랜차이즈 가치는 이러한 이자율 위험에 대한 헷지(hedge) 역할을 수행함으로써 은행의 안정성 유지에 중요 요소로 작용. 디지털-브로커은행은 전통 은행에 비해 금리 상승 시 예금 프랜차이즈 가치 상승폭이 낮음.

→ 디지털화로 인해 금리 상승 시 예금 프랜차이즈 가치의 상승이 자산가치 하락 영향을 상쇄시키는 효과가 축소됨으로써 은행의 안정성이 저해될 수 있음을 시사.

③ SVB 파산 사례 재조명 : 디지털-브로커 은행이었던 SVB는 2022년 금리 상승 시 예금 수요가 더욱 민감하게 반응하여 예금 유출이 심화되었고, 예금 프랜차이즈 가치 하락과 대규모 자산 평가손실이 결합되어 결국 파산에 도달.

	4) 디지털 런 – 우리의 대응방안	① 디지털 런 관련 가짜 뉴스 사례 가. 2023년 4월에도 OK저축은행, 웰컴저축은행 등 국내 주요 은행에서 부동산 프로젝트파이낸싱(PF) 관련 1조 원 결손이 발생해 지급정지에 나설 예정이라는 가짜뉴스가 나돌았다. 곧 지급정지 조치가 단행

1. 뱅크 런	4) 디지털 런 – 우리의 　대응방안	되는 만큼 서둘러 계좌 잔액을 모두 인출하라는 내용의 게시물이 빠르게 퍼져 나가자 해당 저축은행과 관련 협회가 직접 진화에 나섰다. 나. 금융감독원도 이번 가짜뉴스 사태에 대해 "두 저축은행 모두 자기자본 비율이 규제 비율을 크게 상회하고 2022년에 이어 올 1분기 순이익이 예상된다"면서 "해당 기관들이 악성 루머 관계자에 대해 고발 등 법적 조치를 진행 중"이라고 강조했다. 금감원은 '합동 루머 단속반'을 확대해 악의적인 뜬소문 생성과 유포 행위를 집중 감시하고 유관 금융회사의 건전성 현황 파악에도 주력한다는 방침을 세웠다. ② 제도 개선의 필요성 부각 가. SVB 파산 사태 이후 디지털 런에 대한 위기감이 수면 위로 떠오르자, 관계당국도 상황을 예의 주시하며 긴장하고 있다. 당국은 금융규제 완화와 새로운 디지털 금융시스템 도입을 추진하고 있는데, 디지털 런에 대한 우려가 커지면서 추진 중인 정책에 영향을 미칠 수도 있다. A. 당국이 검토 중인 '스몰라이선스'의 경우, 비은행의 소액결제시스템 전면 참가 허용에 한국은행이 제동을 걸기도 했다. 한은은 "고객 체감효과는 미미한 반면 디지털 런 발생 위험 확대 등으로 지급결제시스템의 안정성이 저하될 수 있다»고 우려한다. B. 디지털화폐(CBDC) 도입과 관련해서도 금융불안 리스크 발생 시 '디지털 런'이 일어날 확률이 높아진다는 지적도 부각되고 있다. ③ 한국의 디지털 뱅킹 현황 가. 최근 인터넷전문은행의 도입, 코로나19가 촉발한 비대면 체제의 확대 등으로 국내 모바일뱅킹 이용자 수가 증가하며 온라인 금융서비스 이용이 일상화되었다. 나. 2022년 말 기준 국내 모바일뱅킹 등록 고객수와 이용건수, 이용금액 모두 2019년 이후 지속적인 증가세를 나타냈으며, 이에 따라 전체 인터넷뱅킹 이용실적 중 모바일뱅킹이 차지하는 비중은 85.4%(건수), 18.6%(이용금액)를 기록하며 점차 높아지고 있다. 다. 다만 모바일뱅킹 이용금액 및 인터넷전문은행의 평균 예금액은 소매고객 중심으로 분산되어 있어 크지 않은 수준으로 미국 은행의 파산 사태가 국내 금융시장에 직접적으로 미친 영향은 미미한 것으로 분석되었다. 라. 그러나 향후 디지털 뱅크 런이 발생하지 않도록 금융당국은 금융안정을 목표로 사전에 보완장치를 마련해 나가야 한다는 목소리가 높아지고 있으며 이의 일환으로 예금보호 한도 상향에 대한 논의가 본격화될 전망이다. <출처: 자본시장연구원>

④ 개선 방향성

가. 한국은행

A. 사전 안전장치로 지급결제 보증을 위한 은행의 담보자산 비율을 높이는 방안을 검토하고 있다. 한은 결제망에 들어오는 기관은 지급보증을 위한 담보 자산이 있는데, 결제하는 양이 늘어날 때 담보도 늘릴 필요가 있다. 한은은 현재 70% 수준인 지급결제 담보비율을 수년 내 100%까지 점진적으로 올리겠다는 계획인데 이 계획을 더욱 앞당길 가능성이 높아졌다('지급결제'란 계좌이체와 어음, 수표, 신용카드 등 임의 형식으로 이뤄지는 자금이체 행위를 말한다. 지급결제는 지급인이 거래 은행에 맡겨놓은 돈을 수취인에게 지급해 달라고 요청해 이뤄지는데 은행은 수취인에게 돈을 우선적으로 지급하고, 한은 당좌계좌를 통해 타 은행으로부터 자금을 받게 된다. 자금은 결제 건마다 발생하지 않고, 일일 단위 차액으로 거래된다. 그런데 만약 한 은행이 파산하기 시작해 돈을 내지 못힐 경우 30%의 미결제 금액이 발생하게 돼 디른 은행들이 미결제 손실 부담을 떠안는 구조다).

B. 즉, 디지털 런에 따른 파산으로 은행이 지급결제 불능 상태에 빠질 것에 대비해 사전 안전장치를 더욱 강화하겠다는 뜻으로 풀이된다.

나. 예금보험공사

A. 「예금보호한도 상향을 위한 6개의 법령의 일부개정에 관한 대통령령안」 입법 예고 (금융위원회 · 예금보험공사, 5.15) 금융위원회는 예금보호한도를 1억 원으로 상향하는 「예금보호한도 상향을 위한 6개 법령*의 일부개정에 대한 대통령령안」 입법예고 (2025년 5월 16일~2025년 6월 25일)를 실시함.

B. 2001년 이후 24년 만인 2025년 9월 1일부터 은행 · 저축은행 등 예금보험공사가 예금을 보호하는 금융회사와 개별 중앙회가 예금을 보호하는 상호금융권(신협 · 농협 · 수협 · 산림조합 · 새마을금고)의 예금보호한도를 모두 현행 5천만 원에서 1억 원으로 상향함.

C. 일반예금과 별도로 각각 보호한도를 적용 중인 퇴직연금(DC형 · IRP), 연금저축, 사고보험금의 보호한도도 함께 현행 5천만 원에서 1억 원으로 상향함.

1. 뱅크 런

4) 디지털 런 – 우리의 대응방안

 결론

의견 제시

정책당국은 디지털 런 발생이전에 선제적으로 각 부문별 시장 상황을 미시적으로 모니터링하면서 이상 징후 발생시 이를 조기에 포착하여 대응함으로써 시장에 과도한 불안 심리가 조성되지 않도록 관리해 나갈 필요가 있다.

최근의 위기 상황에서 각국의 정책당국은 전례 없이 신속하고 전격적인 조치를 활용해 위기를 조기 진화하였다. 발표 당시 해당 조치들에 대해 투자자와 금융기관의 도덕적 해이를 유발할 수 있는 과도한 지원이라는 비판이 제기되기도 하였다. 하지만 현재까지는 시장 심리를 조기에 안정시킴으로써 당초 예상보다 적은 지원으로 소기의 목적을 달성할 수 있었다는 평가가 보다 많은 지지를 받고 있는 것으로 보인다.

한편 지난 글로벌 금융위기 이후 각국 정책당국은 금융기관의 복원력과 유동성 제고를 위해 지속적인 노력을 기울여왔다. 그러나 최근 예상을 크게 상회하는 금리변동 등 극심한 스트레스 상황 하에서는 기존의 규제와 대비가 충분치 않을 수 있다는 점이 드러났다. 또한 디지털뱅킹 활성화, SNS를 통한 정보공유 등을 통해 새롭게 나타나는 리스크 요인에 대한 선제적 대응이 필요하다는 점이 부각되었다.

따라서 앞으로 우리나라 정책당국도,

첫째, 금융기관들에 대한 스트레스 테스트 실시 등을 통해 복원력을 수시로 점검하고,

둘째, 금융기관들이 유사시를 대비하여 충분한 자본 여력을 확보하도록 유도해 나가야 할 것이다.

셋째, 금융기관들이 디지털 런에 대비할 수 있도록 자금조달 구조를 점검하고 SNS를 통한 뱅크 런 발생시 신속하게 유동성이 공급될 수 있는 방안을 마련할 필요가 있다.

한편, 뱅크 런이든 디지털 런이든 결국은 궁극적으로 공포와의 싸움이기 때문에 이를 극복하기 위해서는 공포를 불식할 수 있는 신뢰 구축이 유일한 해결책이다. 차변의 실질적 펀더멘털이 중요한 것이 아니다. 차변에 문제가 있다는 뉴스나 루머로 인해 대변 항목에서 사달이 발생하는 현상, 이것이 뱅크 런의 본질이다.

디지털 세상에는 온갖 루머와 가짜 뉴스가 횡행한다. 정작 무서운 것은 이것이다. 가짜 뉴스로 은행 건전성에 대한 우려가 촉발되고 그런 우려가 공포로 확산할 경우 어떤 은행도 디지털 런을 피할 수 없다.

이에 대한 강경한 대응과 함께 신속하고 강력한 신뢰 구축장치가 시급한 이유가 여기에 있다.

사례 1

디지털 뱅크런 방지와 대응방안에 대해 논하라.

서론

지난 3월 **실리콘밸리은행이 파산하며 세계를 충격에 빠뜨렸다.** '유동성 전환'**이라는** 전통적인 은행의 파산 경로와 유사하지만, 이번 사건에서 누드러진 점이 있었다. 바로 디지털 뱅크런이다. 3월 9일부터 은행 앱과 인터넷을 통해 420억 달러(원화로 약 56조) **규모가** 순식간에 빠져나가며, 미국 16위 은행이 단 36시간만에 시장에서 퇴출되었다. 이렇게 기술 **발달과 더불어** 디지털 뱅크런이 화두에 오름에 따라, **본지는** 디지털 뱅크런의 의미와 원인, 각 국의 대응방안, 문제점, 그리고 **우리나라가** 나아가야 할 대응방안 순서로 논하고자 한다.

| 미국의 실리콘밸리은행이 파산했다. 이는

| 실패라는

| 규모의 예금이

| 발달로 인한

| 본지에서는

| 우리 정책당국이

본론

본론에서는 디지털 뱅크런의 의미와 원인, 각 국의 대응방안, 그리고 문제점 순서로 분석하고자 한다.

[본론 1. 디지털 뱅크런의 의미와 원인]

뱅크런(Bank-Run)은 통상 은행의 재무건전성이 의심될 때, 금융소비자들이 **본인들의 예금을 인출하여 보호하기 위해** 은행으로 달려간다는 의미에서 처음 등장하였다. 하지만, 이제는 이 뱅크런에 '디

| 본인들의 예금 인출을 위해

지털'이라는 **용어가** 붙었다. 직접 은행으로 달려가기보**다 디지털을** 통해 대규모 예금 인출을 시도하는 현 시대의 트렌드를 **반영하기 위해서이다.**

이번 SVB 사태에서 디지털 뱅크런을 초래한 원인은 세 가지로 지목된다.

첫째로, 뱅크런의 속성 그 자체 – 은행업의 유동성 리스크이다.

실리콘밸리은행뿐만 아니**라** 거의 대부분의 은행은 단기 예금을(대변) 장기 대출(차변)로 전환하여 자금을 운용하는 방식을 택하고 있다. 이러한 **이유로**, 역사적으로도 단기 예금 인출에 대응하기 위한 대출 회수가 순조롭게 진행되지 않아 뱅크런이 발생하는 경우가 잦았다. 이번 경우도 마찬가지이다. 실리콘밸리은행은 단기 **예수금을 투자할 당시**, 포트폴리오의 55%를 미국 장기채에 투자하고 **있었기 때문에 유동성 리스크에 놓여 있었다.** 급격한 금리인상을 버티지 못하고 **채권의** 평가 손실이 확정 손실이 되며, 재무건전성에 문제가 있다는 신호를 시장에 주게 된 **것이 첫번째 요인이다.**

둘째로, 공포심이다. 공포심은 전염되며, 디지털 뱅크런을 촉발하는 주요 기제로 작용하였다. 재무건전성에 문제가 있다는 신호를 확인한 금융소비자들은 본인의 예금 자금을 보호하기 위해 한시라도 빨리, 그리고 옆에 **사람**보다 빠르게 이 돈을 다른 은행으로 옮기고 싶어한다. 금융시스템을 효율적으로 바꾸고, 금융소비자들의 편의를 증진시켰다고 평가받는 디지털 전산 시스템(모바일 뱅킹 등)이 이 공포심과 만나며 세계에서 가장 빠른 은행 파산을 이끌었다.

셋째로, 공포심의 재확산이다. 전세계의 금융 소비자들은 **문제의** 심각성과 이를 회피하고자 하는 마음을 소셜미디어를 통해 확산시켰다. 미디어뿐만 아니라, 트위터 X, 페이스북, 인스타그램, 텔레그램 **등으로 비롯되는** 전세계 금융소비자가 모일 수 있는 커뮤니티에서 이러한 소식은 빠르게 확산되었다. 그리고, 그 소식을 접한 소비자는 그 자리에서 곧바로, 심지어는 비행기 좌석에서 예금을 인출하기도 하였다.

이러한 공포심의 재확산 과정은 '23년 상반기 우리나라 토스뱅크와 새마을금고의 사건에서도 찾아볼 수 있다. 토스뱅크는 적자운영과 선이자상품의 출시로 국내 직장인 커뮤니티인 '블라인드'에서부터 뱅크런 우려가 확산되었다. 새마을금고도 마찬가지다. 각종 미디어에서 연체율 관련 기사를 쏟아내었고, 유튜브 영상으로도 새마을금고 부실 우려에 대한 영상이 **재생산, 확대되며** 많은 예금 인출 시도가 발생하였다.

[본론 2. 각 국의 대응방안]

이번 SVB 뱅크런 사태로 직접적인 피해를 입은 미국, 영국의 경우를 살펴보고자 한다.

미국의 대응방안

① 기업결제계좌의 예금보험한도 상향조정

이것은 은행이 위기 상황에 봉착했을 **때** 급작스러운 예금 이탈 방지 및 기업의 자금운용 부담을 덜어주기 위한 목적으로 추진하였다.

② 비보장예금 보호와 특별 수수료 부과

미국 연방 예금 보험 공사(FDIC)와 연준은 추가적인 예금 이탈과 연쇄적인 은행의 부도를 막기 위해 예금 전액 보호라는 강수를 두었다. 이를 위한 유동성 공급과, 은행 파산 비용을 충당하기 위해 FDIC는 비보장예금 보호의 혜택을 받는 대형 은행들로부터 특별 수수료를 청구하여 기금의 95%를 확충하고자 하였다.

영국의 대응방안

① 예금보호한도 상향 조정

영국은 실리콘밸리 영국 지사가 파산한 이후 7일간 예금 인출이 불가한 상황에 놓이게 되었다. 그 결과, 기존 보호 기준인 85, 000 파운드 이상의 예금이 잠재적 손실을 입게 되었다. 따라서, 미국 예금 보호 한도보다 크게 낮은 수준인 기존 85, 000 파운드를 그 이상으로 확대해야 한다는 필요성이 제기되었다.

② 영국 예금 보험 공사(FSCS)의 사전준비금 확충

유동성 위기에 대응하여 FSCS는 사전 준비금 규모를 확충하여, 예금자들이 은행 파산 시 보호받을 수 있다는 신뢰를 주고 뱅크런의 확률을 낮추고자 하는 움직임을 보이고 있다.

구조상 이 내용이 본론 2로 배치하심이 더 좋아 보입니다.

[본론 3. 디지털 뱅크런의 문제점]

디지털 뱅크런이 기존의 뱅크런과 다르게 심각한 점은, 규모와 속도 측면에서 압도적이라는 것이다.

첫째로, 규모 측면이다. 지난 6월 발간한 자본시장연구원의 리포트에 의하면, 총 7건의 역사적 뱅크런 **사건을 살펴볼 수 있다.** 글로벌 금융위기 이후, 즉 디지털 전산망이 확대되기 전과 후로 기준을 나눠서 **볼 필요가 있다.** 총 4건의 뱅크런 사태가 '20년 이후 벌어졌다. 모두 디지털 뱅크런의 일환으로, 그 총 예금인출 비중은(예상 인출 비중 포함) 평균 50%가 넘었다. 반면, '20년 이전 뱅크런은 3건으로, 평균 총 예금인출 비중이 11~12% 정도로 뱅크런의 규모 면에서 큰 차이를 보인다.

| 사건을

| 분석했다.

둘째로, 속도 측면이다. 이는 인출 기간 소요 일수를 확인하면 파악할 수 있다. '20년 이전의 뱅크런 3건은 모두 10일 이상의 인출 기간이 소요 되었으며, 은행이 뱅크런에 대응할 시간을 가질 수 있었다. 그러나, '20년 이후 4건은 빠르면 하루만에 인출이 끝나버리는 압도적인 속도로 은행이 이에 대응하기 불가능한 수준이었다.

📈 결론

금융당국의 대응방안

금융당국의 대응방안은 사전적 대응방안과 사후적 대응방안으로 나누어 제시하고자 한다.

사전적 대응방안

① 예금 보호 한도 상향

현재 우리나라 예금 보호 한도는 5천만 원으로 23년째 변화 없이 이어져오고 있다. 예금 보호 한도는 GDP에 근거하여 책정되는데, 이는 '01년에 확립된 기준으로 **현 시대에** 맞게 다

| 현재 경제규모에

시 재정될 필요가 있다. 현재 예금 보호 한도를 초과하는 예금 잔액은 '22년 기준 전체 예금액의 66.5%를 차지하며, 이 비중이 더 늘어날수록 뱅크런 위기에 금융 소비자들이 입을 손해는 더 커질 수 있다. **금융 소비자들은 이 한도에 비추어,** 본인의 예금 잔액이 보호받지 못한다고 판단하면, 이는 뱅크런으로 이어질 것이기 때문에 5천만 원이라는 한도는 더 늘릴 필요성이 있다.

② 루머 잡기-공포 확산 저지

앞서 서술한 토스 뱅크와 새마을금고의 뱅크런 우려는 현재 잠식된 상황이다. 그러나 뱅크런 우려를 촉발한 것은 바로 가짜 뉴스로 인한 은행 건전성 우려, 그리고 시장의 공포심 확산이었다. 금융 당국은 이러한 가짜 뉴스의 근원지를 빠르게 파악해야 한다. 또한, 가짜 뉴스를 뱅크런이라는 거대한 금융 시장의 위기를 촉발할 수 있는 심각한 범죄로 **받아드려** 그에 상응하는 **막대한** 과태료 부과 등 엄중한 처벌이 필요할 것이다. 이를 위해 가짜 뉴스 전담 대응반을 운영하여 뱅크런 공포심 리스크의 사전적 관리를 유지해야 할 것이다.

③ 예수금 모니터링 시스템 자동화

예금보험공사는 빠른 시일 내에 저축은행 예수금 모니터링 시스템을 수기에서 자동화로 전환해야 한다. **적시성을 갖추지 못한** 모니터링 시스템은 한 발 늦을 수밖에 없다. 적시성을 갖추기 위해 설정 기준을 넘긴 대규모 인출이나, 중도 해지율이 높아지는 비상 **상황에** 알람으로 빠르게 문제 상황을 파악할 수 있는 시스템을 갖춰야 할 것이다.

사후적 대응방안

금융 당국은 발생한 인출 금액만큼, 은행 자산을 담보로 유동성을
지원하거나, 또는 미국의 경우를 벤치마킹하여 **일단은** 예금 전액
보호라는 초강수로써 확실한 초기 진화가 필요하다. 공포는 신뢰
로 막아야 한다. 위기 상황이 다른 금융권으로 번져 금융 위기로 이
어지지 않게 하는 것이 중요하다. 사태를 일으킨 은행의 구조조정
및 패널티는 상황이 진정된 이후 고민해도 늦지 않다.

**디지털 뱅크런은 사실상 미리 예측하고 대응하기 불가능한 디지
털 전환 시대의 하나의 현상이다. 공포심에 의해 이제는 단 하루만에
은행이 파산하는 시대가 도래했기 때문에, 금융 소비자, 금융기관, 그
리고 금융당국은 서로 신뢰하고 협력해야 디지털 뱅크런에 적절하게
대응할 수 있을 것이다. 디지털 뱅크런의 극복, 그것은 신뢰 사회 구
축으로부터 시작될 수 있다.**

| 삭제

이러한 마무리 멘트보다는
본론에서 한국의 디지털금융
현황이라든지
다른 선진국보다 높은 비중의
디지털뱅킹 현황을 언급해, 더
높은 수준의 방지 시스템이 필
요함을 어필하는 것이 좋아 보
입니다.

chapter 24

생활금융 플랫폼과 금산분리

01 논제 개요 잡기[핵심 요약]

서론	이슈언급	은행들이 제공하는 비금융서비스는 여전히 만족할 만한 성과를 내지 못하고 있다. 특히 '생활'은 비금융 서비스이므로 이를 금융과 결합시키기 위해서는 규제 장벽이 낮아야 하는데, 관련 사업 추진에 법적인 제약이 너무 많다. 업무위탁이나 제휴를 통해 시도하고 있으나 정보 활용 등에서 제약이 많다. 규제 샌드박스를 통해 배달앱 등 일부 은행이 직접 수행하는 비금융 서비스가 허용되고는 있으나 한시적 제도라 불확실성이 크다. 은행을 보유한 빅테크는 모빌리티 업체를 인수하여 은행 서비스와 결합이 용이하나, 은행은 모빌리티 업체를 인수할 수 없어 '기울어진 운동장'은 여전하다. 이에 본지에서는, 생활금융 플랫폼의 필요성과 방안에 대하여 논하기로 한다.
본론	1. 생활금융 플랫폼	**1) 배경 및 필요성** <출처: 하나금융 경영보고서> ① 배경 ② 필요성 ③ 구조변화에 따른 은행 고객의 어려움, 금융만으로는 부족
		2) 해외 은행의 Beyond Banking 사례 <출처: 하나금융 경영보고서> 이미 많은 해외 은행들은 'Beyond Banking'을 핵심 경영 아젠다로 삼고 금융-비금융 융복합 서비스를 강화하고 있다. 저성장, 고령화, ESG 환경에서 은행의 역할이 단순히 자금중개를 넘어 국가와 개인, 기업의 지속가능한 성장을 돕는 것으로 확대되는데 이를 구현하기 위해서는 비금융 서비스가 반드시 필요하다는 인식을 경영전략에 적극 반영한 결과다.

본론	**1. 생활금융 플랫폼**	2) 해외 은행의 Beyond Banking 사례 <출처: 하나금융 경영보고서>	① 일본 은행들은 낙후된 지역경제를 활성화시키기 위해 다양한 비금융서비스를 제공하면서 지역과 상생을 추구하고 있다. ② 핵심 산업의 생산성 향상을 위해 금융과 비금융이 융합된 종합서비스를 지원하기도 한다. ③ 은행들은 기업들이 ESG 추진에 어려움이 없도록 금융 및 비금융이 복합된 지원을 강화하고 있다. 탄소감축 설비로의 전환계획을 설계해 주고 필요 자금도 지원하고 있다
		3) 금산분리 (은산분리) 논란	금융당국은 금산분리 제도에 대하여 고민 중이다. <금산분리 찬성 의견> <금산분리 반대 의견>
결론	**의견제시**		국내 은행이 롤모델로 삼고 있는 싱가포르 DBS의 융복합 서비스도 규제완화가 있었기 때문에 가능했다. 당국은 금산분리 방안을 고민하고 있다. 이제 은행의 비금융 서비스 범위를 확대하여 사회적인 문제에 적극 대응하고 고객의 서비스 접근성을 향상시킬 수 있게 되기를 기대한다. 원래의 목적 달성을 위한 도구로써의 은산분리가 아닌, 반(反)재벌 정서를 근간으로 규제 그 자체를 이념화하고 있다는 점이다. 유례없이 강도 높은 규제로 변모한 은산분리 원칙이, 생활금융 플랫폼이라는 금융 현실과 점차 괴리되고 있는 건 이 때문이다.

02 논제 풀이

이슈 언급
은행은 다른 업권과 달리 다양한 사업 확장이 쉽지 않다. 고객이 맡긴 돈을 기본으로 사업을 영위하다 보니, 은행법에 명시된 은행업무와 그 외 부수업무만 할 수 있다. 그런데 최근 몇 년 사이 업권 간 경계가 무너지면서, 금융당국도 은행들이 새로운 사업에 진출할 수 있는 기회를 다양하게 열어주고 있다. 그러자 은행들도 본연의 영역에서 벗어나 다양한 생활서비스에 도전하고 있다. 주요 은행장들이 '생활금융 플랫폼'으로 진화를 선언한 배경도 여기에 있다는 분석이다.

다만 시중은행이 직접 할 수 있는 부수업무로 허가 받지 못한 영역이 아직 많다 보니, 다른 업종과 제휴를 통해 생활금융 플랫폼으로 진화를 시작하고 있다. 하지만 은행들이 제공하는 비금융서비스는 여전히 만족할 만한 성과를 내지 못하고 있다.

특히 '생활'은 비금융 서비스이므로 이를 금융과 결합시키기 위해서는 규제 장벽이 낮아야 하는데, 관련 사업 추진에 법적인 제약이 너무 많다.

업무위탁이나 제휴를 통해 시도하고 있으나 정보 활용 등에서 제약이 많다. 규제 샌드박스를 통해 배달앱 등 일부 은행이 직접 수행하는 비금융 서비스가 허용되고는 있으나 한시적 제도라 불확실성이 크다.

은행을 보유한 빅테크는 모빌리티 업체를 인수하여 은행 서비스와 결합이 용이하나, 은행은 모빌리티 업체를 인수할 수 없어 '기울어진 운동장'은 여전하다.

이에 본지에서는, 생활금융 플랫폼의 필요성과 방안에 대하여 논하기로 한다.

📈 본론

1. 생활 금융 플랫폼

<출처: 하나 금융경영 보고서>

1) 배경 및 필요성

① 배경

가. 은행업을 둘러싼 환경이 급변하는 가운데 한국 경제는 저성장, 고령화, ESG라는 구조적 변화에 직면하고 있다. 은행 고객들의 어려움은 이제 금융만으로는 해결되기 어려우며, 다양한 비금융서비스가 필요하다.

나. 이미 해외 은행들은 'Beyond Banking'을 내세우며 금융-비금융 융합 서비스를 다양하게 제공하고 있다. 국내 은행들도 금융-비금융 융합 서비스를 통해 개인의 후생 제고, 기업의 성장 지원 등 사회적 기여를 강화해야 한다.

다. 이를 위해 금산분리 완화가 차질없이 진행될 필요성이 있다.

② 필요성

가. 사회의 디지털 전환이 가속화되는 가운데 빅테크들의 금융업 침투와 각종 온라인 중개서비스의 등장 등 은행 업무를 해체(unbundling)하는 위협이 가속화되고 있다.

나. 공공성에 대한 요구와 기대도 커지고 있다. 가트너는 2030년까지 은행 80%가 플랫폼 사업자 등에 종속되어 폐업하거나 흡수될 것이라 예견하고 있다.

다. 여기에 급격한 고령화와 이에 동반된 저성장, 그리고 ESG라는 국가적 이슈이면서 은행 고객과도 직결되는 이슈가 부상하고 있다.

→ 은행들은 뱅킹앱 고도화와 상품 역량 강화 등의 노력으로 수성하고 있으나, 이제는 고객의 어려움을 종합적으로 돕고 사회적 아젠다 해결에도 기여할 필요가 있다.

③ 구조변화에 따른 은행 고객의 어려움, 금융만으로는 부족

가. 빅테크의 등장으로 MZ 세대를 비롯한 모든 고객들은 손안에서 한번에, 내가 있는 곳에서 알아서 맞춤형 서비스를 받기 원한다. 해외여행을 떠나는데 여행사 계약과 환전, 여행보험 가입을 일일이 손품, 발품 팔아야 하는 것은 매우 불편한 일이다. 이들 눈에 금융서비스와 비금융 서비스의 구분은 무의미하다.

1. 생활 금융 플랫폼 <출처: 하나 금융경영 보고서>	**1) 배경 및 필요성**	나. 고령층의 니즈는 더욱 절실하다. 고령층은 자산운용 및 관리, 자산 승계, 의료 및 돌봄 서비스 등 금융과 비금융을 넘나들며 매우 복합적인 도움이 필요하나, 서비스 제공자들은 철저히 분리되어 고령자가 일일이 발품을 팔아야 한다. 치매 등으로 건강이 악화되면 관련 도움을 찾아다니기조차 힘들다. 스마트폰 이용도 매우 어렵기만 하다. 다. 소상공인들의 어려움도 크다. 자금조달 외에도 경영, 판매 등 과제가 산적하다. 특히 기존 신용평가 시스템으로는 은행들이 자금을 공급하기 어렵다. 상거래 플랫폼에서의 활동 데이터나 결제 데이터를 활용하는 대안신용평가가 필요하다. 그러나 은행은 플랫폼이나 상거래를 직접 영위할 수 없어 제휴를 통해 데이터를 확보해 보려 하지만, 절차의 용이성이나 활용도 측면에서 어려움이 많다. 소상공인의 경영활동을 돕고 판로를 개척하는 일에도 도움이 절실하다. 라. 중소기업들은 중요성을 더하고 있는 ESG 경영을 위한 관리역량이나 탄소 저감을 위한 투자 여력이 부족하다. 관련 제도를 따라가기도 벅차다. 은행으로부터 자금 지원은 물론 필요하고, 탄소배출량 측정부터 배출권 거래, 컨설팅 등의 서비스를 체계적으로 받기 원한다.
	2) 해외 은행의 Beyond Banking 사례	이미 많은 해외 은행들은 'Beyond Banking'을 핵심 경영 아젠다로 삼고 금융-비금융 융복합 서비스를 강화하고 있다. 저성장, 고령화, ESG 환경에서 은행의 역할이 단순히 자금중개를 넘어 국가와 개인, 기업의 지속가능한 성장을 돕는 것으로 확대되는데 이를 구현하기 위해서는 비금융 서비스가 반드시 필요하다는 인식을 경영전략에 적극 반영한 결과다. ① 일본 은행들은 낙후된 지역경제를 활성화시키기 위해 다양한 비금융서비스를 제공하면서 지역과 상생을 추구하고 있다. 가. 히로시마 은행은 인재소개업을 통해 인력부족이 심각한 중소기업의 경영을 지원하고있다. 지역 상사를 운영하기도 한다. 나. 홋카이도 은행 등은 지역 특산품을 지역 외 소비자와 연결하는 상거래 플랫폼을 운영하고 있다. ② 핵심 산업의 생산성 향상을 위해 금융과 비금융이 융합된 종합서비스를 지원하기도 한다. 가. 인도 State Bank of India는 'YONO Krishi'라는 농업플랫폼을 운영한다. 이 플랫폼에서는 첨단 농업데이터를 통해 신용평가 모델을 향상시켜 금융지원을 강화하고, 자재 및 장비 중개, 맞춤형 자문 등 농업에 관한 종합적인 서비스를 제공하여 많은 농업관련 소상공인이 나 중소기업들이 이용하고 있다. ③ 은행들은 기업들이 ESG 추진에 어려움이 없도록 금융 및 비금융이 복합된 지원을 강화하고 있다. 탄소감축 설비로의 전환계획을 설계해 주고 필요 자금도 지원하고 있다. .

2) 해외 은행의 Beyond Banking 사례	가. BNP Paribas는 'ClimateSeed'라는 탄소배출권 거래 플랫폼을 통해 기업이 탄소배출량을 상쇄하고 유엔 지속가능발전목표 (SDGs)에 기여할 수 있도록 지원한다. 나. 일본 SMBC는 탄소배출량 측정 회사(Sustana)를 설립하여 관련 서비스를 제공하고 있다

금융당국은 금산분리 제도에 대하여 고민 중이다.

<금산분리 찬성 의견>

실물기업은 위험추구를 통해 상품과 서비스를 생산 및 공급한다. 반면 금융은 자금을 중개하고 위험을 관리한다. 그리고 양자 간 견제와 균형을 통해 경제가 발전하게 되는 것이다. 그런데 만약 은산 결합으로 실물기업이 은행의 주인이 되면 자신의 위험추구를 위해 은행을 수단으로 사용할 가능성이 높아진다. 그 결과 다음과 같은 비용 발생이 우려된다.

① 은산결합은 예금 등 금융자원이 실물기업의 위험추구 행위에 사용될 가능성을 높일 수 있다. 뿐만 아니라 경쟁업체 자금지원을 꺼리는 등 대출의 공정성 담보를 어렵게 만들 수도 있다. 즉 은행이 실물기업의 사금고로 전락할 가능성이 우려된다.

② 은산결합은 이해상충 문제를 일으킴. 일례로 어떤 기술회사가 인터넷전문은행의 대주주가 되었다고 하면 이 기술회사는 만약 스스로의 기술개발과 고객의 기술개발 지원 간 상충이 생긴다면 어떤 선택을 할 것인가? 기술회사로서 자신에게 유리한 선택을 한다면 형평성에 어긋난다. 은행으로서 고객의 손을 들어준다면 비난은 면하겠지만 스스로 기술개발을 포기하는 상황이 벌어질 것임. 어느 쪽도 바람직하지 않은데, 바로 은산결합의 폐해다.

③ 시스템리스크를 확대한다. 은산결합은 은행과 기업의 동시파산 가능성을 높인다는 점에서 대기업 비중이 큰 한국경제에 심각한 시스템리스크 요인이 될 수 있다. 2008년 글로벌 금융위기 이후 선진국들이 대마불사 위험의 통제에 적극 나서고 있는 상황에서 우리가 은산결합을 추구한다는 것은 글로벌 추세와 동떨어진 것이다.

가. 산업자본이 예금 수신과 상업 여신을 수행해 저축은행을 소유한 사례가 있다. 저축은행이 곧 대주주의 '사금고'였고 도산으로 끝 맺었다. 2011년 저축은행 사태와 같이 인터넷전문은행들이 대주주에게 신용 공여를 할 가능성이 있고, 대주주 기업이 부실화되면 은행 부실로 이어진다. 즉, 2011년 상호저축은행 대규모 파산 사태는 대주주가 상호저축은행을 사금고화해서 운영할 수 있다는 점을 방증하고 있다.

나. 2013년 동양증권 사태도 마찬가지. 동양증권은 계열사를 지원하기 위해 금융소비자에게 피해를 덮어씌웠고 총 1조 3, 000억 원 중 1조 원 가까이 없어져 4만여 명이 돈을 잃었다.

왼쪽 칼럼: **1. 생활 금융 플랫폼** <출처: 하나 금융경영 보고서> / **3) 금산분리 (은산분리) 논란**

④ IT기업이 아닌 금융기관도 인터넷전문은행을 할 수 있다. 은행, 증권회사, 보험회사 등 여타 금융기관도 ICT인력을 채용해 인터넷전문은행 기술 혁신을 주도할 수 있다는 점에서 정보통신기술 기업에 인터넷전문은행 대주주 지위를 인정해 줄 필요가 있냐는 반문이 존재한다.

따라서, 은산분리를 허무는 것은 득보다 실이 훨씬 큰 것으로 판단됨. 따라서 은산분리를 유지하면서 도입방법을 찾는 게 타당할 것이다.

<금산분리 반대 의견>

① 금산분리는 일부에서 주장하듯이 보편화된 정책이 아니며, 금융산업 규제의 세계적 추세는 사전적 규제의 완화 및 사후적 규제의 강화로 변하고 있다.

　가. 최근 미국이나 유럽에서 금융과 일반 산업이 결합한 세계 유수의 기업들이 경쟁적으로 뛰어들면서 핀테크(금융+기술) 산업이 급속도로 발전하고 있다.

　나. 그런데도 국내에서는 은산분리 규제를 완화하면 대주주의 사금고가 될 수 있다는 우려로 생활금융 플랫폼 발전을 더디게 한다.

② 사금고화 유인의 소멸

　가. 우리의 산업 규모나 투자처를 찾지 못한 수백조 원에 이르는 사내 유보금과 회사채 발행 등 자금조달의 대안이 있는 현 상황에서 금융의 사금고화 유인은 거의 없다.

　나. 더군다나 지금은 과거처럼 산업이 일방적으로 금융을 지배하는 시대가 아니라 오히려 금융이 산업을 지배하는 시대가 됐다. 이러한 때에 과거의 경제력 집중 폐해를 염려해 은산분리를 강조하는 것은 시대착오적 발상이다.

　다. 동일인여신한도 규제와 일감몰아주기 규제 등과 같이 사금고화를 예방할 수 있는 각종 법·제도들이 존재한다.

　→ 사전적 소유 규제인 현행 은산분리 규제는 엄격한 자격 심사를 전제한 승인제와 사후 규제인 효율적인 금융 감독으로 대체돼야 한다.

---

1. 생활 금융 플랫폼

<출처: 하나 금융경영 보고서>

3) 금산분리 (은산분리) 논란

결론

의견 제시

국내 은행이 롤모델로 삼고 있는 싱가포르 DBS의 융복합 서비스도 규제완화가 있었기 때문에 가능했다. 2017년 싱가포르 금융당국은 은행이 비금융 사업에 투자할 수 있도록 규제를 완화하였다. 이에 따라 DBS는 제휴와 자체 사업을 결합하여 주택, 여행, 자동차, 유틸리티 등 다양한 마켓 플레이스를 구축하였다. 일본도 저성장, 고령화, ESG등 급변하는 환경에 대응하기 위해 사회적 신뢰가 크고, 광범위한 네트워크를 보유한 은행이 비금융 서비스를 제공하는 것이 바람직하다는 결론을 내리고 은행의 업무범위를 확대하였다.

당국은 금산분리 방안을 고민하고 있다. 이제 은행의 비금융 서비스 범위를 확대하여 사회적인 문제에 적극 대응하고 고객의 서비스 접근성을 향상시킬 수 있게 되기를 기대한다. 물론 은행이 비금융 사업을 영위할 경우, 은행 본체의 수익성과 안정성에 위험 요인이 될 가능성은 주의해야 한다. 이를 사전에 차단할 수 있도록 투자한도를 규제하거나 사후 심사를 강화하는 방식 등 섬세한 제도 설계가 뒷받침되어야 한다.

모든 규제는 선의(善意)로 포장된다. 공동체가 지향해야 할 이상적 가치를 구현하는 수단으로 규제는 동원된다. 규제로 인해 파생되는 부작용은 그 앞에선 모두 부차적인 문제일 뿐이다. 그래서 규제는 이상의 덫에 갇히곤 한다. 선의로 출발한 규제는 의도치 않는 결과를 초래하고 맹목적 환상은 비극을 잉태하는 법이다. 이것이 바로 규제의 역설이다.

산업자본과 은행자본의 분리, 이른바 은산분리는 물론 금융시스템의 안정과 공정을 지향한다. 시스템 리스크를 유발할 수 있는 대규모 금융기관들을 통제하고 금융 · 산업자본간 이해충돌을 막는 장치다. 반면 획일적이고 경직된 적용은 오히려 금융부문의 효율과 활력을 떨어뜨린다. 은산분리의 양면성이다.

문제는 은행산업의 건전한 발전이라는 원래의 목적 달성을 위한 도구로써의 은산분리가 아닌, 반(反)재벌 정서를 근간으로 규제 그 자체를 이념화하고 있다는 점이다. 유례없이 강도 높은 규제로 변모한 은산분리 원칙이, 생활금융 플랫폼이라는 금융 현실과 점차 괴리되고 있는 건 이 때문이다

금융산업은 대표적인 규제산업이다. 가장 바람직한 금융규제의 형태는 시장의 창의성이 백분 발휘되도록 자율적 경쟁체제를 유지하면서도 금융시장 안정을 유지하는 것이다. 이를 위해서는 규제당국의 선진화된 전문적 모니터링 능력이 필수적이다. 필요한 규제의 정도와 모니터링 능력은 서로 반비례 관계를 갖고 있다. 모니터링 능력이 높아질수록 필요한 규제의 정도는 작아진다. 향후 금융규제의 핵심은 규제당국이 엄청난 속도로 발전하는 기술을 어떻게 수용해 나가면서 감독기능을 높이고 규제를 완화해 갈 것인가 하는 점이다. 규제당국의 조직체계 역시 이러한 관점에서 고려되는 것이 바람직하다.

범죄가 우려된다고 야간에 전면 통행금지를 시행하면 범죄 발생 가능성은 줄어들겠지만 이는 미래지향적이지 못하다. 이보다는 새로운 기술을 이용해 가로등도 환히 밝히고 CCTV도 설치하고 경찰력도 강화하면서 자유로운 통행을 점진적으로 용인하는 것이 발전적인 방향일 것이다. 기술발전을 적극 수용하는 선도적인 금융규제만이 우리나라 금융소비자가 양질의 종합적 금융서비스를 받을 수 있는 길을 열어줄 수 있을 것이다.

25 디지털화와 은행의 혁신

01 논제 개요 잡기 [핵심 요약]

서론	이슈언급	은행 디지털 전환의 트렌드는 모바일 우선 전략, 마찰 제거를 통한 고객경험 개선, AI · 머신러닝 · 오픈 뱅킹의 활용 등으로 요약된다. 동시에 디지털 방식의 금융 거래가 확대됨에 따라 사이버 보안 강화가 최우선 과제가 될 전망이다. 한편, 금융 디지털화는 금융포용을 촉진함과 동시에 금융배제를 일으킬 수 있는 요인으로 작용할 수 있다. 이에 본지에서는 금융기관 디지털금융의 트렌드를 살펴보고, 금융포용성 증진을 위한 방안에 대하여 모색하기로 한다.
본론	1. 디지털전환과 트렌드	1) 필요성 및 현황

① 의미
  가. 디지털 전환이란 디지털 기술을 이용하여 새로운 비즈니스 모델을 창조하는 것 (Gartner)
  나. 디지털 전환이란 디지털시대에 적응하기 위하여 기업의 운영하는 방식을 근본적으로 재검토하는 것 (Mckinsey, 2022)
② 필요성
업무 효율성 제고와 고객만족 향상을 위해 디지털 전환은 은행업에서 여전히 중요하다.

1. 디지털전환과 트렌드	1) 필요성 및 현황	③ 현황 가. 플랫폼 금융의 확대 나. 클라우드 기술의 금융권 도입 다. 블록체인/가상자산 라. 마이데이터/오픈뱅킹 마. AI 활용증가
	2) 방향	① 디지털 금융포용 제고 ② 보안강화를 위한 노력 필요 ③ 마이데이터 산업육성을 위한 재정비 ④ 가상자산 규제 공백 해소
본론 **2. 은행의 차세대 비즈니스 모델**	1) 은행업 + 디지털 플랫폼	① 최근 은행들은 적극적인 디지털화를 통해 수익성 제고 노력을 하고 있음. 은행의 차세대 비즈니스모델은 [은행업 + 디지털플랫폼]의 형태가 될 것으로 전망됨 ② 은행은 예금과 대출 상품 이외의 안전한 결제기능을 제공함으로써 금융중개 기능과 다양한 고객정보의 축적을 통한 정보생산 기능의 시너지 효과를 통해 성장하였음 가. 은행들은 은행계좌를 통한 결제가 크게 증가하면서 고객관련 정보가 누적되고, 점포를 중심으로 한 결제 네트워크가 확대되면서 이용자의 편리성이 제고됨에 따라 성장을 이룰 수 있었음 나. 그러나 최근 들어 고객의 은행계좌를 통한 결제 이용이 줄어들고, 이에 따라 축적되는 정보의 양도 줄어들고 있음 ③ BaaS 국내금융그룹은 특화된 서비스 제공과 이종산업과의 파트너십 구축을 통해 BaaS 사업모델의 성공적 정착이 필요 A. BaaS 상품 개발시, 단순 뱅킹서비스 대신, KYC 솔루션 · 자산관리(세금, 회계) 등 차별화된 API 서비스를 개발할 필요 B. 성공적인 사업모델의 정착을 위해 이종산업과의 파트너십 구축이 요구됨. 고객 유입이 확대되고 있는 이종산업(전자상거래, 여행 · 숙박 등)과의 적극적인 파트너십을 통해 고객 기반을 확대할 수 있음

본론	2. 은행의 차세대 비즈니스 모델	2) 전사적 디지털 혁신	디지털 역신은 단순히 '채널의 디지털화'를 넘어 상품 및 서비스의 차별화와 내부조직, 인사, 기업문화 등의 전사적 혁신을 요구 ① 채널 혁신 ② 조직·백오피스 혁신 ③ 인사혁신 ④ 플랫폼 경쟁력의 강화 ⑤ 자회사와의 디지털 관계 강화
		3) 아날로그의 중요성	① 디지털 플랫폼 업체가 [결제+]의 개념으로 금융산업 전반에서 존재감을 높여가고 있는 가운데, 은행업계가 디지털 플랫폼 업체에 비해 더 나은 부가가치를 창출하기 위해서는 무엇보다 은행직원의 판매능력 향상이 중요하다는 지적 ② 은행이 취급하는 금융상품·서비스가 다양해지는 가운데 앞으로 은행직원의 판매능력 향상이 수익개선을 위한 최우선 과제가 될 가능성이 높음. 은행은 다양해지는 금융상품, 서비스를 자행직원을 육성해 높일 것인지, 다른 업태의 인력을 활용해 판매력을 높일 것인지를 결정해야 함
결론	의견제시		정부 차원에서는, 첫째, 강력한 디지털전환 담당 컨트롤타워 역할을 해야 할 필요가 있다. 둘째, 디지털 격차를 해소하기 위해 노력해야 할 것이다.. 셋째, 제조업/IT 융합형 체계를 강화해야 할 것이다. 금융기관 차원에서는, 첫째, 오픈 이노베이션의 환경을 구축할 필요가 있다. 둘째, 적극적인 벤치마킹의 필요가 있다.

02 논제 풀이

📈 서론

이슈 언급
비전통적인 플레이어들의 등장 이후 은행은 치열한 경쟁 속에서 디지털 전환을 통해 빠르게 변화하는 금융 생태계에 대응해 왔다. 그러나 상당한 성과에도 불구하고 디지털 전환의 성숙도는 금융기관별로 차별적이며 여전히 디지털 전환이 필요하다. 올해 은행 디지털 전환의 트렌드는 모바일 우선 전략, 마찰 제거를 통한 고객경험 개선, AI · 머신러닝 · 오픈 뱅킹의 활용 등으로 요약된다. 동시에 디지털 방식의 금융거래가 확대됨에 따라 사이버 보안 강화가 최우선 과제가 될 전망이다.

<출처: 하나금융경영연구원>

한편, 금융 디지털화는 금융포용을 촉진함과 동시에 금융배제를 일으킬 수 있는 요인으로 작용할 수 있다. 특히 개발도상국과 달리 금융배제가 복잡한 형태로 나타나는 선진국에 있어서는 금융 디지털화가 사회적 약자에게 미칠 수 있는 부정적 영향을 억제하면서 금융포용을 전개하는 것이 중요한 과제로 부각되었다.

<출처: 한국금융연구원>

이에 본지에서는 금융기관 디지털금융의 트렌드를 살펴보고, 금융포용성 증진을 위한 방안에 대하여 모색하기로 한다.

📈 본론

1. 디지털전환과 트렌드	1) 필요성 및 현황	① 의미 가. 디지털 전환이란 디지털 기술을 이용하여 새로운 비즈니스 모델을 창조하는 것 (Gartner) 나. 디지털 전환이란 디지털시대에 적응하기 위하여 기업의 운영하는 방식을 근본적으로 재검토하는 것(Mckinsey, 2022) ② 필요성 : 업무 효율성 제고와 고객만족 향상을 위해 디지털 전환은 은행업에서 여전히 중요하다. 가. 핀테크, 빅테크 등 비전통적인 플레이어들의 등장 이후, 치열한 경쟁 속에서 은행은 디지털 전환을 통해 빠르게 변화하는 금융 생태계에 대응 중이다. 나. 은행은 디지털 전환으로 업무 프로세스를 간소화하고 자동화하여 운영 효율성을 제고함으로써 미래대응역량을 향상시키고 고객경험을 개선시키는 방향으로 진행 중이다. 다. 최근 기업대출과 같은 전통적인 은행이 강점을 갖고 있는 영역에서의 경쟁도 더욱 심화되고 있어 디지털 전환노력을 가속화할 필요가 커졌다.

1. 디지털전환과 트렌드	1) 필요성 및 현황	③ 현황<출처: 한국금융연구원>

③ 현황<출처: 한국금융연구원>

　가. 플랫폼 금융의 확대

　　은행, 증권, 보험 등 계열사 서비스를 동시 제공하는 슈퍼앱 경쟁 및 모바일채널을 활용한 금융이용 확대

　　A. 마이데이터 제공 범위 확대 및 기술 고도화로 하나의 앱에서 개인 자산관리서비스를 제공하는 개념으로 앱의 활용성 확대

　　B. 플랫폼 이용자들의 Lock-in 효과를 기대하여 금융회사들은 여러 서비스를 앱에 부가하는 방식으로 대응

　　　- 대환대출, 오픈플랫폼을 통한 대출상품, 예·적금 상품 비교까지 가능하게 되어 플랫폼금융 역할강화

　　　- 제2차 금융규제혁신회의(2022년 8월)에서 예·적금 및 보험, P2P 상품까지 비교 가능하도록 규제 완화

　　　- 대환대출 인프라 구축 이후 대출비교플랫폼에서 신용대출, 주택담보대출, 전세대출까지 대환 가능해진

　　　- 11개 핀테크 플랫폼에서 온라인 보험 상품 비교가능 (2024년 6월)

　　　　(① 단기보험(1년이내상품으로 화재보험, 여행자보험 등), ② 자동차보험, ③ 실손보험, ④ 저축보험, ⑤ 펫보험, ⑥ 신용보험)

　　C. 플랫폼금융 및 새로운 모바일지급 수단의 등장으로 지급결제의 방식이 다양하게 변화

　　　- 선불전자지급 수단을 활용한 간편송금, 간편결제 등의 확산

　　　- 비금융기관이 전자금융업을 통해 지급결제서비스를 제공

　　　- 빅테크의 금융서비스 제공과 비금융사와 금융사간 경계가 흐릿해지는 빅-블러 현상 가속화

　　　- 비금융사들이 기존에 구축한 플랫폼의 네트워크 효과를 활용해 금융 등 비주력사업분야로 빠르게 확장

　　　- 데이터-네트워크-참여자활동(Data-Network-Activity)으로 이어지는 순환고리

[네이버 · 카카오의 금융서비스 진출현황]

	예금수취	신용거래	지급결제	증권	보험
네이버	X	△ (스마트스토어 사업자 대출 2020)	○ (네이버페이 2015)	△ (네이버통장 CMA 2020)	△ (보험통합조회 서비스 2022)
카카오	○ (카카오뱅크 2017)	○ (카카오뱅크 2017)	○ (카카오페이 2014)	○ (카카오페이증 권 2020)	○ (카카오페이손 해보험 2022.10.)

주: ○는 관련 라이선스 획득으로 직접 진출, △는 기존 금융사와의 협업 등으로 간접 진출

1. 디지털전환과 트렌드	1) 필요성 및 현황	

나. 클라우드 기술의 금융권 도입

  A. SaaS 등 클라우드 서비스 기술발전 및 팬데믹 후 금융환경의 비대면화로 인해 새로운 기술이 금융환경에 도입

    - 해외 금융회사들은 비용효율적으로 조직을 운영하기 위해 SaaS 등 클라우드서비스를 활용

    - 1,300여명의 해외금융 회사 리스크/IT 임원들 중 83%가 이미 다수의 클라우드 서비스를 활용하고 있다고 응답 (21'Google Cloud 서베이)

  B. 우리나라 금융회사의 경우 물리적 망분리 규제로 인해 클라우드 활용이 제약되었으나 최근 샌드박스를 통해 망분리 규제 완화

    - 2013년 3월 금융회사 대규모 전산망 마비를 계기로 금융권 물리적 망분리 도입

    - 신기술(AI) 및 보안관련 업데이트들이 SaaS 형태로 제공되어 망분리규제완화에 대한 시장의 요구가 커짐

    - 샌드박스를 통해 SaaS를 활용할 수 있게 하되 할 수 있는 업무, 데이터의 범위를 제한하는 한편, 보안대책 역시 선제적으로 수립해야 함

[사례: KB 라이프생명HR 관련SaaS 이용]

다. 블록체인/가상자산

  가상자산 시장의 제도화와 투자자 보호

  A. 「가상자산이용자보호법」시행(2024년 7월)

    - 이용자 자산보호 체계 구축: 고객예치금과 가상자산의 분리보관, 배상책임이행을 위한 보험 · 공제가입/준비금 적립의무, 임의적 입출금 차단금지

    - 불공정거래방지 : 미공개중요정보이용, 시세조종, 부정거래 등 불공정거래행위금지, 가상자산거래소의 이상거래 감시의무, 금융위 · 금감원의 조사조치 권한, 위반시 제재 근거 등

<table>
<tr><td rowspan="2">1. 디지털전환과
트렌드</td><td rowspan="2">1) 필요성 및 현황</td><td>

B. 국내 5대 디지털 자산거래소 (업비트,빗썸, 코인원, 코빗, 고팍스)중 1위 거래소에 집중

- 업비트의 가상자산 원화시장 점유율 65% (2025년 2월 14일 기준)
- 고객확인제도(KYC) 및AML 위반으로 제재심에서 논의 중

[가상자산1위 거래소의 높은 점유율(2025년 2월 14일)]

■업비트 ■빗썸 ■코빗 ■코인원 ■기타

32%

65%

라. 마이데이터/오픈뱅킹

금융마이데이터/오픈뱅킹제도를 통해 이용자 중심의 데이터 생태계를 구현

A. 정보주체가 자기정보를 관리하고 능동적으로 활용하는 '데이터주권'이 구현된 금융마이데이터 제도 도입(2020년)
- 69개의 마이데이터 사업자 및 1억 명이 넘는 서비스 가입자로 크게 증가

B. 마이데이터 정보유출 우려해소와 디지털 취약계층 배려를 위한 마이데이터2.0 추진(2024년)
- 데이터판매관련 금융보안원 안심제공 시스템구축 → 재판매 방지 및 거래안전성 확보
- 오프라인 영업허용→ 디지털 취약계층 접근성 강화

C. 금융결제기능을 표준화된 API 로 제공하는 오픈뱅킹 실시 (2019년)
- 법인계좌 조회 서비스 시행(2025년 1월), 영업점 창구로 제공채널 확대

마. AI 활용증가

금융권의 AI활용에 대한 수요 증가

A. 고객관리, 마케팅 등 프론트 업무에서 사기탐지, 준법감시 등 리스크관리 업무까지 생성형AI를 다양하게 활용
- Morgan Stanley는 Open AI와의 제휴를 통해 자산관리 자문서비스를 제공하는 생성형챗봇'AI @Morgan Stanley Assistant' 출시

</td></tr>
</table>

	1) 필요성 및 현황	B. 한국 금융회사의 생성형 AI 수요증가로 인해 「금융권 생성형AI 활용 지원방안」발표(2024년 12월) - 금융권AI 가이드라인에 SaaS 등 클라우드 컴퓨팅 기반 생성형 AI 실무 적용 기준 제시 - 금융권 특화데이터(금융분야 한글 말뭉치, 금융AI평가지원 데이터, 공익목적데이터)및 개발 플랫폼 구축 - 금융 분야 망분리 규제 개선
1. 디지털전환과 트렌드	2) 방향	① 디지털 금융포용 제고 금융소외 현상 가속화될 수 있어 디지털금융 관련 교육제공 및 오프라인 접근성 유지하도록 노력 가. 고령층, 저소득층, 장애인 등의 경우 디지털 채널에 대한 활용 수준이 낮고 오프라인 접근성 지속적 저하 - 2020년도부터 4대 시중은행 점포수 4,440곳에서 3,827곳으로 급격히 감소 나. 고령층 및 금융소외계층을 대상으로 한 보이스피싱, 파밍 등 디지털 금융사기의 급증 다. 디지털금융 소외계층들에 대한 금융활용, 사기, 보안 등에 대한 교육을 병행하며 ATM등 금융접근성을 유지할 수 있는 오프라인 컨택포인트를 새로 마련하거나 유지해야 함. - 일본: 고령투자자를 위한 별도의 금융소비자 가이드라인, 은행 대리업제도 운영

일본의 사례: 은행 대리업 제도 운영

정의	은행을 위해 은행의 본업인 예금·적금 수입, 대출·어음 할인, 외환 거래를 내용으로 하는 계약의 체결 대리 또는 중개
진입규제	결제시스템 및 금융소비자 보호를 위해 일정 자격을 갖춘 경우 허가
의무	건전성 및 금융소비자 보호를 위해 각종 의무 및 금지 행위 등 명시
사례	1) 유초은행(우편저축은행)은 3,000여개의 우체국을 대리점으로 활용 2) 다이와증권그룹은 인터넷전문은행(다이와넥스트은행)을 설립하고 증권 지점에서 은행대리업무 수행

- 호주의 '현금결제 의무화(Mandating Cash Acceptance)' 협의(2024년 12월) 호주연방정부는 기업이 식료품, 연료 및 기타필수품에 대한 지불로 현금을 받도록 요구할 계획임. 2024년말에 협의를 하였고, 2026년까지 의무화를 시행할 계획 (중소기업은 면제함)

1. 디지털전환과 트렌드 <출처 : 하나금융 경영연구원>	2) 방향	- 미국 뉴저지주의 '현금지불 고객에 대한 차별금지(Discrimination against cash-paying customers prohibited)'법(2023년) 소매로 상품이나 서비스를 판매하거나 판매를 제안하는 사람은 구매자에게 신용으로 지불하도록 요구하거나 상품이나 서비스를 구매하기 위해 현금지불을 금지할 수 없다

② 보안강화를 위한 노력 필요

제3자리스크 확대(제3자 리스크(3rd-party risk)란, 비금융 부문에서 장애가 발생하거나 정보 유출 등의 사고가 금융 부문으로 전이되는 리스크를 일컫는다)로 보안제도 개선 및 금융회사 및 전자금융업자의 실질적인 보안강화를 위한 노력 필요

가. SaaS 등 클라우드 환경을 노린 보안 위협이 심화되고 IT · 보안조직이 통제해야 할 영역이 크게 확대

- SaaS 설정 오류 및 제3자 제공앱 취약점 등을 통해 비인가자가 접근할 수 있고 감시영역이 넓어져 보안사각지대가 발생 가능

나. 전자금융감독규정개정(2025년 2월)후 개별금융회사들의 책임이 강화된 만큼 보안강화를 위한 지속적인 노력이 필요

- 금융회사의 보안관련 내부체계를 점검하고 재해복구 계획 수립 및 정기테스트를 통해 금융전산 복원력 강화할 필요가 있음

다. 복원력을 위한 인프라가 제대로 작동하는지 감시하고, 업무 위 · 수탁이 특정 업체에 집중될 시 감독필요

- 금융회사의 업무 위 · 수탁이 특정업체에 집중될 경우 운영사고가 금융시스템 전반에 미치는 영향이 클수있어 감독당국의 체계적인 관리 · 감독이 필요할 수 있음

라. 금융보안규제를 원칙중심으로 개선하고 자율보안 체계로 전환 시동

- 금융위는 「금융보안선진화방안」 발표를 통해 원칙중심, 자율보안체계로 점진적 전환을 천명(2024년 2월)

- 현행 전자금융감독규정의 293개의 세세한 규칙을 166개로 축소, 재해복구센터구축의무 등 금융전산 복원력강화(2025년 2월)

- 계획: (1단계) 원칙중심보안규제개편→ (2단계) 사후책임성 강화등법률개정→ (3단계) 자율보안수립 · 이행중심으로의 전환

- 금융분야 망분리 규제개선 로드맵 발표

- 클라우드기반 구독형 소프트웨어(SaaS) 및 생성형AI 샌드박스를 통해 허용

1. 디지털전환과 트렌드
<출처 : 하나금융 경영연구원>

2) 방향

③ 마이데이터 산업육성을 위한 재정비

마이데이터 범위가 비금융분야로 확산됨에 따라 산업의 새로운 혁신을 장려할 필요

가. 현 마이데이터 산업의 낮은 수익성과 과금시행에 따른 비용부담은 산업구조재편으로 이어지고 있음

- 마이데이터사업을 통한 수익이 제한적이기에 시장을 이탈하는 업체가 증가할 경우 전반적인 시장구조의 변화 예상됨

나. 전분야 마이데이터가 추진됨에 따라 금융마이데이터와 마찰이 발생할 수 있으나 기회 역시 확대

- 「개인정보보호법시행령」개정안 입법(2024년 5월), 시행(2025년 3월)

- 분야간 호환 및 실무운영에서 여러 문제가 발생할 가능성은 있으나 사업의 기회 역시 확대

다. 전 분야 마이데이터 시대의 도래와 더불어 사업자들의 분야를 넘나든 혁신을 장려할 필요

- 예 금융분야 마이데이터 사업자가 개보법 시행령에 따른 중계전문기관으로서의 역할을 할 가능성

마이데이터 사 영업현황(2022)

구분	영업수익	신용정보 통합관리	겸영업무등[주1]	영업이익 (손실)
핀테크·IT	21,224	46	21,178	△1,411
상위3사[주2]	20,367	-	20,367	114
금융회사[주3]	56	-	56	△1,286
합계	21,280	46	21,234	△2,697

주1) 대출중개, 데이터분석, 광고홍보, 전자금융 등 본인신용정보 관련 겸영 · 부수업무
주2) 네이버파이낸셜, 카카오페이, 비바리퍼블리카(토스)
주3) 금융회사의 경우 해당 금융관계법률에서 허용된 고유업무 등 관련 영업수익은 제외

④ 가상자산 규제 공백 해소

가상자산발행, 유통 등 여러 관련제도의 보완을 통해 산업을 진흥

가. 「가상자산이용자보호법」이 시행되었으나 보다 포괄적인 발행 · 유통, 시장, 인프라 등에 대한 제도가 부재

- 자율규제 형태로 상장 · 상폐심사가 운영되어 실질적인 감독이 제대로 이루어지지 않음

나. 세계 여러 나라는 규제 불확실성 해소와 디지털 자산산업의 진흥을 위해 노력하고 있음

- EU의가상자산규제(MiCA) 제도 단계적 시행 및 트럼프 행정부의 행정명령서명

다. 규제 불확실성 해소와 산업진흥을 위해서는 조속한 추가 입법이 필요

1. 디지털전환과 트렌드 <출처 : 하나금융 경영연구원>	**2) 방향**	- 가상자산발행 · 유통시장 규제 포함한 「가상자산기본법」제정 작업 진행 중 - 법인계좌 단계적 허용시 자본시장 및 금융회사 안정성에 미치는 파급효과 등을 주시할 필요

유럽연합(EU) 가상자산 규제 (MiCA) 시행 ('24.12)

- EU는 2023년 디지털 자산에 관한 포괄적 입법으로 MiCA 제정
- 가상자산 발행, 거래, 서비스 제공에 관한 규제
- 가상자산에 대한 공시 의무
- 내부자 거래 규제
- 발행인 자격요건 규제
- 소비자 보호
- 금융 안정성

라. 보안 · 규제리스크, 고비용구조, 데이터제약 등 AI활용시 발생하는 문제해결을 위한 지원 필요
- 금융에서 AI 모델 활용 시 고영향 인공지능으로 분류되기에 AI 기본법과의 조율 및 통합가이드라인 마련 필요
- 신용평가, 여신심사, 보험심사 및 가격책정 등 다양한 경우에 이와 관련한 사업자책무, 영향 평가 등이 문제될 수 있음
- 고위험 AI 심의할 수 있는 자체적인 프로세스를 검토해야 할 필요성도 있음(개인정보보호 및 차별금지)
- AI 모델 구축 및 데이터확보에 많은 비용이 들수있어 지원 필요
- 금융분야 특화데이터지원 및 AI 플랫폼구축(오픈소스AI 모델, 데이터, 통합개발환경 지원)
- AI 기술 활용시 발생하는 추가적인 문제들에 대해서도 대비 해야함
- 자본시장에서 로보어드바이저 활용에 따라 시장내 동조화 심화, 쏠림 및 변동성 확대 가능성

2. 은행의 차세대 비즈니스 모델 <출처 : 한국금융 연구원>	**1) 은행업 + 디지털 플랫폼**	① 최근 은행들은 적극적인 디지털화를 통해 수익성 제고 노력을 하고 있다. 은행의 차세대 비즈니스모델은 [은행업 + 디지털플랫폼]의 형태가 될 것으로 전망된다. 가. 차세대 은행 비즈니스 모델은 고객의 유치, 유지는 디지털 플랫포머와 협업, 제휴을 통해 해결하고, 결제, 수신 · 여신 업무의 집행은 은행이 담당하며, 이를 관리하는 시스템은 플랫폼으로서의 은행(Banking as a platform, BaaP)과 제휴하는 형태가 될 것이다.

나. BaaP란 결제 등의 실행과 관련된 시스템의 제공 등 플랫폼 기능을 수행하는 은행을 말하는 데, 최근 글로벌 주요은행들은 BaaP로의 전환을 위해 API 개발자용 포털 개발, 신기술 관련 API 활용 등 오픈뱅킹을 선제적으로 도입하며 핀테크 기업과의 협업을 모색하고 있다.

은행의 차세대 비즈니스 모델

[자료: 다이와종합연구소. "인간의 '연결하는 힘'에서 차세대 은행 비즈니스 모델은 꽃핀다", 2020 신춘호, Vol. 37]

② 은행은 예금과 대출 상품 이외의 안전한 결제기능을 제공함으로써 금융중개 기능과 다양한 고객정보의 축적을 통한 정보생산 기능의 시너지 효과를 통해 성장하였다.

가. 은행들은 은행계좌를 통한 결제가 크게 증가하면서 고객관련 정보가 누적되고, 점포를 중심으로 한 결제 네트워크가 확대되면서 이용자의 편리성이 제고됨에 따라 성장을 이룰 수 있었다.

나. 그러나 최근 들어 고객의 은행계좌를 통한 결제 이용이 줄어들고, 이에 따라 축적되는 정보의 양도 줄어들고 있으며, 장기적인 초저금리 환경에서 예대마진이 축소됨에 따라 비용절감을 위해 점포네트워크를 축소해야 하는 결과가 나타나고 있다.

③ BaaS 활용

가. BaaS(Banking as a Service)란 라이센스를 소유한 은행이 제3자 기업에게 API 형식의 은행 서비스나 인프라를 제공하는 비즈니스 모델

나. BaaS 사업모델 참여자는 라이센스 소지자(license holder), 서비스 제공자(provider), 브랜드(brand) 기업으로 구성

---

2. 은행의 차세대 비즈니스 모델
<출처 : 한국금융연구원>

1) 은행업 + 디지털 플랫폼

<출처: 우리금융경영연구소>

2. 은행의 차세대 비즈니스 모델
<출처 : 한국금융연구원>

1) 은행업 + 디지털 플랫폼

다. 은행은 이자이익에 편중된 포트폴리오를 다각화하고, 잠재적 고객을 확보하는 방안으로 BaaS를 활용할 수 있음. 또한, BaaS 모델을 통해 은행을 포함한 금융회사는 수수료를 안정적으로 확보하고, 최종 고객이 자사 금융 상품으로 유입되는 효과를 기대

라. BaaS 시장은 우호적 규제 환경이 조성된 선진국을 중심으로 성장. 해외와 국내은행의 BaaS 모델은 차이가 있음.

A. 사업진출 방식

해외에서는 은행의 핀테크 출자, 인수가 비교적 활발하게 진행되고 있으나, 국내는 규제상 제약으로 제휴를 통한 시장 진입이 일반적

B. 활용범위

해외 은행이 제공하는 API 서비스는 기본적인 뱅킹서비스부터 기업대출, 카드 · 월렛, KYC까지 다양하나, 국내은행은 기본 뱅킹서비스를 위주로 전개

C. 서비스영역

해외에서는 은행이 제공하는 API 서비스가 핀테크사의 금융 상품 · 플랫폼 개발과 비금융회사의 업무용 프로그램 개발에 모두 활용되고 있으나, 국내의 경우 후자에 활용. 금융당국은 은행권 경쟁 촉진을 위해 규제 장벽을 완화하려는 움직임을 보이고 있어, 은행의 BaaS 시장 진출 기회와 서비스 활용범위가 확대될 가능성

마. 최근 금융당국은 은행의 부수업무 규제 완화와 위탁업무 범위 확대를 검토하고 있는 상황으로, 규제 완화 시 BaaS 시장 진출 기회와 서비스 활용범위가 확대될 것으로 기대. BaaS 시장은 향후 꾸준한 성장세가 예상되며, 은행은 성장 한계를 극복하고 잠재적 고객 기반을 확대하는 방안으로 활용할 수 있음. 현행 은행법은 은행의 업무범위를 은행업무 · 부수업무 · 겸영업무 등으로 분류

	1) 은행업 + 디지털 플랫폼	* 부수업무는 포지티브(열거주의) 방식으로 운영되고, 그 외의 업무는 혁신금융서비스 지정 등을 통해 가능 * 금융위원회는 핀테크 관련 업무를 은행의 부수업무로 인정하는 방안과, 은행의 본질적 업무 범위를 합리적으로 조정하는 방안을 고려 중. 바. 국내금융그룹은 특화된 서비스 제공과 이종산업과의 파트너십 구축을 통해 BaaS 사업모델의 성공적 정착이 필요 　A. BaaS 상품 개발시, 단순 뱅킹서비스 대신, KYC 솔루션 · 자산관리(세금, 회계) 등 차별화된 API 서비스를 개발할 필요 사. 국내금융그룹은 특화된 서비스 제공과 이종산업과의 파트너십 구축을 통해 BaaS 사업모델의 성공적 정착이 필요 　A. BaaS 상품 개발시, 단순 뱅킹서비스 대신, KYC 솔루션 · 자산관리(세금, 회계) 등 차별화된 API 서비스를 개발할 필요 　B. 성공적인 사업모델의 정착을 위해 이종산업과의 파트너십 구축이 요구됨. 고객 유입이 확대되고 있는 이종산업(전자상거래, 여행 · 숙박 등)과의 적극적인 파트너십을 통해 고객 기반을 확대할 수 있음

2. 은행의 차세대 비즈니스 모델
<출처 : 한국금융 연구원>

	2) 전사적 디지털 혁신 <출처 : 한국금융 연구원>	디지털 혁신은 단순히 '채널의 디지털화'를 넘어 상품 및 서비스의 차별화와 내부조직, 인사, 기업문화 등의 전사적 혁신을 요구한다. 왜냐하면 JP Morgan chase의 모바일 뱅크인 Finn의 실패사례(1년 만에 서비스 중단)에서 보듯이 기존 상품과 서비스의 차별화가 이루어지지 않거나 목표고객에 대한 기존조직의 이해나 기업문화의 변화 없이는 실패하기 때문이다. ① 채널 혁신 우선 오프라인의 기능적 재편과 개인화 서비스의 확충, 고객별 채널의 전문화, 그리고 채널의 개방성 확보에 초점을 둘 필요가 있다. ② 조직 · 백오피스 혁신 　가. 디지털금융 하에서의 업무경쟁력은 디지털조직의 시장적 위상과 리스트관리, 백오피스 업무역량을 재편, 강화해 나가는 것이 조직 측면의 핵심과제에 해당한다. 　나. 특히, 리스크 조직은 디지털 기반의 데이터 경제와 핀테크를 결합한 새로운 금융서비스를 개발, 관리, 운용할 수 있는 가장 핵심적인 조직이 될 수 있도록 지원해 나갈 필요가 있다.

<table>
<tr>
<td rowspan="2">

**2) 전사적 디지털
혁신**
<출처 : 한국금융
연구원>

</td>
<td>

③ 인사혁신

디지털 전문가에 의해 주도되는 새로운 직급체계와 업무분담 체계, 그리고 디지털 기반의 성과를 공유할 수 있는 평가체계를 필요로 한다.

④ 플랫폼 경쟁력의 강화

외부기관과의 협력, 은행 간 공동개발 및 전략적 투자 등을 통한 개방형 체계 구축과 비금융기관에 금융서비스를 결합할 수 있는 협업확대 등을 통해 플랫폼 형 영업을 강화할 필요가 있다.

⑤ 자회사와의 디지털 관계 강화

그룹 및 지주회사에 의한 디지털 통합은 내부경쟁의 완화 및 전략적 협업을 통해 내부비용을 절감하고 역량의 집중을 통한 디지털 전환에 초점을 맞춘다. 예를 들면, 은행의 경우, 취약한 온라인 결제나 소기업 금융 등을 카드사의 온라인 결제 또는 캐피탈 사와의 소기업 여신 등과 결합하는 형태로 디지털 서비스의 확충이 가능하다.

</td>
</tr>
</table>

2. 은행의 차세대 비즈니스 모델
<출처 : 한국금융 연구원>

3) 아날로그의 중요성

① 디지털 플랫폼 업체가 [결제+]의 개념으로 금융산업 전반에서 존재감을 높여가고 있는 가운데, 은행업계가 디지털플랫폼 업체에 비해 더 나은 부가가치를 창출하기 위해서는 무엇보다 은행직원의 판매능력 향상이 중요하다는 지적이다.

가. 디지털화는 판매채널의 다양화라는 측면에서는 중요한 전략이지만, 그것만으로는 온라인상에서 부가가치가 높은 판매채널을 창출 할 수 없다.

나. 온라인상에서 판매채널의 생산성을 향상시키기 위해서는 사람과 디지털의 융합을 어떻게 하는지가 최대 관건이다.

다. 은행 내에 새로운 기술을 도입하는 부서를 설립하는 방식으로 디지털화에 대응하는 것이 아니라, 현장에서 사람과 디지털 기술을 융합시켜 판매능력을 강화하는 방안을 구축하는 것이 중요하다.

② 은행이 취급하는 금융상품이나 서비스가 다양해지는 가운데 앞으로 은행직원의 판매능력 향상이 수익개선을 위한 최우선 과제가 될 가능성이 높다. 은행은 다양해지는 금융상품, 서비스를 자행직원을 육성해 높일 것인지, 다른 업태의 인력을 활용해 판매력을 높일 것인지를 결정해야 한다.

③ 한편, 점포 정리를 통해 점포당 생산성을 높이고, 양질의 아날로그 정보를 수집, 활용하여 상품, 서비스 판매능력을 향상시킬 필요가 있다.

2. 은행의 차세대 비즈니스 모델 <출처 : 한국금융연구원>	3) 아날로그의 중요성	가. 양질의 아날로그 정보란, 디지털 정보로는 얻을 수 없는 보다 개인적인 고객정보를 말하며, 은행이 상품, 서비스 판매능력을 높이기 위해서는 기존에 은행이 보유하고 있는 아날로그 정보의 활용이 수익 개선에 더 큰 도움이 될 것이라는 분석이다. 나. 이와 같은 양질은 아날로그 정보를 수집하기 위해서는 고객과의 신뢰관계가 무엇보다 중요하며, 신뢰관계가 강할수록 더 부가가치가 높은 고객정보를 수집할 수 있다. 다. 고객과의 신뢰관계를 강화할 수 있다면 고객의 라이프 사이클에 맞추어 상품, 서비스의 시기적절한 제공이 가능해져 과도한 금리 및 수수료 경쟁으로부터도 벗어날 수 있을 것이다.

결론

의견 제시

한국의 디지털 전환은 불균형적으로 진행되고 있다고 할 수 있다. '2022 디지털 민첩성 지수(DAI) 서베이'에 따르면 선두 기업들은 전사적 디지털 확장에 큰 진전을 이뤘으나, 62%에 달하는 한국 기업들은 즉각적인 필요에 따른 기능적 요건 위주로 기술 도입을 추진하면서 통합화 단계까지 나아가지 못했다. 추후 디지털 전환은 조직 프로세스의 모든 과정에서, 모든 사업분야에서 구현될 것으로 전망되기에 한국의 기업경쟁력을 위해서는 디지털 전환에 관한 통합전략이 반드시 필요한 상황이다.

이에 정부 차원에서는,

첫째, 강력한 디지털전환 담당 컨트롤타워 역할을 해야 할 필요가 있다. 과거 전자정부를 성공적으로 수립했던 노하우를 활용하여 전문가로 구성된 전담 T/F팀 및 부서를 지정하고, 기업의 디지털 전환 정도에 따른 맞춤형 목표 수립으로 글로벌 경쟁력을 이끌어 나가야 할 것이다.

둘째, 디지털 격차를 해소하기 위해 노력해야 할 것이다. 자금 격차 해소를 위해 산업은행 등의 기능을 강화하여 벤처/스타트업 금융지원을 강화해야 할 것이다. 또한 현재 중소벤처기업부에서 실행 중인 비대면 서비스 바우처 사업 지원을 확대할 필요가 있으며, 기업들의 수출마케팅 플랫폼 구축을 지원하여 고객 확보에 도움을 주어야 할 것이다.

셋째, 제조업/IT 융합형 체계를 강화해야 할 것이다. 우리나라의 산업구조 대다수를 차지하는 제조업의 고부가가치화에 중점을 두고, IT융합제품에 대한 R&D 지원은 확대하고 인증허가 규제는 우선 허용 규제 형태로 완화하는 IT 융합형 지원정책 체계 구축이 필요하다.

금융기관 차원에서는,

첫째, 오픈 이노베이션의 환경을 구축할 필요가 있다. 디지털 전환의 환경에서는 가치 창출이 다방면에서 이루어져야 한다는 점에서 대중소간 협력 촉진이 중요하다. 기업간 오픈 이노베이션의 활성화로 테스트베드를 구축하고, 아이디어를 적극적으로 상용화할 기회를 마련하여 중소기업에게는 처분시장 구축의 이득을, 대기업에게는 디지털 전환 비용 절감 계기를 만들어야 할 것이다.

둘째, 적극적인 벤치마킹의 필요가 있다. 많은 기업들이 디지털 전환으로 새로운 효용까지 창출하기를 원하지만, 절대 쉽지 않다. 관행에서 벗어나려면 무엇보다 디지털 전환의 수많은 성공사례를 꼼꼼히 검토하여 전사적인 관점에서 적용할 벤치마킹 능력을 키우는 것이 필요하다. 세부적으로 기업 내 R&D 투자 확대가 필요할 것이며, 시대흐름에 맞는 유연한 조직문화와 산업구조 모니터링 또한 선행되어야 할 것이다.

03　논술사례

> **주제 1**
> 디지털전환의 시대에 대응하는 감독당국의 정책 방향성을 제시하시오.

답안

서론

응대를 하는 창구업무부터 ｜

아날로그 방식에서 ｜

삭제 ｜

　디지털 전환이란, 고객 **응대부터** 백-오피스까지의 업무 프로세스 전반에서, **아날로그로부터** 디지털 방식으로 **그것이** 전환되는 것을 의미한다. 코로나 19 이후, 비대면 및 온라인 서비스 수요가 급증하고, 사회적 거리두기에 의해 재택 근무의 가능성을 확인하는 등, 디지털 전환의 시대적 흐름은 확실한 현재진행형이다. 이러한 흐름에 적절히 대응하지 못하면, 개별 금융기관의 입장에서는 경쟁력의 상실이며, 거시경제적으로는 국가 경제의 신 성장 동력을 저하하게 된다. 따라서, 이하에서는 디지털 전환의 양상을 살피고 그에 응하는 당국의 방향성에 대해 서술하고자 한다.

본론

1. 디지털 전환의 양상

1) 금융의 디지털화

　금융의 디지털화 양상으로 가장 두드러지는 측면은 '플랫폼 금융'이다. 기존 금융회사와 비금융 플랫폼 기업의 협업을 통해 다양한 금융 상품을 하나의 플랫폼에서 접할 수 있게 되었다. 이른바 BaaS(Banking as a Service)를 통해, 금융회사가 Open API를 제공하고 이를 이용하여 다양한 비금융회사의 서비스 개발이 이루어지고 있다.

또한 AI, 로보어드바이저 등을 **활요**하는 분야도 확대되고 있다. 비대면 서비스에서의 활용은 물론이고, 레그테크(RegTech)의 도입으로 규제/법률의 준수 여부까지도 체크할 수 있게 되었다. 그리고 금융결제원 같은 경우, FDS(Fraud Detection System)을 도입하여 의심거래 분석 서비스를 금융기관들과 공유하고 있다.

2) 디지털 인재**의** 확보에 대한 수요 증가

업무의 디지털 프로세스화로 인해, 디지털 역량과 이해도가 높은 **이**재에 대한 수요가 크게 증가하고 있다. 골드만삭스는 인재 흡수를 위해서 '인수채용(Acqui-Hire)' 전략을 적극적으로 활용하고 있다. 인수채용이란, 인재 고용을 목적으로 하는 기업의 인수/합병을 의미한다. 한편, 내부 인재의 디지털 전환도 활발하다. 많은 금융기관들이 기존 직원들에 대해 꾸준히 디지털 교육을 수행하고 있다.

3) 아날로그 서비스의 고부가가치화

디지털 전환이 시대의 흐름인 것은 확실하**나** 모든 것을 디지털화하여 해결하는 것에는 한계가 있다. 특히, 디지털 플랫폼 산업은 경쟁이 매우 치열하기 때문에 차별화된 부가가치를 생산할 수 있는 채널로서 아날로그 서비스가 부각된다. 아날로그 서비스의 핵심은 직원의 수익 창출 역량과 비정량적 데이터의 확보이다. 고객과의 신뢰 관계를 통해, 디지털 정보로는 접근하기 어려운, 고객의 내밀한 정보까지 파악할 수 있어야 한다. 이를 기반으로 개별고객화된 서비스를 제공하여 고객 만족과 고부가가치를 이끌어낼 수 있다.

4) 포용적 금융의 수단

포용적 금융의 대상이 되는 고객층은 대개, 고금리에 직면하거나 대출이 어려운 고객들이다. 금융의 디지털화를 통해, 취약 계층 고객들은 가장 효율적인 자금 확보 서비스의 서치를 비교적 쉽게 할 수 있게 되었다. 또한, 다양한 정책적 금융 지원 정보를 플랫폼 등에서 한눈에 확인하기 용이하다. 나아가 금융 지원의 대상이 되는 지까지도 쉽게 판단할 수 있다. 즉, 취약 계층의 금융 접근성 제고를 통해 사회적 가치까지 추구할 수 있는 것이 디지털 전환의 **특징이다.**

2. 디지털 전환의 양면성

1) 긍정적 측면

첫째, 가장 큰 효과는 '시장 경쟁 원리를 통한 효율성'일 것이다. 금융 정보에 대한 접근성이 높아져 누구나 쉽게 금융 비용을 비교할 수 있게 되었다. 즉, 정보 비대칭성이 크게 완화되었다. 이에 따라, 금융 서비스 공급자들이 가격을 낮추고 사회적으로 효율적인 서비스 공급량과 가격을 책정할 가능성이 높아진다.

둘째, 신용평가의 고도화 및 정보/거래비용의 감소를 가져온다. 빅데이터를 통해 신용평가를 세분화하고 고차원적으로 다양한 요소를 고려하여 금융서비스를 제공할 수 있게 되었다. 또한 이 과정에서 겪게 되는 각종 마찰적 비용이 절약된다. 요컨대, 은행을 일일이 방문하지 않아도 고객 자신에게 최적화된 서비스를 찾기 매우 수월해졌다는 의미이다.

잘 정리하셨습니다.

2) 부정적 측면

첫째, 금융 플랫폼 기업의 거대화/독과점화가 우려된다. 플랫폼 공급은 API를 통해 다양한 주체가 접근할 수 있지만 네트워크 효과나 Lock-in 효과 따위에 의하여 독과점 가능성도 충분히 존재한다. 이러한 경우, 독과점 지위를 이용하여 서비스 가격을 통해 고객에게 비용이 전가되거나, 카르텔에 의한 서비스 가격 담합의 행태가 발생할 수 있다.

둘째, 디지털 소외 계층은 여전히 금융 사각지대에 놓여있다. 오히려 아날로그 창구의 축소로 체감 접근성이 낮아질 가능성도 있다. 장년층이나 노년층의 경우 디지털 이해도가 낮기 때문에 디지털 전환의 효용을 누리기 어려울 것이다.

📈 결론

감독당국은 위와 같은 특징들을 고려하여, 디지털 전환의 장점을 살리고 단점을 보완해야 한다.

첫째, 플랫폼 시장의 독과점을 방지하기 위해, 규제 진입장벽을 낮추되 독과점 행위에 대한 규제/감독은 강화해야 한다. 금융감독원은 공공데이터 API를 제공하여 서비스 공급자들의 데이터 접근성을 제고하고 있다. 또한, 이복현 금융감독원장은 '레드 테이프'의 제거, 불필요한 규제의 삭제, 불확실성을 야기하는 보수적 감독행태의 지양 등을 천명하며 규제 완화에 대한 의지를 보이고 있다. 한편, 독과점을 이용한 금융서비스 가격 전가 따위가 발생하지 않도록 체계적으로 모니터링 해야 한다. 금융 소비자에게 적절하고 충분한 금융 상품 정보가 적시에 제공되는지, 소비자의 상황에 과도한 금융상품을 이용하도록 프레임적으로 유도하지는 않는지 등을 꼼꼼히 살펴야 한다.

둘째, 디지털 전환을 방해하는 규제를 철폐하고, 규제 샌드박스를 활용하여 유연한 전환이 가능하게 해야 한다. 금융감독원은 망분리/클라우드에 관한 규제를 명확히 하고 불필요한 의무 조항을 삭제하고자 추진하고 있다. 이를 속도감 있게 진행하여 규제 불확실성을 제거하는 것이 금융기관의 디지털 전환 탄력성을 제고할 수 있다. 또한 일몰조항을 적극적으로 활용하여, 미래의 기업 활동에서 불필요한 장벽이 되지 않도록 미리 예상하고 규제를 설계해야 한다.

셋째, 빅테크 및 핀테크의 플랫폼을 통한 금융겸업화 현상에 대해, 은행과 유사한 수준의 규제를 설계할 필요가 있다. 각종 지급결제시스템의 실질적 기능상 요구불예금에도 충분히 준하는 것으로 볼 수 있고, 지준의 부족이나 신뢰가 결여되면 런이 발생할 가능성도 배제할 수 없기 때문이다. 이는 기존 금융기관과의 공정한 경쟁 환경을 조성한다는 측면에서도 중요하다. 넓은 의미에서 일종의 '그림자은행'이라고도 볼 수 있기에, 시스템리스크 관리 측면에서도 규제의 유인은 **분명히 존재한다.**

좋습니다.

주제 2

디지털 금융이 금융환경에 미치는 영향과 발전 방안에 대해 논하라.

답안

---

1. 서론 : 디지털 금융의 중요성 대두

　1-1) 데이터 3법 통과, 오픈뱅킹 활성화, it 기술 혁신

　1-2) 코로나 19 장기화로 비대면 서비스 수요 증가

2. 본론 : 디지털 금융의 효과

　2-1) 긍정적 효과 : 소비자 맞춤형 서비스 제공(금융상품, 언제 어디서나), 신용평가 고도화

　2-2) 부정적 효과 : **금융소외 현상**, 불완전 판매

3. 결론 : 디지털 금융의 경제 성장 촉진, 사회의 안정성 구축 역할

　3-1) 플랫폼 활성화

　3-2) 비금융 정보 활용

　3-3) 불완전 판매 – 설명 고지

　3-4) 금융소외 – 소피자 파악(대면 서비스와 비대면 서비스 시너지 발휘)

> 글쎄요
> 디지털금융은 금융소외를 완화시킵니다. 오히려 금융 디바이드현상을 완화시키는 것이 맞아 보입니다.

> 언택트 경제
> 홈코노미가 언급되면 좋겠습니다.

서론

　빅데이터 분석, AI 등 IT 기술의 발달과 데이터 3법 통과, 오픈뱅킹 활성화로 금융산업의 디지털 전환이 **일어나고** 있다. 또한 최근 코로나 19가 장기화되면서 금융, 유통 등에서 비대면 서비스의 수요가 늘어나 **디지털 금융의 중요성이 대두되고 있다.** 본고는 디지털 금융이 금융환경에 미치는 영향을 분석하고 디지털 금융의 발전 방안에 대해 논의하고자 한다.

> 가속화되고

> 언택트 경제, 홈코노미 붐마저 일고 있다. 이에

> 고, (쉼표)

> [본론]
> 디지털 금융이 금융환경에 미치는 영향을 긍정적 측면과 부정적 측면으로 나누어 논지를 전개하고자 한다.
> 먼저 긍정적 측면이다

📈 **결론**

1. 디지털 **금융의 긍정적 효과**

디지털 금융이 금융환경에 미치는 영향을 긍정적 측면과 부정적 측면으로 나누어 논지를 전개하고자 한다. 디지털 금융이 금융환경에 미치는 긍정적 효과는

첫째, 소비자 맞춤형 금융서비스를 제공할 수 있다. 빅데이터 **분석과 접합하여** 대량의 비정량 데이터를 **활용하여** 소비자 성향을 분석할 수 있다. 최근에는 데이터 3법의 통과로 소비자의 신용카드 결제 내역을 익명 데이터로 확인할 수 있다. 이러한 정보를 활용하여 기존의 소비자 재무구조, 소득 등의 전통적 금융정보를 분석하는 것을 넘어서 더 넓은 범위의 정보를 활용할 수 있다. 소비자에게 맞춘 자산관리 서비스, 예적금 및 대출 등을 제공하는데 도움이 될 것으로 기대된다. 이와 더불어 소비자가 모바일 플랫폼을 이용해 언제, 어디서든 금융서비스를 이용할 수 있으므로 소비자가 금융서비스 이용 시간을 직접 결정할 수 있다는 장점이 있다.

둘째, 신용평가를 고도화할 수 있다. 기존에는 재무구조와 소득, 매출 등 한정적인 금융 정보만 신용평가에 활용할 수 있었다. 사회초년생이나 주부 등 금융 거래 이력이 없는 계층이나 우수한 기술을 보유한 창업 기업은 신용 창출에 제한이 있어 자금 조달에 어려움이 있었다. 통신 정보 등 소비자의 성향을 알 수 있는 정보나 지적 재산권에 대한 정보 등을 활용하여 대출 수요를 창출하고 IP 담보 대출도 활성화할 수 **있을 것이다.**

2. 디지털 금융의 부정적 효과

디지털 금융이 금융환경에 미치는 부정적 영향은

첫째, 금융소외 현상이 심화된다. **고령층이나 장애인층은 급변하는 금융환경에 빠르게 적응하지 못하는 경향이 있다.** 디지털 금융의 가속화는 이러한 금융소외 계층의 금융산업의 이해도를 현저히 떨어뜨린다. 모바일 플랫폼을 통한 비대면 서비스가 대면 서비스보다 설명을 글로 구성하는 비중이 높다. 이러한 점은 고령층으로 하여금 금융서비스를 이용하기 어렵게 만든다. 아울러, 금융소외계층은 모바일 플랫폼에 익숙하지 않기 때문에, 금융서비스 이용의 어려움을 심화시킨다.

둘째, 불완전 판매가 빈번하게 발생할 수 있다. 모바일 플랫폼으로 다양하고 복잡한 상품 출시가 가능해졌고, 소비자들은 선택의 폭이 넓어서 개별 금융상품에 대한 이해도가 떨어질 수 있다. 금융소외계층은 디지털 금융의 기반이 되는 기술과 메커니즘을 이해하지 못하는 경우가 일반적이다. 따라서 불완전 판매가 이루어져도 적절히 인지하지 못할 가능성이 높다. 또한 다양한 판매채널의 증가와 함께 소규모 금융판매업자들이 신규로 진입하고 경쟁이 치열해지면서 금융회사들이 단기간의 수익확보에 치중해 불완전 판매가 **늘어날 수 있다.**

📈 결론

[디지털 금융, 금융 거래 활성화와 금융환경 안정에 기여하는 방향으로]

따라서 **디지털 금융은 긍정적 효과를 제고하고 부정적 효과를 줄여 코로나 19로 인한 경제 및 금융산업 침체의 돌파구와 금융환경 및 사회 안정에 기여하는 방향으로 발전해야 한다.** 디지털 금융의 발전

줄 바꾸기요

금융소외가 아닌 금융디바이드가 더 맞는 말입니다.
디지털 금융은 접근성을 높임으로써 금융포용계층을 늘릴 수 있습니다.

글쎄요
불완전판매 문제는 디지털금융 이슈와는 다소 지엽적인 관계일 수 있다는 생각이 듭니다.

이런 뻔한 표현은 좋지 못합니다..

방안으로

첫째, 모바일 플랫폼을 활성화 시켜야 한다. 코로나 19의 장기화로 대면서비스의 어려움이 있기 때문에 **모바일 플랫폼 활성화를** 통해 대출 절차를 간편화하고 적시적소에 유동성이 공급 될 수 있도록 해야 한다. 둘째, 빅데이터 분석과 비금융정보를 활용하여 대출심사에서 유효한 요인을 선별하여 신속하게 기업 및 소상공인에게 유동성이 공급될 수 있도록 해야 한다. **셋째, 질문지 등을 통하여 소비자들이 자신이 처한 환경과 니즈 등을 정확히 파악하고 해당 금융상품이 자신이 필요로 하는 상품인지 인지할 수 있는 환경을 조성해야 한다.** 마지막으로 가격비교공시, 신용정보관리서비스 등 금융상품 판매과정에서 소비자들로 하여금 합리적인 선택을 할 수 있게 유도하는 서비스 등장을 **촉진시켜야 한다.**

활성화의 방법론이 아쉽습니다.

이 부분은 크게 의미가 없어 보입니다.

다양한 고민은 있지만 what위주의 고민이라서요 how위주의 고민이 좋습니다.

금융산업 디지털 전환의 중요성과 과제를 논하라.

답안

서론

　최근 금융산업은 코로나 19를 거치면서 디지털 전환이 가속화되고 있다. 비대면 서비스가 일상화되고 조금 더 편리한 서비스를 요구하는 소비자의 니즈에 맞추기 위해 금융산업은 점차 변화하는 중이다. 대부분의 금융회사의 명운이 '얼마나 효율적이고, 빠르게 디지털 전환에 성공하느냐'에 달려있다 생각하기 때문이다. 이에 본고는 금융산업 디지털 전환의 의미, 디지털 전환의 중요성과 장애물 그리고 효율적 디지털 전환을 위한 과제에 대해 알아보고자 한다.

본론

디지털 전환의 의미

　금융회사의 디지털 전환이란, 클라우드컴퓨팅, 인공지능(AI), 빅데이터 솔루션 등 정보통신 기술을 활용하여 전통적인 운영 방식과 서비스 등을 전사적으로 혁신하는 것을 의미한다. 디지털 전환의 시발점은 바로 '스마트폰의 등장' 이다. 시간과 장소에 구애받지 않는 자유로운 웹 환경이 조성된 덕분에 모바일 메신저, SNS 및 동영상 플랫폼 등 디지털 미디어 시장이 폭발적으로 증가했기 때문이다. 또한 2019년 코로나 19가 전 세계를 강타하며 디지털 전환을 더욱더 가속화 시켰다.

디지털 전환의 중요성

현재 금융시장은 금리상승 및 **여러 악재들로** 인해 디지털 전환보다는 리스크 관리에 관심이 집중되고 있다. 하지만 **정책의** 우선순위가 후순위로 밀릴수록 아래와 같은 문제점이 발생할 수 있다.

먼저 디지털 역량에 뒤처지게 된다면 기업으로서의 '근본적인 경쟁력 하락'을 피할 수 없을 것이다. 현재 우리의 삶은 코로나 19를 거치며 비대면 거래가 일상화되었고, 이에 금융 소비자의 눈높이 또한 높아졌다. 이전 세대에서는 겪지 못한 **상상을 초월하는** 편리함이 당연시되는 이 시기에 **이에 걸맞은** 서비스를 제공하지 못한다면 새로운 고객 유치는커녕 기존 고객의 이탈을 초래하여 시장에서 도태될 것이다. **가령** 마이데이터 도입과 개인정보보호법 개정 등 새로운 서비스 개발을 위한 각종 제도적 환경이 구축되는 가운데 투자를 주저하면 가장 먼저 고객만족 서비스를 개발한 금융회사에 의해 시장 선점을 당할 수 있다.

또한 '영업이익의 감소'가 불가피하다. 현재 금융소비자의 빅테크 및 핀테크 플랫폼을 통한 금융상품 구매 비중이 높아지는 상황에서 금리와 수수료 등 가격 외의 차별화에 실패하면 플랫폼 종속에 따른 금융상품의 제조와 판매분리 이슈를 논외로 하더라도 가격경쟁에 따른 영업마진의 축소가 불가피하다. 찰스 다윈이 '종의 기원'에서 "적자 생존에 성공하는 종은 강한 종도 아니고 총명한 종도 아닌 변화에 적응하는 종"이라고 했듯이 환경이 크게 변화하는 상황에서는 이에 맞는 변신이 가장 중요하다. 특히 지금처럼 ICT기술의 발전 속도가 점점 빨라지는 상황에서는 금융회사의 디지털 전환이 미래의 명운을 결정할 수 있다.

디지털 전환의 장애물

현재 국내 금융회사 중 디지털 전환에 투자하지 않는 회사는 아마 거의 없을 것이다. 투자의 규모만 다를 뿐 모든 금융회사는 디지털화를 위해 **어느 정도의** 투자를 하고 있다. 그러나 투자금액에 비해 상대적으로 성과가 미미한 금융회사들이 많은데 그 이유에 대해 살펴보자.

| 삭제

| 상당 부분

첫째, 디지털 관련 '비전'이 뚜렷하지 않다. 한정된 자원을 통해 최고의 효과를 보기 위해서는 선택과 집중이 필요한데, 비전도 없이 우선순위를 정하기는 어렵다. 가령 IT회사와의 위수탁 계약을 통해 해당사의 업무에 특화된 ICT기술 개발을 하기로 했는데, 무슨 목적으로 무엇을 어떻게 만들고 싶은지 뚜렷한 방향이 없으면 효율적인 기술개발은 어려울 것이다. 나아가 구체적인 디지털 비전이 있더라도 경영진이 교체될 때마다 다른 방향의 비전이 제시되고 수정한다면 기존의 투자는 무의미해지고 투자의 효율성이 떨어질 수밖에 없다.

둘째, 디지털 전환을 위해 '특정 부서에만 의존'하는 경향이 있다. 이는 투자의 효율성이 떨어질 수 있다. 디지털 전문가들은 현장에서 영업하거나 리스크관리 등 후선업무를 직접 담당하지 않기 때문에 디지털 전환을 비즈니스 모델과 연계하여 수익을 창출하거나 리스크관리에 응용하여 관련 시스템을 효율적으로 구축하는데 한계가 있다. 또한 디지털 부서에만 맡기면 IT 전문가들이 기술 우선주의나 개발자 편의주의에 빠져 정작 금융소비자의 편의성을 등한시하는 경우가 생길 수 있다. 따라서 소비자와의 소통 채널에 있는 부서와의 협업이 필요하다.

셋째, '경직된 조직문화'가 디지털 전환을 위한 투자의 효율성을 떨어뜨릴 수 있다. 금융회사들은 ICT기업에 비해 수직적 문화가 강하기 때문에 젊은 직원의 신선한 의견을 내도 디지털 전환에 반영되기 어려울 수 있다. 또한 대출이 부실화되면 담당자가 책임을 지듯이 새로운 시도가 처벌로 이어질 것에 대한 두려움으로 인해 새로운 아이디어가 있어도 **소통**하지 않을 수 있다. 특히, 디지털 전환을 담당하지 않는 부서 직원의 입장에서 디지털 전환의 결과 인력을 감축하면 자신의 후생이 나빠질 수 있어 적극적인 의견 피력을 자제할 가능성이 있다.

📈 결론

디지털 전환을 위한 과제

금융회사가 경쟁력을 잃지 않기 위해서는 다음과 같은 노력이 필요하다.

첫째, 기업의 '전사적 관심과 노력'이 필요하다. 금융회사가 디지털 전환에 성공하기 위해서는 경영진이 디지털 전환에 꾸준한 관심을 보여야 한다. 디지털 전환에 성공적이라 평가받는 국내 기업들은 경영자**의** 지대한 관심을 가지고 추진한 경우가 대부분이다. 임기가 짧고 성과에 따른 보상이 확실한 금융회사 경영진 입장에서 디지털 전환처럼 자사의 미래를 위한 대규모 투자를 통해 현재의 이익을 희생하는데 큰 관심을 가지기 어려울 수 있다. 이 때문에 경영진의 장기 성과보수 체계에 디지털 전환의 성과를 반영할 필요가 있다. 다만 디지털 전환의 성과를 금전적으로 환산하는데 어려움이 있을 수 있어 자사의 디지털 전환 비전에 부합하는 로드맵을 세우고 로드맵의 달

성도를 평가해야 할 것이다.

둘째, 디지털 부서와 타 부서들과의 협력체계를 구축해야 한다. 협업을 통해 소비자의 피드백을 제대로 전달하여 편의성을 높이고, 빅데이터와 AI기술을 실제 영업과 후선업무에 효과적으로 적용하기 위한 방안을 찾아야 투자의 효율성을 높일 수 있기 때문이다. 정부 조직에서 하듯이 TF팀을 기능별로 운영할 수 있고 일부 금융그룹에서 하듯이 ICT 조직과 사업조직이 함께 일하는 애자일 조직을 구성할 수도 있다. 그리고 디지털 관련 임원의 입지도 **탄탄하게 만들어** 업무 협업의 균형이 맞을 수 있게 노력해야 할 것이다.

셋째, 디지털 관련 실적에 대해 중장기적인 관점을 가져야 한다. 무엇이든 기존과 다른 새로운 일을 하는 것은 낯설고 두렵기 마련인데, 디지털 전환을 위해 새로 추진하는 일의 결과에 대해 일희일비하면서 담당자에게 책임을 추궁한다면 새로운 시도를 할 수 없다. 무엇보다 **디지털 부서에 경우** 중장기적인 변신을 추구하는 곳인데, 단기 실적을 가지고 몰아세운다면 우수한 인재가 해당 금융회사나 해당 부서에 **가지** 않을 것이다.

chapter 26

ESG경영과 금융의 역할

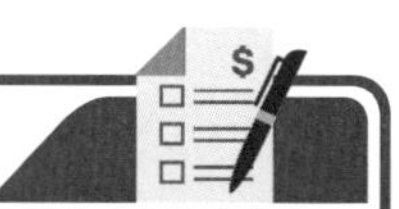

01 논제 개요 잡기[핵심 요약]

서론	이슈언급	'ESG'란, 기업의 비재무적 요소인 환경(Environment) · 사회(Social) · 지배구조(Governance)를 뜻하는 말 하지만, 이러한 열풍에도 우려점도 제기 첫째, ESG는 하나하나가 거대 담론임 둘째, 모호한 개념과 상이한 평가방식도 문제 셋째, 기업은 주주 – 이사회 간 대리인문제, 사회적 가치의 측정의 어려움 등으로 임계수준 이상으로 ESG 투자를 집행하기 어려움 넷째, 막대한 투자 규모에 비해 장기 수익성 확보는 쉽지 않을 것이란 지적도 나옴
본론	1. ESG	
		1) 등장배경 : 기업의 이익 추구를 최우선으로 두는 주주 자본주의 시스템은 지속 가능하지 않으며, 주주뿐만 아니라 근로자, 고객, 협력회사, 지역사회 등 이해관계자 전체의 이익을 고르게 추구하는 이해관계자 자본주의로 전환해야 한다는 의견이 힘을 얻게 됨
		2) ESG : ① ESG 경영은 주주 자본주의에서 이해관계자 자본주의로의 전환을 목표로 기업이 환경(Environment), 사회(Social), 지배구조(Governance) 부분에 의미 있는 자원을 배분하는 경영 전략을 뜻함

1. ESG	2) ESG	② 경제학적 관점에서 ESG 경영이란, 과거 기업의 경영활동 과정에서 나타난 환경문제, 사회문제 등의 외부효과와 주주 - 이사회 간 대리인 문제를 기업 스스로 내재화한 경영전략을 뜻함
본론		
2.ESG후퇴와 간소화	1) 미국	① 미국은 정권 교체와 에너지 안보 우선 정책, 산업 경쟁력 강화 요구 등 다양한 요인으로 인해 탈탄소 정책의 속도를 늦추거나 후퇴하는 모습 ② 이와 같은 미국의 기후변화 대응에 대한 정책 기조 변화는 다른 국가와 금융기관에게도 상당한 영향 ③ 이에 따라 주요 글로벌 금융기관에서도 기존의 지속가능성 목표를 재검토하거나 조정하는 움직임 ④ 이처럼 미국의 기후 정책 후퇴와 이에 금융기관들의 기후 전략 수정으로 글로벌 기후 리더십에 공백이 발생하는 가운데, 중국은 오히려 기후 리스크 대응과 ESG 규제를 강화하며 상반된 정책 기조기후금융의 선도적인 역할을 해왔던 유럽에서는 재생에너지 확대와 탈탄소 정책을 추진하고 있으나 여러 제약으로 정책 추진 속도가 둔화되는 양상
	2) EU	① EU 집행위원회는 2025년 1월과 2월에 연달아 '경쟁력 나침반(Competitiveness Com-pass)' 과 '청정산업협약(Clean Industrial Deal)', '옴니버스 패키지(Omnibus Package)'를 발표하였는데, 이는 탄소중립 목표를 유지하면서도 환경 규제를 합리적으로 조정하여 산업 경쟁력을 강화하려는 조치로 평가됨. 해당 협약과 패키지는 중소기업의 규제 부담 완화, 고탄소 산업의 탈탄소 전환 지원, 전환금융 활성화 등을 포함하고 있어, EU의 ESG 정책 기조 변화 가능성을 시사함. ② 일각에서는 우리나라도 속도 조절을 고려해야 한다고 주장하지만, 한국은 EU나 미국에 비해 친환경 정책과 지속가능 금융 도입이 늦었으며, 관련 제도 역시 미비한 상황이므로 속도 조절보다는 제도 정착과 시장 신뢰 구축이 더 시급함. 다만, EU가 중소기업에 대한 부담을 완화한 것처럼 우리나라도 중소 · 중견기업이 과도한 부담을 지지 않도록 하는 정책 설계가 필요하며, ESG 공시 의무화 등 향후 시행할 정책에서 이를 반영하여 정책적 불확실성을 줄여야 함.

본론	**2. ESG 경영의 필요성과 금융의 역할** <출처 : 자본시장 연구원>	1) ESG 경영의 필요성	① 이해관계자들의 사회적 가치 제고에 보다 많은 니즈를 가지고 있음 ② ESG 관련 규제 강화 ③ 기업이 ESG 경영을 적극적으로 추구하면 ESG 관련 가치에 보다 효율적으로 자원을 배분할 수 있어 기업뿐만 아니라, 고객, 근로자, 공급망, 지역사회 모두 재무적 가치와 사회적 가치의 증가 효과를 공유할 수 있음
		2) 한계	① 이사회와 CEO는 재무적 가치를 극대화하는 의사결정을 할 것 ② CEO의 임기와 성과는 재무적 성과에 연계되어 있어, CEO는 사회적 가치보다 재무적 가치에 보다 많은 자원을 배분하려고 할 것 ③ 비계량적 요소들로 구성된 ESG 가치를 계량적인 값으로 측정하는 것은 쉬운 일이 아님 ④ 재무적 가치와 사회적 가치의 투자시계가 다른 것도 문제 ⑤ 상당수 기업들은 규제의 임계수준까지만 ESG 가치에 투자할 것 ⑥ 규제 강화 시 공급망 비용이 상승하고 일자리가 감소하는 등 경제 전반에서 부작용이 예견될 수 있음
		3) 금융권의 방향	① ESG 가치의 시장 거래를 활성화하여, 기업들로 하여금 유인 부합적 ESG 경영을 유도하는 방안이 필요함 ② 기업의 ESG 경영 촉진을 위해 ESG 성과연계 금융 중개를 활성화해야 함 ③ ESG 가치를 객관적으로 측정하고 평가하는 인프라가 필수적 ④ 법과 제도를 개선하는 것도 필요 ⑤ 금융은 자금중개 기능을 직접 담당하기 때문에 ESG 리스크를 통제하고 관리하는 데 핵심적인 역할을 해야 함. 또한 금융권 자체적으로도 ESG 경영을 위한 노력을 병행함으로써 지속가능한 금융(sustainable finance)을 실현
결론	**의견제시**		첫째, 환경(E) 요소는 기후변화에 능동적으로 대처하고 친환경 투자에 대한 지원을 강화하는 것 둘째, 사회(S) 요소는 고령화, 소득 양극화, 세대간 갈등, 취약계층 보호 등 다양한 사회문제를 해결하려는 노력과 연관되어 있다. 나아가 노동권, 인권, 복지, 보건 등의 문제도 포함

<table>
<tr><td rowspan="2">결론</td><td>의견제시</td><td>셋째, 지배구조(G) 요소는 이사회의 구성과 밀접한 관련이 있음</td></tr>
<tr><td></td><td>ESG는 이제는 당당한 흐름이 되고 있음. 환경·사회·지배구조 기반으로 세계 경제가 재편된다면 국내경제도 보다 선제적이어야 함</td></tr>
</table>

02 논제 풀이 

 서론

 2020년 이후, 산업계와 금융계의 화두는 'ESG'다. 기업의 비재무적 요소인 환경(Environment)·사회(Social)·지배구조(Governance)를 뜻하는 말이다. 기업의 재무적 성과만 판단하던 기존 방식과 달리, 이제는 비재무적 요소를 중요시한다는 것이다. 따라서, 기업 가치와 지속 가능성에 영향을 주는 ESG가 새로운 평가의 주요 기준이 되는 셈이다. 하지만, 이러한 열풍에도 우려점도 제기된다.

첫째, ESG는 기업이 환경, 사회 분야에서 기여는 물론 지배구조의 투명성까지 확보하려 힘써야 한다는 것이다. 하나하나가 거대 담론이다. 포용적 자본주의나 따뜻한 자본주의는 언제나 되풀이 되는 화두였다. 예컨대 지난 2008년 글로벌 금융위기 직후 자본주의, 금융시스템의 리폼이 화두가 되었고, 리먼 사태 이후 IB들을 중심으로 금융시장의 근본적인 변화에 대한 기대도 있었다. 하지만 몇 년 걸리지 않아서 JP 모건 등 주요 IB들이 이전보다 더 강력한 모습이 돼 돌아왔다. 포용적이고 따뜻한 자본주의 논의는 그렇게 지속적이지 못했고 쉽게 동력을 상실하곤 했다.

둘째, 모호한 개념과 상이한 평가 방식도 문제이다. 기업별 ESG를 평가하는 해외기관만 600곳에 달하며, 우리나라도 최소 3곳 이상이 존재한다. 기업들이 혼란을 겪을 수밖에 없는 구조다. 일관성 없고 광범위한 평가 범주가 자칫 ESG의 의미를 퇴색시키게 될 가능성도 높다는 의미이다.

셋째, 어느 선까지의 ESG 추구가 주주가치를 극대화해야 한다는 자본주의 근본속성과 타협되는 점인지에 대한 본질적인 고민도 필요하다. 기업은 주주 – 이사회 간 대리인문제, 사회적 가치의 측정의 어려움 등으로 임계수준 이상으로 ESG 투자를 집행하기 어렵다.

넷째, 막대한 투자 규모에 비해 장기 수익성 확보는 쉽지 않을 것이란 지적도 나온다. 이런 흐름이 소비자들의 비용 부담으로 이어질 것이란 관측도 있다. ESG 투자의 수익률을 제대로 파악하기 어렵다는 우려도 있다. ESG 투자는 장기간 막대한 비용을 쏟아야 하지만 수익률을 계량화하긴 어렵다는 얘기다.

이러한 문제점들에도 불구하고 세계 3대 글로벌 자산운용사 중 하나인 블랙록은 자사의 모든 상품에 ESG를 통합하는 전략을 펴고 있다. 이제 ESG에 뒤처지면 투자를 못 받는 시대가 됐다. ESG가 모든 기업 국가 차원에서 지속 가능한 성장의 핵심 기준 원칙이 되는 그런 개념으로 자리를 잡게 된 셈이다.

ESG는 간단히 말하면, 기업의 포괄적 리스크 관리라고 할 수 있다. 리스크 관리는 비용을 수반하게 된다. 즉, 공짜가 아니다. 하지만 그럼에도 리스크 관리는 꼭 해야 하는데, 이는 바로 지속 가능성을 높이기 때문이다. 기업의 복원력을 강화하기 위해서 이 같은 리스크는 단기적인 성과를 비용으로 지불해서라도 반드시 해야 하는 것이다. 즉, 기업들 입장에서는 ESG가 선택사항이 아니라 필수사항임을 가능케 한다.

이에 본지에서는 ESG의 등장배경과 필요성 그리고 앞으로 지속 가능한 ESG 기조가 유지되기 위한 금융업의 정책적 방향성에 대하여 논하기로 한다.

📈 본론

1. ESG <출처 : 자본시장연구원>	1) 등장배경	① 코로나19 이후 주주 자본주의의 한계가 드러남에 따라, 이해관계자 자본주의로 전환해야 한다는 목소리가 힘을 얻게 되었다. 특히 2008년 글로벌 금융위기와 코로나 19 위기를 겪으면서 노동의 몫이 줄고, 자본의 몫이 확대되는 추세가 가속화됨에 따라 사회 전체적으로 양극화가 더욱 확대되었다. ② 한편 기업은 단기적 이익 창출을 최우선 목표로 추구함에 따라 환경오염, 지구온난화 등 부정적 외부효과들이 증가했다. 그뿐 아니라 빈곤 인구가 줄지 않고, 가계부채가 꾸준히 증가하고 있으며 경기변동 과정에서 일자리가 줄고 양극화가 확대되는 등 주주 자본주의의 다양한 부작용이 관찰되고 있다. ③ 이에 기업의 이익 추구를 최우선으로 두는 주주 자본주의 시스템은 지속 가능하지 않으며, 주주뿐만 아니라 근로자, 고객, 협력회사, 지역사회 등 이해관계자 전체의 이익을 고르게 추구하는 이해관계자 자본주의로 전환해야 한다는 의견이 힘을 얻게 되었다.
	2) ESG	① ESG 경영은 주주 자본주의에서 이해관계자 자본주의로의 전환을 목표로 기업이 환경(Environment), 사회(Social), 지배구조(Governance) 부분에 의미 있는 자원을 배분하는 경영 전략을 뜻한다. ② 경제학적 관점에서 ESG 경영이란, 과거 기업의 경영활동 과정에서 나타난 환경문제, 사회문제 등의 외부효과와 주주 - 이사회 간 대리인 문제를 기업 스스로 내재화한 경영 전략을 뜻한다. 주주 자본주의 체제에서 기업의 영향력이 갈수록 커지는 가운데, 기업의 경영활동 과정에서 발생한 환경오염, 사회문제 등 부정적 외부효과의 규모가 빠르게 증가했고, 정부는 재정 부담이 늘어 더 이상 외부효과를 혼자서 감당하기 어려워졌다. 또한 ICT 기술의 발달로 기업의 경영활동 과정에서 발생한 부정적 외부효과와 취약한 지배구조 문제점이 다수의 소비자들에게 SNS 등을 통해서 빠르게 전달됨에 따라 기업들은 평판위험 관리를 위해 ESG 경영을 추구하려는 유인이 증가했다.

1. ESG <출처 : 자본시장연구원>	2) ESG	③ CSR VS ESG

③ CSR VS ESG

CSR	ESG
- 기업이 사회적 책임을 적극적으로 수행할 때 기업의 장기 경제적 가치가 높아질 수 있다는 개념 - 경제학적으로 기업이 추구하는 목표에는 큰 변화를 두지 않고, 장기 경제적 가치 제고를 위하여 근로복지 개선, 협력회사와의 상생관계 유지, 환경보호 등에 보다 많은 자원을 배분하는 전략 - CSR는 주주 자본주의를 추구하는 과정에서 이해관계자 니즈 만족을 도구로써 사용하는 전략	- ESG 경영은 기업의 목적을 사회적 가치와 경제적 가치의 공동 제고로 설정하고, 이해관계자의 효용 증대를 목표로 경제적 가치와 사회적 가치 사이에 적절한 균형을 찾아 인적, 물적 자원을 효율적으로 배분하는 전략 - ESG 경영은 이해관계자 자본주의의 완성을 위해 다양한 이해관계자 효용 제고를 목표로 사회적 가치와 경제적 가치 사이에 적절한 균형을 찾는 전략

2. ESG후퇴와 간소화 / 1) 미국

① 미국은 정권 교체와 에너지 안보 우선 정책, 산업 경쟁력 강화 요구 등 다양한 요인으로 인해 탈탄소 정책의 속도를 늦추거나 후퇴하는 모습

가. 트럼프 행정부는 대통령 취임 직후 파리협정 재탈퇴를 공식화했고 UN 기후 피해 기금 이사회에서도 딜퇴

나. 또한 전기차 정책 재조정과 차량 배기가스 배출 규제 완화, 화석연료 산업에 대한 규제 유예를 연이어 발표했고, 태양광, 풍력 등의 재생에너지 보조금도 축소

다. 이러한 움직임은 친환경 에너지와 헬스케어 등에 대한 투자를 통해 인플레이션 억제와 기후대응을 동시에 추구한 바이든 행정부의 인플레이션 감축법(IRA)과는 대조적인 흐름

② 이와 같은 미국의 기후변화 대응에 대한 정책 기조 변화는 다른 국가와 금융기관에게도 상당한 영향

가. 미국의 기후 관련 정책 기조 변화는 파리협정 이행 차질과 지속가능성 공시 표준화 저해, 글로벌 금융기관의 지속가능금융 시장 참여 위축 등으로 이어지며 글로벌 기후 대응과 지속가능금융 체계 전반에 구조적인 불확실성과 후퇴를 초래

나. 또한 미국은 정권이 바뀔 때마다 기후변화 대응 정책기조가 변화하여 기후 관련 정책의 일관성과 글로벌 기후 거버넌스의 신뢰성이 약화되고 주요 배출국들의 감축 목표 이행에도 부정적 영향

다. 이는 미국 ESG펀드의 자금 유출이 더욱 장기화되고 신규 투자 역시 위축되는 등 부정적인 흐름을 심화시키는 요인으로 작용

③ 이에 따라 주요 글로벌 금융기관에서도 기존의 지속가능성 목표를 재검토하거나 조정하는 움직임

가. 최근 들어 주요 글로벌 금융기관들이 탄소중립(Net Zero) 및 지속가능금융(SustainableFinance) 관련 목표를 축소하거나 아예 철회

2. ESG후퇴와 간소화	1) 미국	나. 세계 주요 은행들이 참여한 2050년까지 온실가스 순배출 '제로'를 달성하겠다는 금융기관 간의 자발적 협의체인 Net Zero Banking Alliance(NZBA)에서 미국 대형은행들이 탈퇴를 선언 - 2024년말부터 2025년초까지 골드만삭스를 시작으로 웰스 파고, 씨티그룹, BoA, 모건스텐리,JP모건 등이 ESG에 대한 조사 강화에 대한 부담과 탄소감축을 부풀리는 그린워싱 시도 논란이 계속되면서 공식적으로 탈퇴를 선언 ④ 이처럼 미국의 기후 정책 후퇴와 이에 금융기관들의 기후 전략 수정으로 글로벌 기후 리더십에 공백이 발생하는 가운데, 중국은 오히려 기후 리스크 대응과 ESG 규제를 강화하며 상반된 정책 기조 기후금융의 선도적인 역할을 해왔던 유럽에서는 재생에너지 확대와 탈탄소 정책을 추진하고 있으나 여러 제약으로 정책 추진 속도가 둔화되는 양상 가. EU는 2024년 8월 '메탄 배출 추적 · 감축에 관한 규정'을 승인했으나, 이에 대해 미국은 유럽내 미국 기업의 석유와 LNG 수출 비용 증가를 우려하며 부정적인 반응을 나타냈고 트럼프 행정부는 미국산 LNG의 대규모 수입을 요구하는 등 기후 이슈가 미국과 EU 간 무역 갈등으로 이어짐. 또한, 2025년 5월 EU 집행위는 자동차 업계의 전기차 판매 부진과 이산화탄소 규제 반발을 감안하여 매년 평가하던 배출량 기준을 2025~2027년간 3개년 평균으로 완화함에 따라 전기차 전환 속도 지연과 내연기관차의 시장 잔존 가능성이 높아졌다는 우려 나. 한편, 중국은 최근 에너지법 시행과 전면적인 탄소 감축 계획을 발표하며 기후변화 대응 및 친환경에너지 확대를 위한 정책 기조를 한층 강화. 다만 중국은 여전히 전체 전력의 절반 이상을 석탄에 의존하고 있어 기후변화 대응 노력에 장애 요인으로 작용 다. 인도에서도 녹색 전환에 대한 의지를 재확인하며 온실가스 배출량 감축을 위한 대규모 재생에너지 확대 정책을 추진
	2) EU	① EU 집행위원회는 2025년 1월과 2월에 연달아 '경쟁력 나침반(Competitiveness Com-pass)' 과 '청정산업협약(Clean Industrial Deal)', '옴니버스 패키지(Omnibus Package)'를 발표하였는데, 이는 탄소중립 목표를 유지하면서도 환경 규제를 합리적으로 조정하여 산업 경쟁력을 강화하려는 조치로 평가됨. 해당 협약과 패키지는 중소기업의 규제 부담 완화, 고탄소 산업의 탈탄소 전환 지원, 전환금융 활성화 등을 포함하고 있어, EU의 ESG 정책 기조 변화 가능성을 시사함.

<table>
<tr><td rowspan="2">2. ESG후퇴와
간소화</td><td rowspan="2">2) EU</td><td>가. 2025년 2월 26일에는 규제 간소화 옴니버스 패키지와 청정산업 협약이 발표됨. 옴니버스 패키지의 내용 중에서도 EU의 환경 및 ESG 관련 핵심 규제들에 대한 간소화 조치와 중 소기업에 대한 부담 완화 방안이 가장 주목받고 있음
나. 옴니버스 패키지 내 EU 분류체계 법률 개정안에서는 중소기업과 은행의 공시 부담을 대폭 완화 하는 방안을 제시하고 있으며, 분류체계 연계 공시(Taxonomy-aligned Disclosures) 규정을 완화하여 유연성을 부여하는 방향을 포함하고 있음.</td></tr>
<tr><td>② EU의 이번 조치는 EU의 친환경 정책 방향성을 유지하면서도 중소 · 중견기업의 부담을 완화하여 기존의 친환경 규제의 집행에 중점을 두었으며 고탄소 제조업의 탈탄소 전환을 강조한 것으로, EU의 ESG 정책 기조 변화 가능성을 시사함.
가. 미국 트럼프 행정부 출범 이후 친환경 정책에 대한 회의론이 확산하는 시점에서 옴니버스 패키지로 인해 EU도 친환경 및 ESG 정책 속도 조절에 들어갔다는 평가를 받음.
나. 그러나 EU는 청정산업협약을 통해 2050년 탄소중립과 순환경제 확산이라는 환경 목표는 지속적으로 추진할 것이라고 강조함.
③ 일각에서는 우리나라도 속도 조절을 고려해야 한다고 주장하지만, 한국은 EU나 미국에 비해 친환경 정책과 지속가능금융 도입이 늦었으며, 관련 제도 역시 미비한 상황이므로 속도 조절보다는 제도 정착과 시장 신뢰 구축이 더 시급함.
다만, EU가 중소기업에 대한 부담을 완화한 것처럼 우리나라도 중소 · 중견기업이 과도한 부담을 지지 않도록 하는 정책 설계가 필요하며, ESG 공시 의무화 등 향후 시행할 정책에서 이를 반영하여 정책적 불확실성을 줄여야 함.</td></tr>
<tr><td>3. ESG 경영의
필요성과
금융의 역할
<출처 : 자본시장
연구원></td><td>1) ESG 경영의
필요성</td><td>① 이해관계자들의 사회적 가치 제고에 보다 많은 니즈를 가지고 있다.
가. 다수의 근로자들은 임금의 차이가 크지 않다면 ESG 경영을 적극적으로 수행하는 회사에서 일하는 것을 선호한다.
나. 소비자 행태도 예전과 달라져서, 사회적 책임을 소홀히 한 회사의 싼 제품보다 가격이 다소 비싸더라도 사회적 책임을 적극적으로 수행하는 회사의 제품을 선호한다.
다. 공급망 사슬(Supply-Chain) 관점에서 협력회사들도 ESG 경영에 소홀히 한 기업과 거래를 하면, 평판위험이 크게 저하되어 브랜드가치 하락에 따른 수익성 악화까지 이어질 수 있어 ESG 경영에 충실한 기업을 선호한다.</td></tr>
</table>

<table>
<tr><td rowspan="2">

3. ESG 경영의
필요성과
금융의 역할
<출처 : 자본시장
연구원>

</td><td rowspan="2">

1) ESG 경영의
필요성

</td><td>

라. 지역사회와 정부 역시 특정 기업이 ESG 경영을 통해 부정적 외부효과를 줄인다면, 재정 부담을 덜고 일자리 창출, 기부 등 기업이 창출한 사회적 가치를 공유할 수 있는 등의 혜택을 볼 수 있다.

→ 기업이 ESG 경영을 가속화할수록 기업을 둘러싼 이해관계자들의 전체 효용은 예전보다 증가할 것으로 기대된다.

② ESG 관련 규제 강화

가. 국제적으로 기후변화가 가속화되고, 세대 간의 비용분담 문제가 정치적 이슈가 되면서 주요국 정부는 부정적 외부효과를 기업에 내재화시키기 위해 ESG 관련 규제를 강화해왔다. 최근 우리 정부도 환경 관련해서 「2050 탄소중립 추진전략」을 발표하며 기업들로 하여금 온실가스 배출량을 줄이고 환경공시 강화 등 기후위기에 적극적으로 대응하도록 관련 제도를 마련했다. 기업들은 연도별로 탄소 배출을 일정 수준 이하로 줄여야 하며 임계수준을 초과한 만큼 탄소배출권을 구입해야 한다.

나. 사회 부문에서도 「근로기준법」에서 제정한 52시간 근무제 준수, 「중대재해기업처벌법」에 따른 안전사고 주의의무 강화 등 규제가 강화되었다.

다. 지배구조 개선 관련해서도 「상법」에서 감사위원 분리선출, 다중대표소송제 등이 도입되는 등 규제가 강화되었다.

③ 기업이 ESG 경영을 적극적으로 추구하면 ESG 관련 가치에 보다 효율적으로 자원을 배분할 수 있어 기업뿐만 아니라, 고객, 근로자, 공급망, 지역사회 모두 재무적 가치와 사회적 가치의 증가 효과를 공유할 수 있다.

가. ESG 경영을 통해 주주와 주주 외의 이해관계자 모두 윈-윈 효과를 누릴 수 있는 것이다. 예를 들어, 기업이 친환경 생태계 조성에 의미 있는 자원을 배분하면, 브랜드 가치 제고를 통해 수익성과 성장성이 향상될 뿐 아니라 낮은 이자비용의 자금 조달이 가능해져 비용을 줄일 수 있어 기업의 가치를 제고할 수 있고, 고객 역시 친환경 기업의 제품을 구입함으로써 보다 큰 효용을 느낄 수 있다.

나. 기업이 ESG 경영을 추구하면 근로자와 기업 모두 윈-윈 효과를 누릴 수 있다. 예를 들어, 기업이 우리 사주의 무상출연을 확대하고 근로복지를 개선하면 근로자는 근로의욕과 주인의식이 높아져 기업의 생산성과 수익성이 증가할 뿐 아니라 업무관련 사고가 감소하는 등 전사적 운영리스크를 줄일 수 있다.

다. 공급망 사슬과 지역사회 관점에서도 ESG 경영을 통해 기업은 수익성과 성장성을 높이고 비용을 줄이는 등 효과를 얻을 뿐 아니라, 협력회사와 지역사회 모두 신규 사업 발굴과 부정적 외부효과의 감소를 통해 재무적 가치와 사회적 가치를 창출할 수 있는 기회를 얻을 수 있다.

</td></tr>
</table>

<table>
<tr>
<td rowspan="2">3. ESG 경영의
필요성과
금융의 역할
<출처 : 자본시장
연구원></td>
<td>2) 한계</td>
<td>

① 이사회와 CEO의 인센티브가 이해관계자 니즈 충족이 아닌, 재무적 성과에 연동되어 있기 때문에 이사회와 CEO는 재무적 가치를 극대화하는 의사결정을 할 것이다.

② CEO의 임기는 비교적 짧고 CEO의 연임과 같은 의사결정이 재무적 성과에 연계되어 있어, CEO는 사회적 가치보다 재무적 가치에 보다 많은 자원을 배분하려고 할 것이다. 설령 특정 CEO가 사회적 가치에 의미 있는 자원을 배분하였다고 하더라도 현 제도 하에서는 사회적 가치 창출 전략을 추구하면서 경제적 가치를 희생하는 CEO는 그 직을 오래 유지하기 어렵게 된다.

③ 사회적 가치에 자원을 배분하려면 ESG 가치나 성과를 객관적으로 측정하는 것이 필요한데, 비계량적 요소들로 구성된 ESG 가치를 계량적인 값으로 측정하는 것은 쉬운 일이 아니다.

④ 재무적 가치와 사회적 가치의 투자시계가 다른 것도 문제이다. 재무적 가치에 대한 투자는 비교적 단기간에 성과를 실현할 수 있으나, 사회적 가치에 대한 투자는 장기간에 걸쳐서야 성과를 기대할 수 있기 때문이다.

⑤ 정부가 규제 강화를 통해 ESG 가치에 의무적으로 자원을 배분하도록 유도하면, ESG 관련 투자가 증가하여 주주 자본주의의 한계를 극복하는 데 다소 도움이 될 수 있다. 그러나 규제 강화에는 부작용이 따르기 마련이다. 우선 상당수 기업들은 규제의 임계수준까지만 ESG 가치에 투자할 것이다. 규제의 임계수준을 넘어 ESG 가치에 투자하는 것이 이해관계자 효용 증대에 도움이 되더라도 기업의 주주-이사회 간 대리인 문제 등으로 인해 최소한의 수준까지만 ESG 가치에 투자하게 될 것이다.

⑥ 규제를 준수하지 못하는 기업은 생존이 어려워, 규제 강화 시 공급망 비용이 상승하고 일자리가 감소하는 등 경제 전반에서 부작용이 예결될 수 있다.

</td>
</tr>
<tr>
<td>3) 금융권의
방향</td>
<td>

기업이 유인을 갖고 ESG 경영을 촉진하려면 금융의 역할이 중요하다.

① ESG 가치의 시장 거래를 활성화하여, 기업들로 하여금 유인부합적 ESG 경영을 유도하는 방안이 필요하다. ESG 가치를 자본화하고 이를 금융시장에서 활발히 거래할 수 있도록 유도하면 기업의 ESG 경영을 촉진시킬 것으로 기대할 수 있다.

가. 구체적으로 기업이 규제 임계 수준 이상으로 ESG 가치에 자원을 배분한 경우, 임계수준 이상의 ESG 가치를 금융시장에서 사고 팔 수 있게 해서 ESG 관련 위험을 금융시장에서 자율적으로 배분하도록 돕는 것이다.

</td>
</tr>
</table>

**3. ESG 경영의
필요성과
금융의 역할**
<출처 : 자본시장
연구원>

3) 금융권의
방향

나. ESG 가치에 임계 수준 이상으로 투자하여 일정 성과를 거둔 기업은 ESG 가치를 매도함으로써 초과한 ESG 성과만큼 재무적 이익을 거둘 수 있다. 반대로 ESG 가치에 자원을 배분하는데 많은 비용이 수반될 것으로 예상한 기업은 ESG 가치를 시장에서 직접 매수함으로써 ESG 경영의 불확실성을 낮출 수 있다. ESG 가치에 대한 자원 배분을 임계 수준 이상으로 수행하는 기업들에게 초과분 만큼 재무적 이익으로 돌려주면 기업들은 유인을 가지고 ESG 경영을 가속화할 것으로 기대할 수 있다.

다. 예를 들어, ESG 가치를 거래할 수 있는 금융시장으로는 탄소배출권 거래시장이 있다. 온실가스 감축을 보다 많이 수행한 기업은 정부로부터 받은 무상할당량 등을 시장에서 팔아 재무적 수익을 거둘 수 있으며, 외부 배출시설에서 온실가스를 감축한 경우 정부로부터 실적을 인정받아 배출권으로 전환하는 것도 가능하다. 반대로 온실가스 감축 목표를 달성하기 어려운 기업들은 배출권 시장에서 탄소배출권을 매수하여 감축 목표를 하회한 만큼 상쇄할 의무를 진다. 탄소배출권 거래시장 외에도 주요 국가들은 플라스틱 가치 거래소, 스마트 그리드 활성화를 위한 전력 거래소 등도 활성화를 추진하고 있다.

② 기업의 ESG 경영 촉진을 위해 ESG 성과연계 금융 중개를 활성화해야 한다.

가. 금융회사가 기업에게 자금을 빌려줄 때 ESG 성과가 우수할수록 대출이자를 할인해주는 중개 방법이 대표적이다.

나. 직접 금융의 경우, 금융투자회사가 ESG 채권 발행을 주선하여 일반 채권보다 낮은 금리로 기업에게 자금을 빌려주는 방식이며 간접 금융의 경우, 은행이 ESG 프로젝트를 수행하는 기업에게 기존보다 낮은 금리로 자금을 대출해주는 방식이다.

다. ESG 채권은 녹색 채권(Green Bond), 지속가능 채권(Sustainability-Linked Bond), 사회성과 연계 채권(Social Performance Linked Bond), 전환 채권 (Transition Bond) 등을 모두 포함하는 개념으로 ESG 가치에 부합하는 경우 낮은 금리로 자금을 빌려주지만, ESG 가치에 부합하지 않으면 일반 채권과 유사하거나 더 높은 금리로 자금을 빌려주는 것을 가정한다.

라. 정부 역시 ESG 성과연계 금융을 통해 효용 증대 효과를 누릴 수 있다. ESG 관련 프로젝트가 증가하면 환경오염, 사회적 양극화 등 부정적 외부효과가 감소하여 정부의 재정 부담이 줄어들 뿐 아니라, 그린텍(Green Tech), 소셜텍(Social Tech) 등 ESG 관련 신성장 산업이 활성화되어 일자리 증가 등의 긍정적 외부효과를 창출할 수 있다.

<table>
<tr><td rowspan="2">3. ESG 경영의
필요성과
금융의 역할
<출처 : 자본시장
연구원></td><td>3) 금융권의
방향</td></tr>
</table>

마. 이처럼 기업, 투자자, 정부 모두 ESG 성과연계 금융을 통해 효용이 증가할 것으로 예상하는 등 ESG 성과연계 금융은 새로운 파레토 균형을 찾는데 도움을 줄 수 있다.

바. 다만 ESG 성과연계 금융은 기업의 ESG 경영을 가속화하는데 한계가 있을 수 있다.

   A. 기업이 ESG 성과연계 금융을 통해 얻는 경제적 이익이 사회적 가치 투자에 따른 비용보다 크지 않다면 기업은 ESG 성과연계 금융을 활용할 유인이 크지 않을 수 있다.

   B. ESG 성과연계 금융을 중개하는 금융회사는 순이자마진 감소 및 중개 수수료 감소 등으로 수익이 줄어들 가능성이 있어 ESG 성과연계 금융을 중개할 유인이 크지 않을 수 있다.

   C. 따라서, 금융회사에게도 유인부합적인 인센티브가 제공되어야 한다. 물론 금융회사의 공공성을 강조하면서 금융회사로 하여금 ESG 성과연계 금융 중개를 수행하게 하는 방법도 있지만 ESG 관련 프로젝트의 수요가 증가하면 금융회사가 해당 자금중개 수요를 전적으로 부담하는 데에는 한계가 따를 수 있다. 예를 들어 ESG 관련 프로젝트에 낮은 금리로 대출을 수행하면 역마진이 발생할 수 있는데, 관련 대출 규모가 증가하면 금융회사가 공공재적인 역할 만으로는 역마진 손실을 감당하기 어려울 수 있다. 즉 금융회사에게 실질적인 인센티브를 제공하여 ESG 성과연계 금융 중개를 활성화하는 정책이 필요하다.

   D. 유럽, 일본 등의 사례를 참고해 ESG 성과연계 자금을 제공하는 금융회사에게 보조금 지급 및 세제 혜택을 제공하거나 금융회사로 하여금 자산운용 및 건전성 규제를 완화해주는 제도를 적극적으로 검토할 필요가 있다.

③ ESG 가치를 객관적으로 측정하고 평가하는 인프라가 필수적이다.

가. 이사회와 CEO가 유인을 가지고 ESG 가치에 투자할 수 있으려면 ESG 가치와 성과를 객관적으로 측정하고 비교할 수 있어야 한다.

나. ESG 가치의 시장거래를 활성화하고, ESG 성과연계 금융 중개를 활성화하기 위해서도 ESG 가치를 객관적으로 측정할 수 있는 인프라가 뒷받침되어야 한다.

다. ESG 워싱(Washing : 실제로는 ESG 경영과 거리가 있는 경영을 하면서도 ESG 경영을 지향하는 것처럼 표방하는 행태)을 방지하기 위해서라도 ESG 가치를 객관적으로 측정하는 것이 중요하다.

3. ESG 경영의 필요성과 금융의 역할 <출처 : 자본시장연구원>	**3) 금융권의 방향**

라. ESG 가치를 객관적으로 평가하고 측정하는 것은 쉬운 일이 아닙니다. ESG 요소는 환경, 사회, 지배구조 등 비재무적 항목들로 구성되어 있어 객관적인 수치로 계량화하는 것이 어렵기 때문이다. 또한 ESG 요소의 중요도는 시간에 따라 가변적일 수 있고, 국가마다 상이할 수 있다. 산업화로 미세먼지, 수질오염 관리 등이 보다 중요해지고 있고, 기후와 문화의 차이로 인해 국가마다 ESG 항목들의 중요도가 다를 수 있다. 산업별로도 ESG 요소의 중요도가 다르게 관찰된다. 철강, 석유화학 업종은 온실가스 배출량이 다소 많고, 공급망 사슬의 관리가 매우 중요하지만 금융업종은 해당 이슈가 크게 중요하지 않다.

마. 즉 구제적으로 정합성을 갖춘 ESG 요소들을 찾아 표준화와 계량화하는 작업을 추진하되 한국적 상황과 산업별 특징을 고려하여 ESG 요소들의 중요도를 판단하는 작업이 필요할 것이다.

  A. ESG 관련 정보비대칭을 해소하기 위해 금융회사들은 기업들로 하여금 ESG 요소 중 중요 내용을 공시하도록 유도하고, ESG 관련 지수를 적극적으로 개발해야 한다.

  B. 증권회사들은 리서치 역량을 강화하여 개별 기업의 ESG 경영 현황을 일반투자자에게 알리는 역할을 강화해야 하며, ESG 점수의 개선 가능성이 높은 기업들을 찾아, 투자를 중개하거나 직접 지분투자를 수행하는 역할도 확대해야 한다.

  C. 자산운용사와 연기금은 ESG 점수가 우수한 기업들에게 더 많은 지분투자를 수행하고, ESG 점수가 낮은 기업들은 투자 비중을 줄이거나 투자에서 배제하는 전략을 고려할 수 있다.

  D. 신용평가 회사들은 향후 기업의 ESG 경영 전략을 체계적으로 평가하여 기업이 보유한 ESG 가치를 신용평가등급 산출에 반영하는 것이 바람직할 것이다.

④ 법과 제도를 개선하는 것도 필요할 것이다.

가. 기업의 이사회와 CEO가 이해관계자 효용 증대를 목적함수로 둘 수 있도록, 이사회와 CEO의 역할과 책임에 대한 심도 있는 논의가 필요할 것이다. 기업 내에 ESG 위원회를 설치하고 ESG 전담 부서를 두는 것만으로는 기업이 ESG 경영을 추구한다고 볼 수 없다. 이사회와 CEO의 경영 철학이 근본적으로 바뀌어서 사회적 가치 창출을 기업의 목적에 추가하고 이해관계자의 효용 증대를 최우선 목표로 설정하고 이를 위해 적극적으로 사회적 가치를 위하여 자원을 배분할 수 있어야 한다. 이를 위해 이사회 구성 및 역할과 책임 재정립 등 지배구조 개선 방안을 모색하는 것이 필요하다.

<table>
<tr><td rowspan="2">3. ESG 경영의
필요성과
금융의 역할
<출처 : 자본시장
연구원></td><td rowspan="2">3) 금융권의
방향</td><td>나. 장기적으로 이해관계자 니즈를 반영하여 이사회를 구성하고, 사회적 성과를 위해 보다 많은 인적, 물적 자원을 배분할 수 있도록 조직 문화를 개선하는 것도 필요할 것이다. ESG 가치는 장기간에 걸쳐 성과를 기대할 수 있는 만큼 장기투자 문화를 유도하는 것이 중요하다.</td></tr>
<tr><td>⑤ 금융은 자금중개 기능을 직접 담당하기 때문에 ESG 리스크를 통제하고 관리하는데 핵심적인 역할을 해야 한다. ESG 정보의 투명성과 신뢰성이 확보된다면 금융권에서는 착한 기업이나 투자 대상을 적극 발굴해 자원배분의 효율성을 제고할 수 있을 것이다. 또한 금융권 자체적으로도 ESG 경영을 위한 노력을 병행함으로써 지속가능한 금융(sustainable finance)을 실현할 것으로 기대된다.</td></tr>
</table>

📈 결론

의견 제시 ESG 경영은 환경(Environment), 사회(Social), 지배구조(Governance) 등 3가지 요소를 포함하고 있는데, 그 동안 국내에서는 환경(E)보다 사회(S)나 지배구조(G)에 대해 상대적으로 관심이 높았다. 또한, 사회 구성원들이 각 요소에 대해 개별적으로 접근하다 보니 추진력이 약했던 것도 사실이다. ESG 경영은 개별 요소가 아닌 통합적인 시각에서 접근해야 한다. 따라서 글로벌 환경이 우호적으로 바뀐 만큼 새로운 시각에서 ESG 구성요소를 정확하게 인지하고 필요성에 대한 공감대를 형성하는 것이 중요하다.

첫째, 환경(E) 요소는 기후변화에 능동적으로 대처하고 친환경 투자에 대한 지원을 강화하는 것이다. 2021년 1월부터 파리기후협약이 본격적으로 발효된 가운데 바이든 미 대통령이 취임 직후 파리기후협약 복귀를 선언하는 등 대부분 국가들이 기후변화 문제에 동참하기 시작했다. 글로벌 자산운용사, 연기금 등도 기후변화를 유발하는 투자대상을 배제하고 있으며, 이들은 기후변화 주주행동주의(climate activism)를 대표하고 있다. 투자대상 기업으로 하여금 파리기후협약을 준수하면서 탄소배출의 억제를 유도하도록 주주권을 행사하는 구조이다. 국내외 은행들도 석탄 화력발전 산업 등에 대한 금융지원을 과거대비 적극적으로 축소하는 방향으로 움직이고 있다.

둘째, 사회(S) 요소는 사회적 책임(Corporate Social Responsibility: CSR) 과 공유가치창출(Creating Shared Value: CSV)보다 포괄적인 개념이다. 고령 화, 소득 양극화, 세대간 갈등, 취약계층 보호 등 다양한 사회문제를 해결하려는 노력과 연관되어 있다. 나아가 노동권, 인권, 복지, 보건 등의 문제도 포함한다. 최근 ESG 채권 발행에 있어 녹색채권(green bond)보다 사회적 채권(social bond) 비중이 확대되는 등 중요성이 점차 커지고 있다.

셋째, 지배구조(G) 요소는 이사회의 구성과 밀접한 관련이 있다. 기업 경영에서 이사회의 역할이 중요한 만큼 다양성과 전문성을 모두 충족하도록 유도하고 있다. 특히, 다양성 관점에서 많은 국가들이 일정 비율의 여성 임원 선출을 법으로 규정하고 있다. 이에 따라 노르웨이, 프랑스, 아이슬란드 등 유럽 국가에서 여성의 이사회 참여 비율이 40%를 차지하고 있다. 국내에서도 내년 8월부터 자산 총액 2조 원 이상 기업을 대상으로 여성이사쿼터제를 운영할 예정이다. 국내 상장기업의 여성 이사 비중이 4.5%에 불과한 만큼 이번 조치를 통해 지배구조의 다양성을 확보해야 할 것이다. 또한 경영진에 대한 이사회의 감시, 감독 기능 강화, 독립성을 갖춘 사외이사중심 이사회구성, 지배주주책임 강화 등의 정책이 지배구조 개선방안으로 제시된다. <출처: 하나경영연구원>

ESG(환경 · 사회 · 지배구조)경영에 국내 기업들도 활발히 뛰어들고 있다. 산업 부문 탄소 배출의 30%를 차지하는 철강업계의 그린철강위원회 출범은 지향점을 잘 말해준다. 반도체와 디스플레이 업계도 2050 탄소 중립에 나선다는 목표로 이 바람에 가세했다. 석유화학과 시멘트업계 등 전 업종으로 확산하고 있다. 기업 경영상의 결정, 기업 투자에서 고려하는 비재무 요소 그 이상이다. 경제 5단체의 기업인 회장 시대를 맞아 날개를 단 듯한 분위기도 감지된다. 이러한 판도 변화는 선구적으로 보이지만 사실은 시대가 요구하는 통합적 경영이다. 생존을 위한 필수 전략이란 뜻이다. 이는 ESG 규범에 따라 입찰을 제한하는 유럽 국가들에서 미리 읽히는 대목이다. 그 기준은 미사여구 나열이 아니다. 실행력 있는 ESG 지표임은 물론이다. 유럽 시장, 나아가 세계 시장 공략을 위해 어차피 ESG 지표에 맞춰야만 한다. 기업의 자발성은 이때 중요한 가치다. 예를 하나 들어 연기금을 환경 · 사회 · 지배구조라는 정책 목적으로 접근하면 회피적으로 되기 쉽다. 시장 원리를 거슬러 어떠한 정책적 도구로 ESG를 전용(轉用)해서는 안 되는 이유다.

ESG는 이제는 당당한 흐름이 되고 있다. 환경 · 사회 · 지배구조 기반으로 세계경제가 재편된다면 국내경제도 보다 선제적이어야 한다. ESG 공시 의무화가 강화되고 글로벌 신용평가 기관들도 ESG 역량을 반영하기 시작한다. 그러나 개별 지표 평가의 상이함부터가 기업엔 예기치 않은 부담이다. 환경 · 사회 · 지배구조 내재화 없이 떠밀리듯 성급히 도입하면 경영에 부담이 되기도 한다. 산업 특성이나 기업 역량에 맞추면서 기업 목표와 해당 미션의 양면성까지 어떻게 조화시킬지 더 신중한 고민이 필요해 보인다.

일례를 들어, 외국의 ESG를 무조건 따라 할 필요는 없다. 한국과 한국 기업의 경쟁 우위를 강화하는 방향으로 ESG를 실천해야 한다. 수소를 대량생산할 수 있는 뛰어난 화학 기업들이 건재하고 자동차 제조 역량이 뛰어난 한국은 전기차 외에 수소차 역량을 강화하는 게 옳다. 독일은 ESG를 한다면서 '탈원전'을 결정했으나 세계 최고의 원전 기술을 갖춘 한국은 그 반대로 가야 한다. 탄소배출 없는 원전을 더 많이 건설해야 한다. 기업 지배구조와 노사관계, 안전 분야 역시 ESG 점수가 높다고 평가 받는 외국 기업의 규칙을 무작정 베끼는 건 곤란하다. 한국 기업에 최적화해 ESG의 본질적 목적을 달성할 수 있는 '한국형 모델'을 구축해야 한다. 이 모델을 한국처럼 압축 성장이 목표인 신흥국으로 확산시키면 ESG는 한국 기업의 글로벌 성장동력이 될 수도 있다.

한편, 향후 기후 리스크가 확대되고 각국의 ESG 정책 대응이 상이하게 전개되어 글로벌 ESG 정책의 일관성이 약화되는 상황에서 국내의 전략적 접근과 준비가 더욱 중요해졌다.

자산군별 ESG 요소 사례

자산군	구분	사례
주식		전통적 주식에 대한 다양한 전략 가능. 그동안 다수는 네거티브(배제적) 스크리닝이었으나 기업관여(engagement)나 포지티브(best-in-class) 스크리닝으로 이동 중
채권	전통적 기업 채권	중요 ESG 기준을 기업신용분석에 통합하여 신용리스크 판별을 개선
	전통적 국채	재무 및 거시경제적 변수에 초점을 둔 전통적 분석과 함께 ESG 요소를 통합하여 국가 채무 리스크를 판별, PIMCO는 2011년부터 국가 채무등급 모혐에 동 방식을 채택
	ESG MMF	단기금융시장 상품 투자에 ESG 요소를 적용. BlackRock은 2019년 4월 환경에 초점을 둔 MMF 출시
	녹색채권	녹색라벨을 받은 특정한 채권이며, 환경적 혜택을 가져오는 새로운 또는 기존 프로젝트 자금이 용처
	사회적 채권	바람직한 사회적 성과를 가져오는 새로운 또는 기존 프로젝트 자금 모집을 위한 채권
	지속가능채권	녹색 및 사회적 프로젝트의 조합을 파이낸싱/리파이낸싱에 활용되는 채권
	녹색모기지증권 (MBS)	녹색 MBS를 가장 많이 발행하는 Fannie Mae의 경우 녹색 부동산 자금조달을 위한 다수 모기지를 증권화
은행여신	녹색여신	R&D 같은 관련 지원 지출을 포함하는 녹색 프로젝트의 파이낸싱/리파이낸싱에 활용되며 녹색채권보다는 70~80% 적은 규모이나 2018년 이후 빠르게 성장
	지속가능성연계 여신	차주가 사전에 정해진 지속가능성 성과 목표를 만족하도록 유인을 부여하는 상품이나 보증 또는 신용장 같은 조건부 상품
대체투자	녹색리츠 PE 및 벤처캐피탈	환경 인증된 부동산에 대한 포트폴리오 익스포저가 있는 리츠. 예를 들어 에너지, 모빌리티, 건설 분야 스타트업을 지원하는 사모펀드

[출처 : IMF(2019)]

03 논술사례

주제 1

ESG 경영과 금융의 역할에 대해 논하라.

답안

---

1. 서론

2. 본론
    2-1. ESG의 등장배경(코로나로 인한 인식 전환, 블랙록의 서한, 기후위기)
    2-2. ESG의 필요성과 한계

3. 결론
    3-1. 금융기관의 방향
    3-2. 정부의 방향

📈 서론

2020년 이후, 산업계와 금융계의 화두는 'ESG'다. 기업의 비재무적 요소인 환경(Enviroment), 사회(Society), 지배구조(Governance)를 뜻하는 말이다. 기존 주주중심의 기업경영과 재무제표만을 이용하여 기업을 판단하는 방식과는 다르게, 이해관계자(직원, 고객, 지역사회, 협력사 그리고 주주) 중심 기업경영으로 전환 하고, 비재무적 요소도 함께 평가하여 기업을 더욱 포괄적으로 평가하겠다는 의미이다. 올해 3월부터 탄소중립기본법이 시행, 탄소중립 목표를 달성하기 위한 정부의 ESG 정책이 시작되면서, 우리나라도 본격적인 ESG 시대에 들어

섰다. 이에 본고는 ESG가 화두가 된 배경과 ESG의 필요성과 한계에 대하여 논하겠다.

✓ 본론

1. ESG의 등장배경

ESG는 2006년 UN PRI(투자원칙)를 제정하면서 등장한 오래된 개념이지만 다음의 이유들로 부각되고 있다.

| 최근에는

1) 코로나19로 인한 인식의 전환

코로나19 이후 주주 자본주의의 한계가 드러나, 이해관계자 자본주의로 전환해야 한다는 목소리가 힘을 얻었다. 2008년 금융위기와 코로나19 위기를 겪으면서 노동의 몫이 줄고, 자본의 몫이 확대되는 추세가 가속화되어 사회 전체적으로 양극화가 더욱 확대되었다.

또한, 빈곤인구가 줄지 않고, 가계부채도 줄지 않으며, 경기변동 과정에서 일자리가 줄고 양극화가 확대되는 등 주주 자본주의의 다양한 부작용이 관찰 되고 있다.

2) 블랙록의 서한

글로벌 1위의 자산운용사 블랙록(8조 6,800억 달러, 약 9,600조 원)의 CEO인 래리핑크가 2020 연례 서한을 통해 향후 블랙록은 ESG 요소를 포트폴리오 구성 및 리스크 관리의 중심에 두고 투자대상 기업에 대해 ESG공시를 의무화 할 것을 발표 하였다. 또한, 기후 변화 등 지속가능 관련 공시에 충분한 노력을 하지 않는 기업은 반대 의결권을 행사 할 것이라고 경고했다. 블랙록의 영향으로 인해, 전세계 자산운용사와 연기금들은 ESG를 주요 평가기준에 넣었고, 이는 앞으로 ESG 경영을 하지 않으면 기관투자자들에게 사실상 투자를 받지 못한다는 뜻이다. 미국의 신용평가사들은 녹색에너지 전환에 소극적인 석유, 가스회사의 신용등급을 하향조정 했으며, 이중 '쉐브론'과 '엑슨모빌'도 포함됐다.

3) 기후위기

'이대로의 추세라면 약 2050년에 지구 온도는 섭씨 2도가 상승하고 지구 조절 시스템이 붕괴되어 회복불가능한 상황이 된다.' 2018년도 IPCC(기후변화에 관한 정부간 협의체) 특별보고서의 내용이다. 이후 2019 ~ 2020년도 호주에 6개월 동안 산불이 지속되어 큰 피해를 입혔고, 21년도 터키와 캘리포니아의 역대급 산불, 유럽의 7월의 홍수 후 8월의 폭염으로 인한 산불 등 기후위기가 현실화되었다. 이 영향으로 인해 기업이나 주주만이 아닌 일반 소비자와 환경단체들도 ESG에대한 관심도가 높아져, 기업 ESG경영의 중요도를 높였다.

이러한 이유들로 기업의 이익 추구를 최우선으로 하는 주주중심의 기업경영 시스템은 지속가능하지 않으며, 이해관계자 전체의 이익을 고르게 추구하는 이해관계자 자본주의로 전환해야 한다는 의견이 힘을 얻게 되었다. 2019년 8월 미국 기업협회로 구성된 비즈니스라운드테이블(BRT)에서 181개 주요 기업들은 기업의 목적은 단기 이익 추구가 아니라 장기에 걸쳐 이해관계자의 니즈를 만족시키는 것임을 선언하며, 이해관계자 자본주의와 ESG 경영이 주목을 받게 되었다.

2 ESG의 필요성과 한계

1) ESG의 필요성

E – 국제적으로 기후변화가 가속화되고, 세대간 비용분담이 이슈가 되면서 주요국 정부는 부정적 외부효과를 기업에 내재화시키기 위해 ESG 관련 규제를 강화해왔다. **앞서 서술했듯,** 우리나라도 올해 3월부터 탄소중립기본법이 시행되어, 2030년 국가 온실가스 감축목표를 24.4% 감축(2017년 대비)에서 2018년 대비 35% 이상 감축하도록 규정을 강화했다.

S - 대부분의 근로자들은 임금이 큰 차이가 나지 않는다면, ESG 경영을 적극적으로 수행하는 회사에서 일하는 것을 선호한다. 특히, 성장과 발전 그리고 공정성에 민감한 MZ 세대들은 ESG 경영을 수행하는 회사를 더욱 선호할 것이다.

G – 소비자들의 행동도 예전과는 달라져, 사회적 책임을 소홀히 한 회사의 제품은 선호하지 않는다. 대리점 갑질사건, 자사 제품 코로나 억제 주장, 외손자 마약투여 등등 많은 논란으로 재벌경영의 문제점을 보여준 '남양유업'은, 오너리스크가 부각되고 대중의 불매운동을 겪으며 영업이익과 주가가 크게 감소하였고, 결국 기업을 사모펀드에 **매각하였다.**

2) ESG의 한계

첫째, CEO의 임기는 짧아, 단기간에 성과를 내야 하는 유인이 강하다.

때문에 사회적 가치보다 재무적 가치에 보다 많은 자원을 배분하려 할 것이다. 지금의 제도로써는 사회적 가치를 재무적 가치보다 우선시하는 CEO는 살아남기 힘든 것이 현실이다.

상술했듯

이 부분도 현재는 매각문제의 진위에 따른 논란이 있습니다.

둘째, ESG 가치는 측정하기 어렵다.

비계량적인 요소들로 구성되어있는 ESG 가치를 계량적인 값으로 측정하는 것은 어렵다. 현재 ESG가치 평가를 자처하는 기관들은 많지만 공신력 있는 평가기준이 없다.

셋째, 정부 규제강화의 부작용.

정부가 규제강화를 통해 ESG 가치에 의무적 자원을 배분하도록 하면, 상당수 기업은 규제의 임계수준 까지만 ESG가치에 투자할 것이다. 또한, 규제를 준수하지 못하는 기업들은 생존이 어렵다. 이는 공급망 비용 상승과 일자리 감소 등 경제 전반적인 부작용을 낳을 수 있다.

📈 결론

1. 금융기관의 방향

첫째, ESG 가치의 시장 거래를 활성화 시켜, 기업의 ESG경영 유인을 강화시켜야 한다.

기업이 임계수준 이상으로 ESG 가치에 자원배분을 하였다면, 그 가치를 금융시장에 거래할 수 있도록 만들어, ESG 관련 위험을 금융시장에서 자율적으로 배분하도록 돕는 것이다. 탄소배출권 거래가 대표적인 예시이다.

둘째, ESG 성과연계 금융 중개를 활성화해야 한다.

기업의 ESG 경영성과가 우수하면 대출이자를 할인해주는 중개 방법이 대표적이다.

직접금융의 경우, ESG 채권 발행을 주선하여 일반 채권보다 낮은 금리로 기업에게 자금을 빌려주는 방식이며 간접금융의 경우, 은행이 ESG 경영을 수행하는 기업에게 기존보다 낮은 금리로 대출을 해

주는 방식이다.

셋째, ESG 가치를 객관적으로 측정할 수 있는 평가기준을 마련해야 한다.

ESG 시장 거래 활성화, ESG 성과연계 금융 중개 활성화를 하려면 객관적이고 공신력 있는 평가기준이 마련되어야 한다. 그러한 기준이 없다면, 경영자들의 유인이 감소하고, ESG 평가에 높은 등급을 받기 위해 편법을 개발한다거나 비리가 발생하는 등 부작용이 있을 것이다.

2. 정부의 방향

첫째, 보조금과 세금감면 등 혜택 제공.

EGS 가치는 중장기적인 가치여서 단기에 성과를 내야 하는 경영자들의 유인이 떨어진다. 따라서 단기적으로도 성과를 충족시킬 수 있는 혜택이 필요하다. 또한, 앞서 서술했듯 금융기관이 저리로 자금을 대출해줄 경우 금융기관의 수익성이 악화되는데, 금융회사에 보조금 지급 및 세제 혜택을 제공하거나 자산운용 및 건전성 규제를 완화해주는 제도를 적극적으로 검토할 필요가 있다.

둘째, 중소기업 보호 정책과 관련 교육 시행.

중소기업은 ESG 경영 도입이 어렵다. ESG는 재무적 여유가 있고, 중장기적으로 비용을 감당할 수 있는 회사들이 시행할 수 있는데, 중소기업은 당장의 생존이 중요하기 때문이다. 따라서 중소기업에 이해관계자들의 변화 등 ESG 관련교육을 시행하고, 관련 규제 차등시행 등 중소기업이 ESG 트렌드에 잘 따라올 수 있게 도움을 주어야 한다.

셋째, ESG 평가기준 마련.

많은 기관들의 일정하지 않은 평가기준은 오히려 기업들에게 혼란을 준다. 따라서 공신력 있는 ESG평가 기준을 마련해야 할 것이다. 21년 12월 K-ESG 가이드라인을 정부에서 발표하여, 평가기준이 확립 될 것을 기대할 수 있다. 하지만 ESG 요소의 중요도는 시간에 따라 가변적일 수 있고, 국가마다 상이할 수 있으므로 가이드라인이 적합한지 수시로 점검해야 할 것이다.

chapter 27

좀비기업 구조조정

01 논제 개요 잡기 [핵심 요약]

서론	이슈 언급	영업이익을 총이자비용으로 나눈 이자보상배율은 기업의 이자지급능력을 나타내며, 1 미만으로 떨어지면 기업이 거둔 이익보다 내야 할 이자가 더 많아 정상적인 기업 경영이 어렵다는 것을 의미한다. 이자보상배율이 1을 넘지 못하는 취약기업 비중은 2023년 상반기 44.8%로 치솟았다. 특히 중소기업의 취약기업 비중은 58.9%로 절반 이상 기업이 한계에 봉착할 위험이 커졌다. 이러한 흐름이 장기화하면 수많은 좀비기업이 양산될 수 있다는 경고등이 켜진 셈이다. 고금리 기조가 이어지면서 기업들이 차환 리스크에도 대비해야 한다는 경고가 곳곳에서 나온다.
본론	1. 좀비기업	1) 정의	① 좀비기업이란 기업의 영업 성과가 열악하여 자생력이 없음에도 은행이나 정부의 금융 지원을 통해 생존함으로써 경제의 효율성과 활력을 저해하는 기업을 지칭한다. ② 일반적으로 기업은 영업활동을 통해 이익을 창출하는 것을 목적으로 하는데 한계기업은 낮은 경쟁력으로 기업 유지를 위한 최소한의 이익 창출도 어려워 외부 도움 없이 자력으로 생존과 성장이 어려운 기업을 말함. 이러한 추상적인 개념의 한계기업을 식별하는 문제는 한계기업 개념을 활용하는 기관이나 연구의 목적에 따라 다르다고 볼 수 있다.

본론	1. 좀비기업	1) 정의	③ 다양한 한계기업 관련 연구에서 이자보상배율이 1 미만인 식별 조건은 가장 일반적인 특성으로 사용되며 이를 기본으로 일정 조건을 추가하거나 변형하여 사용하기도 하고 외국의 선행연구에서는 토빈q(기업의 시장가치를 해당기업 실물자본의 대체비용으로 나눈 값)를 활용하여 정의하기도 함.
		2) 발생원인	한계기업 발생의 원인으로는 아래의 원인이 주로 거론된다. ① 건전성이 낮은 은행의 대출관대화 경향(Cabarello et al. 2008, Storz et al. 2017) ② 비효율적인 기업청산제도(Andrews · Petroulakis 2017) ③ 해당산업 진입규제(Hopenhayn 1992)에 따른 과도한 진입비용 ④ 일부에서는 저금리 기조를 원인으로 지적
		3) 좀비기업의 주요재무적 특징	① 총자산, 유형자산, 고용 등 기업규모가 작고(다만 우리나라의 경우 대기업과 중소기업간 한계기업 비중 차이가 이들 국가에 비해 작아 기업규모에 있어서의 차이가 크지 않을 수 있음), 생산성이 저조하며, 유 · 무형자산에 대한 투자가 부진 ② 또한 부채비율이 높고, 저리대출(subsidized credit)의 수혜를 입고 있으며, 폐업확률이 높음
		4) 좀비기업의 특성	① 대기업보다 중소기업이 좀비기업이 될 가능성이 높다. ② 채권을 통해 자금을 조달할 경우 그렇지 않은 경우보다 좀비기업이 될 가능성이 높다. ③ 대규모기업집단에 속하는 경우 좀비기업이 될 가능성이 높다. ④ 앞의 세 특성을 보유한 좀비기업이 정상화하거나 폐업할 가능성이 적다.
		5) 좀비기업 탈출원인 분석	송단비외 3인(2021년)이 국내 제조업(외감기업 기준, 2001년~2019년 자료)을 대상으로 분석한 결과에 따르면 업력이 짧을수록, 기업규모가 클수록, 수익성이 높을수록 한계기업에서 벗어날 가능성이 큰 것으로 나타남
	2. 사모펀드	1) PEF와 PDF	2021년 자본시장법 개정으로 사모펀드와 관련한 규제가 완화되면서 기업구조조정에 대한 사모펀드의 역할이 더욱 커질 것으로 예상. 운용규제 완화에 힘입어 사모펀드는 M&A, 부실채권시장 등을 통한 사후 구조 조정 기능뿐만 아니라, 선제적인 구조조정 통한 기업효율성 제고에 기여할 전망 ① M&A · 부실채권시장 참여 확대 ② ESG, 기업지배구조 개선 등 기업효율성 제고 ③ 사모대출펀드를 통한 사전 구조조정

본론	2. 사모펀드	2) PEF방향	PEF 투자자 니즈가 성숙, 고도화되고 금융시장 안정과 금융산업 측면에서 PEF 영향력이 확대된 상황에서, PE와 PEF의 성숙과 발전을 지원할 수 있는 규율체계를 고민할 필요가 있음.
결론	의견제시		지속적인 영업이익의 감퇴로 이자마저 지급할 수 없음에도 생존하고 있는 좀비기업의 퇴출과 구조조정을 촉진하기 위해서는 다음과 같은 정책적 접근법이 필요하다. 1. 좀비기업에 대한 비정상적인 자금공급을 억제해야 한다. 2. 좀비기업의 퇴출과 구조조정을 제약하는 금융시장의 문제를 해결해야 한다. 3. 구조조정에 대한 정부의 정책이 일관성 있고 투명하게 이루어져야 한다. 한편 운용규제 완화를 주요 내용으로 하는 자본시장법 개정으로 사모펀드는 기업구조 조정시장에서 중추적인 역할을 수행할 것으로 기대된다. 사모펀드는 대기업 및 유니콘 기업에 대한 M&A, IPO 등의 딜 참여, 부실채권 시장을 통한 기업구조조정 참여 등 이전보다 적극적인 활동이 기대되기 때문이다. 특히, PEF와 PDF를 통해 자금조달 전략을 다변화하면서, 지분투자부터 대출까지 다양한 형태로 투자가 가능하며 한계기업 구조조정, 지속성장을 위한 기업구조혁신, 잠재력 있는 기업투자 등 자본시장 내에서 중추적인 역할 수행이 가능하다.

02 논제 풀이

📈 서론

이슈 언급 금융감독원이 불공정거래로 상장폐지를 회피하는 좀비 기업들을 시장에서 퇴출한다고 2024년 3월 25일 밝혔다. 한국거래소도 상장폐지 절차 단축을 검토한다고 밝힌 바 있다. 또한 상장하려는 기업들에 대해서도 매출액 추정치가 실제 수치와 크게 차이 날 경우 전망치를 적절하게 산정했는지도 들여다본다. 금감원은 이런 좀비기업은 주식시장 내 자금이 생산적인 분야로 선순환 되는데 걸림돌로 작용할 뿐만 아니라, 투자자 피해를 야기하고 주식시장의 신뢰와 가치를 저해하는 중대한 범죄 행위에 해당한다고 지적했다. 뿐만 아니라 상장폐지 회피 목적으로 자행되는 불공정거래 행위에 강력 대응해 투자자를 보호하고 주식시장 신뢰와 가치를 제고하겠다고 했다.

세계적인 경기 부진과 함께 고금리, 고유가, 고물가 등의 여파로 한국경제는 갈림길에 섰다. 기업의 이자보상배율은 2023년 상반기 1.2배로 2022년(5.1배) 대비 큰 폭으로 하락했다. 대기업은 5.4배에서 1.2배로, 중소기업은 2배에서 0.2배로 악화했다. 주력 업종의 업황 부진과 금리 상승의 영향이 컸던 것으로 분석됐다.(출처:한국은행 금융안정보고서)

　　영업이익을 총이자비용으로 나눈 이자보상배율은 기업의 이자지급능력을 나타내며, 1 미만으로 떨어지면 기업이 거둔 이익보다 내야 할 이자가 더 많아 정상적인 기업 경영이 어렵다는 것을 의미한다. 이자보상배율이 1을 넘지 못하는 취약기업 비중은 2023년 상반기 44.8%로 치솟았다. 특히 중소기업의 취약기업 비중은 58.9%로 절반 이상 기업이 한계에 봉착할 위험이 커졌다. 이러한 흐름이장기화하면 수많은 좀비기업이 양산될 수 있다는 경고등이 켜진 셈이다. 고금리 기조가 이어지면서 기업들이 차환 리스크에도 대비해야 한다는 경고가 곳곳에서 나온다.

　　이에 본지에서는 좀비기업에 대한 정의부터 다양한 시각으로 알아본 후, 좀비기업의 재무적 특징과 탈출 요인을 분석해 보고자 한다.

본론

| 1. 좀비기업 | 1) 정의 | ① 좀비기업이란 기업의 영업 성과가 열악하여 자생력이 없음에도 은행이나 정부의 금융 지원을 통해 생존함으로써 경제의 효율성과 활력을 저해하는 기업을 지칭한다.
가. McGowan et al.(2018년)은 좀비기업을 3년 연속으로 이자보상배율(interest coverage ratio)이 1 미만인 기업으로 정의한다.
다만 3년 연속 이자보상배율이 1미만인 기업으로 정의할 경우, 극단값으로부터 받는 영향을 제외하기 위해 연도별로 10%와 90% 수준에서 윈저화(winsorization)를 실시한다. 다만, 이렇게 정의할 경우 좀비기업에 최근 창업한 신생기업이 포함될 가능성이 농후하다. 일반적으로 창업 후 장기적 생존 가능성을 판단할 수 있는 척도인 '죽음의 골짜기(Death Valley)'가 창업후 7년이고, 중소기업창업지원법에 따른 창업기업의 정의가 사업을 개시한 때로부터 7년이 지나지 않은 기업임에 착안하여 매년 기준으로 설립된지 7년이 지나지 않은 기업은 좀비기업으로 보기는 어렵다
나. Banerjee and Hofmann(2022년)은 2년 이상 이자보상배율이 1 이하이며 토빈의 q1)가 해당 업종의 중간값 이하인 기업으로 정의하였다.
② 일반적으로 기업은 영업활동을 통해 이익을 창출하는 것을 목적으로 하는데 한계기업은 낮은 경쟁력으로 기업 유지를 위한 최소한의 이익 창출도 어려워 외부 도움 없이 자력으로 생존과 성장이 어려운 기업을 말함. 이러한 추상적인 개념의 한계기업을 식별하는 문제는 한계기업 개념을 활용하는 기관이나 연구의 목적에 따라 다르다고 볼 수 있다. |

1. 좀비기업

1) 정의

가. 한계기업 식별은 수익성, 유동성, 안정성 측면 등에서 가능한데 우리 나라에서 가장 일반적으로 사용하는 정의는 수익성을 기준으로 '3년연속 이자보상배율6)이 1 미만인 기업'이며 이는 한국은행(2015. 6)에서 사용한 정의와 같다.

나. 최현경 외(2017년)는 한계기업 식별에 이자보상배율이 '3년 연속 1 미만' 정의를 기본으로 기업의 업력과 기술 보유(특허 소유 여부)를 추가 기준으로 사용할 것을 제시함.

다. 최현경 · 안지연(2020년)은 중소한계기업 식별에 한국은행(2015년 6월) 정의를 사용하였으나 한계기업 결정요인 및 탈출요인 분석 결과를 근거로 한계기업으로 분류되었다 하더라도 지원할 수 있는 식별 기준을 제시함.

라. 송상윤(2020년)은 이자보상배율이 연속 3년 이상 1 미만이면서 업력이 10년 이상인 기업으로 정의함.

③ 다양한 한계기업 관련 연구에서 이자보상배율이 1 미만인 식별 조건은 가장 일반적인 특성으로 사용되며 이를 기본으로 일정 조건을 추가하거나 변형하여 사용하기도 하고 외국의 선행연구에서는 토빈q(기업의 시장가치를 해당기업 실물자본의 대체비용으로 나눈 값)를 활용하여 정의하기도 함.

④ 기타

가. Caballero et al.(2008년)은 기업이 가장 신용도가 높은 기업보다 낮은이자율로 자금을 조달받고 있으면 보조금을 받고 있다고 보아 한계기업으로 식별함.

나. Banerjee and Hofmann(2018년)은 이자보상배율이 지속하여 1 미만이고 업력이 10년 미만인 기업으로 정의함.

다. Banerjee and Hofmann(2020년)은 2년간 이자보상배율이 1 미만이고 토빈q가 산업 내 중앙값보다 낮으면 한계기업으로 분류

2) 발생원인

한계기업 발생의 원인으로는 아래의 원인이 주로 거론된다.

① 건전성이 낮은 은행의 대출관대화 경향(Cabarello et al. 2008년, Storz et al. 2017년)

은행이 부실채권 발생, 대손충당금 적립 등에 따른 수익성 악화를 우려하여 기업의 원금상환능력이 부족하더라도 이자연체가 없다면 만기연장을 통해 기업을 연명시키려는 경향(금융안정보고서 2005년, Cabarelloet al.2008년 등)

② 비효율적인 기업청산제도(Andrews · Petroulakis 2017년)

기업구조조정 관련 제도가 미비한 경우 등

2) 발생원인

③ 해당산업 진입규제(Hopenhayn 1992년)에 따른 과도한 진입비용

④ 일부에서는 저금리 기조를 원인으로 지적

유럽, 미국, 일본 등 다수 국가를 대상으로 한 연구(대출금리가 낮은 국가 · 산업의 한계기업 비중이 높고(Banerjee · Hofmann 2018년), 유럽 은행들이 유럽 재정위기 이후 공급된 유동성을 주로 기존 재무취약기업에 대한 대출을 늘리는 데 활용)는 저금리가 한계기업을 늘린다고 보고하였으나, 스웨덴(Cella 2020년) 등 개별 북유럽 국가에 대한 연구는 이와 상반된 증거를 보고하기도 했다.

1. 좀비기업

Banerjee · Hoffman(2020년)이 주요 선진국(미국, 일본, 독일, 프랑스, 영국, 일본, 호주, 벨기에, 캐나다, 스위스, 덴마크, 스페인, 이탈리아, 네덜란드, 스웨덴)의 상장기업을 대상으로 분석한 결과 한계기업은 정상기업과 비교할 때 다음과 같은 특징을 보임

① 총자산, 유형자산, 고용 등 기업규모가 작고(다만 우리나라의 경우 대기업과 중소기업간 한계기업 비중 차이가 이들 국가에 비해 작아 기업규모에 있어서의 차이가 크지 않을 수 있음), 생산성이 저조하며, 유 · 무형자산에 대한 투자가 부진

② 또한 부채비율이 높고, 저리대출(subsidized credit)의 수혜를 입고 있으며, 폐업확률이 높음

3) 좀비기업의 주요재무적 특징

한계기업의 주요 특징[1]

	정상기업	한계기업
▶ 총자산(천 US dollar)	23,244	7,362
▶ 유형자산(천 US dollar)	16,468	6,173
▶ 종업원수(명)	7,076	2,541
▶ 유형자산투자/총자산(%)	5.59	5.14
▶ 무형자산투자/총자산(%)	6.64	5.42
▶ 종업원수 증가율(%)	3.15	−6.56
▶ 노동생산성(배)	3.47	1.76
▶ 총요소생산성(배)	7.02	3.68
▶ 이자보상배율(배)	16.1	−17.9
▶ Tobin's q(배)	2.24	1.13
▶ 이자비용/총자산(%)	2.13	2.22
▶ 총부채/총자산(%)	23.57	24.29
▶ 폐업확률(%)	4.0	8.5

주: 1) 미국, 일본, 독일, 프랑스, 영국, 일본, 호주, 벨기에, 캐나다, 스위스, 덴마크, 스페인, 이탈리아, 네덜란드, 스웨덴의 상장기업 기준
자료: Banerjee · Hoffman(2020)

	4) 좀비기업의 특성	2012년부터 2022년까지 외감기업을 대상으로 좀비기업의 특성을 확인해 본 결과, 다음과 같은 사실을 발견하였다. ① 대기업보다 중소기업이 좀비기업이 될 가능성이 높다. ② 채권을 통해 자금을 조달할 경우 그렇지 않은 경우보다 좀비기업이 될 가능성이 높다. ③ 대규모기업집단에 속하는 경우 좀비기업이 될 가능성이 높다. ④ 앞의 세 특성을 보유한 좀비기업이 정상화하거나 폐업할 가능성이 적다. 이러한 분석 결과는 ① 좀비기업을 원활히 퇴출하고 구조조정을 촉진하기 위해 중소기업을 대상으로 하는 정책금융의 축소와 효율성 제고가 필요하다는 점을 시사한다. ② 은행을 중심으로 한 기존의 구조조정 방식의 한계로부터 벗어나 자본시장을 통한 활발한 구조조정이 가능하도록 관련 제도를 정비할 필요가 있다. ③ 기업의 구조조정을 어렵게 하는 사회적 마찰을 줄이기 위해 구조조정 기금을 조성할 필요가 있다.
1. 좀비기업	5) 좀비기업 탈출원인 분석	송단비외 3인(2021년)이 국내 제조업(외감기업 기준, 2001년~2019년 자료)을 대상으로 분석한 결과에 따르면 업력이 짧을수록, 기업규모가 클수록, 수익성이 높을수록 한계기업에서 벗어날 가능성이 큰 것으로 나타남 ① 기업경영변화 측면을 분석한 결과 노동비용의 비중을 줄이거나 비핵심자산 매각 또는 영업관련 자산을 증가시키는 경우 한계기업 탈출 확률이 증가 ② 부채비율이나 레버리지 감축 등은 유의한 효과를 나타내지 못하는 것으로 분석 ③ 한편, 제조업종의 상장기업을 대상으로 2000년부터 2020년까지 기업자료를 활용하여 한계기업 현황과 결정요인, 정상기업으로의 전환 결정요인을 분석한 결과, 총자산수익률이 낮을수록, 부채비율이 높을수록, 매출액이 낮을수록, 업력이 높아질수록, 산업 내 한계 기업 비중이 높을수록 한계기업이 될 확률이 높았음. 반면, 총자산수익률이 증가할수록, 매출액 증가율이 클수록, 부채비율이 감소할수록 한계기업에서 탈출할 확률이 큼

2. 사모펀드 <출처: 하나금융 경영연구소>	**1) PEF와 PDF**

2021년 자본시장법 개정으로 사모펀드와 관련한 규제가 완화 되면서 기업 구조조정에 대한 사모펀드의 역할이 더욱 커질 것으로 예상. 운용규제 완화에 힘입어 사모펀드는 M&A, 부실채권시장 등을 통한 사후 구조 조정 기능뿐만 아니라, 선제적인 구조조정 통한 기업효율성 제고에 기여할 전망

① M&A · 부실채권시장 참여 확대

　가. 지분율 규제 폐지로 사모펀드는 대기업과 유니콘 기업에 대한 소수 지분 투자 등 M&A · 부실채권시장에서 적극적인 활동이 기대

　나. 외국계 사모펀드와의 역차별 문제가 해소되어 외국계 사모펀드에 집중된 과실 획득에 따른 국부 유출 논란도 완화

② ESG, 기업지배구조 개선 등 기업효율성 제고

　ESG에 기반한 투자, 주주행동주의를 표방하는 사모펀드 활동 증가로 기업지배구조와 관련한 기업효율성 제고에 기여

③ 사모대출펀드를 통한 사전 구조조정

　가. 사모펀드의 투자 영역이 대출까지 확대됨에 따라, 자본시장에서 사모펀드의 역할이 확대

　나. 사모대출펀드는 은행 대출과 달리 회사잠재력 및 성장잠재력을 판단하고 다소 긴 투자기간 동안 자금 제공이 가능한 유연성 보유

　다. 지분이 아닌 대출로 자금을 공급함에 따라 경영권 위협이 없어 사전적인 구조조정이 필요하나 은행 대출이 제한적인 기업이 활용 가능

[사모펀드 규제 완화]

구분		제도 개편 전		제도 개편 후	
		전문투자형사모펀드	경영참여형사모펀드	일반사모펀드	기관전용사모펀드
운용주체		전문사모운용사 (금융투자업자)	업무집행사원 (GP, 非금융투자업자)	일반사모운용사 (금융투자업자)	업무집행사원 (GP, 非금융투자업자)
투자자범위		① 전문투자자 ② 최소투자금액(3억원) 이상 투자자하는 일반투자자		연행 유지(좌동)	기관투자자 및 이에 준하는 자
운용목적		경영참여 목적 외	경영참여 목적	모두 가능	
운용 방법	차입	순재산 400% 이내	순재산 10% 이내 (단, SPC는 300% 이내)	400% 이내	
	대출	가능(단, 개인대출 금지)	불가	가능(단, 개인대출 금지)	
	의결권 제한	10% 초과보유주식 의결권 행사 제한	해당 없음	의결권 행사 제한 폐지	
	경영권 참여	해당 없음	- 펀드자산의 50% 이상 2년내 지분투자 - **의결권있는 주식 10% 이상 취득 및** 6개월 이상 보유	지분투자 의무 폐지	

<출처: 하나금융경영연구소>

2. 사모펀드 <출처: 하나금융 경영연구소>	2) PEF방향	

PEF 투자자 니즈가 성숙, 고도화되고 금융시장 안정과 금융산업 측면에서 PEF 영향력이 확대된 상황에서, PE와 PEF의 성숙과 발전을 지원할 수 있는 규율체계를 고민할 필요가 있음.

① 2004년 PEF 제도 도입 이후 20여 년간 PEF가 기업 성장, 사업재편, 승계, 매각 등의 수요에 적절히 부응하고 우수한 운용성과를 축적함에 따라 시장이 크게 성장함.

② 그간 PEF 관련 투자자(LP) 니즈가 성숙, 고도화되고 금융시장 안정과 금융산업 측면에서 PEF의 영향력이 확대된 가운데, 관련 규율체계 전반을 재평가할 필요성이 있음.

  가. 작년 고려아연을 둘러싼 경영권 분쟁과 2025년 초 홈플러스 회생 신청을 기점으로 PEF에 대한 사회적 관심이 높아진 상황에서, PEF 규율체계 보완은 시장 평판과 신뢰를 제고하고 시장규율을 강화하여 PE와 PEF의 한 단계 도약을 지원하는 방식으로 접근하는 것이 바람직함.

  나. 미국, 영국, 네덜란드 등에서도 PEF의 병원, 요양시설, 대형 소매기업 · 유통기업 등에 대한 인수합병이 급속히 확대되는 가운데, 2010년대 후반부터 PEF의 영향력과 규제 방안에 대한 학술적, 정치적 논의가 본격적으로 시작되는 추세임.

③ PE는 궁극적으로 GP와 LP[2] 간 사적계약에 기반하여 규율되는 시장이므로, 펀드 성과 · 비용 관련 투명성 강화, GP · LP 협의단체의 실질화 등을 통해 시장규율 강화를 유도하는 것이 중요함.

공적 규제를 정치하게 설계하고 집행하더라도 PE 시장은 결국 대형 기관투자자(LP)와 운용사 (GP) 간 사적계약에 기반하여 규율되는 시장이기 때문에, 규율체계 정비 시 국민연금, 사학연금, 보험사, 공제회, 산업은행, 캐피탈사 등 PE 시장의 주요 LP들이 효율적 · 효과적으로 GP를 규율할 수 있는 기반 형성을 유도하는 것이 가장 중요함.

④ 규제 실효성을 담보하기 위해, PEF 감독 인력을 확충하는 한편 일부 영업행위 규제는 대형 PE와 PEF에 한정하여 적용할 필요가 있음.

  가. 현재 PEF 등 사모펀드 감독을 담당하는 금감원 인력이 크게 부족한 상황에서, 규제범위 확대 시 감독의 실효성과 적시성에서 한계가 노정될 가능성이 큼.

  나. 규율체계 개비 시 실효성을 확보하고 규제 공백을 방지하기 위해서는 PEF 감독 인적자본 확충이 반드시 수반되어야 함.

  다. 또한 감독당국 보고 관련 투명성 규제 강화나 PE · PEF 내부통제 관련 영업행위 규제 강화 시, 감독 효율성과 PE 비용 부담 측면을 감안하여 일정 규모 이상 대형 PE와 대형 PEF에 한정하여 규제를 적용하는 것을 검토할 수 있음.

 결론

의견 제시 지속적인 영업이익의 감퇴로 이자마저 지급할 수 없음에도 생존하고 있는 좀비기업의 퇴출과 구조조정을 촉진하기 위해서는 다음과 같은 정책적 접근법이 필요하다.

1. 좀비기업에 대한 비정상적인 자금공급을 억제해야 한다.
2. 좀비기업의 퇴출과 구조조정을 제약하는 금융시장의 문제를 해결해야 한다.
3. 구조조정에 대한 정부의 정책이 일관성 있고 투명하게 이루어져야 한다.

좀비기업의 비율이 대기업보다 중소기업에서 높게 나타난다는 것을 확인하였다. 이처럼 중소기업의 좀비기업 비율이 높은 이유 중 하나로 중소기업에 과다공급된 정책금융을 지목할 수 있다. 우리나라 정책금융은 경제개발 시대인 1970년대부터 발전해왔다. 기업규모의 확대와 정부 역할의 한계로 인해 기업에 대한 정책금융은 1980년대 후반부터 중소기업을 중심으로 개편되었다. 그 결과 수출입은행과 산업은행 등의 정책자금을 제외한 일반은행에서 취급하는 정책금융은 대부분 중소기업을 대상으로 한 제도이다.

최근 연구들은 중소기업 정책금융이 과다공급되고 있다는 점을 보고하고 있다.

이기영 · 우석진 · 빈기범(2015년)은 정책금융이 우량 중소기업에 과다 지원되고 있음을 밝혔다. 이렇게 정책금융 지원을 받은 중소기업은 생산성이 더욱 낮아진다(장우현 · 양용현, 2014년). 따라서 좀비기업이 정책금융에 의존하여 연명할 개연성도 존재한다. 한편, 정책금융은 정부의 보증에 의한 은행의 대출로 이루어지므로, 은행이 사전적 선별이나 사후적 관리감독을 적극적으로 해야 할 유인이 감소하는 도덕적 해이(moral hazard) 문제를 발생시킨다. 그러므로 좀비기업의 구조조정을 위해서는 중소기업을 지원하기 위한 정책금융의 범위를 축소하고 중복지원을 방지하는 등의 해결책이 필요하다.

우리나라의 구조조정 제도는 '채무자 회생 및 파산에 관한 법률'에 따른 회생절차 외에도 '기업구조조정 촉진법'에 따른 기업구조조정(워크아웃)이 있다. 이는 1997년 아시아금융위기 이후 긴급한 구조조정을 위해 도입된 제도이지만 최근 여러 한계점에 봉착하고 있다. 대표적으로 주채권은행을 중심으로 진행되는 현행 절차의 실효성이 떨어지고 있다. 기업구조조정 촉진법에 따르면 기업구조조정은 주채권은행의 대상 기업에 대한 신용평가, 부실징후 점검 이후 공동관리절차를 위한 협의회 구성 등으로 진행된다. 이렇듯 주채권은행을 중심으로 절차가 이루어지는 이유는 과거 기업의 자금조달이 은행을 통해 이루어졌으며, 기업과 은행의 관계금융이 긴밀하였기 때문이다. 하지만 자본시장의 발달로 채권 등을 통한 자금조달이 늘어나면서 주채권은행을 중심으로 한 기업구조조정 방식이 제대로 작동하지 않는 경우가 나타나고 있다.

따라서 자본시장을 통해 구조조정이 이루어질 수 있도록 제도를 정비할 필요가 있다. 예를 들어, 회생절차기업에 대한 신규지원자금(debtor-in-possession financing) 공급이 가능하도록 신규자금에 대한 우선변제권을 대폭 확대할 필요가 있다. 또한, 탄력적으로 자금을 운용할 수 있으며 신속히 투자자를 모집할 수 있는 사모집합투자기구(private equity fund)가 구조조정의 대상이 되는 기업을 인수할 수 있도록 규제를 완화할 필요가 있다.

무엇보다도 구조조정의 효율성을 증대 시키기 위한 전제조건은 정부가 부실화된 기업에 대응하는 정책적 자세의 전환이다. 지금까지 정부는 경제 및 지역 사회에 미칠 영향을 염려하여 부실의 징후가 있더라도 지원 방안을 마련하는 경우가 많았다. 물론 구조조정은 실제로 직접적으로 관련된 노동자의 삶과 지역 경제 및 관련 산업에 큰 피해를 입힐 수 있다는 점에서 정부가 무조건 시장의 논리에 맡길 수는 없다. 특히, 큰 규모의 구조조정이 필요한 경우 시장참여자가 그 위험을 온전히 부담하기 어려울 수 있다. 이 경우, 투명성과 공정성에 기초하여 정부 지원을 결정하도록 제도를 정비해야 할 것이다. 예컨대, 독립된 상설자문기구를 마련하여 구조조정이 필요한 기업이 발생하면 지원 여부를 결정하도록 할 필요가 있다. 아울러, 그 결정이 정책에 실제로 반영될 수 있도록 책임과 권한을 명시화 함으로써 정치적 논리가 아닌 법치주의에 기반한 의사결정이 이루어지도록 해야 할 것이다.

한편 운용규제 완화를 주요 내용으로 하는 자본시장법 개정으로 사모펀드는 기업구조 조정시장에서 중추적인 역할을 수행할 것으로 기대된다. 사모펀드는 대기업 및 유니콘기업에 대한 M&A, IPO 등의 딜 참여, 부실채권 시장을 통한 기업구조조정 참여 등 이전보다 적극적인 활동이 기대되기 때문이다. 특히, PEF와 PDF를 통해 자금조달 전략을 다변화하면서, 지분투자부터 대출까지 다양한 형태로 투자가 가능하며 한계기업 구조조정, 지속성장을 위한 기업구조혁신, 잠재력 있는 기업투자 등 자본시장 내에서 중추적인 역할 수행이 가능하다.

따라서, 금융회사는 이와 같은 기업구조조정 시장의 확장 국면 진입과 사모펀드의 역할 확대에 대응하여 다양한 사업기회를 포착할 필요가 있다.

구체적으로

첫째, 기업구조조정시장 확장 국면에 대응하여 금융회사는 위험관리를 강화하면서 부실채권 시장에서의 수익 기회를 모색할 필요가 있다.

둘째, 사전 및 사후 기업구조조정 과정에서 금융회사는 사모펀드와 역할 분담이 가능하며 기업금융 및 IB, PI투자, 자산관리 등 다양한 분야에서의 사업기회를 모색할 필요가 있다. 사모펀드와의 협업 통한 기업금융, IB 영업 및 가업승계와 관련한 자산관리 뿐만 아니라 사모펀드에 대한 투자 또는 운용으로 사업기회를 확대할 수 있기 때문이다. <출처 : 하나금융경영연구소>

 **용어해설**

1) **토빈의 Q** : 토빈의 q는 주식 시장에서 평가된 기업의 가치를 기업의 총실물자본의 구입가격으로 나눈 값으로 정의할 수 있다.

이런 q값에 따라 기업은 투자에 대한 의사결정을 하는데

만약 q>1 라면, 기업은 기업의 가치를 높이기 위해 투자를 더 할 것이다.

만약 q=1 라면, 기업은 최적자본량을 달성한 것이다.

만약 q<1 라면, 기업은 감소하는 자본을 대체하지 않을 것이다.

기업의 입장에서 주식시장은 자금조달 수단으로서 매우 제한된 역할을 맡고 있고, 투기적 요인에 영향을 많이 받아 단기변동성이 매우 크기 때문에 현실적 설명력이 떨어지는 것으로 나타났다.

2) **GP와 LP** : LP와 GP는 펀드 구조에서 투자자와 운용자의 역할을 구분하는 핵심 개념이다.

LP(Limited Partner)는 펀드에 자금을 출자한 투자자로, 출자액 한도 내에서만 책임을 지는 유한책임투자자이다. 주로 정부기관(**한국모태펀드, 국민연금 등**), 연기금, 금융기관, 일반 기업이 참여하며, GP(General Partner)에게 운용을 위탁하고 수수료를 지급한다.

GP는 펀드를 직접 운용하는 주체(**벤처캐피탈 등**)로, 투자 결정과 실행에 대한 무한책임을 진다. LP가 출자한 자금으로 투자대상 기업의 지분을 매입하거나 경영에 참여하며, 수익 발생 시 LP와 사전에 합의된 비율로 수익을 분배합니다. 국내에서는 정책자금(**한국모태펀드 등**)이 LP로 참여하는 비중이 높으며, GP는 민간 VC가 주로 담당합니다.

사례 신용보증기금 2024년 상반기 약술 사례

1. 최근 언론은 우리 정부가 좀비기업에 대한 유가증권시장과 코스닥 시장의 상장폐지 절차를 간소화하는 방안을 추진한다고 보도하였습니다. 사실상 회복이 불가능한 좀비기업을 빠르게 퇴출해 침체된 국내 주식시장을 활성화하려는 것으로 보입니다. 다만, 모험적 창업을 통해 사업기회를 탐색 중인 벤처 · 스타트업은 영업손실을 보이는 등 부정적 재무지표를 보유한 경우가 다수 있으며, 중소기업의 경우에도 일시적 성장성 정체기 또는 경영 위기를 경험하게 되는 경우가 있습니다. 이러한 점을 감안하여, 지원자가 생각하는 좀비(한계)기업과 정책금융을 통해 지원이 필요한 벤처 · 스타트업, 성장성 정체기, 경영 위기 기업을 각각 구분하여 정의한 후, 각각의 기업에 대한 신용보증기금의 정책적 역할을 주요업무와 연계하여 구체적으로 제시하여 주십시오. * 주요업무: 신용보증, 유동화회사보증, 투 · 융자복합금융지원, 산업기반신용보증, 신용보험, 스타트업지원, 기술평가 및 벤처평가, 경영지도, 기업데이터 서비스(BASA), 중소 · 중견기업 팩토링

가. 기업별 정의

1. 좀비기업: 3년간 영업이익으로 이자비용조차 상환하지 못할만큼 열악함에도, 정부의 금융지원을 통해 연명하고 있는, '자생력'이 없는 기업

2. 벤처, 스타트업: 창의적 아이디어와 첨단기술을 바탕으로 모험
   적 사업을 수행하지만, 자금조달에 어려움을 겪는 업력 7년차
   미만의 중소기업

3. 성장성 정체기 기업: 업력 15년차 이상이며, 종사자 수 혹은 업
   계평균대비 매출액 등이 최하위 급간에 속한 구조적으로 성장
   이 정체되어있는 기업

4. 경영 위기 기업: 가업승계, 경기순환 등 내/외부적요인으로 인해
   일시적 자금애로를 겪고 있는 기업

나. 신용보증기금의 정책적 대응방안

1. 좀비기업: M&A보증, 잡매칭

   M&A보증과 잡매칭등의 경영지도서비스를 종합제공할 수 있
   다. 기업의 자생력 회복이 더이상 어렵다고 판단될 시, 적극적인
   구조조정으로 기업재편을 돕는 것이다.

   M&A보증을 적극 지원하여 자금 회수 및 재투자를, 잡매칭등
   을 통해 재직자의 재취업, 재교육서비스를 제공하여 부실기업
   정리를 지원할 수 있을 것이다.

2. 벤처, 스타트업: 투융자복합금융지원

   투융자복합금융지원과 컨설팅서비스를 통합제공할 수 있다. 창
   업초기기업의 경우, 취약한 재무제표로 인해 자금조달이 어려
   운 경우가 많은데, 이에 금융/비금융 복합지원을 통해 기업가치
   를 제고하는 것이다.

   구체적으로는 필요자금이 크거나 자금수혈이 긴급한 경우에는
   보증연계투자상품을 제공하여 벤처기업확인까지 연계해주고,

재무구조개선이 시급한 경우에는 투자옵션부상품을 제공할 수 있다.

3. 성장성 정체기 기업: 경영지도 및 컨설팅

소규모, 낮은 성장률, 심한 과당경쟁등 시장자체의 경쟁력이 떨어진 경우, 이에 속한 정체기업을 선별하고, 업종전환프로그램을 제공할 필요가 있다.

사업전환시 필요한 역량을 제고할 수 있는 경영지도 및 컨설팅을 제공하고, 이를 자금 및 기술개발 지원등 후속지원까지 연계하는 프로세스 지원이 필요하다.

4. 경영 위기 기업: 신용보증 및 신용보험, M&A보증

내·외부적 요인으로 일시적 자금애로를 겪고 있는 기업을 대상으로, 기금의 다양한 신용보증 및 보험상품을 제공할 수 있다.

고금리 등으로 어려움을 겪는 건설업계를 대상으로는 인프라보증을, 연쇄도산 위험이 있는 제조업계에는 매출채권 보험등의 상품을 제공하여 위기에 처한 기업을 지원해야할 것이다.

이를 통해 담보력이 취약한 기업의 회생은 돕지만, 성장가능성마저 취약한 기업은 정리함으로써 한국경제 활력제고에 기여할 수 있을 것이다.

chapter 28

볼커룰과 바젤, 그리고 SIFIs – 금융기관의 안정

01 논제 개요 잡기 [핵심 요약]

서론	이슈언급	개별 금융기관에 대한 감독을 강화 금융제도의 개선을 통하여 금융시장 전체의 안정을 도모하려는 적극적인 움직임	
본론	1. 볼커룰 (Volcker Rule)	1) 볼커룰의 개념 과 목적	① 볼커룰 배경 : 은행업계에 대한 통제강화를 통해 미국 금융시장의 안정 및 건전화를 추구 ② 방향 : 은행의 대형화 억제, 자기자본거래 제한 ③ 목적 : 금융사의 고위험투자를 제한. 금융기관의 대형화에 따른 리스크 확대 방지
		2) 볼커룰의 시행	2012년 7월 미국에서 발효되었고, 2015년 7월22일 시행.
		3) 볼커룰의 내용	
		4) 볼커룰이 한국 금융시장에 미칠 영향	"한국은 국내은행의 자기자본거래 규모가 매우 작고, 은행과 증권사 영역으로 이미 나뉘어 있어 볼커룰에 대한 영향이 적을 것."
	2. 바젤Ⅲ	1) 바젤은행감독 위원회(BCBS)	

본론	2. 바젤Ⅲ	2) BIS자기자본비율	은행의 위험가중자산(부실채권 + 투자) 대비 자기자본(자본금 + 이익잉여금 + 자본잉여금) 비율
		3) 바젤Ⅰ, 바젤Ⅱ	① Basel I (1988년) ② Basel II (2004년) ③ 바젤의 방향성 　가. 대형은행의 외부충격흡수능력을 높임 　나. 자기자본의 질과 양과 투명성을 높이고 위험인식범위를 확대(자기자본의 개념을 강화) 　다. 경기대응 완충자본 신설 　라. 유동성커버리지비율(LCR), 순안정자금조달비율(NSFR), 레버리지비율 적용
		4) 바젤Ⅲ	**Basel Ⅲ의 주요내용** 가. 보통주 자본비율 : 2% → 4.5% 나. 기본사본비율(보통수 사본 포함) : 4% → 6% 다. 완충자본 : 위험가중자산의 2.5%에 해당하는 보통주 자본을 미래금융위기에 대한 완충자본으로 보유 라. 글로벌 금융회사일수록 자본금 및 대손충당금 적립요건을 강화하고 과도한 차입 억제 　– 자기자본비율 강화 : 10.5% 이상 　– 자본보전 완충자본제도 도입 : 위기기간 동안 은행이 손실을 흡수하거나 신용공급기능을 지속하면서도 최초규제비율 수준 이상으로 자본비율을 유지하기 위한 완충자본 도입(위험가중자산의 2.5%에 해당하는 보통주 자본) 　– 경기대응완충자본 강화(2024년 5월 1일 시행)
	3. G-SIFI와 D-SIFI	1) SIFI(Systemically Important Financial Institution)	– 정의: 시스템적으로 중요한 회사. 금융시장에서 대마불사(Too big to fail) 문제를 일으킬 수 있을 만큼 비중이 큰 기관
		2) G-SIFI / D-SIFI	① G-SIFI(Globally Systemically Important Financial Institution) ② D-SIFI(Domestic Systemically Financial Institution)

| 결론 | 의견제시 | **<긍정적인 면>**
① 은행들의 위험자산투자로의 억제를 도모
② 개별금융기관의 완충작용 능력 향상
③ 자금중개기능을 원활하게 할 수 있도록 하는 장치들
④ 금융기관의 경기순응성 문제 완화

<부정적인 면>
① 금융기관의 투자위축.
② 유가 등 변동성 확대
③ 오히려자금중개기능 약화(중소기업 자금지원의 소홀)
④ 규제에 따른 금융기간 수익성 하락 |

02   논제 풀이

서론

이슈 언급   2008년 글로벌 금융위기 이후로 전세계의 금융당국은 금융기관의 무분별한 투자로 인한 부실과 유동성위기가 금융시장 전체의 위험으로 파급됨을 인식하였다. 이에 개별 금융기관에 대한 감독을 강화하는 한편, 금융제도의 개선을 통하여 금융시장 전체의 안정을 도모하려는 적극적인 움직임이 이루어지고 있다. 금융기관들의 자기자본 확충을 유도하는 바젤Ⅲ, 적립된 자기자본의 무분별한 투자를 막는 볼커룰 등이 그것이다. 이에 이러한 제도의 배경과 내용에 대하여 알아보고 그 방향성에 대하여 논하기로 한다.

본론

| 1. 볼커룰
(Volcker Rule) | 1) 볼커룰의 개념 과 목적 | ① 볼커룰 배경 : 2008년 리먼 브라더스 부도 사태, AIG 부도회생 사태를 계기로, FRB 의장이자 오바마 정부의 백악관 경제회복자문위원회(ERAB) 의장인 폴 볼커(Paul Volker)가 은행업계에 대한 통제강화를 통해 미국 금융시장의 안정 및 건전화를 추구하기 위하여 내놓은 규제 방안이다. 2010년 7월 도드 - 플랭크 법안에 포함되어 미국 상원을 통과한다.
② 방향 : 상업은행과 투자은행의 업무 분리(대형화 억제), 은행을 포함한 예금취급기관의 투자 행위를 제한(자기자본거래 제한, 헤지펀드/사모펀드 보유 금지)한다.
③ 목적 : 금융위기를 초래한 금융사의 고위험투자를 제한한다. 금융기관의 대형화에 따른 리스크 확대 방지, 은행업계에 대한 통제를 강화한다. |

<table>
<tr><td rowspan="3">1. 볼커룰
(Volcker
Rule)</td><td>2) 볼커룰의
시행</td><td>

① 2012년 JP 모건의 채권 파생금융거래 62억 달러(약 6조 9천억 원) 손실 사건을 계기로 볼커룰의 도입여론이 확산됐다. 2012년 7월 미국에서 발효되었고, 2015년 7월 22일 시행되었다. 파생상품 거래와 헤지펀드 관련 비즈니스 등 트레이딩 비중이 큰, 미국 대형 투자은행 골드만삭스, JP 모건, 모건스탠리 등의 매출이 25% 가량 급감할 것으로 예상된다. 미국 5대 투자은행은 이미 자기매매업무에서 철수했다. 또한, 2011년부터 2014년 동안 채권 세일즈 및 트레이딩 인력을 약 18% 줄인 것으로 나타난다. 반면 규제로 인해 컴플라이언스와 법조인력 시장은 호황을 누리고 있다.

② 이에 이들은 최근 볼커룰의 사각지대인 부동산 담보 대출을 확대하는 움직임을 보이고 있으나 미국 은행들부터 역차별이라며 반발하는 등 논란의 소지는 남아있다. 은행들이 투자를 줄이면 수익률이 높은 채권에 대한 수요가 줄고 채권값이 떨어지면 그 손실을 결국 고객들이 떠안을 것이다.

③ 미국 투자은행들이 인력 감축과 헤지펀드 증가(퇴지지원 몰림), 법조인력 시장 호황 등 풍선효과가 나타나고 있다.

</td></tr>
<tr><td>3) 볼커룰의
내용</td><td>

① 자기자본거래 금지 : 프랍트레이딩(Proprietary trading) 금지

② 사모펀드, 헤지펀드에 대한 은행의 투자비율 제한(자본금 3%내에서 투자가능)

③ 준법 감시체제 운영/관리/보고 : 금융서비스감시위원회(FSOC)신설 등

④ 미국에 지점이 있는 세계의 모든 금융회사에 동일하게 적용 : 한국에도 영향(금융기관 뿐만이 아니라 한국전력, 대우조선해양 등 금융회사가 25% 이상 지분을 가진 계열사들도 모두 볼커룰 적용 대상) → 일각에서는 미국이 제정한 규정을 다른 나라에 일률적으로 적용하는 것은 문제라는 지적이다.

⑤ 볼커룰을 위반할 경우 해외에서 발행한 채권이나 대출을 조기에 상환해야 하는 등 처벌이 엄하다.

</td></tr>
<tr><td>4) 볼커룰이
한국 금융
시장에
미칠 영향</td><td>

"한국은 국내은행의 자기자본거래 규모가 매우 작고, 은행과 증권사 영역으로 이미 나뉘어 있어 볼커룰에 대한 영향이 적을 것."

① 긍정적인 효과 : 국내은행의 위험자산 투자 억제

② 부정적인 영향 : 은행의 자산운용제약, 규제 강화로 인한 투자위축, 규제준수 비용 발생, 채권금리 상승

　→ 금융시장의 장기적인 발전에 걸림돌.

</td></tr>
</table>

2. 바젤Ⅲ	1) 바젤은행 감독위원회 (BCBS)	1974년 은행 감독에 관한 국가 간 협력증진을 목적으로 설립된 국제결제은행(BIS)산하 위원회로 각국의 중앙은행과 은행감독당국의 고위급 실무진으로 구성됐다. → 기능 : 은행감독과 관련한 국제표준 제정(BIS 자기자본비율), 각국 감독당국 간 협력 및 정보교환 등
	2) BIS 자기자본 비율	은행의 위험가중자산(부실채권 + 투자) 대비 자기자본(자본금 + 이익잉여금 + 자본잉여금)비율로, 금융기관의 재무 건전성 판단 지표로 활용된다. 각 은행이 국제 금융시장에서 영업을 하기 위해선 바젤Ⅰ 도입 당시엔 8% 이상의 자기자본비율을 유지해야 한다. → 각국 중앙은행의 최종대부자 기능이 사후적 기능이라면, BIS 기준은 사전적 기능이다.
	3) 바젤Ⅰ, 바젤Ⅱ	① Basel Ⅰ (1988년) 1980년 이후 금융자유화 및 국제화, 파생상품거래 확대에 따른 리스크 증가로 인해 기존의 신용리스크만을 반영한 BIS 협약으로 은행들이 8% 이상 자기자본비율을 유지토록 한 게 골자이다. ② Basel Ⅱ (2004년) 가. 바젤Ⅰ에 시장리스크를 추가한 신 BIS 협약이다. 나. 신 BIS 협약은 기존 Basel Ⅰ이 신용도가 다른 기업에 대해 획일적으로 위험가중치를 적용하는 등의 문제 점을 개선하기 위한 것이다. 다. 운영리스크를 산출해 위험가중자산에 포함시키도록 하는 등 규제가 한층 더 보완됐다. 라. 위험가중자산 대비 보통주 자본의 비율인 TCE(Tangible Common Equity) 비율도 2%이상 유지하도록 했다. ③ 바젤의 방향성 가. 대형은행의 외부충격흡수능력을 높인다. 나. 자기자본의 질과 양과 투명성을 높이고 위험인식범위를 확대한다(자기자본의 개념을 강화). 다. 경기대응 완충자본 신설 라. 유동성커버리지비율(LCR), 순안정자금조달비율(NSFR), 레버리지비율 적용 　A. 유동성커버리지비율(LCR) : 강한 스트레스 상황에서 외화유동성 상황을 측정하기 위한 지표다. 산출방식은 고유동성 외화자산을 1개월 내 외화 순현금유출로 나눈 값 → 위기 시에도 거래가 가능한 고유동성자산을 확보하고 있기 때문에 외채차환 위험에 대한 은행의 대응력이 높아진다.

B. 순안정자금조달비율(NSFR) : NSFR은 중장기 유동성을 관리하는 지표다. 영업에 필요한 안정적인 자금원을 확보해 자금 조달 위험을 줄이자는 취지로 2018년 국내에 처음 도입됐다. 안정자금 가용 금액을 안정 자금 조달 필요 금액으로 나눠 계산하며, 금융 당국은 은행들로 하여금 이 비율을 100% 이상으로 유지하도록 하고 있다. NSFR 관리는 크게 두 갈래로 나뉜다. 우선 자금 운용 차원에서 유동성이 높은 자산 보유를 늘리는 방안이다. NSFR 규제 충족을 위해서는 고(高) 유동성 자산 보유를 늘리거나, 상대적으로 자금 회수가 용이한 단기대출이 장기대출보다 유리하다. 다른 해법은 중장기적인 자금 조달을 증대하는 방안이다. 이는 곧 예금의 확대를 뜻하고, 은행이 이를 위해 쓸 수 있는 카드는 예금 금리 인상이다. 은행 입장에서 보면 예대마진율이 저하될 수 있다는 의미다. 즉, NSFR 개선 과정이 은행 수익성에는 안 좋은 영향을 끼칠 수 있다.

C. 레버리지 비율 : 자본을 총자산으로 나눈 비율이다. 기본자본비율 3% 이상 유지한다.

2. 바젤 Ⅲ

① 2008년 미국발 금융위기로 은행의 과도한 부채(레버리지)가 자기자본의 질 악화. 유동성위기에 대한 취약성 등이 부각됨에 따라 제정된 협약

② Basel Ⅲ 는 바젤 Ⅱ 의 자본적정성 규제를 크게 강화하는 한편 유동성 비율 규제도 별도로 도입.

③ Basel Ⅲ 의 주요내용

가. 보통주 자본비율 : 2% => 4.5%

나. 기본자본비율(보통주 자본 포함) : 4% => 6%

다. 완충자본: 위험가중자산의 2.5%에 해당하는 보통주 자본을 미래 금융위기에 대한 완충자본으로 보유. 완충자본은 기본 완충자본과 경기 대응완충자본으로 구분함.

라. 글로벌 금융회사일수록 자본금 및 대손충당금 적립요건을 강화하고 과도한 차입 억제

- 자기자본비율 강화: 10.5% 이상

- 자본보전 완충자본제도 도입: 위기기간 동안 은행이 손실을 흡수하거나 신용공급기능을 지속하면서도 최초규제비율 수준 이상으로 자본비율을 유지하기 위한 완충자본 도입(위험가중자산의 2.5%에 해당하는 보통주 자본)

- 은행의 위기능력 제고. 스트레스 테스트

2. 바젤Ⅲ	4) 바젤Ⅲ	마. 바젤Ⅱ 신용리스크 표준방법(Standardised Approach)의 위험가중치를 자산별 위험수준에 따라 세분화하여 리스크 민감도를 제고하였다. 예를 들어, 은행 및 기업 익스포저의 경우 리스크 범주를 이전보다 세분화하여 고위험자산에 대해 바젤Ⅱ보다 높은 위험가중치를 적용하도록 하였다. 부동산담보 익스포저는 LTV 비율에 따라 위험가중치를 차등 적용(20~70%)하는 것으로 변경하였다. 또한 은행의 차주에 대한 실사(due diligence)를 의무화하여 외부신용등급에 대한 과도한 의존도를 낮추었다. 표준방법으로 산출된 위험가중자산에 대한 공시의무도 추가되었다.

마. 바젤Ⅱ 신용리스크 표준방법(Standardised Approach)의 위험가중치를 자산별 위험수준에 따라 세분화하여 리스크 민감도를 제고하였다. 예를 들어, 은행 및 기업 익스포저의 경우 리스크 범주를 이전보다 세분화하여 고위험자산에 대해 바젤Ⅱ보다 높은 위험가중치를 적용하도록 하였다. 부동산담보 익스포저는 LTV 비율에 따라 위험가중치를 차등 적용(20~70%)하는 것으로 변경하였다. 또한 은행의 차주에 대한 실사(due diligence)를 의무화하여 외부신용등급에 대한 과도한 의존도를 낮추었다. 표준방법으로 산출된 위험가중자산에 대한 공시의무도 추가되었다.

바. 시장리스크 규제체계 : 시장리스크가 적용되는 금융상품의 분류기준을 명확히 하여 은행의 규제차익 가능성을 축소하고 내부모형에 대한 검증절차를 강화하였다. 또한 표준방법의 리스크 민감도를 개선하고 금융상품의 부도리스크 등을 반영하였다.

사. 기존 운영리스크(내부직원 행위, 상품 하자, 시스템 장애, 기타 외부 요인 등에 의해 발생하는 운영상의 모든 측정 가능한 손실과 관련된 위험) 표준방법을 새로운 표준방법으로 대체하고 내부모형의 사용을 금지하였다. 새로운 표준방법은 운영리스크 관리 유인을 강화하기 위해 기존의 영업규모 측정치(business indicator component)외에 손실사건 누적규모(loss component)를 반영하여 위험가중자산을 산출토록 하였다.

아. 레버리지비율 규제체계 : 총 익스포저(분모) 항목의 산출방식을 일부 수정한 가운데, 글로벌 시스템적으로 중요한 은행(G-SIB,Global Systemically Important Bank)에 대해서는 G-SIB 추가 자본의 50%를 레버리지비율 추가 자본(기본자본)으로 부과하도록 하였다. G-SIB은 시스템적 중요도 구간에 따라 차등적으로 1.0~3.5%의 추가 자본규제(보통주자본)가 적용되므로, 예를 들어 현재 2%의 추가 자본규제를 적용 받고 있는 G-SIB의 경우 추가 자본의 50%인 1%의 추가 레버리지비율이 적용되어 레버리지비율은 총 4%이상(기본 레버리지비율 3% + 추가 1%)으로 유지해야 한다.

자. 자본하한 : 내부모형 사용으로 발생하는 위험가중자산의 과소산출 유인을 억제하고 국가 및 은행간 산출 편차를 해소하기 위해 자본하한(output floor)을 강화하였다. 내부모형법을 적용하여 산출된 위험가중자산 규모가 표준방법으로 산출된 위험가중자산의 72.5% 이상이 되도록 하되 이를 2023년부터 2028년까지 단계적으로 시행하도록 경과규정을 두었다.

차. 우리나라는 2020년 6월말부터 바젤Ⅲ 최종안 중 신용리스크 산
출체계를 조기 시행한 데 이어 자본하한은 2022년 11월, 운영 및
시장 리스크 산출체계·신용가치조정 리스크 규제체계는 2023년
1월, 거액 익스포저 규제는 2024년 2월부터 도입·시행 중이다.

[바젤Ⅲ 규제체계 개요]

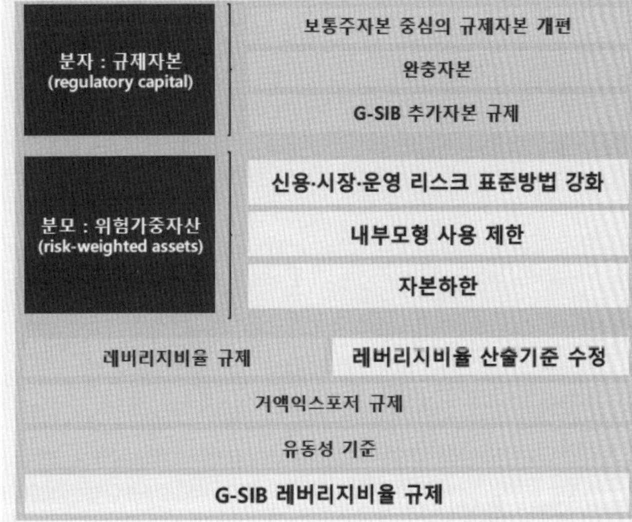

<출처: 한국은행금융안정보고서>

④ 경기대응완충자본 강화(국내)

　　가. 2024년 5월 1일을 기점으로 은행과 은행지주회사는 기존보다 1%
　　　　더 많은 자본을 적립해야 한다. 손실흡수능력을 높여 코로나19 대
　　　　응 과정에서 급증한 여신의 부실화 가능성에 대비하기 위함이다.

　　나. 경기대응완충자본(CCyB) 적립 수준을 1%로 상향했으며 은행별
　　　　리스크관리 수준과 스트레스테스트 결과 등을 반영해 차등적으로
　　　　추가자본 적립의무를 부여하기로 했다.

　　다. 경기대응완충자본은 신용공급에 따른 경기변동이 금융시스템과
　　　　실물경제에 미치는 영향 등을 고려해 마련된 제도다. 은행권에 위
　　　　험가중자산의 0 ~ 2.5% 범위에서 자본 적립 의무를 추가로 부과
　　　　하는 것을 골자로 한다.

　　라. 당국은 2016년 이 제도를 도입한 이래 0%의 적립 수준을 유지
　　　　했다. 그러나 이번 주문에 따라 은행과 은행지주는 자본을 더 쌓
　　　　게 됐다.

　　마. 이번 결정엔 국내은행의 건전성 등을 두루 반영했다는 게 당국의
　　　　설명이다. 기준금리 인상 등에 따른 가계신용 증가세가 둔화됐음
　　　　에도 기업 신용은 늘면서 높은 수준의 적립 신호가 발생했다는 진
　　　　단에서다.

왼쪽: **2. 바젤Ⅲ**　　**4) 바젤Ⅲ**

2. 바젤Ⅲ	4) 바젤Ⅲ	**Cf. BaselⅢ가 규정한 자본종류** 1) 보통주자본 : 은행을 청산할 때를 제외하고는 상환되지 않는 자본으로서 자본금, 이익잉여금 등 2) 기본자본 : 보통주 자본에, 사전에 정한 요건에 따라 보통주로 전환하는 조건부 자본 성격의 신종자본증권 등을 더한 개념(예. 영구채, 코코본드 등) 3) 총자본: 기본자본에 후순위 채권 등 보완자본까지 더한 개념
3. G-SIFI와 D-SIFI	1) SIFI(Systemically Important Financial Institution)	– 정의 : 시스템적으로 중요한 회사를 뜻한다. 금융시장에서 대마불사(Too big to fail) 문제를 일으킬 수 있을 만큼 비중이 큰 기관을 말한다. → G20 산하 금융안정위원회(FSB)와 BIS 산하 바젤위원회는 자산과 거래규모, 위기 시 시장에 미치는 연관효과 등을 고려해 2011년 글로벌 SIFI(G-SIFIs) 29개 대형은행과 국가별 SIFI 기준을 만들었다. 이들에 대해서는 일반 금융사보다 높은 감독과 자본 건전성 등이 부과된다.
	2) G-SIFI / D-SIFI	① G-SIFI (Globally Systemically Important Financial Institution) 　가. 선정기준 : 글로벌 활동성, 규모, 상호연계성, 복잡성, 낮은 대체가능성 　나. 바젤 은행 감독위원회 조치 : G-SIFIs로 선정된 29개 금융기관에 대하여 4개 그룹으로 분류해서 1.0 ~ 3.5 %의 추가자본 적립의무를 부과하기로 한다. 　다. 해당 금융기관 　　– 미국 : 뱅크오브아메리카(BoA), 씨티그룹, 골드만삭스 등 8개 　　– 유럽 : HSBC, BNP 파리바, UBS 등 8개 　　– 아시아 : 일본의 미쓰비시UFG, 미즈호, 스미토모 미쓰이, 중국의 중국은행(BoC) ② D-SIFI(Domestic Systemically Financial Institution) 　: 대형은행 부실이 금융시스템전체에 충격을 주는 것을 막는 차원에서 도입하는 제도이다. 　가. 선정되면 자본금과 이익잉여금을 포함한 보통주 자본만으로 추가자본을 쌓아야 한다. 　나. 2025년 6월 금융위원회 선정 : 하나금융지주, 신한금융지주, KB금융지주, NH농협금융지주, 우리은행이 시스템상 중요 지주 · 은행으로 선정됐다(매년 선정). 이들 금융사는 2016년부터 4년간 총 1%의 추가 자본을 단계적으로 적립해야 한다(산업은행과 기업은행은 정부가 지분을 보유하는 공공기관으로서 법상 정부 손실보전 조항이 있다는 점을 감안해 중요 은행으로 선정하지 않음).

이상으로 개별금융기관의 관리감독을 통하여 금융시장의 안정을 도모하려는 글로벌적인 규제와 규칙들에 대하여 알아보았다.

주요국이 진행 중인 바젤Ⅲ 도입 작업이 마무리되면 은행부문의 복원력 강화를 통해 글로벌 금융시스템의 안정성이 제고될 것으로 기대된다. 국가·은행간 규제자본비율의 산출편차도 축소되어 글로벌 은행간 복원력 및 리스크 현황 비교가 용이해질 것이다.

일부에서는 은행의 규제자본 부담 증가, 영업행태 변화 등으로 발생할 수 있는 부작용에 대해 우려를 제기하고 있다. 그러나 2008년 글로벌 금융위기뿐 아니라 2023년 은행 위기 등의 경험에 비추어 볼때 바젤Ⅲ의 완전하고 일관된 이행이 은행산업의 위기대응력 제고에 더욱 긴요한 것으로 판단된다. 우리나라는 바젤Ⅲ 최종안을 당초 합의된 일정에 따라 신속하게 이행함으로써 국내 은행부문의 복원력과 함께 은행감독체계의 대외 신인도를 높인 것으로 평가된다.

다만, 글로벌 은행시스템 내 영향력이 큰 주요국의 바젤Ⅲ 규제도입에 따른 파급효과(일부 시장 참가자는 글로벌 대형은행의 영업모델 변화에 따른 신흥국에 대한 신용 위축, 비은행금융기관의 역할 확대, 국가간 경쟁 여건 변화 가능성 등에 주목하고 있다)에 대해서는 면밀한 모니터링이 필요할 것으로 보인다. 또한 2023년 은행 위기사례에서 본 바와 같이 과거와 다른 새로운 유형의 리스크(비부보예금 및 특정 유형의 예금자 집중도 증가, 보유채권의 미실현 평가손실 확대, 기존 유동성 감독체계로 대응하기 어려운 유동성 불일치 심화 등이 그 예이다)발생 가능성에 대한 감독 측면의 대응 노력도 지속해야 할 것이다.

<긍정적인 면>

① 이러한 금융기관 안정 정책들은 은행들의 위험자산투자로의 억제를 도모한다.
② 충실한 자본금의 확충을 통하여 금융쇼크의 사태에서도 개별금융기관의 완충작용 능력을 향상시킨다.
③ 위기의 사태에도 본래의 기능인 자금중개기능을 원활하게 할 수 있도록 하는 장치들이다.
④ 금융기관의 경기순응성 문제를 완화한다(활황기에 대출자제, 침체기에 대출기능 가능).

<부정적인 면>

① 볼커룰의 경우, 금융기관의 투자위축. 주요 은행들은 채권, 외환, 원자재 트레이딩 등에 있어 전보다 강화된 자본 확충 요구에 직면한다. 이로 인해 투자은행들의 시장변동 완충역할이 사라지고, 시장 유동성이 줄어들면서 가격 출렁임도 커지고 있다는 지적이 꾸준히 제기되고 있다. 채권, 외환, 원자재 등의 자산군에 투자한 투자자들은 시장의 유동성이 경색될 것이라는 우려에 자금을 빼고 있는 상황이다. 특히 중국이 이러한 유동성 위축의 피해자이다(개리 콘 – 골드만삭스 대표).
② 볼커룰의 경우, 원유 선물시장 떠받치던 투자은행의 존재감도 희석됨 → 유가 등 원자재 시장 변동성 확대
③ 바젤룰의 경우, 자본금적립 부담 및 위험가중자산의 증가를 회피하려는 성향에 따른 자금중개기능 약화(중소기업 자금지원의 소홀)
④ 바젤룰의 경우, 규제에 따른 금융기간 수익성 하락

 용어해설

1) **자기자본거래(= 프랍트레이딩, 자기계정거래)** : 고수익을 올리기 위하여 자산의 자산이나 차입금으로 채권, 주식, 파생상품등에 투자하는 행위이다. 투자은행 등이 직접 트레이더를 고용해 회사자금으로 매매를 시키고 수익이 날 경우 회사와 트레이더가 일정부분의 %로 나눠가진다.

2) **헤지펀드** : 소수 공모펀드와 달리 고액의 자금을 모아 높은 위험을 감수하고 공격적으로 투자하여 고수익을 추구하는 사모펀드. 투자방식의 특성상 레버리지가 높다(자금을 차입하여 파생상품에 투자). 헤지펀드는 국제 금융시장을 교란시키는 요인으로 지적되고 있다.

3) **최종대부자 기능** : 금융위기가 예상되거나 발생한 경우 금융위기를 예방하고 그 확산을 방지하기 위해 중앙은행이 발권력을 동원하여 금융시장에 일시적으로 유동성(자금)을 공급하는 기능으로 중앙은행의 중요한 고유기능 중 하나이다. 한편에서는 중앙은행이 위기 시마다 금융기관들을 도와줄 경우 금융기관들이 고수익, 고위험자산을 더욱 선호함으로써 불건전한 경영전략을 택하는 도덕적 해이의 문제가 발생할 수 있다는 비판이 있다.

4) **영구채(condol bond, Perpetuall bond)** : 원금을 상환하지 않고 일정 이자만을 영구히 지급하는 채권을 말한다. 주로 국가기관이나 대형 사업체에서 초대형 프로젝트를 위해 장기적인 자금조달이 필요할 경우에 발행한다. 일정 률의 이자지급은 있으나 상환기간이 없고 발행회사의 해산이나 중요한 채무불이행 등의 특수한 경우 이외에는 상환하지 않으므로 불상환사채라고 한다. 영구채는 주식처럼 정해진 만기가 없이 이자만 지급하는 채권으로 국제회계기준(IFRS)에서는 자본으로 분류한다.

5) **코코본드(CoCo bond , contingent convertible bond)** : 유사시 투자 원금이 주식으로 강제 전환되거나 상각된다는 조건이 붙은 회사채를 말한다. 코코본드에는 역(逆)전환사채, 의무전환사채(강제전환사채) 등이 있다. 2009년 영국의 로이즈 뱅킹그룹이 처음 발행한 뒤로 유럽을 중심으로 활발하게 퍼짐. 일반 전환사채(CB)의 경우 전환권이 채권자에게 있지만 역전환사채는 채권자가 아닌 사유 발생에 있다고 해서 붙여진 이름이다. 투자자발행사가 부실 금융회사로 지정될 경우 투자 원리금 전액이 상각돼 투자자가 손실을 볼 수 있다. 대신 일반 회사채보다 높은 금리를 지급한다. 즉, 투자자 입장에서는 1)이자지급의 불확실성, 2)원금회수의 불확실성, 3)원금상각 및 주식전환의 위험을 안게 된다

주제 1

글로벌 금융규제 방향과 우리의 대응방안에 대하여 논하라.

답안

I. 서론

II. 본론

1) 글로벌 금융규제 확산의 배경 : 미국발 금융위기 → 글로벌 경제위기(MBS, CDO, CDS - 그림자 금융과 거대금융기관의 탐욕)

2) 글로벌 금융규제의 움직임

  (1) 볼커룰 : ㄱ. CB, IB 분리 ㄴ. 자기자본거래제한 ㄷ. 헤지펀드, 사모펀드 자본금 3%이내 투자 ㄹ. 준법감시체제 운영

  (2) 바젤3 : 위험가중자산 대비 자기자본비율(BIS 자기자본비율) 10.5%

    Tier1 보통주자본금 4.5%, 기본자본금 1.5%

    Tier2 보완자본금 2%

    완충자본금 2.5%(SIFI 1% ~ 2.5% 추가자본금 요구, 더 높은 감독)

3) 한국 : 바젤 3관련 규제 강화(2016년부터)

  (1) D-SIB 선정

  (2) 필라2, 3 도입

    ㄱ. 필라2: 개별 금융기관 사정에 따른 맞춤형 감독

    ㄴ. 필라3: 개별공시([원래] 경영상태 → [추가] 신용리스크, 신용위험관리, 자산유동화 포함)

  (3) 영향 : 규제 준수 비용 상승, GDP 단기적 감소, but 장기적으로는 금융안정 → 금융발전의 초석

III. 결론

1) 정부

  (1) 환율전쟁 및 화폐전쟁에 대비하여 금융산업의 경쟁력 강화

  (2) But 소비자 후생 최우선으로 하는 조심스러운 접근 필요**(금융혁신이 정보비대칭 심화시키지 않는 방향으로)**

| 좋습니다

> (3) 시장 활성화와 금융안정 추구 사이의 균형 유지 필요(생태계 조성하되,
> 주도적인 역할X, 금융시장의 기능이 보다 원활하게 돌아가도록)
> 2) 금융감독원, 금융기관
> (1) 자금중개기능의 본질을 해치지 않는 선에서 금융 산업 발전시킬 것
> (2) 규제 강화적 세계 흐름에 부합하여 위험관리 수준을 더 높일 것

📈 서론

새로운 두 축인 | 본격적으로 |

금융감독원은 IMF의 권고를 받아들여 올 8월, 바젤3 협약의 **구성요소인** 필라2, 3의 국내도입을 결정했다. 이로 인해 2008년도 이후 글로벌 금융 안정을 위한 규제 강화 흐름에 한국도 합류하게 되었다. 본고는 글로벌 금융규제 강화 흐름의 배경, 내용, 이러한 흐름이 한국의 금융감독 및 금융시장 전반에 어떠한 영향을 주고 있는지, 그리고 이에 대한 정부, 금융감독원 및 개별 금융기관의 대책에 대하여 논하고자 한다.

📈 본론

1) 글로벌 금융규제 강화 흐름의 배경 : 미국發 금융위기

충격이 |

2008년도 '서브프라임 모기지' 유동화 증권의 부실에 의해 '베어스턴스'. '리먼브라더스' 등 미국 유수 투자은행과 보험사인 AIG가 큰 타격을 입었다. 또한 이들의 유동화 증권에 투자했던 전세계의 금융기관과 미국 경제에 이러한 **여파가** 전이되면서 글로벌 금융위기가 발생했다. 미국은 대대적인 구제금융과 함께 경제 부양을 위해 막대한 양의 '양적완화'를 통해 위기에 대응했으나, 전세계 경제는 몇 년간 고통을 겪어야 했다.

2) 글로벌 금융규제 강화 흐름의 내용

이에 따라 각국 정부는 금융기관의 도덕적 해이와 탐욕에 대한 규

제 필요성을 자각했고, 문제 근원지였던 미국에서는 이러한 사고가 다시 발생하지 않도록 '**볼커룰**'이 제정되었다. '볼커룰'의 핵심내용은 상업은행과 투자은행의 분리, 은행의 자기자본거래 금지, 사모펀드 및 헤지펀드에 대한 투자를 자본금 3% 내로 제한, 금융기관 내 준법감시체제의 운영이다. 또한 바젤은행감독위원회에서는 바젤기준을 개정하여 은행에 요구되는 위험가중평균자산 대비 자기자본 비율(BIS 비율)을 10.5%까지 높였다. 비율의 질적 개선을 위해 보통주 자본금 및 기본 자본금의 비율이 높아지고 양적 개선을 위해 완충 자본금이 새로 도입되었다.

3) 한국에 미친 영향

우리나라는 첫째, 이러한 흐름에 발 맞추어 올 8월 IMF 권고를 받아들이기로 결정했다. 민관협동 프로젝트를 실시한 결과 금융감독원은 2016년부터 바젤3의 필라2, 3을 본격적으로 시행한다. 본래 우리나라는 지주회사 및 은행에 대한 일률적인 규제인 필라1 규제와 완화된 필라3만 적용되고 있었다. 하지만 이번 개정을 통해 개별 금융기관별 맞춤 감독 및 규제인 필라2, 경영상태 공시에 더하여 신용리스크, 신용위험관리, 자산 유동화에 대한 공시를 의무화한 필라3가 추가되어 글로벌 기준에 좀 더 부합하는 금융감독 체제를 갖추게 되었다. 이러한 규제 강화가 단기적으로는 GDP 감소에 영향을 줄 수 있지만 장기적으로는 금융안정을 높이고 금융시장의 발전의 토대가 될 것이다. 둘째, 2013년 자본시장법 개정을 통해 설립된 중앙청산소는 장외파생상품 거래의 투명성을 높여 주고 있다. 셋째, 2015년 하반기 D-SIB 선정을 통해 시스템리스크에 영향을 미칠 수 있는 거대금융기관에 대한 추가적 규제가 이루어질 것이다.

📈 결론

1) 정부 대책

지금까지 글로벌 금융 규제 강화의 배경, 내용, 한국에 대한 영향을 살펴보았다. 우리나라는 외환위기 전까지 '관치금융'이라는 오명을 쓸 정도로 정치권의 금융기관 개입이 빈번했다. 현재에도 금융감독원은 비합리적인 규제를 철폐하기 위한 **혁신작업을 진행 중이다.** 따라서 한편으로는 글로벌 금융규제 강화 흐름에 부합하는 작업들을 진행함과 동시에 다른 쪽으로는 금융 규제 합리화를 실행 중이다. 따라서 정부는 '금융안정'과 '금융산업의 발전'에 대해 균형감각을 가질 필요가 있다. 경상수지가 아무리 흑자라도 자본수지의 관리를 제대로 할 수 없다면 국가 경제의 변동성이 심화될 수 있으므로 점점 치열해지는 국가간 환율전쟁 및 화폐전쟁에 대비하여 금융 산업의 경쟁력을 키워야 한다. 다만, **새로운 금융상품들이 정보 비대칭을 심화시켜 피해 당하는 소비자가 없도록 상시 모니터링하고 소비자 후생 증가를 최우선 과제로 삼아야 한다.** 또한 파생상품 등 그림자 금융 산업에 대해서도 중립적인 시각을 갖되, 자금 중개 기능이라는 금융의 본질을 해치지 않는 한에서 이루어지도록 감독해야 한다.

2) 금융감독원 및 개별 금융기관

금융감독원 및 개별 금융기관은 첫째, 시스템 리스크를 인식하고 리스크 관리에 더욱 만전을 기해야 한다. 미국의 금리인상, 중국 증시폭락 등 대외 변수들의 변동성이 심화되고 있으므로 환리스크, 신용리스크 등을 관리하여 개별 금융기관의 위험이 시스템적으로 전이되지 않도록 금융안정에 더욱 관심을 기울여야 한다. 특히 개별 금

융기관들은 이러한 규제 준수가 단지 비용의 증가만이 아닌 미래 수익 창출의 밑바탕이 된다는 사실을 기억할 필요가 있다. 둘째, 현재 국제 금융 시장에서 벌어지고 있는 환율전쟁 및 화폐전쟁에 대비하여 금융산업의 경쟁력을 높여야 한다. 경상수지 흑자로 벌어들인 외화를 효과적이고 탄력적으로 운용하여 대외 변수의 변화에 대비하여야 한다.

'파도를 막을 수는 없지만 파도를 타는 법을 배울 수는 있다.'는 말이 있다. 미국, 중국, 일본 등 글로벌 경제 상황과 글로벌 금융규제 강화의 움직임은 우리나라 경제에 크고 작은 영향을 미치겠지만, 정부와 금융감독원 및 개별 금융기관들이 위에 논술하대로 서제적, 전략적으로 대응한다면 위기를 기회로, 기회를 더 큰 기회로 만들 수 있을 것이다.

은행들이 자본금 확충에 절치
부심하고 있다.

주제 2

자본 확충 정착에 대해 논하라.

답안

서론

바젤 위원회에서 새롭게 내놓은 권고안인 바젤3의 실행에 대해 은
행들의 관심이 집중되고 있다. 따라서 바젤3가 무엇이며 은행에 미
치는 긍정적인 영향과 부적정인 영향에 대하여 논하여 보고자 한다.

본론

1. 용어의 정리

1-1. 바젤위원회

바젤위원회란 국제 결제은행의 산하 기관으로서 주요 선진국
의 중앙은행 및 은행감독 당국의 대표들로 구성된 위원회이며
매년 3월 마다 국제 결제은행에서 회의를 가진다.

1-2. 자기자본

자기자본에는 보통주 자본금, 기본 자본금, 보관자본금이 있
다. 보통주 자본금은 자기자본의 성격이고 보관자본금은 부채
의 성격이 강하다. 기본 자본금은 그 중간성격이다. 보통주 자
본금은 은행의 납입 자본금과 이익잉여금으로 구성되어 있고,
기본자본금은 신종자본증권으로 구성되어 있다. 보관자본금
은 후순위 채권으로 구성되어있다.

1-3. BIS 자기자본비율

BIS자기자본 비율이란 자기자본에서 위험가중자산을 나눈 값이다. 위험 가중자산은 위험 정도에 따라 다른데 예를 들면 정부채권과 예금 담보대출은 0%, 기업대출은 100%처럼 위험에 따라 가중하여 계산한다.

차주별, 담보별, 대출과목별

2. 바젤3란?

바젤 위원회에서는 그동안 바젤1, 바젤2 의 권고안을 내렸고 바젤1은 BIS자기자본비율을 8%이상 만든다면, 그 은행을 **건전한 은행이라고 보았다.**

건전한 은행이라고 정의하였다.

바젤 2는 바젤1에 시장리스크를 추가한 협약으로 바젤 1이 신용도가 다른 기업에 대해 획일적으로 위험가중치를 적용하는 등의 문제점을 개선하기 위해 등장하게 되었다.

바젤 1,2의 실행하며 은행들이 자기자본을 보완자본금으로 자기자본을 계산해왔다.

다소 의미가 불명확합니다. 조금 더 구체적으로 설명해 주시길

하지만 보관 자본금은 부채의 성격이 강하기 때문에 바젤 위원회에서는 **자기자본의 질을 개선시키기 위해 바젤 3 규제안을 내놓게 되었다.**

사실 바젤2부터 이미 자기자본의 질을 개선시키기 위하여 자기자본을 분류하였고 바젤3에서는 좀 더 강화시켰습니다.

바젤3의 새로운 첫 번째 규제안은 8% 이상의 BIS 자기자본 비율을 세분화 시킨 것이다. 4.5% 이상은 보통주 자본금으로 계산하고 그 4.5%에 추가적인 1.5%는 보통주 자본금과 기본자금으로, 그것에 추가적인 2%이상은 나머지 보통주 자본금, 기본자본금, 보관자본금을 더하여 계산하도록 구체화 시켜 자기자본금의 질을 개선시켰다.

두 번째 규제안은 완충 자본금이라는 항목을 신설한 것이다. 경기

에 위기가 생기면 완충 시킬 수 있는 자본금을 쌓으라는 것인데, 완충 자본금은 보통주 자본금으로 쌓아야 한다.

첫 번째와 두 번째 규제안을 모두 보았을 때 결과적으로는 7% 이상의 보통주 자본금을 쌓아야 하고 BIS 자기자본 비율은 10.5%가 된 것이다. 바젤3의 시행기한은 2013년 12월 ~ 2019년 12월까지이다.

3. 바젤 3의 영향

3-1. 긍정적인 측면

요즘 경영위기를 겪은 기업들이 많아지고 있다. 예를 들면 STX, 동양증권처럼 이름만 들어도 알만한 대기업들의 채무불이행에 따라 은행들은 많은 대손충당금을 쌓아야 하고 그에 따른 순이익 감소로 재정 상황이 악화되고 있는 가운데 바젤3 의 규제에 따라 은행들이 외부충격을 흡수 할 수 있는 높은 질의 자기자본을 쌓는다면 자산 및 유동성 스트레스와 충격에 대한 회복력이 **강화 될 것이다.**

또한 경제위기상황시에도 완충 자본금의 확보로 본연의 자금 중개기능을 유지시킬 수 있습니다.

3-2. 부정적인 측면

BIS 자기자본을 높이는 방법은 자기자본을 놀리는 것도 있지만, 위험가중 자산을 줄이는 방법도 있다. 은행들이 위험가중 자산을 줄이기 위해 중소기업들의 대출을 줄이면 중소기업의 경영이 어려워 질 수 있다.

그리고 바젤3는 은행들이 정해진 규정에 따라서 BIS 자기자본 비율을 맞추지 못하면 부실은행으로 선정되는데 비록 바젤2의 규정에

못 미치지만 충분히 건전한 은행이 부실은행으로 선정될 경우 고객들의 신뢰도가 하락하여 뱅크런 사태를 불러와서 은행이 더욱 어려운 상황에 처할 수 있다.

📈 결론

바젤3는 분명 긍정적인 측면, 부정적인 측면 모두 갖고 있다. 은행의 건전성을 위해 자기자본을 쌓는 것은 중요하다. 하지만 은행들이 BIS자기자본 비율을 맞추기 위해 위험가중 자산의 규모를 줄이려 할 것이고 중소기업을 중심으로 기업의 자금이 경색될 수 있다.

현재 우리나라의 경제성장률은 대기업에만 치중되어 있기 때문에 경제성장률을 더 높이기 위해서는 중소기업들의 수익이 높아져야 한다. 그런데 바젤 3 규제를 위해 위험 가중자산을 줄여서 중소기업대출을 줄인다면 당장은 은행의 건전성이 좋아져서 안정되겠지만 나라 전체의 발전은 더뎌지며 대외 경쟁력 역시 떨어지게 될 것이다.

> **주제 3**
>
> 볼커룰의 장단점에 대하여 논하라.

답안

서론

  2015년 8월, 볼커룰(Volcker Rule)이 전 세계적으로 적용되었다. 볼커룰은 2008년 금융위기 이후 금융회사의 투기적 거래를 제한하기 위해 미국에서 제정한 '도드 - 프랭크법'의 핵심조항이다. 이는 자기자본이나 빌린 돈으로 고위험 투자를 못 하게 하는 것이 핵심이다. 미국뿐 아니라 미국에 지점이 있는 **세계의** 모든 금융회사에 동일하게 적용되기 때문에 미국에 점포를 가지고 있는 대부분의 국내 금융회사들도 볼커룰의 적용을 받는다. 이에 본고는 이러한 제도의 배경과 내용에 대하여 알아보고 국내 금융시장에 미치는 영향에 대하여 논하기로 한다.

본론

1. 볼커룰의 배경과 내용

  볼커룰은 미국 대형 금융회사의 도덕적 해이에 따른 시스템리스크 발생을 방지하기 위해 트레이딩계정거래(proprietary trading)와 헤지 · 사모펀드 투자 · 운용 등의 위험투자**가** 행위를 제한하는 금융규제이다.

  볼커룰의 주요내용은 ① 은행의 자기매매금지 조항과 ② 외부 투자회사에 대한 투자한도제한 조항과 ③ 볼커룰 준법감시체제 운영

및 감독 당국앞 보고의무 조항이다. ①은 은행이 고유계정상의 이익극대화를 목적으로 자기자본을 투자자산으로 운용하는 거래행위(proprietary traidng)을 할 수 없도록 금지하고, 대고객 해지거래 또는 손실제한을 위한 시장조성자 거래행위(marker making)만 허용하고 있다. ②는 헤지펀드와 사모투자펀드 등 외부 투자회사에 대한 은행의 투자한도를 자기자본의 3% 이내로 제한하고 있다.

위 조항에 대하여 은행권은 볼커룰이 고객을 대신하여 유가증권을 매입·매도·보유할 수 있는 기능을 제한함으로써 금융시스템에 대한 유동성 공급능력을 크게 약화시킬 것이라고 주장했다. 이에 미국 감독당국은 ①자기매매의 국채매입 금지완화 조항과 ②외부 투자회사에 대한 투자한도 제한완화 조항을 포함한 최종안을 15년 7월 발효하였다.

2. 국내 금융시장에 미치는 영향

비미국은행의 비미국거래에 대한 예외조항으로 인하여 볼커룰은 국내은행에 극히 미미한 영향이 있을 것으로 이해되었다. 그러나 최종안은 '비미국거래' 해당 요건이 매우 까다롭게 책정되어서 국내은행이나 은행계 증권사의 트레이딩계정 거래 등에 제약을 받을 수 있게 되어, 국내 금융시장에도 상당한 수준의 효력을 발휘하게 되었다.

긍정적인 효과로는 국내은행의 위험자산 투자 억제가 있겠으나, 부정적인 영향으로는 은행의 자산운용 제약, 규제 강화로 인한 투자 위축, 규제준수 비용 발생, 채권금리 상승 등으로 인한 금융시장의 장기적인 발전의 저해도 있다. 더욱이 볼커룰을 위반할 경우 해외에서 발행한 채권이나 대출을 조기에 상환해야 하는 등 처벌도 엄하다. 따라서 해외 진출을 꾀하는 국내 금융회사들이 가장 신경 써야 할 대목이 볼커룰이다.

📈 결론

현재 국내은행은 볼커룰의 국내 적용에 효과적으로 대응할 수 있도록 공동 준비작업반(TFT)을 구성하여 대비하고 있으나, 적용 초기 단계로서는 해외 동향을 면밀히 지켜보아야 한다. 나아가 국내 적용에 효과적으로 대응하기 위해서, 정책당국은 **은행의** 은행의 위험투자 관련 공시를 강화하는 한편 중장기적으로 시스템리스크 관리 차원에서 우리 상황에 적절한 한국판 볼커룰의 도입도 검토할 필요가 있다.

삭제

chapter 29

은행 리스크 관리
(Risk management)

01 논제 개요 잡기[핵심 요약]

서론	이슈언급	2021년 이후 시장금리 상승에 따른 은행의 수익성은 개선되고 있지만, 인플레이션 및 여신과다 상황이 부담스러운 것 또한 사실임. 따라서 금융기관들은 사후적 리스크 관리가 아니라 선제적이며 또한 상시적인 리스크 관리가 요구되는 상황임	
본론	1. 리스크 관리	1) 의미	① 리스크(Risk) ② 리스크 관리(RM. Risk management)
		2) 목적	
		3) 은행의 리스크 관리	* 자본 = 예측 불가능한 손실(UL. Unexpected loss)을 흡수하는 완충재 역할 → 리스크 관리 = 자기자본 관리
	2. 리스크 관리 방법론	1) 유동성 리스크 (Liquidity risk)	
		2) 시장 리스크 (Market risk)	

본론	2. 리스크 관리 방법론	3) 신용 리스크 (Credit risk)	
		4) 운영 리스크 (Operational risk)	
		5) 결제 리스크	
		6) 정책리스크	
		7) 사이버 리스크	
		8) 기후변화 관련 금융리스크	
결론	의견제시	① 조기경보시스템의 구축 필요 ② 시나리오 별 적절한 경영계획 및 전략수립 필요 ③ 신용 리스크와 관련하여 선제적 채무재조정, 과다 채무자에 대한 관리체계정비, 한계기업 상시 구조조정을 제도화하여야 하며, 충당금 적립율을 점진적으로 상향하며 커버드 본드도 적극 활성화 할 필요가 있음	

02 논제 풀이

 서론

 금융기관의 수익이 2017년 이후 증가세를 보였지만, 2019년 하반기부터는 코로나 19, 금리인하, 경기부진, 보호무역주의 팽배 등 다양한 위기상황에 직면했었다. 물론 2021년 이후 시장금리 상승에 따른 은행의 수익성은 개선되고 있지만, 인플레이션 및 여신과다 상황이 부담스러운 것 또한 사실이다. 따라서 금융기관들은 사후적 리스크 관리가 아니라 선제적이며 또한 상시적인 리스크 관리가 요구되는 상황이다. 이에, 은행의 리스크 관리와 방법, 그리고 리스크 관리와 관련한 은행의 방향성에 대하여 논하기로 한다.

1. 리스크 관리	1) 의미	① 리스크(Risk) : $(-\infty \sim \infty)$미래의 결과가 예측보다 좋거나 나쁘거나 두 가지 가능성 모두를 포함한, 측정 가능한 변동 예상 값을 말한다. ② 리스크 관리(RM. Risk management) 가. 주어진 리스크 한도 내에서 리스크 대비 수익률을 극대화하기 위하여 포트폴리오를 최적화하는 의사결정이다. 나. 예견치와 실제치 사이의 갭을 최소화하도록 관리하는 것이다.
	2) 목적	① 금융회사의 채무불이행 확률이 목표범위 내에서 있도록 하기 위하여 충분한 자기자본을 보유하도록 한다. ② 리스크 측정과 관리를 전사적으로 시행함으로써 상시적 감시를 통한 위기 대응방안을 마련하도록 한다. ③ 리스크 한도를 초과하지 않으면서 위험조정자본수익률(RAROC: Risk Adjusted Return On Capital)을 극대화한다.
	3) 은행의 리스크 관리	^ 사본 = 예측 물가능한 손실(UL. Unexpected loss)을 흡수하는 완충재 역할 → 리스크 관리 = 자기자본 관리 Cf. 바젤 1, 2, 3 모두 은행으로 하여금 신용, 시장, 운영 리스크에 대비하여 충분한 자기자본을 쌓도록 요구하고 있다.
2. 리스크 관리 방법론		**금융기관 리스크의 종류** 재무리스크(Financial Risk) ┬ ALM리스크 ┬ 금리리스크(IRR) / 유동성리스크(Liquidity Risk) ┬ 시장리스크(Market Risk) — 가격변동 리스크 ┬ 외환리스크(F/X Risk) / 주식 및 채권 리스크 / 부외거래리스크(Derivatives) ┴ 신용리스크(Credit Risk) 비재무리스크(Non-Financial Risk) ┬ 운용리스크(Operational Risk) — IT(정보보호)리스크 ┬ 전사적리스크(Enterprise Risk) ┬ 기타경영리스크 ┬ 평판리스크(Reputational Risk) / 전략리스크(Stategic Risk) / 법률리스크
	1) 유동성 리스크 (Liquidity risk)	① 정의 : 자금 조달과 운영에 관련하여 기간의 불일치에 대한 위험을 관리한다. ② LCR 지표 : 1개월 간 금융기관의 유동성을 측정한다. ③ NSFR 지표 : 1년 간 금융기관의 유동성을 측정한다.
	2) 시장 리스크 (Market risk)	① 정의 : 환율, 금리, 채권 등의 시장가격과 예상변화율이 기대했던 방향과 반대로 움직이는 경우 금융기관이나 투자자들이 손실을 입을 리스크를 말한다. 가. 개별관리법 : 리스크를 하나씩 확인하여 개별적으로 관리한다. 주로 거래부서(Trading Office)에서 관리한다.

2. 리스크 관리 방법론	2) 시장 리스크 (Market risk)	나. 통합관리법 : 리스크를 통합하여 잘 분석하여 관리한다. 주로 중간부서(Middlie Office)에서 관리한다. ② VaR(Value at Risk) 가. 정상적인 시장에서 주어진 신뢰수준으로 목표기간 동안에 발생할 수 있는 최대손실금액을 산정한다. 나. VaR과 변동성은 합산 가능 : 일정기간 동안 어느 정도의 확률과 가격이 변화하는가를 측정하고 관리한다. 다. 다양한 위험자산을 통합하여 리스크를 측정하고 관리하는 시장 리스크의 대표적인 관리 방법이다. ③ 스트레스 테스트(Stress Test) 가. 경기침체 등 외부환경에 대한 금융회사들의 위기관리능력을 평가하는 프로그램이다. 나. 예외적이지만 발생할 수 있는 사건이 터졌을 때 금융시스템이 받게 되는 잠재적 손실을 측정하는 방법 → 이러한 상황발생 시 금융시스템의 안정성을 평가한다. 다. 만약 미달한다면 자본금확충, 완충장치 보완 등의 대응방안을 마련한다. 라. 시나리오 별 시뮬레이션 시스템
	3) 신용 리스크 (Credit risk)	① 정의 : 거래상대방의 경영상태 악화, 신용도 하락 또는 채무 불이행 등으로 인해 손실이 발생할 리스크 → 대출이나 유가증권 등 은행의 자산관련 거래상대방의 신용등급하락이나 채무불이행, 평가손실 등에 따른 은행의 자산가치 하락가능성을 측정하여 은행이 견딜 수 있는 손실위험의 총량을 미리 설정한 후, 이 범위를 벗어나지 않도록 관리한다(자금중개 기능이 주 업무 중 하나인 은행의 경우, 개별 기업 신용 리스크의 관리가 중요). ② 개별기업 신용 리스크 관리 방법 가. 경영활동 심사 : 연혁, 주주현황, 경영능력, 지배구조, 관계사 현황 나. 원자재의 안정적 확보, 가격상승가능성, 수익성변동 가능성 다. 매출증감, 품목다각화, 경기변동에 대한 대응력 라. 현금성 자산 규모, 차입금규모, 매출채권부실화, 순 영업활동조달현금 규모 마. 현장실사 바. 총 노출(Total Exposure) 관리
	4) 운영 리스크 (Operational risk)	① 정의 : 불충분하거나 부적절한 내부통제, 인적(직원들의 실수), 시스템 문제 등에 기인한 내부사건 또는 그 밖의 외부사건의 발생으로 인하여 초래되는 직 · 간접적인 손실을 말한다. → People, Process, System, External(자연재해, 외부범죄 등) ② 리스크 관리 방법 : 브랜드 관리, 글로벌 스탠다드, 준법감시인제도, 견제와 균형 등

<table>
<tr><td rowspan="3">2. 리스크
　관리
　방법론</td><td>5) 결제 리스크</td><td>

① 결제 리스크는 예기치 못한 사정으로 인하여 결제가 예정대로 이루어지지 않을 가능성 또는 그로 인하여 야기되는 손실발생 가능성으로 정의할 수 있다.

② 이러한 결제 리스크는 발생 가능성이 낮더라도 실제 발생할 경우 큰 손실을 초래할 수 있다는 특성을 갖고 있다.

③ 지급결제 규모가 지속적으로 늘어나는 가운데 정보통신기술의 발달 등 지급결제 환경 변화와 글로벌 금융위기의 영향 등으로 결제 리스크에 대한 관심이 높아지고 있다. 특히 인터넷과 모바일을 이용한 다양한 지급서비스 제공은 지급결제제도의 효율성을 제고시키고 있으나 다른 한편으로는 결제 리스크의 증가에도 영향을 미치고 있다.

④ 결제 리스크는 거래시점과 청산 및 결제시점간의 차이, 청산 및 결제방식, 금융시장인프라 참가기관의 재무건전성 등 여러 요인에 의해 발생할 수 있다. 결제 리스크의 종류에는 신용 리스크, 유동성 리스크, 운영 리스크, 법률 리스크, 시스템 리스크 등이 있다

</td></tr>
<tr><td>6) 정책 리스크</td><td>

국내 정책의 변경이나, 해외 국기의 법률변경으로 해당 금융기관이 입을 손실을 측정한다.

</td></tr>
<tr><td>7) 사이버
　리스크</td><td>

① 사이버 공격으로 인해 은행의 시스템 조작·삭제, 네트워크 및 서비스 붕괴, 개인·기업 정보 탈취 등의 피해를 예방하기 위한 리스크 관리 기법이다.

② 인터넷 뱅킹 보급 이후 사이버 리스크에 대한 인식은 증가하고 있으나, 금융산업의 IT 의존도가 증가하면서 사이버 공격 대상이 확대되고, 공격 수단도 저비용·다양화되는 등 금융업권 사이버 리스크는 더욱 증가했다.

③ 사이버 공격 유형은 시스템 조작·삭제, 네트워크 및 서비스 붕괴, 개인·기업 정보 탈취 등이 있다. 특히, 은행시스템에 대한 침투는 은행 데이터 조작 및 삭제에 이용될 수 있어 가장 위험한 사이버 공격 유형으로 시스템을 장악 후 불법 송금 등으로 이익을 획득한다. 또, 은행 시스템이 처리할 수 없는 대규모 용량을 동반한 요청사항을 주입하여 은행 네트워크 및 서비스 시스템을 붕괴할 수 있으며, 침해 소프트웨어를 활용하여 은행으로부터 고객(개인 및 기업)의 정보를 사이버 상에서 탈취하는 유형도 있다.

④ 최근 사이버 리스크 특징으로 급격하고 빠른 진화, 익명성, 비용 및 발생가능성 예측 불가, 시스템 리스크化, 시장실패 가능성 등을 거론했다.

⑤ 국내의 경우 사이버 위험에 대한 선제적 대응을 위해 금융보안원을 설립하는 등 적극적인 조치를 수행하고 있으므로 향후 국제사회와의 소통을 통해 국내의 이런 노력을 알리고 금융시장 가치 제고 등에 힘쓰고 있다.

</td></tr>
</table>

| | | 기후 리스크는 크게 전환 리스크(Transition Risk) 및 물리적 리스크(Physical Risk)로 구분 가능하며, 이는 금융회사의 신용·시장·운영·보험 리스크 등 다양한 금융리스크 형태로 나타날 수 있음. |

2. 리스크 관리 방법론

8) 기후변화 관련 금융 리스크

[기후변화 관련 금융리스크 예시]

리스크 유형	물리적 리스크 요인(예시)	전환 리스크 요인(예시)
신용 리스크 	• 이상기후로 인한 침수·화재 등 발생으로 담보자산의 가치 하락 등	• 고탄소 기업의 채무상환능력 저하로 인한 부도율(PD)·손실률(LGD) 상승 등
시장 리스크	• 잦은 기상이변 발생에 따른 국가 경제 기반 악화로 국채·주식 가격 하락 등	• 화석연료 생산기업이 발행한 주식 및 채권의 가치 급락 등
운영 리스크	• 극심한 기후현상으로 인한 본·지점 업무 중단 등 영업연속성에 영향	• 금융회사의 기후변화 대응 관련 고객 및 기타 이해관계자의 평판 훼손 등
보험 리스크	• 이상기후로 인한 물적피해 증가로 보험금이 준비금을 초과 등	• 고탄소 기업에 대한 주식 및 채권 투자 포트폴리오의 가격 조정 등

<출처: 한국은행·금감원 공동 보도자료>

📈 결론

의견 제시

이상으로 은행의 리스크 관리에 대한 의의와 목적, 그리고 그 방법들에 대하여 검토하여 보았다. 수익채널의 다변화는 물론, 동시에 리스크 관리를 통한 시스템개선과 비용절감을 통한 수익 증대도 필요한 시점이다.

① 리스크 관리 모두와 관련하여 조기경보시스템의 구축 필요 : 리스크 발생 시 즉시 파악하고 적절한 대응을 인지하며 적절한 대응을 취할 수 있는 시스템이야말로 리스크 관리의 목적일 것이다.

② 시나리오 별 적절한 경영계획 및 전략수립이 필요하다.

③ 특히, 은행에서 비중이 가장 높은 신용 리스크와 관련하여 선제적 채무재조정, 과다 채무자에 대한 관리체계정비, 한계기업 상시 구조조정을 제도화하여야 하며, 충당금 적립율을 점진적으로 상향하며 커버드 본드도 적극 활성화 할 필요가 있다.

💡 용어해설

1) **위험조정자본수익률(RAROC)** : 기존의 경영관리 목표였던 ROE, ROA에서 발전하여, 새로운 경영목표로 제시된 리스크와 수익을 동시에 고려하는 수익성지표를 말한다.

   Cf. RAROC = RAR / Economic Capital(=Risk adjusted capital, 위험자본)

   – RAR = 수익 – 비용 - '예상손실(EL)'

   – Economic Capital = 신용 VaR + 시장 VaR + 운용 VaR + ALM VaR

2) **커버드본드(Covered bond)** : 담보부 사채와 같이 발행자에 대한 직접적인 권리와 담보자산에 대한 권리를 동시에 가진 채권을 말한다. 채권자는 이중보호를 받는다. 은행이 신용으로 발행한 일반채권이지만, 담보자산에서 우선적으로 변제 받을 수 있는 권리가 부여된 채권. 민간부문 대출과 모기지 등을 담보로 발행된 채권이라는 점에서 자산담보부채권(ABS)과 유사하지만 안정성이 높아 조달금리가 낮다.

   Cf. 최근 정부에서 가계부채 해결책으로 검토 중이다.

커버드본드 활성화로 고정형 주담대 확대

<출처: 비즈와치(2024년 5월 27일)>

금융당국이 커버드본드 활성화를 위해 지급보증 서비스를 시작하고 재유동화 프로그램을 추진한다. 커버드본드를 발행·투자하는 금융기관에 유인책을 제공하고 발행·공시 업무도 전자공시시스템(DART)에 통합 구축할 계획이다. 은행권이 커버드본드를 장기자금조달 수단으로 활용하면 고정형 주택담보대출 공급을 늘리고 장기적으로 가계부채 질을 개선하겠다는 게 금융당국 전략이다. 금융위원회는 27일 한국주택금융공사(주금공)와 5대 시중은행(KB국민·신한·하나·우리·NH농협은행)이 참여하는 '민간 장기모기지 활성화를 위한 커버드본드 지급보증 업무협약식'을 가졌다. 이번 업무협약으로 주금공의 커버드본드 지급보증 서비스는 이날부터 시작된다.

주금공의 지급보증 서비스는 지난해 5월 발표한 '고정금리 대출 확대방안' 후속조치다. 지난 4월 금융위에서 주금공 지급보증 서비스를 혁신금융서비스로 지정하면서 서비스 출시가 가능해졌다. 금융위는 시중은행의 고정형 주담대 공급 확대를 위해 주금공 역할 변화를 추진했다. 주금공은 그 동안 장기 고정형 주담대 구조의 정책모기지 상품을 공급하는데 주력했는데 앞으로는 시중은행의 자금조달을 지원하는 역할을 맡는다. 우선 일정 요건의 주담대를 기초자산으로 발행한 커버드본드에 대한 주금공 지급보증으로 신용을 보강한다. 이를 통해 조달금리 인하 효과가 나타날 것이란 기대다. 가령 AAA등급 은행이 발행한 커버드본드를 주금공이 지급보증하면 동일 만기 은행채에 비해 0.05~0.21%포인트 정도 발행금리가 인하될 수 있다는 분석(발행수수료 제외)이다. 낮아진 조달금리를 은행이 장기·고정금리 상품 금리에 녹여내면 소비자에 낮은 금리로 장기 상품을 제공할 수 있다는 게 금융당국 설명이다. 은행이 주담대를 기초로 발행한 만기 10년 커버드본드 등을 주금공이 매입하고 자기신탁을 통해 유동화증권을 발행하는 재유동화 프로

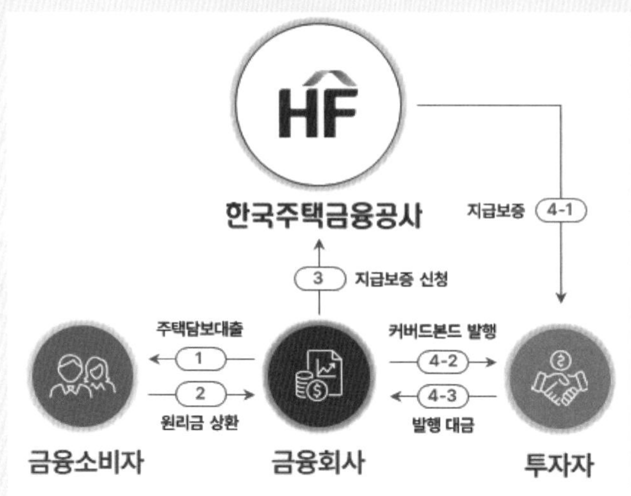

그램도 추진한다. 주금공이 커버드본드를 매입해 일정 수준 이상의 시장 수요를 확보하고 필요한 자금은 유동화증권으로 조달하는 내용이다. 현재 시장에서 소화가 어려운 장기 커버드본드를 주금공이 직접 매입해 은행은 장기 커버드본드 발행 · 매각이 쉽고, 이를 통해 조달된 장기자금을 정책모기지로 제공이 어려운 시세 6억 원 이상 주택에 대한 장기 · 고정금리 주담대로 공급하는데 활용할 수 있을 것으로 금융당국은 예상하고 있다.

발행 · 투자 인센티브… 인프라 구축

커버드본드를 발행하고 이에 투자하는 금융사에 대한 인센티브 제공으로 시장을 활성화한다는 전략도 진행한다. 우선 커버드본드 발행 잔액을 원화예수금 인정 한도에 추가 부여하는 방안을 추진하고 있다. 현재 은행은 원화 예대율(예금 대비 대출 비율) 산정 시 만기 5년 이상 커버드본드 잔액을 원화예수금의 최대 1%까지 포함할 수 있다. 여기에 만기 10년 이상 커버드본드 잔액에 대해 별도의 1% 인정한도를 추가 부여하는 내용이다. 가령 원화예수금 270조 원인 은행이 기존 커버드본드 잔액 2조 5,000억 원(약 0.93%)을 보유한 가운데 5,000억 원 규모(약 0.19%)의 10년물 커버드본드를 발행하면 전액을 원화예수금으로 인정받을 수 있다. 은행은 원화 예대율을 100% 이하로 유지해야 하는데 커버드본드 잔액을 원화예수금으로 인정받으면 대출 여력이 늘어나는 효과를 본다. 금융위는 커버드본드 발행과 가계부채 추이 등을 보면서 필요 시 인정한도를 추가 확대하는 방안을 검토한다는 방침이다. 투자자 유인을 위해 커버드본드를 한국은행 적격담보로 편입하는 방안도 추진한다. 현재 커버드본드는 한은 대출 및 차액결제이행용 담보증권(적격담보)으로 활용할 수 없어 산업은행채나 수출입은행채 등 대체자산에 비해 불리한 요건이었다. 이를 이중상환채권법에 따라 커버드본드를 한은 적격담보로 편입하는 방안을 한은과 협의한다는 계획이다.

보험사와 은행이 주금공 보증 커버드본드에 투자할 경우 신용위험액은 '0'으로 명확화한다. 보험사의 경우 자산·부채간 만기 매칭과 함께 국공채와 특수채 대비 수익성을 높일 수 있다는 평가다. 은행의 유동성커버리지(LCR) 규제에서 새로 발행되는 주금공 지급보증 커버드본드와 재유동화증권에 대한 고유동성자산 인정기준을 마련해 커버드본드에 대한 LCR 적용기준을 명확히 한다. 커버드본드 시가평가기준수익률 정보를 공시해 투자정보 접근성을 확대한다. 커버드본드 발행·공시 인프라 구축을 위해선 금융기관이 커버드본드 등록신청과 공시 등을 전자적으로 통합관리하 수 있도록 전자공시시스템을 올 4분기까지 개선하기로 했다.

김소영 금융위 부위원장은 "장기·고정금리 상품 확대는 지속적으로 추진해야 할 정책 방향으로 커버드본드는 자체로 안정성이 높고 충분한 수요 확보와 추가적인 신용보강으로 발행 금리를 상당히 낮출 수 있다"며 "금리 인하기에도 소비자에게 변동금리 대비 경쟁력 있는 금리의 고정금리 상품을 제공할 수 있다는 점에서 시의성이 크다"고 강조했다.

chapter 30

금융의 공공성

01 논제 개요 잡기 [핵심 요약]

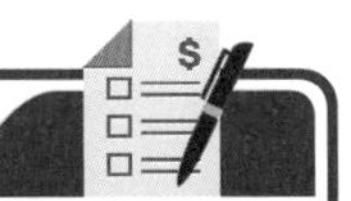

서론	**이슈 언급**	금융은 기본적으로 상업성에 기반을 두지만 공공성도 분명 내재되어 있음 하지만, 최근 금융의 공공성을 단순히 사회적 기능으로서의 금융, 즉 포용적 금융으로서의 공공적 기능에만 매몰되어, 금융의 공공성을 단편적으로 접근하는 경향이 증폭되어 있음을 보게 됨. 이는 금융의 공공성 중 일부분만 이해하고 있는 셈임 금융중개기관과 투자자 사이에서 금융의 중개기능과 금융상품의 완전판매가 제대로만 이루어지면, 제한된 자금은 가장 수익성 높은 부문으로 효율적으로 투자되게 됨. 이는 곧 경제전체의 생산성을 높이고 투자를 활성화함으로써 양질의 일자리 창출에도 기여하고, 금융부실을 예방해 불필요한 공적 자금 등 국민세금을 투입하는 일이 없게 만듦. 이것이 금융의 공공성이며 금융공공성의 달성을 의미함. 즉 금융은 제 기능을 제대로만 수행하면 공공성은 자연히 달성되는 것임	
본론	**1. 금융의 공공성**	1) 내재된 금융의 공공성	
		2) 금융이 해야 할 최소한의 공공성	① 금융의 공공성은 모든 금융기관들이 여타 산업보다도 강한 규제를 잘 준수함으로써 미래에 발생할 수 있는 공적자금 투입의 가능성을 최대한 줄이는 일임 ② 금융의 공공성은 시장이 불안정해지거나 위기가 발생할 때 더 중요해짐

본론	1. 금융의 공공성	2) 금융이 해야 할 최소한의 공공성	③ 금융의 공공성은 금융기관 스스로 효율화를 위한 노력을 지속함으로써 더 낮은 가격에 더 많은 양질의 금융자원을 금융수요자에게 공급할 수 있는 태세를 갖추는 일임 ④ 금융의 공공성은 금융이 국가 경제 발전의 한 축으로서 자금중개기능을 원활하게 하여 장래성 있는 기업이 더욱 발전할 수 있도록 도와주는 일임
		3) 감독기관의 역할	
결론	의견제시		정부는 첫째, 평상시에 정부가 재정을 가지고 해야 할 일을 공공성이라는 미명하에 금융기관에 떠넘겨서는 안 됨 둘째, 많은 경우 비정상적인 시기에 취해진 감독기관의 시장개입이 시장이 정상화된 이후에도 계속되는 일이 간혹 있음. 향후 정부의 시장개입에는 일몰조항을 두는 등 조건을 부가하고, 정기적으로 사후점검이 이루어지노록 하는 것이 바람직함

02 논제 풀이

서론

이슈 언급

2022년 금리인상이 가시화되면서 금리 정상화가 본격화될 것으로 보인다. 물론, 코로나 19 충격에서 벗어나 경제가 정상화되는 것은 바람직한 일이다. 하지만 금리 상승기에는 대출금리 양극화라는 문제의 폐해가 더욱 심각해진다는 점은 우려되는 대목이다. 이전보다 훨씬 높은 고리 대출에서는 상환 부담 가중으로 인한 파산과 여신부실이라는 심각한 문제가 잉태된다. 이를 오롯이 시장 자율의 결과라고 치부해 버리는 무책임은 물론 공공적 성격을 지닌 금융산업이나 기관의 올바른 자세만은 아니다. 그렇다고, 이를 금융기관의 도덕적 해이로 치부하고, 금융의 자율적 시장결정 기능을 제한하는 것 또한 결과적으로 금융의 공공성을 저해시키는 단초가 될 수 있다.

금융은 기본적으로 상업성에 기반을 두지만 공공성도 분명 내재되어 있다. 민간금융기관은 시장원리에 의거하여 이윤을 추구한다는 점에서 기본적으로 상업성에 기반을 두고 있다. 하지만, 금융이 한 국가의 경제 핏줄로서 그 기능을 멈추면, 국가 경제도 함께 멈춘다는 측면에서 공공성 또한 무시할 수가 없다. 금융거래 관계와 질서가 무너지게 되면 경제전체가 심각한 타격을 받기 때문이다. 이와 같은 상황이 발생하면 안 된다는 차원에서 금융은 공공성적 특성을 갖는 것이다. 예금자보호제도나 한국은행의 최종대부자 기능과 같은 제도적 장치가 곳곳에 있거나, 금융에 대한 규제와 감독이

타 산업보다 강한 이유도 금융의 공공성 때문이다.

하지만, 최근 금융의 공공성을 단순히 사회적 기능으로서의 금융, 즉 포용적 금융으로서의 공공적 기능에만 매몰되어, 금융의 공공성을 단편적으로 접근하는 경향이 증폭되어 있음을 보게 된다. 이는 금융의 공공성 중 일부분만 이해하고 있는 셈이다.

금융의 본질은 자금을 잉여부문에서 수요부문으로 가장 효율적이고 수익성 높게 중개하는 것이다. 제한된 금융자원을 수익성이 높은 부문으로 가능한 한 거래비용이 적게 효율적으로 중개함으로써, 경제전체의 생산성을 높이고 투자를 활성화하고 양질의 일자리를 만드는 데 기여한다.

하지만 이런 과정에서 금융상품을 파는 회사와 투자자 간에는 정보비대칭성이 존재하게 된다. 즉, 금융중개기관의 경우에는 금융중개기관이 정보를 잘 알지 못하고, 금융시장의 경우에는 금융상품 투자자들이 정보를 잘 알지 못하는 정보비대칭성이 발생하는 것이다. 이러한 정보비대칭 문제를 금융중개기관과 투자자들의 철저한 사전심사와 사후 모니터링으로 부실을 방지하고, 정보 격차를 해소함으로, 금융중개기관과 투자자 사이에서 금융의 중개기능과 금융상품의 완전판매가 제대로만 이루어지면, 제한된 자금은 가장 수익성 높은 부문으로 효율적으로 투자되게 된다. 이는 곧 경제전체의 생산성을 높이고 투자를 활성화함으로써 양질의 일자리 창출에도 기여하고, 금융부실을 예방해 불필요한 공적 자금 등 국민세금을 투입하는 일이 없게 만든다. 이것이 금융의 공공성이며 금융공공성의 달성을 의미한다. 즉 금융은 제 기능을 제대로만 수행하면 공공성은 자연히 달성되는 것이다.

금융의 공공성을 잘못 이해해서 금융회사는 취약계층이나 전략적 육성부문 등 정부가 정해주는 부문이나 회사에 자금을 배분하면 된다거나, 금리나 수수료 결정에 개입하게 되면 오히려 제한된 자금이 수익성이 높은 부문에 투자되지 못하여, 경제성장이 저해되고 양질의 일자리 창출이 안되거나 금융회사들의 수익성이 악화되고, 부실화되어 종국에는 국민세금이 투입되는 결과를 초래하게 된다. 실상 취약계층이나 전략적 육성부문은 재정이 담당해야 할 몫이다. 따라서, 금융기관은 기본적으로 상업성을 추구하되, 최소한의 공공성도 함께 유지해야 하는 것이 바람직한 금융의 모습일 것이다.

<건국대 오정근 특임교수>

이에 본지에서는 금융이 유지해야 할 최소한의 공공성이 무엇인지에 대하여 알아보고 바람직한 정책적 방향성에 대하여 논하기로 한다.

본론

1. 금융의 공공성 <출처 : 한국금융연구원 보고서 금융혁신 8대 과제>	1) 내재된 금융의 공공성	금융시장이나 금융기관에서 수시로 사고가 발생하여 시장 참여자들 상호 간에 신뢰가 무너진다면 금융시장은 작동하지 않고 경제의 순환도 어려워지게 된다. 특히 경제 위기 시에는 부실금융기관에 공적자금을 지원하는 등 금융시장의 붕괴를 막기 위해 국민 세금도 금융산업에 과감히 투입된다. 결국 금융안정성을 확보하기 위해 정부가 다양한 조치를 취하게 되고 여기에는 국민의 세금이 수반되므로 금융에 공공성이 내재되는 것이다.

<table>
<tr><td rowspan="2">**1. 금융의
공공성**

<출처 : 한국금융
연구원 보고서
금융혁신 8대 과제></td><td>2) 금융이
해야 할
최소한의
공공성</td><td>

① 금융의 공공성은 모든 금융기관들이 여타 산업보다도 강한 규제를 잘 준수함으로써 미래에 발생할 수 있는 공적자금 투입의 가능성을 최대한 줄이는 일이다.

  가. 즉 금융기관의 건전성과 유동성 및 안정성을 유지함으로써 미래에 발생할 수 있는 국민세금 의존도를 최소화하는 동시에 금융시장의 신뢰를 유지하는 일인 것이다.

  나. 따라서 금융기관들은 관련 금융규제를 잘 준수함으로써 평상 시에 금융감독과 관련된 지적사항이 나오지 않도록 해야 한다.

  다. 주어진 법적 테두리 안에서 최소한의 규정을 평소에 잘 준수함으로써 국민세금에 의존할 확률과 신뢰하락을 줄이는 일이 금융기관의 가장 중요한 공공성의 달성이다.

② 금융의 공공성은 시장이 불안정해지거나 위기가 발생할 때 더 중요해진다.

  가. 시장이 정상적으로 작동하는 시기에는 금융기관은 관련 법규를 잘 준수하여 미래에 국민세금 부담을 덜어주면 된다, 하지만 비상시기에는 시장기능이 작동하지 않기 때문에 비상조치들이 취해진다. 이 경우에 금융기관은 시장기능에 의해 자발적으로 움직이기보다도 비상 시에 요구되는 대책의 한 부분으로 참가할 가능성이 커진다. 즉, 시장참여자 간 신뢰가 보장되지 못하는 경우에 정책적 개입과 비상조치가 불가피한 것이다.

  나. 금융기관의 자율성은 축소되고 정책적 개입의 범위가 넓어질 수밖에 없는 상황이 된다. 금융기관은 시장기능에서 벗어나서 정책적 목표 달성의 수단으로 활용될 가능성이 커진다.

③ 금융의 공공성은 금융기관 스스로 효율화를 위한 노력을 지속함으로써 더 낮은 가격에 더 많은 양질의 금융자원을 금융수요자에게 공급할 수 있는 태세를 갖추는 일이다.

  가. 금융기관에 문제가 발생했을 때 이를 해소하기 위한 재원은 결국 국민의 호주머니인 세금에서 나온다.

  나. 금융소비자인 국민의 복지향상을 위해 평소에 최대한 노력하는 모습을 보여야 하는 것이다. 금융소비자에게 더 낮은 가격에 더 많은 양질의 금융서비스를 공급하는 것이 금융의 사회적 복지 극대화이다.

  다. 이 과정에서 금융기관이 교섭력 우위를 통해 소비자 잉여를 가져가려 한다거나 약탈적 대출 등의 도덕적 해이를 시도해서는 안 된다. 금융기관은 금융소비자 보호에 보다 많은 관심을 가지고 끊임없는 서비스 혁신과 비용절감을 통해 소비자 잉여가 극대화 되도록 노력해야 한다.

</td></tr>
</table>

1. 금융의 공공성

<출처 : 한국금융 연구원 보고서 금융혁신 8대 과제>

2) 금융이 해야 할 최소한의 공공성

라. 즉, 금융소비자의 잉여를 금융기관의 이익으로 전환하려 할 것이 아니라, 금융소비자의 잉여 극대화를 위해 금융기관이 노력함으로써 장기적인 관계 속에서 서로가 윈-윈 할 수 있는 구조를 구축하는 것이 진정한 공공성의 실현인 동시에 사회적 공헌인 것이다.

④ 금융의 공공성은 금융이 국가 경제 발전의 한 축으로서 자금중개기능을 원활하게 하여 장래성 있는 기업이 더욱 발전할 수 있도록 도와주는 일이다.

가. 금융의 핵심은 자금중개 기능이다. 금융중개 기능을 원활히 수행한다는 것은 세금납부자인 금융소비자들이 필요로 하는 자금을 적기에 공급하여 이들의 금융제약조건을 해소시켜 줌으로써 경제발전에 이바지하는 일이다.

나. 특히, 신용평가가 쉽지 않은 혁신 및 벤처기업과 중소기업에 대한 자금공급이 원활히 될 수 있도록 금융기관이 내부시스템을 잘 갖추는 일이 중요하다. 이들 혁신기업에 대한 자금중개기능을 정책금융에만 의존할 수는 없다.

다. 향후 미래경제의 초석이지만 지금의 자금중개의 사각지대에 있는 혁신기업의 애로를 금융기관 스스로 해소하려고 노력하는 일이 또 다른 공공성의 실현인 동시에 진정한 의미의 사회공헌이다.

3) 감독기관의 역할

① 감독기관은 금융산업과 시장에서 발생할 수 있는 비정상적인 행위를 사전에 최대한 방지하고, 만약 발생한다면 신속히 해소하도록 함으로써 시장의 안정을 도모하는 것이 기본 책무이다.

② 더욱이 금융기관의 효율성을 높이기 위해 규제를 탄력적으로 적용하면서 관련된 자문서비스를 제공하는 일도 중요하다.

③ 때에 따라서는 금융기관이 제공하는 금융서비스의 가격과 공급에 대해 가이드라인을 설정할 수도 있겠지만, 이는 정상적인 경제상황에서 일어날 수 있는 일이 아니다. 경제가 비정상적으로 불안해지거나 위기 상황일 경우에 일몰조항을 두고 잠정 사용함으로써 감독기관의 시장 개입의 범위와 빈도를 최소화해야 한다.

📈 결론

의견 제시

금융산업은 고부가가치산업으로 청년들이 가고 싶어 하는 양질의 일자리를 제공하는 산업이다. 정부가 건전성 유지 목적 이외 불필요한 개입을 줄이고 금융중개기관들도 사전심사와 사후모니터링을 제대로 하도록 역량배양에 노력하고, 금융상품을 판매하는 회사들도 불완전판매가 없도록 노력하면 금융이 제 기능을 수행하고 양질의 일자리를 제공하면서 금융 본연의 기능과 더불어 국민경제에 기여하는 공공성을 달성하게 될 것이다.

　이를 위해 정부는

　첫째, 평상 시에 정부가 재정을 가지고 해야 할 일을 공공성이라는 미명하에 금융기관에 떠넘겨서는 안 된다. 정부의 시장개입은 금융불안, 경제위기 등 비정상적인 상황에서 시장실패의 보정에 한정되어야 한다.

　둘째, 많은 경우 비정상적인 시기에 취해진 감독기관의 시장개입이 시장이 정상화된 이후에도 계속되는 일이 간혹 있다. 향후 정부의 시장개입에는 일몰조항을 두는 등 조건을 부가하고, 정기적으로 사후점검이 이루어지도록 하는 것이 바람직하다.

<출처 : 한국금융연구원 보고서 금융혁신 8대 과제>

chapter 31
정책금융의 방향 (산은, 수은, 신보, 기보 등)

01 논제 개요 잡기[핵심 요약]

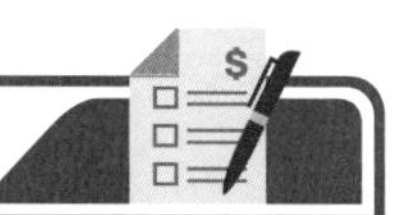

서론	이슈언급	정책금융이란, 정책적으로 정부가 특정 산업과 업종 등에 선별적으로 지원하는 금융을 총칭하는 말임 우리나라 정책금융의 경우, 경제가 선진형으로 발전하게 되면서 민간시장의 규모가 커지게 됨에 따라, 금융 부문에서 차지하는 정책금융의 역할과 비중은 상대적으로 줄어든다는 현실적인 문제가 제기되고 있음. 선진형 경제는 기술 선도형 경제이기 때문에 개발경제시대의 정책금융 지원방식으로는 더 이상 정책금융의 유효성을 확보하기가 힘듦. 예를 들면, 과거 개발경제시대에 설비자금지원과 같이 대규모의 양적 지원 위주로 정책금융의 효율성이 평가되어서는 안 되고, 이제는 기술혁신, 서민금융, 녹색산업 지원 등 리스크가 크지만 시장기능으로 해소하지 못하여 시장실패로 남아 있는 부문에 집중해야 함
본론	1. 정책금융의 방향	**1) 정책금융의 양적 성장과 질적 보완** ① 정책금융의 재검토 ② 정책금융의 지원용도와 상대적 규모를 시대 상황에 맞게 변화해야 함 ③ 정책금융기관의 시스템 효율화
		2) 재정과의 역할분담 상업금융은 원리금 회수가 가능한 경우에, 정책금융은 원리금 회수가 다소 불확실한 경우에, 재정은 원리금회수가 다소 의문시되지만 경제발전을 위해 반드시 필요한 부문에 각각 자금을 공급하는 분업구조가 확립될 필요가 있음

<table>
<tr><td rowspan="2">결론</td><td rowspan="2">의견제시</td><td>첫째, 정부 - 정책금융기관 간 수평적 협력관계에 기초한 정체성 확립이 필요</td></tr>
<tr><td>둘째, 정책금융방식의 선진화가 필요
셋째, 정책금융기관들 상호 간 명확한 업무영역 구분 및 업무의 구체적 추진 방향 설정이 필요</td></tr>
</table>

02 논제 풀이

 서론

 시장경제란, 개인과 기업 등 경제주체들이 시장에서 자유롭게 경쟁하며 경제활동을 하는 경제체제를 의미한다. 하지만 자유경쟁인 시장에만 맡겨둘 경우 구성의 오류, 정보비대칭 문제 등으로 자원이 골고루, 적시에, 효율적으로 배분되지 못하는 상황이 발생할 수 있다. 이러 상황을 일컬어 '시장 실패'라고 한다. 이렇게 시장 실패가 나타난 산업의 경우, 정부가 산업 정책을 펴는 것이고, 해당 산업에 필요한 자금을 정책적으로 지원하는데, 이게 바로 정책금융의 본질적인 역할이다. 즉, 정책금융이 필요한 이유는 시장 실패가 발생한 분야에 대해서는 은행 같은 일반 금융회사들이 자금 공급을 꺼리기 때문이다. 일례로, 친환경 에너지, 녹색 산업은 환경보호 등 공익(公益)을 위해 꼭 필요한 산업이지만, 사업비가 많이 들고 단기간에 수익이 나지 않아 기업이 선뜻 나서지 않는 데다 은행도 대출을 잘 해주지 않는다. 다리나 항만처럼 돈이 많이 드는 사회 인프라도 민간 기업에 맡길 경우, 사회적으로 필요한 양만큼 충분히 공급되지 못할 수도 있다. 그래서 정부가 금리를 낮춰주거나 보조금을 지급하는 방식으로 시장 실패가 나타난 산업에 정책금융을 제공하는 것이다.

요컨대 정책금융이란, 정책적으로 정부가 특정 산업과 업종 등에 선별적으로 지원하는 금융을 총칭하는 말이다. 대개는 정부가 특정 산업과 업종 등에 일반금융의 시중금리보다 훨씬 낮은 금리로 중장기에 걸쳐 자금을 대출해주는 방식으로 진행된다. 주로 경제가 충분히 발전하지 못한 나라에서는 정책금융이 국가 경제와 산업 발전에 주도적인 역할을 수행하지만, 경제가 발전함에 따라 보조적으로 지원하는 역할을 하는 것이 일반적이다. 이때 보조적인 지원은 양적 보완과 질적 보완으로 구분된다. 양적인 보완이란 특정 산업 분야에 대한 일반 금융회사의 자금 공급이 부족한 경우 이를 보충하는 것을 말하며, 질적인 보완이란 대출금리를 낮춰 준다든지 융자 조건을 우대하는 것을 의미한다.

하지만, 정책금융은 순기능만 있는 것은 아니다. 오히려 자금운용의 효율성과 자율성을 저해하고, 국내 금융산업의 경쟁력을 떨어뜨리는 문제를 일으키기도 한다. 또한 특정 기업이나 산업을 선별적으로 지원함으로써, 국내외 시장에서의 공정경쟁을 저해한다는 지적과 특혜논란의 대상이 되기도 한다. 뿐만 아니다. 정부의 정보 수집이나 분석 능력이 민간에 비해 떨어질 수 있으며, 부처 간 이기주의와 관료주의로 정책금융이 잘못 활용될 경우 국민 세금만 낭비될 수도 있다.

특히, 우리나라 정책금융의 경우, 경제가 선진형으로 발전하게 되면서 민간시장의 규모가 커지게 됨에 따라, 금융 부문에서 차지하는 정책금융의 역할과 비중은 상대적으로 줄어든다는 현실적인 문제가 제기되고 있다. 선진형 경제는 기술 선도형 경제이기 때문에 개발경제시대의 정책금융 지원 방식으로는 더 이상 정책금융의 유효성을 확보하기가 힘들다. 예를 들면, 과거 개발경제시대에 설비자금지원과 같이 대규모의 양적 지원 위주로 정책금융의 효율성이 평가되어서는 안 되고, 이제는 기술혁신, 서민금융, 녹색산업 지원 등 리스크가 크지만 시장기능으로 해소하지 못하여 시장실패로 남아 있는 부문에 집중해야 한다. 이에 따라 향후 시장기능에 의해 민간에서 할 수 있는 영역은 과감히 민간으로 이양하고 민간이 할 수 없는 영역에 정책금융을 집중해야 한다. 또한, 정책금융은 재정정책과 항상 병행 운영되어, 그 효율과 효과를 극대화하는 방향으로 진행해야 할 것이다.

이에 본지에서는, 정책금융의 양적 성장과 질적 개선을 위한 방안들에 대하여 살펴본 후, 재정정책과의 조화를 위한 제언들을 도출해 보기로 한다.

본론

1. 정책금융의 방향

<출처 : 한국금융연구원 8대 혁신과제>

1) 정책금융의 양적 성장과 질적 보완

① 정책금융의 재검토

  가. 보통 과거에 추진해오던 정책금융이 시대의 변화를 반영하지 못하고 민간금융과 경쟁하면서 이들을 구축하는 문제가 종종 발생한다. 이와 같은 문제가 발생하지 않기 위해서는 정기적으로 정책금융을 제로베이스에서 재검토하여, 시대상황에 뒤떨어진 제도들을 축소, 퇴출시키고, 시대가 새로이 요구하는 제도를 신설하는 과정이 필요하다.

  나. 왜냐하면 일반적으로 한번 도입된 제도는 시장에서 문제가 크게 발생하기 전까지 유효성이 떨어지더라도 관성의 법칙에 의해지속 되는 경향이 있기 때문이다.

  다. 최소한 5년에 한 번은 모든 정책금융제도를 제로베이스에서 재검토하는 평가시스템이 필요하다. 평가를 통해 축소대상이 되는 정책금융은 일몰조항을 설정하고, 매년 5 ~ 10%씩 줄여나가는 등 시스템적 접근방식을 적용해야 한다.

② 정책금융의 지원용도와 상대적 규모를 시대 상황에 맞게 변화해야 한다.

  가. 과거 설비투자와 같은 대규모의 자금을 소수의 기업에 배분하던 구조에서 벗어나, 앞으로는 수많은 기업의 기술개발과 서민금융 지원을 위해 자금을 소규모로 나누어서 공급하는 형태로 변환해야 한다.

  나. 이 경우에 정책자금 지원의 포트폴리오가 다각화되면서 정책금융 관련 신용 리스크도 줄어드는 효과가 수반된다.

  다. 이와 같은 과정에서 정책금융기관이 선도적인 역할을 하면서 축적된 노하우를 상업금융기관으로 확산시키는 외부경제효과도 기대할 수 있다.

<table>
<tr><td rowspan="2">

**1. 정책금융의
방향**

<출처 : 한국금융
연구원 8대 혁신
과제>
</td><td>

1) 정책금융의
양적 성장과
질적 보완
</td></tr>
</table>

라. 기술금융의 경우,

   A. 과거와 같이 기술개발 종합능력을 평가하는 단순한 평가방식에서 벗어나야 한다. 앞으로 보다 미시적인 기술 접근방식을 적용해야 한다. 기업이 가지고 있는 특정기술의 상대적 수준과 상업화의 가능성에 대한 이해관계자들의 의견을 종합하여 평가하는 방식이다. 요컨대 개발된 특정기술에 포커스를 맞추는 방식이다.

   B. 이를 위해 정책금융기관들은 자체 내 기술평가 인력을 대폭 확충하고, 관련 기술연구소 및 대학들과 협력체계를 구축하여 외부전문가들의 기술평가능력을 적극 활용해야 한다.

   C. 이러한 선도적인 시스템을 구축한 후, 이를 여타 상업금융기관으로 확산함으로써 외부경제 효과를 얻을 수 있어야 한다.

   D. 앞으로는 대출 중심의 기술지원 시스템에서 벗어나 시장의 전문가들이 집단지성으로 기술을 평가하는 벤처투자 중심의 지원비중을 더 늘릴 필요가 있다.

마. 서민금융의 경우,

   A. 서민금융 취급 시 가장 어려운 점은 서민의 경우, 재산과 소득이 많지 않아서 담보력과 이자상환 능력이 크게 제약되기 때문에 상업금융기관이 취급하려 하지 않는다는 것이다.

   B. 그럼에도 불구하고 세계적으로 서민금융의 경우, 마이크로파이낸스와 같은 유형의 민간사업들이 계속 확대되어 왔다. 반면, 국내에서 서민금융을 담당하는 상업금융기관들은 담보비율이 평균 90%를 상회하는 등 담보중심의 신용평가 관행이 계속되고 있다.

   C. 정책서민금융만 일방적으로 늘어나는 서민금융의 시장구조는 정상적이지 않을 뿐만 아니라, 바람직하지도 않다. 따라서, 상업금융기관들이 서민금융을 제대로 취급할 수 있도록 여건을 조성해 주어야 한다. 상업금융기관들도 서민금융을 적극 취급하다가 발생된 손실에 대해 정부가 일정부분 손실 분담을 하거나 부분보증을 제공하는 등 지원책이 마련되어야 한다.

   D. 순수한 금융기능으로 해소되지 않는 경우에는 재정이 적극 보조하여 손실 분담을 할 필요가 있다.

③ 정책금융기관의 시스템 효율화

가. 개별 정책금융기관들은 시장의 진정한 수요를 연간 계획에 반영함으로써, 정책금융의 효율성을 증대시켜야 한다. 따라서 정부는 민간의 정책금융 수요를 매년 평가하여 정책자금 공급을 정책금융기관별로 조정하는 작업을 하여야 한다.

나. 이런 과정에서 정책금융기관의 업무가 현상 유지 또는 축소요청이 들어가면 기관 내부의 반발이 크므로, 정책금융기관의 기능을 통폐합하는 등 외부조직의 내재화를 통해 구조 조정하는 방법이 보다 효과적이다.

<table>
<tr><td rowspan="2">

1. 정책금융의 방향

<출처 : 한국금융연구원 8대 혁신과제>
</td><td>

1) 정책금융의 양적 성장과 질적 보완
</td><td>

다. 과거부터 정책금융기관들은 각 부처의 필요성에 의해 다양한 형태로 설립되어 상당기간 중복기능 문제가 있었다. 더욱이 중복된 기관들이 서로 회피하는 지원대상의 경우에는 오히려 사각지대가 발생하기도 하였다.

라. 정책금융기관의 통폐합은

A. 첫 번째 단계로써 통폐합 하기 이전에 기능이 중복되는 정책금융기관들간에 협의체를 만들어서 중복기능과 사각지대 및 시장마찰 요인을 해소하는 일이다. 협의체는 관련 부처를 통할할 수 있는 상위부처가 주관한다.

B. 두 번째 단계에서는 유사한 기능의 정책금융기관들을 원래의 모습과 기능을 그대로 유지하면서 묶어서 자회사 방식으로 운영하는 일이다.

C. 세 번째 단계는 중장기 구조 조정 방안으로서 유사한 자회사들간에 통폐합을 하고, 시간이 흐르면서 인력이 자연 조정되도록 한다.

D. 목표하던 모습을 갖추게 되면, 지주회사는 정부정책에 맞게 용도별 자금배분을 시행함으로써 자회사들의 사업을 조정할 수 있다.

E. 이와 같은 구조 조정은 구조 조정에 대한 저항으로 인해 그 동안 시행되지 못했다. 그러나 대부분의 선진국들이 정책금융기관을 지주회사 방식이나 기관통합을 통해 내부조직화한 모습을 우리도 참고할 필요가 있다.
</td></tr>
<tr><td>

2) 재정과의 역할 분담
</td><td>

① 과거 개발경제시대에는 신속하고 탄력적인 경제개발 추진을 위해 재정보다도 정책금융을 주로 활용하여 경제개발을 지원하였다. 왜냐하면 정책금융기관은 지원받은 자본금을 기반으로 자기자본비율이라는 레버리지를 이용해서 공적 신용을 자기자본의 10배 정도까지 확대 공급할 수 있기 때문이다. 레버리지 효과가 있는 정책금융지원이 재정지원보다 훨씬 더 큰 자금공급 효과를 볼 수 있는 것이다.

② 반면, 재정은 중장기 재정건전성을 유지해야 하기 때문에, 세입과 국공채 발행한도를 넘어서는 재정지출을 지양한다. 또한 재정은 국회의 의결을 거쳐야 하므로 상당한 논의과정과 시간이 소요되어 긴급한 정책적 수요에 탄력적으로 대응할 수 없는 한계도 있다. 금융정책은 법령 제 · 개정이 아니라 규정변경이나 행정지도 등 행정조치만으로도 비교적 수월하게 추진할 수 있다.

③ 재정보다 금융을 활용하려는 정책적 인센티브는 재정건전성에 도움을 주지만, 금융시장에 대한 정부의 개입이 과다하게 되면 시장을 왜곡시키는 경우도 종종 발생한다. 금융시장의 붕괴는 국민세금으로 부실금융기관의 회생을 지원하게 되는 상황까지 치달을 수도 있다.
</td></tr>
</table>

<table>
<tr>
<td rowspan="2">1. 정책금융의
방향

<출처 : 한국금융
연구원 8대 혁신
과제></td>
<td rowspan="2">2) 재정과의
역할 분담</td>
<td>④ 향후 재정은 신기술혁신 및 복지부문에 보다 자금을 집중할 필요가 있다. 상업금융은 원리금 회수를 전제로 하기 때문에 리스크가 과다하여 원리금회수가 의문 시 되는 경우에 자금을 공급하기가 쉽지 않다. 리스크가 과다하더라도 경제발전에 꼭 필요한 경우에는 원리금 회수와 무관한 재정지출을 진행해야 한다. 즉, 보조금 형식의 지출이 이에 해당된다. 다른 방법으로는 리스크가 과다한 분야에 대한 지원 시, 재정이 정책금융에 보증을 일부 제공한다든지, 아니면 정책금융 기관의 자본확충을 적극 지원하는 모습이 필요하다.</td>
</tr>
<tr>
<td>⑤ 즉, 상업금융은 원리금 회수가 가능한 경우에, 정책금융은 원리금 회수가 다소 불확실한 경우에, 재정은 원리금회수가 다소 의문 시 되지만 경제발전을 위해 반드시 필요한 부문에 각각 자금을 공급하는 분업구조가 확립될 필요가 있다.</td>
</tr>
</table>

📈 결론

<table>
<tr>
<td>의견
제시</td>
<td>이렇듯 시대의 변화에 대응하는 정책금융기관이 현재 직면한 위기를 극복하고, 선진 정책금융을 실현하기 위한 개혁 방향을 제시해보고자 한다.</td>
</tr>
</table>

첫째, 정부 - 정책금융기관 간 수평적 협력관계에 기초한 정체성 확립이 필요하다. 포괄적인 정책목표제시와 기관 감독 권한은 정부에 있다 할지라도, 정책금융기관의 정책금융 집행과 운영의 자율성은 보장되어야 한다. 정부가 정책금융기관을 경제성이 아닌 정치적 논리와 목적으로 지배하는 구조 하에선, 국가 경제 발전을 견인할 경제적 · 합리적 금융 지원이라는 정책금융 본연의 역할을 기대할 수 없다. 정부는 정책금융을 정권 및 여당의 정치적 기반 확대를 위한 수단으로 인식할 것이 아니라, 국가 경제 발전을 위한 적재적소의 금융 지원을 함께 논의하고 결정하는 협력적 파트너로서 인식해야 한다.

둘째, 정책금융방식의 선진화가 필요하다. 향후 정책금융은 규모와 자금보다는, 정보와 판단을 중시하는 스마트 금융을 지향하는 것이 바람직하다. 현재 우리나라의 정책금융 규모는 전 세계에서 일본 다음으로 높다. 정책금융 규모가 높다는 것이 반드시 나쁜 것이라고만 볼 수는 없다. 자금의 가용성 측면 또한 중요하기 때문이다. 하지만 그 규모가 비대해짐으로써 비효율성을 초래할 수 있다는 부작용을 잉태하고 있음을 기억해야 한다. 무엇보다 정책금융이 민간금융을 구축함으로써 금융 발전을 저해할 수 있다는 것을 인지해야 한다. 같은 맥락에서 정책금융은 거시적 정책목표 달성을 위한 투입 위주의 지원방식에서 탈피하여, 비재무적 요인과 위험요인을 감안한 시장친화적인 방식으로의 전환이 필요하다. 4차 산업혁명을 맞이해서 산업의 소프트화 니즈에 대응하여 기업성장 단계별 맞춤형 정책금융지원으로의 전환이 절실하다. 특히, 과거의 중후장대산업에 대한 대규모 시설자금의 지원형태보다는, 혁신산업에 대해 세밀하고 잘게 쪼갬으로 포트폴리오를 다변화하고, 리스크는 헷지하는 방향으로의 금융운용이 필요하다.

셋째, 정책금융기관들 상호 간 명확한 업무영역 구분 및 업무의 구체적 추진 방향 설정이 필요하다. 그럼으로 정책금융기관의 중복문제와 사각지대를 동시에 해소해 나가야 한다. 예를 들면, 산업은행은 중견중소기업을 대상으로 온렌딩(on-lending)과 코파이낸스(co-finance) 등으로 민간 금융기관들과 협력하여 혁신상품과 거래형 금융 서비스 등을 제공하는 스마트 뱅킹 개척 및 활성화를 추구해야 한다. 또한 정책금융의 주역으로서 차세대 성장 산업을 발굴 및 금융 지원을 체계적으로 지원할 수 있는 시스템 구축에 힘써야 한다. 수출입은행은 범세계적으로 보호무역주의 바람이 일고 있는 글로벌 경제 환경에서 중소기업들이 활발하게 무역활동을 할 수 있도록 하는 금융 안전판을 제공하는 역할을 충실히 수행하는 데 집중해야 한다.

　한편 신용보증기금은 그 동안 중소기업 지원 데이터를 바탕으로 좀 더 정교한 방식으로 중소기업에 대한 금융지원뿐만 아니라, 적극적인 컨설팅 업무를 수행함으로써, 우리 경제 시스템에서 성장사다리 역할에 집중함과 동시에 금융의 범위를 소상공인까지 확대함으로써 취약중소기업들과 소상공인 지원분야에 특화 해 나가고, 기술보증기금의 경우, 벤처, 혁신기업 지원을 위한 기술평가 시스템의 고도화와 정교한 TCB를 내재화함으로써, 기술기업 지원의 메카로 거듭나야 할 것이다. 뿐만 아니라, 기술금융 시장의 육성을 위한 EXIT Market을 활성화함으로써 민간금융기관들도 좀 더 기술금융에 적극적 접근할 수 있는 환경을 조성해야 한다.

01 논제 개요 잡기 [핵심 요약]

서론	이슈언급	기후변화와 자연파괴는 거시경제와 금융분야에 위험을 야기하고 있는데, 이러한 위험과 탄소중립경제로의 이행이 경제와 금융에 어떻게 영향을 미치는지 세계적으로 초미의 관심사가 되었다.

기후변화와 자연파괴는 거시경제와 금융분야에 위험을 야기하고 있는데, 이러한 위험과 탄소중립경제로의 이행이 경제와 금융에 어떻게 영향을 미치는지 세계적으로 초미의 관심사가 되었다.

1. 기후변화가 거시경제, 특히 물가에 미치는 영향에 대한 우려가 증대되고 있다. 최근 기후변화가 중장기적으로 물가 불확실성을 높이는 요인으로 인식되면서 기후플레이션(Climateflation : 기후(Climate)와 인플레이션(Inflation)의 합성어로 기후변화로 인해 농산물 등의 가격이 상승하는 현상을 의미한다)에 대한 연구가 세계적으로 활발하게 진행되고 있다.

2. 기후위험은 극단적 기상 사건 등 물리적 위험(physical risk)과 탄소제로 경제로의 전환과 관련된 불확실성 등 이행위험(transition risk)을 통해 은행시스템의 안정을 위협한다. 따라서 은행들이 해당 위험을 적정하게 발견·관·공시하며 기후 및 이행 관련 충격에 대해 적절하게 관리. 대응할 수 있게 하는 등 은행 분야 및 금융 시스템을 보다 탄력적이도록 준비해야 한다. 특히, 최근 녹색금융과 전환금융을 통한 기후변화 리스크를 사전 준비해야 한다는 목소리가 높아졌다.

따라서 기후변화가 중앙은행 및 금융기관, 그리고 감독당국의 업무에 미치는 영향을 파악함은 물론, 궁극적으로 이를 통해 물가 및 은행 시스템의 안정을 도모하기 위한 방안에 대해 본지에서 논하고자 한다.

본론	**1, 기후변화와 물가** <출처: BOK 이슈노트>	**1) 파급경로**	① 최근 기후변화가 거시경제, 특히 물가에 미치는 영향에 대한 우려가 증대되고 있다. 　가. 기후변화는 간접경로(글로벌 기후변화 → 국제 식량가격 → 수입물가 → 국내물가)와 직접경로 (국내 기후변화 → 국내 농산물가격)를 통해 국내 물가에 영향을 미친다. **[기후변화의 국내 물가 파급경로]** 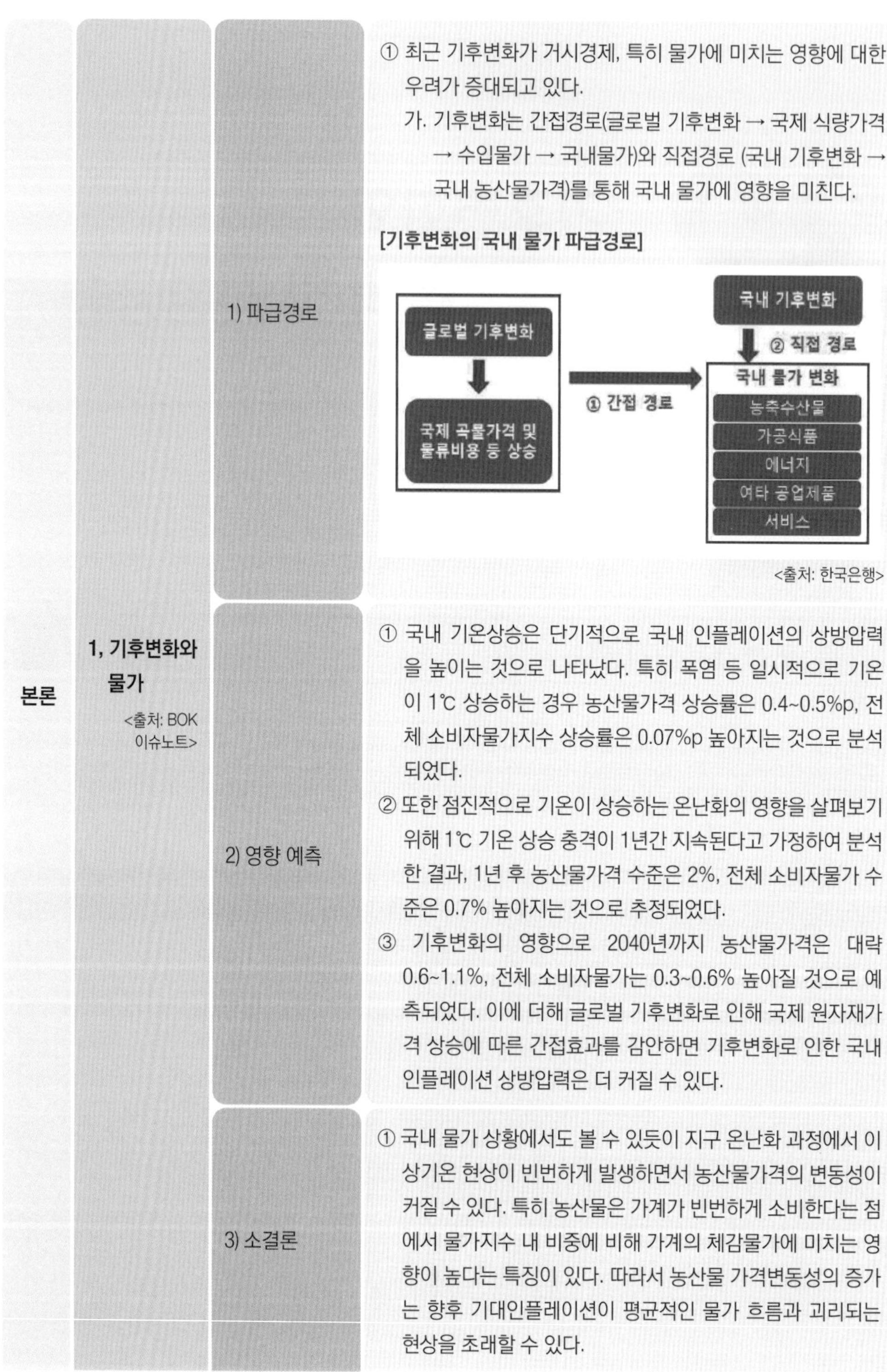 <출처: 한국은행>
		2) 영향 예측	① 국내 기온상승은 단기적으로 국내 인플레이션의 상방압력을 높이는 것으로 나타났다. 특히 폭염 등 일시적으로 기온이 1℃ 상승하는 경우 농산물가격 상승률은 0.4~0.5%p, 전체 소비자물가지수 상승률은 0.07%p 높아지는 것으로 분석되었다. ② 또한 점진적으로 기온이 상승하는 온난화의 영향을 살펴보기 위해 1℃ 기온 상승 충격이 1년간 지속된다고 가정하여 분석한 결과, 1년 후 농산물가격 수준은 2%, 전체 소비자물가 수준은 0.7% 높아지는 것으로 추정되었다. ③ 기후변화의 영향으로 2040년까지 농산물가격은 대략 0.6~1.1%, 전체 소비자물가는 0.3~0.6% 높아질 것으로 예측되었다. 이에 더해 글로벌 기후변화로 인해 국제 원자재가격 상승에 따른 간접효과를 감안하면 기후변화로 인한 국내 인플레이션 상방압력은 더 커질 수 있다.
		3) 소결론	① 국내 물가 상황에서도 볼 수 있듯이 지구 온난화 과정에서 이상기온 현상이 빈번하게 발생하면서 농산물가격의 변동성이 커질 수 있다. 특히 농산물은 가계가 빈번하게 소비한다는 점에서 물가지수 내 비중에 비해 가계의 체감물가에 미치는 영향이 높다는 특징이 있다. 따라서 농산물 가격변동성의 증가는 향후 기대인플레이션이 평균적인 물가 흐름과 괴리되는 현상을 초래할 수 있다.

<table>
<tr><td rowspan="2">1, 기후변화와
물가

<출처: BOK
이슈노트></td><td>3) 소결론</td></tr>
</table>

② 아울러 장기적으로 기온이 점진적으로 상승하면 인플레이션 수준이 기조적으로 높아지면서 물가 불안심리가 고조될 가능성이 있다.

③ 최근 이상기후가 잦아지면서 기후플레이션 문제가 점차 현실화되고 있다. 이에 중장기적 시계에서 국가적 차원의 계획성 있는 대응방안을 모색할 필요가 있다.

　가. 전 세계적으로 이루어지고 있는 기후리스크에 대한 공동 대응에 적극적으로 참여하여 기후변화의 근본적인 해결을 위해 노력해야 한다.

　나. 정부는 국내 기후환경에 적합한 농작물의 품종 개발 등을 통해 국내 농산물의 기후변화 대응력을 강화해야 한다.

　다. 중앙은행은 기후변화로 인한 농산물가격 변동이 여타 품목으로 전이되면서 전반적인 물가 불안으로 확산되지 않도록 제주체들의 인플레이션 기대 관리를 강화해야 할 것이다.

본론

2. 국내은행의 녹색금융과 금융배출량 감축 현황

1) 감축 현황 및 제약요인

<출처: 한국은행 이슈노트>

① 2024년 4월 기준 20개 국내은행 중 13개 은행이 2050까지 금융배출량(금융배출량이란 탄소 배출 기업에 투자·대출 등을 할 때 간접적으로 발생하는 온실가스 배출량이다)을 Net-zero로 만들겠다는 목표를 선언하고, 금융배출량을 감축하기 위한 전략 등을 자율적으로 공시하고 있다. 이 중 11개 은행은 2030년까지 배출량을 기준년(2019~2022년) 대비 26~48%까지 감축하겠다는 중간목표를 지속 가능경영보고서 등 공시자료를 통해 제시하고 있다.

[주요 은행(금융지주사)의 금융배출량감축 중간목표]

	중간목표 (2030년)	감 축 기준년도
■ KB금융지주	△33%	'19
■ 신한금융지주	△34%	'20
■ 우리금융지주	△27%	'22
■ 하나금융지주	△33%	'20
■ NH금융지주	△37%	'22
■ JB금융지주	△48%	'20
■ BNK금융지주	△26%	'22
■ DGB금융지주	△40%	'21

② 국내은행들은 금융배출량을 줄여나가기 위해 차주의 온실가스 감축을 지원하거나 포트폴리오를 조정하는 한편, 금융배출량 측정·관리체계를 고도화하기 위한 노력을 강화하고 있다.

본론	**2. 국내은행의 녹색금융과 금융배출량 감축 현황**

1) 감축 현황 및 제약요인

<출처: 한국은행 이슈노트>

나. 이와 더불어, 일부 은행들은 향후 차주가 온실가스 배출량을 어떻게 관리하고 감축해나갈지에 대한 컨설팅 서비스를 제공하고 있다.

[주요 금융배출량 감축 추진 전략]

구 분	주요내용
■ 온실가스 감축지원	• 저탄소 · 무탄소 발전 전환 기업에 대한 금융지원
	• 온실가스 감축설비 증축, 에너지 효율화 활동 등에 대한 금융지원 등
■ 포트폴리오 조정	• 탈석탄 선언
	• 산업구조 전환 무대응 기업에 대한 여신한도 축소 등
■ 관리체계 고도화	• 기후변화 리스크 감안 여신/ 투자 프로세스 정비
	• ESG 데이터 플랫폼 구축 등

③ 금융배출량을 줄이기 위해 은행들은 포트폴리오를 조정하는 방식을 활용하기도 한다. 다수의 국내은행들이 새로운 석탄발전건설 프로젝트파이낸싱에 대해 신용을 공급하지 않기로 선언하는 '탈석탄 선언'을 공시한 바 있으며, 온실가스 다배출 기업에 대한 여신 심사기준을 단계적으로 강화하는 규정을 마련하는 등 온실가스 다배출 산업에 대한 은행의 신용공급을 점진적으로 축소해 나가고 있다.

④ 국내은행들은 금융배출량 측정 및 관리체계 고도화를 통해 금융배출량을 효과적으로 감축해 나가고자 노력하고 있다. 은행들은 금융배출량 관리에 높은 전문성이 요구된다는 점을 고려하여 내부 전담조직을 설치하고 여신 및 투자 프로세스를 정비하고 있다. 아울러, 일부 은행들은 온실가스 배출 정보를 전산화하여 신용공급 여부나 금리 수준 결정시 활용할 수 있는 플랫폼을 구축하고 있다.

2) 제약요인

① 우리나라는 온실가스 배출 감축이 상대적으로 어려운 제조업 비중이 다른 나라에 비해 높아 국내은행들이 금융배출량을 단기간 에 일정 수준 이상으로 감축하는 데 한계가 있다. 제조업은 서비스업 등에 비해 부가가치 대비 온실 가스 배출 규모가 상대적으로 크다. 국내은행의 전체 익스포저(기업대출 · 주식 · 채권 기준)에서 제조업이 차지하는 비중(2023년 기준 38.0%)이 높은 점을 감안 할 때, 국내은행이 금융배출량을 감축하는 데 에는 상당한 시일이 소요될 것으로 예상된다.

본론	**2. 국내은행의 녹색금융과 금융배출량 감축 현황**	**2) 제약요인**

② 국내은행 금융배출량의 상당부분이 중소기업과 연계되어 있으나 중소기업은 대부분 의무적으로 탄소배출량을 감축해야 하는 배출권거래제 혹은 목표관리제 적용대상이 아니어서 적극적으로 온실가스를 감축하고자 하는 유인이 적을 뿐만 아니라, 친환경 기술 개발을 위한 인적자원이나 투자자금도 부족한 상황이다.

③ 녹색금융 분류 기준, 은행 내 성과지표 체계 등 녹색금융 취급을 위한 인프라 부족도 은행이 금융배출량 감축 전략을 본격화하는데 제약요인으로 작용하고 있다. 현재 국내은행의 녹색취급 현황을 살펴보면, 녹색금융 내부 취급절차를 설정·운용하는 은행은 소수(35%)에 불과하고 사후 관리절차도 부재한 상황이다. 영업점들은 녹색금융 취급 유인이 마땅치 않은 상황에서 녹색금융 신용위험 평가의 어려움과 복잡한 취급 절차 등으로 인해 장기자금인 녹색대출보다는 단기 위주의 일반 기업 여신 취급을 선호하는 경향을 보이고 있다.

3) 정책적 대안

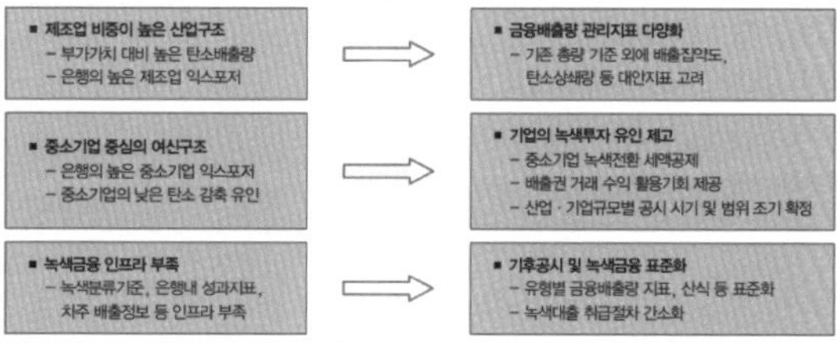

<출처: 한국은행 이슈노트>

	3. 기후변화와 전환금융	**1) 의미** <출처: 우리금융경영연구소>

① 전환금융은 제조업 등 탄소 다배출 기업의 저탄소 전환에 필요한 자금을 공급하는 신 기후금융 기업이다.

② 저탄소 전환을 위한 '과도기적' 활동에도 지원할 수 있어 자금 지원 범위가 크다는 특징이 있다.

③ 기존 녹색금융의 ▲고탄소산업의 저탄소 전환 여력 약화, ▲실물경제 악영향이라는 단점을 보완한다. 전환금융은 탄소 집약적 산업이 저탄소 운영으로 전환할 수 있도록 자금을 제공하는 새로운 기후금융 기법으로 기존 친환경 기업 지원 중심의 '녹색금융'과는 차별화.

④ 기존 '녹색금융'에 포함되기 어려운 고탄소배출 기업의 친환경 전환에 필요한 자금을 공급하는 '전환금융(Transition Finance)'에 대한 관심도 증가하는 추세.

⑤ 전 세계적으로 2030년까지 55조 달러의 전환금융 수요가 전망되는 가운데 아직 41조 달러의 투자 기회가 남아있어 금융 기업들에게 매력적인 투자처로 부상.

<table>
<tr><td>본론</td><td>3. 기후변화와
전환금융</td><td>2) 기후 변화
RISK</td><td>

① 기후변화는 장기적으로 금융불안의 원인으로 작용할 수 있다.

② 기후변화로 인한 리스크는 경제에 물리적이고 직접적인 피해를 입히는 물리적 RISK와 저탄소 경제 전환 과정에서 정책적 대응 및 기술변화 등으로 초래되는 간접비용인 전환리스크로 나누어진다. 한편 법적 · 평판 · 지배구조 관련 리스크도 대비해야 한다

가. 물리적 RISK

자연재해 등에 직접 노출되는 농지나 공장 등에서 발생하는 실물부문의 피해인 물리적 RISK를 유발시킨다. 물리적 RISK에 의한 실물 부문의 자산가치 하락은 금융기관의 부실로 이어져 금융시스템의 불안정을 유발하게 된다. 즉, 현재 가지고 있는 여신 포트폴리오에 들어 있는 고탄소산업내 기업들의 경우 향후 탄소중립정책에 따라 수익성이 하락하면서 은행 여신건전성을 악화시킬 가능성이 크다. 온실가스 배출 목표를 어떻게 설정하느냐에 따라 특정 산업분야 기업들의 사업 규모 등이 급속히 위축되고 매출이 하락할 수 있다. 또, 온실가스배출을 줄이기 위한 관련 기술을 적용하는 비용 증가 등으로 수익성이 크게 하락할 수 있다. 이러한 변화는 은행의 건전성에 직접적인 영향을 미칠 수 있을 것으로 보인다.

나. 전환RISK

전환RISK는 시장참여자들이 미처 예상하지 못한 상황에서 녹색경제 전환 정책이 급격히 시행되면서 기업비용이 증가하고 기업부실이 확대되면서 발생한다. 즉 녹색경제로 전환되는 과정에서 고탄소배출기업의 판매감소와 비용증가로 기업부실로 나타나고, 이는 다시 금융기관의 부실로 연결되는 것이다. 즉, 이들 기업이 사업전환을 추진함에 따라 새로운 사업을 수행하게 되면 관련 리스크 증가로 은행 여신건전성이 악화될 가능성이 있다.

다. 법적 · 평판 · 지배구조 관련 리스크

은행들이 기후변화로 인한 경제적 손실관련 소송에 노출될 리스크도 높아지고 있어 이를 인식하고 관리할 필요도 있음.

A. 금융기관들의 경우에는 기후변화와 관련하여 다양한 근거로 소송을 당할 리스크가 있다. 금융기관이 당면하게 될 기후리스크를 적절하게 공개하고 관리하지 못했다거나, 녹색금융상품 관련 공시에서 해당 상품 관련 계약사항을 위반하는 경우 등이 그것이다.

</td></tr>
</table>

<table>
<tr><td rowspan="4">본론</td><td rowspan="4">3. 기후변화와
전환금융</td><td rowspan="2">2) 기후 변화
RISK</td></tr>
</table>

B. 온실가스 배출이 높은 프로젝트에 대해 자금 제공이나 투자를 하기로 결정한 이사들이 수탁자책임을 위반하였다는 이유로 소송을 당할 수도 있다. 즉 금융기관들은 대차대조표 상 자산 측면에서 기후위기를 조장했다는 이유로 기후관련 소송을 당하는 리스크가 있을 뿐 아니라, 기후위기에 적극적으로 대응하지 않았다는 이유로 직접적인 책임을 져야 할 가능성도 제기되고 있다고 할 수 있다

[기후변화 관련 금융리스크 예시]

리스크 유형	물리적 리스크 요인(예시)	전환 리스크 요인(예시)
신용 리스크	• 이상기후로 인한 침수·화재 등 발생으로 담보자산의 가치 하락 등	• 고탄소 기업의 채무상환능력 저하로 인한 부도율(PD)·손실률(LGD) 상승 등
시장 리스크	• 잦은 기상이변 발생에 따른 국가 경제기반 악화로 국채·주식 가격 하락 등	• 화석연료 생산기업이 발행한 주식 및 채권의 가치 급락 등
운영 리스크	• 극심한 기후현상으로 인한 본·지점 업무 중단 등 영업 연속성에 영향	• 금융회사의 기후변화 대응 관련 고객 및 기타 이해관계자의 평판 훼손 등
보험 리스크	• 이상기후로 인한 물적피해 증가로 보험금이 준비금을 초과 등	• 고탄소 기업에 대한 주식 및 채권 투자 포트폴리오의 가격 조정 등

③ 이와 같이 기후RISK는 실물부문의 신용위험을 재평가하면서 금융기관의 부실로 전이되고 금융시장의 불안정을 초래한다. 금융의 불안정이 다시 실물부문의 자금중개기능을 저하시키면서 결국 시스템 RISK로 발전할 가능성이 커지게 된다. 우리 정부가 탄소중립 정책을 강화해 가면 고탄소산업에 대한 노출이 많은 국내은행 여신 포트폴리오를 고려할 때 향후 은행 건전성에 크게 부정적인 영향을 줄 가능성이 높아진다.

3) 녹색분류 체계

① 개별 경제활동이 녹색활동에 해당되는지의 여부 및 그 정도를 판단한 기준을 의미한다. 녹색분류체계는 특정 산업이나 사업 활동을 녹색분류체계에 따라 세분화한 뒤, 개별활동이 녹색 판정기준에 해당되는지의 여부를 평가하고 이를 수치로 계산한다

② 이와 같이 계산된 각 산업과 기업의 녹색활동 비율은 정기적으로 공시되어 시장에서 금융지원을 위한 잣대로 활용될 수 있다.

③ '한국형 녹색분류체계(K-Taxonomy) 가이드라인 발표(2023년 2월 7일)

본론	3. 기후변화와 전환금융	3) 녹색분류 체계	④ 정부(환경부, 금융위원회)는 녹색금융 활성화를 위해 2021년 말 한국형 녹색분류체계(K-taxonomy), 2022년 말 녹색채권 가이드라인 등을 마련하였으나, 국내은행 총자산의 70.8%를 차지(2023년 말 기준)하는 대출채권에 대한 녹색여신 취급기준은 아직 발표하지 않았다.(금융감독원은 녹색여신 취급기준을 마련 중에 있으며 2024년 연말까지 계획이었으나 2025년 8월 현재 발표되지 않았다.)
		4) 국내 전환 금융 현황	국내에서도 전환금융 시장 수요가 커질 것으로 예상됨에 따라 민관의 적극적인 대응 필요하다. ① 국내도 2030년까지 1,000조 원 규모의 전환금융 수요가 예상됨에도 불구하고 아직까지 전환금융 관련 정책 및 가이드라인이 정립되지 않은 상황이다. ② 2022년부터 정부 빛 일부 금융그룹을 중심으로 전환금융 활성화를 위한 노력을 추진 중이다. ③ 2022년 6월 민간은행 최초로 신한금융그룹이 이차보전사업 참여(2023년 8월 기준 누적 1.2조 원 대출 실적 확보). - 장·단기 전환금융 프로세스 내재화 방안 수립 및 추진 ④ BCG는 국내 '전환금융'의 절반 이상이 은행 대출 형태로 공급될 것으로 전망. ⑤ 최근 전환금융 도입을 위해 기후금융특별법을 발의하는 등 정부의 노력이 지속되는 가운데 금융회사는 전환금융을 '기업금융 강화' 기회로 모색할 필요가 있다. 금융회사는 단순 대출을 제공하고 절차를 마무리하는 것이 아니라, 대출 조건으로 기업에게 탄소 감축을 요청하는 등 대출 과정 전후에 더 많이 개입될 필요가 크다.
		5) 일본의 전환 금융 전략	① 일본 전환금융 동향 : 일본 내 전환금융은 2021년 도입 후 2023년 3월 누적 1조 엔을 돌파하며 빠르게 성장. ② 내용 : 민간 금융 회사 전환금융 참여 유인 확대. 보조금 지급 등 재정지원 확대. ③ 일본 금융기관 전환금융 확대 전략 가. 심사역량 강화 : 기업의 저탄소전환 전략을 평가하기 위한 내부기준 마련 및 전담팀 구축. 나. 대기업 공략 : 중소기업 대비 상환능력이 뛰어나고 그린워싱 리스크가 작은 대기업을 중심으로 전환금융 비즈니스를 강화. 다. 정책자금 활용 : 전환금융 관련 정부의 금융지원제도 적극 활용. 정부는 이자감면제도, 보조금 지원 등 제도 신설.

<table>
<tr><td rowspan="7">본론</td><td rowspan="3">3. 기후변화와
전환금융</td><td>5) 일본의 전환
금융 전략</td><td>

④ 일본 정부 및 금융기관은 전환금융을 동남아 입지 강화를 위한 전략적 수단으로 인식.

  가. ATSFG 발족 : 일본, 태국, 말레이시아, 베트남 은행 등 참여, 동남아 전환금융 도입, 확산을 위한 가이드라인 및 정책 제언 등.

  나. ASIA GX Consortium 2024년 3월 13일 출범

[해외 주요은행 전환금융 사례]

구분	내용
내부 역량 강화	- 전담 조직 구축 및 전문 인력 보강 - 내부 가이드라인 마련 - Ex) Barclays, BlackRock, Citi, BNP Paribas
정부 지원 활용	- 세금 혜택, 이자 감면, 보조금 활용 - Ex) MUFG, Mizuho, SMBC
관련 상품 출시	- 전환펀드, 전환채권, 전환대출 등 제공 - Ex) HSBC, BBVA, Apollo, Brookfield, KKR

<출처: 하나금융연구소>

</td></tr>
<tr><td>6) 경제주체들
의 역할

<출처: 하나금융
경영연구소></td><td>

성공적인 전환금융을 위해 각 주체들의 적절한 역할 수행이 중요.

① 정부·공공 · 민간 기관 간 협력이 가능한 전환금융 가이드라인을 제시하고 세금 · 이자 혜택, 보조금 지원 등 인센티브를 제공하는 구체적이고 중장기적인 정책 마련 - UAE 정부는 300억 달러의 '기후 금융기금'을 신설하고, 민간 투자자와 함께 특정 사업에 공동 투자할 경우, 정부의 수익률을 5%로 제한하여 민간 공동 투자를 유치.

② 금융기관 : 전환금융 전담 조직을 신설하여 내부적인 저탄소 전략 심사 및 전환대출 · 채권 리스크관리 역량을 강화하고 정부의 금융지원 정책 · 자금을 적극 활용.

③ 기업 : 기후관련 전문 금융기관의 컨설팅 등을 통해 구체적인 전환 로드맵 수립.

</td></tr>
<tr><td>7) 문제점 및
기관별 금융
지원 방안</td><td>

① 문제점 : 기후·환경 RISK의 양적 측정에는 한계가 있다는 점이다.

  가. 기후RISK는 주로 CO_2배출량 등 대기오염물질과 관련되어 있으므로 정량적 측정이 용이하나 반면 환경RISK는 환경오염, 기후적응, 물, 순환경제, 생물다양성 등 기후 이외에도 다양한 환경적 요소가 연계되어 있어서 양적 측정이 쉽지 않다. → 따라서 기후.환경 RISK의 측정은 어떤 기업이 어느 정도의 기후.환경 RISK를 유발시키는지부터 알아야 가능하다. → 녹색분류체계의 활용도가 높아질 것

</td></tr>
</table>

→ 개별 산업 및 기업의 기후.환경 RISK의 양이 시장에 공시되면 금융기관은 동 RISK를 감안하여 금융지원의 정도를 달리 할 것이다.

　나. 녹색활동 비율이 높을수록 자금공급한도가 늘어나고 가산금리는 낮아지며 보증한도가 증가하는 등 차별적인 조치가 가능해질 것이다.

② 정책금융기관

　가. 금융시장에서는 정책금융기관의 선도적인 역할이 매우 중요하다. 각종 친환경 기술개발과 자본재 설비 등에 소요되는 자금은 불확실성이 크고 소요규모도 크며 투자의 회수기간도 길기 때문에 상업금융기관이 쉽게 취급하려 하지 않는 영역이다. 특히 친환경 기술개발은 정책금융기관과 벤처캐피탈의 역할이 매우 중요하다.

　나. 기후.환경 RISK를 줄이기 위한 산업구조조정 과정에서 일자리가 줄어드는 업종과 지역에 대한 구조조정자금지원도 병행되어야 할 것이다.

③ 상업금융기관

　가. 기후. 환경 RISK 감소를 위한 대출형태와 특성에서 차별화할 필요가 있다. 태양광, 풍력발전소 등 대체에너지 사업이나 친환경.고에너지효율의 건물.주택 건설을 지원하기 위한 녹색기업대출이나 전환금융을 확대할 수 있다.

　나. 가계의 태양광 패널 설치 및 전기차 구매를 위한 녹색가계대출, 녹색사업 지원을 위한 녹색저축상품판매, 신용카드 사용액의 일정비율을 녹색사업에 지원하는 녹색카드, 탄소중립카드 등 다양한 상품의 출시가 가능하다

④ 자본시장

　가. 연기금의 경우 기금운용사 선정시 녹색금융, 전환금융 실적이 적극 반영될 것

　나. 자산운용시장에서도 녹색펀드, 녹색 ETF, 탄소배출권 ETF 등 다양한 녹색관련 투자상품이 출시되어 녹색펀드시장이 확대될 것

　다. 수탁자 책임을 강화하는 스튜어드십 코드 개정도 검토될 것

⑤ 금융감독기관

　가. 기후.환경 RISK를 줄이기 위한 경제구조의 선순환구조를 구축하기 위해 선제적이고 과감한 정책과 관련 규제개혁 및 사회적 표준 등을 마련하게 될 것

　나. 이 과정에서 녹색 또는 저탄소 친화산업으로 자금배분을 유도하여 녹색포트폴리오를 구성하는 일이 핵심이 될 것

본론	3. 기후변화와 전환금융	7) 문제점 및 기관별 금융 지원 방안

본론	3. 해외의 녹색산업 지원	7) 문제점 및 기관별 금융 지원 방안

다. 국제기구의 주요 치침들을 감안하여 표준화와 관련된 공시를 유도할 것

⑥ 기후 환경 RISK를 금융기관의 기존 RISK관리 체계에 어떻게 편입시킬 것인가도 새로운 과제이다. 기후. 환경 RISK가 경제 및 금융부문으로 어떻게 전파되어 금융기관의 재무RISK로 구체화되는지 평가.

가. 금융기관은 스트레스테스트를 통해 기후환경 RISK에 따른 산업 및 기업의 자산가치 하락이 금융기관의 건전성에 미치는 영향을 분석할 것이다.

나. 금융감독기관은 이와 관련된 감독지침을 새로 마련할 것이고 정량화하기 위해 미래정보를 감안한 스트레스 테스트도 실시할 것이다. 기후환경 RISK가 높은 기업에 대한 대출규모가 과다할 경우에는 완충자본의 추가 적립도 요구될 수 있다.

결론	의견제시

중화학공업 등 전통기간사업 의존도가 높은 국내산업 구조의 특성을 감안할 때 기후환경 친화적 산업으로 구조를 전환하기 위한 비용은 여타 선진 서비스산업 중심의 국가들에 비해 클 수 밖에 없다. 그럼에도 불구하고 이들 산업은 향후 탄소배출을 어떻게 줄여나갈 것인가에 대한 청사진을 제시해야 할 것이다. 그리고 탄소배출을 줄이기 위한 중 장기적인 미래의 청사진을 감안하여 금융지원 여부와 정도가 결정될 가능성이 크다.

향후 기후 환경 친화적 기술이 미처 개발되지 않은 상태에서 금융정책적 차원의 패널티만 부과된다면 국내 전통산업의 경쟁력은 빠르게 쇠퇴할 수 있다. 반대로 국내 전통산업의 보호를 너무 고려하여 정책을 추진한다면 기후환경 친화적 기술개발이 도리어 지연되고 국내산업의 중장기 경쟁이 뒤쳐질 수 있다.

결국, 기후 환경 친화적 기술개발 촉진을 위한 지원을 우선적으로 추진하고, 그 다음 단계에서 개발된 신기술을 자본재로 내재화하는 산업구조 전환자금을 공급하는 것이 순서일 것이다.

기후RISK를 완화하는 과정에서 너무 과도하거나 또는 과소한 등의 적절치 못한 정책이 추진되면 도리어 간접 비용인 전환리스크가 증가할 수 있음을 항상 염두에 두어야 한다. 국제규범보다 너무 빨리 나갈 필요도 없지만, 너무 늦어져서 국제적 비난의 대상이 되거나 신개술개발이 지연되는 것도 바람직하지 않다.

녹색금융은 기본적으로 국제적 합의에 의해 장기적 관점에서 시행되는 것이므로, 긴 시야를 가지고 국내의 규제 및 감독체계를 다시 설계하고 단계적으로 시행하는 모습이 되어야 할 것이다.

| | | 지속가능성 및 ESG 이니셔티브에서 중요한 것은 목표 설정 그 자체보다 실질적인 환경 성과이다. 과도하게 경직된 목표 설정은 선언적 참여와 그린워싱을 유발할 가능성이 있다. 산업별 · 지역별 특성을 고려한 유연하고 차등적인 목표 설정과 이행과정에 대한 체계적인 관리가 필요한 이유다. 기업들이 재생에너지 전환을 원활히 추진할 수 있도록 정책적 지원과 시장 구조 개선도 병행되어야 한다.

<금융기관>

1. 탄소중립 정책이 강화될 경우 은행의 여신 포트폴리오에 들어 있는 고탄소산업 기업들의 수익성이 하락하거나 이들이 사업전환을 추진함에 따른 리스크로 은행 여신건전성이 악화될 수 있음. 그러나 이런 이유로 고탄소산업에 대한 은행 대출을 급격하게 줄일 경우 고탄소산업 위주 산업구조를 가지고 있는 우리나라 실물경제가 어려움을 겪을 수 있음. 따라서 은행리스크 감축을 위한 고탄소산업에 대한 대출감소와 고탄소산업 자체의 탄소저감기술 적용 및 사업전환 등이 동시에 적절히 추진될 필요가 있음.

2. 은행들은 기후변화로 인한 경제적 손실관련 소송에 노출될 리스크도 높아지고 있으며, 기후관련 리스크가 추가됨에 따라 은행들은 대출금리 산정 시 탄소리스크 프리미엄을 부과할 필요가 있어 이에 대한 부과체계를 확립해야 하는 과제도 안고 있음.

3. 은행 등 금융기관에 의한 녹색금융상품의 개발과 제공을 활성화하기 위해서는 인증기준 등 제도적 기반이 구축되어야 할 것이다. 이를 위해 한국형 녹색분류체계와 함께 금융상품의 지속가능성 특성에 따른 분류제도인 라벨링 제도 및 공시강화를 주요 내용으로 하는 EU의 지속가능성 공시규제(SFDR)와 같은 규제를 국내에 도입하는 방안도 고려할 필요가 있다.

4. 녹색상품에 대한 쏠림현상, 그린워싱 등 부작용이 발생할 수 있으므로 이를 방지할 수 있는 방안도 동시에 마련되어야 할 것이다.

5. 기후변화에 대한 일반 소비자의 인식이 제고되면서 투자자는 물론 시민단체 등 광범위한 이해관계자로부터 불완전판매 문제가 제기될 수 있으므로 이에 대한 대비책 마련도 필요한 것으로 보인다.

기후위기에 대한 대응과 이에 따른 탄소중립 정책은 이제 돌이킬 수 없는 방향성을 가지고 추진되고 있다. 은행들은 이러한 새로운 경영환경 하에서 앞에서 제시한 것과 같이 새롭게 발생 가능한 리스크를 인식하고 이에 대한 대응체계를 마련해 나가야 할 것이다.

<출처: 한국금융연구원>

결론 / **의견제시**

> **주제 1**
> 전환금융과 금감원의 방향에 대해 논하시오.

답안

📈 서론

최근 세계적으로 탄소중립 실현을 위한 '전환금융'(transition finance)이 강조되고 있다. 우리 정부도 지난 3월 21일 '제1차 국가 탄소중립 녹색성장 기본계획(2023~2042)' 정부안을 발표하며 탄소 감축에 강한 의지를 표명하고 있다. 이에 따라 국내에서도 전환금융에 대한 전방위적인 이해가 필요한 시점이다. 본고는 전환금융의 의미와 필요성 - 전환금융에 따른 리스크 - 금융감독원의 **방향성에 대해** 논하겠다.

| 방향성 순으로

📈 본론

1. 전환금융이란

① 전환금융의 의미

OECD는 전환금융을 '파리협약과 일관된 넷제로(net-zero) 전환을 실행하기 위해 기업이 조달하거나 집행하는 금융'으로 정의한다. 기존의 녹색금융은 '순수한 녹색' 활동에 집중되어 온실가스 집약 산업의 저탄소 이행에 대한 금융 접근성이 제약되었다. 전환금융은 탄소 감축에 초점을 맞추어 녹색금융의 한계를 극복하기 위해 등장한 개념이다.

마중물이 |

② 전환금융의 필요성

탄소중립 이행을 위해서는 막대한 자금이 필요하다. Mckinsey & Company는 2021~2050년 동안 전 세계에 걸쳐 연간 9.2조 달러(약 1경 2천조 원)가 필요한 것으로 추산한다. 전환금융은 고탄소 산업의 저탄소 이행과정에 경제적 **기반이** 되어준다. 우리 나라는 철강, 화학과 같은 고탄소 산업이 경제성장을 견인했고, 지금도 큰 비중을 차지하고 있다. 이에 우리 경제의 지속 가능한 발전을 위해 전환금융의 필요성이 더욱 강조된다.

2. 전환금융 관련 리스크

전환금융은 장기적으로 탄소중립 실현을 통해 지속 가능한 경제성장에 기여하지만, 단기적으로는 위험이 따른다. 전환금융 관련 리스크는 다음의 세 가지가 있다.

① 물리적 리스크(physical risk)

물리적 리스크는 기후변화에 따른 기상이변 등으로 기업의 자산이 물리적으로 피해를 볼 수 있는 위험을 말한다. 홍수, 산불 등 자연재해는 기업이 물적자본을 파괴하고, 지구의 평균 온도 상승은 농/축/수산물 생산과 노동 여건에 부정적 영향을 미친다.

② 이행 리스크(transition risk)

기후 위기 대응을 위한 저탄소 경제로의 이행 과정에서 발생할 수 있는 자산가치 하락 등의 리스크를 말한다. 탄소중립 정책이 본격적으로 가속화됨에 따라 고탄소 산업에 종사하는 기업은 생산비용이 커지고 수익성이 하락하며 신용도가 떨어지게

된다. 이는 기업의 신용 비용을 상승시키고 부채상환 능력이 감소하게 되어 은행의 신용리스크가 증가하는 결과를 낳는다.

③ 법률/평판 리스크(legal, reputational risks)

금융기관은 기후변화로 인한 경제적 손실 관련 소송에 노출될 리스크가 있다. 고탄소 산업 관련 자산 보유 및 투자 관련 소송 뿐만 아니라 기후금융 관련 공시 위반 등 다양한 근거로 소송 이 일어날 가능성이 있다.

📈 결론

금융감독원의 방향성

① 지속적인 리스크 모니터링

위의 세 가지 전환금융 리스크는 결국 금융의 안정성과 직결된 다. 그러므로 감독 당국은 탄소중립이라는 국가의 전략적 목표 달성을 위해서도 노력해야 하지만, 은행들의 건전성 악화, 경 영 안정성 약화 방지를 위해 리스크 관리 체계 강화를 도모할 필요가 있다. 이에 금융감독원은 스트레스테스트를 활용하여 금융 전반에 지속적인 리스크 모니터링을 해야 한다. 특히 금 융 안정성과 연관이 깊은 이행 리스크에 대한 스트레스테스트 로 전환금융 과정에서 필수적으로 발생하게 될 기업의 신용 비 용 증가에 따른 여신불안정성을 관리해야 한다.

② 전환금융 공시체계 확립

탄소중립이라는 목표를 달성하기 위해서는 이에 대한 평가를 가능하게 하는 지표와 측정이 필요하다. 이를 위해 2022년 3

월 ISSB는 지속가능성 공시를 추진하기 위한 최초의 기준서인 'IFRS S1 일반 요구사항'과 'IFRS S2 기후 관련 공시'와 관련된 공개 초안을 발표했다. 하지만 우리나라 기업들은 아직 이에 대한 대비가 제대로 되어있지 않다. 그러므로 금융당국은 전환 금융 공시체계가 국내에 안정적으로 정착하여 금융기관이 자체적으로 정보를 공개할 수 있도록 제도를 마련해야 한다. 이는 외부 투자자들의 정보 비대칭성을 완화하고, 금융기관의 정보공개에 대한 충실성을 높인다.

③ 탄소배출권 거래소 활성화

탄소배출권거래소는 온실가스를 배출할 수 있는 권리인 탄소배출권을 거래하는 시장을 말한다. 우리나라는 2015년 1월 탄소배출권거래소를 도입하였지만, 유럽이나 중국 등에 비하면 거래가 활발히 이루어지지 않고 있다. 이에 금융당국은 개인투자자의 시장참여 허용과 장내거래 의무화 등 탄소배출권거래소 활성화를 위한 방안을 마련해야 한다. 그리고 현재 배출권시장의 시장조성자로 활동 중인 7개의 금융기관에 대한 감시/감독 체계를 마련하여 건강한 배출권시장 조성에 기여해야 한다.

글로벌 탄소중립 요구에 따른 대응책을 논하시오.

답안

📈 서론

EU는 2026년부터 탄소국경세를 전면적으로 적용시켜 고탄소 수입품에 세금을 **부과하고**, ISSB는 작년에 기후 리스크를 재무적으로 반영하는 공시기준을 발표했다. 이러한 글로벌 탄소 중립 **요구는** 고탄소 산업 비중이 높은 우리 경제에 최대 위협요인 중 하나로 떠올렸다. 이에 본고는 먼저 탄소중립이행의 필요성을 살펴보고, 탄소중립 이행시의 기업 애로사항 및 **그에 따른** 정책당국의 대응책에 대해 논하고자 한다.

> EU 역내로의
>
> 세금을 부과하기로 발표했다.한편
> 도
>
> 규제의 강화는
>
> 해결을 위한

📈 본론

1. 탄소 중립 이행의 필요성

첫째, 글로벌 탄소 규제에 대비하지 못하면, 고탄소 산업인 석유화학, 철강, 자동차 등의 현재 주력 산업 수출**에 큰 악영향이 끼칠 수 있다.** 고탄소 제품에 관세가 붙으면서 수출 가격 경쟁력을 잃을 수 있고, 탄소배출량의 의무 공시는 고탄소 산업들에 대한 해외 투자자의 자금 이탈로 이어질 수 있다. 우리나라는 GDP 25% 이상이 제조업에 해당하고 고탄소 산업에 대한 의존도가 높기 때문에, 그 타격이 클 수밖에 없다.

> 날로 강화되는
>
> 부문에
>
> 악영향이 커질 수 밖에 없다.
>
> 구체적으로
>
> 여타 국가에 비해

둘째, 글로벌 탄소 규제에 대비하지 못하면, 금융회사의 건전성에 악영향을 끼칠 수 있다. **투자포럼**에 따르면, 국내 은행권의 지난해 상반기 말 기준 화석연료 금융자산은 민간 금융권 전체의 34.8%에 이르고, 관련 자산 금액은 120조 원에 달한다고 한다. 따라서 만약 규제로 인해 고탄소 산업에 속하는 금융자산의 신용 및 시장위험이 상승한다면, 투자자산의 가치하락으로 금융회사의 큰 리스크로 작용될 수 있다.

2. 탄소 중립 이행시의 기업 애로사항

첫째, 우리나라 산업 구조상, 급격한 탄소 중립이행은 큰 비용을 **가져올 수 있다.** 중화학공업 등 전통기간산업 의존도가 높은 국내산업 구조의 특성을 감안할 **때** 저탄소 산업으로 구조를 전환하기 위한 비용은 여타 선진 서비스산업 중심의 국가들에 비해 클 수 밖에 없다. **그에 따라** 기후 환경 친화적 기술이 미처 개발되지 않은 상태에서 금융정책적 차원의 패널티만 부과된다**면** 국내 전통산업의 경쟁력은 빠르게 쇠퇴할 수 있다.

둘째, 기업들의 탄소 중립을 위한 금융지원이 지속되고 있는 가운데, 녹색채권 발행만으로는 한계가 있다는 지적이 나오고 있다. 최근 녹색채권 발행이 크게 증가면서 탄소중립을 위한 자금마련에 도움이 되고 있다. 하지만 기존의 녹색금융 체계에서는 채권 발행을 통해 조달된 자금의 사용처를 녹색활동에만 국한하고 있다. 따라서 고탄소 산업에 속한 기업 입장에서는 녹색채권을 통해 저탄소 전환 활동을 위한 필요 자금을 조달 받기가 현실적으로 어렵다는 지적이 나오고 있다.

📈 결론

정책당국 대응책

첫째, 기후 환경 친화적 기술개발 촉진을 위한 지원을 우선적으로 추진하고, 그 다음 단계에서 개발된 신기술을 자본재로 내재화하는 산업구조 전환자금을 공급해야 한다. 각종 친환경 기술개발과 자본재 설비등에 소요되는 자금은 **불확실성이 크고** 소요규모도 크며 투자의 회수기간도 길기 때문에, 상업금융기관이 쉽게 취급할 수 없는 영역이다. **그에 따라** 정책당국에서 선도적으로 기후기술시장 육성에 앞장섬으로써, 국내산업의 중장기 경쟁력을 지켜나가야 한다.

둘째, 전환금융 및 전환채권을 활성화할 필요가 있다. 고탄소 산업의 저탄소 전환을 지원하고 그 과정에서 발생할 수 있는 기업의 재정적 부담을 줄여주기 위한 전환금융을 통해, 고탄소 산업 내 기업들도 탄소 감축 활동에 필요한 자금을 조달 받을 수 있도록 해야 한다. 전환채권은 이러한 전환금융의 주요 도구 중 하나로, 채권 발행을 통해 조달된 자금을 녹색활동이 아닌 탄소중립을 위해 과도기적으로 필요한 전환활동에도 사용할 수 있도록 허용한다는 특징이 있다. 최근 OECD에서 이러한 장점을 근거로 전환금융 활성화를 제안하고 있고, 고탄소 산업의 비중이 높은 일본도 이를 적극 **활용**하고 있다.

셋째, 정부는 기후 환경 리스크를 줄이기 위한 산업구조조정 과정에서 일자리가 줄어드는 업종과 지역에 대한 구조조정 지원을 병행해 나가야 한다. 특히 고탄소 기업 비중이 높은 우리나라의 경우, 기

산 |

후 관련 규제 도입 및 전환과정에서 산업 전반적으로 상당한 피해를 입을 가능성이 크다. 이에 국내외 관련 정책 동향을 산업계와 공유하며 의견을 청취해야 하며, 이를 토대로 취약 산업에 대한 지원 방안을 수립해 나가야 한다. 예를 들어 유럽의 사례처럼 화석연료 연관 **산업**에 종사하고 있는 근로자를 대상으로 재교육 및 재취업을 지원하는 방안 수립과 같은 정책적 방안을 수립해야 한다.

금융공기업
금융기관 편

이것이 금융논술이다 10.0

금융공기업
금융기관 편
이것이
금융논술
이다 10.0